2024

有名小学校入試問題集

首都圏33校 2023年度入試問題収録

volume II

Shinga-kai

CONTENTS 目次 volume Ⅱ

巻頭

国立・都立 首都圏

私立 東京都

私立 神奈川県・埼玉県・千葉県・茨城県

巻末

2023年度
入試における出題傾向と分析 - 1

【慶應義塾幼稚舎】

ペーパーテストでは測れない子どもの能力を評価する

慶應義塾幼稚舎では、今年度の考査は女子が期間中の前半の３日間、間に１日を挟んで男子が後半の４日間という日程で行われました。後半に行われる男子の課題には、女子の考査内容と同じものやそれに類似したものが出されることもあります。考査当日、例年は体操服を持参し控え室で着替えますが、昨年度同様、今年度も体操服を着用して入校するよう事前に指示がありました。控え室で案内係の先生から守るべき諸注意を受けた後、考査会場へ向かいます。考査は例年、集団テストと運動テストが行われ、集団テストでは主に絵画・制作の課題や行動観察が実施されます。絵画・制作では今年度もモニターに流れる映像を見た後、それに関連する課題を行い、発想力や表現力が問われました。内容は、自分の思い出ですごろくを作る、不思議な植物の種をカラー粘土で作り、その種から育った植物の絵を描く、思い出の便りが出せるポストを作り、便りで伝えたい思い出を描く、などでした。与えられたテーマに従って、興味と遊び心を持って自分なりのものをイメージし、表現する力が求められます。決まった答えはなくそれぞれが思い描いたことがそのまま認められますが、多くの子どもたちが答えを求めて悩むうち、周りのお友達の作品をまねてしまいます。毎年、絵画や制作の課題の間に何人ものテスターが「何を描いていますか（作っていますか）」などと声をかけます。大切なのは、自分らしい作品を作ると同時に、テスターに質問されたときに作品を作る動機やそこに込めた思いを伝えることです。たとえ作品が未完成でも、描きたいもの、作りたいと思っているものを言葉で伝えることができれば、それも表現力の一部といえるでしょう。そのほかに今年度は、大中小３種類のボールでボウリングをするリレー、カードをお手本通りに並べていくリレーなどが行われました。条件やルールを理解して活動に取り組むだけでなく、さまざまな展開の中でお友達と協力して課題を行い、楽しんで参加できるかがポイントです。運動テストでは心身の健康状態が見られます。毎年、運動テストに考査時間の約３分の１を割く慶應義塾幼稚舎では、運動課題における子どもの様子をしっかり見ています。福澤諭吉は〝先ず獣身を成して後に人心を養う〟と説きました。つまり、健康な体づくりがすべての源であるという考えです。併せて、多少の失敗ではめげたり投げ出したりしない、精神力や素直さが求められているともいえるでしょう。毎年準備体操のような課題の後、３つのグループに分かれて競争形式によるサーキット運動を行いますが、ここではキビキビとした行動とメリハリのある態度、ルールに対する理解力が求められます。また、サーキット運動で自分の番が終わったら、そのつど並んで待つことが課題に加わっています。メリハリのある行動は幼児にとって難しいものですから、公共の場で過ごす機会を多く設け、場にふさわしい行動について考えさせるようにしましょう。集団テスト、運動テストとも、考査活動のすべてを自らを表現する場としてとらえ、子どもらしく、はつらつと楽しく参加できるよう心掛けてください。

2023年度
入試における出題傾向と分析 - 2

【早稲田実業学校初等部】

日常の生活習慣や社会性、発想力を重視するテスト

早稲田実業学校初等部では、例年通り生年月日順に15人グループで行われる第一次考査と、その合格者を対象とした親子面接の第二次考査がありました。第一次考査は男女別で、今年度は男子は年長者、女子は年少者から、ペーパーテスト、個別テスト、集団テスト、運動テストが行われました。４日間の日程のうち１日が指定され、男子は初日から、女子が３日目の途中から実施されました。ペーパーテストはきちんと話を聞き自分で考えて解答する力を見るもので、話の記憶と、ほかに推理・思考、観察力、数量から２題という形式でした。話の記憶はさほど長くなく、生活場面での話が多く出されています。数量ではモニターに映し出されたお手本の絵を覚え、絵が消えた後でお手本と同じものがいくつ作れるかを考える課題がありました。個別テストは絵画のほか、靴の着脱を伴う設定で生活習慣か巧緻性を行っています。生活習慣は、机の上のものを分類してジッパーつきビニール袋にしまい、さらに巾着袋に入れてひもをチョウ結びするといった、単に作業力を見るだけではない、日常生活に根ざした課題が出題されました。巧緻性は、ひもなどをチョウ結びする、割りばしなどを数本まとめて折り紙を巻きセロハンテープで留める、紙をちぎる、つぼのりを使って貼るなど、幅広く手先を使う作業が出題されました。いずれも実体験の有無で大きな差が生じる課題といえます。絵画では、モニターに映された風鈴とほうき、サクラとチョウチョ、タイヤと雪、ツクシとおにぎりといった２つのものと自分が出てくる絵を描く課題でした。描写する力だけでなく発想力も求められます。さらに例年同様、絵を描いている間に「何を描いているのですか」とテスターにたずねられるため、言葉で表現する力も必要です。これらは学校生活を送るうえで必要な自立心や社会性が育っているか、家族の一員として進んでお手伝いをしているか、段取りや見通しを考えて行動しているかなどの観点からの出題といえます。行動観察では、お祭りごっこやお店屋さんごっこなどの課題を通して、お友達と上手に相談を進める力に加えて、相談して決めたことを守って遊ぶ協調性も見られました。運動テストでは、テスターの後についてスキップで進み、階段３段を上って壁にタッチした後２段目まで下りてからマットの上に飛び降りるなどの連続運動が出され、お手本をしっかり見る意識の高さが求められました。第二次考査の親子面接では、約３分の２が子どもへの質問時間に充てられます。質問は幼稚園（保育園）と家庭生活のことが中心で難しい内容ではありませんが､答えを受けて質問が発展していくことがあります。普段から自分のことは自分でするという自立心を持ち、思ったことや聞かれたことへの答えを自分の言葉で伝えること、当日は面接官ときちんと向き合って答えることが大切です。両親へは例年子育てにかかわる質問が中心です。これは、学校の方針への理解や家庭の教育方針との共通点がどのくらいあるかを見るためです。

2023年度
入試における出題傾向と分析 - 3

【私立有名女子校・男子校】

雙葉・聖心女子・白百合学園・田園調布雙葉・横浜雙葉 日本女子大附属豊明・東洋英和・東京女学館・立教女学院・光塩ほか

昨年度は多くの女子校で出願者数が増えました。今年度は減少した学校も見られましたが、相変わらず有名女子校の人気は高く、考査日が11月１日以外の東洋英和女学院小学部と立教女学院小学校は10倍近くの倍率になりました。伝統校の雙葉小学校は人気校でもあり、考査日が11月１日でも10倍を超す倍率でした。2021年度よりコロナウイルス対策のため、集団テストのグループ活動や運動テストなどを実施しなかった学校もありました。しかし、コロナ禍の考査も３年目となり、密になることや教具の共有を避けながら、例年通りお友達とのかかわりを見る集団活動も行われるようになりました。どの学校も考査を通して総合的に、かつ細かく子どもを見るという姿勢に変わりはありません。女子校ではペーパーテストに偏らず、個別テストや集団テストも含め総合的なバランスが重視されます。ペーパーテストでは話の記憶、言語などが多く出題されています。これらは女子校の必修課題と考え、早めに対策を立てておきましょう。ペーパーテストや個別テストの課題は経験を重ねることである程度カバーできますが、行動観察ではそれぞれの家庭の日常生活の様子が如実に表れます。自立に向けての姿勢をどのように培ってきたかが問われる課題といえるでしょう。また、面接は学校と同じ方向性を持つ家庭であるかどうかを確認する場ととらえてください。そして、主体性を持って行動できるかどうかを見るうえで、行動観察でも面接でも、自分の考えをしっかりと言葉で伝えることができる表現力が重要になってくることは言うまでもありません。入試の課題は、子どもにこのようなことを身につけていてほしいという学校側の考えの表れです。課題の出来不出来よりも、一人ひとりの個性や集団におけるお友達とのかかわり、生活習慣が身についているかどうかを、小学校生活の重要なポイントと考えていることは間違いないでしょう。日常生活を通して語彙や表現力を豊かにしつつ、どのようにしてバランスよく力を養っていくかが、女子校入試対策の要となります。では、具体的に今年度の考査内容を見てみましょう。ペーパーテストでは、問題内容をしっかり把握する言葉の理解、すなわち問題の聞き取りが難しかったといえます。数量の進み方で、３種類の楽器が鳴るごとにそれぞれの約束通りにマス目を進むとき、どの楽器がいくつ鳴ったかをテスターが口頭で示した雙葉小学校の問題や、話の理解と常識の複合問題が出された日本女子大学附属豊明小学校の問題など、聞き取ったことをきちんと整理して考えないと正解できないものが目につきます。このようなしっかり聞いて考える問題では、学習の基本姿勢が問われます。また推理・思考の分野では、重ね図形が白百合学園小学校で、四方図が東洋英和女学院小学部、立教女学院小学校、光塩女子学院初等科で、対称図形が田園調布雙葉小学校で、回転図形が田園調布雙葉小学校、東洋英和女学院小学部で出されています。言語の問題はしりとりが雙葉小学校、聖心女子学院初等科、白百合学園小学校、日本女子大学附属豊明小学校、東洋英和女学院小学部、光塩女子学院初等科で、言葉に含まれる音の問題が横浜雙葉小学校、立教女学院小学校で出されるなど、語彙の広がりが問われました。常識の問題では身近な動植物などに加え、白百合学園小学校では、１週間が何日あるかや曜日などに関する問題も出されました。今年度の集団テストは、ほとんどの学校で共同制作や共同絵画、ごっこ遊びや集団ゲームなど相談を伴うグループでの活動が行われました。東京女学館小学校では例年親子での行動観察が実施されます。今年度はプラカードを使った当てっこゲームやジェスチャーゲームでした。個別テストや集団テストの中で行われる生活習慣では、はしを使う課題が立教女学院小学校、光塩女子学院初等科、ぞうきん絞りが東京女学館小学校、シャツたたみが白百合学園小学校で出されました。女子校の生活習慣は、靴の脱ぎ方や座布団の使い方など、課題として出題されていない所作や作法も当然身につけているものとして、一連の活動の中で見られていると考えましょう。2024年度の対策を考えるうえで、生活習慣のポイントをもう一度洗い直しておくことが大切です。

立教・暁星

関東の私立小学校の中で、男子校は立教小学校、暁星小学校の２校だけです。考査の内容にも男子特有の傾向を踏まえた設定が見られます。立教小学校の考査は２日間で、１日目は個別テスト、集団テスト、２日目は個別テストと集団テスト、運動テストが行われます。個別テストでは例年、話の記憶、数量、推理・思考などが出されていますが、入学後の教科学習への理解力や課題に対する柔軟性を重視していることが背景にあると考えられます。今年度は表と裏で異なる色が塗られた丸いチップを使った推理・思考の課題や、碁石を使った数量の課題などが出されました。今後も個別テストは相応の難易度が予想されるので、指示を確実に聞き自分で考え、最後までねばり強く取り組む姿勢を養っておきましょう。運動テストは、例年かけっこが行われています。ただ走ればよいというわけではなく、待ち方や走り方のルールがあるので、ポイントをつかんでおきましょう。考査日前に保護者面接が実施されます。面接資料は以前は当日記入でしたが、2021年度からはＷｅｂ出願後に面談資料を出力して記入し、面接当日の持参となりました。アンケートの内容は例年通りで、家族紹介などのほかに「立教小学校のどんな点に魅力を感じたか」と「家庭での育児で特に気をつけていること」「お子さまについて学校が留意すること」という質問がありました。暁星小学校は、ペーパーテスト、運動テストによる第一次考査と、集団テスト、保護者面接の第二次考査によって合格者が決まります。今年度の第一次考査では、数量や四方図、進み方などの課題が出題されました。指示をしっかり聞いてねばり強く考える力が求められます。さらに、常識や観察力、記憶、言語など幅広く出題されていますので、パターン化された問題に偏らないペーパーテスト対策を心掛けましょう。運動テストでは、ボールの投げ上げなどのほか、両足跳びとスキップでの連続運動、ジグザグドリブルなどが行われました。第二次考査の集団テストでは、初めてのお友達と楽しくかかわれるかどうかが大切になります。それと同時に、楽しい雰囲気に流されずにしっかりとルールを守る意識なども必要です。例年出題される巧緻性のほか、今年度は出題がありませんでしたが、生活習慣の課題も大切です。日ごろから服の着脱やたたみ方、カードや教具の片づけなど、自分の身の回りのことを丁寧に行うよう心掛けましょう。面接は以前は親子面接でしたが、2021年度からは保護者のみとなりました。また出願後に郵送されてくる用紙に記述して、期日に返送する保護者作文が今年度もありました。こうした変化にも慌てず対応できるよう準備しておきましょう。

2023年度
入試における出題傾向と分析 - 4

【共学一貫校】

青山学院・学習院・成蹊

大学までの共学一貫校の中で、青山学院初等部では例年個別テストを中心とした考査が行われていましたが、コロナ禍での入試となって以降の直近３年間は個別テストはなく、代わりにペーパーテストが実施されています。考査は２日間で、生年月日で分けられた指定日時に「適性検査Ａ」のペーパーテストが約１時間、「適性検査Ｂ」の集団テストと運動テストが約３時間行われました。学習院初等科の考査は例年通り１日で、生年月日順に日時が指定され、さらに志願者が引いた札の番号順に誘導されて、個別テスト、小グループによるゲームや巧緻性などの集団テスト、運動テストという流れで行われました。成蹊小学校は、昨年度同様１日目にペーパーテストと制作などの集団テスト、２日目に集団ゲームを主とした集団テストと運動テストが行われました。学校によって考査の実施方法は多少異なるものの、教科学習へとつながる基本的な力を見るとともに、お友達とかかわる場を通して社会性の発達や運動能力を見る集団テストも実施され、バランスよく成長しているかが問われています。今年度の青山学院初等部の１日目のペーパーテストでは、話の記憶、常識では仲間分けや仲間探し、言語ではしりとりや音に関するもの、そのほか記憶、点図形などが出題されました。２日目の集団テストではフルーツバスケット、オニごっこなどの課題遊び、運動テストではリレーが行われるなど、子どもが「楽しかった！」と思えるような内容になっています。このほか自由遊びなど多岐にわたる内容を時間をかけて行っていることからも、「疲れた」「もうやりたくない」などと言う後ろ向きな子どもではなく、何事も無邪気に楽しめる、活力にあふれた子どもを好む学校だといえるでしょう。学習院初等科の個別テストでは、話の記憶、生活習慣、系列完成、常識などが出されました。集団テストではシャツをたたんでケースに入れる生活習慣やチームに分かれて行う玉入れゲーム、運動テストでは太鼓の音に合わせた模倣体操やテスターの手拍子に合わせてジャンプする指示行動が行われ、ほかの子にまどわされずに約束通りに行う機敏性や意欲を見られました。成蹊小学校の１日目のペーパーテストでは、例年同様長文の話の記憶のほか、学習に必要な聞く、見る、考える力が問われる課題として、女子には切り分けた形を考える構成、男子にはお手本の形を作るのに使わない形を、各問ごとに指定された星の数だけ探すというやや難易度の高い問題が出されました。集団テストは、ピンポン球転がしのレーンを作る制作・巧緻性の課題とそれを使って遊ぶ行動観察でした。２日目の集団テストでは、チームに分かれて行う集団ゲームと、例年通り凝念の行動観察が実施されました。運動テストでは、かけっこやボール投げ、ドリブルが行われました。なお、３校とも保護者面接が行われます。青山学院初等部は考査とは別の指定日に、学習院初等科と成蹊小学校は子どもの考査中に同時進行で実施されます。いずれの学校も、面接資料として提出する書類がとても重要です。面接官はこれらに事前に目を通し、質問事項を用意しているので、前もって展開を想定し回答を準備しておくことが大切です。

2023年度
入試における出題傾向と分析 - 5

【都内国立大学附属校・都立附属校】

筑波大附属・お茶の水女子大附属・東京学芸大附属（大泉、小金井、世田谷、竹早）
立川国際中等教育学校附属

筑波大学附属小学校、東京学芸大学附属大泉・小金井・世田谷小学校では例年ペーパーテストが行われます。今年度もさまざまな領域から出題されましたが、各校の出題傾向に大きな変化はありませんでした。一方、お茶の水女子大学附属小学校、東京学芸大学附属竹早小学校はペーパーテストを行わず、集団テストや個別テスト、年度によっては運動テストなどを実施しています。それぞれ重視するポイントは異なりますが、ペーパー的な知識よりも社会性や発表力、行動力を見るという点は共通しています。国立大学附属小学校では、年齢相応の言語能力、認識能力に加えて、集団への適応力、子どもらしい意欲や興味、公共の交通機関を利用して通学できる体力、社会常識、自分のことを自分で行う姿勢や生活習慣など、より総合的な観点から考査が行われています。自立心や判断力が多様な場面で問われるので、日常生活のさまざまな場面で自ら考え行動する機会を増やし、意識を高めておきましょう。また、ペーパーテストを実施する学校では多人数で行うため、1対多でも指示を聞き取る力やスムーズな対応力が重要になります。各学校の出題傾向をよく把握しておきましょう。特に推理・思考の問題は出題範囲が広いので、重ね図形、対称図形などいろいろな問題に取り組み、具体物を使うなどして基本をしっかりと理解しておきましょう。常識も頻出課題です。身の回りのことについての知識や判断力は丁寧に確認しておくとよいでしょう。さらにお茶の水女子大学附属小では、ペーパーテストで行われるような課題が個別テストで行われるので、自主的に取り組みねばり強く考える姿勢や、自分の言葉で受け答えができることも大切です。学芸大学附属竹早小では、親子のかかわりを見るためお話作りやゲームなどの親子課題がありますが、今年度は絵カードを使ったお話作りが出題されました。多くの学校で出題される行動観察では、新しい集団でもスムーズに活動できる順応性が求められます。集団での遊びや新しいことに挑戦する機会を増やし、初対面の先生やお友達とも物おじせずにコミュニケーションをとれるようにしておきましょう。運動テストを行う学校ではポイントとなる場合が多いので、リズムを意識したケンケン、ケンパー、スキップやボールを使った運動、クマ歩きやマット運動などの機会を増やしておくとよいでしょう。筑波大学附属小や学芸大学附属小金井小では手先の巧緻性を見る課題が必ず出されるため、ひもを結ぶ、紙を折る・ちぎる、クリアフォルダに挟むなどの課題にも取り組んでおく必要があります。なお、筑波大学附属小では、2016年度から保護者に作文課題があります。教育方針を理解し、入学後は学校と協調してほしいという願いから、保護者の意識を確認しているようです。また、今年度の学芸大学附属竹早小の親子面接は、昨年度に続き考査当日に記入したアンケートを基に質問されました。なお、初の都立小学校として2022年度に新設された立川国際中等教育学校附属小学校は、今年度も男女とも20倍を超す倍率で人気の高さがうかがえました。ペーパーテストと個別テストの言語、運動テストが行われ、ペーパーテストでは幅広い分野から出題されました。

2023年度
入試における出題傾向と分析 - 6

【神奈川・埼玉・千葉エリア主要校】

神奈川エリア ― 慶應横浜・横浜雙葉・湘南白百合学園・精華・洗足学園 桐蔭学園・横浜国立大附属（鎌倉、横浜）

慶應義塾横浜初等部の考査は、昨年度と変わらず第一次と第二次が実施され、第一次考査のペーパーテストの合格者に対し、第二次考査の集団テスト（巧緻性、絵画など）、運動テストが行われました。ペーパーテストでは話の記憶、数量、推理・思考が出題され、集団テストははしの扱いや紙をちぎる、ペットボトルのふたを高く積むなどの巧緻性と、与えられた２つのテーマに沿って描く想像画でした。第一次では学習の基本である見る力、聞く力、第二次では指示を聞いてしっかり作業する力と自分なりに工夫する力、またテスターに質問されたときにきちんと自分の思いを伝える表現力がポイントとなっています。横浜雙葉小学校では、ペーパーテスト、集団テスト、運動テストが行われました。親子面接は考査に先立って行われ、例年同様、親子ゲームを通して親子のかかわり方も見られました。今年度の集団テストは数量の要素を含む巧緻性で、集団活動がないこともあり考査の所要時間が約２時間30分となりました。湘南白百合学園小学校では、ペーパーテスト、個別テスト、集団テスト、運動テスト、考査日前に親子面接が行われました。ペーパーテストはテスターと一対一の形で行われ、話の記憶、常識、数量、言語、推理・思考、点図形などが出題されました。難問はあまり出さない学校ですが、問題の聞き取り、解答の仕方など、丁寧な取り組みが求められます。精華小学校では、ペーパーテスト、個別テスト、集団テスト、運動テスト、考査日前に親子面接が行われました。ペーパーテストでは推理・思考、観察力、絵画などが出題され、絵画は聞いたお話に合う絵を描く想像画でした。個別テストは昨年同様に絵を見ながらお話を聞いた後、テスターの質問に答える言語・常識が出題されました。洗足学園小学校では今年度より、月齢別・男女別の考査が行われ、ペーパーテストでは推理・思考、数量、常識、言語などの分野からさまざまな問題が出題されました。集団テストでは指示に従ってなぞる、塗る、ひもを通して結ぶ作業がある巧緻性・絵画のほか、絵カードを使ったゲームなども出題されました。桐蔭学園小学校では、ペーパーテスト、個別テスト、集団テストが実施されました。また昨年度から、集団テストと保護者面接のみのアドベンチャー入試が行われています。横浜国立大学教育学部附属鎌倉小学校は第一次考査が２日間で、１日目に運動テスト、２日目に個別テストが実施されました。運動テストは、動いている棒（テスターが揺らしている）にぶつからないように通り抜けるなど例年通りの出題でした。不規則な動きをする棒に対応しなければならず、子どもが本来持つ敏捷性やバランス感覚を見る特徴的な課題です。個別テストでは話の記憶、常識などが出題されました。また第二次考査では第一次合格者を対象に抽選が行われました。横浜国立大学教育学部附属横浜小学校では、第一次考査の２日間で映像と音声による出題のペーパーテスト、行動観察と巧緻性などの集団テストが行われ、第二次考査では第一次合格者を対象に抽選が行われました。ペーパーテストでは、話の記憶、数量、構成などが出題されました。難易度としては標準的な問題ですが、映像での出題もあるので、しっかり聞くことと同時に見ることを意識させましょう。行動観察では、音楽に合わせて歩き、音楽が止まったら動物のまねをする課題や体ジャンケンがありました。協調性や社会性が見られているといえるでしょう。

埼玉エリア — 浦和ルーテル・開智小学校（総合部）・さとえ学園 西武学園文理・星野学園・埼玉大附属

埼玉県の私立小学校は、浦和ルーテル学院小学校、開智小学校（総合部）、さとえ学園小学校、西武学園文理小学校、星野学園小学校の各校とも、学校の教育方針や運営上の特色を明確に持っています。難易度の高い問題を出す学校もあるので、総合的な受験準備をしておくことが大切です。また、都内の学校よりも試験日程が早いため、初めての「本番」という受験生が多いせいか、緊張のため実力を十分に発揮できないお子さんも毎年います。模擬テストを有効活用し実戦力を養っておきましょう。特に開智小学校（総合部）では、色や形の規則性を理解して空きに何が入るか推理するなど独特の問題が出され、今年度も上下左右に同色が並ばないようボールを入れるという出題がありました。類似問題に取り組みパターンに慣れておきましょう。浦和ルーテル学院小学校は青山学院の系属校となり、人気上昇が続いています。ペーパーテストだけでなく、制作や行動観察などの集団テストもあり出題が幅広いので、総合力を高めておきましょう。さとえ学園小学校も倍率が上がり、出題領域の広いペーパーテストやグループ活動のある集団テストなど、幅広い対策が必要です。埼玉大学教育学部附属小学校の考査はここ数年大きな変わりはなく、第一次考査ではペーパーテスト、集団テスト、運動テストが行われます。ペーパーテストでは推理・思考、常識、巧緻性などが出題されました。第二次考査は集団テストと親子面接で、親子面接では親子のやりとりを見る場面がありました。私立校受験と同様に、総合的にバランスよく力がついていることが望ましいといえるでしょう。

千葉エリア — 国府台女子学院・昭和学院・千葉日大 千葉大附属

千葉エリアにおける私立の各学校については、目立った変化はありませんでした。千葉大学教育学部附属小学校では、ほかの首都圏の国立大学附属小学校と異なり抽選が実施されず、考査の得点のみで合否が決定されます。千葉市内には私立小学校がないため国立１校に人気が集中することもあり、県内私立校に比べかなり高い倍率となっています。私立小学校に関しては、以前は都内の学校を第一志望とする家庭も多かったのですが、千葉県内の私立校では近年の少子化に対応してカリキュラムを充実させているという背景もあり、人気の高まりがうかがえます。ペーパーテストの出題範囲が広く、集団テストでの行動観察を重視する学校も増えているので、的確な傾向分析と対策が必要です。国府台女子学院小学部や千葉日本大学第一小学校の出題は多岐にわたり、話を聞く力や場の状況に合わせた行動ができる対応力を身につけておかなければなりません。昭和学院小学校については、上級学校のシステムや進学状況、建学の精神などをよく調べたうえで、小学校受験でのメリットを考えて受験する家庭や、英語や体操教室など放課後教育を求めて受験する共働き家庭が増えています。いずれの学校も、ペーパーテストだけでなく、集団テストでの行動観察なども含め総合的に判定しますので、生活習慣のチェックや自立心を高めるなど、家庭教育の在り方も重要です。

2023年度　小学校別考査出題リスト

【私立】東京都

別・共学	学校名	住所・電話	ペーパー	集団	個別	運動	面接
共	青山学院初等部	東京都渋谷区渋谷4-4-25 〒150-8366　☎(03)3409-6897	○	○		○	○
共	学習院初等科	東京都新宿区若葉1-23-1 〒160-0011　☎(03)3355-2171		○	○	○	○
共	国立学園小学校	東京都国立市中2-6 〒186-0004　☎(042)575-0010	○	○	○	○	○
共	慶應義塾幼稚舎	東京都渋谷区恵比寿2-35-1 〒150-0013　☎(03)3441-7221		○		○	
共	サレジアン国際学園 目黒星美小学校	東京都目黒区碑文谷2-17-6 〒152-0003　☎(03)3711-7571	○	○	○		○
共	淑徳小学校	東京都板橋区前野町5-3-7 〒174-8588　☎(03)5392-8866	○	○			○
共	昭和女子大学附属昭和小学校	東京都世田谷区太子堂1-7-57 〒154-8533　☎(03)3411-5114	○	○			○
共	聖学院小学校	東京都北区中里3-13-1 〒114-8574　☎(03)3917-1555	○	○		○	○
共	成蹊小学校	東京都武蔵野市吉祥寺北町3-3-1 〒180-8633　☎(0422)37-3839	○	○		○	○
共	成城学園初等学校	東京都世田谷区祖師谷3-52-38 〒157-8522　☎(03)3482-2106		○	○	○	○
共	玉川学園小学部	東京都町田市玉川学園6-1-1 〒194-8610　☎(042)739-8111		○	○	○	○
共	東京都市大学付属小学校	東京都世田谷区成城1-12-1 〒157-0066　☎03-3417-0104	○	○		○	○
共	東京農業大学稲花小学校	東京都世田谷区桜3-33-1 〒156-0053　☎(03)5477-4115	○	○			○
共	桐朋小学校	東京都調布市若葉町1-41-1 〒182-8510　☎(03)3300-2111		○	○		
共	桐朋学園小学校	東京都国立市中3-1-10 〒186-0004　☎(042)575-2231		○			
共	文教大学付属小学校	東京都大田区東雪谷2-3-12 〒145-0065　☎(03)3720-1097	○		○		○
共	宝仙学園小学校	東京都中野区中央2-33-26 〒164-8631　☎(03)3365-0231	○	○	○	○	○
共	早稲田実業学校初等部	東京都国分寺市本町1-2-1 〒185-8506　☎(042)300-2171	○	○	○	○	○
男	暁星小学校	東京都千代田区富士見1-1-13 〒102-0071　☎(03)3261-1510	○	○		○	○
男	立教小学校	東京都豊島区西池袋3-36-26 〒171-0021　☎(03)3985-2728		○	○	○	○
女	川村小学校	東京都豊島区目白2-22-3 〒171-0031　☎(03)3984-7707		○	○	○	○
女	光塩女子学院初等科	東京都杉並区高円寺南2-33-28 〒166-0003　☎(03)3315-1911	○	○	○	○	○
女	白百合学園小学校	東京都千代田区九段北2-4-1 〒102-8185　☎(03)3234-6662	○	○	○		○
女	聖心女子学院初等科	東京都港区白金4-11-1 〒108-0072　☎(03)3444-7671	○	○	○		○
女	田園調布雙葉小学校	東京都世田谷区玉川田園調布1-20-9 〒158-8511　☎(03)3721-3994	○	○	○		○
女	東京女学館小学校	東京都渋谷区広尾3-7-16 〒150-0012　☎(03)3400-0987	○	○	○	○	○
女	東洋英和女学院小学部	東京都港区六本木5-6-14 〒106-0032　☎(03)5411-1322	○	○		○	○
女	日本女子大学附属豊明小学校	東京都文京区目白台1-16-7 〒112-8681　☎(03)5981-3800	○	○			○
女	雙葉小学校	東京都千代田区六番町14-1 〒102-0085　☎(03)3263-0822	○	○			○
女	立教女学院小学校	東京都杉並区久我山4-29-60 〒168-8616　☎(03)3334-5102	○	○	○	○	○

【私立】神奈川県

別・共学	学校名	住所・電話	ペーパー	集団	個別	運動	面接
共	青山学院横浜英和小学校	神奈川県横浜市南区蒔田町124 〒232-8580　☎(045)731-2863	○	○			○
共	カリタス小学校	神奈川県川崎市多摩区中野島4-6-1 〒214-0012　☎(044)922-8822	○	○	○		○
共	慶應義塾横浜初等部	神奈川県横浜市青葉区あざみ野南3-1-3 〒225-0012　☎(045)507-8441	○	○		○	
共	相模女子大学小学部	神奈川県相模原市南区文京2-1-1 〒252-0383　☎(042)742-1444	○	○	○		○

【私立】神奈川県

別・共学	学校名	住所・電話	ペーパー	集団	個別	運動	面接
共	湘南学園小学校	神奈川県藤沢市鵠沼松が岡4-1-32 〒251-8505 ☎(0466)23-6611	○	○	○	○	○
共	精華小学校	神奈川県横浜市神奈川区沢渡18 〒221-0844 ☎(045)311-2963	○	○	○	○	○
共	清泉小学校	神奈川県鎌倉市雪ノ下3-11-45 〒248-0005 ☎(0467)25-1100	○	○	○	○	○
共	洗足学園小学校	神奈川県川崎市高津区久本2-3-1 〒213-8580	○	○		○	○
共	桐蔭学園小学校	神奈川県横浜市青葉区鉄町1614 〒225-8502 ☎(045)971-1411	○	○	○		○
共	桐光学園小学校	神奈川県川崎市麻生区栗木3-13-1 〒215-8556 ☎(044)986-5155	○	○			
共	日本大学藤沢小学校	神奈川県藤沢市亀井野1866 〒252-0885 ☎(0466)81-7111	○	○			○
共	森村学園初等部	神奈川県横浜市緑区長津田町2695 〒226-0026 ☎(045)984-2509	○	○			○
女	湘南白百合学園小学校	神奈川県藤沢市片瀬海岸2-2-30 〒251-0035 ☎(0466)22-0200	○	○	○	○	○
女	横浜雙葉小学校	神奈川県横浜市中区山手町226 〒231-8562 ☎(045)641-1628	○	○		○	○

【私立】埼玉県・千葉県・茨城県

別・共学	学校名	住所・電話	ペーパー	集団	個別	運動	面接
共	浦和ルーテル学院小学校	埼玉県さいたま市緑区大崎3642 〒336-0974 ☎(048)711-8221	○	○			○
共	開智小学校(総合部)	埼玉県さいたま市岩槻区徳力186 〒339-0004 ☎(048)793-0080	○	○		○	○
共	さとえ学園小学校	埼玉県さいたま市北区本郷町1813 〒331-0802 ☎(048)662-4651	○	○		○	○
共	西武学園文理小学校	埼玉県狭山市下奥富600 〒350-1332 ☎(04)2900-1800	○	○		○	○
共	星野学園小学校	埼玉県川越市上寺山216-1 〒350-0826 ☎(049)227-5588	○	○		○	○
共	昭和学院小学校	千葉県市川市東菅野2-17-1 〒272-0823 ☎(047)300-5844	○	○	○	○	○
共	千葉日本大学第一小学校	千葉県船橋市習志野台8-34-2 〒274-0063 ☎(047)463-6621	○	○		○	○
共	日出学園小学校	千葉県市川市菅野3-23-1 〒272-0824 ☎(047)322-3660	○	○			○
女	国府台女子学院小学部	千葉県市川市菅野3-24-1 〒272-8567 ☎(047)322-5644	○	○			○
共	江戸川学園取手小学校	茨城県取手市野々井1567-3 〒302-0032 ☎(0297)71-3353	○	○		○	○
共	開智望小学校	茨城県つくばみらい市筒戸字諏訪3400 〒300-2435 ☎(0297)38-6000	○	○		○	○

【国立・都立】首都圏

別・共学	学校名	住所・電話	ペーパー	集団	個別	運動	面接
共	お茶の水女子大学附属小学校	東京都文京区大塚2-1-1 〒112-8610 ☎(03)5978-5873		○	○		○
共	筑波大学附属小学校	東京都文京区大塚3-29-1 〒112-0012 ☎(03)3946-1392	○	○		○	
共	東京学芸大学附属大泉小学校	東京都練馬区東大泉5-22-1 〒178-0063 ☎(03)5905-0200	○	○	○		○
共	東京学芸大学附属小金井小学校	東京都小金井市貫井北町4-1-1 〒184-8501 ☎(042)329-7823	○	○	○	○	
共	東京学芸大学附属世田谷小学校	東京都世田谷区深沢4-10-1 〒158-0081 ☎(03)5706-2131	○	○	○		
共	東京学芸大学附属竹早小学校	東京都文京区小石川4-2-1 〒112-0002 ☎(03)3816-8943		○			○
共	横浜国立大学教育学部附属 鎌倉小学校	神奈川県鎌倉市雪ノ下3-5-10 〒248-0005 ☎(0467)22-0647			○	○	
共	横浜国立大学教育学部附属 横浜小学校	神奈川県横浜市中区立野64 〒231-0845 ☎(045)622-8322	○	○			
共	埼玉大学教育学部附属小学校	埼玉県さいたま市浦和区常盤6-9-44 〒330-0061 ☎(048)833-6291	○	○		○	○
共	千葉大学教育学部附属小学校	千葉県千葉市稲毛区弥生町1-33 〒263-8522 ☎(043)290-2462	○	○		○	
共	立川国際中等教育学校附属小学校	東京都立川市曙町3-13-15 〒190-0012 ☎(042)526-7075	○		○	○	

※上記の66校を、vol. Ⅰとvol. Ⅱに分けて掲載しています。

小学校受験 Check Sheet

お子さんの受験を控えて、何かと不安を抱えるご両親も多いかと思います。受験対策はしっかりやっていても、すべてをクリアしているとは思えないのが実状ではないでしょうか。そこで、このチェックシートをご用意しました。1つずつチェックをしながら、受験に向かっていってください。

☑ ペーパーテスト編

- ☐ お子さんは長時間座っていることができますか。
- ☐ お子さんはスムーズにプリントをめくったり、印をつけたりできますか。
- ☐ お子さんは長い話を根気よく聞くことができますか。
- ☐ お子さんは机の上を散らかさずに作業ができますか。

☑ 個別テスト編

- ☐ お子さんは長時間立っていることができますか。
- ☐ お子さんは初対面の大人と話せますか。
- ☐ お子さんはハキハキと大きい声で話せますか。
- ☐ お子さんは自信を持ってテキパキと作業ができますか。

☑ 絵画、制作編

- ☐ お子さんは絵を描くのが好きですか。
- ☐ お子さんははさみやセロハンテープなどを使いこなせますか。
- ☐ お家にお子さんの絵を飾っていますか。
- ☐ お子さんはお家で空き箱や牛乳パックなどで制作をしたことがありますか。

☑ 行動観察編

- ☐ お子さんは初めて会ったお友達と話せますか。
- ☐ お子さんは何もおもちゃがない状況で遊べますか。
- ☐ お子さんは集団の中でほかの子とかかわって遊べますか。
- ☐ お子さんは順番を守れますか。

☑ 運動テスト編

- ☐ お子さんは運動をするときに意欲的ですか。
- ☐ お子さんはリズム感がありますか。
- ☐ お子さんは長い距離を歩いたことがありますか。
- ☐ お子さんはボール遊びが好きですか。

☑ 面接対策・子ども編

- ☐ お子さんは、ある程度の時間、きちんと座っていられますか。
- ☐ お子さんはお父さま、お母さまと3人で行動することに慣れていますか。
- ☐ お子さんは返事が素直にできますか。
- ☐ お子さんは単語でなく、文で話せますか。

☑ 面接対策・保護者（両親）編

- ☐ 最近、ご家族での楽しい思い出がありますか。
- ☐ お父さまは、お子さんのお家での生活や幼稚園（保育園）での生活をご存じですか。
- ☐ ご両親の教育方針は一致していますか。
- ☐ 最近タイムリーな話題、または昨今の子どもを取り巻く環境についてご両親で話をしていますか。

首都圏
国立大学・都立中等教育学校
附属小学校入試問題

section

2023　お茶の水女子大学附属小学校入試問題

解答は別冊解答例002ページ

選抜方法

第一次　男女ともA（4月2日～7月31日生）、B（8月1日～11月30日生）、C（12月1日～4月1日生）の3グループに分け、それぞれ抽選で男子、女子ともに50人前後を選出する。後日、第二次検定手続きに必要な検定受検票、筆記用具、印鑑、朱肉を持参し手続きを行う。

第二次　考査は1日で、第一次合格者を対象に個別テスト、集団テストを行う。A、B、Cのグループ別に、ゼッケンが入っている封筒を子どもが引いて受検番号が決まる。所要時間は2時間～2時間20分。子どもの考査中に保護者面接が行われる。面接の所要時間は5～10分。当日は検定受検票、健康チェックカード、住民票、検定払込完了証、筆記用具を持参する。

第三次　第二次合格者による抽選。検定受検票、筆記用具を持参する。

個別テスト

廊下で待機し、1人ずつ入室。考査後は、考査室の仕切りの向こう側に移動し、絵本を読みながら静かに待つ。課題はグループによって異なる。

1　言語・お話作り

・（本物のバナナと模擬のバナナを見せられる）2つを見て、違うと思うのはどのようなところですか。お話ししてください。

A

・（泡立て器などの調理器具が描かれた絵を見せられる）これらを使って何かを作っているところを見たことはありますか。何を作っていましたか。

B

写真が4枚入る四角い枠があり、そのうち2つの枠にはすでに写真が入っている。ほかに3枚の写真が用意されている。

・お誕生日の様子をアルバムにします。ほかに3枚の写真がありますね。あなたなら、どの写真を空いているところに入れますか。つながるように考えてお話ししてください。

C

ウサギとクマが積み木で遊んでいる絵と、ウサギとクマが背中を向けて怒っている絵を順番に見せられる。

・どうして2匹はけんかをしたと思いますか。お話ししてください。

2　言語・記憶

タブレット端末で、外国の大人の女性と子どもがお話をして、抱き合う様子の映像を見せられる。

・今見たものの様子をお話ししてください。どのように思いましたか。

４枚の絵カードが用意される。

・先ほど見た人たちは、「こんにちは」と言っていました。では、どのようにあいさつをしていましたか。４枚のカードから１枚選びましょう。

3 推理・思考（比較）

背の高さがそれぞれ違う４人の子どもの絵カードが用意されている。

・左から背が高い順になるように、カードを並べ替えてください。

4 推理・思考・数量

A

丸いピザが描かれている台紙、段ボール紙製のピザカッター、スタンプ台（青）が用意されている。

・ピザを５人で仲よく分けます。ピザカッターにインクをつけて、ちょうど同じ大きさに分ける線を引きましょう。

B

４人の子どもとドーナツ６個が描かれている絵を見せられる。

・このドーナツを４人で仲よく分けるにはどうすればよいか、お話ししてください。

・ほかにも分け方はありますか。

5 言語・常識（仲間探し）

３つの箱にそれぞれ、三角（三角柱）、四角（立方体、直方体）、丸（円柱）の積み木が複数入っている。テスターから円柱の積み木を見せられる。

・この積み木はどの積み木の仲間か考えて、箱に入れてください。

・なぜその箱に入れたのですか。お話ししてください。

集団テスト

課題はグループによって異なる。

6 制作（動物のお面作り）

各自の机の上に、耳の台紙（色画用紙、３種類）、リボン、フェルトペン（黒）、セロハンテープ、はさみ、材料を取りに行く際のトレーが用意されている。共通の材料置き場には、紙皿（穴が２つ開いている）、折り紙、毛糸、割りばし、ストローが用意されている。テスターが途中までお手本を見せながら、作り方を説明する。

・紙皿を使って、好きな動物のお面を作りましょう。まず、紙皿の穴にリボンを通してチョウ結びをしてください。次にフェルトペンで紙皿に顔を描いて、３種類ある耳の台紙の中から好きなものを選んで切り取り、セロハンテープで貼りつけましょう。

・この後は、用意されている材料を使って自由に仕上げましょう。トレーを持って必要な材料を取りに行ってください。材料は何回か取りに行ってもよいですが、使う分だけを取りましょう。できあがったら、かぶっている赤白帽子とお面の裏側に先生が配るマジックテープをつけて、お面を帽子につけましょう。

7 制作（羽のある生き物作り）

各自の机の上に、紙コップ(底に穴が2つ開いている)、曲がるストロー2本、折り紙(金色、銀色、赤、青、黄色、緑）各1枚、羽の台紙（半分に折ってある)、丸シール（白）2枚、フェルトペン（黒)、液体のり、セロハンテープ、はさみ、ウエットティッシュが用意されている。テスターが途中までお手本を見せながら、作り方を説明する。

・紙コップを使って、この世界のどこにもいないような羽のある生き物を作りましょう。紙コップの穴にストローを1本ずつ差し込んだら、白い丸シールにフェルトペンで目を描いて、ストローに貼ってください。羽の台紙を折ったまま線に沿って切り取り、2枚の羽ができたら、紙コップにセロハンテープで貼りましょう。

・この後は、自分が作りたい生き物になるように折り紙を使って自由に飾りつけをしましょう。

8 制作（車作り）

各自の机の上に、小さい段ボール箱、タイヤ2つの台紙、切り取られたタイヤ2枚、折り紙（金色、銀色、赤、青、黄色、緑）各1枚、アルミ製おかずカップ（大、小）各2枚、フェルトペン（黒)、木工用ボンド、はさみ、ウエットティッシュが用意されている。テスターが途中までお手本を見せながら、作り方を説明する。

・ダンボール箱を使って車を作りましょう。台紙からタイヤを2枚切り取り、もう切り取られているものと合わせて4枚のタイヤを箱にボンドでつけてください。

・この後は、自分の好きな車になるように折り紙やアルミ製のカップを使って自由に飾りつけをしましょう。

行動観察

（制作で動物のお面を作ったグループ）

・お面にチョウ結びしたリボンが同じ色の人約4人とグループになり、作ったお面をつけた帽子をかぶり、動物学校ごっこをして遊ぶ。グループで相談して先生役などを決める。

（制作で羽のある生き物を作ったグループ）

・約4人のグループで行う。床にすごろくの台紙とサイコロ1つが置いてあり、作った生き物を駒にしてすごろくで遊ぶ。すごろくのマス目にはパンダ、ニワトリなど生き物の絵や、ハイタッチ、ジャンプなどアクションの絵が描いてあり、パンダに止まったら1回お休み、パンダ以外の生き物に止まったらみんなで一緒にその生き物のまねをする。ハイタッチやジャンプなどに止まったら、みんなで一緒にその動作を行う。サイコロを振る順番はグループで相談して決める。

（制作で車を作ったグループ）

・約4人のグループで行う。床に道路が描かれたマットが用意されている。作った車を使ってグループで自由に遊ぶ。

ジャンケン列車

約20人でジャンケン列車を行う。音楽が流れている間はお友達とぶつからないように室内を自由に歩き、音楽が止まったら近くのお友達とジャンケンをする。負けた人は勝った人の後ろにつき、両手を肩に置いてつながる。長い列車になるまで何回かくり返し行う。

保護者面接

子どもたちが考査会場に移動した後、保護者は体育館で待機。受検番号順に着席し、呼ばれたら、面接会場である前方に設けられたブースに入る。面接官2人と保護者1人で行う。

保護者

・お子さんの名前と生年月日、住所を教えてください。
・お子さんの長所と短所をお話しください。
・差し支えなければ、ご職業についてお聞かせください。
・ご家庭で大切にしているルールは何ですか。それはなぜですか。
・ご家庭の方針と相反することは何ですか。
・スマートフォンやタブレット端末について、どのように考えていますか。今後どのようにつき合っていくつもりですか。
・ご両親ともに働いていらっしゃいますが、送り迎えや行事への参加は大丈夫ですか。
・通学時間はどのくらいかかりますか。不安はないですか。

面接資料／アンケート

第一次抽選通過者のみ30分程度のアンケートを第二次検定手続き時に実施。用紙サイズはＢ５判（300字程度、罫線あり）。以下のようなテーマで記述する。

・あなたは「自由」について、どのように考えますか。300字程度でお書きください。

1

―

A

B

1
|
C

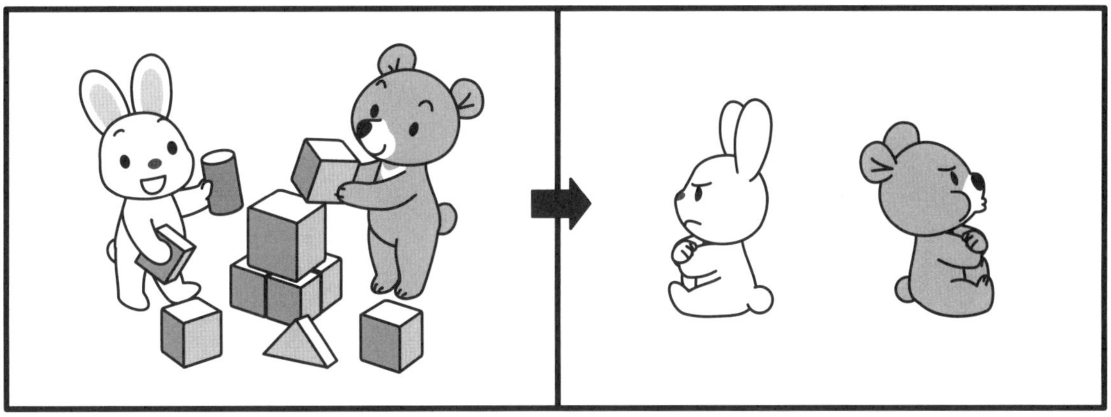

2

〈絵カード〉

3

4—A

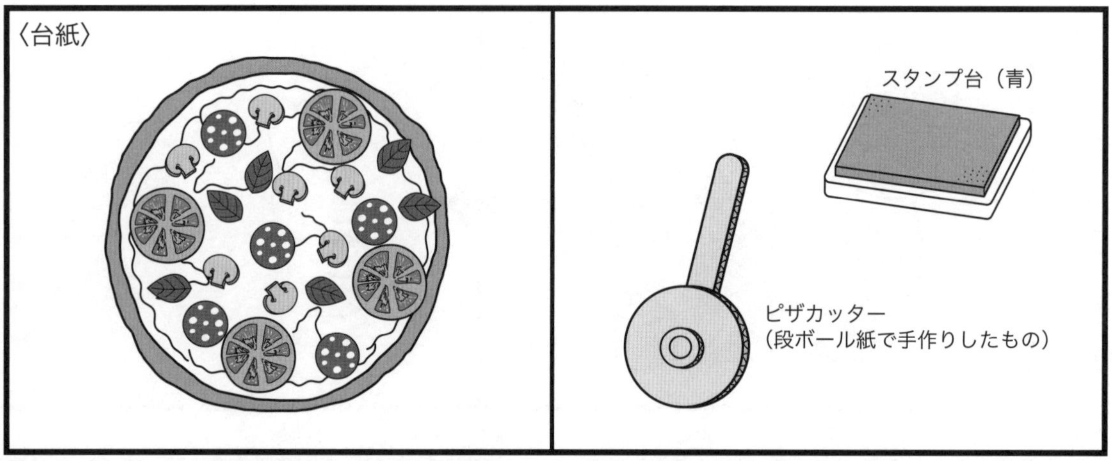
〈台紙〉
スタンプ台（青）
ピザカッター
（段ボール紙で手作りしたもの）

B

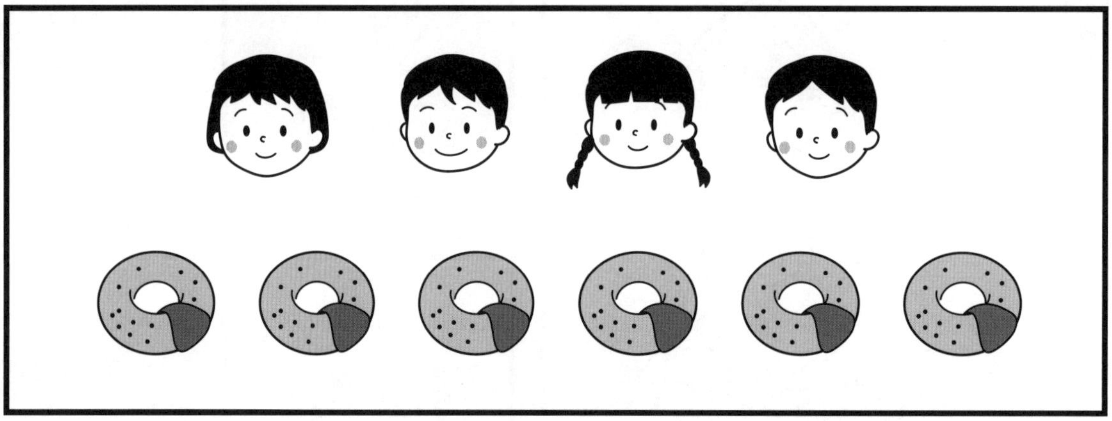

5

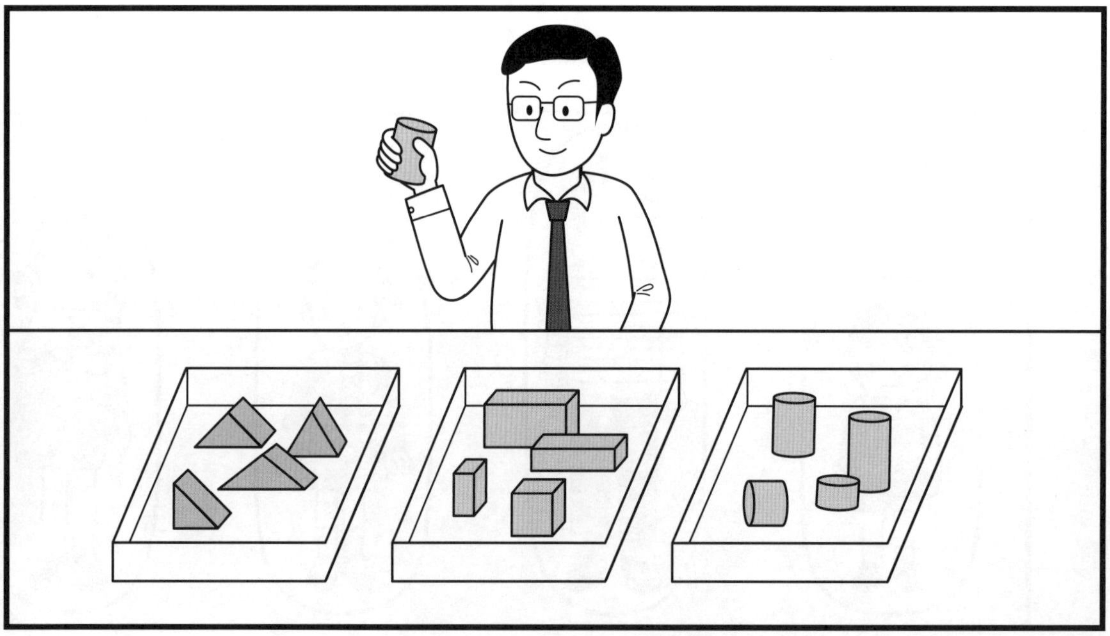

6

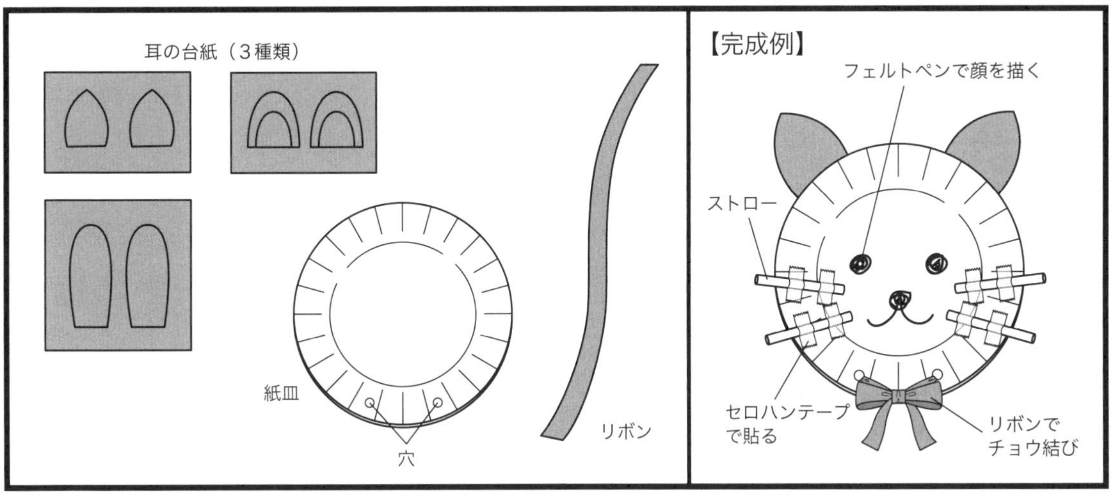
耳の台紙（3種類）
紙皿
穴
リボン
【完成例】
フェルトペンで顔を描く
ストロー
セロハンテープ
で貼る
リボンで
チョウ結び

7

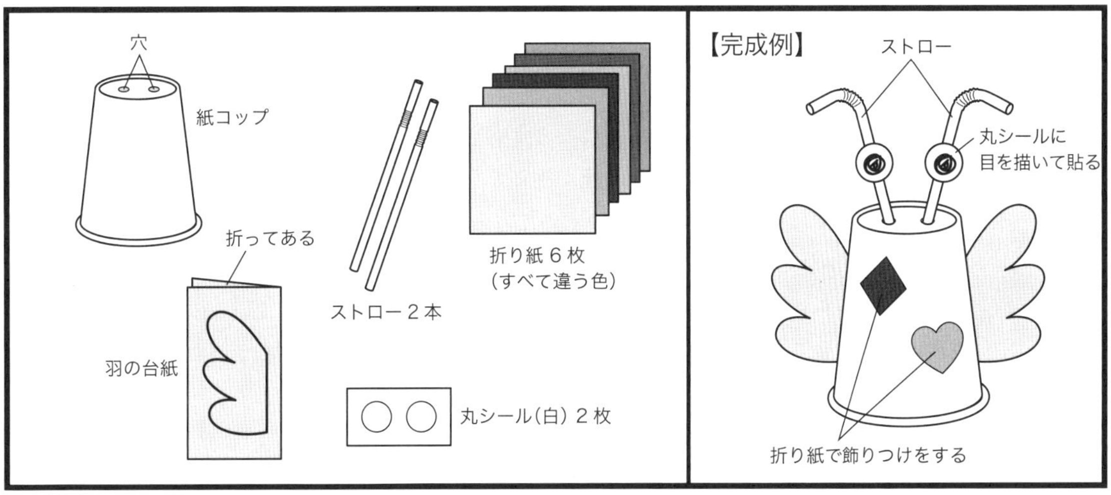
穴
紙コップ
折ってある
羽の台紙
ストロー2本
折り紙6枚
（すべて違う色）
丸シール（白）2枚
【完成例】
ストロー
丸シールに
目を描いて貼る
折り紙で飾りつけをする

8

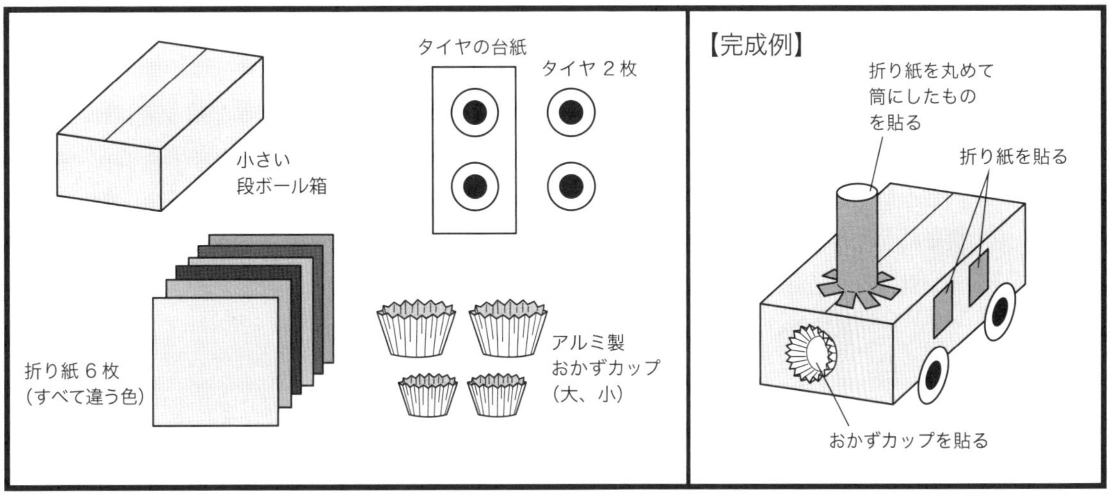
小さい
段ボール箱
タイヤの台紙
タイヤ2枚
折り紙6枚
（すべて違う色）
アルミ製
おかずカップ
（大、小）
【完成例】
折り紙を丸めて
筒にしたもの
を貼る
折り紙を貼る
おかずカップを貼る

section
2023 東京学芸大学附属大泉小学校入試問題

解答は別冊解答例002ページ

選抜方法

第一次 男女別に志願者の男子約80％（616人）、女子約90％（660人）を抽選で選出。

第二次 第一次合格者を対象に男女別に考査を実施する。考査は２日間で、１日目に20〜25人単位でペーパーテスト、集団テスト、２日目に３人１組で個別テスト、本人面接を行う。所要時間は１日目が１時間〜1時間30分、２日目が約10分。

考査：１日目

ペーパーテスト

筆記用具は鉛筆を使用し、訂正方法は ＝（横２本線）。出題方法は音声。

1 話の記憶

「今日は、動物たちが集まってみんなでお食事をする日です。今回はライオン君がお料理を作る当番です。どんなお料理を作ったらお友達が喜んでくれるのかわからないので、ライオン君は心配でなりません。台所に行って冷蔵庫の中をのぞいてみると、ライオン君が買っておいたお肉が入っています。『何を作ろうかな』とあれこれ考えて困っていると、クマ君が『タマネギを持ってきたよ！』と、やって来ました。みんなはそれぞれ、何か野菜を持ってくることになっているのです。ライオン君が『何を作ろうかといろいろ考えているけど、まだ何も思いつかなくて悩んでいるんだ』と言うと、クマ君は『ライオン君はお料理上手だから、きっとおいしいごちそうが作れるよ』と言ってくれたので、少し安心しました。次にやって来たのはキツネさんで、手にはニンジンを持っています。その次には、ハリネズミさんがジャガイモを持ってきました。これで、全員がそろいました。ライオン君が『お肉にタマネギ、ニンジン、ジャガイモ……これで何を作ろうかな』とつぶやくと、クマ君が『僕はスープが飲みたいな』と言いました。キツネさんは『わたしは肉じゃがが食べたい！』ハリネズミさんは『わたしはカレーライスがいいな』とそれぞれ食べたいものを言いました。それを聞いてうれしくなったライオン君は『じゃあ、頑張って全部作るよ！』と、張り切ってお料理を始めました。最初に作ったのはカレーライスです。『しっかり煮込んで、お肉も野菜も柔らかくしたいからね』。次に作ったのは、肉じゃがです。『あまり煮込みすぎるとジャガイモが崩れてなくなっちゃうから、気をつけなくちゃ』。最後にクマ君のスープを作ります。みんなもお皿やスプーンを並べてお手伝いしました。さすがライオン君、あっという間においしそうなお料理を３つも作り上げました。テーブルに並べて『いただきます』と元気にあいさつをすると、みんなで楽しく食べました」

・ライオン君はどのようなことで困っていましたか。合う絵に○をつけましょう。
・クマ君が持ってきてくれた野菜に○をつけましょう。
・ライオン君は料理をどのような順番で作りましたか。作った順番に上から料理が並んでいる四角に○をつけましょう。

2 話の理解

・動物たちがジャンケンをしました。最初にイヌとネコがジャンケンをすると、イヌが勝ちました。次にサルと鳥がジャンケンをして、サルが勝ちました。その後、イヌとサルがジャンケンをしたらイヌが勝ちました。では、ジャンケンが一番強かった動物に○をつけましょう。

3 数量（対応）

・３人の子どもたちの今日のおやつはクッキーです。１人のお皿にはもうクッキーがのっていますね。ほかの２人にも同じ数だけ右のクッキーを配ると、何枚残りますか。残る数だけ、右のクッキーに○をつけましょう。

4 推理・思考（四方図）

・左端のウサギを反対側から見ると、どのように見えますか。右から選んで○をつけましょう。

5 常識（判断力）

・女の子が、鉢植えのアサガオに毎日水をあげてお世話をしています。左端のように、今日は起きたら雨が降っていました。あなたならどうしますか。右から選んで○をつけましょう。

6 話の理解

・今から果物の名前を言います。「メロン、イチゴ、リンゴ、バナナ」。今言った果物が、反対の順番で並んでいる四角に○をつけましょう。

7 言語（しりとり）

・四角の中の絵をしりとりでできるだけ長くつないだとき、１つだけつながらないものに○をつけましょう。

集団テスト

リズム

「ツバメ」の曲に合わせて、テスターのまねをして踊る。

男　子

行動観察（ジャンケンゲーム）

中央の机にピンポン球（白、オレンジ色）が入った箱、ウサギ、ネズミ、ライオン、トラの看板のある４つの机には空の箱が用意されている。ウサギ、ネズミ、ライオン、トラの４チームに分かれ、自分のチームの看板のあるコーナーから中央の机に向かってそれぞれ１列に並ぶ。各チームの先頭４人がテスターの合図でジャンケンし、勝ったら中央の机の箱から宝物としてピンポン球を１つ取る。自分のチームのコーナーに行き、取ったピンポン球を机の上の箱に入れたら、列の後ろに並ぶ。あいこと負けのときはそのまま列の後ろに並ぶ。次に先頭になった４人も同様にして、「やめ」の合図があるまでくり返し行う。

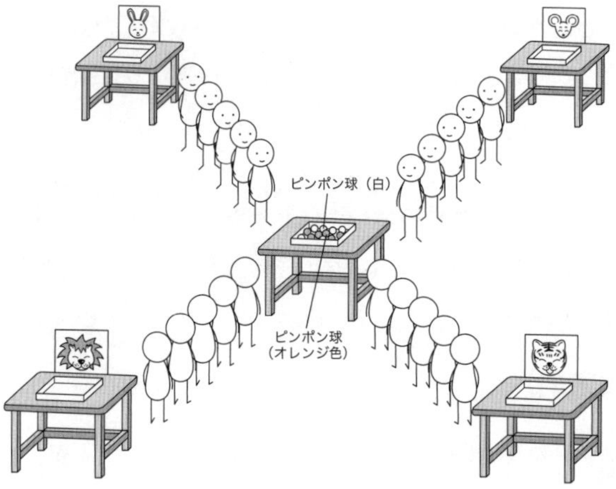

行動観察（玉入れゲーム）

白とオレンジ色の２チームに分かれて行う。各チームにカゴとピンポン球が用意されている。自分のチームの色のピンポン球を持って各自決められた線に立ち、一斉に投げて床にワンバウンドさせカゴに入れる。カゴから外れたら、拾って線に戻ってからまた投げてよい。ワンバウンドせずにカゴに入ったら、取り出してもう一度やり直す。「やめ」の合図があるまでくり返し行う。時間内にピンポン球をより多くカゴに入れたチームの勝ち。

女　子

行動観察（ジャンケンゲーム）

床に大きな四角い枠があり、４つの角にネズミ、トラ、サル、ウサギの看板が置かれている。ネズミ、トラ、サル、ウサギの４チームに分かれ、自分のチームの看板に移動して枠の線に並ぶ。隣の人とジャンケンをして勝ったら、次の動物の看板まで進んで、枠の線に並ぶ。負けたらその場に残る。次に隣になった人と同じようにジャンケンをしてくり返し、早く枠を１周して自分のチームの看板に戻った人が勝ち。ジャンケンをする相手は、自分のチームの人でも違うチームの人でもよい。

行動観察（お店屋さんごっこ）

床に赤と青の線が引いてある。室内の四隅にはケーキ屋、パン屋、アイスクリーム屋、果物屋の看板がつき品物カードが載っている机があり、中央の机には買った品物カードを入れるトレーが置いてある。２チームに分かれて赤と青の線の上に立ち、最初は赤チームがお店屋さん役、青チームがお客さん役をする。お店屋さん役は好きなお店に行って、お友達と相談しながら品物カードを並べる。お客さん役は自由にお買い物をして、終わったら買った品物カードを中央のトレーに種類ごとに入れる。途中でお店屋さん役とお客さん役を交代する。

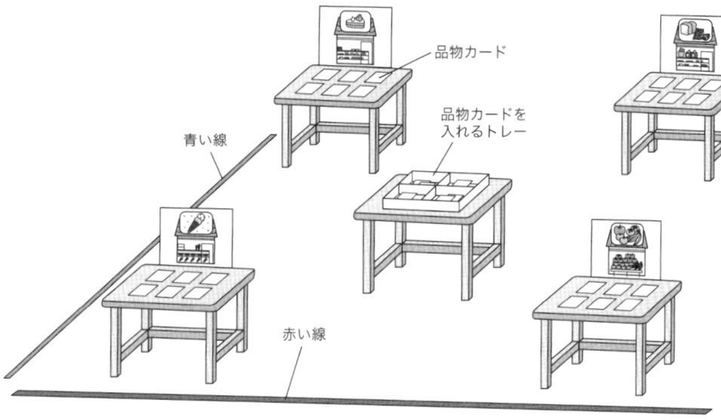

考査：2日目

個別テスト

3人1組で立ったまま行う。

言　語

キツツキ、鉄棒、傘、カキ、柵、扇風機、臼《うす》ときねなどが描かれた絵カードを見せられ、示されたものの名称を答える。

本 人 面 接

1人ずつ立って行う。話すときはマスクを外す。

本　人

・お名前を教えてください。
・あなたの優しいと思うところを教えてください。
・幼稚園（保育園）でどういうときにほめられますか。
・幼稚園（保育園）の先生にどういうときにしかられますか。
・お家の人に「ありがとう」と言うのはどんなときですか。
・お友達に「ごめんなさい」と言うのはどんなときですか。
・小学生になったら何をしたいですか。

言語・常識（判断力）

・お友達の紙飛行機がなくなってしまいました。あなたならどうしますか。
・お友達が作っていた粘土のウサギが壊れてしまいました。あなたならどうしますか。
・お友達の虫カゴの中にいたバッタが逃げてしまいました。あなたならどうしますか。
・お友達に「外で遊ぼうよ」と声をかけられました。そこへもう1人のお友達が来て「お家で遊ぼうよ」と声をかけられました。あなたならどうしますか。
・お友達が、あなたが誘った遊びとは違う遊びをしたいと言って譲ってくれません。あなたならどうしますか。

・「わたしが飼っていたウサギが逃げちゃったの。探してくれない？」とお友達から言われました。あなたならどうしますか。

※解答後、さらに「それでも○○できなかったらどうしますか」などと質問されることもある。

1

2

3

4

5

6

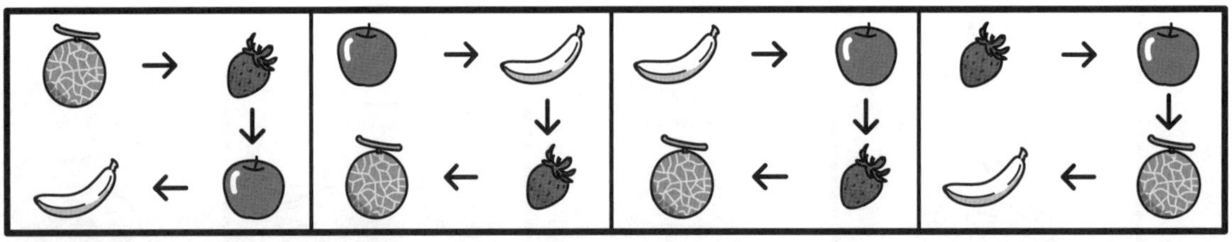

7

section
2023 東京学芸大学附属小金井小学校入試問題

解答は別冊解答例003ページ

選抜方法

第一次 考査は２日間で、受験番号順に男女混合の約20人単位で、１日目にペーパーテストと集団テスト、２日目に集団テスト、運動テスト、個別テストを行い、合格候補者を選出する。所要時間は両日とも40分～１時間。

第二次 第一次合格者による抽選。附属幼稚園からの第一次合格者は抽選が免除される。

考査：１日目

ペーパーテスト

筆記用具は鉛筆を使用し、訂正方法は×（バツ印）。出題方法はテレビモニターと音声。

1 話の記憶

「はるかちゃんが工作をしています。最初に紙を丸く切りました。次にそれを半分に折り、周りにのりをつけて貼り合わせました。そして、クレヨンで色を塗りました」

・はるかちゃんが最初（または２番目など、グループにより出題が異なる）に使った道具に○をつけましょう。

2 絵の記憶

（テレビモニターにお手本の絵が10秒映し出された後、消える）
・今見た絵と同じものはどれですか。○をつけましょう。

3 数　量

・四角の中で一番多いのはどの動物ですか。その数だけ、下のおはじきに○をつけましょう。

4 数量（対応）

・左のお手本を、右側の折り紙を使って作ります。チューリップはいくつできますか。その数だけ、下のおはじきに○をつけましょう。

5 推理・思考（展開図）

グループにより、どちらかが出題される。
・左のサイコロを開くと、どのようになりますか。合うものを右から選んで○をつけましょう。
・左の形を組み立ててサイコロにすると、どのようになりますか。合うものを右から選んで○をつけましょう。

6 構　成

・右側のカードで左の絵を作ります。使わないカードを選んで○をつけましょう。

7 常識（交通道徳）

・電車がホームに着いたときの様子です。この中で、よくないことをしている人に○をつけましょう。

8 常識（想像力）

・一番大きな声を出している（または一番小さな声でお話しているなど、グループにより出題が異なる）様子の絵に○をつけましょう。

集団テスト

9 巧緻性

（テスターが絵のような手順で作り方を説明する映像を見た後、同じように作る）
ハンカチとひもが用意されている。
・プレゼントを作りましょう。
①ハンカチを長四角になるように半分に折る。
②さらに三つ折り（巻き三つ折りまたは外三つ折りなど、グループにより折り方は異なる）にする。
③ハンカチにしわができないようにひもを巻き、チョウ結びをする。

考査：2日目

集団テスト

集団ゲーム

説明とお手本をテレビモニターで見てから、4、5人のグループで行う。動物（ゾウ、キリンなど）、虫（トンボ、セミなど）、食べ物（ドーナツ、ペロペロキャンディなど）、乗り物（バス、飛行機など）の絵カードが並べられた机の周りを囲むように立つ。テスターが出す3つのヒントを聞き、あてはまる絵カードを取る。取った絵カードは上に挙げ、正解なら自分のカードとなり、不正解なら元の場所に戻す。絵カードには白いものとキラキラしたものがあり、白カードなら1ポイント、キラキラカードなら2ポイントとなる。何回かくり返し行い、取った絵カードのポイントを競う。3つのヒントを全部聞くまで取ってはいけない、取る手が重なったときは一番下の手の人がもらうというお約束がある。テスターが出す3つのヒントには「動物です。大きいです。鼻が長いです」「動物です。模様があります。首が長いです」「夏の虫です。空を飛べます。ミーンミーンと鳴きます」「食べ物です。丸いです。穴が開いています」「乗り物です。空を飛びます。お客さんを乗せます」などがある。

運動テスト

模倣体操

テスターの指示通りに、ひざの屈伸、その場でジャンプ、伸脚をする。

立ち幅跳び

踏切用のマットの上に足をそろえて立ち、前方に置いてあるマットの線を跳び越えるように立ち幅跳びをする。実際に行う前に、やり方の説明や注意点などをモニターで見る。

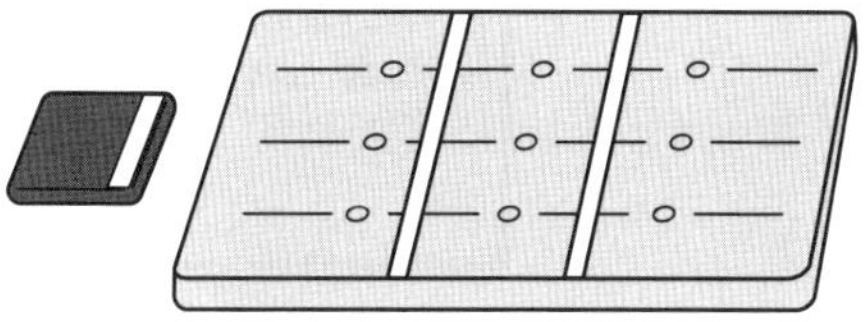

個別テスト

言　語

1人ずつ呼ばれて個別のブースに入り、立ったままでテスターの質問に答える。
・好きなお花は何ですか。それはどんなお花ですか。
・好きな動物は何ですか。それはどんな動物ですか。
・好きな乗り物は何ですか。それはどんな乗り物ですか。
・好きな場所はどこですか。それはどんな場所ですか。
・好きな遊びは何ですか。どんな遊びか詳しく教えてください。
・好きな本は何ですか。どんな本か詳しく教えてください。
※子どもによって質問内容が異なり、答えたことに対して理由や詳しい内容などをさらに質問される。

10 生活習慣

机の上に空の道具箱、クレヨン、筆箱、ふたの開いたつぼのり、セロハンテープが置いてある。
・机の上のものを、箱の中に重ならないようにきれいにしまってください。

1

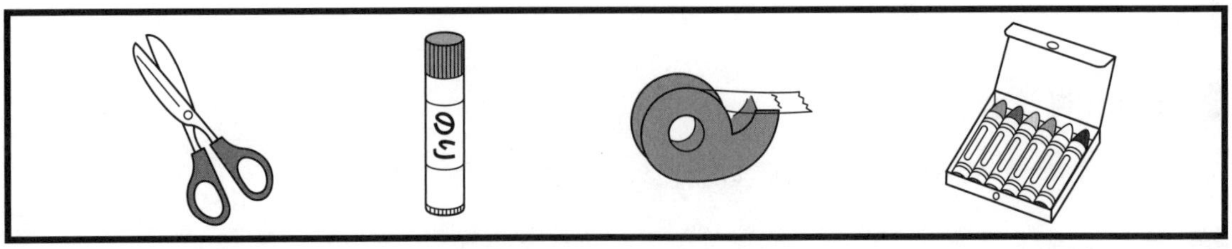

2

【お手本】

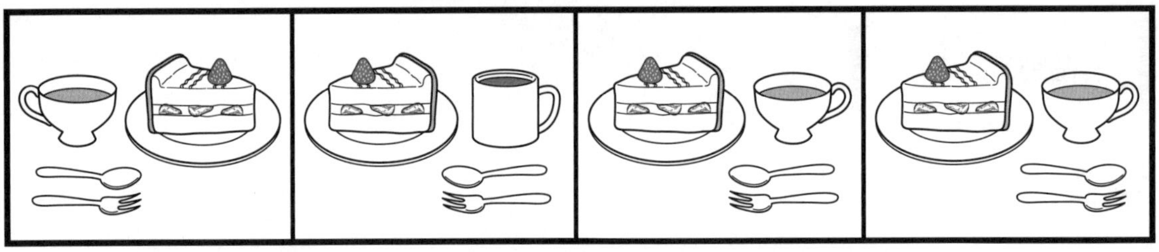

3

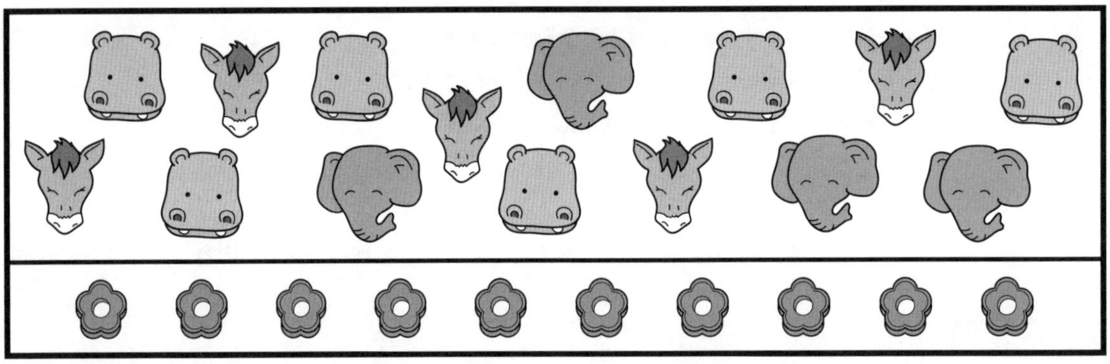

4

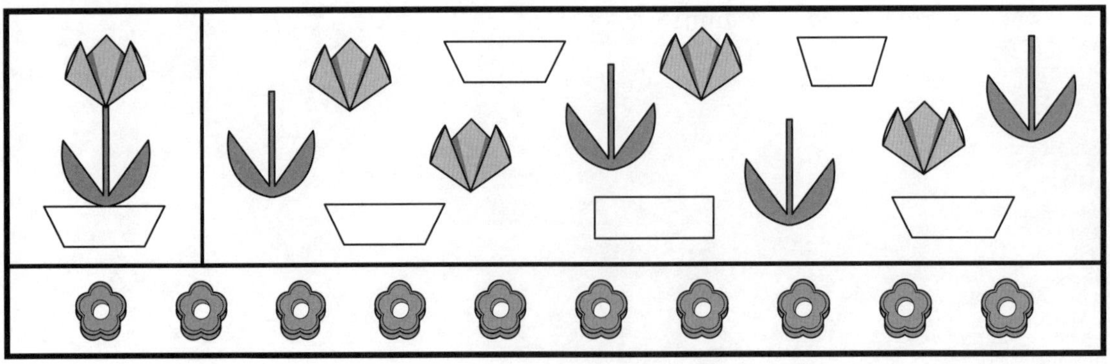

5

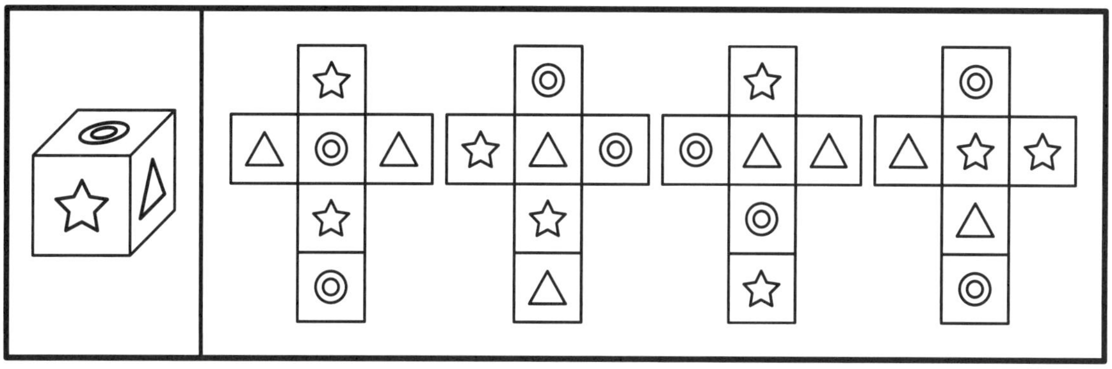

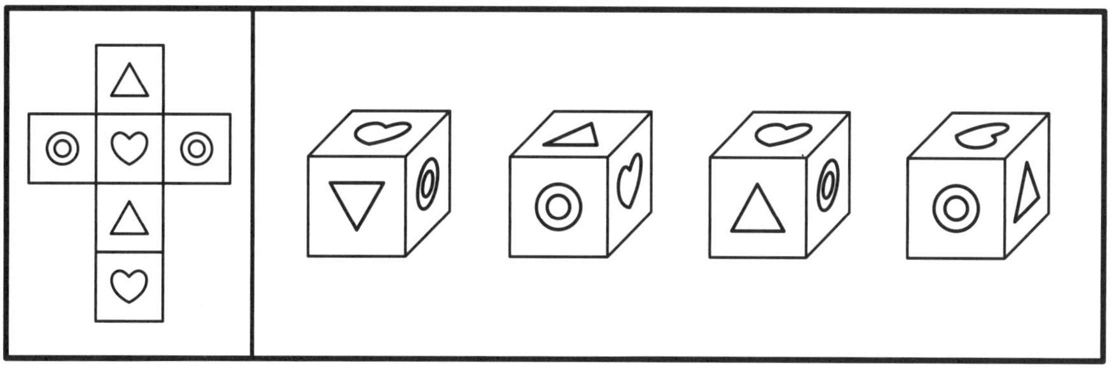

6

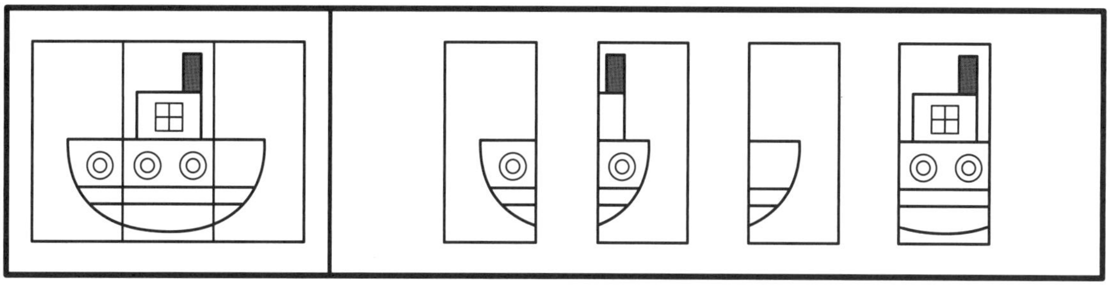

7

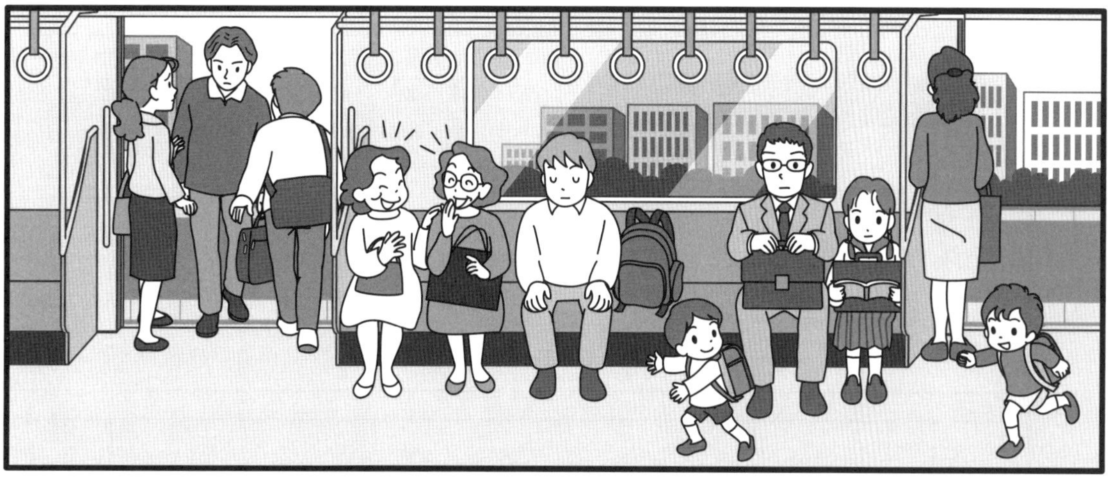

8

9

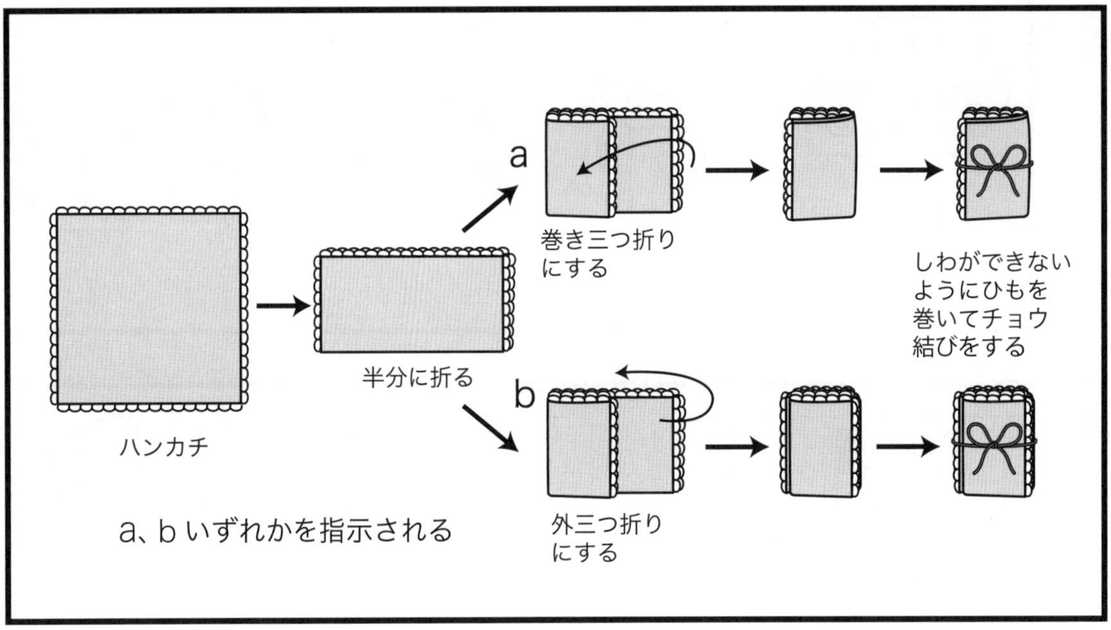
ハンカチ
半分に折る
a
巻き三つ折り
にする
b
外三つ折り
にする
しわができない
ようにひもを
巻いてチョウ
結びをする
a、b いずれかを指示される

10

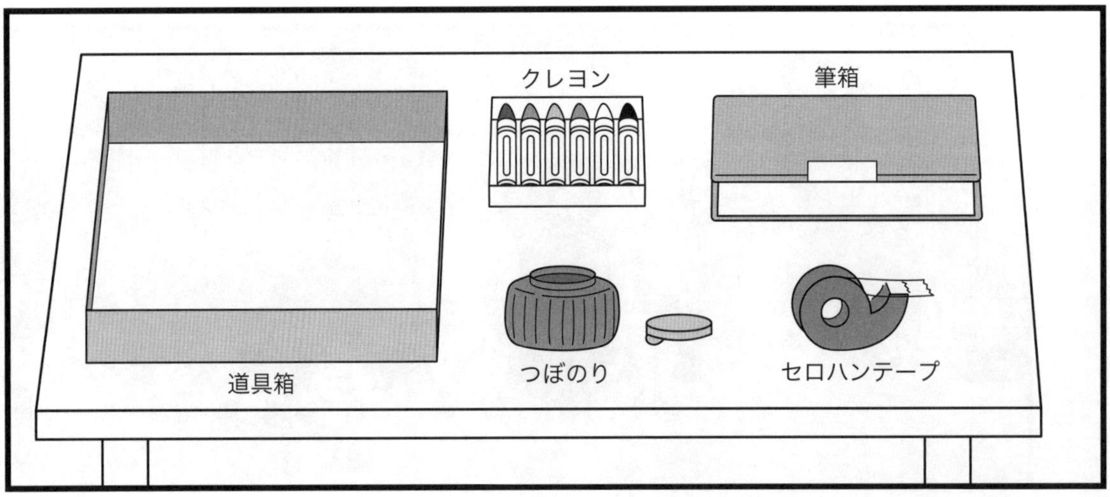
クレヨン
筆箱
道具箱
つぼのり
セロハンテープ

section

2023 東京学芸大学附属世田谷小学校入試問題

解答は別冊解答例003～004ページ

選抜方法

第一次 1日目に男子、2日目に女子の考査が行われる。約15人単位でペーパーテスト、集団テスト、個別テストを行い、男子87人、女子83人を選出する。所要時間は約40分。

第二次 第一次合格者による抽選を行い、男子53人、女子52人の105人を選出する。

ペーパーテスト

筆記用具は赤のフェルトペンを使用し、訂正方法は×（バツ印）。出題方法は話の記憶のみ音声で、ほかは口頭。内容は男女やグループによって多少異なり、机の前に起立して行う。

1 話の記憶・数量

解答用紙の絵を見ながらお話を聞く。

「動物たちが遠足に出かけました。みんなでレジャーシートを広げた後、サル君は『池でオタマジャクシを見よう』と言いました。キツネ君は『虫捕りをしよう』と言いました。ウサギさんは『木の下の日陰で休もう』と言いました。クマさんは『汗でビショビショだからタオルでふこう』と言いました」

・太陽の段です。「木の下の日陰で休もう」と言ったのはどの動物ですか。○をつけましょう。

「ネズミ君は遠足に行くために、お母さんと一緒に準備をしました。お母さんは水筒を用意してくれて、ネズミ君は虫捕り網と虫カゴを用意しました」

・雲の段です。ネズミ君の持ち物でお母さんが用意してくれたものはどれですか。○をつけましょう。

「みんなは池でお魚を見ることにしました。池にはお魚が泳いでいましたが、葉っぱも虫のようにプカプカ浮いていました。それを見たネズミ君が『舟に似ているな』と言うと、サル君が『いや、お魚にも似ているよ』と言いました」

・傘の段です。サル君がお魚に似ていると言ったものはどれですか。○をつけましょう。

「動物たちはたくさん遊んでおなかがすいたので、お弁当を食べることにしました。ネズミ君は四角いお弁当箱に丸いおにぎりが2個とプチトマトが3個入ったお弁当を食べました」

・虹の段です。ネズミ君が食べたお弁当が正しく描いてある絵に○をつけましょう。

2 点図形

・上のお手本と同じになるように、アリの四角にかきましょう。（お手本は、実際は前方に掲示された）

集団テスト

課題遊び

用意されているたくさんのカプラをなるべく長く並べて、ドミノ倒しをして遊ぶ。

玉入れ

教室後方で行う。

・帽子の色（ピンク、水色、黄色）のグループごとに決められた色のラインに1列に並び、先頭の人から順にラインの横にあるカゴからボールを取って、前方のカゴに投げ入れる。まずは練習としてカゴに入るまで投げ続け、入ったら次の人に交代して列の後ろに並ぶ。入らなかったボールは、拾ってまた投げてよい。

・本番では、１人１球ずつ順番に投げていく。１球投げ終わったら次の人に交代して列の後ろに並ぶ。入らなかったボールは自分で拾い、それを持って列の後ろに並ぶ。テスターが「やめ」と言うまで、なるべくたくさん投げられるように素早く行う。

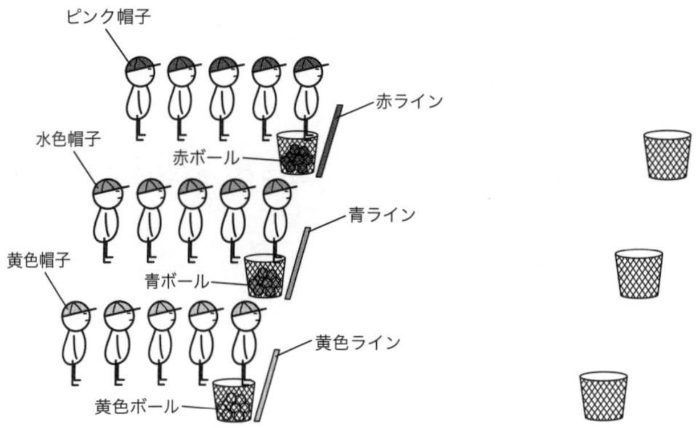

個別テスト

課題遊びの間に1人ずつ呼ばれ、テスターの机の前に移動する。

言　語

・お母さんの作るお料理で、一番好きなものは何ですか。
・お母さんとお部屋でする楽しいことは何ですか。

3 言語・常識（判断力）

絵を見ながら質問に答える。

A

・6人のお友達の中に、足にけがをしている子がいます。何をして遊ぶか相談していると、3人がサッカーを、けがしている子とほかの2人は折り紙をしたいと言っています。あなたならどうしますか。

B

・お友達と氷オニをする約束をしていましたが、一緒に行くはずのお友達から「僕はクレヨンを片づけてから行くから、先に行っていて」と言われました。あなたがこの男の子（女の子）だったらどうしますか。

C

・3人でお絵描きをしていたら先生に「やめ」と言われたので、あなたは手を止めました。でも、手を止めない子が1人いました。あなたならどうしますか。

面接資料／アンケート

子どもの考査中にＡ４判の紙に書かれたアンケートに記入する。所要時間は説明を含め約20分。

※願書番号、受験児童氏名、記入者氏名、受験児童との関係を記入した後、問1～3の質問にはどれか1つに○をつけ、問4～6は記述する。

問1．お子さんはどのように遊ぶタイプですか。

①独自の工夫をする
②1人で没頭する
③数人の友達と行動をともにする
④大勢で行動する
⑤リーダー的な存在になる
⑥大人や年長者とかかわれる
⑦夢想していることがある

問2．小学校生活でどのように学んでほしいと思いますか。

①全教科まんべんなく学力を養ってほしい
②得意分野を伸ばしてほしい
③好きなことを深めてほしい
④学業は当然のこととして十分に遊んでほしい
⑤子どもを最大限尊重してほしい
⑥特になし。ありのままでよい

問3．お子さんのことで不安や悩みがあるときは、誰に相談しますか。

①夫婦で話し合う
②きょうだいや祖父母
③幼稚園（保育園）の先生
④家族や幼稚園（保育園）以外の専門家
⑤友人

問4．受験者の幼稚園（保育園）、またはその他の施設での様子はいかがでしたか。

問5．小学生は6年間で目覚ましい発達があり、親が手を焼くこともしばしばです。ご家庭ではどのように支えていこうとお考えですか。

問6．小学校の教師に期待すること、求めること、身につけておいてほしいスキルはありますか。自由に書いてください。（必要な場合は裏も記入してよい）

1

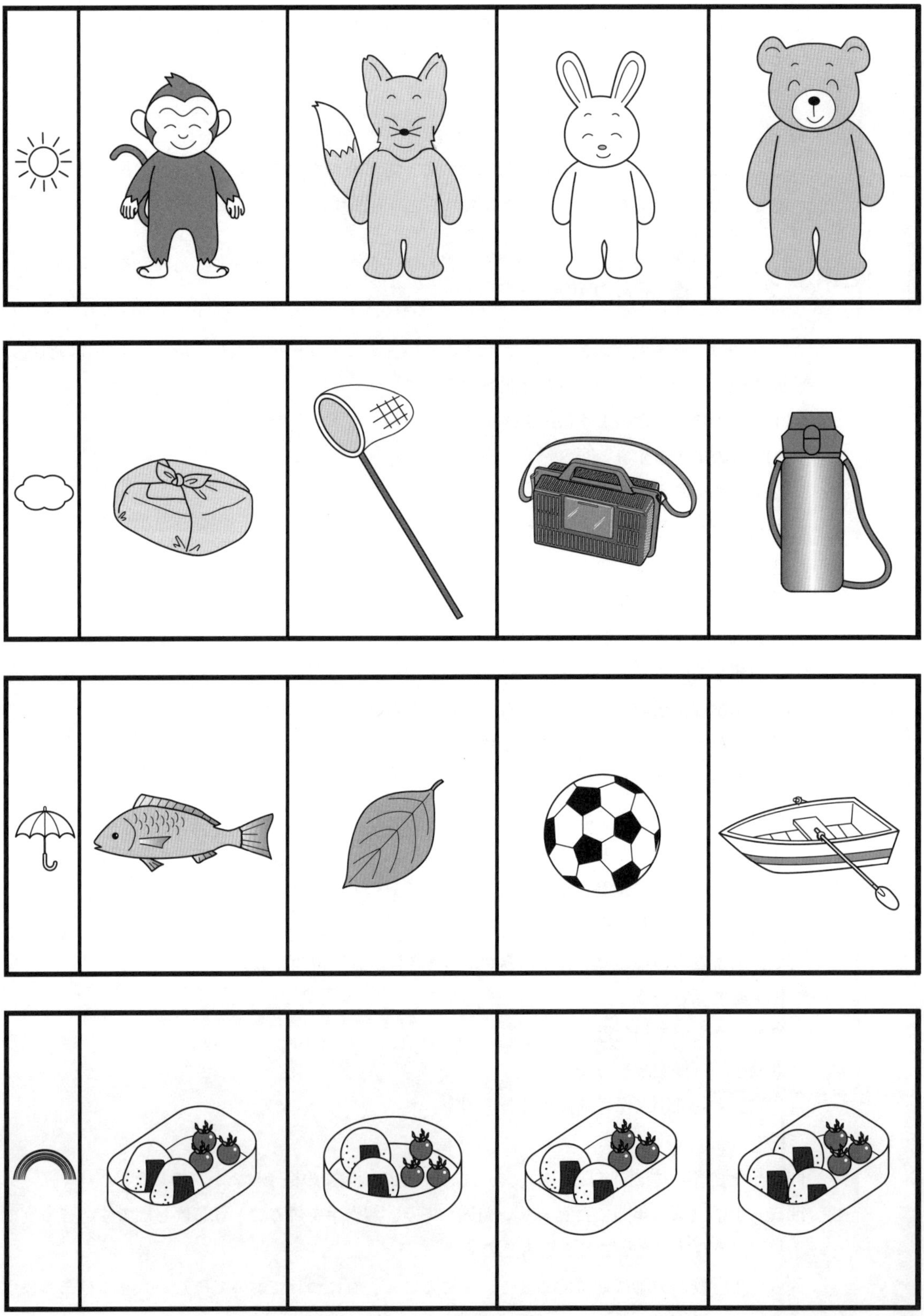

2

【お手本】

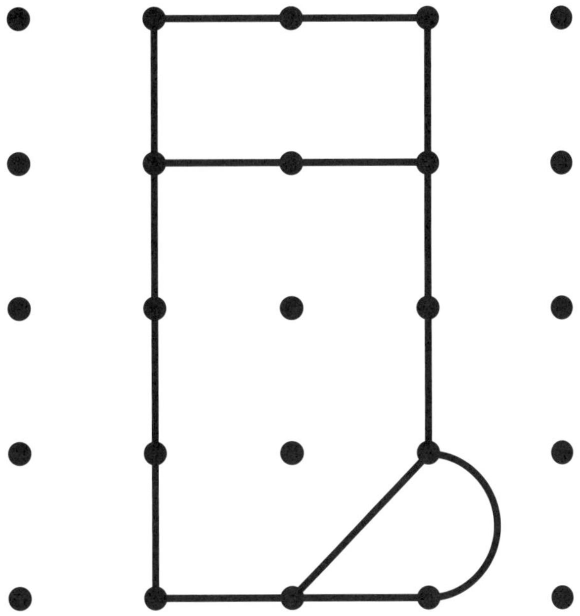

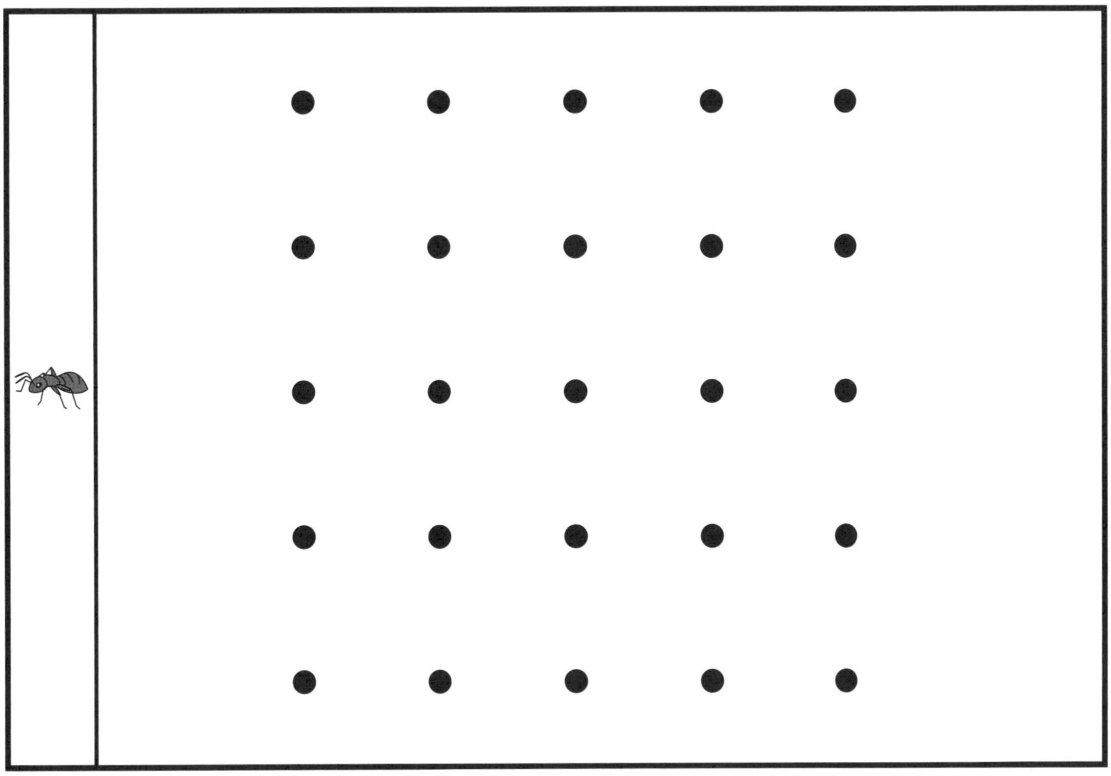

3－A

B

C

section

2023　東京学芸大学附属竹早小学校入試問題

解答はすべて省略しています

選抜方法

第一次　抽選で男女約200人ずつ選出する。

第二次　第一次合格者を対象に、男女別に約15人単位で集団テスト（15～20分）、親子面接、親子課題（合わせて５～10分）を行う。

第三次　第二次合格者による抽選。

集団テスト

調査番号が記載された調査票を名札ケースに入れ、左胸に安全ピンで留める。

1　行動観察

丸い机の周りに約５人ずつ座って遊ぶ。

（男女共通）

・１人１つずつ順番に、丸いものの名前を言っていく。

（男子）

・スポンジタワー作り…机の上に、子どもの手のひらほどのサイズでいろいろな形のスポンジがたくさん用意されている。グループで協力して、スポンジを高く積んでいく。最初はテスターと一緒に行い、次からは子どもだけで行う。「始め」「やめ」の合図に従い、途中で崩れてしまったらやり直してよい。

・町作り…グループで協力し、机の上の積み木を使って自由に町を作る。

（女子）

・ボール回し…ゴムボールを机の上で転がして隣の子に回す。受け取ったら同じように転がして次の子に回し、これをくり返してゴムボールを机の上で１周させる。最初はテスターと一緒に行い、次からは子どもだけで行う。「始め」「やめ」の合図に従い、途中で落としてしまったらやり直してよい。

・動物園作り…グループで協力し、机の上の積み木を使って自由に動物園を作る。

2　運　動

テスターの後について行う。

・平均台を渡る→左右に置かれたフープの中を、飛び石渡りの要領で片足跳びで交互に踏んで進む→マットの上で片足バランスをする。

模倣体操

・ひざの屈伸をする。
・その場でケンケンをする。
・テスターの号令に合わせ、その場で前後左右にジャンプをする。
・胸の前で右ひじを曲げ、左ひざを上げて右ひじとつける→気をつけの姿勢をとる→胸の前で左ひじを曲げ、右ひざを上げて左ひじとつける→気をつけの姿勢をとる。これをくり返す。

親子面接

親子分かれて面接を行い、終了後親子課題を行う。

本人

マスクを外して行う。
・お名前を教えてください。
・今日は誰とどうやって来ましたか。
・好きな遊びは何ですか。

保護者

考査当日に記入するアンケートの内容に基づき質問される。

（男子）
・お子さんが約束を守らなかったことはありますか。そのとき、どのように対応されましましたか。

（女子）
・お子さんが苦手な食べ物に対して、どのように工夫や声掛けをしていますか。

3 親子課題（お話作り）

子どもの机の上に、絵カードが並べてある。サッカーボール、けんかをしている子ども、仲よく話している子ども、公園、森、海、お弁当など、親子によって絵カードは異なる。
・子どもは先に好きな絵カードを4枚選び、お話を作ってテスターにお話しする。
・保護者は面接終了後、子どもの机に移動する。残りの絵カードを使って、先に子どもが作ったお話の続きを親子で作る。
・お話の順番に絵カードを1列に並べてすべて裏返し、養生テープで貼ってつなぐ。

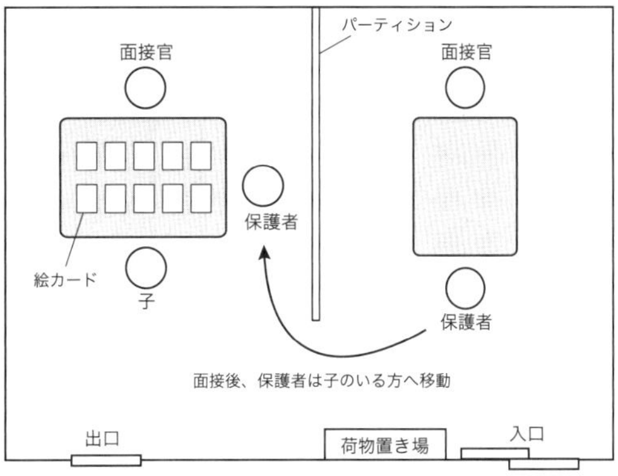

面接資料／アンケート

考査当日に記入する。

（男子）

・受験番号。

・志願者氏名。

・同伴者の氏名と続柄。

・家でしている約束事は何か（３つ）。

・その約束事を守れなかったとき、親としてどのように対応しているか。また、どのようにかかわっていきたいか。

（女子）

・受験番号。

・志願者氏名。

・同伴者の氏名と続柄。

・子どもの苦手な食べ物は何か（３つ）。

・その食べ物に対してどのように対応しているか。

1

【スポンジタワー作り】

【町作り】

【ボール回し】

【動物園作り】

2

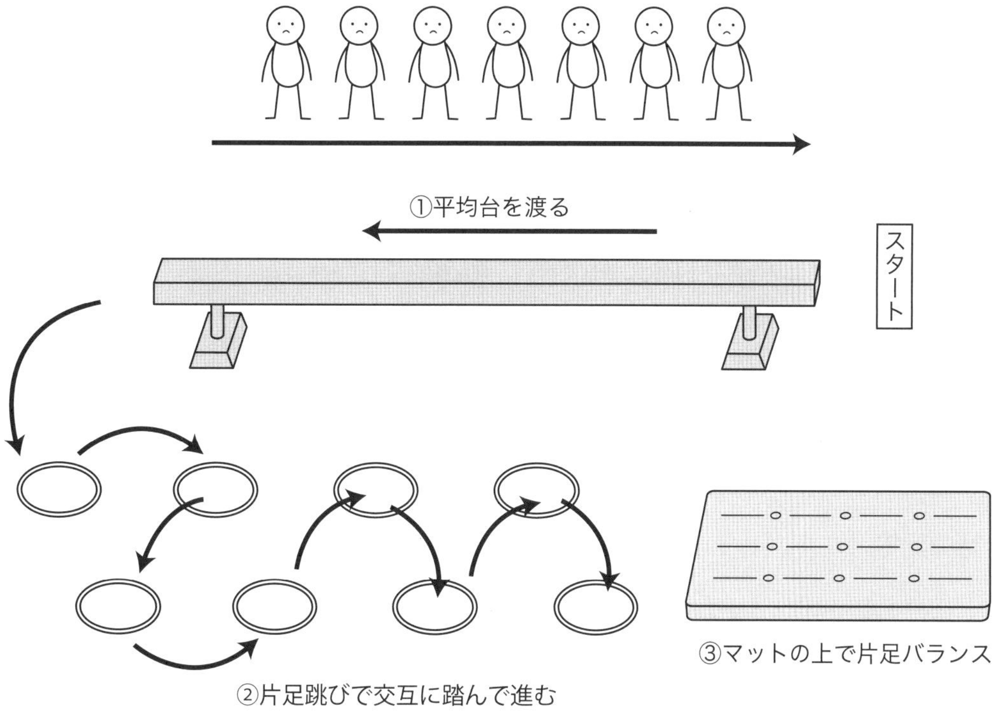

3

〈絵カードの例〉

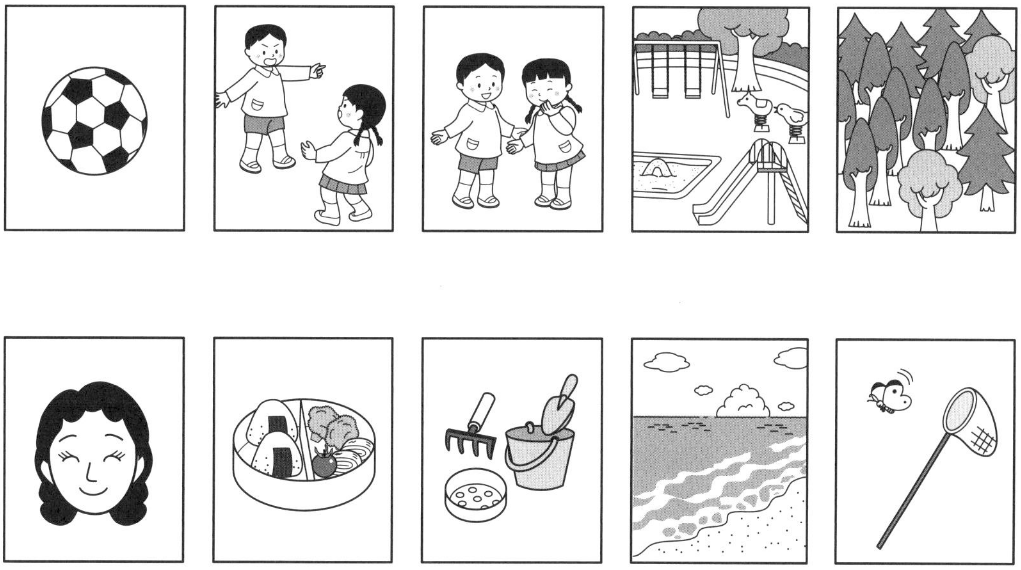

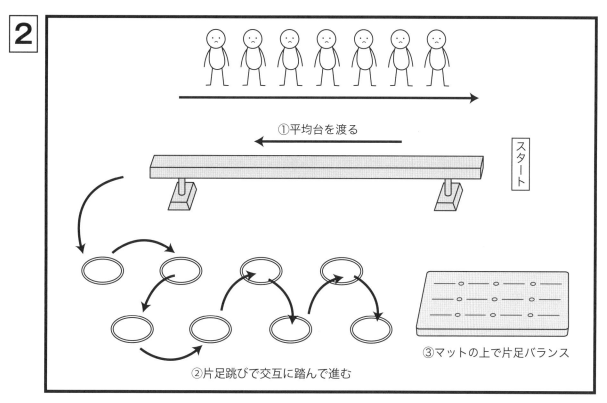

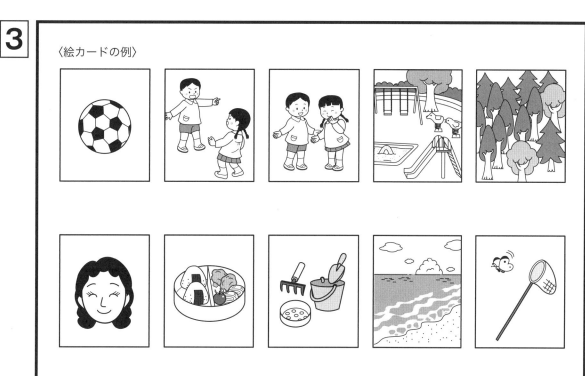

section
2023　立川国際中等教育学校附属小学校入試問題

解答は別冊解答例004〜005ページ

選抜方法

第一次　男女別に200人ずつを抽選で選出する。

第二次　第一次合格者を対象に男女別に考査を実施する。考査は１日で、約20人単位でペーパーテスト、個別テスト、運動テストを行う。所要時間は約２時間。

第三次　第二次合格者を対象に抽選を行い、男女各29人を選出する。

ペーパーテスト

筆記用具は鉛筆で、色塗りのみ色鉛筆（青）を使用。訂正方法は消しゴム。出題は音声で、一部モニターを使用する。

1　話の記憶

「動物村では、今度の日曜日にお楽しみ会があります。カメさん、クマさん、サルさん、ニワトリさんは、出し物に何をしようかと話し合っています。ニワトリさんはサルさんに聞きました。『お楽しみ会で、何をしたらいいかな？』『ニワトリさんは絵を描くのが上手だから、みんなに好きなものを聞いて、その絵を描くのはどうかな』『それはいいね。クレヨンで、村のみんなに喜んでもらえるように描くよ』。今度はサルさんがカメさんに聞きました。『お楽しみ会で、何をしたらいいかな？』『サルさんは毎日畑でお手伝いをして野菜のことをよく知っているよね。野菜のなぞなぞを出すのはどうかな』『それは楽しそうだね。キュウリやトマトのなぞなぞを出してみるよ』。今度はカメさんがクマさんに聞きました。『お楽しみ会で、何をしたらいいかな？』『カメさんは折り紙を折るのが上手だから、折り紙でみんなが喜ぶものを折ったらどうかな』『いいね。折り紙で村のみんなにプレゼントを折ろう』。ニワトリさん、サルさん、カメさんのお話を聞いて、クマさんはニワトリさんに聞きました。『ニワトリさん、お楽しみ会で村のみんなに虫のことを教えてあげたいんだけど、どうしたらいいかな』『紙芝居にするのはどうかな。この前図書館で、タヌキさんが紙芝居を読んでくれて、とても楽しかったよ』『いいね。村にいるテントウムシとチョウチョのことを紙芝居にして、読んでみるよ』。みんなワクワクして、お楽しみ会の日曜日が待ち遠しくなりました」

A（男子）
・お楽しみ会で何をしたらよいか、ニワトリさんが相談した生き物に○をつけましょう。
・カメさんがお楽しみ会で使うものに○をつけましょう。

B（女子）
・お楽しみ会で何をしたらよいか、サルさんが相談した生き物に○をつけましょう。
・クマさんがお楽しみ会で使うものに○をつけましょう。

2　言語（しりとり）

A（男子）・B（女子）

・太い線の四角の中の生き物から始めてしりとりでつないだとき、使わない絵を選んで○をつけましょう。絵は1回ずつしか使いません。

3 常識（季節）

A（男子）・B（女子）

・太い線の四角の中に、笹飾りの絵があります。笹飾りと同じ季節のものを、右側から選んで○をつけましょう。

4 数量（対応）

A（男子）

・縄跳びを絵のようにフックにかけて片づけます。1つのフックに1本の縄をかけることができ、今ちょうど1本の縄跳びを片づけたところです。残りの縄跳びを全部片づけるには、フックはあといくつあればよいですか。その数だけ、右のフックを1つの○で大きく囲みましょう。

B（女子）

・棚の中や上にあるケン玉を箱に入れて片づけます。1つの箱に1個のケン玉を入れることができ、今ちょうど1個のケン玉を片づけたところです。残りのケン玉を全部片づけるには、箱はあといくつあるとよいですか。その数だけ、右の箱を1つの○で大きく囲みましょう。

5 推理・思考

A（男子）・B（女子）

・左の四角の中に模様のついたタオルがあります。このタオルをたたむと、矢印の下のようになりました。見えていない反対側は、どのようになりますか。右から選んで、すぐ下の四角に○をかきましょう。

6 推理・思考

A（男子）・B（女子）

・いろいろな模様が描かれた飾りにひもを通して結び、右のように輪にしました。大切に使っているうちにこすれて模様が消えてしまったので、元のように作り直したいと思います。太い線の四角の中に入る飾りはどれですか。正しいものを選んで、右の四角に○をかきましょう。

7 推理・思考

A（男子）・B（女子）

表と裏に同じ絵が描かれた折り紙を決められた折り方で四つ折りにしたとき、絵がどのように見えるか、別紙を使って考える練習をしてから問題を行う。

・左のように絵が描いてある紙を右から左へ半分に折り、さらに下から上へ半分に折ると、何の絵がどのように見えますか。合うものを右から選んで、○をつけましょう。

8 巧緻性（男女共通）

- つるがぐんぐん伸びる不思議な花の種を植えました。鉢の底の黒丸から上の花にある黒い三角まで、壁にぶつからないように線をかきましょう。
- 黒い三角の近くの2つの花と1枚の葉っぱを見てください。花の白い部分と葉っぱ全体を色鉛筆で塗りましょう。はみ出したり、塗り残したりしないように注意してください。

個別テスト

番号順に呼ばれ、テスター2名がいすに座っているブースで行う。

言　語

いすに座って質問に答える。

- お部屋の中と外ではどちらで遊ぶのが好きですか。
- そこでどのように遊びますか。

運動テスト

9 連続運動

モニターにお手本が映し出され、同じように行う。

- お手玉2個を少し離れた床に置いてあるフープに投げ入れる→ラインが2本あるマットの上に立ち、手前のラインから次のラインを越えるように立ち幅跳びをする→手を頭上に高く上げ手のひらを合わせ、片足をもう片方の足の甲に乗せて木のポーズをとる。

1－A

B

2－A

2—B

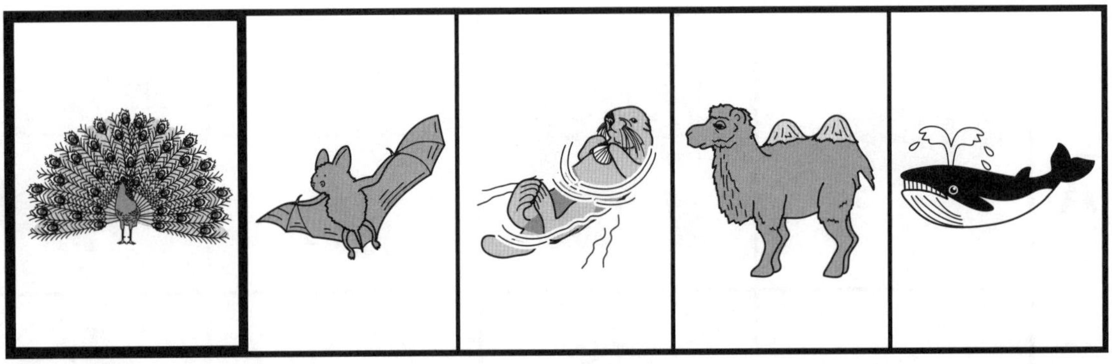

3—A

B

4—A

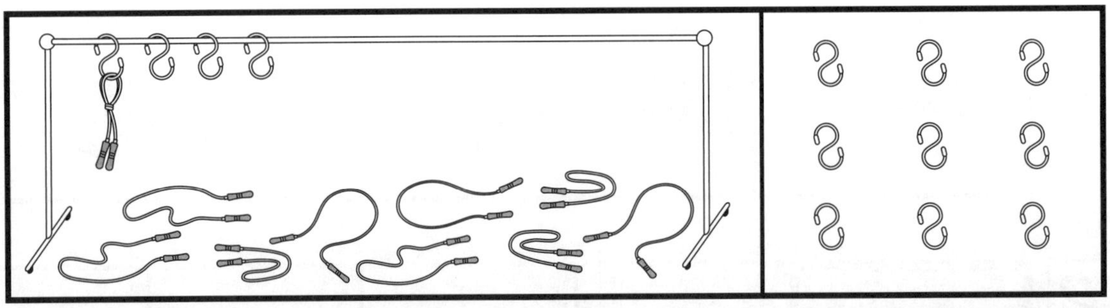

B

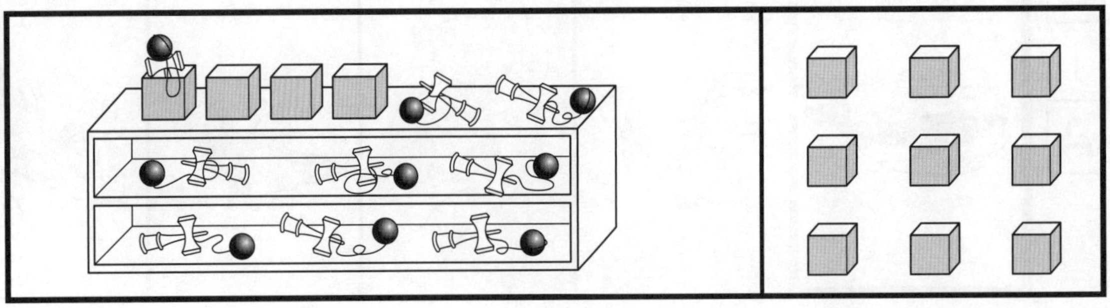

5－A

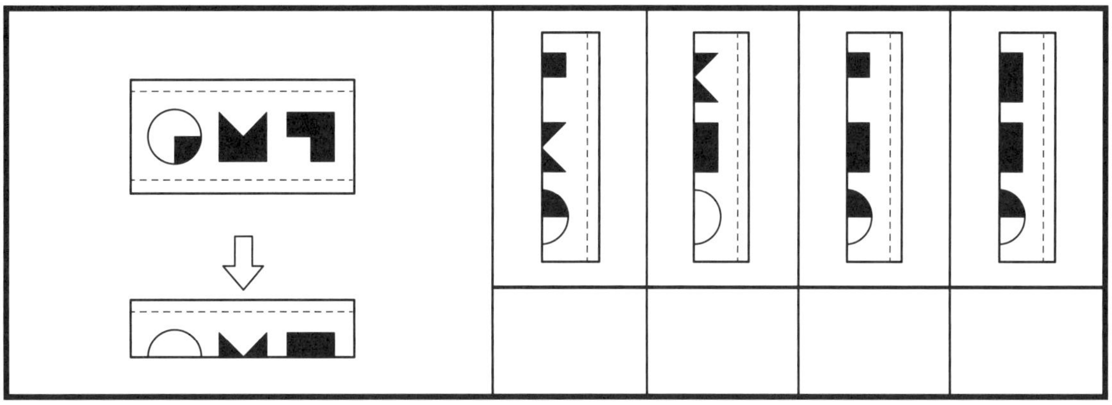

B

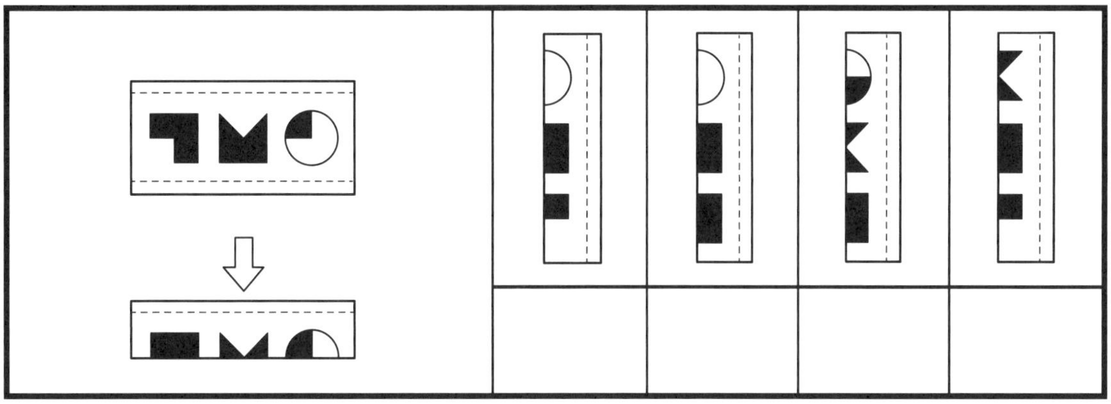

6－A

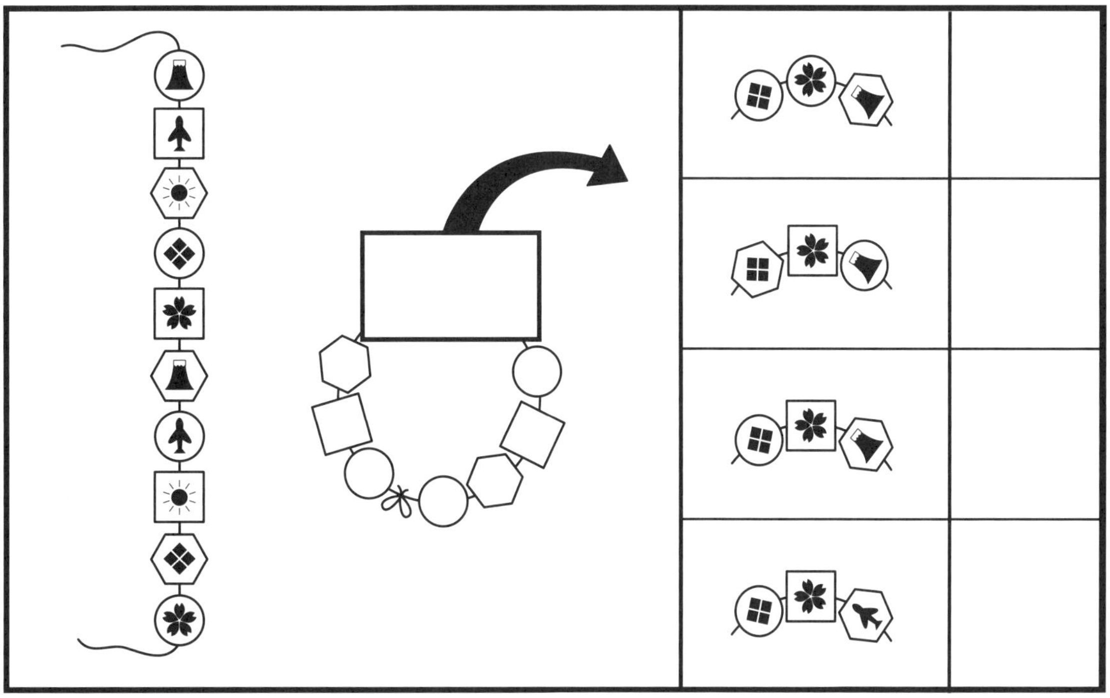

6 — B

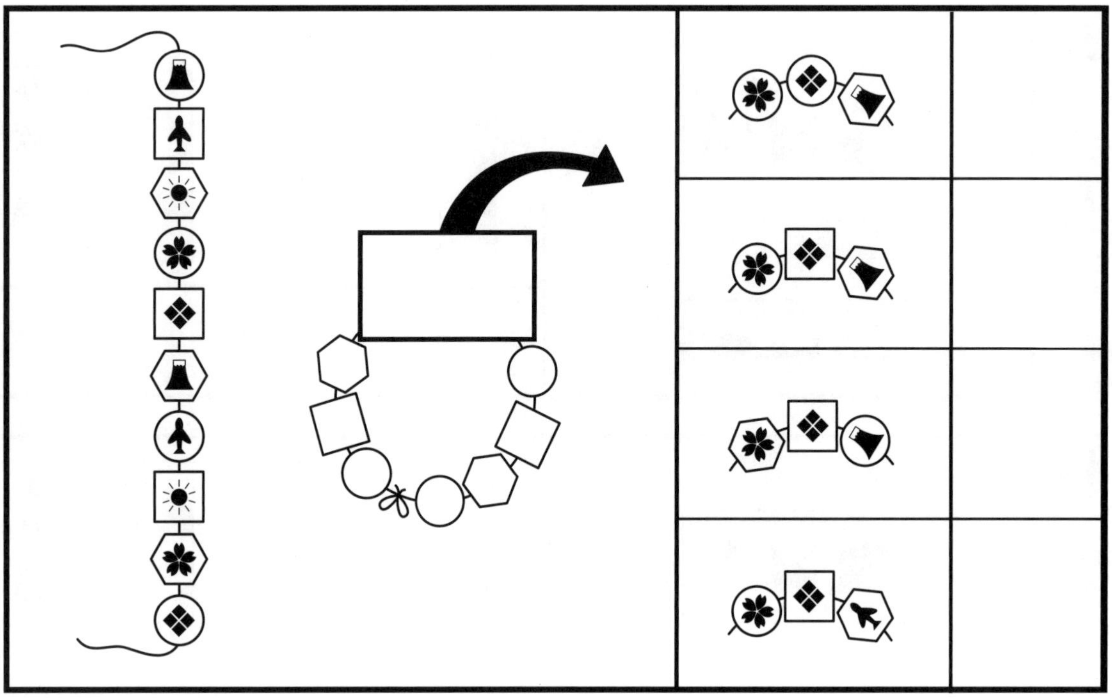

7 — A

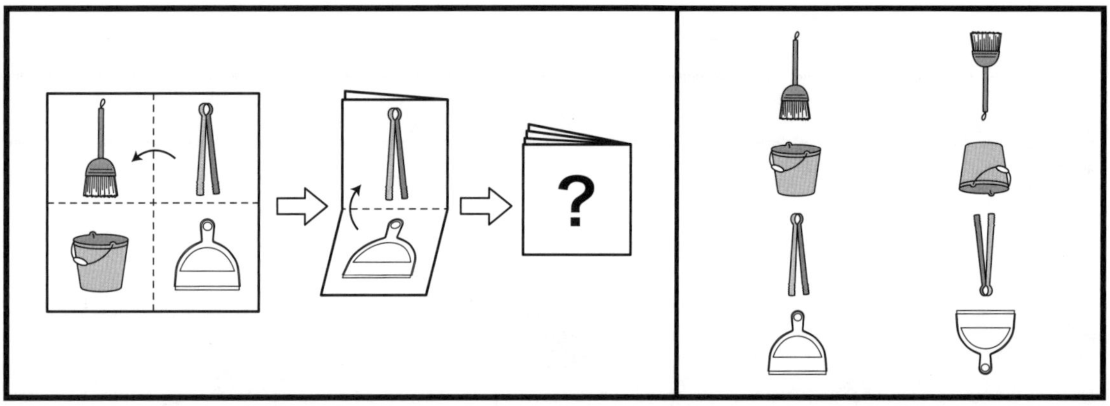

B

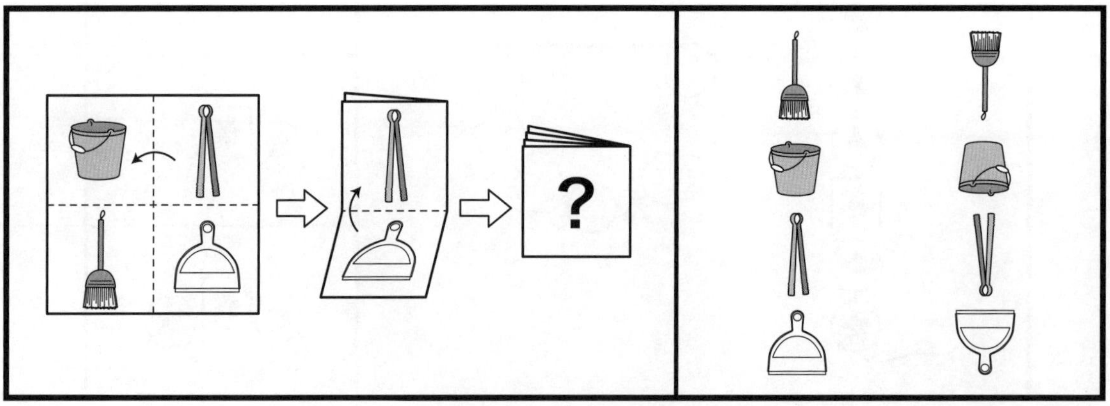

8

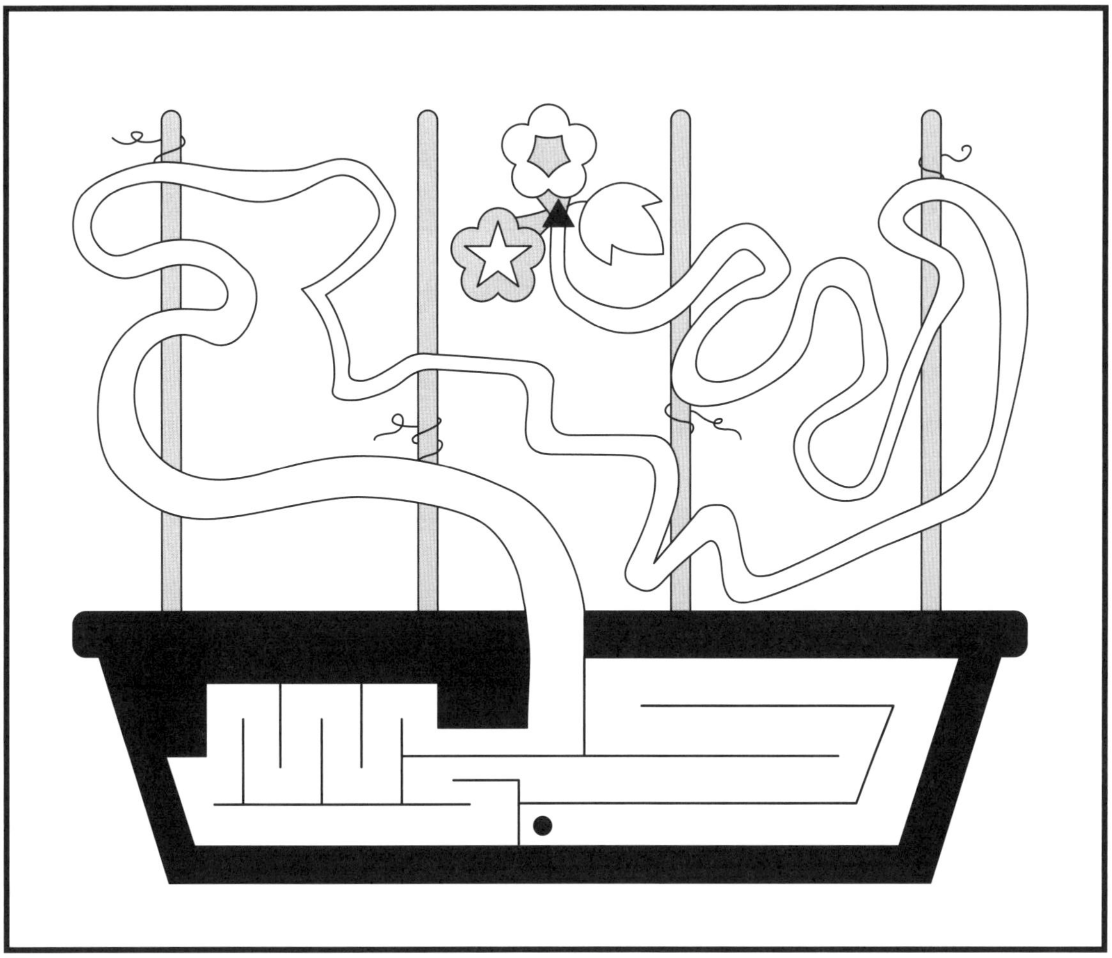

9

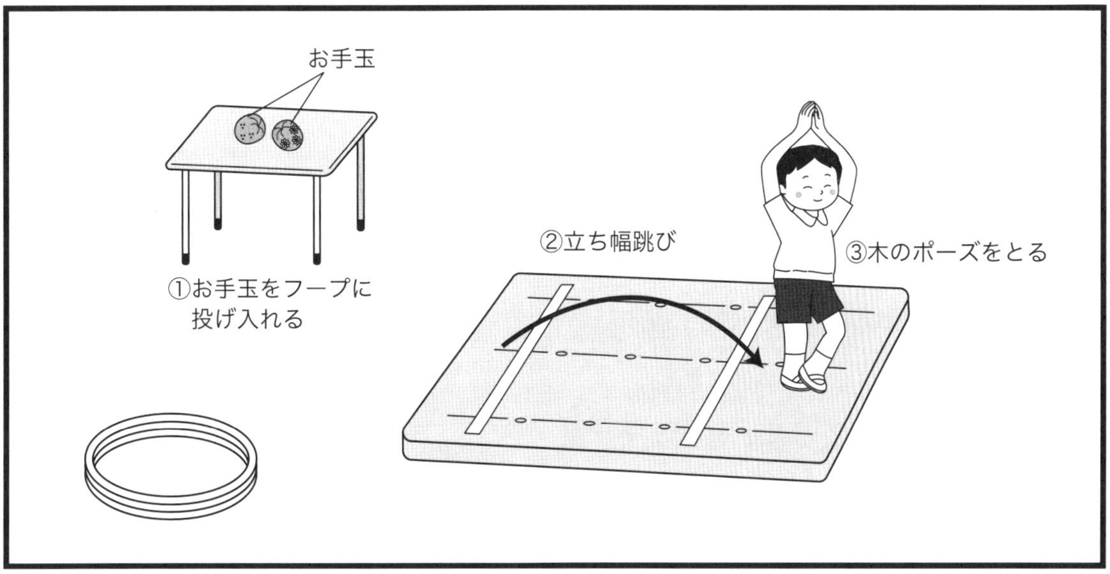
お手玉
①お手玉をフープに投げ入れる
②立ち幅跳び
③木のポーズをとる

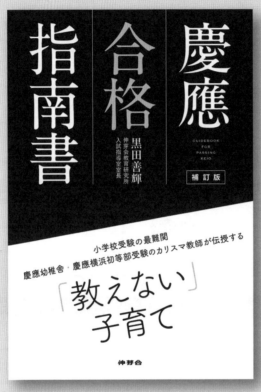

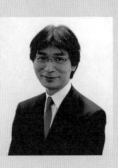

東京都 私立小学校入試問題

section
2023 青山学院初等部入試問題

解答は別冊解答例005～006ページ

選抜方法

考査は２日間で、男女別に生年月日で分けられた指定日時に12～16人単位でペーパーテスト（適性検査Ａ）と、15～20人単位で集団テスト、運動テスト（適性検査Ｂ）を行う。所要時間は適性検査Ａが約１時間、適性検査Ｂが約３時間。指定された日時に保護者面接がある。

考査：１日目

ペーパーテスト

（適性検査Ａ）筆記用具は鉛筆を使用し、訂正方法は／（斜め１本線）。出題方法はテレビモニターと音声。問題の内容は男女、グループによって異なる。

1 話の記憶（女子）

「明日は、今年４歳になるゆみさんのお誕生日です。そこで、ゆみさんがお友達のお家に遊びに行っている間に、お父さん、お母さん、お姉さんでゆみさんへのプレゼントを買いに行くことにしました。最初は家具屋さんに行き、少し大きくなったゆみさんのために、お父さんがいすを買いました。その次にケーキ屋さんに行って、お母さんがショートケーキを買いました。最後にお花屋さんに行きました。お花を選ぶのは、お姉さんの役目です。お姉さんはどのお花を買えばよいか迷ってしまい、お父さんとお母さんに好きなお花は何か聞いてみました。お父さんはバラが好きで、お母さんはユリが好きと答えました。お姉さんはヒマワリが好きでしたが、ゆみさんがピンクのお花が好きだと言っていたのを思い出しました。そこでお姉さんは、ピンクのチューリップを買いました。お家に帰ってから、明日のお誕生日会までプレゼントがゆみさんに見つからないようにそっと隠しました。すてきなお誕生日会になるとよいですね」

・ゆみさんは、今年で何歳になりますか。年の数だけ○をかきましょう。
・プレゼントを買った順番にお店が並んでいる四角に○をつけましょう。
・左です。お父さん、お母さん、お姉さんはどんなプレゼントを買いましたか。下から選んで、点と点を線で結びましょう。
・右です。お父さん、お母さん、お姉さんが好きなお花はどれですか。下から選んで、点と点を線で結びましょう。

2 話の記憶（男子）

「夏休みのある暑い日、じろう君とお母さんが部屋を掃除していると、玄関のチャイムが鳴りました。出てみると、バイクで荷物を届けに来た宅配便屋さんが立っていました。荷物を送ってくれたのはおばあちゃんでした。箱には、おばあちゃんが大事に育てた野菜とお手紙が入っていました。お手紙には『コロッケとおにぎりを用意して待っているよ。また遊びに来てね』と書かれていました。じろう君は『電車に乗って、またおばあちゃんのお家に行きたいな』と思いながら中を見てみると、青いビニール袋にトマトとナスが入っていました。白いビニール袋には、お父さんの好きなトウモロコシが入っていました。箱の下の方にはまだ何か入っているようです。のぞいてみるとジャガイモやニンジン、タマネギが入っていました。お母さんが『じゃあ今日はこのお野菜を使ってカレーライスを作りましょう』と言ったので、じろう君は大喜びしました」

・上の左の四角の中で、宅配便屋さんが乗っていた乗り物に○をつけましょう。
・上の右の四角の中で、お父さんが好きな野菜に○をつけましょう。
・下の左の四角の中で、青いビニール袋に入っていたものに○をつけましょう。
・下の右の四角の中で、ビニール袋に入っていたもののほかに、箱に入っていたものに○をつけましょう。

3 言語（男女共通）

・上の２段です。四角の中のものをしりとりでつなげたとき、つながらないものに○をつけましょう。
・次の２段です。左端の絵から始めて、右側にある絵をしりとりでつないだとき、つながらないものに○をつけましょう。
・その次の段です。名前の最後に「ン」がつくものに、○をつけましょう。

4 言語（男子）

・名前の中に、詰まる音が入っているものに○をつけましょう。

5 構成（男女共通）

・上の段です。右側にある形を使って、左の絵を作りました。使わなかった形を選んで○をつけましょう。
・下の段です。左の絵は、右側にある形を使って作ったものの影です。使わなかった形を選んで○をつけましょう。

6 常識・推理・思考（男女共通）

・十字に並んだマス目のクエスチョンマークのところには、縦に並ぶものと横に並ぶもの両方の仲間が入ります。入るものを真ん中と下のマス目から探して、クエスチョンマークのマス目と線で結びましょう。

7 常識（仲間分け）（男女共通）

・それぞれの段で、仲間ではないものに○をつけましょう。

8 常識（男子）

・左と右で、足の数が同じもの同士を線で結びましょう。

9 常識（仲間探し）（男女共通）

・上の左から４つ目までがお手本です。お手本と同じ仲間のものに、同じ印をかきましょう。印は右下の小さな四角にかき、抜かさず全部にかいていきましょう。

10 点図形（男女共通）

・左のお手本と同じになるように、右にかきましょう。

11 位置・記憶（男女共通）

上と下どちらかの１問を行う。左のお手本を15秒見せた後隠し、右のマス目を見せる。（実際にはテレビモニターに映し出された）
・今見た絵と同じになるように、形をかきましょう。

12 絵の記憶（女子）

Ａを15秒見せた後隠し、Ｂを見せる。（実際にはテレビモニターに映し出された）
・今見た絵の中で、空を飛んでいたものに○をつけましょう。
・砂浜には人が何人いましたか。その数だけ人が描いてあるところに○をつけましょう。
・絵の中になかったものに○をつけましょう。

考査：2日目

集団テスト

（適性検査Ｂ）日時やグループによって課題が異なる。

行動観察（男女共通）

いすに座り、テスターが読む絵本「はじめはりんごのみがいっこ」（いとうひろし作・絵　ポプラ社刊）、「もぐらのモリスさんおうちにかえりたい！」（ジャーヴィス作　青山南訳　ＢＬ出版刊）、「バーガーボーイ」（アラン・デュラント作　まつおかめい絵　真珠まりこ訳　主婦の友社刊）、「しずかに！　ここはどうぶつのとしょかんです」（ドン・フリーマン作　なかがわちひろ訳　ＢＬ出版刊）、「うたこさん」（植垣歩子作・絵　佼成出版社刊）、「やさいのおしゃべり」（泉なほ作　いもとようこ絵　金の星社刊）、「こぶたはなこさんのたんじょうび」（くどうなおこ作　いけずみひろこ絵　童話屋刊）、「ばあばにえがおをとどけてあげる」（コーリン・アーヴェリス作　イザベル・フォラス絵　まつかわまゆみ訳　評論社刊）などを聴く。読み聞かせの後、テスターからの質問に手を挙げ、指名された人が答える。

制　作

ゼッケンの色ごとにグループに分かれて行う。各自の机の上に、クレヨン、ポンキーペンシル、フェルトペン、チューブのり、セロハンテープ、はさみなどの道具が用意されている。少し離れた机に画用紙、折り紙、紙コップ（大、小）、紙皿（大、中、小）、スポンジ、モール（数色）、すずらんテープ、毛糸、タコ糸、ストロー、カラービニール袋、カラー粘土、ガムテープ、マスキングテープ、別の机に台所用品、砂場のおもちゃ（シャベル、熊手、バケツ）、プラスチック製の食器、ダンベルなどや、共用のセロハンテープも用意されている。与えられたテーマに沿って、材料を自由に使って制作する。テーマや用意される道具、材料はグループによって異なり、必ず使う材料を指定されることもある。制作後は手を洗うか、用意されたウェットシートで手をふく。

〈セッティング例〉

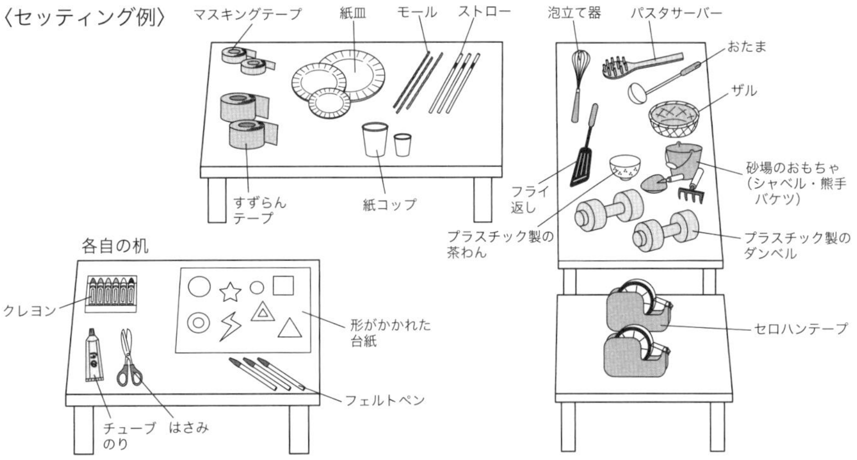

(男子)

- お話に出てきたもの作り…「はじめはりんごのみがいっこ」の読み聞かせの後、そのお話に出てきたものを作る。
- ハンバーガー作り…「バーガーボーイ」の読み聞かせの後、台紙を切り、自分の好きなハンバーガーを作る。
- 生き物作り…材料を自由に使って自分の好きな生き物を作る。
- 虫作り…台紙にかかれているものの中から好きな形を切り、材料を自由に使って好きな虫を作る。
- プレゼント作り…明日がお誕生日の先生のために、先生が喜ぶようなプレゼントを作る。

(女子)

- プレゼント作り①…「ばあばにえがおをとどけてあげる」の読み聞かせの後、おばあちゃんにあげたら喜びそうなプレゼントを作る。
- プレゼント作り②…カラー粘土を使って、子どもたちが喜びそうなプレゼントを作る。
- 水の中にすむ生き物作り…台紙にかかれているものの中から好きな形を切り、材料を自由に使って水の中にすむ生き物を作る。
- 帽子作り…カラービニール袋を必ず使い、ほかの材料を自由に使って帽子を作る。
- 宇宙にあるもの作り…台紙にかかれているものの中から好きな形を切り、材料を自由に使って宇宙にあるものを作る。
- 海の生き物作り…台紙にかかれているものの中から好きな形を2つ切り、形を生かしながら材料を自由に使って海の生き物を作る。

発表力

- 1人ずつ立って自己紹介をする。名前、幼稚園（保育園）名のほかに、何人家族か、誰とどうやって来たか、お手伝いは何をしているか、好きな食べ物と嫌いな食べ物(ほかに遊び、動物などもあり)、頑張っていること、夢中になっていること、旅行に行くとしたらどこに行きたいか、行って楽しかったところなどの中から、テスターより指示のあったいくつかについて発表する。
- 自分が作った制作物について、みんなに見せながら発表する。

自由遊び

体育館に用意されている平均台、跳び箱、縄跳び、ボール、ろくぼく、フープなどの運動器具で自由に遊ぶ。使ったものは元の場所に戻す、静かに遊ぶなどのお約束がある。

行動観察

教室を移動する際に、忍者ごっこやお化けごっことして静かに駆け足をしたり、忍び足でゆっくり歩いたりする。

課題遊び

フルーツバスケット、オニごっこ、ボール送りゲームなどを行う。

リズム・身体表現

テスターの弾くピアノのリズムに合わせて歩いたり、走ったり、スキップをしたりする。

指示行動（3時のおやつゲーム）

テスターの指示通りにお約束のポーズをとる。テスターと同じポーズをとることができたらいす、またはその場に座る。

ミカン：両腕を胸の前で組んで抱きかかえる。

おせんべい：体の前に両腕で大きな輪を作る。

ケーキ：腕で三角を作るように、両腕を前に伸ばして手を合わせる。

運動テスト

（適性検査Ｂ）日時やグループによって課題が異なる。

模倣体操

・テスターのお手本通りに、ひざの屈伸、前屈、後屈、伸脚などを行う。
・フープを持って体をひねったり、床に置いてその前後左右にジャンプをしたりする。

クマ歩き・クモ歩き・ウサギ跳び

・スタートからクマ歩きやクモ歩きをして、コーンを回って戻る。
・３種類のウサギ跳びを行う。
①両手を頭上に上げながら両足跳びをする。
②両手を後ろに回して組み、しゃがんだ状態で跳ぶ。
③両手を前につきながら両足跳びをする。

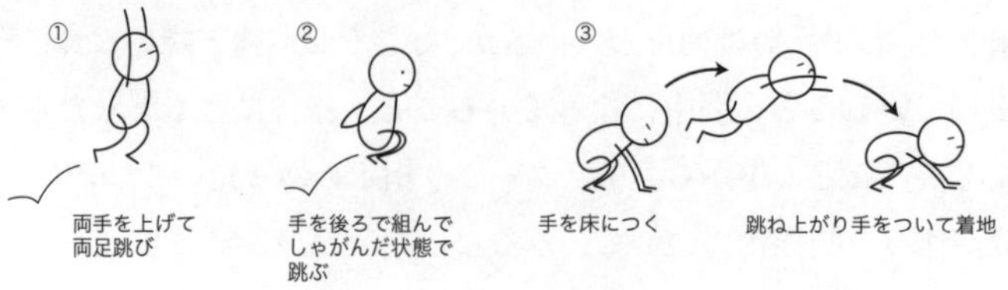

ジャンプ・片足バランス

- その場で３回ジャンプして止まり、また３回ジャンプする。くり返し行う。
- その場で２回ジャンプした後、飛行機バランス、または片足バランスをする。

リレー・お手玉運び

- バトンを持って走り、コーンを回って戻ってくる。２回目は、相談をして走る順番を決めたグループもある。
- スポンジのような素材の円形の板の上にお手玉を載せて運び、落とさないようにコーンを回って戻ってくる。

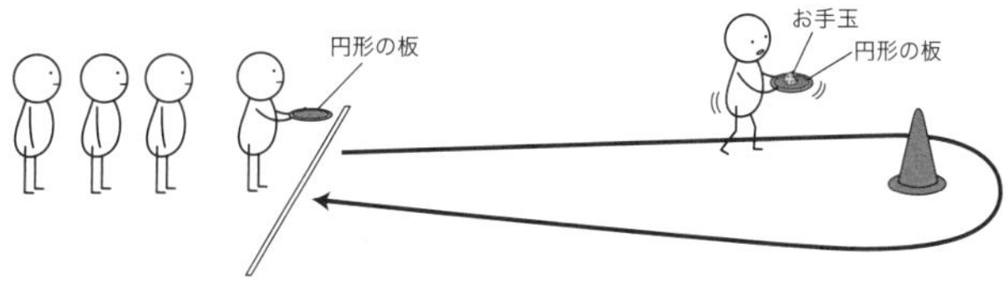

ケンパー・グーパー

テスターの指示に従って、グーパーグーパーパーグー、ケンパーケンパーケンケンなど、リズムよく跳んで進む。

連続運動

平均台を渡る→跳び箱の上に登り、マットの上に飛び降りる→ろくぼくに上ってから下りる→ケンパーケンパーケンケンパーをする。

保護者面接

面接の前にマスクを外し、渡されたマウスシールドを着用する。両親のどちらが質問に答えてもよい。

父親

- 自己紹介をしてください。
- 出身校、お仕事について教えてください。
- 志望理由をお聞かせください。なぜ本校を選んだのですか。
- 学校選びの基準は何ですか。
- 一貫校のよさを教えてください。
- キリスト教教育について、どのようにお考えですか。
- キリスト教の学校を選んだ理由を教えてください。
- 日曜礼拝にはいつから、どのようなきっかけで通っていますか。
- 上のお子さんとは違う学校を志望するのはなぜですか。
- お父さまから見てどのようなお子さんですか。
- 平日にお子さんとどのようにかかわっていますか。
- ご家庭の教育方針について教えてください。具体的にどのようなことをされていますか。
- 幼稚園（保育園）の送り迎えは、誰がどのようにしていますか。それは何時ごろですか。

・学校説明会に出席されたとのことですが、本校のどのような点を評価してお選びになりましたか。
・本校のホームページや説明会の印象をお聞かせください。
・（卒業生の場合）卒業生には全員に質問していますが、他校を受験していますか。

母 親

・自己紹介をしてください。
・出身校、お仕事の内容を教えてください。
・お仕事はどれくらい忙しいですか。お子さんとの時間はとれていますか。
・本校を知った理由、選んだ理由を教えてください。
・教会へ通うようになったきっかけや、通っている頻度を教えてください。
・お母さまご自身が受けてきたキリスト教教育について、印象に残っていることはありますか。
・通っている幼稚園（保育園）はどのようなところですか。
・幼稚園（保育園）の送り迎えは何時ですか。誰がどのようにしていますか。
・幼稚園（保育園）の後は家に帰ってどのように過ごしていますか。
・幼稚園（保育園）の送迎も含めて、ご夫婦でどのような役割分担をしていますか。
・本校は１、２年生の帰宅が早いですが、送迎はできますか。
・学校の長期休暇にはどのようにご対応されますか。
・小学校に入学する前に身につけておきたいことは何ですか。
・お子さんの成長にあたって、本校に期待することは何ですか。
・お子さんが最近一生懸命に取り組んでいることをお話しください。
・お子さんを育てるうえで、特に大切にされていることは何ですか。
・ごきょうだいの関係はどのような様子ですか。
・ごきょうだいで何をして遊んでいますか。
・入学に際して心配なことはありますか。

※そのほか、面接資料に記載したことを具体的に掘り下げて聞かれる。

面接資料／アンケート

Ｗｅｂ出願後に郵送する面接資料に、以下のような項目がある。

・本校についてお聞きします。
① 本校の教育の様子をどのような形でお知りになりましたか。
② 本校の教育のどのような点を評価してお選びになりましたか。
・お子さんの日常の生活についてお聞きします。
① ご家庭での普段の生活の中で、どのようなことを心掛けてお育てになっていますか。
② 現在、在籍中の園でのお子さんの様子はいかがですか。
③ ①、②を踏まえて、お子さんの今の様子をどのようにご覧になっていますか。

1

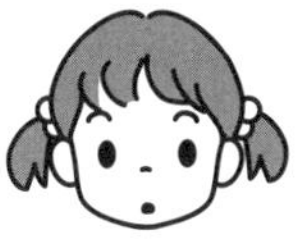

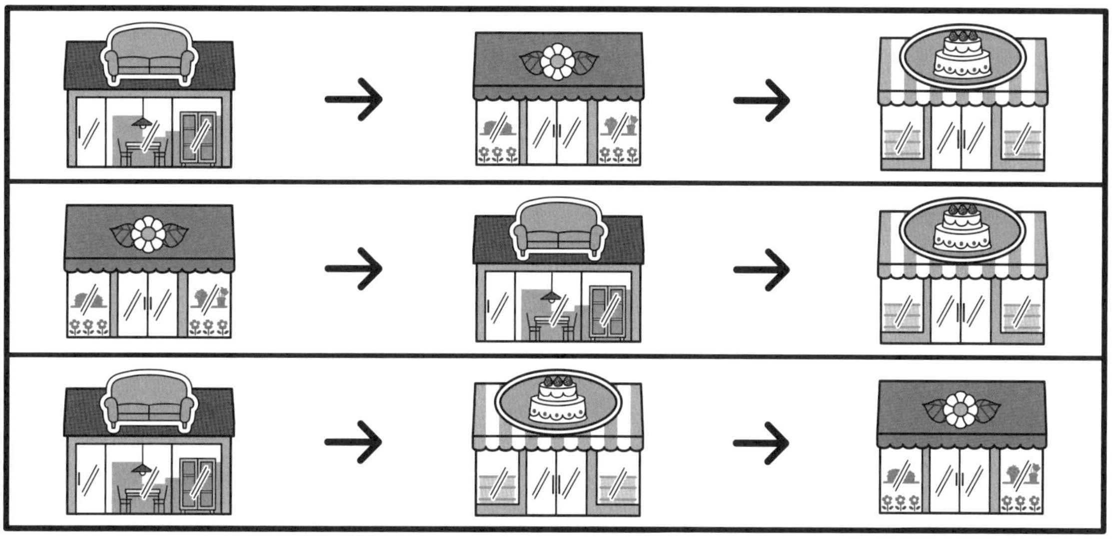

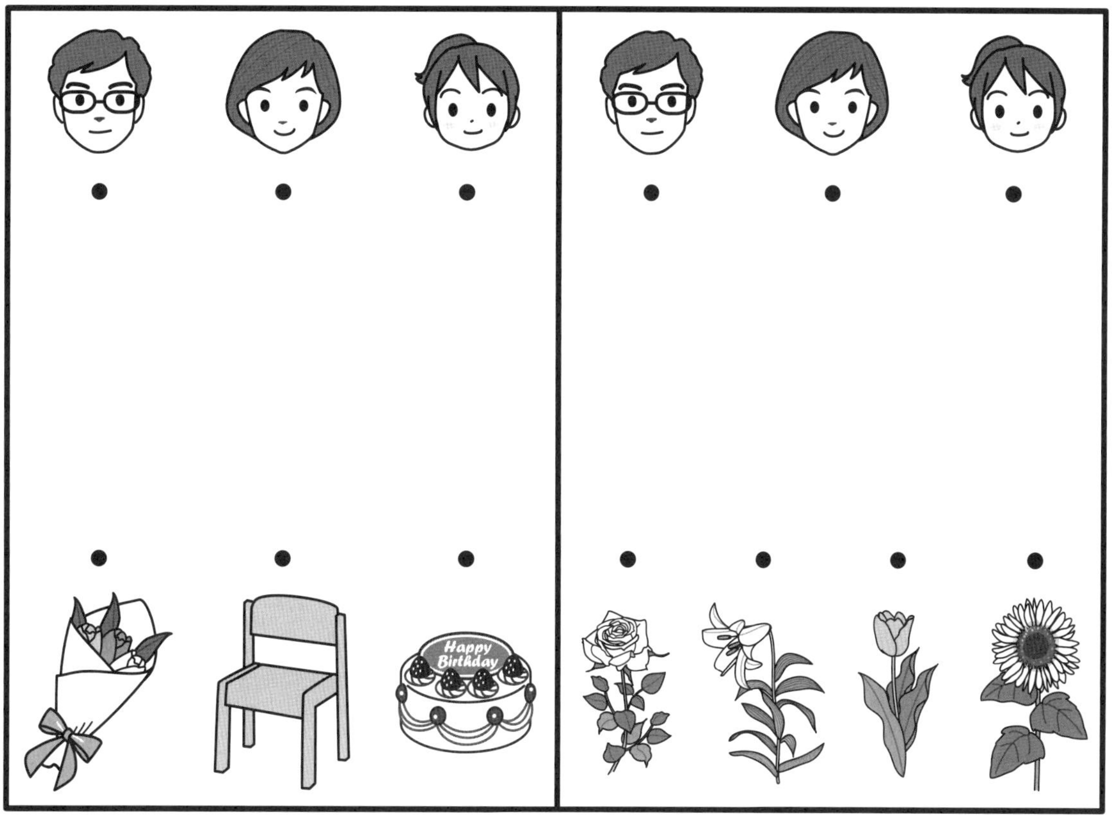

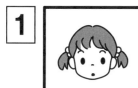

2

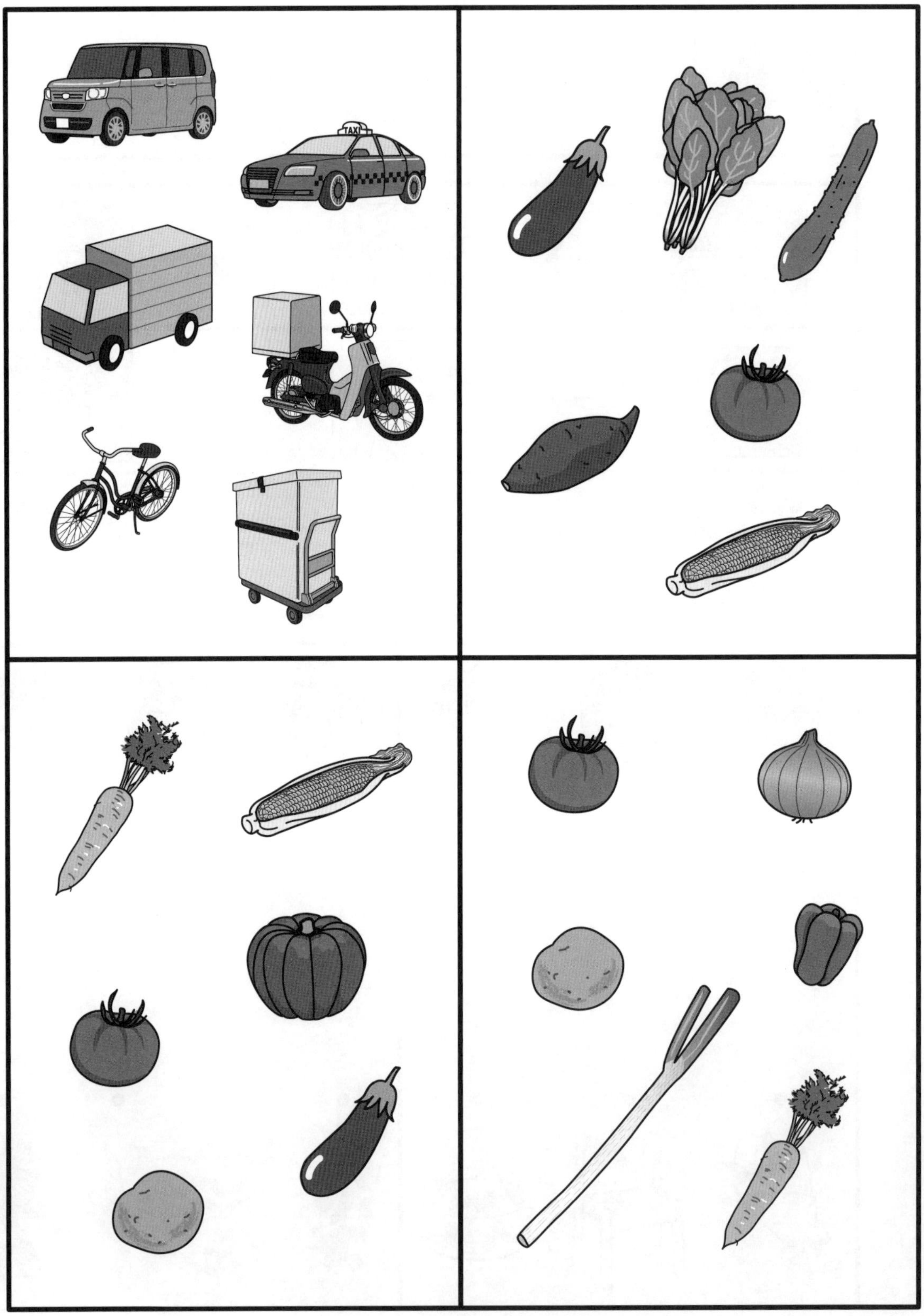

3

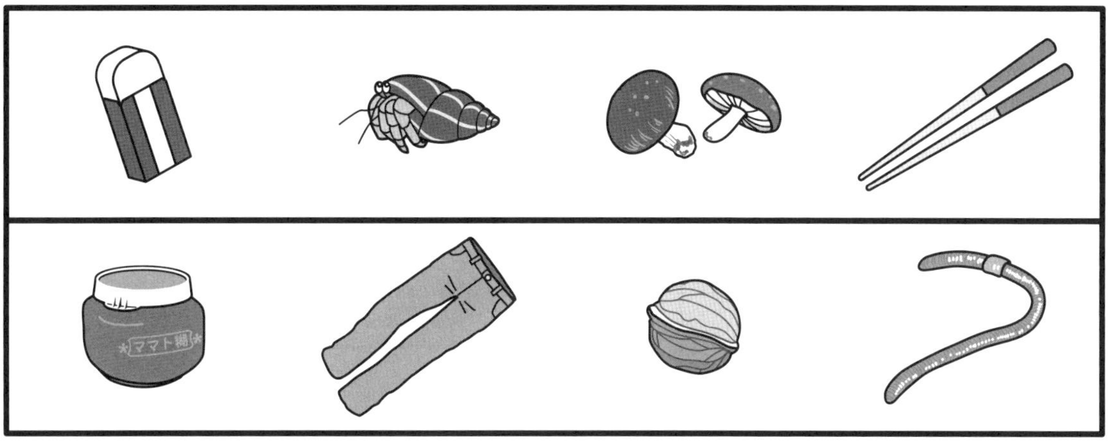

4

5

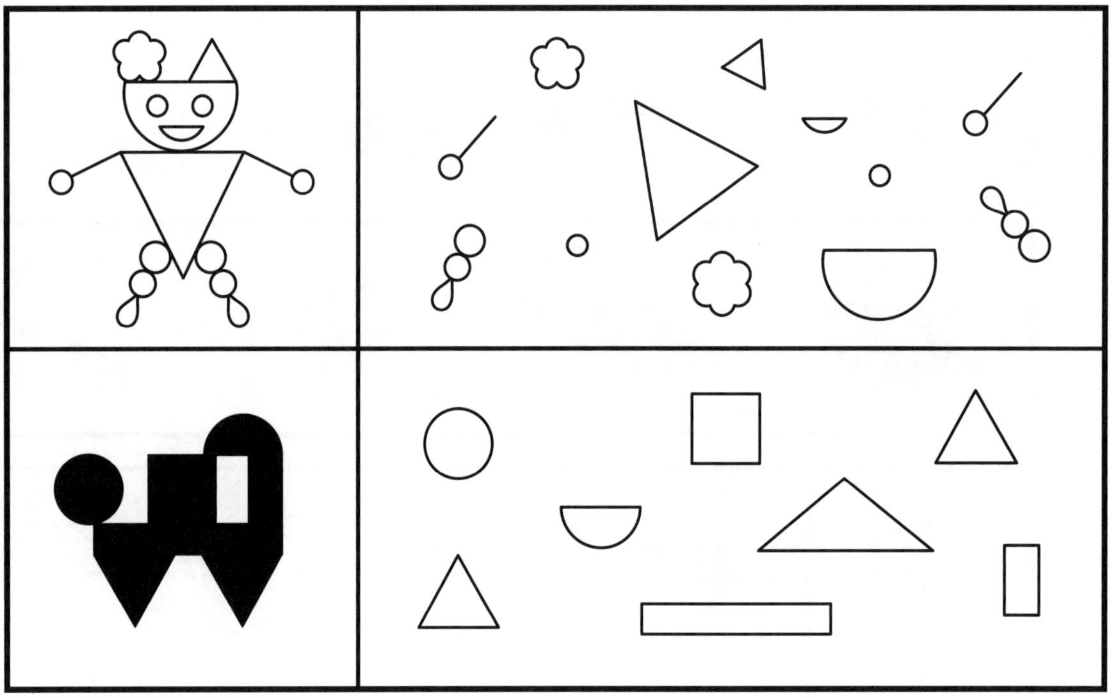

6

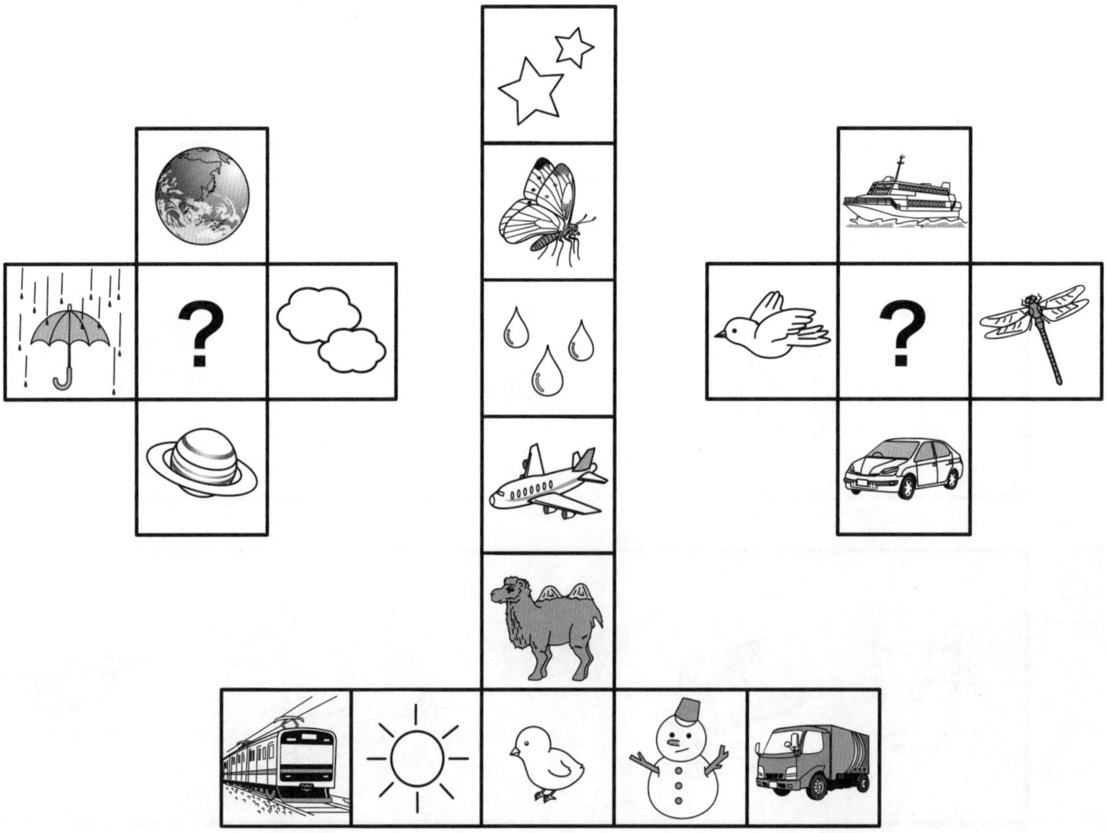

7

8

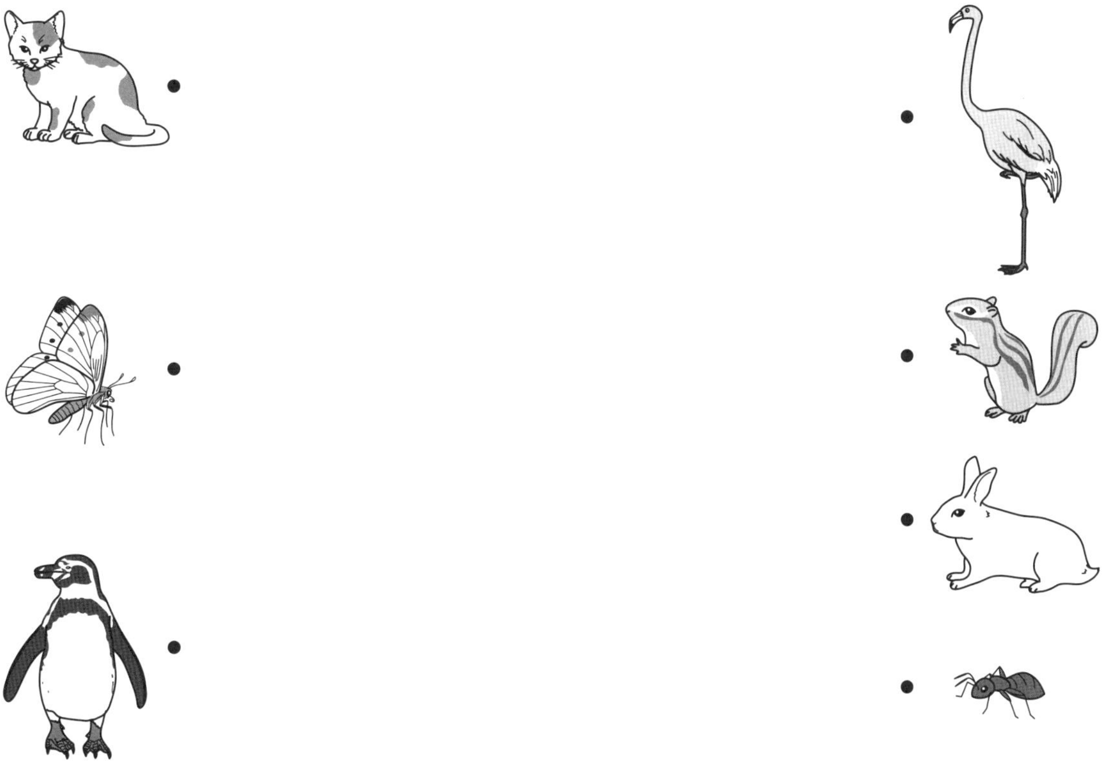

9

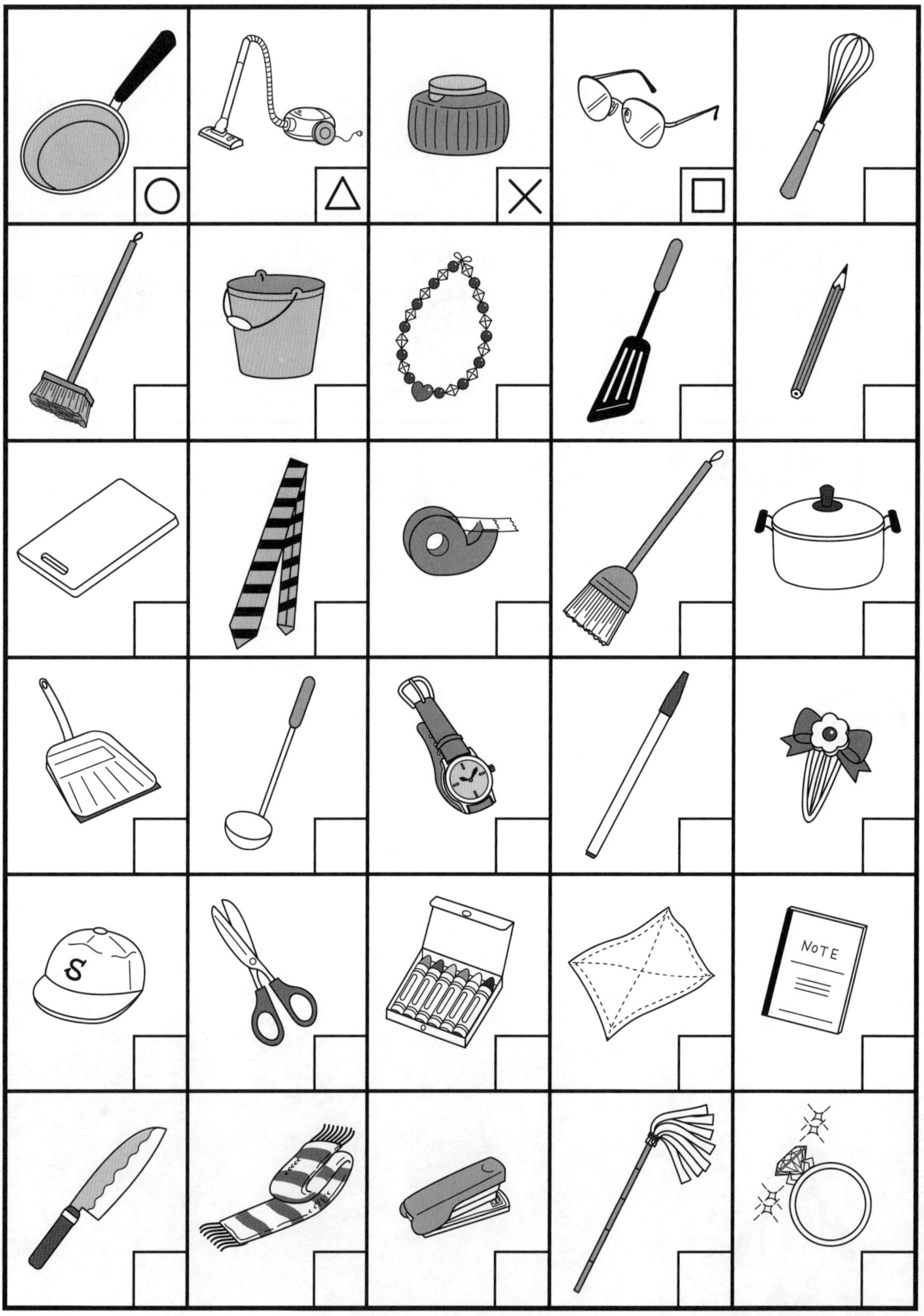

10

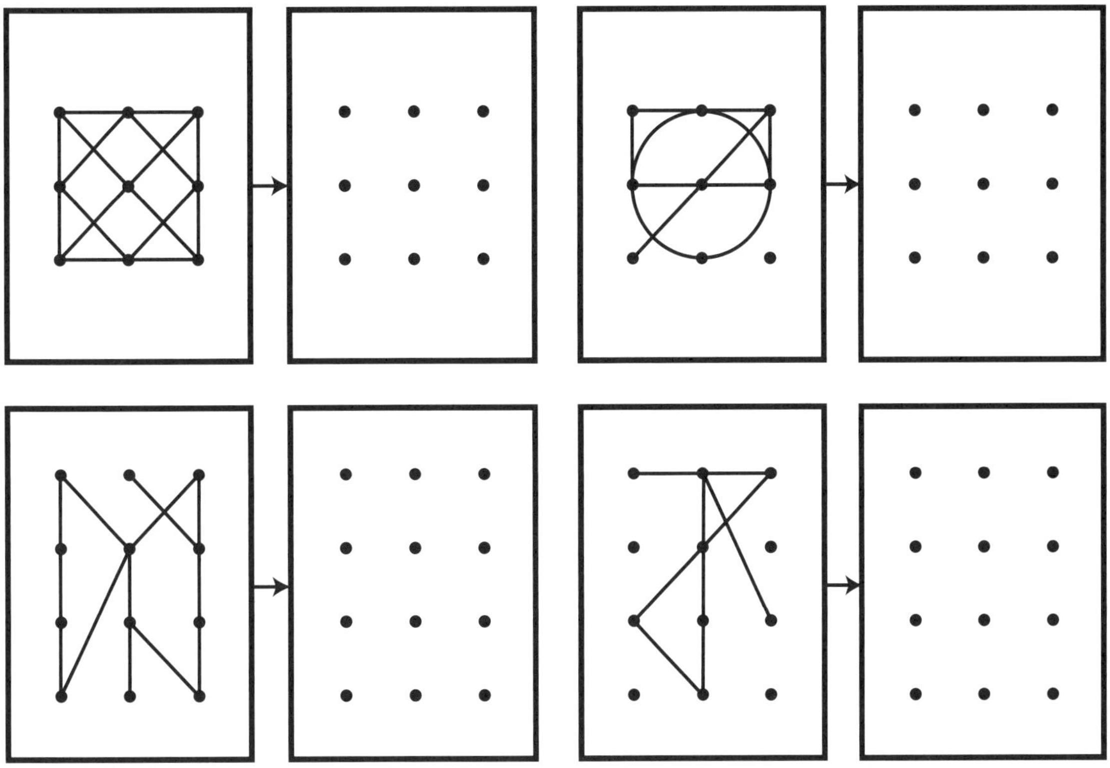

11

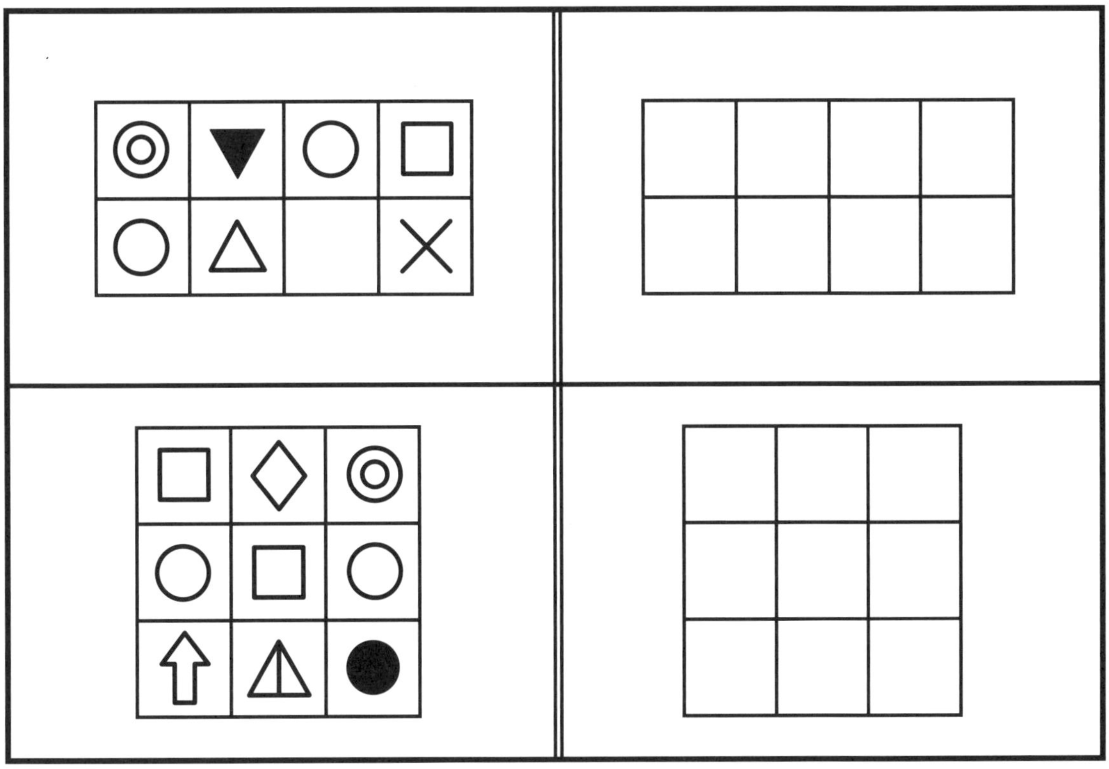

12
—
A

B

section
2023 暁星小学校入試問題

解答は別冊解答例006〜007ページ

選抜方法

第一次 考査は１日で、生年月日順（今年度は４月生まれから）で指定された受験番号順に、20人ずつのグループでペーパーテスト、運動テストを行い、192人を選出する。所要時間は約１時間20分。

第二次 第一次合格者を対象に、保護者面接と８人単位で集団テストを行う。所要時間は約１時間30分。

考査：第一次

ペーパーテスト

筆記用具は赤のクーピーペンを使用し、訂正方法は //（斜め２本線）。出題方法は音声。

1 話の記憶

「たろう君は、いつもお兄さんの笛を借りて吹いています。『僕も笛が欲しいなあ』と、ずっと思っていました。ある朝、目を覚ますと枕元にプレゼントの包みが置いてあります。『何だろう？』と開けてみると、青い笛が出てきました。そうです、今日はたろう君のお誕生日なのです。お母さんは、『たろうも自分の笛が欲しいのかなと思っていたから、今年のお誕生日のプレゼントにしたのよ』と笑っています。たろう君は大喜びです。『この青い笛を原っぱで思いっきり吹いたら、気持ちいいだろうな』と思い、原っぱへ出かけました。今日は雲一つないよいお天気で、気持ちよく笛を吹いていると、お友達のじろう君がサッカーボールを持ってやって来ました。『ねえ、たろう君。一緒にサッカーをしない？』とじろう君が言いました。たろう君は『いいよ』と言って切り株の上に青い笛を置いて、じろう君とサッカーをしました。『ああ、楽しかった！』サッカーに夢中になりすぎたたろう君は、笛を持って帰るのを忘れてしまいました。『あ、笛を忘れちゃった！』途中で気がついて急いで笛を取りに原っぱに行くと、どこからか笛の音が聞こえてきます。木の陰からのぞいてみると、何とキツネ君が切り株の上で青い笛を吹いているではありませんか。その周りには動物たちがいて、切り株を囲むようにして聴いています。『あれは僕の笛だ』と思いながらたろう君は見ていましたが、キツネ君の吹く笛の音はとてもきれいです。キツネ君の演奏が終わると動物たちが拍手をしたので、たろう君も思わず拍手をしました。すると、動物たちは一斉にたろう君を見ました。みんなびっくりした顔をしています。キツネ君は『僕の笛を聴きに来たの？』と言うと、たろう君をお客さんの席に案内してくれました。『この笛はね、僕の宝物なんだよ。この切り株の上に置かれたままだったから、僕がもらうことにしたんだ』とうれしそうに言いました。『これからほかのみんなも演奏をするから、聴いていってね』。その後、最初にクマさんがラッパを吹きました。体の大きいクマさんが吹くラッパの音はとても大きくて、たろう君はびっくりしました。その次はタヌキ君です。まるで自分のおなかをたたくように、上手に太鼓をたたきました。その次はウサギさんです。きれいにトライアングルを鳴らしました。演奏を終えたウサギさんが、『次はたろう君の番だね』と言いました。『えっ？！』たろう君の笛はキツネ君が持っているので、使う楽器がありません。『どうしよう』とたろう君は少し困ってしまいました。するとキツネ君が『僕の笛を貸してあげるよ』と言ったので、たろう君はキツネ君から笛を受け取ると、お兄さんの笛で練習していた『どんぐりころころ』を吹きました。ちょっとドキドキして音を１つ間違えてしまいましたが、動物たちは『わあ、上手だね』と拍手してくれました。キツネ君に笛を返してもらおうかと思っていたたろう君ですが、動物たちが楽しく演奏している様子を見て『僕はまたお兄ちゃんの笛を借りよう。プレゼントの笛をあげてしまっても、お母さんは許してくれるかな』と思いながら『この笛はとてもよい笛だね』と言うと、キツネ君に笛を返しました。『ありがとう。また来てね』。キツネ君もとてもうれしそうです。見上げると、青い空がどこまでも広がっています。たろう君は『また動物たちと楽器の演奏会をしたいな』と、うれしい気持ちでお家に帰りました」

・たろう君が原っぱに出かけたときの天気に○をつけましょう。
・今のお話に出てこなかった動物に○をつけましょう。
・キツネ君の演奏の後、みんなが演奏した楽器の順番と合う絵に○をつけましょう。
・「君の番だよ」と言われたときのたろう君はどんな顔だったと思いますか。○をつけましょう。
・お家に帰るとき、空を見上げたたろう君はどんな顔だったと思いますか。○をつけましょう。

2 数量（分割）

・左の四角の中のリンゴとミカンを、その隣の子どもたちが仲よく同じ数ずつ分けると、残りはどうなりますか。右側から正しいものを選んで、○をつけましょう。何も残らないこともありますよ。

3 推理・思考（四方図）

・一番上の四角がお手本です。左の積み木を、サルは手前から、イヌは右から、キジは上から見ています。右側には、見える積み木の様子がそれぞれ描いてあります。では、下の３段を見ましょう。左の積み木をお手本と同じ向きからサル、イヌ、キジが見たとき、どの向きからも見えない形を右側から探して○をつけましょう。

4 観察力

・いろいろな形が左のように重なっているとき、下から２番目にある形を右側から選んで○をつけましょう。４つともやりましょう。

5 推理・思考（進み方）

・上の四角がお約束です。丸は右に、三角は左に、四角は上に、バツは下にマス目を１つ進みます。では、下のサルがいるマス目を見ましょう。マス目の左側に、お約束の印が上から順番に並んでいます。サルが今いるところからスタートして印の通りにマス目を進み、着いたところにある果物に○をつけます。最初の印は丸ですから、まず右へ進みます。次も丸なのでもう１つ右へ進み、その次はバツで下へと印の通りに進んでいくと最後はブドウに着くので、ブドウに丸がついています。やり方はわかりましたか。ではほかのマス目で、動物たちがお約束通りにマス目を進むと着く果物に○をつけましょう。

6 位置・記憶

（上の絵を20秒見せた後隠し、下の絵を見せる）
・１段目です。さっき見た絵になかった印に○をつけましょう。

- 2段目です。角のマス目にあった印に○をつけましょう。
- 3段目です。マス目の中に、三角はいくつありましたか。同じ数だけ黒丸がある四角に○をつけましょう。
- 4段目です。星印のすぐ左にあった印に○をつけましょう。

7 言語・常識

- 1段目です。何かをとるときに使うものに○をつけましょう。
- 2段目です。名前の中に生き物の名前が入っているものに○をつけましょう。
- 3段目です。人の力で動かす乗り物に○をつけましょう。
- 4段目です。上から言っても下から言っても同じ名前になるものに○をつけましょう。
- 5段目です。名前の音の数が1つだけ違うものに○をつけましょう。
- 6段目です。しりとりでつなげたときに、1つだけつながらないものに○をつけましょう。

8 常　識

- 1段目です。1つだけ季節が違うものに○をつけましょう。
- 2段目です。わたしは6本足で羽があり、あごが大きいです。夜になると木の蜜を吸います。わたしを選んで○をつけましょう。
- 3段目です。生き物の子どもと大人の組み合わせが描いてあります。間違っているものに○をつけましょう。
- 4段目です。1膳、2膳と数えるものに○をつけましょう。
- 5段目です。電車の中の様子です。よくないことをしている子がいる絵に○をつけましょう。

運動テスト

体育館に移動して行う。

かけっこ

スタート地点から走り、向こう側にあるコーンを回って戻ってくる。

ジグザグドリブル

2人1組で行う。コーン3本の間をボールでドリブルしながらジグザグに進み、一番遠いコーンを回ってスタート地点に戻る。

ボール投げ上げ

ボールをその場で投げ上げ、3回手をたたいてからキャッチする。

ボール投げ

壁に向かってボールを片手で投げる。投げたボールは自分で取りに行き、カゴの中に戻す。

連続運動

床にジグザグに置かれたフープの中を両足跳びで進む→スキップで戻る。

考査：第二次

集団テスト

クーピーペンやはさみなどの道具は持参したものを使う。

9 推理・思考

・3枚のピザがあります。左から順に、4人、3人、5人でちょうど同じ大きさに分けられる線を、青のクーピーペンでピザにかきましょう。

10 注意力

右端のマス目を見てください。印がかいてありますね。このように先生が言った印を、マス目の上から順番に青いクーピーペンでかいていきます。ただし「飛ばす」と言ったら、そのマス目には何もかきません。右端のマス目で言った印は、丸、三角、バツ、三角、飛ばす、バツ、丸です。（やり方を確認する）

・イチゴのところです。丸、丸、バツ、三角、飛ばす、丸、バツ、三角。
・バナナのところです。バツ、三角、飛ばす、バツ、丸、三角、三角、バツ。
・ブドウのところです。丸、三角、バツ、バツ、飛ばす、飛ばす、丸、バツ。

※印の読み上げは、2問目は1問目よりもかなり速く、3問目は1問目と同じ速さで行う。

巧緻性・絵画・言語（発表力）

大小の四角がかかれたB５判の上質紙が用意される。

・大きい四角が表、小さい四角が裏になるように、上質紙を２回折る。
・大きい四角の中にクーピーペンで、今まで母親に読んでもらった中で一番好きなお話の場面の絵を描く。
・なぜそのお話を選んだのか、描いた絵を持って１人ずつ発表する。

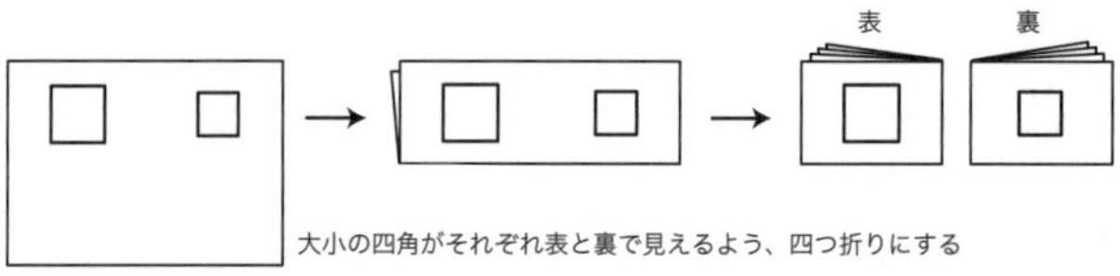

大小の四角がそれぞれ表と裏で見えるよう、四つ折りにする

制作（モモのお面作り）・言語（発表力）

モモの台紙（ピンク）、葉っぱの台紙（黄緑）、四角がかかれた紙（黄色）、バンドの台紙（画用紙の横半分の大きさに横線が引かれ、線を挟んで片側は水色、もう片側は灰色。クリアフォルダからははみ出している）が入ったクリアフォルダが用意される。モモと葉っぱを線に沿ってはさみで切り取り、テスターのお手本に従って葉っぱをモモの下に液体のりで貼りつける。バンドの台紙を線に沿って切り分け、水色の方をモモを挟んで輪になるようにモモの表側にステープラー（ホチキス）で留め、お面にする。制作の後、自分が作ったモモのお面がとてもよくできたと思ったら◎、まあまあよくできたと思ったら○、もう少し頑張れたと思ったら△、全然うまくできなかったと思ったら×を、黄色い

紙の四角の中に赤のクーピーペンでかく。ごみを捨て、道具を片づけたら、最後にどうしてそのように思ったのかを１人ずつ発表する。

〈クリアフォルダに入っていたもの〉

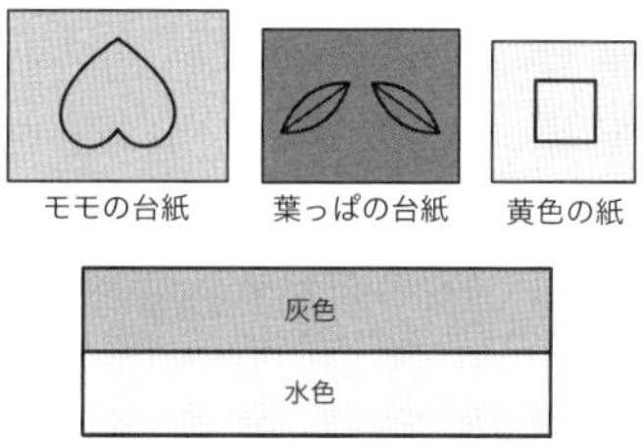
バンドの台紙

【完成図】

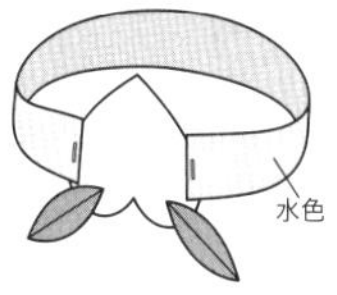

絵画・言語（発表力）

Ｂ５判の上質紙が用意される。「桃太郎の家来たちがオニと戦っている。きびだんごがあと１つ残っているので、もう１人家来を連れてこようと思うが、あなたが桃太郎だったら誰を家来にしたいか」というお話を聞き、クーピーペンで家来にしたいものを描く。なお家来は動物に限らず、人間でもアニメのキャラクターなどでも何でもよいとの指示がある。描いた後、自分の絵を持って、なぜその家来を選んだのかを１人ずつ発表する。

行動観察

４人１組に分かれて行う。

・マットの上に靴を脱いで上がりましょう。今からカードゲームで使うカードを作ります。カードのテーマは春夏秋冬の季節です。まず、誰がどの季節の絵を描くか相談して決めましょう。
・決まったら、それぞれいったん自分の席に戻りましょう。（Ａ４判８分の１サイズの紙が２枚ずつ配付される）自分の季節のものの絵を２種類、クーピーペンで描きましょう。（例：春ならこいのぼりとチューリップなど）
・描いたカードを持って、マットの上に集まりましょう。
・（持ち寄ったカードとテスターが用意したカードを合わせて、裏返しにしてバラバラに置く）１人ずつ順番に、カードを２枚選んで表に返しましょう。２枚とも同じ季節の絵なら、そのカードをもらえます。違う季節なら、裏返しに戻します。では、相談して順番を決め、遊びましょう。

模倣体操

８人で行う。モニターに映るテスターのお手本と同じように体を動かす。号令や音楽はない。

手をたたく
左手を腰に当て、右手を斜め上に上げて、親指と人指し指を立てる
手をたたく
右手を腰に当て、左手を斜め上に上げて、親指と人指し指を立てる
両腕前回し
両腕後ろ回し
くり返す

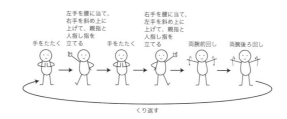

保護者面接

最初に２点確認された後、父親と母親のどちらが答えてもよいとあらかじめ言われる。また先に答えた方の話を踏まえ、もう片方に「いかがですか」「どう思われますか」と続けてたずねられることもある。

〈確認事項〉

・キリスト教行事への参加は問題ありませんか。

・オンライン授業でインターネットを使いますが、ご家庭のネット環境は問題ありませんか。

保護者

・インターネットやタブレット端末の使用にあたり、ご家庭でのルールはありますか。

・４月の小学校入学までにお子さんにさせたいことや習い事はありますか。

・（性教育の絵本を見せながら）本校ではこの絵本を使って指導していますが、お子さんに性についての話はされますか。

・本校は家庭で行う課題が多いですが､お子さんの取り組み方が｢期日までに間に合いさえすればよい｣と雑になっていたらどうされますか。（または、「提出が間に合わない」と言われたらどうするかを聞かれることもある）

・子どもに学校を休ませて家族で旅行に行くご家庭について、どのように思いますか。

・休みの日に遊んで疲れたので、次の日に学校に行きたくないとお子さんが言ったらどうされますか。

・１年時の担任は、若手かベテランか、男女どちらかなど、ご希望はございますか。

面接資料／アンケート

Ｗｅｂ出願後に郵送されてくる作文用紙に記述し、指定日までに手書き願書とともに提出する。

作文テーマ（300字）

「お子様から『神様は本当にいるの』と質問されたら、どのようにお答えになりますか。具体的にお書きください」

1

2

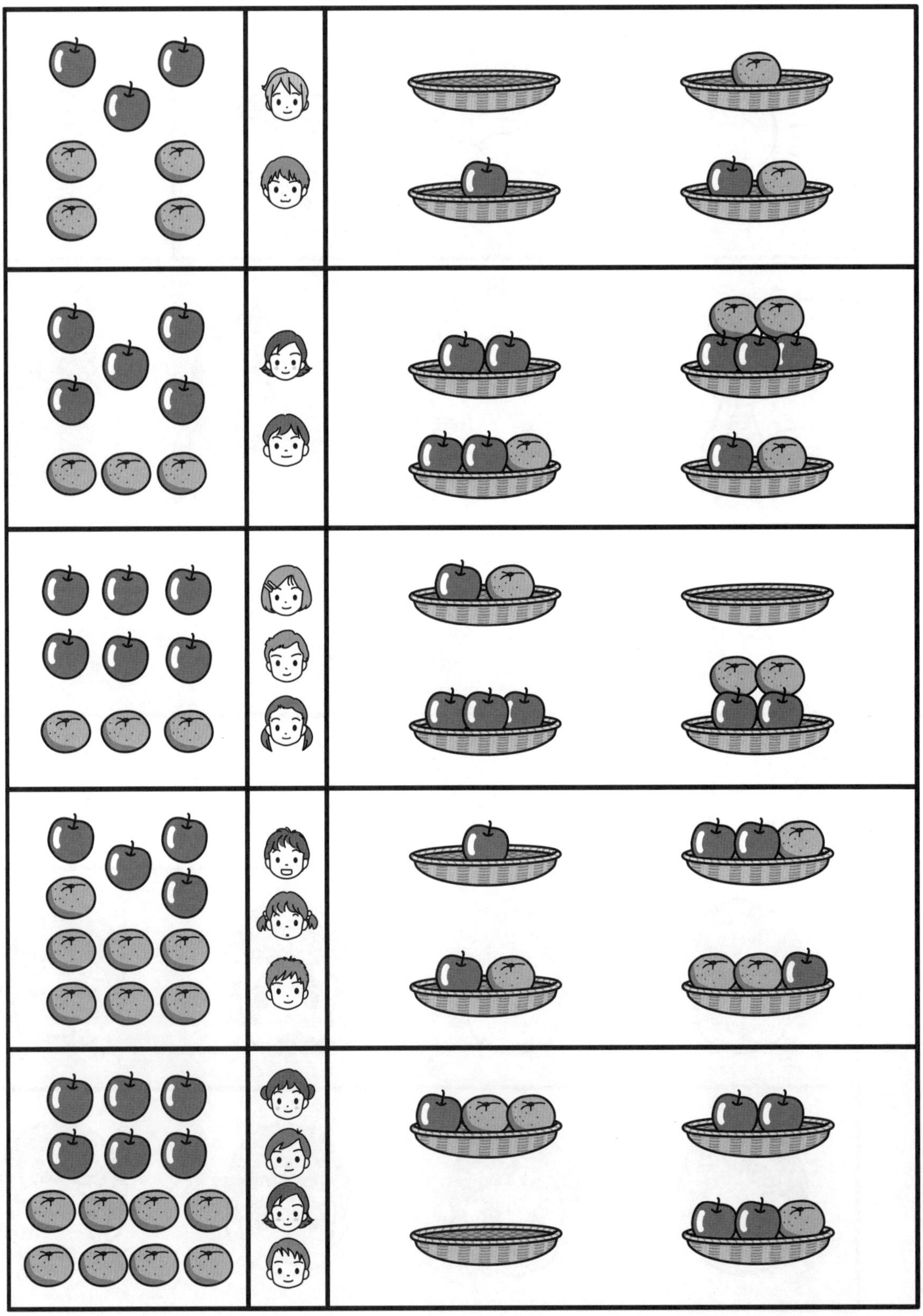

3

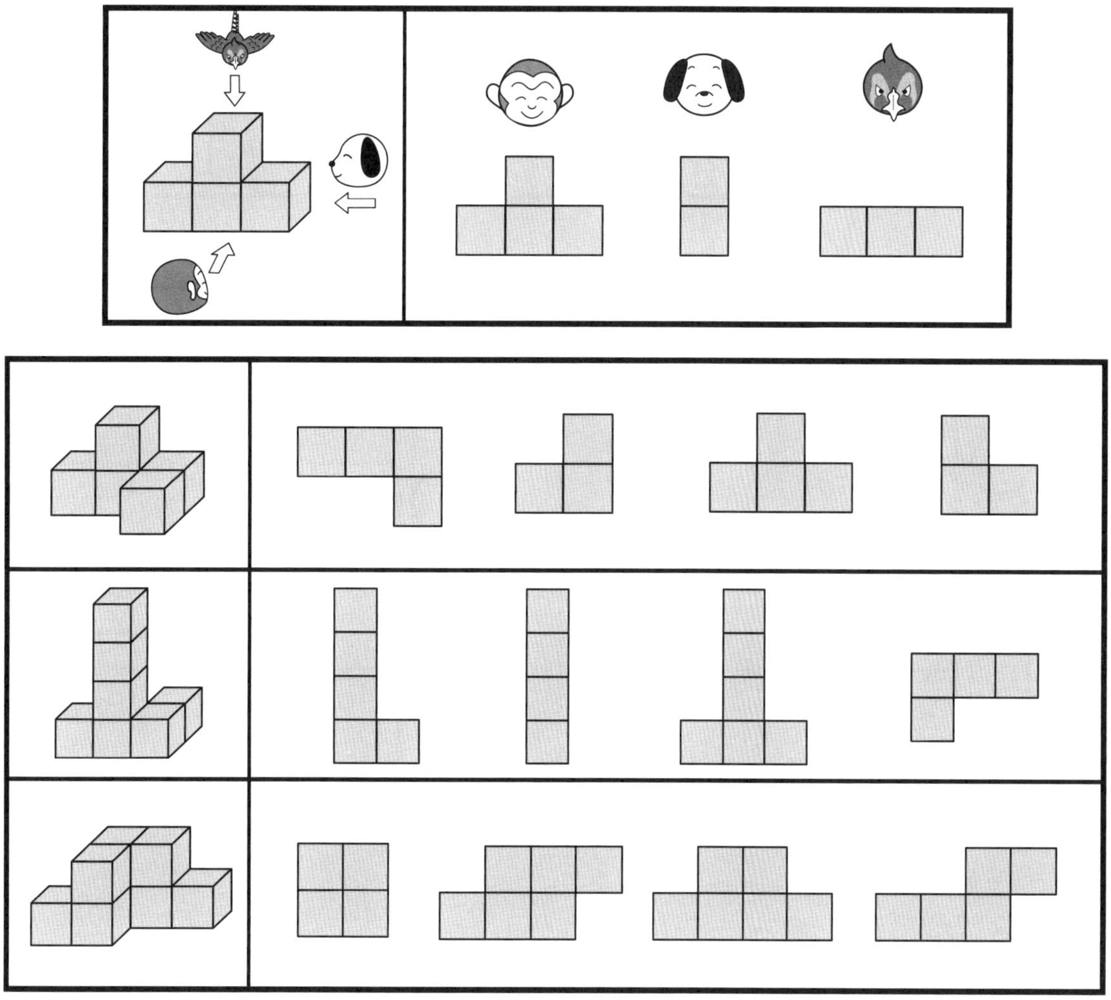

4

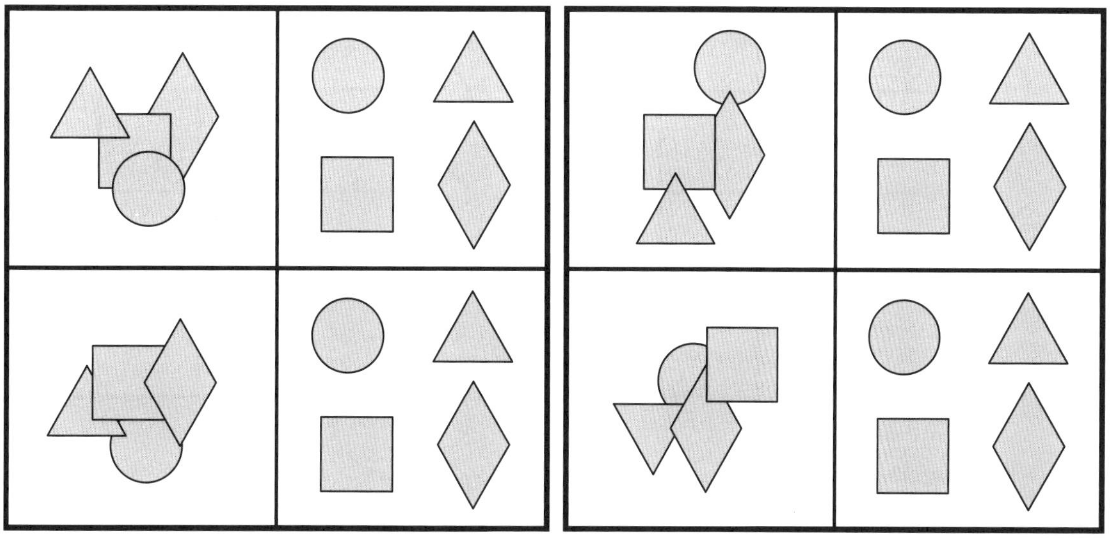

5

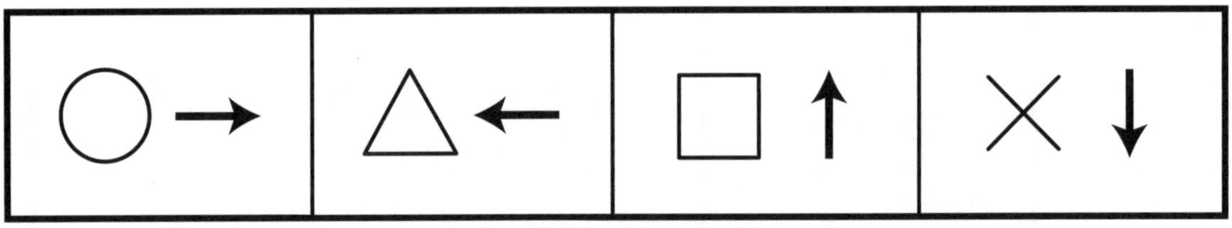

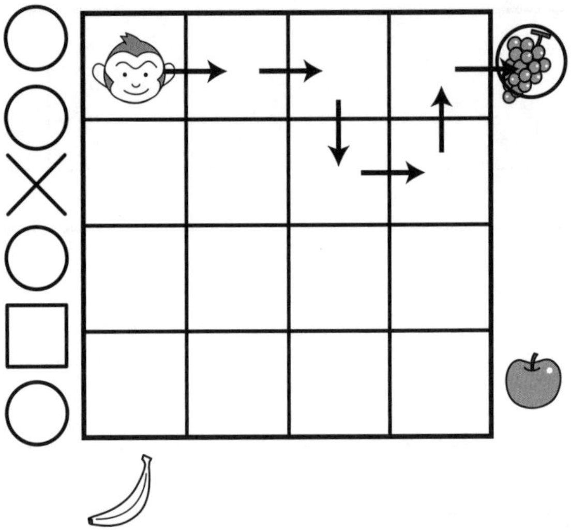

6

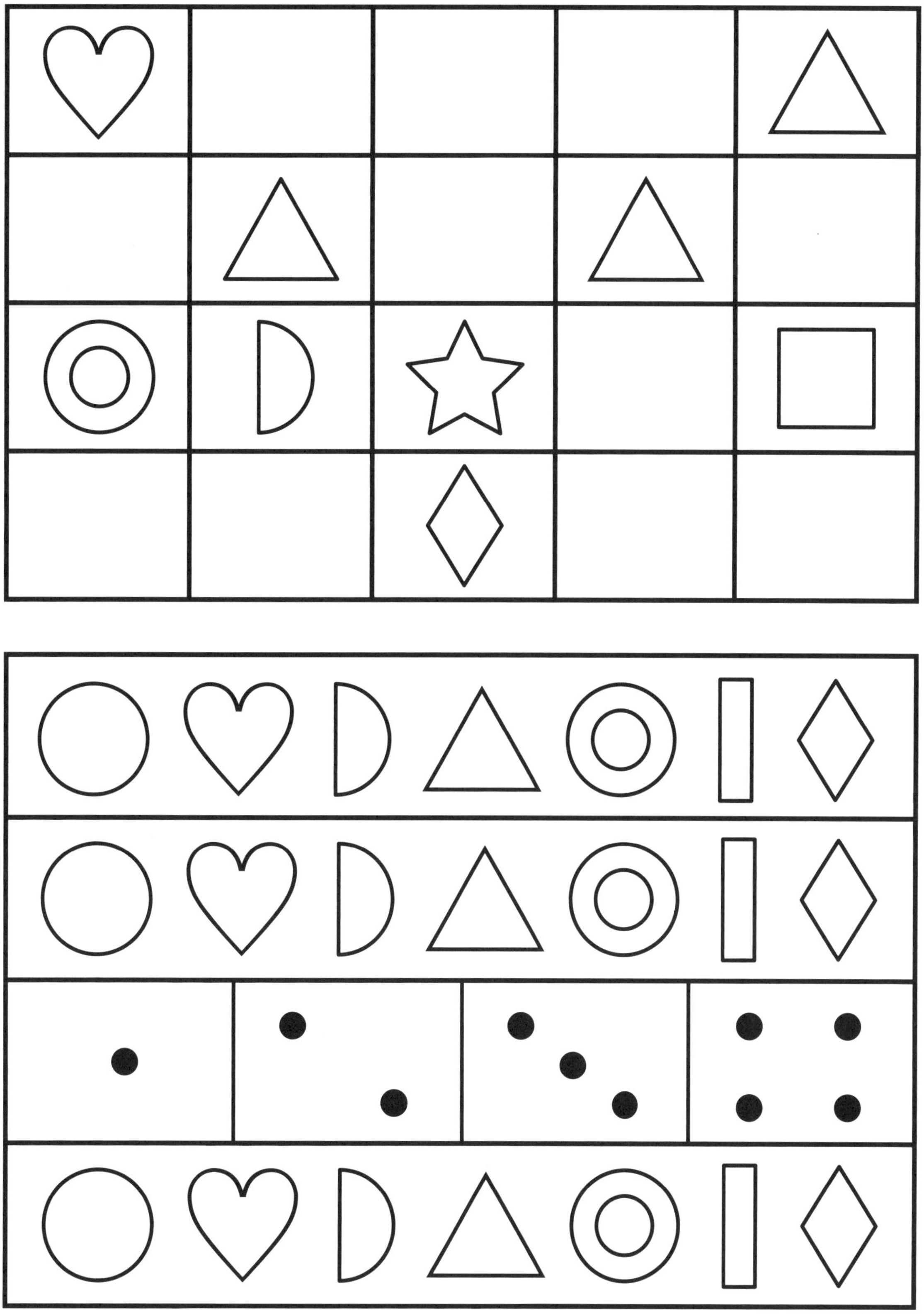

7

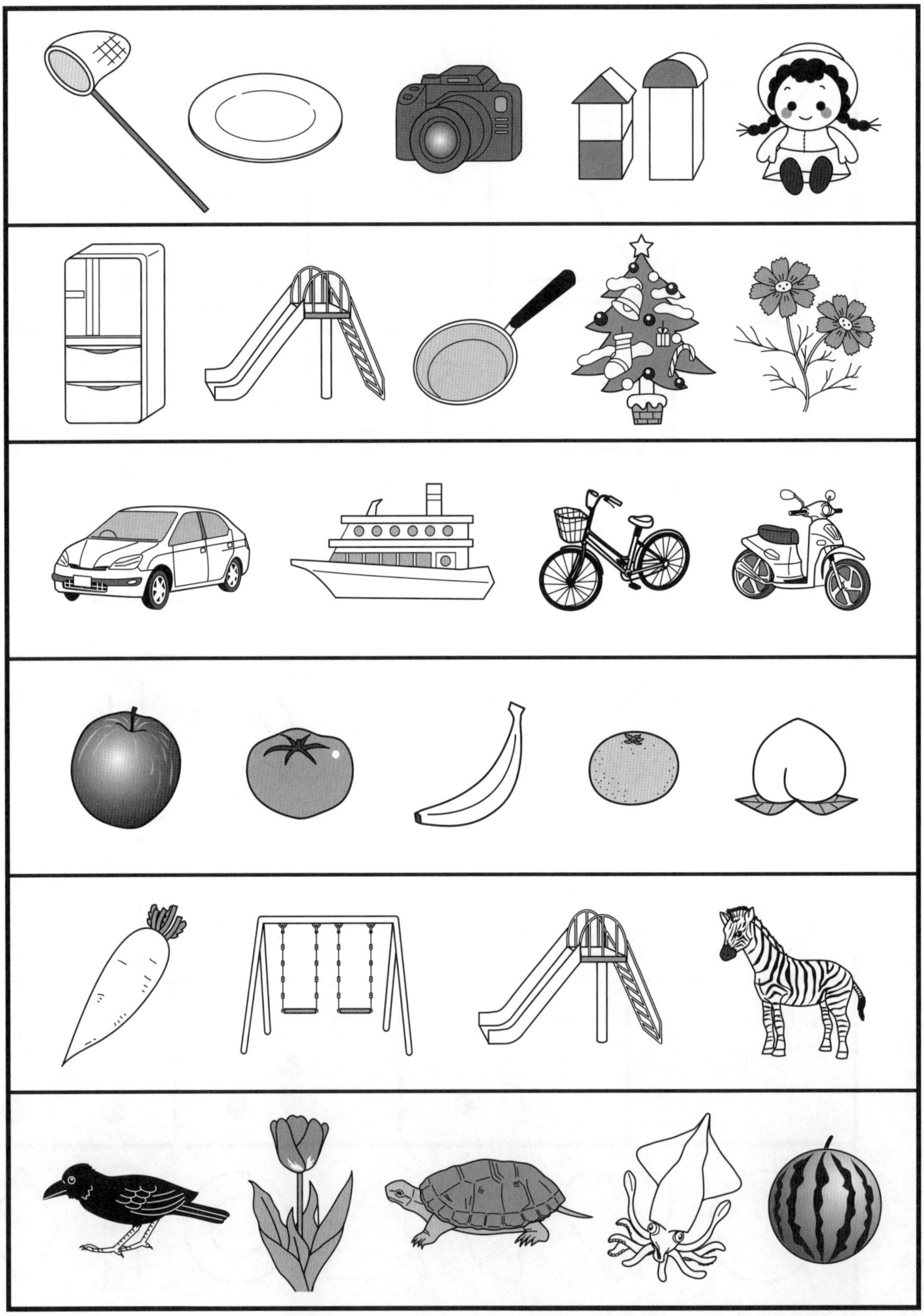

8

9

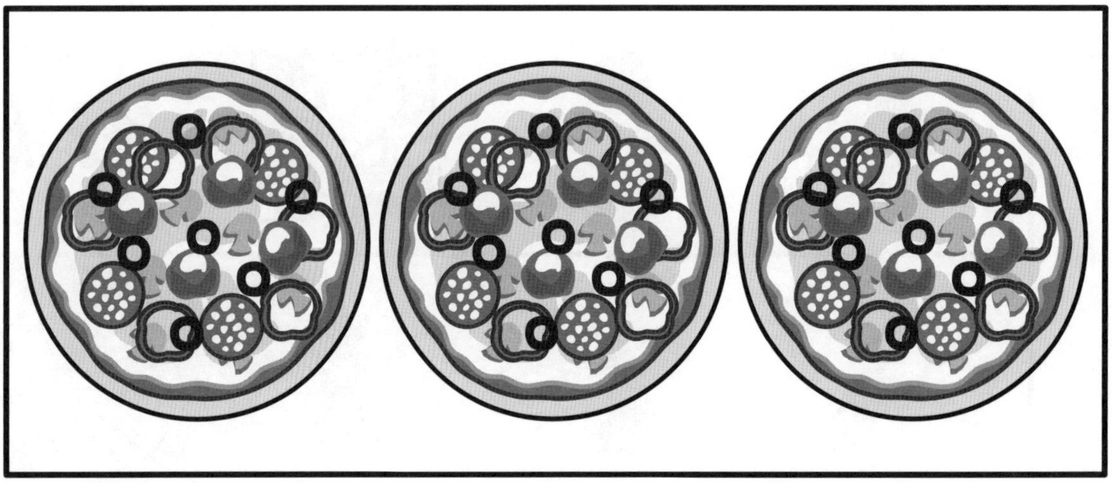

10

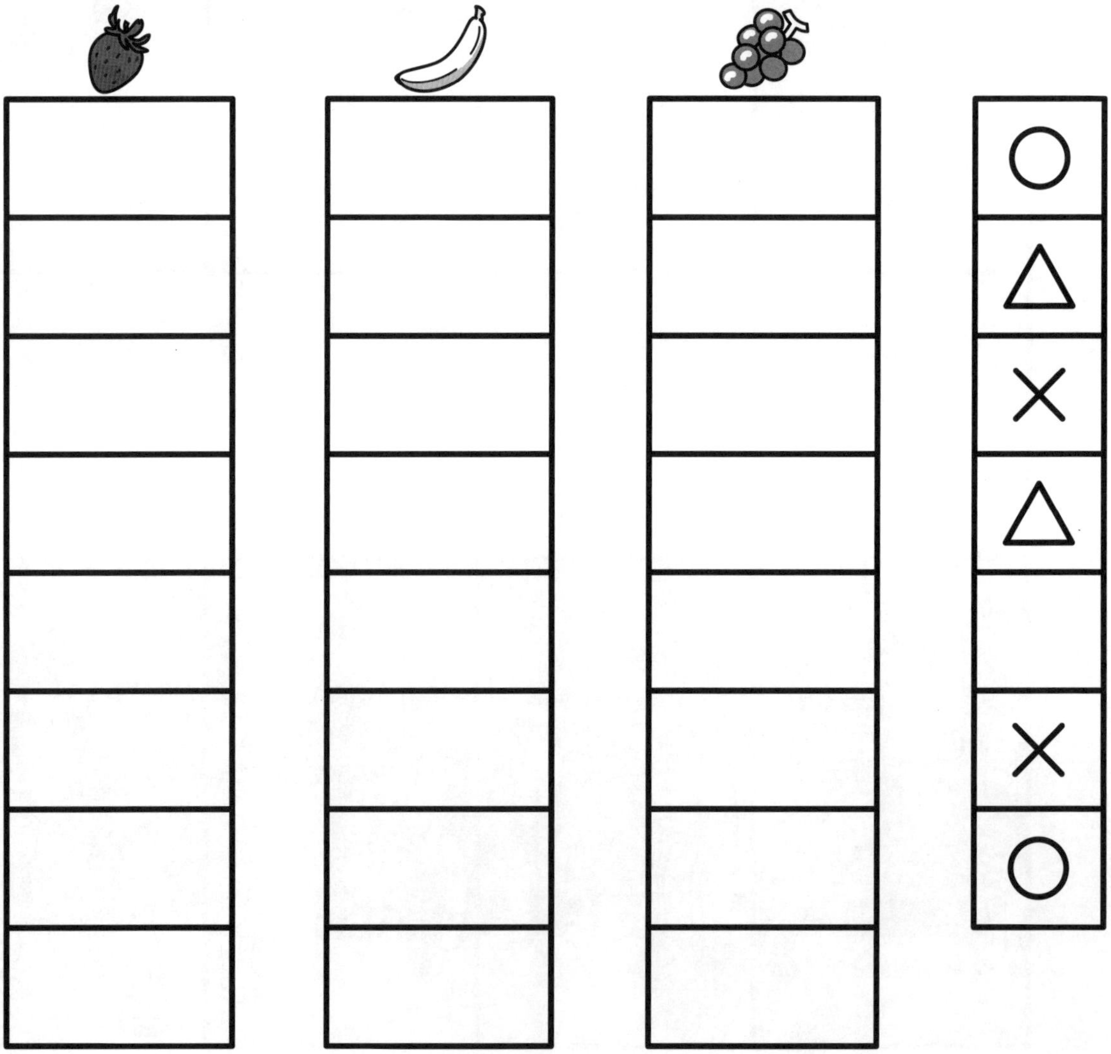

section
2023　国立学園小学校入試問題

解答は別冊解答例008ページ

選抜方法

考査は２日間のうち希望する１日で、10～20人単位でペーパーテスト、個別テスト、集団テスト、運動テストを行う。所要時間は約１時間30分。考査日前の指定日時に親子面接が行われる。所要時間は10～20分。

ペーパーテスト

筆記用具は鉛筆を使用し、訂正方法は //（斜め２本線）。出題方法は口頭。

1　話の記憶・言語

（８枚の絵を順番に見せられ、紙芝居形式でお話を聞く）

「かける君とリスさん、野ネズミ君、ウサギさんがかくれんぼをしました。『ジャンケンポン』。最初はかける君がオニになりました。『１、２、３……もういいかい？』『もういいよ』。かける君が動物たちを探し始めると、茂みのところに長い耳が見えていました。『ウサギさん、見一つけた』。次に岩の近くでクスクスと笑い声が聞こえたので、岩の後ろをのぞきました。『野ネズミ君、見一つけた』。それから、森の方に行くと切り株からかわいいしっぽが見えています。『リスさん、見一つけた』。かける君は全員見つけることができました。『もう一回やろうよ』『ジャンケンポン』。今度はリスさんがオニです。かける君は茂みに潜り込みました。『痛っ』。かける君の脚にイバラのとげが刺さって少し血が出てきました。かける君が泣くのを我慢していると『だいじょうぶ？　この緑の葉っぱを傷につけるとけがが治るよ』とバッタ君が教えてくれました。その通りにするとすぐにけががよくなり、かける君が『バッタ君、ありがとう』と、お礼を言ったそのときです。バッタ君は何かに驚いたように、急にかける君のポケットに飛び込んできて、小さな声で『ちょっと隠れさせて』と言いました。すると、すぐにモズが飛んできて木の枝に止まり、かける君に『この辺でバッタを見たかい？』と聞きました。見つかるとバッタ君が食べられてしまいます。『ううん。見てないよ』と答えるとモズは飛んでいきましたが、まだかける君の胸はドキドキしていました。かける君は『まだ隠れていた方がいいよ』とバッタ君に小さな声で言い、茂みから出て様子を見ました。ちょうどそのとき、『かける君、見一つけた』とリスさんに見つかってしまいました」

- お話の中で野ネズミ君が隠れた場所に○をつけましょう。
- かける君の胸はどうしてドキドキしたと思いますか。手を挙げて後ろの先生にお話ししましょう。
- あなたはかける君のように誰かを助けたことはありますか。手を挙げて後ろの先生にお話ししましょう。

2　言語（しりとり）

- 左から順番にしりとりでつなげるためには、空いている四角に何を入れたらよいですか。ふきだしから１つずつ選んで○をつけましょう。

3　数量（進み方）

サルとネコの駒が用意されている。左端のマス目のそれぞれの顔の上に駒を置き、そこから動かしながら考える。

A

・サルとネコがジャンケンをしながらマス目を進みます。一番上の二重四角の中がお約束です。グーで勝ったら1つ、チョキで勝ったら2つ、パーで勝ったら5つマス目を進み、あいこならマス目を1つ戻ります。負けたときは動きません。では、すぐ下の絵のようにサルとネコが4回ジャンケンをして、その下にあるそれぞれのマス目をお約束通りに進むと、最後にどのマス目に着きますか。着いたマス目に○をかきましょう。

B

・今度はサルとネコが絵のように4回ジャンケンをしてお約束通りにマス目を進み、それぞれ丸がかかれたマス目に着きました。2回目のジャンケンでは、サルとネコはどの手を出しましたか。顔の下からそれぞれ選んで、○をつけましょう。
・その下の段です。同じように4回ジャンケンをして、それぞれ丸がかかれたマス目に着きました。3回目にサルとネコはどの手を出しましたか。顔の下からそれぞれ選んで、○をつけましょう。

個別テスト

4 構　成

マグネットブロック（正方形6枚、正三角形4枚）が用意されている。例題1、2の後で課題を行う。

（例題として行う）
・四角を6枚使って、どこにも穴ができないように組み立てましょう。
・三角を4枚使って、どこにも穴ができないように組み立てましょう。

（課題として行う）
・三角2枚と四角3枚を使って、どこにも穴ができないように組み立てましょう。
・三角4枚と四角5枚を使って、どこにも穴ができないように組み立てましょう。

5 観察力・常識

横断歩道のイラスト、シャンプーとリンスの入れ物、通常はがきとくぼみ入りはがきが用意されている。

・点字ブロックは何のためにあるか考えてみてください。目の不自由な人が、つえや足の裏で道がわかるようにするためですね。ここにある入れ物やはがきも、目の不自由な人が使いやすいように工夫されています。どのような工夫がされているか考えて、先生にお話ししましょう。触ってみてもいいですよ。

集団テスト

6 行動観察

5、6人のグループで行う。お手本の写真（1、2）、積み木、スポンジブロック、大小のゴムボール、ペットボトルとふた、メガホン、紙コップなどが用意されている。

・用意されているものを使って、お手本の写真と同じものをグループごとに協力して作りましょう。終わったら片づけをしてください。

運動テスト

平均台・ジャンプ

坂になっている平均台を渡り、跳び箱に上がってマットの上に飛び降りる。

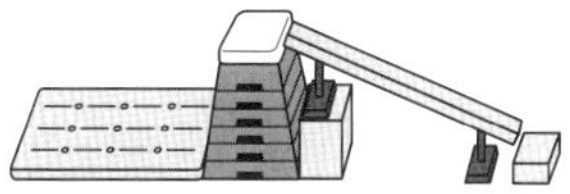

ケンパー

置かれたフープの中を、行きはケンケンケン・ケンパー・ケンパーで進む。帰りは反対にパーケン・パーケン・ケンケンケンで戻る。

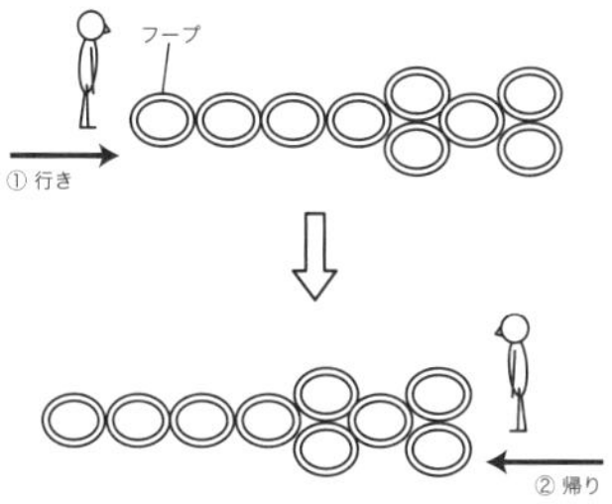

親子面接

本人

・お名前と幼稚園（保育園）の名前を教えてください。
・幼稚園（保育園）では何をして遊びますか。
・幼稚園で好きな遊びは何ですか。
・好きな食べ物は何ですか。
・お父さん、お母さんにどのようなことでほめられますか。
・小学校に入ったらどんなことをやってみたいですか。
・小学校ではどんな勉強をしたいですか。
・将来何になりたいですかか。

父親

・志望理由についてお聞かせください。
・学校に期待することは何ですか。
・中学受験について、どのようにお考えですか。
・お子さんの名前の由来を教えてください。
・どのようなときにお子さんをしかりますか。
・本校に質問したいことはありますか。
・通学経路について教えてください。

母 親

・志望理由についてお聞かせください。
・本校をどこで知りましたか。
・ご家庭の教育方針についてお聞かせください。
・本校の印象をお聞かせください。
・学校に期待することは何ですか。
・お子さんは一言で言うと、どのようなお子さんですか。
・通学や健康状態のことで伝えておきたいことはありますか。

1

2

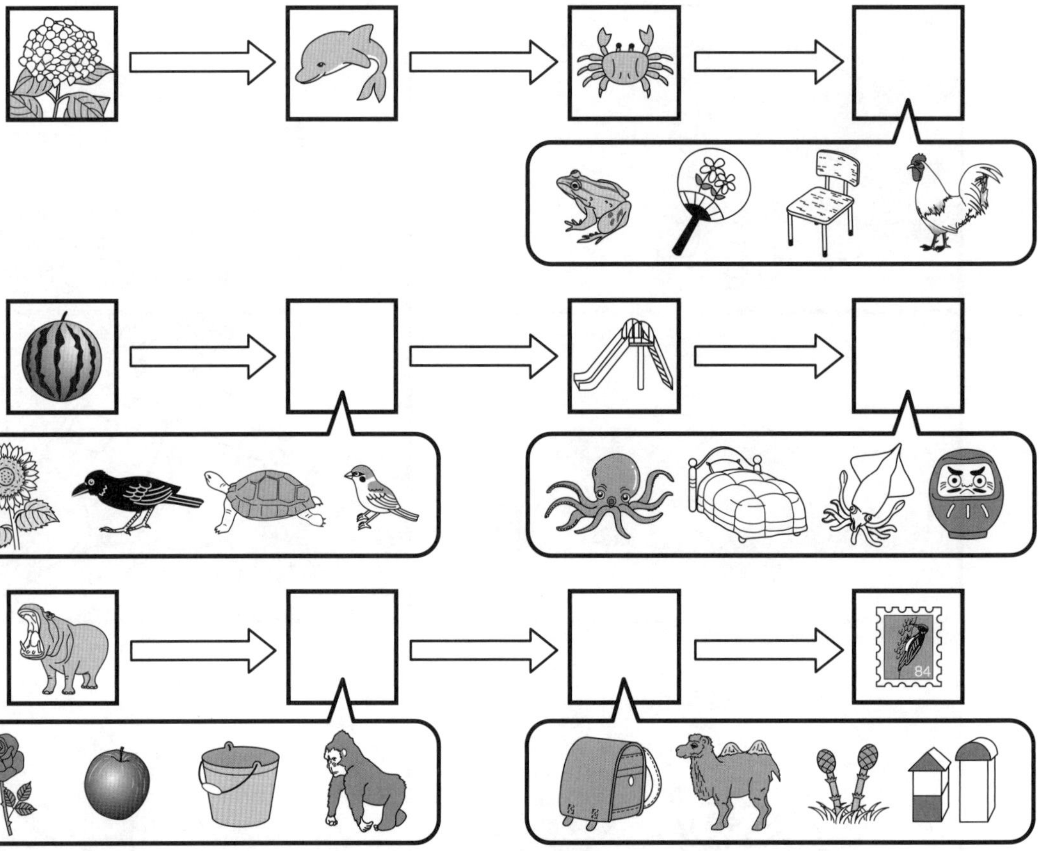

3 — A

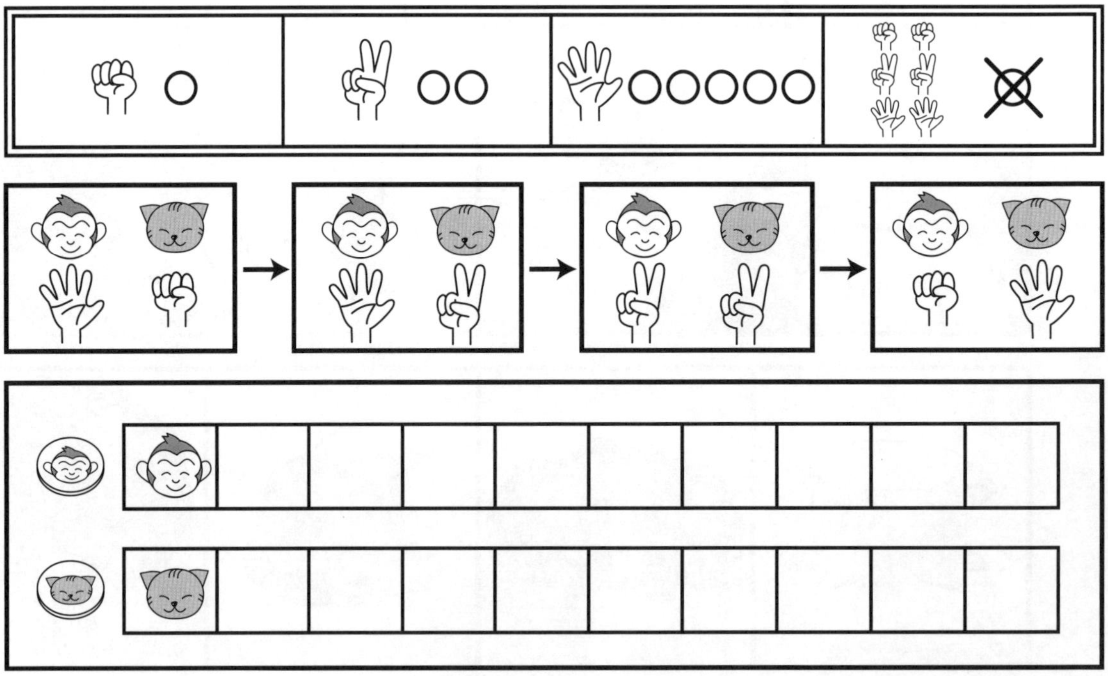

3—B

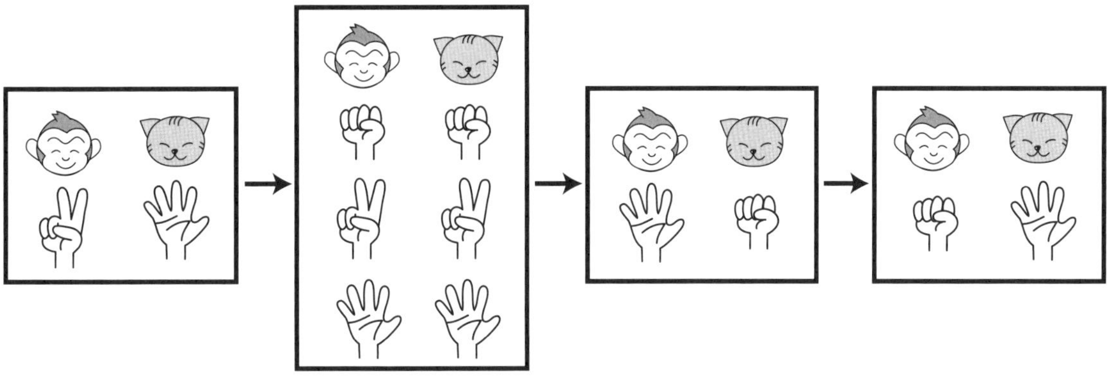

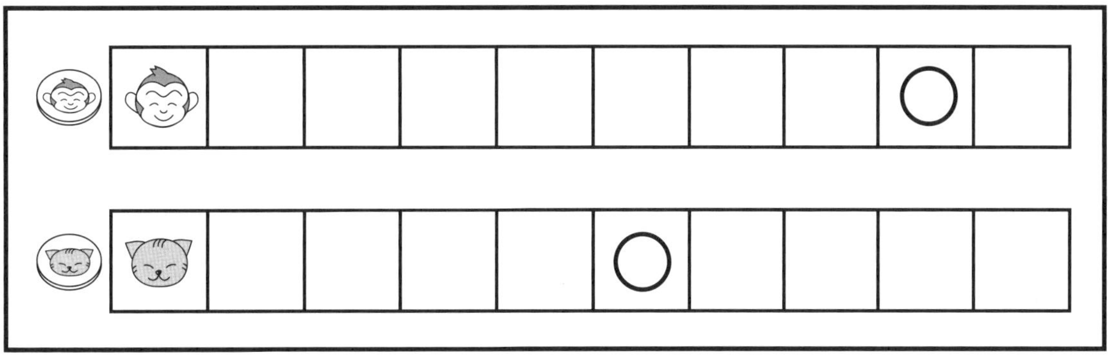

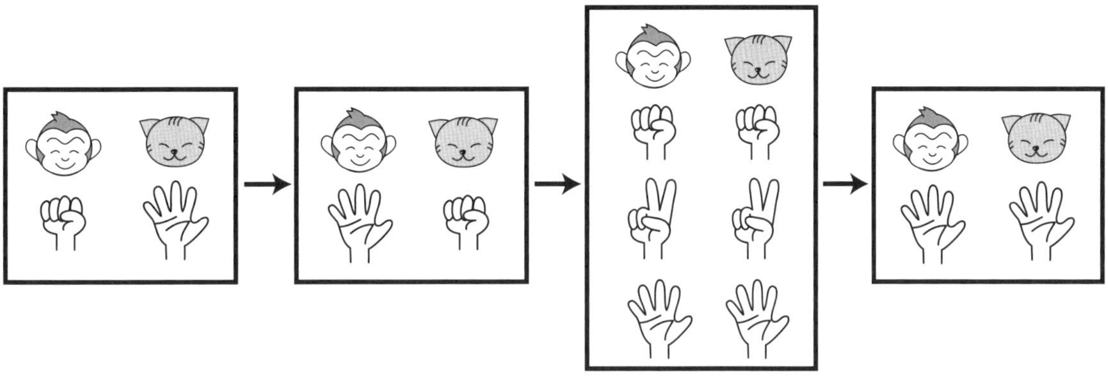

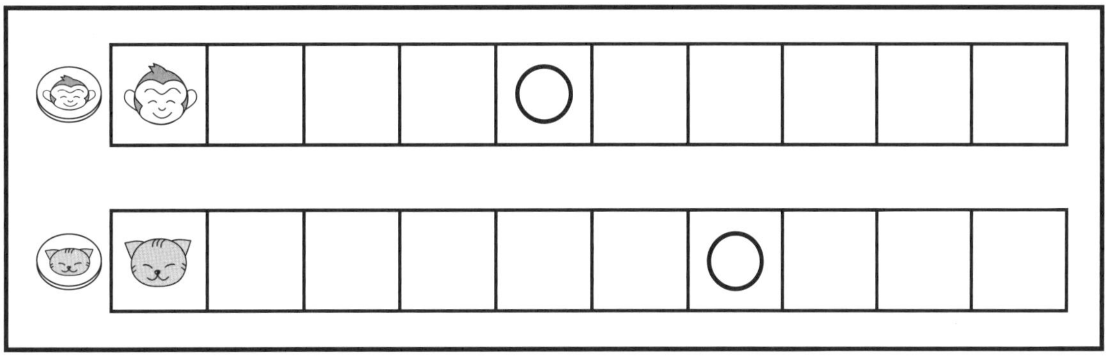

4

【ブロックパーツ】

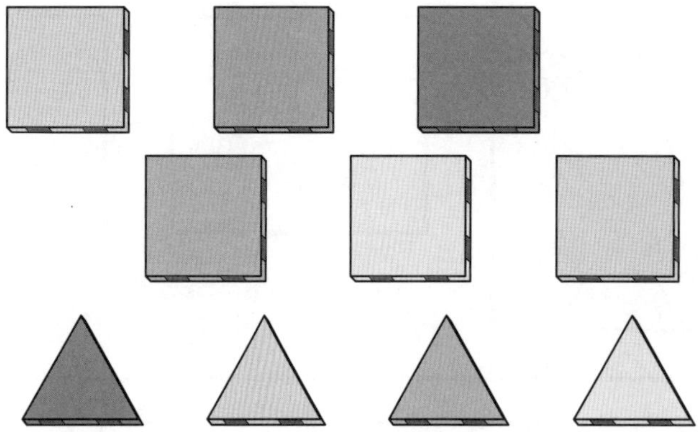

〈例題１〉

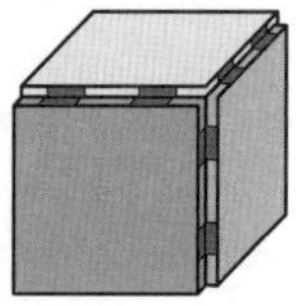

〈例題２〉

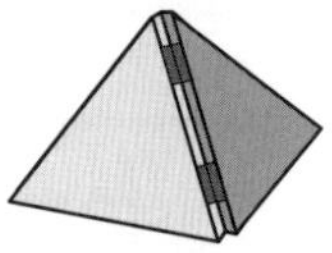

5

シャンプー　リンス

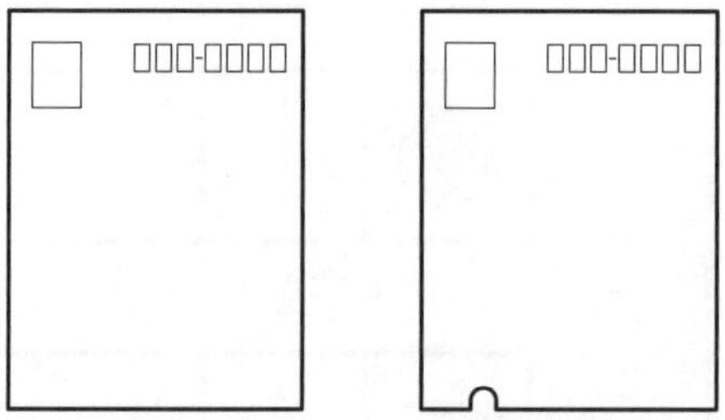

通常はがき　くぼみ入りはがき

6

【お手本1】

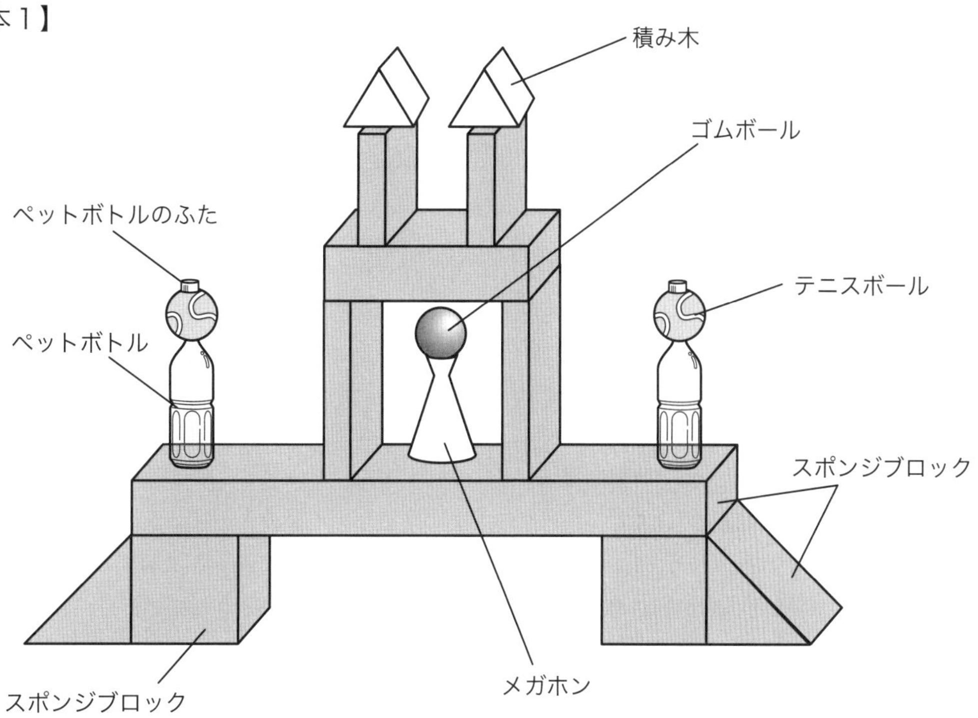
積み木
ゴムボール
ペットボトルのふた
テニスボール
ペットボトル
スポンジブロック
スポンジブロック
メガホン

【お手本2】

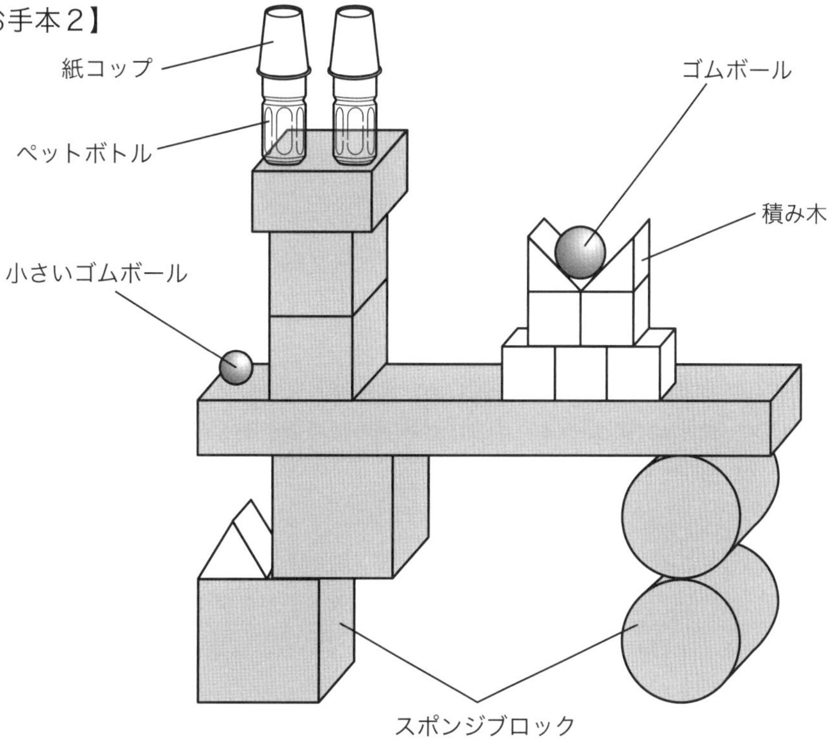
紙コップ
ゴムボール
ペットボトル
積み木
小さいゴムボール
スポンジブロック

section
2023　慶應義塾幼稚舎入試問題

解答はすべて省略しています

選抜方法

考査は女子が先の３日間、１日おいて男子が後の４日間という日程のうち、１日を指定される。男子・女子とも生年月日の年少者から約18人単位で集団テストと運動テストを行う。指定通りに体操服を着用して控え室に入り、マスクと靴を替えてから考査会場に向かう。所要時間は約２時間。

集団テスト

玄関で受験票を提示し、当日の内容や注意事項が書かれた印刷物（「すぐお読みください」）をもらう。控え室となっている教室の前でもう一度受験票を提示し、指示された番号の座席につき添い者と並んで座って待つ。集合時刻になったら、学校が用意したマスクにつけ替え、運動靴に履き替える。約10分後、受験票を持って並び、移動のときの注意事項（前の人を抜かさない、受験票を落とさない、おしゃべりをしない）を聞いてから出発する。途中の準備室で個々を識別するためのマーク（○、△、□、☆、♡などの形がそれぞれ赤、青、緑、黄色などの各色に分かれている）が各自に指定され、番号入りのシールを体の前後に貼付してから会場に向かう。考査会場の机や床にはマークがついており、考査は自分のマークのところで行う。

1　絵画・制作

各自の机の上にポンキーペンシルやクレヨン（12色）が置かれ、課題に応じて画用紙やトレーに入ったスティックのり、セロハンテープ、はさみなどを使用する。机には感染防止用のパーティションが前面と側面に設置され、着席した状態で教室前方のモニターに流れる映像を観た後、課題を行う。

（女子）

Ａ これまでに作ってきた公園を紹介する大工さんの映像を観た後、自分ならどんな公園を作ってもらいたいかを考えて、机の上に置かれたホワイトボードにそのイメージを作る。いろいろな遊具や人が描かれた絵カード（裏にマグネットがついており、パーティションに立てかけて置かれたもう１枚のホワイトボードにたくさん貼られている）を貼ったり、ホワイトボード用マーカーで描き足したりしてイメージをふくらませる。さらにＢ４判の画用紙が配られ、自分がその公園で遊んでいる様子の絵をクレヨンで描く。

Ｂ 自分の思い出をすごろくにして遊ぶ映像を観た後、駒とすごろくを作る。名刺大のカードの表には自分を、裏には自分の宝物をポンキーペンシルで描き、下からダブルクリップで挟んで立ててすごろくの駒にする。すごろくの台紙にはマスがかかれている。青い枠のマスに止まったら２つ進み、赤い枠のマスに止まったら２つ戻るというルールの説明があり、青い枠のマスには楽しい思い出や得意なこと、赤い枠のマスには嫌な思い出や苦手なことをポンキーペンシルで描く。ほかのマスは、自由に色を塗ったり絵を描いたりしてよい。

Ⓒ植物博士が見たこともないような植物やその種を紹介する映像を観た後、あったらいいなと思う不思議な植物の種を６色のカラー粘土で作る。さらにＢ４判の画用紙に、その種から育った植物の絵を、どのように不思議なのかがわかるようにポンキーペンシルで描く。

（男子）

Ⓓ生き物博士が２種類の生き物をカプセルに入れて合体させる映像を観た後、生き物がたくさん描かれた台紙から合体させたい２種類を選んではさみで切り取り、カプセルの絵が描かれた台紙にスティックのりで貼る。さらにＢ４判の画用紙に、合体させた生き物とどんなことがしたいのかクレヨンで描く。生き物の台紙は数種類あり、時間帯によって使用するものが異なる。

Ⓔさまざまな秘密基地を紹介する映像を観た後、自分の作りたい秘密基地をＢ４判の画用紙にポンキーペンシルで描く。その際に、パーティションに立てかけて置かれたシールの台紙２枚から、自分の秘密基地に置きたいもののシールを選んで貼る。シールは生き物、家具、食べ物、人など数十種類の絵柄があり、１枚に２つの絵柄が描かれたものは使いたい方をはさみで切り取って使う。

Ⓕ妖怪博士が唐傘《からかさ》お化けや提灯《ちょうちん》お化けなどの妖怪について話した後、人の役に立つ妖怪として塗り壁や布団かぶせなどを紹介し、それがどのように役に立つかを話す映像を観る。その後Ｂ６判の画用紙に自分で考えた役に立つ妖怪をポンキーペンシルで描き、さらにＢ４判の画用紙にはその妖怪が活躍して役に立っている様子を描く。

Ⓖ「ある島に住んでいるたろう君が、島から引っ越したお友達に手紙を書こうとした。ところが島にはポストがなく、何とかして手紙を届けたいと神社にお参りして願うと神様が現れ、願いをかなえる代わりに貝殻を仲よし同士に分けるように言われる」というお話の映像を観る。その後、用意されている十数個の本物の貝殻をプラスチック製カップから出して、仲よしごとに４つのくぼみがあるトレーに分ける。次に、ポストに見立てた白い貯金箱形の芯材を６色のカラー粘土と貝殻で装飾し、思い出の便りが出せる思い出ポストを作る。さらにそのポストを使って誰にどのような思い出を伝えたいのかを考えて、その思い出をＢ５判の画用紙にポンキーペンシルで描く。

言　語

絵画・制作の間にテスターから質問される。答えると、その動機となった思いや体験について質問が発展することがある。

・何を描いていますか。どうしてそれを描くことにしたのですか。

・（貝殻の仲間探しでは）どのような分け方をしたのですか。

2　行動観察

グループに分かれ、以下のゲームのいずれか１つまたは２つを行う。内容は試験日やグループによって異なる。ゲームを行う際の待機場所には１～５のサイコロの目のプレートが貼られたミニコーンが並んでいる。

Ⓐボウリングリレー…４、５人のチームでペットボトルをピンにして、大中小の３種類のボールでボ

ウリングをする。最初は大きいボールを使って先頭の人が決められた線から転がし、倒れたピンはそのまま残して次の人にボールを渡す。すべてのピンが倒れるまで１人１投ずつ順番に同じボールを転がしていく。すべてのピンが倒れたら、そのときボールを転がした人がボールを指定の置き場に置き、サイコロの１と２の目の待機場所にいた人が倒れたピンを床の印に合わせて元のように立てる。その後、中くらいのボール、小さいボールでも同様に行い、一番早く３球ともボール置き場に置いたチームの勝ち。

Ⓑカード並べリレー…４、５人のチームに分かれて行う。３×３のマス目と、同様のマス目に絵カードが並んだお手本がチームごとに用意されている。１人ずつ順番に、お手本と同じ絵カードを絵カード置き場から見つけてきて、お手本と同じマス目に置いていく。前の人が置き方を間違えていたら後の人が直してもよく、その場合は直したいマス目のカードと自分が置くカードの計２枚を選び、置くようにする。すべてのマス目に絵カードが置けたら、チーム全員で挙手をする。テスターが確認してお手本通りにできていれば、次のお手本に挑戦できる。その際、すでに並べたカードはサイコロの１と２の目の待機場所にいた人が集めて、元のカード置き場に戻す。そのカードでのすべてのお手本をクリアすると、カードの種類を違うものに替えてもらえる（例：生き物カード→洋服カード）。用意されたすべてのお手本を早くクリアできたチームの勝ち。

Ⓒビンゴゲーム…４、５人１組のチームになり、２チーム対抗で行う。サイコロの１の目の待機場所にいる人同士でジャンケンをし、勝ったチームが先攻、負けたチームが後攻となる。床にかかれた３×３のマス目に、自分のチームの色のミニコーンを置いたら列の後ろに戻って並び、次は相手チームが置く。交互に行い、縦、横、斜めのいずれか１列に自分のチームのミニコーンを先に並べたチームの勝ち。１回戦は上記のルールで行う。以降は各チームに２本のビッグコーンが追加され、相手チームが置いたミニコーンにかぶせ、自チームの色に変えることができるルールが加わり、ゲームを続ける。

Ⓓフープくぐりリレー…９人１組のチームになり、２チーム対抗で行う。床に置かれたラダー（はしご状のマス目のトレーニング器具）の１マスおきに９人が立つ。列の前後にコーンが立てられ、前方のコーンにはフープがかけられている。スタートの合図とともに先頭の人がフープを取り、頭からくぐって次の人に渡す。同様にフープを渡していき、最後尾の人がくぐったらフープで後方のコーンにタッチし、再度フープをくぐって同じ要領で前に戻していく。最初のコーンに早くフープを戻せたチームの勝ち。

Ⓔ自由遊び…さまざまな遊びのコーナーが設けられている中で自由に遊ぶ。走ってよいエリアと走ってはいけないエリアに分けられていて、太鼓の音が鳴ったら遊びをやめる。縄跳び、フープ、ボール、手裏剣、的当て、ストラックアウト、オセロ、トランプ、ドミノ、プラ

レール、ニューブロック、魚釣り、エアーサンドバッグなどの遊具があり、グループによって用意されている遊具が多少異なる。

F玉入れゲーム…4、5人1組のチームになり、2チーム対抗で行う。4本の筒が横に並ぶようにホワイトボードに立てかけられている。各チーム1人ずつラインからボールを投げ、ホワイトボードに当てて筒に入れる。1投で入れば列の後ろに並び、外れたら同じ球でもう1回投げることができる（2投まで）。2チームが交互に行い、全員が投げ終わった時点で入れたボールが多いチームの勝ち。

G玉入れビンゴ…Fのセッティングをそのまま使用する。ジャンケンで勝ったチームが先攻、負けたチームが後攻となる。各チーム1人ずつ自チームの色のボールを1球取り、筒に入れていく（ボールは投げずに直接筒に落とす）。交互に行い、縦、横、斜めのいずれかに自チームのボールが3個1列に並べば勝ち。

運動テスト

模倣体操

床にかいてある自分のマークの上に立ち、モニターに映るテスターのまねをして体操する。

・指の屈伸…1から10まで数えながら、上に伸ばした両手を親指から順番に折り、小指から順に開いていく。
・グーパージャンプ…グーで足をそろえてしゃがんだ後、ジャンプしながら手足を横に広げてパーのポーズをする。
・前後屈…両足を開いて立ち、前屈と後屈を行う。
・両足跳び…自分のマークから前後左右に、テスターの指示に従って両足跳びをする。
・行進…マークの周りを行進し、合図で逆方向に向きを変えて行進する。
・片足バランス…テスターが数を数える間、飛行機のように両手を左右に広げ、片足を後ろへ伸ばして片足バランスを行う。

3 競　争

3つのコースを使っていくつかのパターンの連続運動を行う。自分のマークの上に立って待機していると、テスターに3つのコースのいずれかに移動するよう指示される。それぞれのコースのスタート地点には青信号と赤信号のマークがかかれており、青信号のマークからスタートする。折り返しのコーンを回ってゴールの赤信号マークの上に立ったら気をつけの姿勢で待つ（スタートの姿勢はスタンディングスタートのほか、長座や後ろ向きの長座などその場の指示に従う）。

A青信号マークからスタートして走り、コーンを回ったらケンケンで折り返す。コースの途中にあるピンクのラインで足を替え、ゴールの赤信号マークまで進む。

B青信号マークからスタートして走り、コーン手前の箱から布製の玉を2つ取って的を目がけて投げる。落ちた玉を拾って箱に戻し、横向きのギャロップで折り返す。ピンクのラインで体を反転させて向きを変え、ゴールの赤信号マークまで進む。

Ⓒ青信号マークから後ろ向きの長座姿勢でスタートして、３本のゴム段の間をジグザグに走る。一番奥のコーンを回って折り返し、帰りは３本のゴム段を跳び越しながらゴールの赤信号マークまで走る（３本のゴム段のうち２本目や３本目だけをくぐるなど、グループにより異なる）。

1
|
A

公園作り

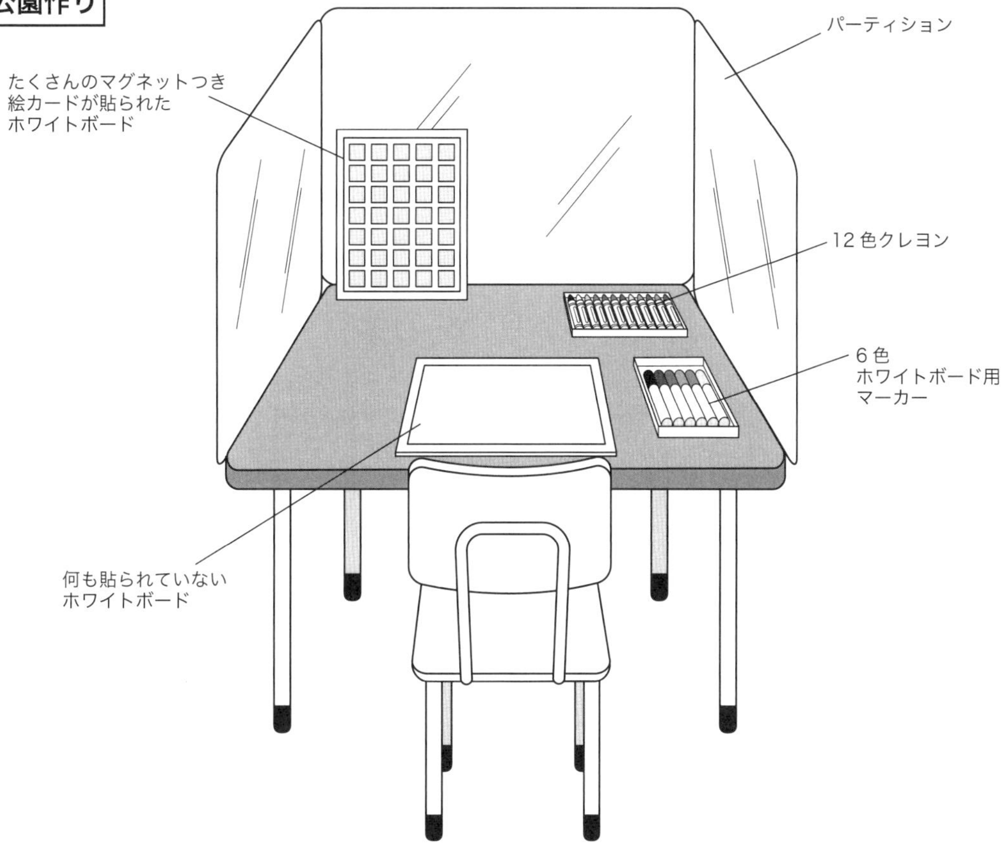

〈絵カードの例〉

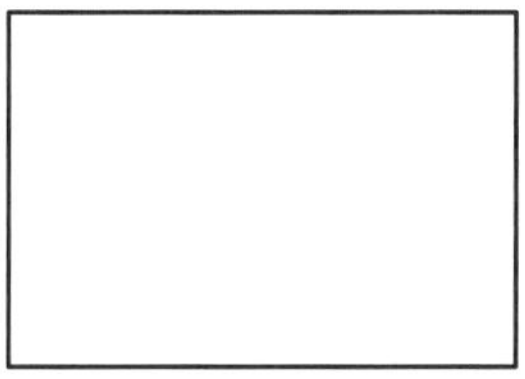

B４判の画用紙に、自分が考えた公園で遊んでいる様子を描く

1 — B

思い出すごろく作り

〈駒〉

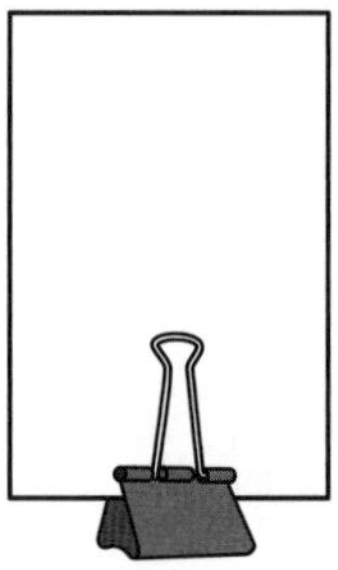

名刺大のカードの表に自分を、裏に自分の宝物を描く

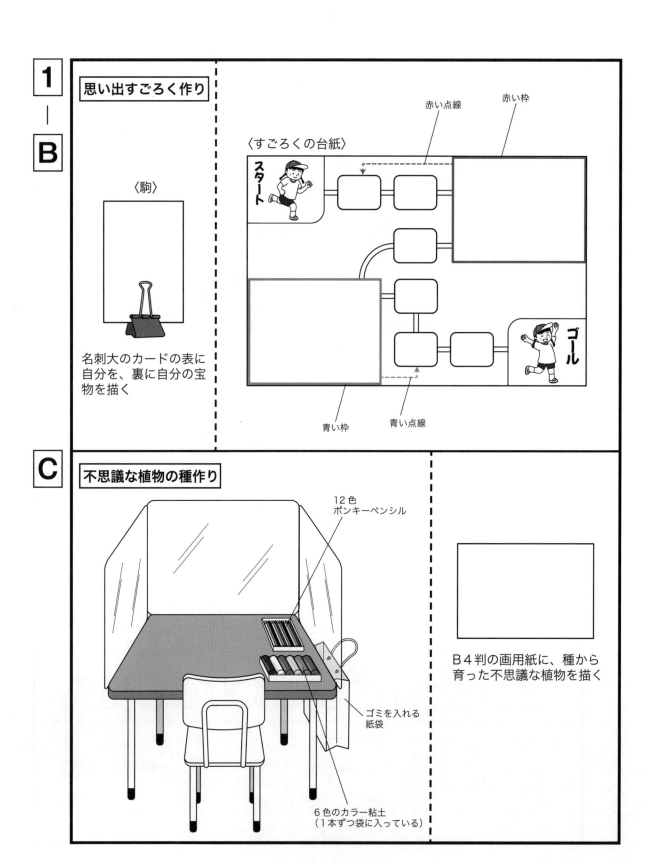

〈すごろくの台紙〉

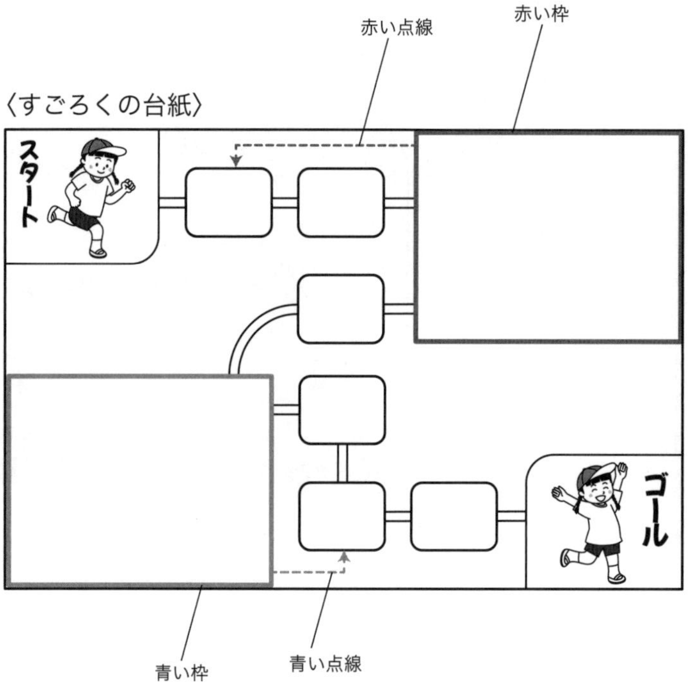

C

不思議な植物の種作り

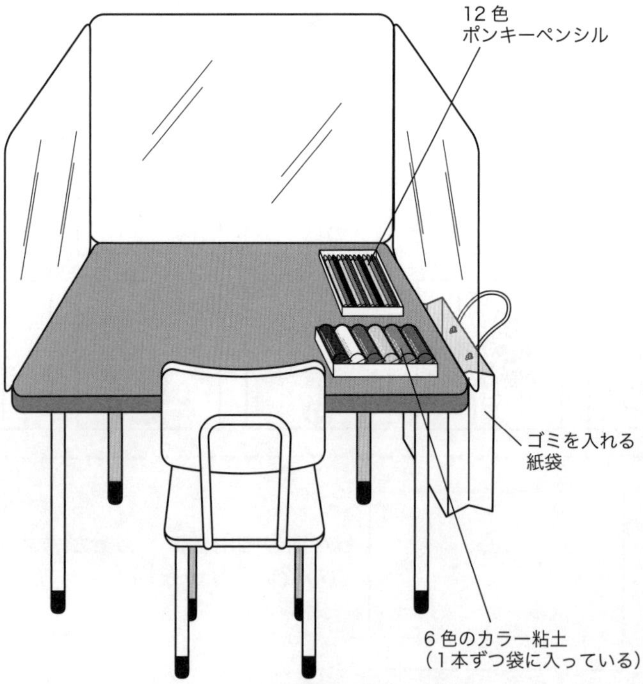

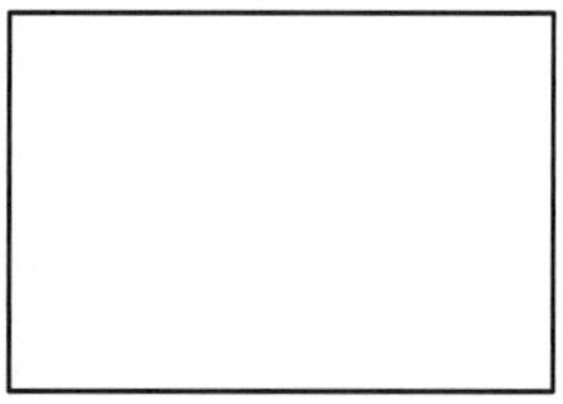

B4判の画用紙に、種から育った不思議な植物を描く

1 — D

合体させる生き物選び

〈生き物の台紙〉

1－E

秘密基地作り

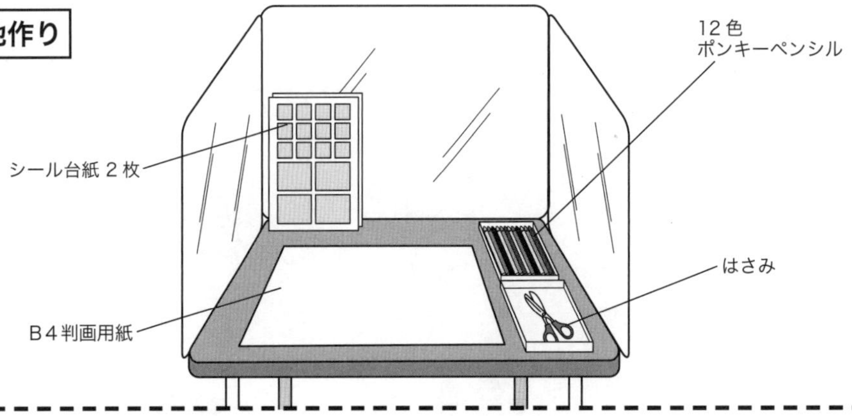

〈シールの例〉

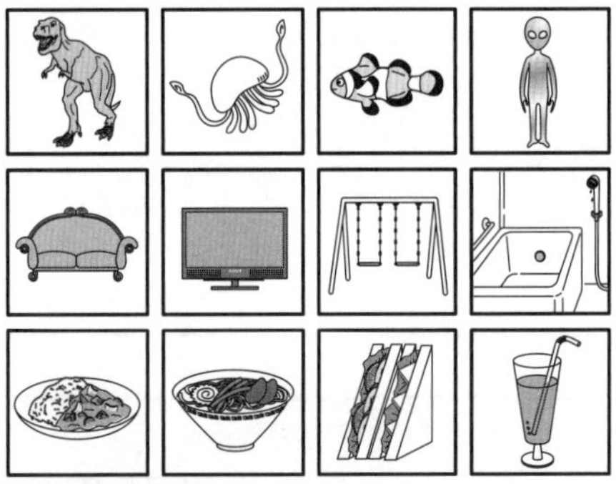

F

役に立つ妖怪作り

Ｂ６判の画用紙に
役に立つ妖怪を描く

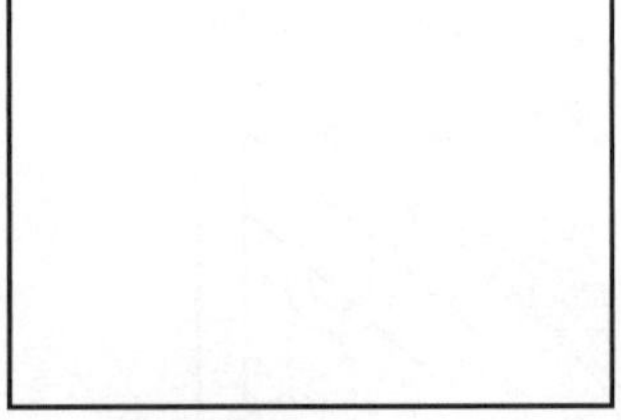

Ｂ４判の画用紙に役に立つ妖怪が
活躍している様子を描く

【映像で紹介された役に立つ妖怪の例】

塗り壁
泥棒がお家に入れないように
通せんぼする

布団かぶせ
寝坊しないように
子どもを起こしてくれる

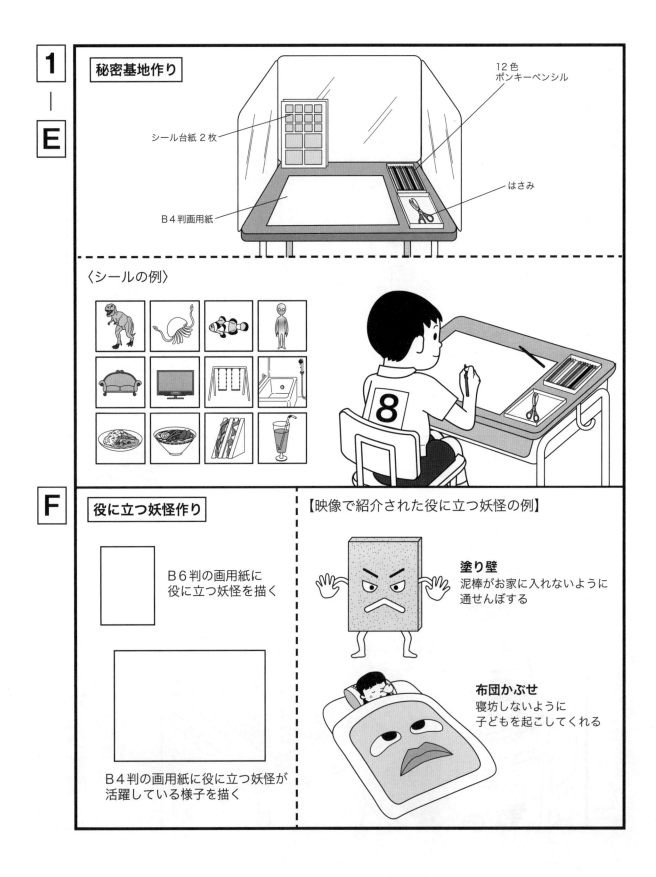

1
—
G

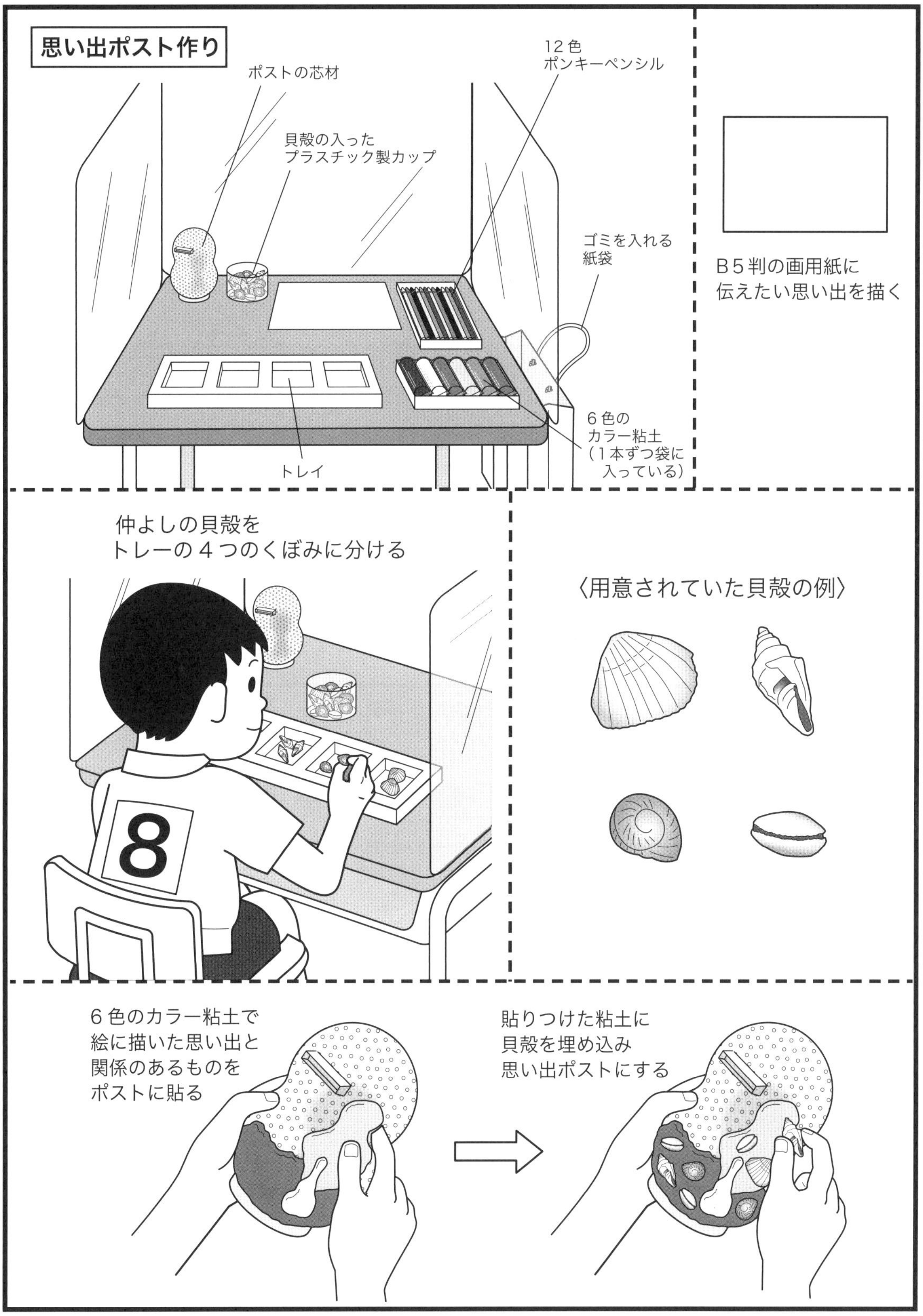
思い出ポスト作り
ポストの芯材
貝殻の入った
プラスチック製カップ
12色
ポンキーペンシル
ゴミを入れる
紙袋
6色の
カラー粘土
（1本ずつ袋に
入っている）
トレイ
B5判の画用紙に
伝えたい思い出を描く
仲よしの貝殻を
トレーの4つのくぼみに分ける
8
〈用意されていた貝殻の例〉
6色のカラー粘土で
絵に描いた思い出と
関係のあるものを
ポストに貼る
貼りつけた粘土に
貝殻を埋め込み
思い出ポストにする

2－A

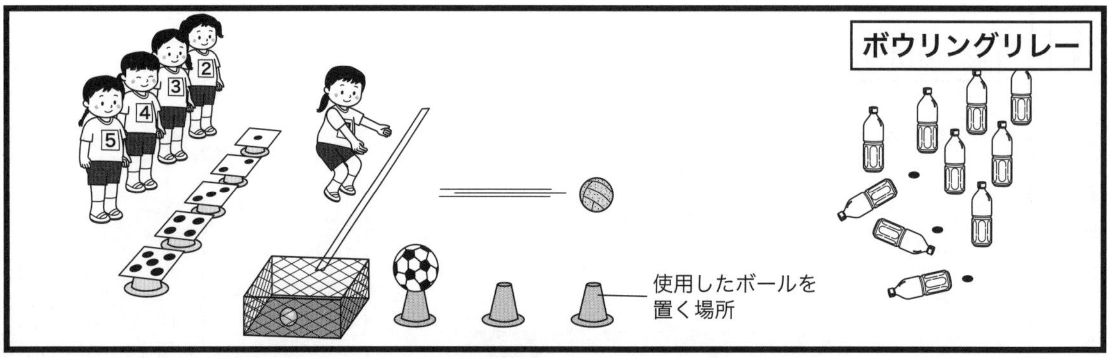
ボウリングリレー
使用したボールを
置く場所

B

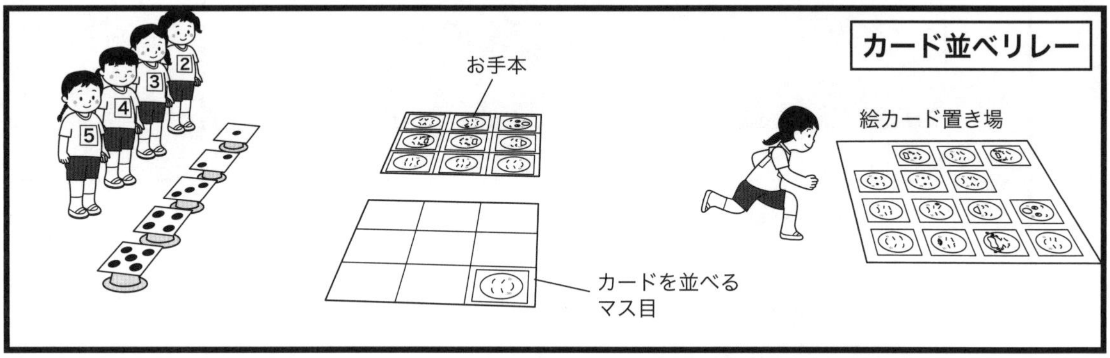
カード並べリレー
お手本
絵カード置き場
カードを並べる
マス目

C

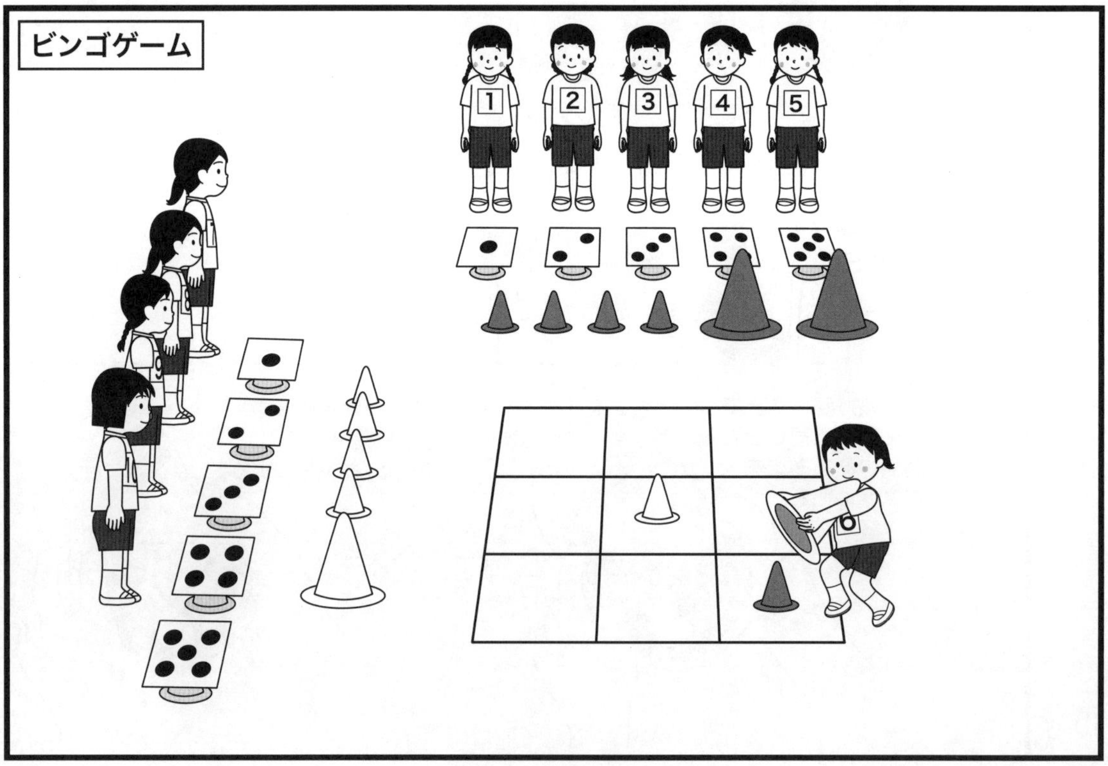
ビンゴゲーム

2
—
D

フープくぐりリレー

E

自由遊び

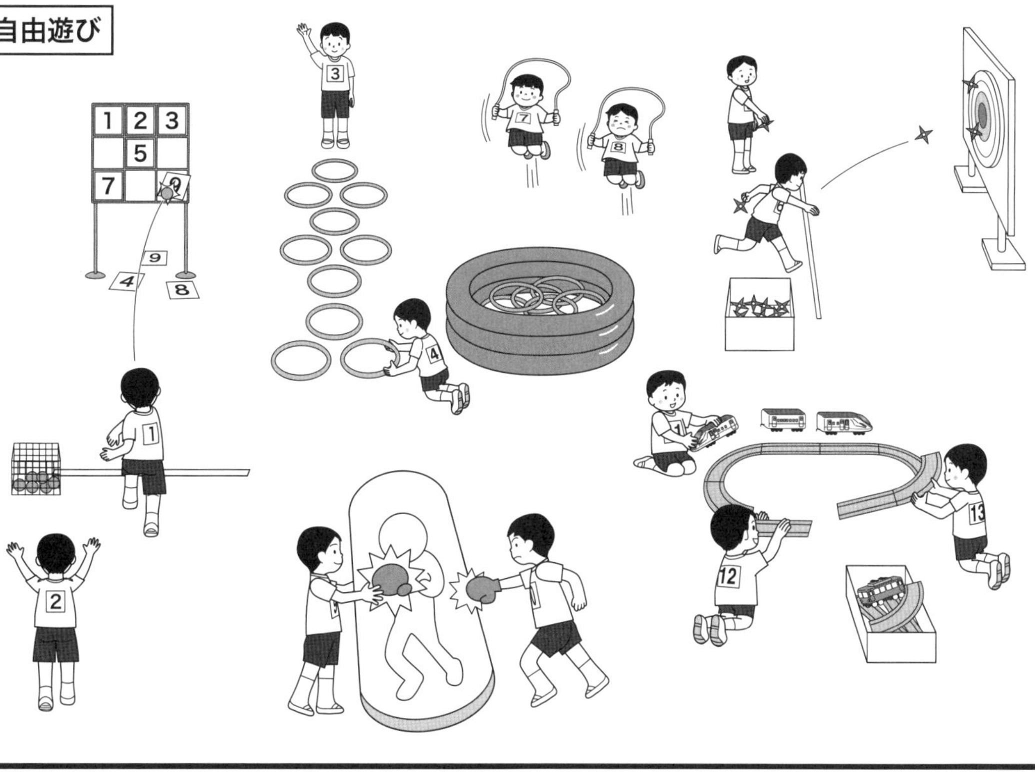

2
—
F

玉入れゲーム

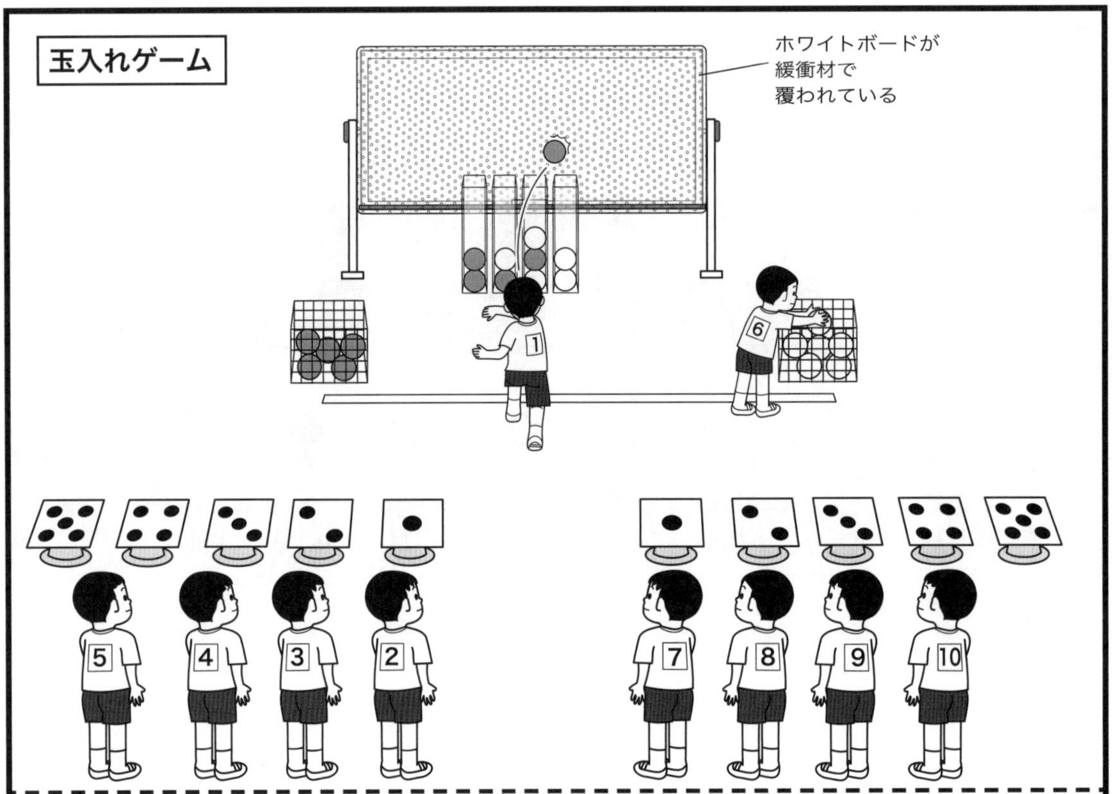

G

玉入れビンゴ

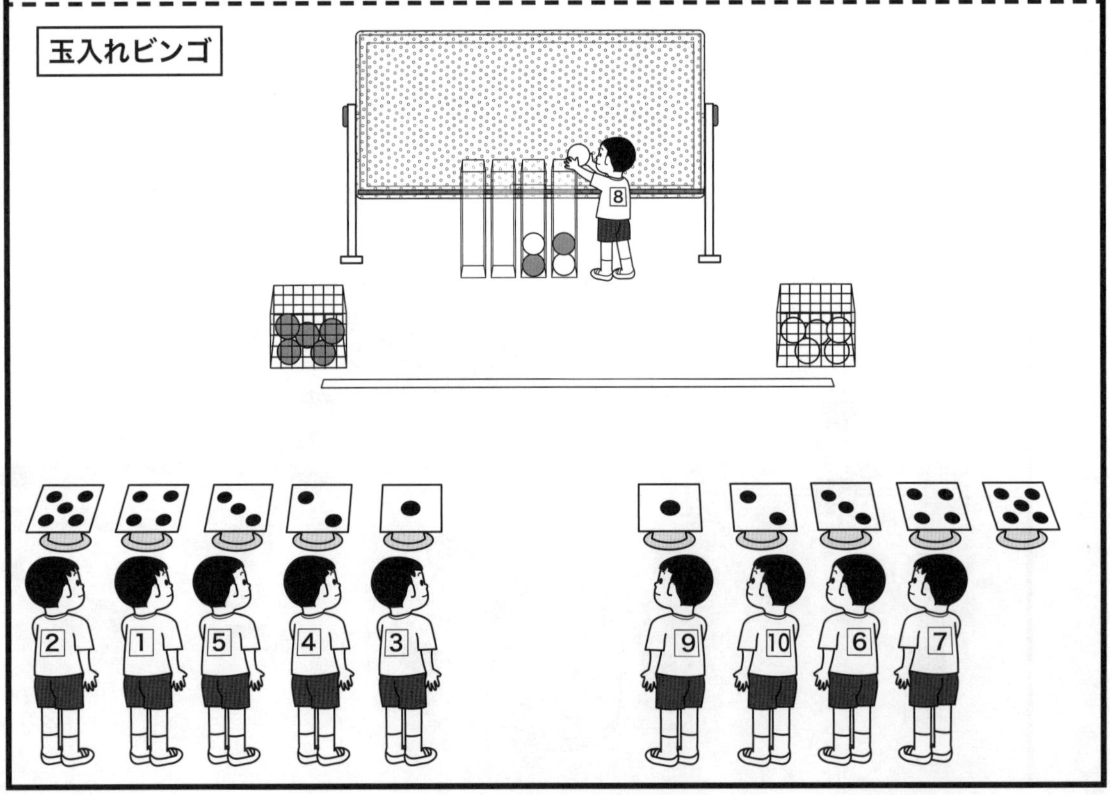

3

—

A

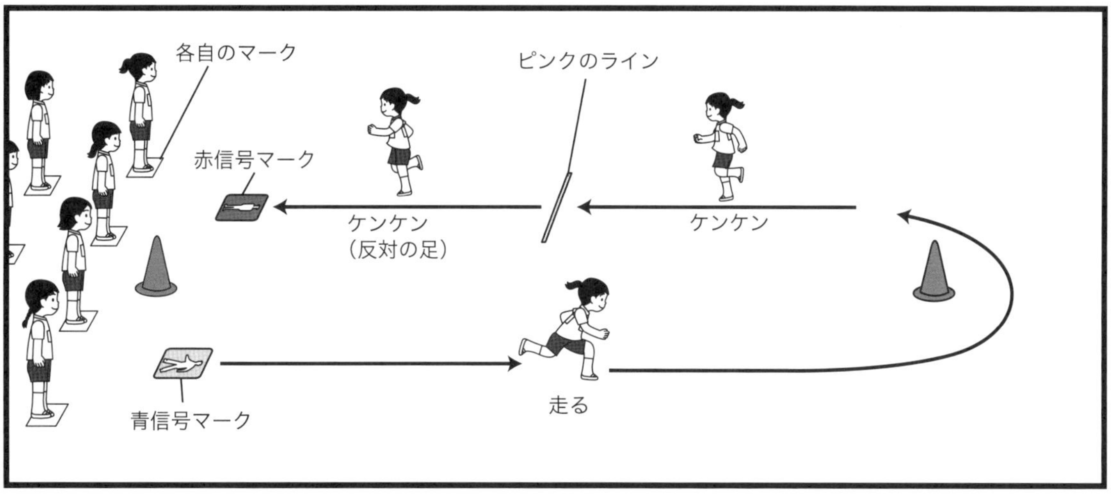
各自のマーク
ピンクのライン
赤信号マーク
ケンケン
（反対の足）
ケンケン
青信号マーク
走る

B

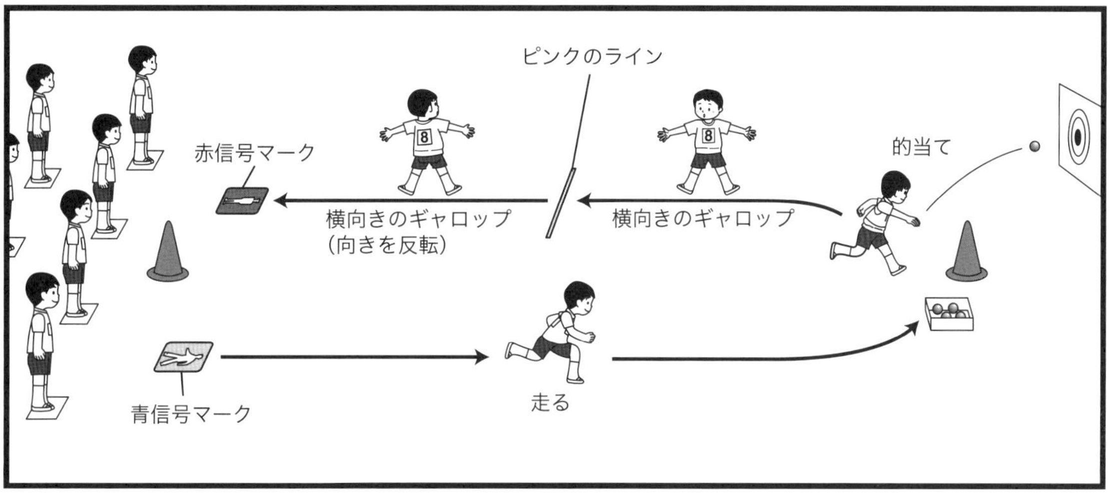
ピンクのライン
赤信号マーク
8
8
的当て
横向きのギャロップ
（向きを反転）
横向きのギャロップ
青信号マーク
走る

C

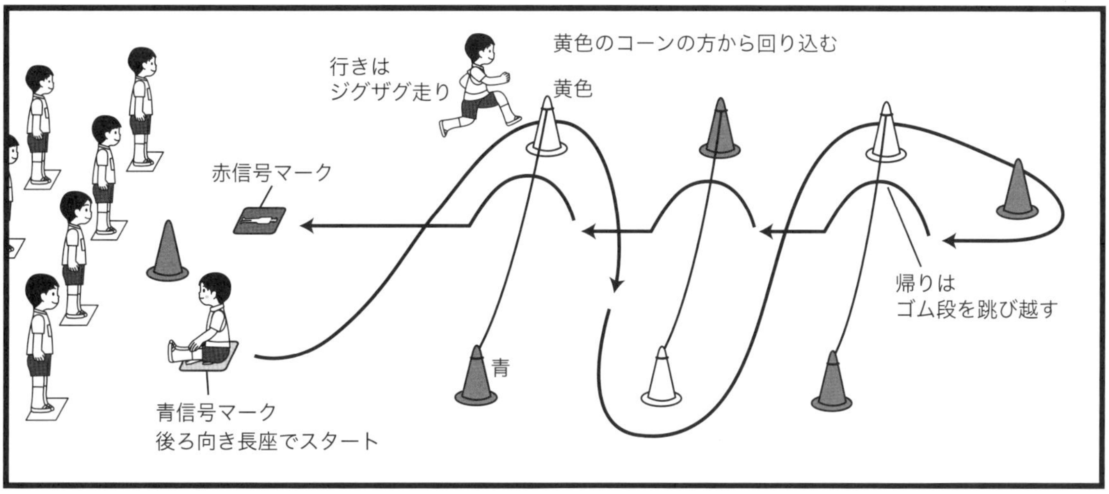
黄色のコーンの方から回り込む
行きは
ジグザグ走り
黄色
赤信号マーク
帰りは
ゴム段を跳び越す
青
青信号マーク
後ろ向き長座でスタート

section
2023 光塩女子学院初等科入試問題

解答は別冊解答例009ページ

選抜方法

考査は２日間で、１日目に15～20人単位でペーパーテスト、個別テスト、集団テスト、運動テスト、２日目に親子面接を行う。所要時間は１日目が２時間30分～３時間、２日目の面接は５～10分だが、受験番号によっては待ち時間が１時間前後になることもある。

考査：１日目

ペーパーテスト

筆記用具は鉛筆を使用し、訂正方法は＝(横２本線)。出題方法は音声と口頭、一部プロジェクターも使用。

1 話の記憶

「ある晴れた日のことです。ウサギさん、リスさん、ネコさんは電車に乗ってお出かけをします。駅で待ち合わせた３匹は、電車に乗って１つ目の駅で降りました。ここには、お友達のサルさんのお父さんがやっているおまんじゅう屋さんがあるのです。甘いものが大好きなみんなは、おいしいおまんじゅうを食べるのを楽しみにしています。駅から歩いていくと、木の葉っぱが赤や黄色になっていて、とてもきれいです。リスさんとネコさんは『わあ、きれい』とうっとりしています。『葉っぱが赤や黄色に変わることを、紅葉って言うんだよ』とウサギさんが教えてくれました。『へえ、そうなんだ』。動物たちがきれいな葉っぱに見とれつつ歩いていると、おまんじゅう屋さんが見えてきました。お店に着くと、サルさんのお父さんができたてのホカホカしたおまんじゅうを運んできました。３匹はお店の前のベンチに座り、『紅葉を見ながら食べるとおいしいね』と話しながらみんなで食べました。それから駅まで戻り、もう一度電車に乗りました。今度は川へ遊びに行きます。駅に着いて川に向かって歩いていると、１軒のお店がありました。お土産をたくさん売っています。『いいにおいがするよ』。どうやら、そのお店では食事もできるようです。『ちょうどお昼ごはんの時間だね。もうおなかがペコペコ』。動物たちは、そのお店でお昼ごはんを食べることにしました。ウサギさんは温かいおそばを、リスさんはのり巻きと玉子のお寿司のセットを、ネコさんは温かいうどんを食べました。『ごちそうさまでした』。おなかがいっぱいになった動物たちは、川に向かって歩き出しました。そして川でたくさん遊んだ後、さっきお昼ごはんを食べたお店に戻ってお土産を買うことにしました。ウサギさんは手袋、リスさんは写真立て、ネコさんはクッキーを買いました。『楽しかったね。また来ようね』。３匹はお土産を持って電車に乗り、お家へ帰りました」

・チューリップの四角です。動物たちは何に乗って出かけましたか。その乗り物に○をつけましょう。
・ユリの四角です。動物たちが最初のお店で食べたものに○をつけましょう。
・チョウチョの四角です。ウサギさんがお昼ごはんに食べたものに○をつけましょう。
・トンボの四角です。ウサギさんが買ったお土産に○をつけましょう。

2 数　量

・はさみはいくつありますか。その数だけ、はさみの横の長四角に○をかきましょう。
・鉛筆は何本ありますか。その数だけ、鉛筆の横の長四角に○をかきましょう。
・はさみと鉛筆の数はいくつ違いますか。その数だけ、はさみと鉛筆の横の長四角に○をかきましょう。
・チョウチョの四角には筆箱が3つあります。1つの筆箱に、上の四角にある消しゴム1個と鉛筆2本を入れると、消しゴムと鉛筆はそれぞれいくつ余りますか。余る数だけ、トンボの横の消しゴムと鉛筆に1つずつ○をつけましょう。

3 数量（マジックボックス）

・上の四角がお約束です。左側にある丸は、それぞれの動物が魔法をかけると数が増えたり減ったりして、右のようになります。では、下の四角を見てください。左端の丸は、矢印の順番で動物が魔法をかけるといくつになりますか。その数だけ、右側の四角に○をかきましょう。

4 推理・思考（四方図）

・左端のように置かれた積み木をいろいろな方向から見た絵が右に描いてあります。この中で、どこから見てもそのように見えないものを選んで、○をつけましょう。

5 言語（しりとり）

・左側の3つの絵をしりとりでつながるように並べ替えたとき、次につながるものはどれですか。それぞれの右側から選んで○をつけましょう。

6 常識（仲間探し）

・左の絵と仲よしのものを右から選んで、点と点を線で結びましょう。

7 巧緻性

・点線をなぞりましょう。
・ブドウの絵の中にある白丸からスタートして進みます。黒い線にぶつからないように気をつけて、ゴールの黒丸まで線を引きましょう。

個別テスト

8 巧緻性

困った顔と怒った顔をした2人の女の子が描いてある台紙、青のクーピーペン、鉛筆が用意されている。

・クーピーペンと鉛筆を使って、女の子たちに色を塗りましょう。

お話作り・言語

塗り絵の途中で、テスターに質問される。

・女の子たちは何と言っていると思いますか。お話ししてください。

9 生活習慣

塗り絵の途中で、テスターに呼ばれて行う。子ども用の塗りばし、赤、黄色、白の３色キューブがたくさん入った紙皿、何も入っていない紙皿と紙コップが机に用意されている。

・紙皿にある赤いキューブを何も入っていない紙皿に、黄色のキューブを紙コップに、それぞれおはしでつまんで移しましょう。白いキューブはそのままにしておきます。「やめ」と言われたら、途中でもおはしを置きましょう。

集団テスト

絵の記憶

スクリーンに映された数枚の絵カードを見て、テスターに「目を閉じましょう」と言われたら目を閉じる。その後、テスターに「目を開けましょう」と言われて目を開けると、絵カードが１枚なくなっている。

・何のカードがなくなっていますか。わかったら手を挙げて、先生にさされたら答えましょう。

〈絵カード例・動物〉　　（ほかに虫、野菜、果物などの種類もあり）

ジャンケンゲーム

立ったままテスターと全員がジャンケンをする。勝った人と負けた人はその場に座り、あいこの人はそのままジャンケンを続ける。ゲームの途中でお約束が変わる場合もある。

写真撮影ごっこ

５～７人の３グループに分かれ、グループごとに横１列に並んで３列を作る。前から１列目がひざをついて立ち、２列目が中腰になって手をひざに置き、３列目が気をつけの姿勢で立ったら、テスターが両手の指で四角を作ってカメラで集合写真を撮るまねをする。次は、列はそのままで、自分で考えた好きなポーズをそれぞれとり、同じように集合写真を撮るまねをする。

共同絵画（お弁当作り）

４、５人のグループに分かれて行う。クマ、雲、ハート、四角の形のお弁当箱の絵が印刷された上質紙（Ｂ４判）各１枚が、ホワイトボードに貼ってある。グループごとにクレヨンが用意されている。

・グループのお友達と相談し、どのお弁当箱を選ぶか決めましょう。お弁当箱が決まったら、次にリーダーを決めてください。リーダーは、グループでどのお弁当箱を選んだかをみんなの前で発表します。もし同じお弁当箱を選んだグループがあったら、どのグループが使うかはジャンケンで決めてください。決まったら、グループごとにお弁当箱の紙を机の上に置き、何を入れるか相談してみんなで中身を描きましょう。最後に、何を描いたか発表します。

運動テスト

片足バランス

・右足、左足でそれぞれ片足バランスをする。
・目を閉じて片足バランスをする。やりやすい方の足でよいという指示がある。

連続運動

テスターが投げたボールを受け止める→ボールを真上に投げ上げ、手を１回たたいてから受ける→テスターに向かってボールを投げる→終わったら体操座りで待つ。

考査：2日目

親 子 面 接

本 人

・お名前、幼稚園（保育園）の名前を教えてください。
・幼稚園（保育園）の先生の名前を教えてください。
・幼稚園（保育園）のお友達の名前を教えてください。
・幼稚園（保育園）では、何をして遊びますか。（回答により質問が発展する）
・幼稚園（保育園）のお友達の好きなところは、どんなところですか。（回答により質問が発展する）
・お家の人には、どのようなときにほめられますか。どのようなときにしかられますか。
・お家では、どのようなお手伝いをしていますか。
・昨日の試験はどうでしたか。

父 親

・志望理由を教えてください。
・お仕事についてお聞かせください。
・コロナ禍でお仕事は大変ではありませんか。
・本校で、お子さんのどのようなところを伸ばしたいですか。
・本校に期待することをお話しください。
・お休みの日は、お子さんとどのようにかかわっていますか。

母 親

・お仕事はお持ちですか。
・（持っていると答えた母親に対し）お仕事の内容について詳しくお聞かせください。
・（持っていると答えた母親に対し）家事分担はどのようにしていますか。

・（持っていると答えた母親に対し）お子さんとの時間はどのように確保していますか。
・幼稚園（保育園）ではどのようなお子さんだと言われていますか。
・子育てで大切にしていることは何ですか。

面接資料／アンケート

Ｗｅｂ出願後に郵送する願書には以下のような項目があり、志願者写真を貼付する。

・志願者の氏名、生年月日、現住所、電話番号、通学所要時間。
・志願者の出身幼稚園（保育園）および性格。
・保護者の氏名、続柄。
・家族・同居人（参考になると思われることは自由記入）。
・出願の理由その他。

1

2

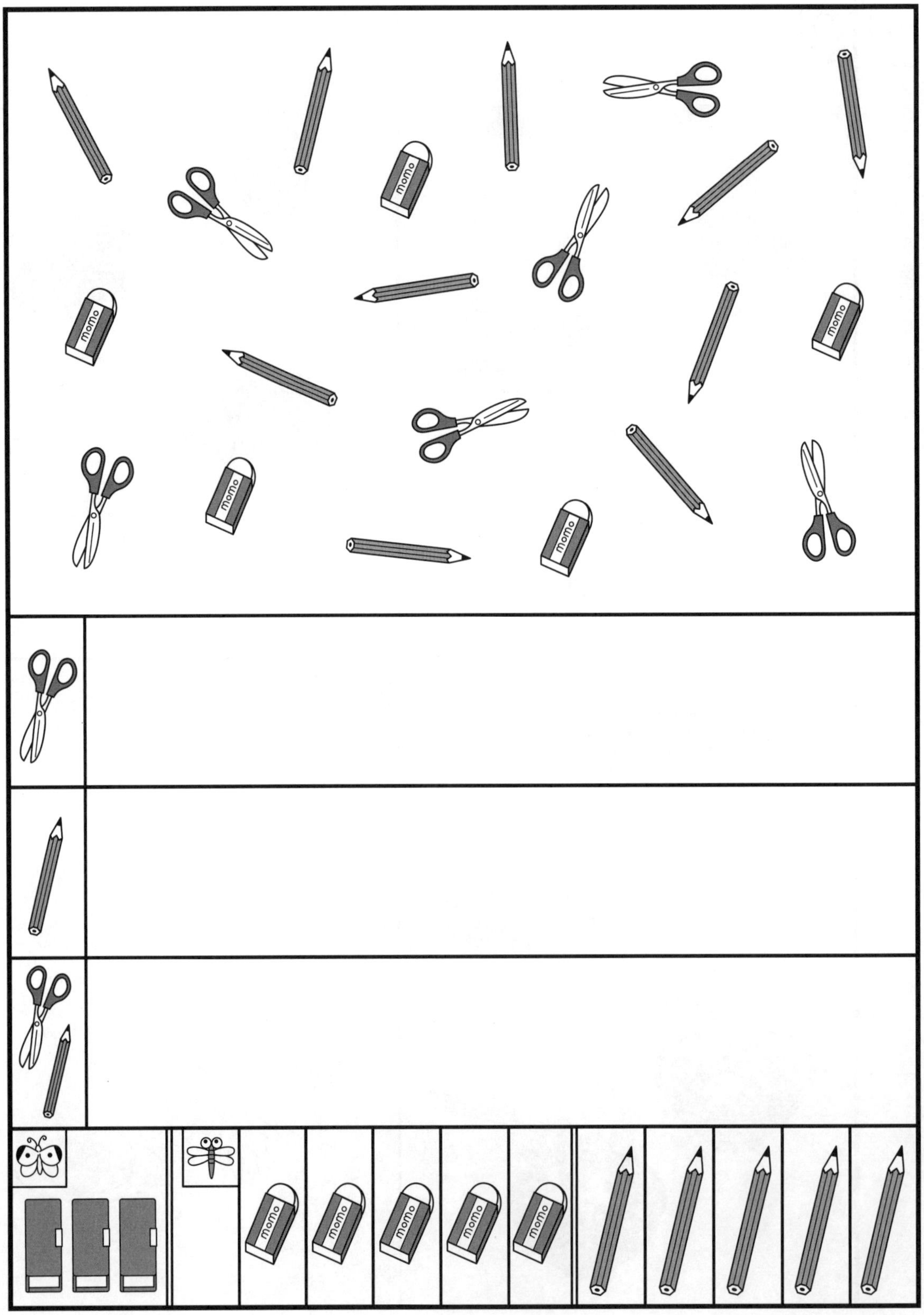

3

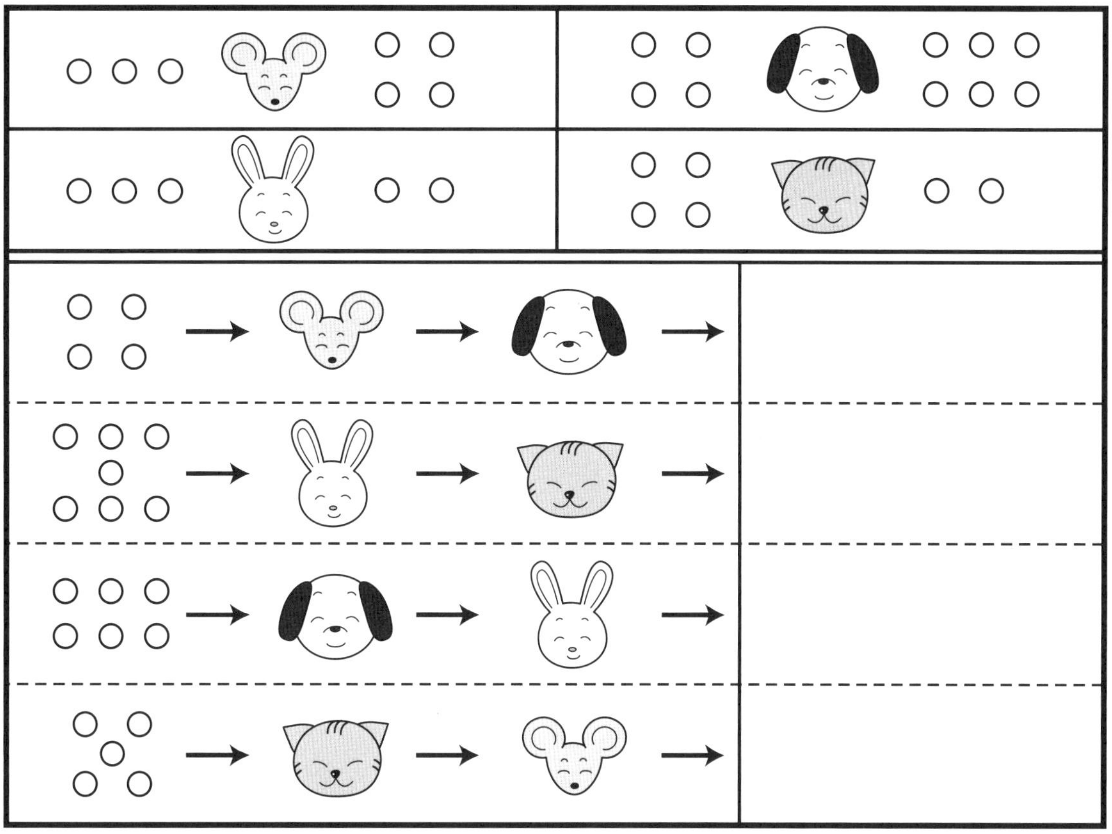

4

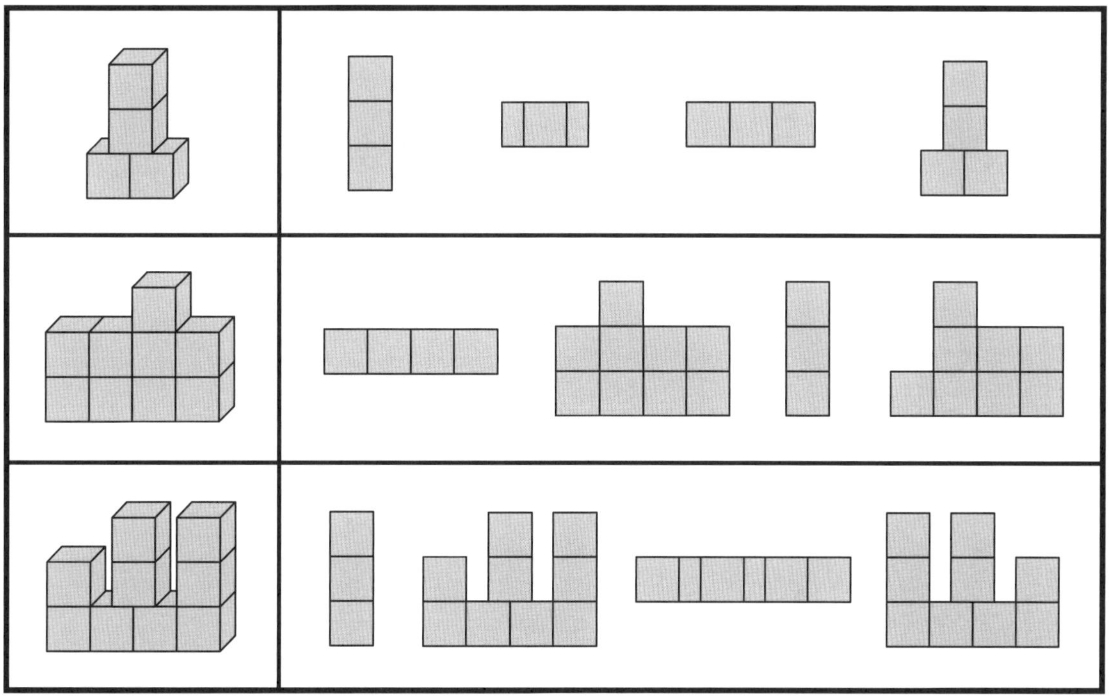

5

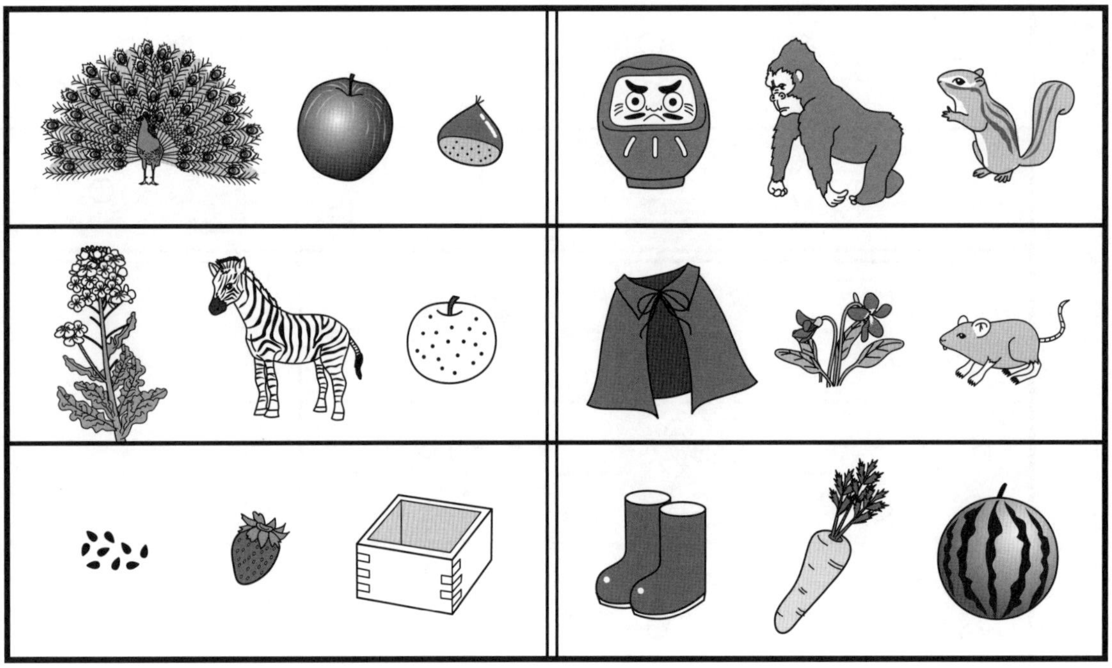

6

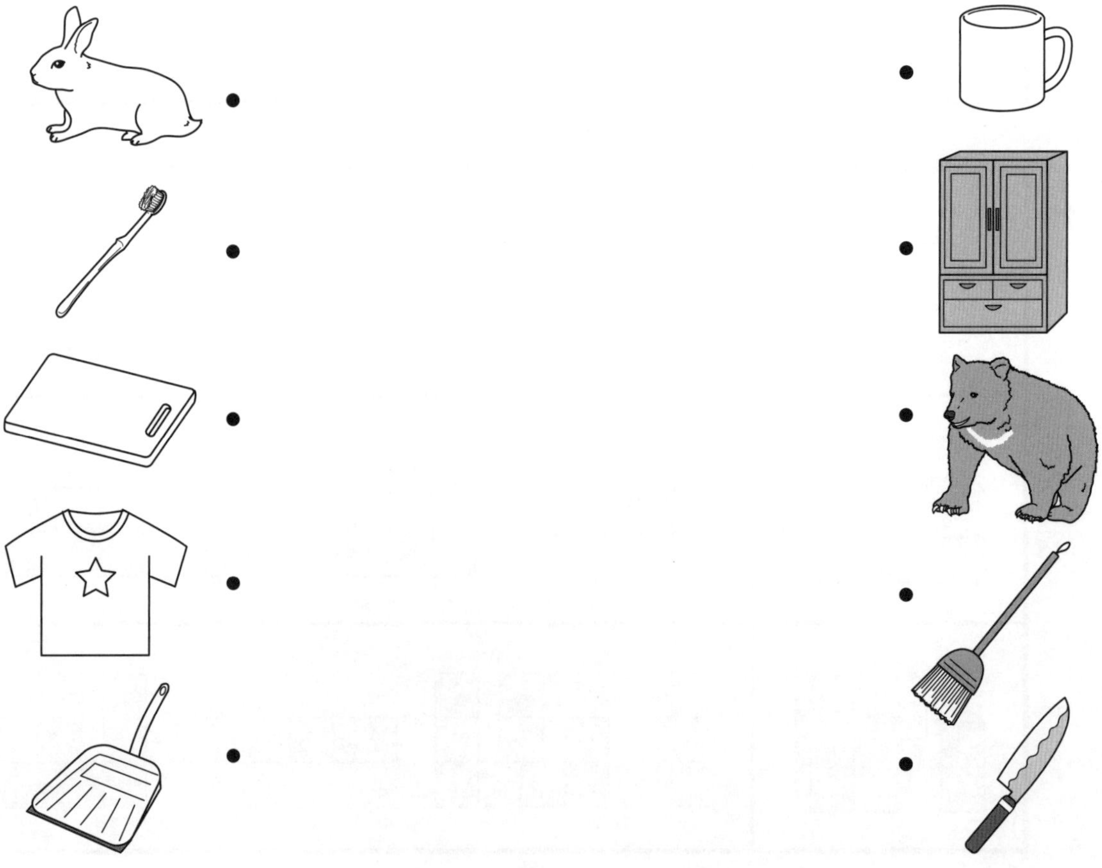

7

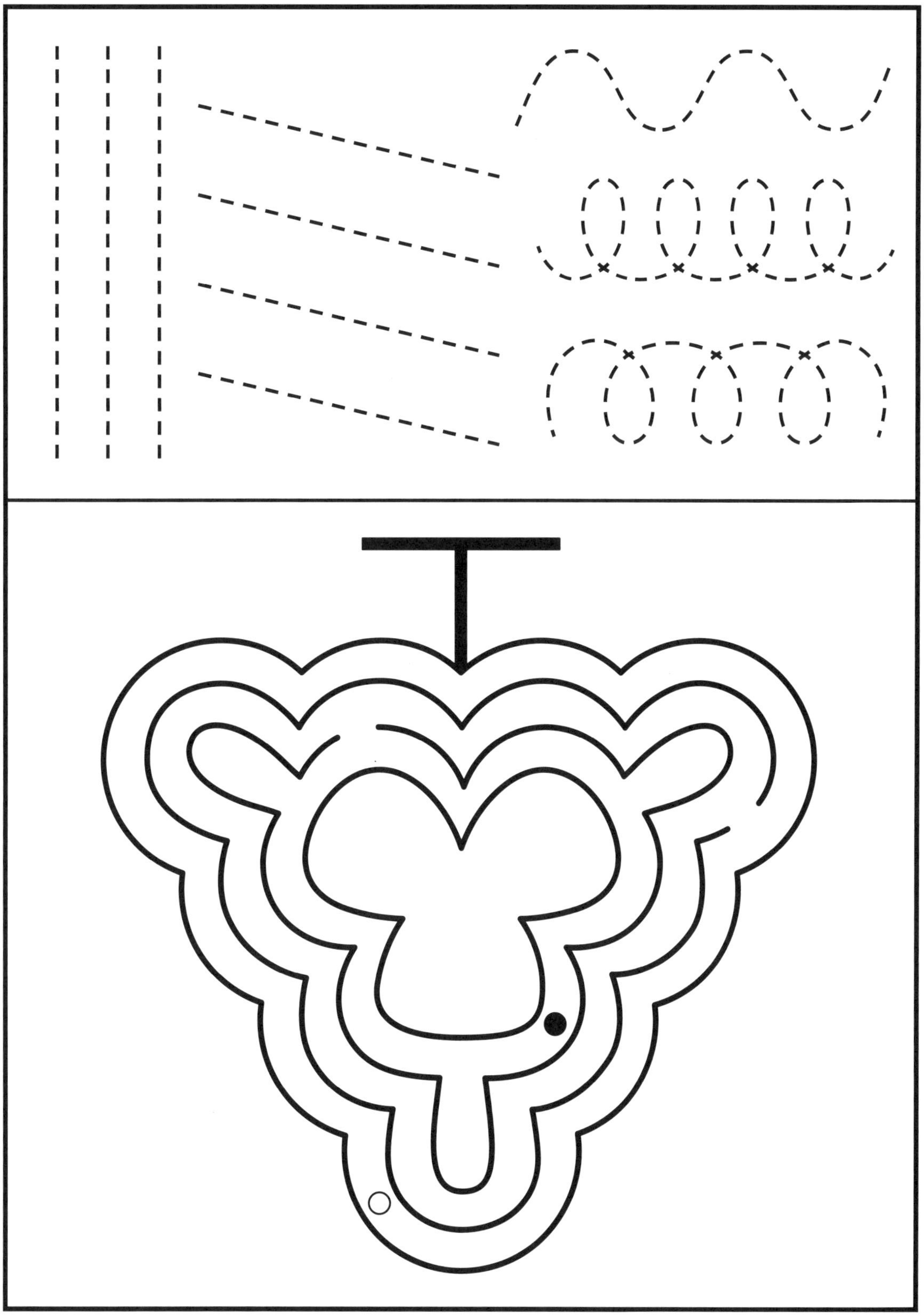

8

9

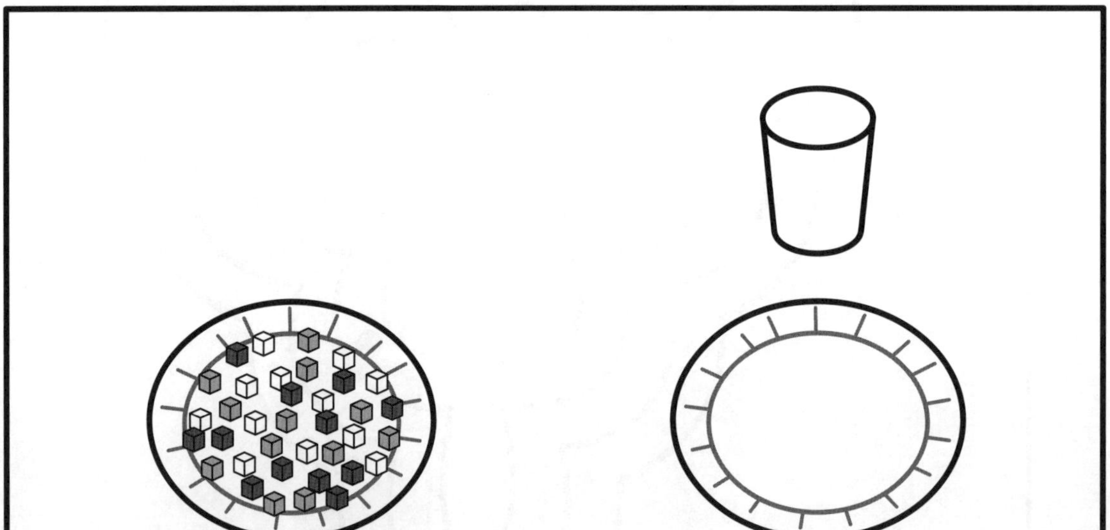

section
2023 淑徳小学校入試問題

解答は別冊解答例010ページ

選抜方法

単願（旧推薦）入試と一般入試が行われ、いずれも考査は１日。男女混合の約10人単位で実施される。単願入試は集団テスト、個別テスト、集団面接があり、考査日前に親子面接がある。所要時間は約２時間30分。一般入試はペーパーテスト、集団テスト、考査当日に親子面接がある。所要時間は面接の待ち時間を含めて約２時間30分。

一般入試

ペーパーテスト

筆記用具は青のクーピーペンを使用し、訂正方法は ＝（横２本線）。出題方法は話の記憶のみ音声、ほかは口頭。

1 話の記憶

「『こんにちは。郵便ですよ』。クマさんは森の郵便屋さんです。手紙や荷物を森の動物たちに配ります。そんなクマさんに、森のみんなは『いつもありがとうございます』とお礼を言い、郵便を届けてもらうと大喜びです。クマさんが『キツネさん、こんにちは。風邪は治りましたか？』と聞くと、キツネさんは『はい、よくなりました。クマさんも気をつけてくださいね』と答えました。クマさんは郵便配達がない日でも、森のみんなとよくお話をするので、森のみんなはクマさんが来るのをとても楽しみにしています。ある雪の日のことです。郵便屋さんに荷物が届きました。ヤギのおじいさんへの小包です。クマさんはさっそく配達しようと山道を登っていくと、ヤギのおじいさんのお家が見えてきました。『郵便ですよ』と声をかけると、『こんな雪の日に、ご苦労さま。どなたからですか？』とおじいさんがたずねます。『町にすんでいるウサギさんからですよ』と言いながら、クマさんはかばんの中から丁寧に小包を出して渡しました。『ポカポカの手袋だ。ありがとう、クマさん』。おじいさんがお礼を言うと、『よかった。これで雪の日も安心ですね』とクマさんもニッコリしました。それから一日の仕事を終えて、クマさんはお家に帰りました。ポストを見ると、１通の手紙が入っています。『森の郵便屋さんへ。いつも休まずに郵便を配達してくれて、ありがとうございます。森のみんなはクマさんが大好きです。これからもお仕事を頑張ってください。森のリスより』。手紙を読んだクマさんは、とてもうれしい気持ちになりました」

・１段目です。風邪を引いていた動物に○をつけましょう。
・２段目です。ヤギのおじいさんに届けた小包に入っていたものに○をつけましょう。
・３段目です。クマさんのお家のポストに手紙を入れた動物に○をつけましょう。

2 言語（同尾語）

・左端の絵の最後の音と同じ音で終わるものを、右側から選んで○をつけましょう。

3 数　量

・大きな四角にピーマンはいくつありますか。その数だけ、上のマス目に１つずつ○をかきましょう。

・トマトが今ある数から3つ増えると、全部でいくつになりますか。その数だけ、真ん中のマス目に1つずつ○をかきましょう。
・ピーマンとナスは、いくつ違いますか。違う数だけ、下のマス目に1つずつ○をかきましょう。

4 数　量

・左のタイルと同じ数のタイルを右から選んで、○をつけましょう。

5 位置・記憶

・左の絵を見ましょう。（左の絵のみを20秒見せたら隠し、右の絵のみを見せる）星があったところに○をかきましょう。

6 絵の記憶

・左の絵を見ましょう。（左の絵のみを20秒見せたら隠し、右の絵のみを見せる）今見た絵にいなかった生き物に×をつけましょう。

7 観察力（同図形発見）

・左端の絵と同じものを右側から探して、○をつけましょう。

8 推理・思考（進み方）

・左下の矢印からスタートして、ジャンケンで勝つ手の方へ進みます。通るマス目に右下の矢印まで線を引きましょう。ただし、縦、横には進めますが、斜めに進むことはできません。

9 模　写

・左のお手本を右のように折りました。マス目の中の印はどのようになるか、同じマス目にかきましょう。

10 常識（生活）

・上と下で、同じ仕事をするもの同士の点と点を線で結びましょう。

11 常　識

・上です。正しい姿勢でかいている絵に○をつけましょう。
・下です。お友達と仲よく遊んでいる絵に○をつけましょう。

集団テスト

行動観察（カード遊び）

4人ずつのグループに分かれて行う。マス目に丸、三角、四角、バツなどの印がかいてある台紙と、マス目に置けるサイズの絵カード数枚が用意されている。テスターから指示されたマス目に絵カードを置いたり、テスターが出す条件で仲間になる絵カードを選んでマス目に置いたりする。「箱にカードを片づけましょう」と言われたら、グループ全員で片づける。

単願入試

集団テスト

行動観察

・テスター対子どもたちで、体ジャンケンをする。グーはしゃがむ、チョキはバンザイの姿勢で足を前後に出す、パーは両手両足を広げる。
・グループで輪になり、隣の人にボールを回していく。最後の人は指示された場所にボールを置く。

生活習慣

・長袖のシャツをたたむ。
・ジッパーつきビニール袋に紙を入れる。

個別テスト

ブースを順番に移動し、課題を行う。

言　語

・お名前、誕生日、住所を教えてください。
・好きな（嫌いな）食べ物は何ですか。
・嫌いな食べ物が給食に出てきたらどうしますか。

指示行動

マス目に赤と黄色の丸シールがいくつか貼られたお手本があり、離れたところにある机に赤と黄色のキューブ多数とマス目の台紙が用意されている。お手本を「やめ」と言われるまで見て覚えた後、離れたところにある机に行き、はしでキューブをつまんでお手本と同じマス目に置く。

集団面接

6人1組で行う。

・お名前、年齢、誕生日を教えてください。
・幼稚園（保育園）の名前を教えてください。
・幼稚園（保育園）でお友達とけんかをしたら、どうしますか。

親子面接

一般、単願共通。

本　人

・お名前を教えてください。

・誕生日を教えてください。
・通っている幼稚園（保育園）の名前を教えてください。
・仲よしのお友達の名前を教えてください。
・幼稚園（保育園）では、お友達と仲よく遊べますか。お友達とけんかをしたことはありますか。
・学校体験会には参加しましたか。
・お父さん、お母さんとは何をして遊びますか。
・お家でお手伝いはしますか。
・嫌いな食べ物はありますか。嫌いな食べ物が給食に出てきたらどうしますか。
・お母さんが作るお料理で好きなものは何ですか。
・お母さんのどんなところが好きですか。
・小学校に入ったら何をしたいですか。
・大きくなったら何になりたいですか。

父 親

・志望理由をお聞かせください。
・本校をどのようにして知りましたか。
・本校の印象はいかがですか。
・仕事についてお聞かせください。
・お子さんをしかったことはありますか。
・お子さんの名前の由来を教えてください。
・子育てをする中で、感動したのはどのようなことですか。

母 親

・本校をどのようにして知りましたか。
・数ある私立小学校の中で、本校を選んだ理由を教えてください。
・体験会以外では、本校に何回くらい来たことがありますか。
・お子さんの長所と短所を教えてください。
・幼稚園（保育園）では、どのようなお子さんだと言われていますか。
・バザーなど本校の行事への参加はできますか。
・ご家庭でしつけ以外に気をつけていることをお聞かせください。
・お子さんが成長したと感じるのはどのようなときですか。
・お子さんにアレルギーはありますか。
・本校に入学後、心配なことはありますか。
・緊急事態が起きたとき、どのような手段でどのくらいの時間で学校へ来ることができますか。
・お子さんの具合が悪くなったときなどの、急なお迎えにも対応できますか。

面接資料／アンケート

単願の場合は出願時に推薦書を提出する。以下のような項目がある。

・単願の志望理由。
・家庭の教育方針。

1

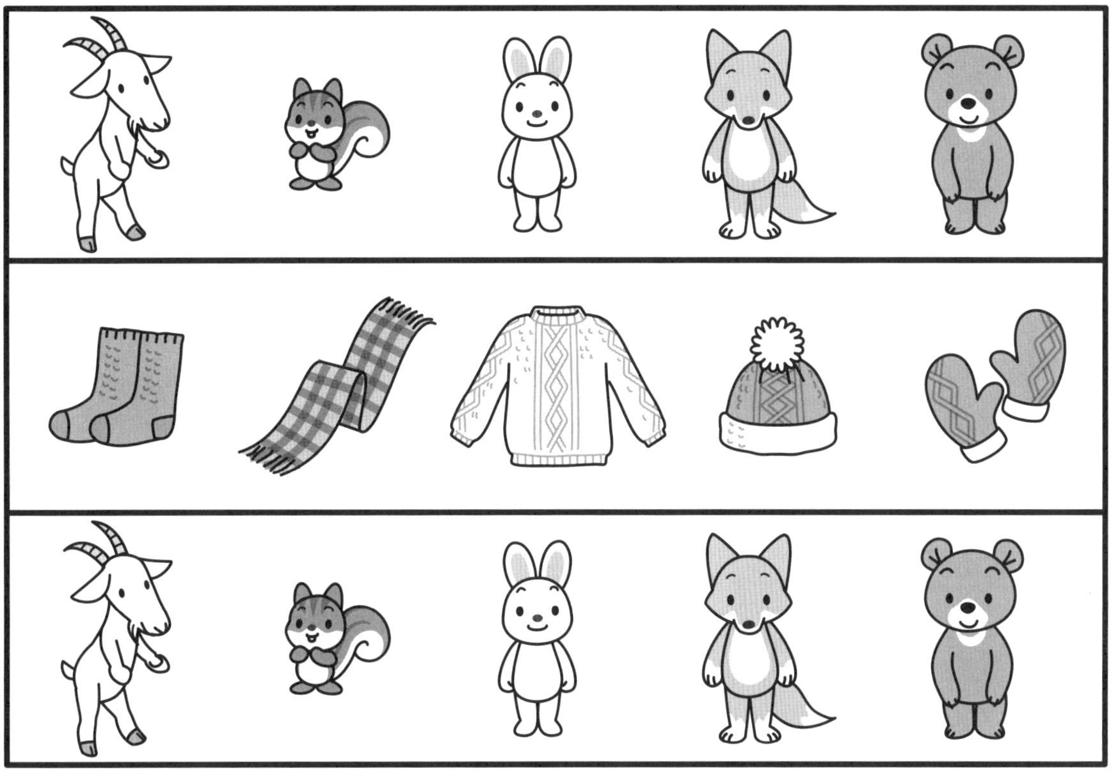

2

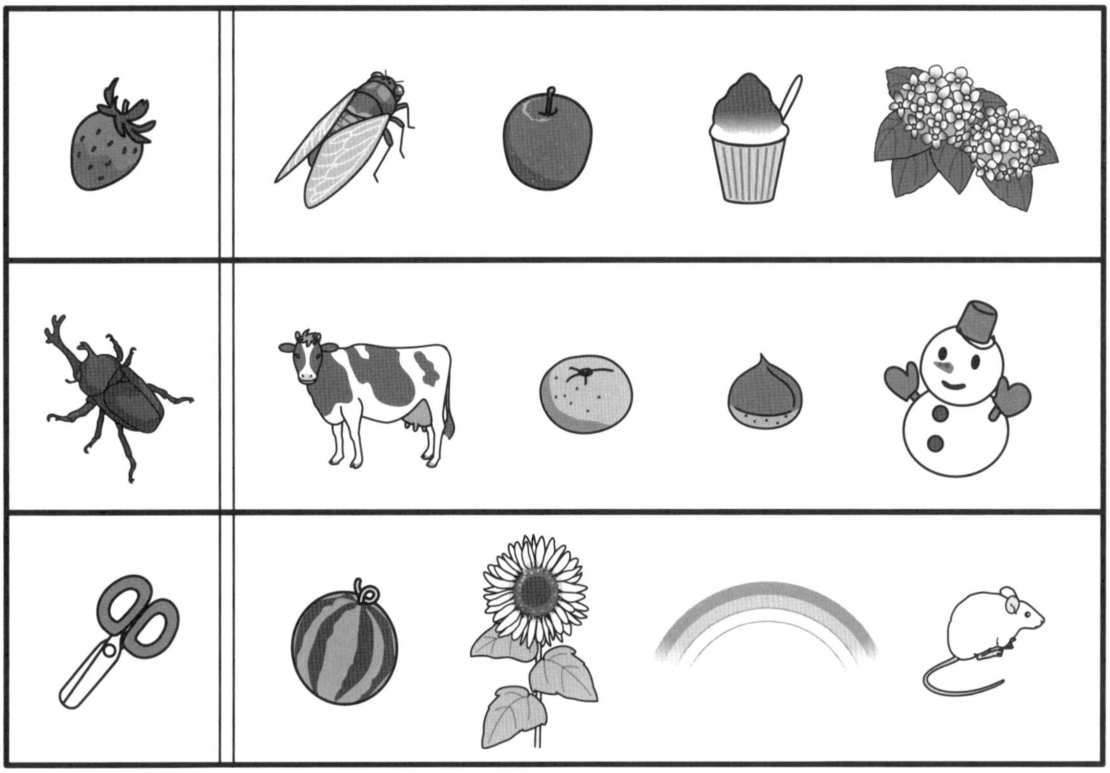

3

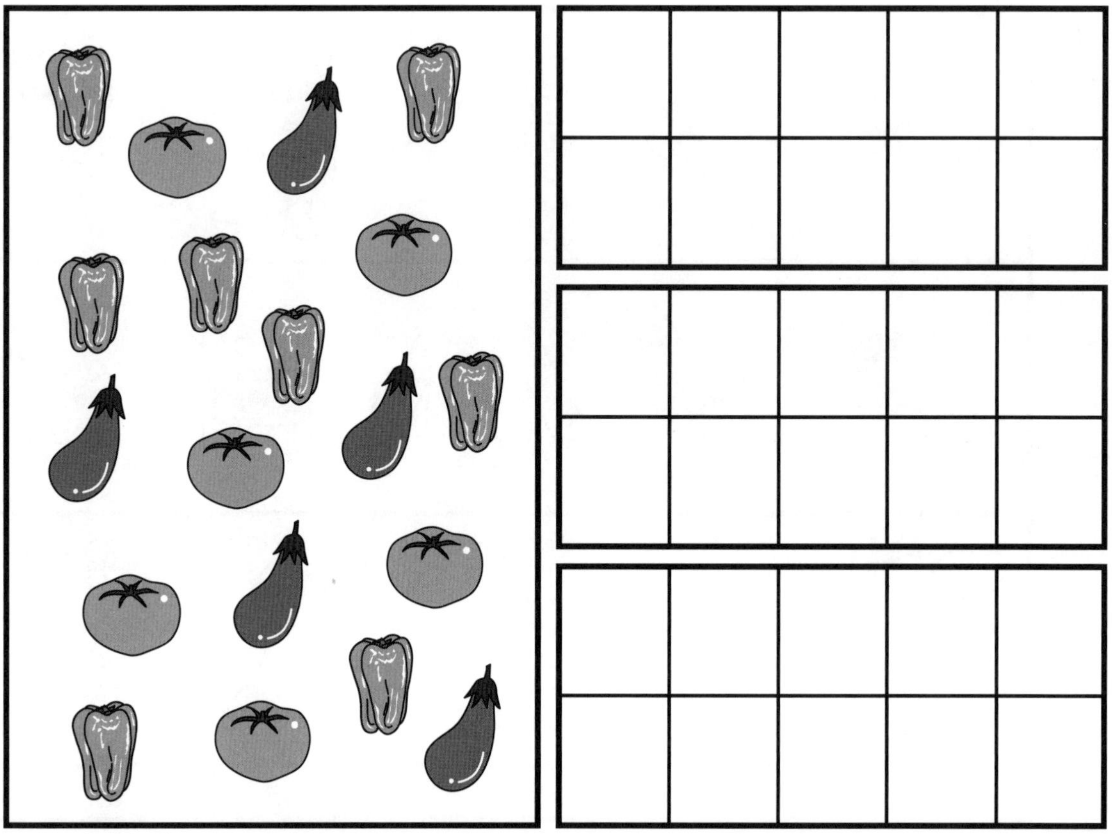

4

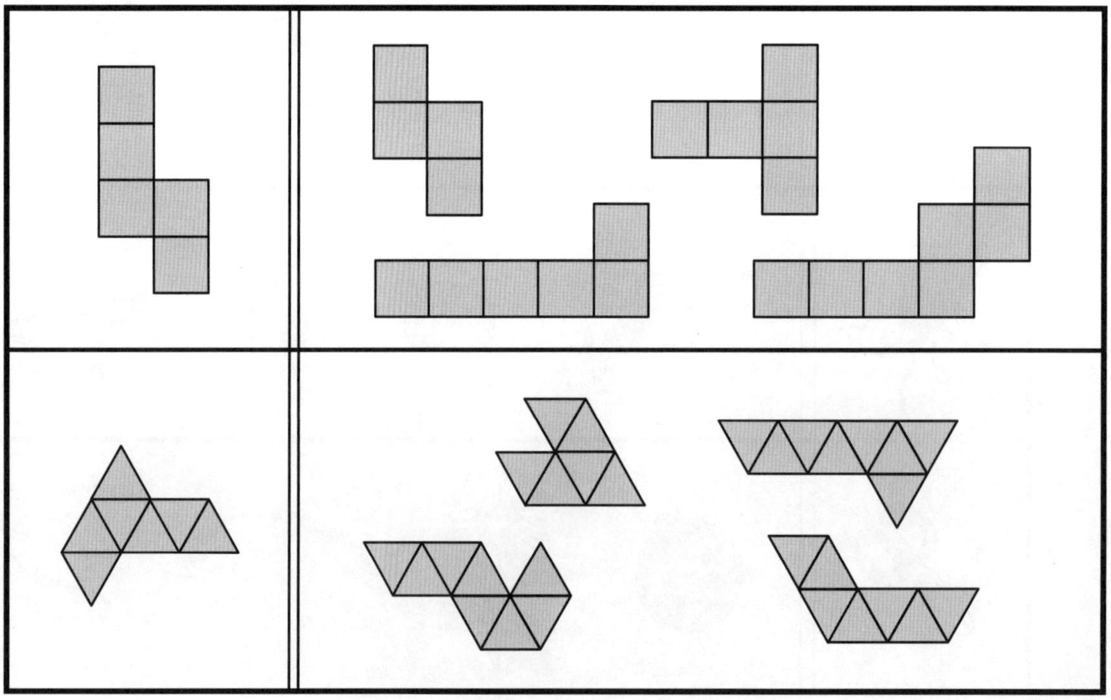

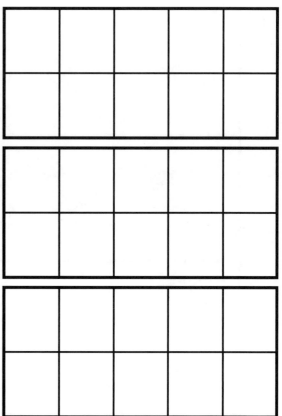

5

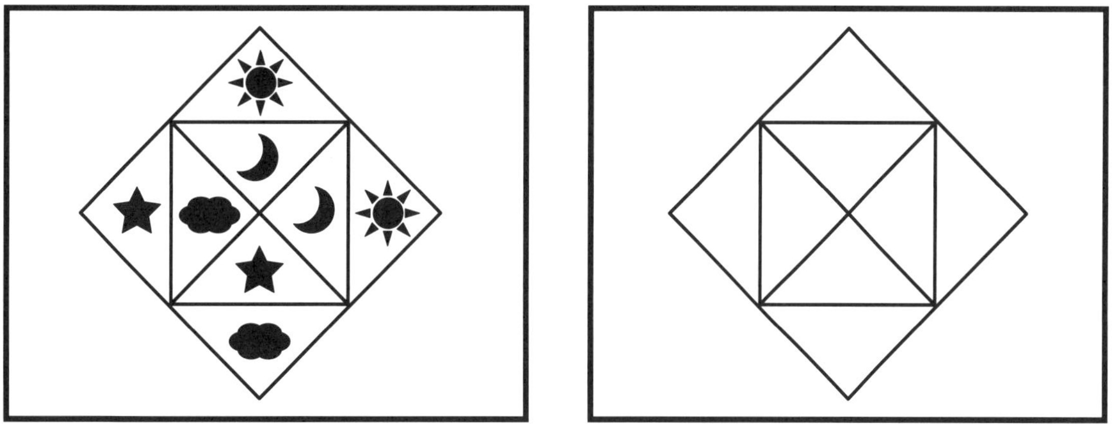

6

7

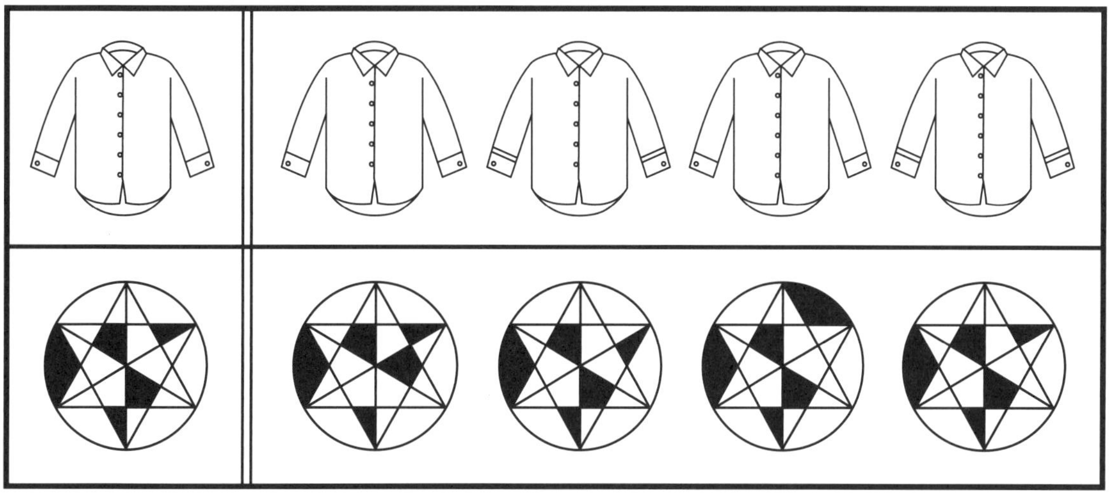

8

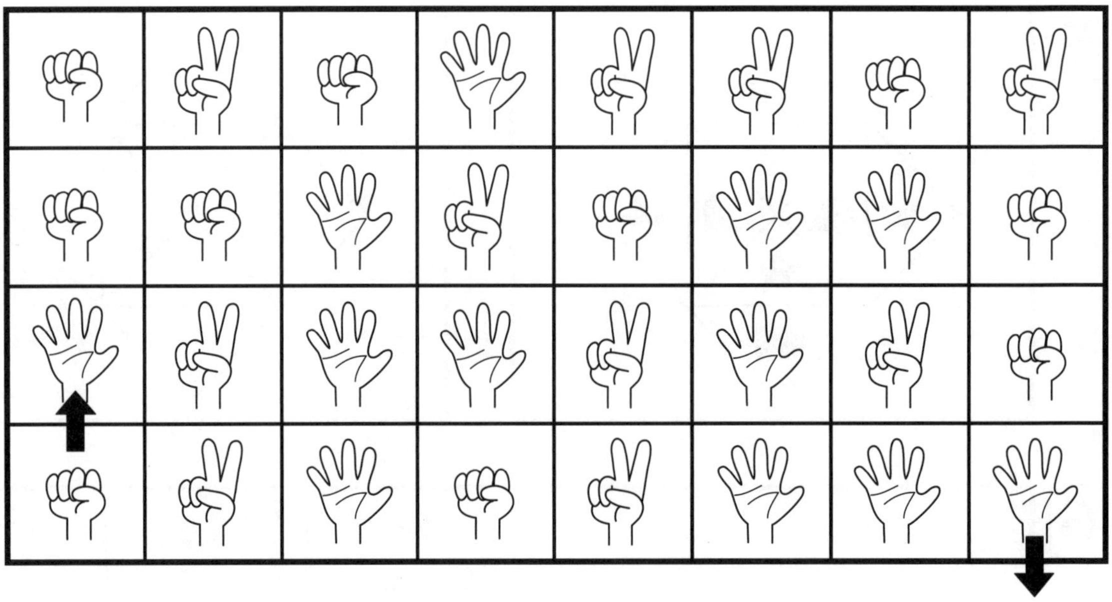

9

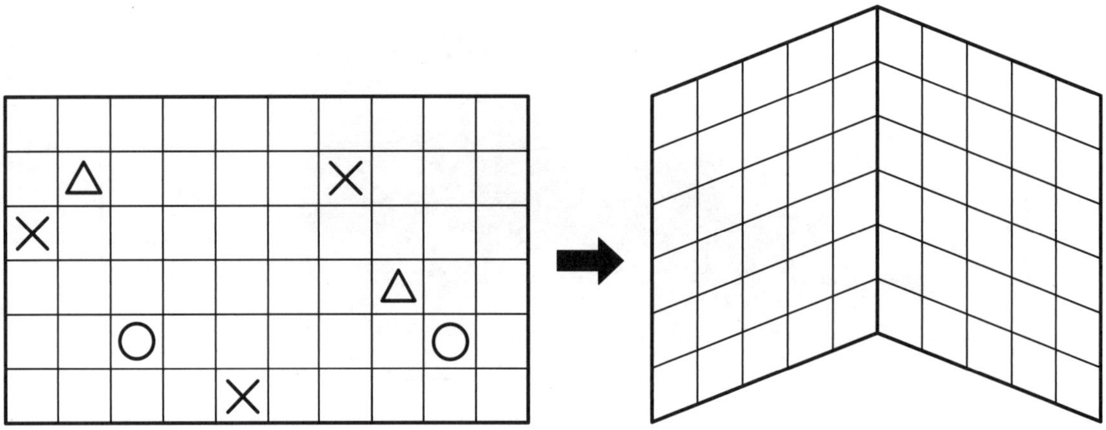

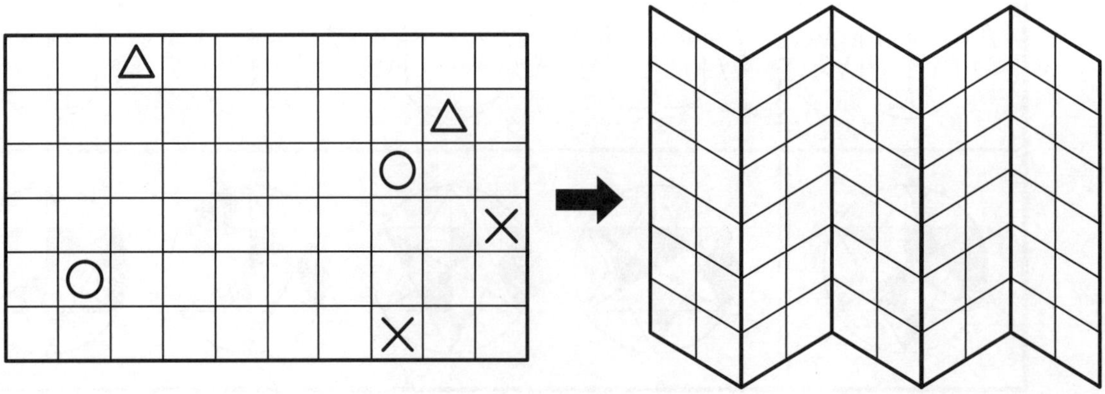

10

11

section

2023 昭和女子大学附属昭和小学校入試問題

解答は別冊解答例011ページ

選抜方法

一般入試と特別入試がある。一般入試の考査は２日間のうち希望する１日で、ペーパーテスト、集団テストを行う。所要時間は約１時間。特別入試は特別入試説明会への参加が条件で、一般入試より前に行われる。考査は１日で、親子課題を含む集団テストを行う。所要時間は約１時間40分。面接はいずれも考査日前の指定日時に保護者面接を行う。

一般入試

ペーパーテスト

筆記用具はクーピーペン（青）を使用し、訂正方法は//（斜め２本線）。出題方法は音声。

1 話の記憶

「サッカーが大好きなタヌキ君は、毎日ドリブルの練習をしています。幼稚園でサッカーが一番上手なキツネ君のように、ドリブルができるようになりたいと思っています。そこでタヌキ君は、今度の日曜日にキツネ君とツクシ公園でサッカーの練習をするお約束をしました。キツネ君は、ほかのお友達も誘ってくれるそうです。タヌキ君は前の日からワクワクしていました。日曜日になりました。外はぽかぽかと暖かく、よく晴れています。タヌキ君はサッカーボールを持って、ツクシ公園に出かけました。公園では、先に着いたキツネ君とネズミ君が待っています。タヌキ君は『キツネ君、今日はありがとう』とお礼を言いました。キツネ君が『どういたしまして。これからブタ君も来るよ。先に練習していようね』と言って、３匹は仲よく練習を始めました。そこへブタ君が『遅れてごめんね。お待たせ』と、大急ぎで走りながらやって来ました。キツネ君は『みんなそろったから始めよう』と言って、遠くまで走っていき『タヌキ君！　タヌキ君！　ここまでおいで』と大きな声で呼びました。『ようし！』タヌキ君がボールをけりながらキツネ君の方へ走り出したそのときです。『ドシーン』タヌキ君は転んでしまいました。『だいじょうぶ？　痛くない？』みんなが心配しています。タヌキ君は頑張って起き上がり、最後まであきらめずにキツネ君のところまでボールをけっていくことができました。『頑張ったね。タヌキ君』とキツネ君が言いました。ネズミ君も『上手になったね』とほめてくれました。しばらくサッカーをして一休みしていると、『ツクシ公園にはツクシがたくさん生えているよ。みんなでツクシ探しをしよう』とブタ君が言いました。『いいよ、楽しそう』とみんな賛成して、ツクシを探すことにしました。そして、ネズミ君は２本、タヌキ君は1本見つけました。探すのがとても上手なブタ君とキツネ君は、それぞれ３本ずつ見つけました。みんなで採ったツクシを並べて、『1、2、3、4、5……』と数えていると、いつの間にか夕方になっていました。暗くなる前にお家に帰らなくてはなりません。『今日は楽しかったね。ありがとう。キツネ君、ネズミ君、ブタ君、またサッカーの練習をしようね』とタヌキ君が言いました。『うん、楽しかったね。またしようね』。動物たちはツクシを持ってお家に帰りました」

・上の左です。サッカーが一番上手だった動物に○をつけましょう。
・上の右です。転んでしまった動物に○をつけましょう。

・下の左です。動物たちが採ったツクシの数を合わせるといくつですか。その数だけ○をかきましょう。
・下の右です。今のお話の季節と仲よしのものに○をつけましょう。

2 位置の移動

・ネズミが上に２つ、右に３つ進みました。ネズミが今いるところに○をつけましょう。
・ブタが左に６つ、下に１つ進みました。ブタが今いるところに△をつけましょう。
・ゾウが下に３つ、右に５つ、上に２つ進みました。ゾウが今いるところに□をつけましょう。

3 推理・思考（重ね図形）

・透明な紙にかかれた左の２枚の絵をそのままずらして重ねると、どのようになりますか。右から選んで○をつけましょう。

4 推理・思考（折り図形）

・折り紙を左端のように折ってから広げると、折り線はどのようについていますか。右から選んで○をつけましょう。

5 推理・思考（重ね図形）

・上のマス目を点線のところで矢印の向きにパタンと折って重ねます。黒いマス目に隠れずに見えている丸を、その下のマス目にかきましょう。

6 模 写

・左のお手本と同じになるように、右のマス目に印をかきましょう。

7 推理・思考（ルーレット）

外側の動物の丸は回すことができますが、中の果物の丸は動きません。
・上の四角です。動物の丸を回したら、ネズミがバナナのところに来ました。そのとき、キツネはどこにいますか。キツネがいるところの果物に○をつけましょう。
・下の四角です。クマがミカンのところに来ました。そのとき、スイカのところにいる動物に○をつけましょう。

8 数量（マジックボックス）

・左がお約束です。黒い玉がリンゴやバナナのトンネルを通ると、絵のように数が変わります。では真ん中の２段のように黒い玉がトンネルを通ると、それぞれいくつになりますか。その数だけ、右の四角に○をかきましょう。

9 数 量

・上の小さい四角と同じ数のアメが入っている袋はどれですか。その袋全部に○をつけましょう。

集団テスト

10 行動観察（ボール運びリレー）

3、4人のグループに分かれ、道具を使ってボールを運ぶリレーをする。グループごとに、スタートラインの近くに机、離れた先にコーンが置いてある。机の上には4種類のボール（ドッジボール、テニスボール、ピンポン球、ビー玉）と道具(うちわ2本、しゃもじ2本、紙コップ、おたま、さいばし)が入ったカゴ、机の下には空のカゴが用意されている。最初に運ぶボールの順番と使う道具の組み合わせを相談して決めたら、台紙に描かれたボールと道具を組み合わせ通りに線で結ぶ。道具を工夫して使いながら1人ずつボールを運び、コーンを回って戻る。運び終えたボールは机の下のカゴに、道具は上のカゴに戻し、次の人と交代する。途中でボールを落としたら拾い、その場から再び進む。2回行い、2回目は1回目とは別の道具で運ぶ。

共同制作（ペーパーバッグ作り）

3、4人のグループに分かれて行う。グループごとに白いペーパーバッグ、折り紙、キラキラした折り紙、シール、リボン、毛糸、すずらんテープ、クーピーペン、のり、はさみが用意されている。グループで協力して、バッグに持ち手や飾りをつける。

リズム・踊り

テレビモニターに映ったお手本を見ながら「さんぽ」または「小さな世界」(曲は考査日による）の音楽に合わせて踊る。4、5回練習した後、グループごとに発表する。

保護者面接

父親

- 受験番号と受験者氏名を教えてください。
- 父親として学校に貢献できることは何ですか。
- 個人の意見と集団の意見が異なるときはどうしますか。
- お子さんとお友達にもめ事が起きたとき、どのように対処されますか。
- 入学後、お子さんと一緒に始めたいことは何ですか。
- どのようなお子さんですか。
- お子さんにはどのように成長してほしいですか。
- 総合学習を親子でどのように行っていきますか。
- 集団生活で自主性を伸ばすには、どのようにしたらよいとお考えですか。
  (以降は父母で相談し、どちらか1人が答える)
- 本校のよいところについて、ほかの人に紹介するとしたらどのように伝えますか。
- 本校が新しい取り組みをしていることについて、どのようにお感じですか。
- 本校の理念をお子さんにも伝わるようにわかりやすく説明してください。
- 本校の特徴ある教育について、どのようにお考えですか。

母親

・本校のよいところを説明してください。
・お子さんが自分で学習できるように、ご家庭ではどのような取り組みをしようとお考えですか。具体的に教えてください。
・本校で楽しみにしているプログラムは何ですか。
・本校は公共の交通機関を使って通学してもらいますが、どのようにお考えですか。

面接資料／アンケート

出願時に提出する志願票に、以下のような項目がある。

・家庭の教育方針。
・本人の性格。
・家庭状況や既往症など学校に伝えておきたいこと。

※事前に配信される校長先生の講話の動画を視聴のうえ、考査当日に「入学に際してご確認・ご了承いただきたいこと」の書類に受験者、保護者２名の氏名を記入し、提出する。

特別入試

集団テスト

11 巧緻性

魚の絵が描かれた台紙（白）、丸いシール（赤）６枚、星形のシール（青）６枚、はさみが用意されている。
・赤い線に沿って魚を切りましょう。
・四角の中には赤い丸のシール、三角の中には青い星のシールを貼りましょう。

絵画（課題画）・言語

Ｂ４判の画用紙（白）、クレヨンが用意されている。
・海の生き物を描きましょう。
・何を描いたか発表しましょう。

共同絵画

５、６人のグループで行う。模造紙、クレヨンが用意されている。
・床に正座をして、協力して生き物の絵を描きましょう。

行動観察（的当てゲーム）

４、５人のグループで行う。紙コップ、スポンジボール、紙コップを積み上げたお手本（数種類）が用意されている。１つ完成すると次のお手本が指定され、難易度が上がっていく。
・グループで協力して、お手本と同じように紙コップを積み上げましょう。
・決められた線から出ないようにしてスポンジボールを投げ、積み上げた紙コップに当てましょう。

【お手本例】

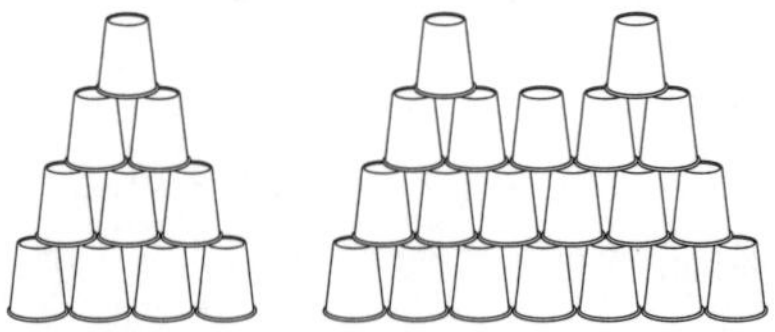

親子課題

それぞれの家族の机に、便せん、画用紙、折り紙、フェルトペン、クーピーペン、鉛筆、消しゴム、のり、セロハンテープ、鉛筆削りが用意されている。感謝を伝えたい人に向けて、親子で「ありがとうカード」を１枚作る。贈る相手やどのような飾りをつけるかを話し合いながら行う。メッセージの言葉は子どもが考え、保護者が書く。周りに絵を描いたり、折り紙で作った飾りを貼ったりして完成させる。できあがったカードについて、テスターから誰に贈るかなどの質問があり、子どもが答える。（テレビモニターにタイマーが映っており、その時間内で活動する）

保護者面接

父親

・受験番号と受験者氏名を教えてください。
・入学後、自分のお子さんだけでなく、ほかの子どもたちのために何ができますか。
・個性を尊重することについて、どのようにお考えですか。
・集団生活における個性について、どのようにお考えですか。
・入学後、お子さんと一緒に始めたいことは何ですか。
・お子さんにはどのように成長してほしいですか。
（以降は父母で相談し、どちらか１人が答える）
・本校のよいところについて、ほかの人に紹介するとしたらどのように伝えますか。
・本校が新しい取り組みをしていることについて、どのようにお感じですか。
・本校が常に変化していることについて、どのようにお考えですか。
・本校の特徴ある教育について、どのようにお考えですか。

母親

・本校で楽しみにしているプログラムは何ですか。
・お子さんが自分で学習できるように、ご家庭ではどのような取り組みをしようとお考えですか。具体的に教えてください。
・基礎学力をつけるために、ご家庭で取り組みたいことはどのようなことですか。
・本校は公共の交通機関を使って通学してもらいますが、どのようにお考えですか。

面接資料／アンケート

出願時に提出する志願票に、以下のような項目がある。

・昭和小学校を第一希望に志望する理由をお書きください。

・入学後にご家庭で学習の習慣付けをどのように取り組みますか。具体的にお書きください。
・お子さまが自己肯定感を持てるように、ご家庭でどのように働きかけていますか。具体的にお書きください。
・志願にあたり、家庭状況や既往症など学校に伝えておくことがあればお書きください。

※事前に配信される校長先生の講話の動画を視聴のうえ、考査当日に「入学に際してご確認・ご了承いただきたいこと」の書類に受験者、保護者２名の氏名を記入し、提出する。

1

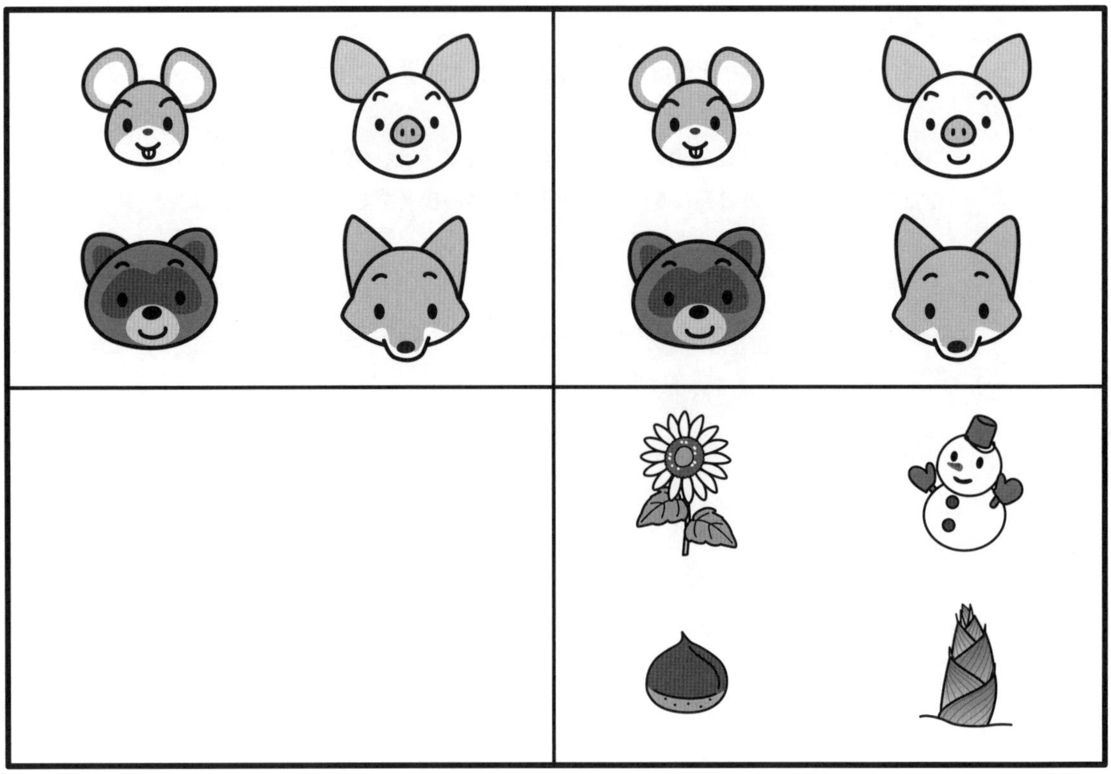

2

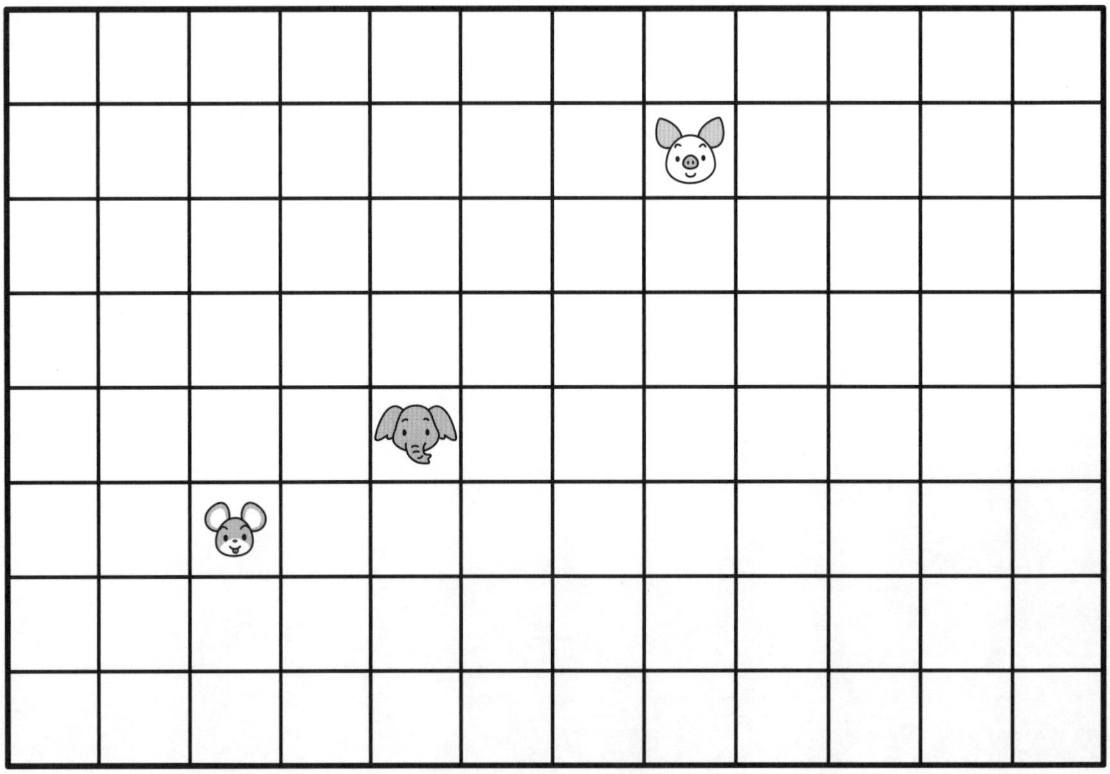

3

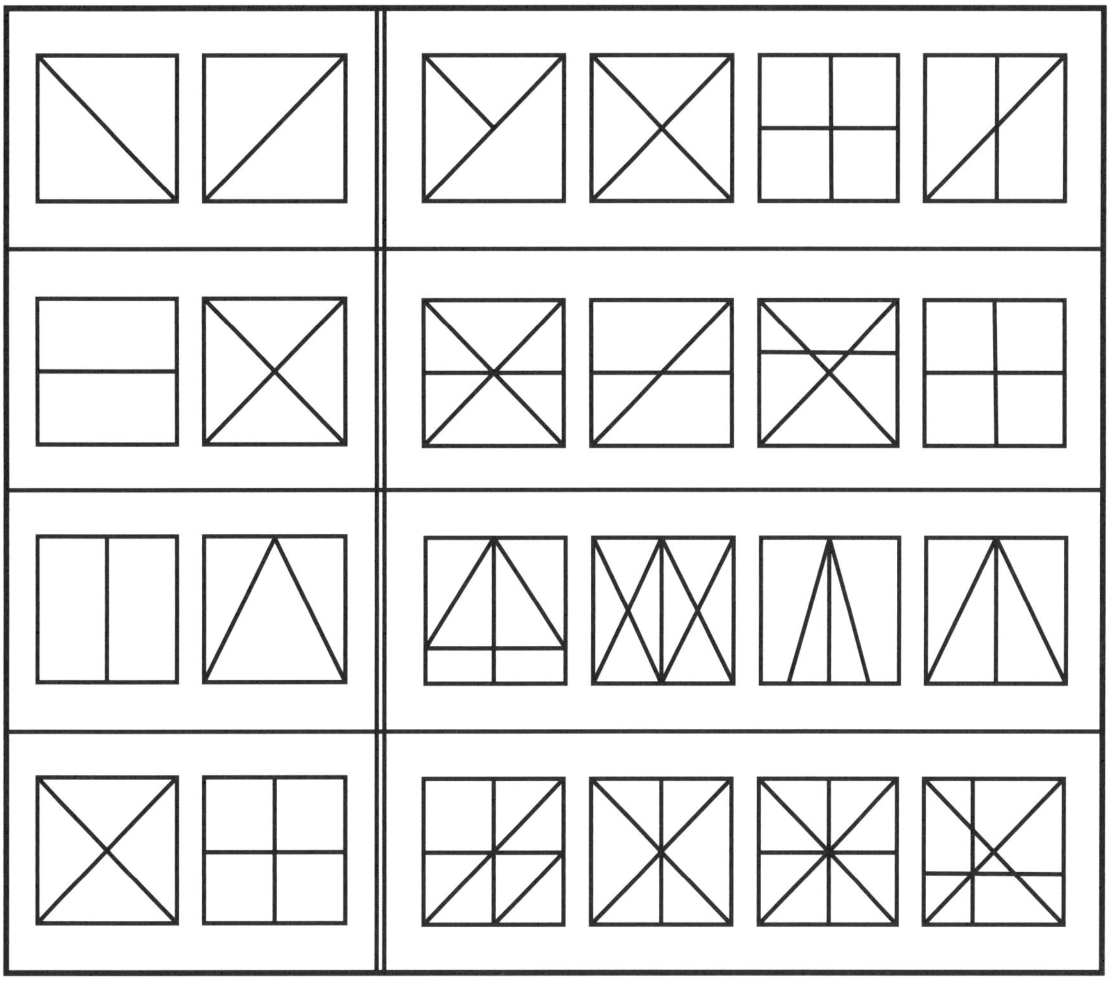

4

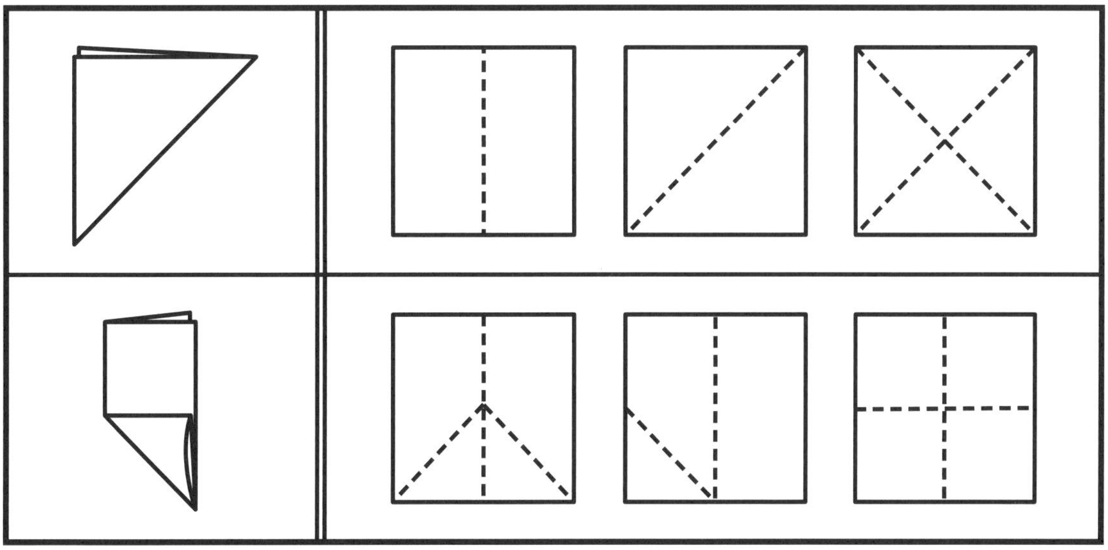

5

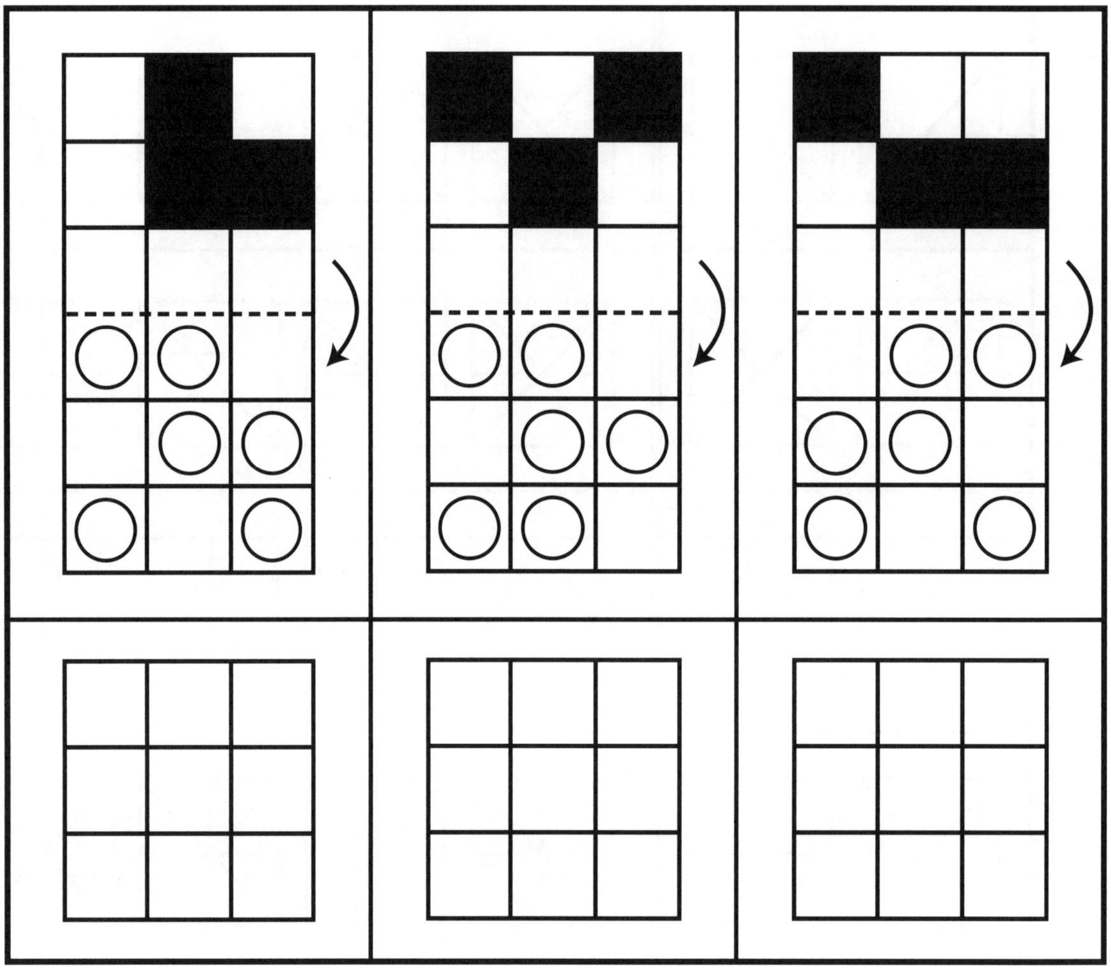

6

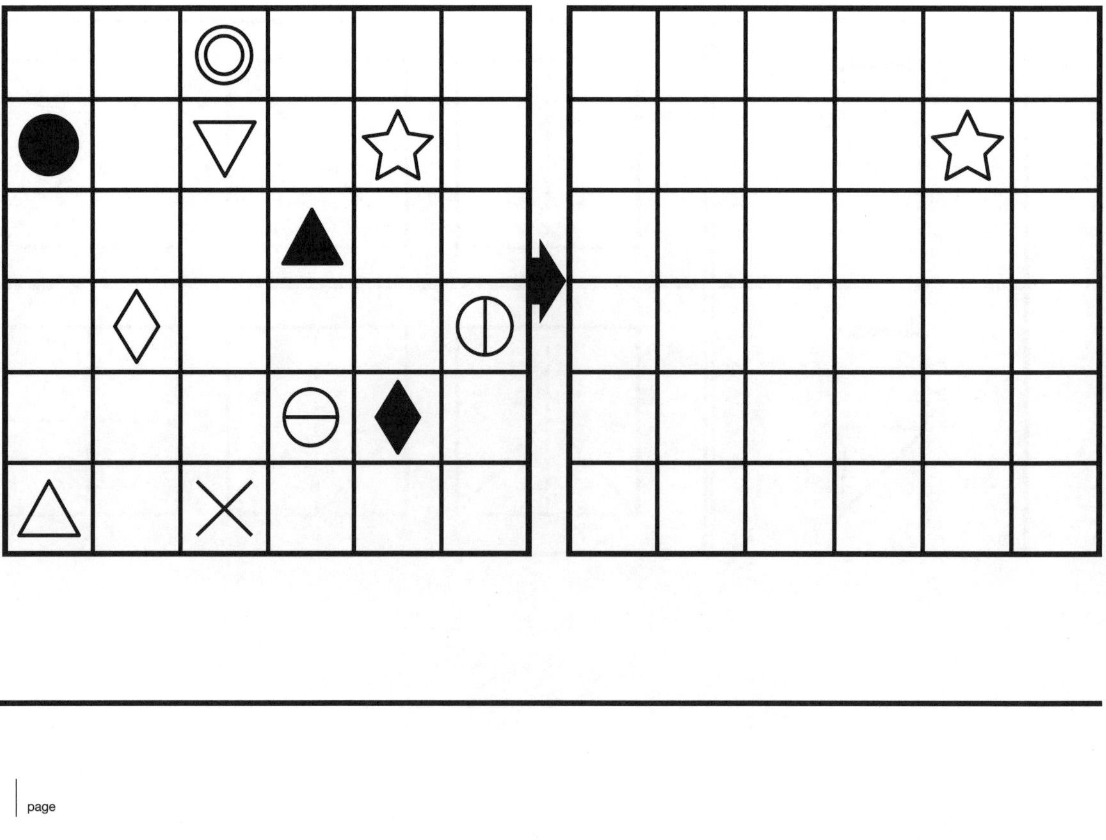

7

8

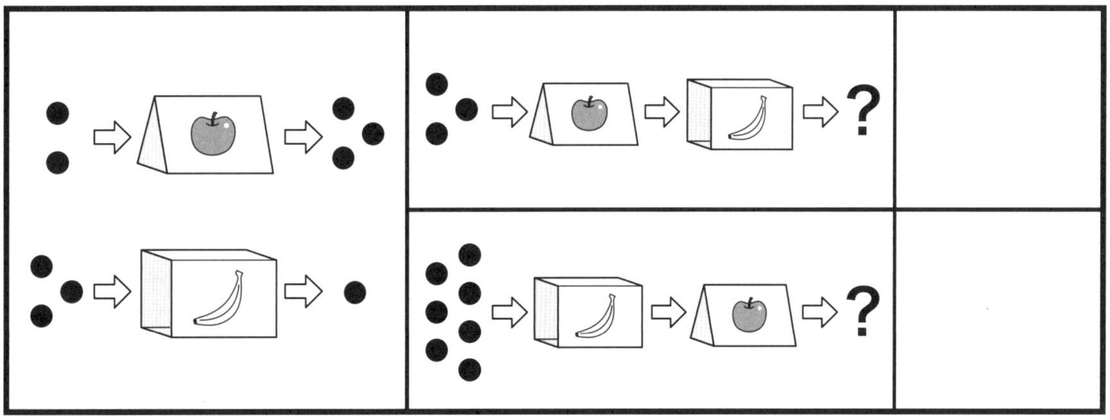

9

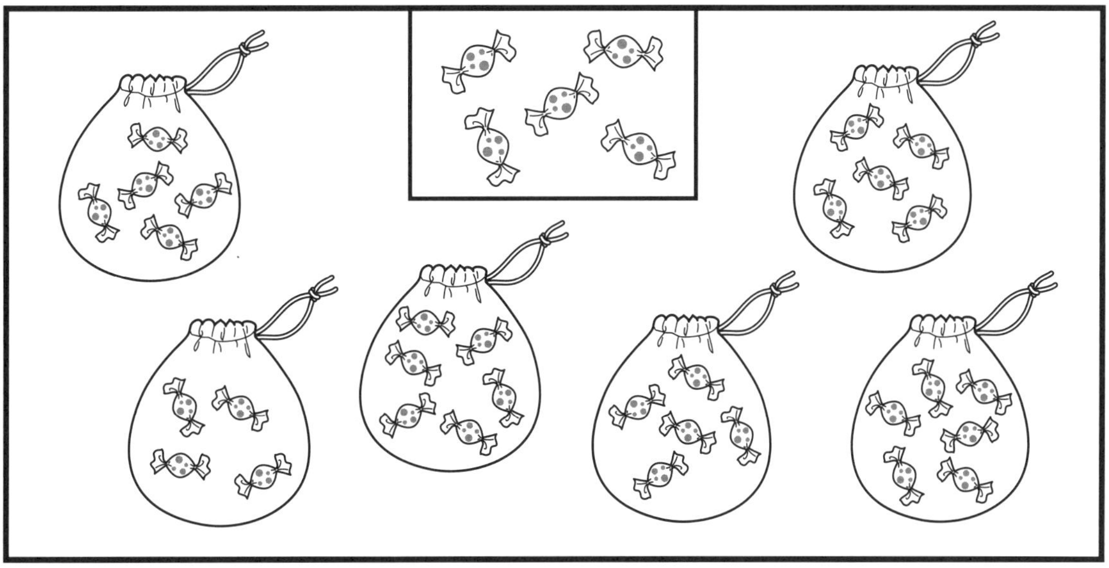

10

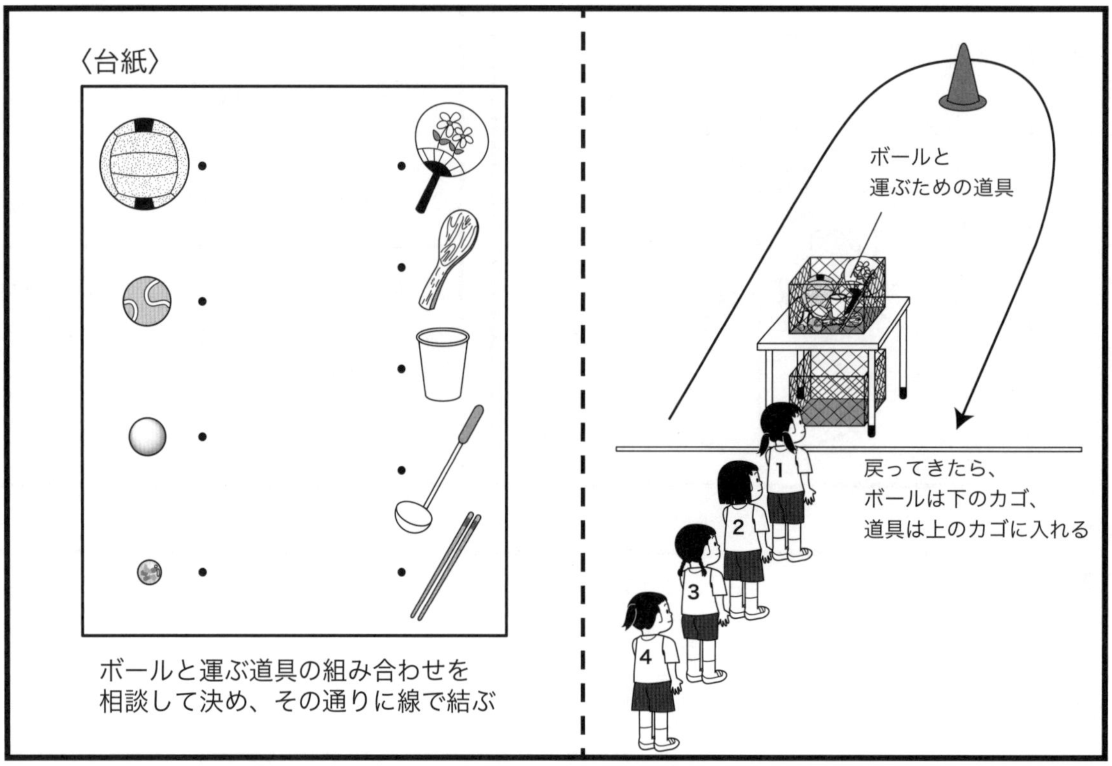
〈台紙〉
ボールと運ぶ道具の組み合わせを
相談して決め、その通りに線で結ぶ
ボールと
運ぶための道具
戻ってきたら、
ボールは下のカゴ、
道具は上のカゴに入れる
1
2
3
4

11

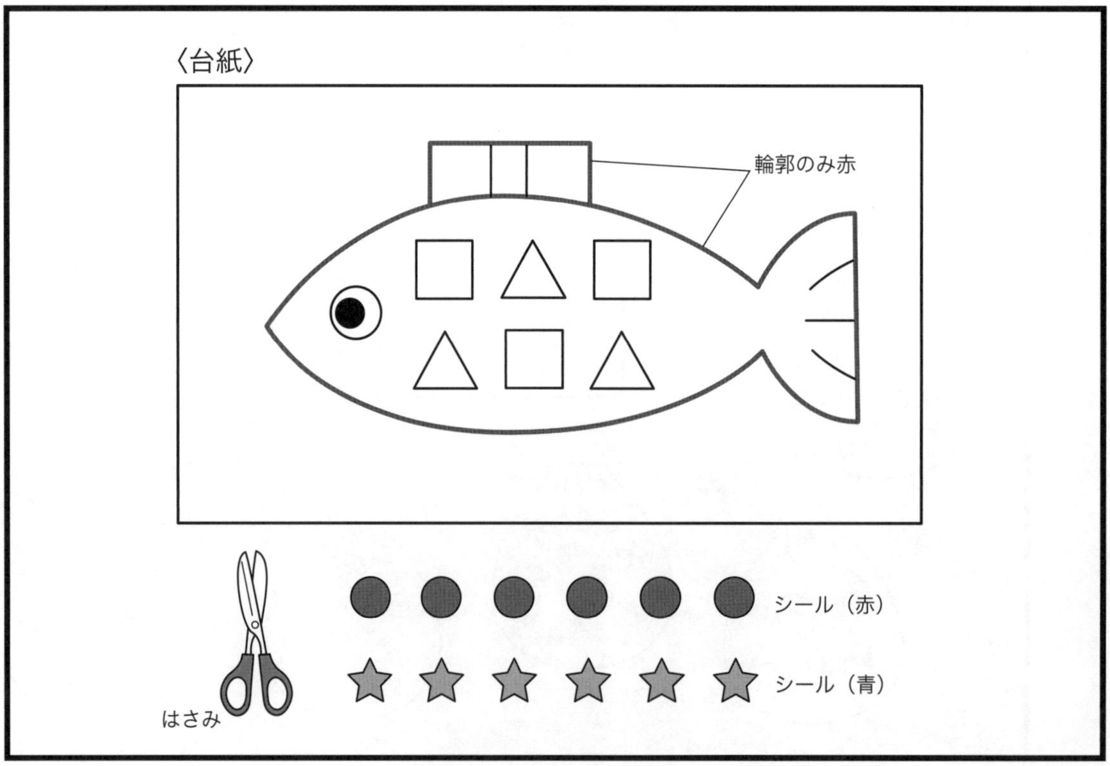
〈台紙〉
輪郭のみ赤
シール（赤）
シール（青）
はさみ

section
2023　聖学院小学校入試問題

解答は別冊解答例012ページ

選抜方法

受験番号は願書受付順。考査は１日で、ペーパーテスト、運動テスト、集団テストを行う。所要時間は約２時間。考査日前の指定日時に親子面接がある。

ペーパーテスト

筆記用具は鉛筆を使用し、訂正方法は//（斜め２本線）。出題方法は口頭。

1　話の記憶

「『なっちゃん、おばあちゃんのお家まで１人で行けるかしら？』ある土曜日の朝、お母さんが言いました。『えっ？』なっちゃんはびっくりしました。なっちゃんは小学校１年生。今まで１人でおばあちゃんのお家まで行ったことがありません。『おばあちゃんにこれを届けてほしいの。お母さんは用事があって、おばあちゃんのお家に行けないの。お願いできるかしら？』お母さんはそう言うと、なっちゃんに封筒を渡しました。『何が入っているの？』となっちゃんが聞くと、お母さんは『おばあちゃんに届けてくれればわかるわよ』と笑顔で答えました。なっちゃんは少し考えて、『いいよ。わたしに任せて』とうなずきました。おばあちゃんのお家は、なっちゃんのお家の近くにあります。お家を出て左に真っすぐ歩けば、なっちゃんの足でも10分くらいで着きます。お母さんと一緒に何度も歩いた通い慣れた道です。でも、今日は１人きりです。なっちゃんはお出かけ用のリュックサックの中に水筒とタオル、それにティッシュペーパーを入れました。『お母さん、おやつを入れてもいい？』なっちゃんは遠足気分で言いました。『はいはい。じゃあ、このアメを２つポケットに入れておきましょうね』と言って、お母さんがズボンのポケットに入れてくれました。ポケットがアメでふくらむと、何だかうれしくなってきました。『じゃあ、この封筒を届けてね。リュックサックの中に入れてね』。なっちゃんはお母さんから封筒を受け取ると、大切にリュックサックの中にしまいました。そして帽子をかぶってリュックサックを背負い、ちょっぴり緊張しながら『行ってきます！』と言いました。『行ってらっしゃい。気をつけてね』とお母さんに見送られて、なっちゃんは元気に出発しました。お家を出ると、すぐに商店街があります。長い商店街の通りを真っすぐ抜けると、おばあちゃんのお家です。なっちゃんが歌いながら歩いていると、『なっちゃん！』と向こうからやってくる人が話しかけてきます。なっちゃんのお家の隣に住んでいる中学生のしげるお兄さんでした。『なっちゃん、１人でどこに行くの？』なっちゃんが『これからおばあちゃんのお家までお使いに行くの』と言うと、しげるお兄さんは『へえ、１人でお使いなんて、それはすごいね。頑張ってね。お使いのごほうびにこれをあげるよ』。しげるお兄さんはそう言うと、ポケットからアメを１つ取り出してなっちゃんにくれました。『ありがとう、しげるお兄さん』と、なっちゃんはお礼を言いました。３つのアメでふくらんだポケットをなでるとうれしい気持ちです。『気をつけて行ってきてね』と言うしげるお兄さんとお別れをして商店街に入りました。スーパーマーケット、八百屋さん、魚屋さん、お肉屋さんと、いろいろなお店が並んでいます。なっちゃんがキョロキョロしながら歩いていると、『いらっしゃい、いらっしゃい。今日はアジが安いよ』。お店の人の大きな声に、何人もの人たちが集まってきます。それからしばらく歩くと、今度は色とりどりのお花が見えました。お花屋さんです。きれいなアジサイの鉢植えが並んでいます。『わあ、きれい』。なっちゃんが見とれていると、『あら、なっちゃんじゃない？』と聞き覚えのある声がしました。声がする方を見ると、担任のふゆみ先生がニッコリ笑っていました。『なっちゃん、こんなところでどうしたの？』と言われて『これからおばあちゃんのお家までお使いに行くの』と答えると、『まあ、すてきね。なっちゃんはすっかりお姉さんで頼もしいわ。ごほうびにこれをどうぞ』。ふゆみ先生はバッグの中からアメを２つ出して、なっちゃんにくれました。『寄り道しないで、気をつけて行ってきてね』『行ってきます』。ポケットがまたふくらみました。なっちゃんはまた１人で歩き始め、ポケットから１つアメを取り出して口に入れました。商店街のおしまいには交差点があって、ここを渡ると、ようやくおばあちゃんのお家です。信号を見ると、今は赤。『止まれ』です。『もう少しでおばあちゃんのお家だ』。なっちゃんは気持ちがはやって、思わず足が１歩前に出そうになりました。そのときです。『なっちゃん！　危ない！』どこからかなっちゃんを止める声が聞こえてきました。なっちゃんがドキッとして立ち止まると、目の前を車がビュンと通り過ぎていきました。『なっちゃーん』。交差点の向こうで手を振っているおばあちゃんの声でした。おばあちゃんのお家に着いたなっちゃんは、お母さんから預かった封筒をおばあちゃんに渡しました。おばあちゃんがその封筒を開けると、中にはなっちゃんが小学校に入学した日におばあちゃんと一緒に撮った写真が入っていました」

・リンゴの段です。おばあちゃんのお家に着いたとき、なっちゃんのポケットにはいくつアメが入っていましたか。その数だけ、○をかきましょう。
・サクランボの段です。おばあちゃんのお家に行くとき、なっちゃんのリュックサックに入っていたものに○をつけましょう。
・スイカの段です。なっちゃんが商店街で聞いた大きな声はどのお店から聞こえてきましたか。そのお店に○をつけましょう。
・メロンの段です。なっちゃんは、おばあちゃんのお家へ行く途中で２人の人に会いましたね。その２人が描いてある四角に○をつけましょう。
・ミカンの段です。お母さんに頼まれた封筒の中に入っていた写真に○をつけましょう。
・ブドウの段です。交差点で自分を呼ぶ声を最初に聞いたとき、なっちゃんはどのような顔をしていたと思いますか。そのときの顔に○をつけましょう。
・パイナップルの段です。このお話と同じ季節の絵に○をつけましょう。

2　数　量

・ハムスター、ヒマワリの種、チーズはそれぞれいくつありますか。その数だけ、それぞれの絵の横のマス目に１つずつ○をかきましょう。

3　数　量

・上と下の四角で、生き物の足の数を全部合わせて比べます。足の数が多い方の四角に、それぞれ○をかきましょう。○は左下の小さい四角にかいてください。

4　推理・思考（進み方）

・上の四角が進み方のお約束です。一番左の丸から矢印の順番に印を進み、下向きの三角の次は一番初めの丸に戻ります。下のマス目で、左上の黒い矢印からスタートして、右下の黒い矢印まで進むマス目に線を引きましょう。マス目は縦にも横にも進めますが、斜めには進めません。

5 数量（マジックボックス）

・太陽のお家を通るとリンゴが1つ増え、傘のお家を通ると1つ減ります。では、下のようにリンゴがお家を通ると、最後にはいくつになりますか。その数だけ、それぞれ四角の中に○をかきましょう。

6 言　語

・二重四角を見てください。名前の音の数だけマス目があり、「マ」の音が入るマス目には丸がかいてあります。このように、ほかの四角も「マ」の音が入るマス目に○をかきましょう。

7 常　識

・上の食べ物は何からできますか。下から選んで、点と点を線で結びましょう。

8 推理・思考（回転図形）

・左の絵を矢印の右側のように回すと、マス目の中の白丸や黒丸はどのようになりますか。右側のマス目にかきましょう。

9 推理・思考（重ね図形）

・左の2枚は透き通った紙にかいてあります。この2枚をそのままずらしてピッタリ重ねると、どのようになりますか。矢印の右側にかきましょう。

10 絵画（課題画）

「今日はウサギさんの誕生日です。お友達がお祝いに来てくれました。みんなで歌を歌って、おいしいイチゴのケーキを食べました」

・ウサギさんのお誕生日会の様子を描きましょう。ウサギさん、お友達、イチゴのケーキ、パーティーの飾りを描いて、楽しい絵にしてください。

運動テスト

ボールつき

テスターが「やめ」と言うまでボールをつく。

連続運動

スタート地点からマットの上をスキップで進む→枠の中で縄跳びを3回跳ぶ→カゴからボールを取り、的に向かって投げる→スタート地点まで走って戻り、コーンにタッチする→列の一番後ろについて座る。（前の人がコーンにタッチしたら次の人がスタートする）

集団テスト

共同制作（海の中の様子作り）

4人ずつのグループに分かれて行う。魚が描いてある画用紙（白）がグループに1枚、線がかいてある色画用紙（B6判）、丸が2つかいてある色画用紙（B6判）、折り紙、フェルトペン（黒）、切った画用紙を入れる入れ物がグループの人数分用意され、教室の前方にお手本が掲示されている。持参したスティックのり、はさみを使用する。色画用紙を線に沿って切り、みんなで協力して台紙の魚などに貼り、海の中の様子を作る。お手本とは同じでなくてもよいという指示がある。

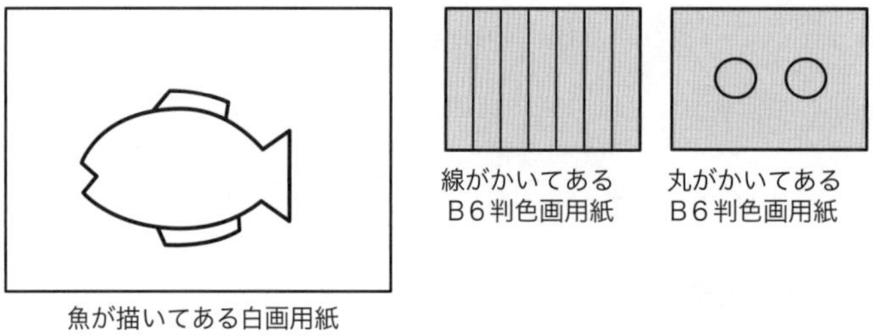

リズム遊び

テスターが手拍子でリズムをとり、それに合わせて、手をたたく。

〈リズムの例〉

など

行動観察

テスターが読む絵本を静かに聞く。

親 子 面 接

本 人

・お名前、幼稚園（保育園）の名前、担任の先生の名前を教えてくだい。
・幼稚園（保育園）で仲よしのお友達の名前を教えてください。
・幼稚園（保育園）ではどのような遊びをしていますか。
・お家の人が作る料理で好きなものを3つ教えてください。
・お家ではどんなお手伝いをしますか。
・最近、お父さんやお母さんにどんなことでほめられましたか。どんなことでしかられましたか。
・コロナウイルスの流行が収まったら行きたい場所はどこですか。お父さんやお母さんはどこに行きたいと言っていますか。それぞれの行きたい場所が違っていたら、3人で相談して行きたい場所を決めてください。

父 親

・自己紹介をしてください。

・これまでの人生の中で、今の自分を形成したと思う経験やエピソードをお話しください。
・志望理由をお聞かせください。
・本校に見学に来た際の感想をお聞かせください。
・本校では、入学後は日曜日に礼拝に行くことをすすめていますが、ご理解いただけますか。
・お子さんの名前の由来をお聞かせください。
・お子さんの長所と短所を教えてください。
・休日はお子さんとどのように過ごしていますか。
・コロナウイルス対策の影響で在宅ワークになりましたか。
・コロナウイルスの流行が収まったら行きたい場所はどこですか。

母 親

・自己紹介をしてください。
・これまでの人生の中で、ご自身を成長させたと思う経験やエピソードをお話しください。
・本校の印象をお聞かせください。
・お子さんはどのような性格ですか。
・お子さんの成長を感じたエピソードをお聞かせください。
・子育てにおいて、ご家族の中で役割分担はありますか。
・コロナウイルス対策による自粛期間中は、お子さんとどのように過ごしましたか。
・お子さんのしつけの中で、一番苦労されていることは何ですか。
・お子さんの健康状態はいかがですか。

面接資料／アンケート

願書の中に以下のような項目がある。

・志望理由、家庭の教育方針、受験者の長所や性格について、健康状態など。
※家族写真を貼付する。

国立 都立
首都圏
Public Elementary School

私立
東京

私立
神奈川
Private Elementary School

私立
埼玉
千葉
茨城
Private Elementary School

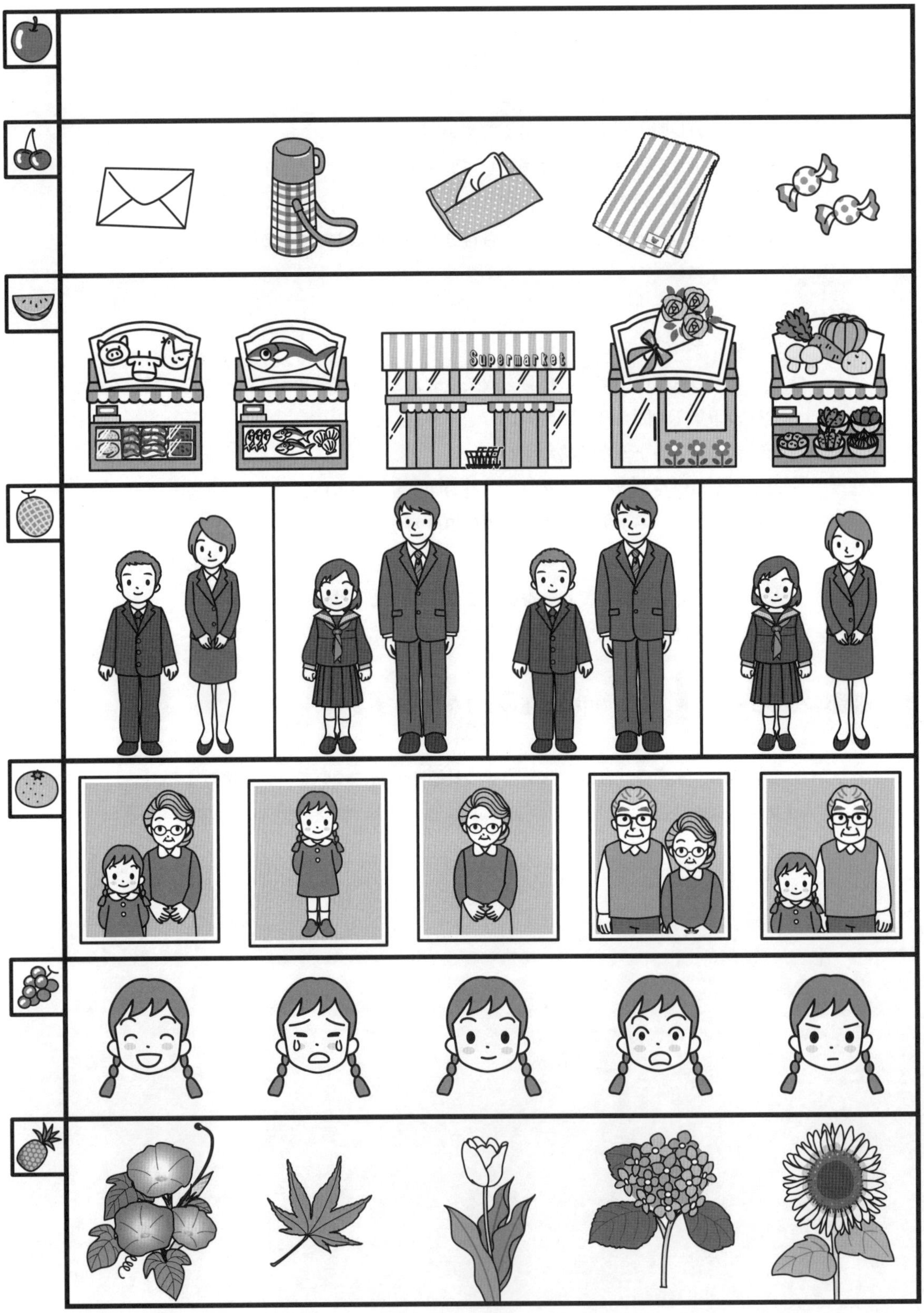

2

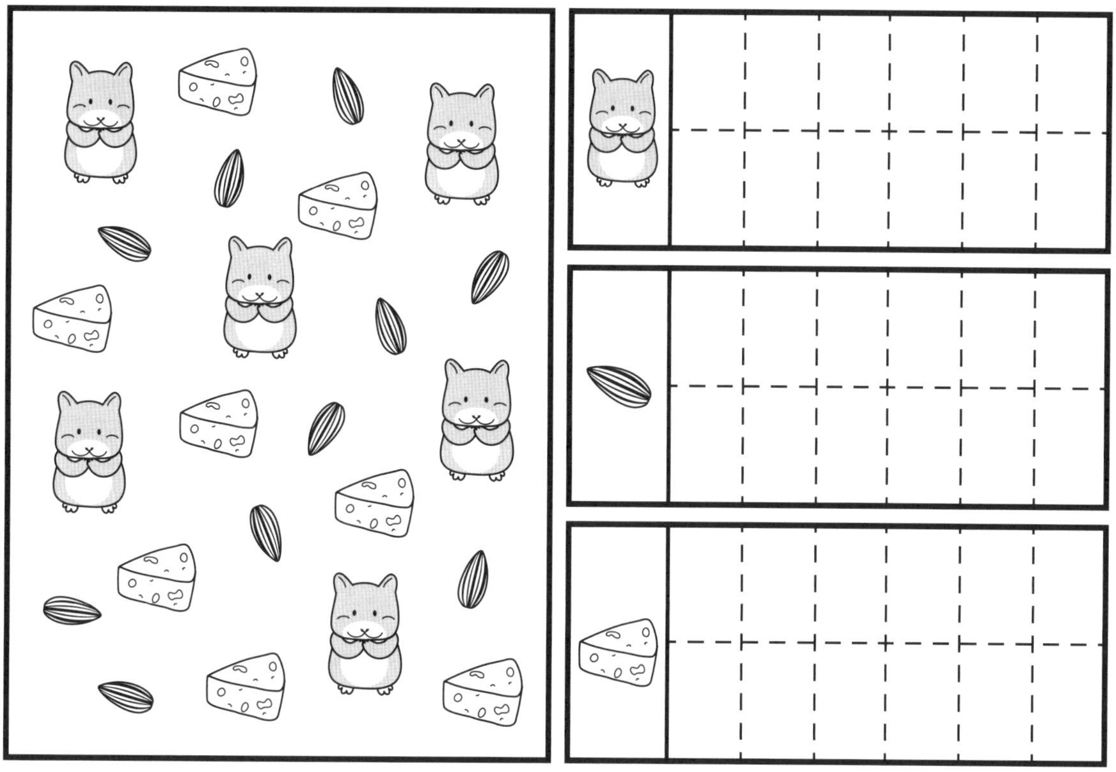

3

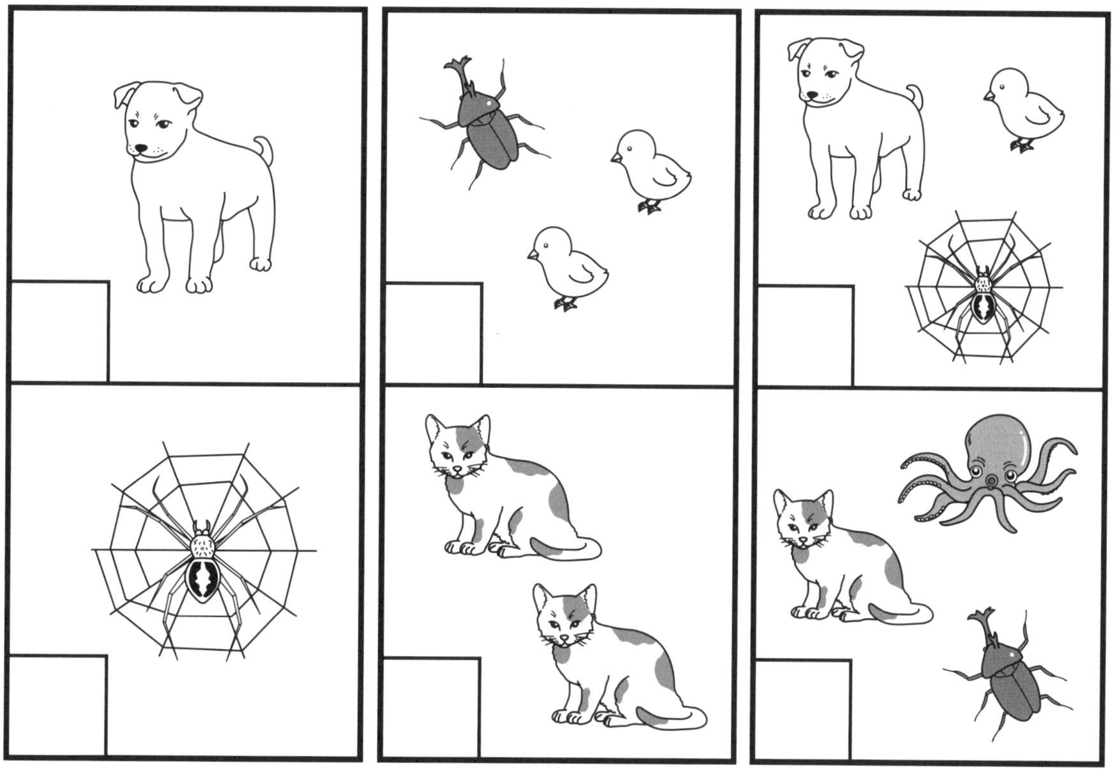

4

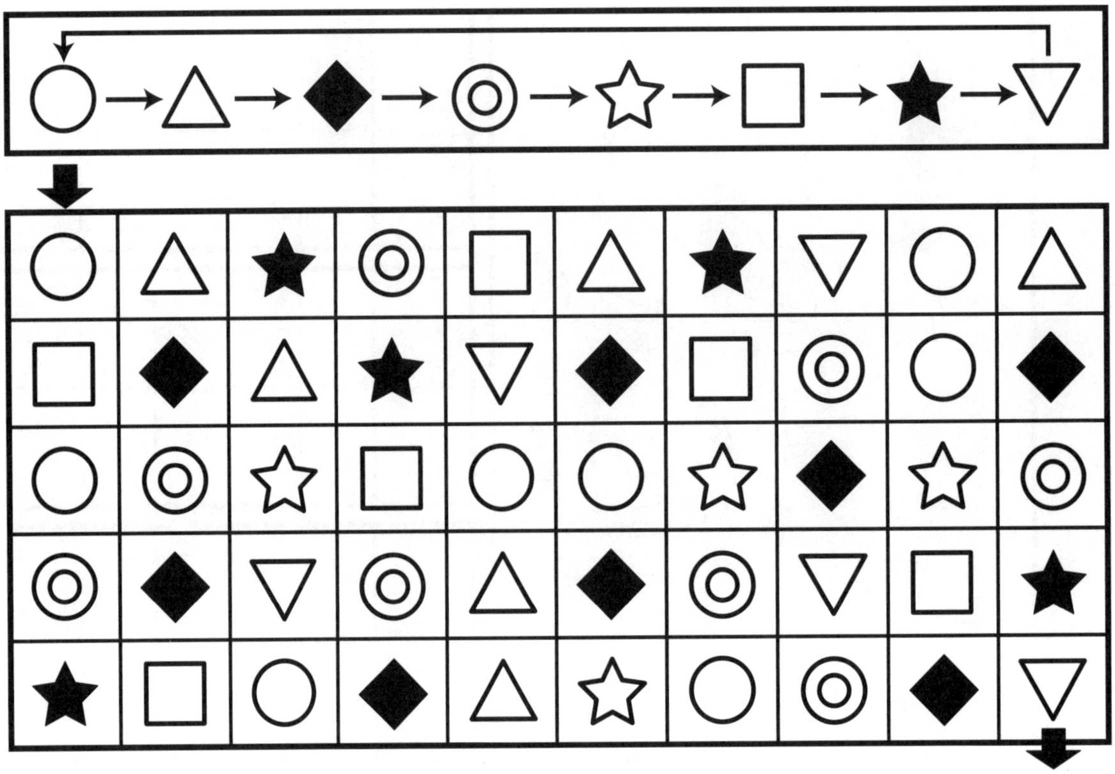

5

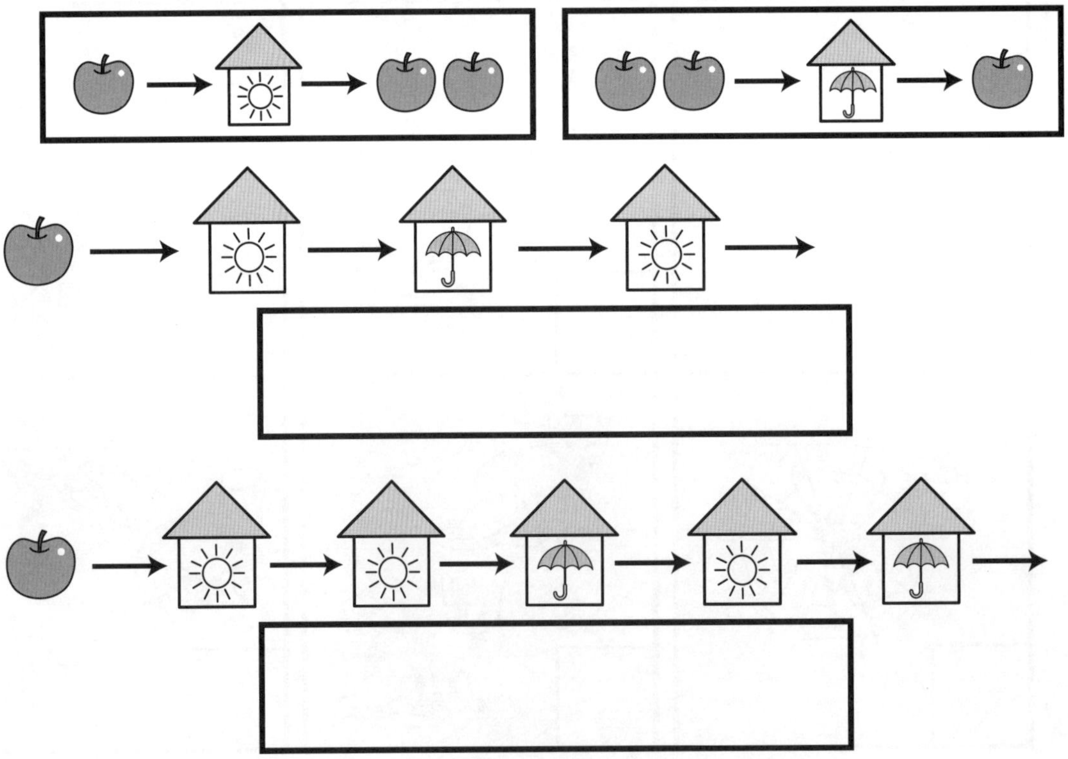

6

7

8

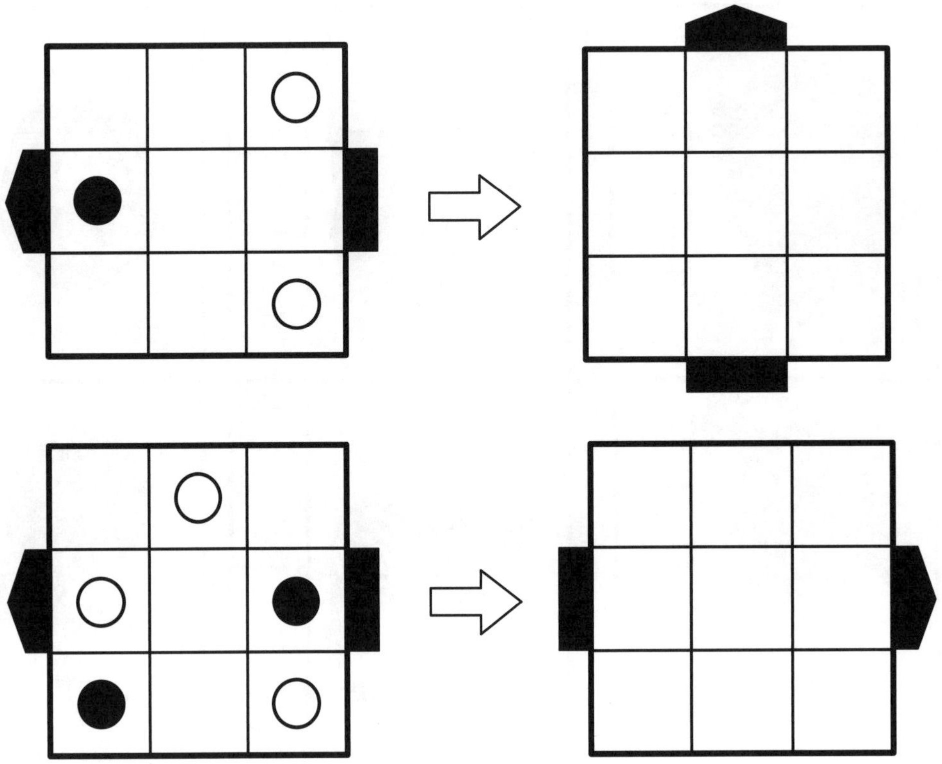

9

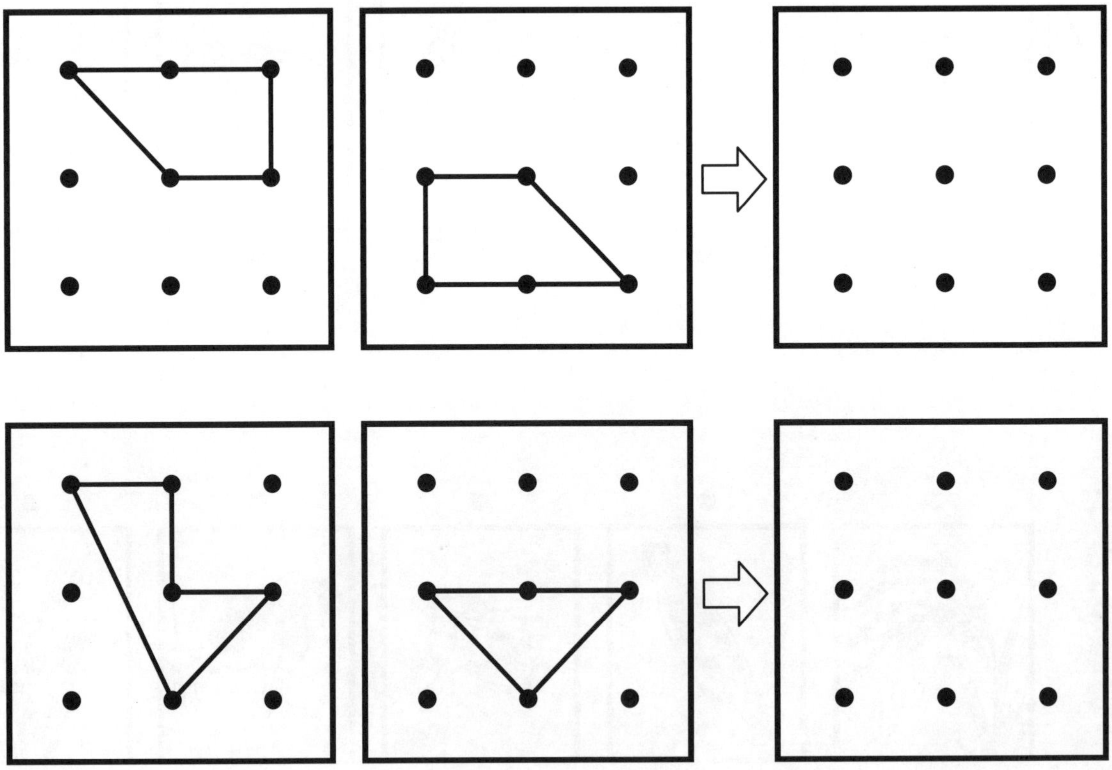

9

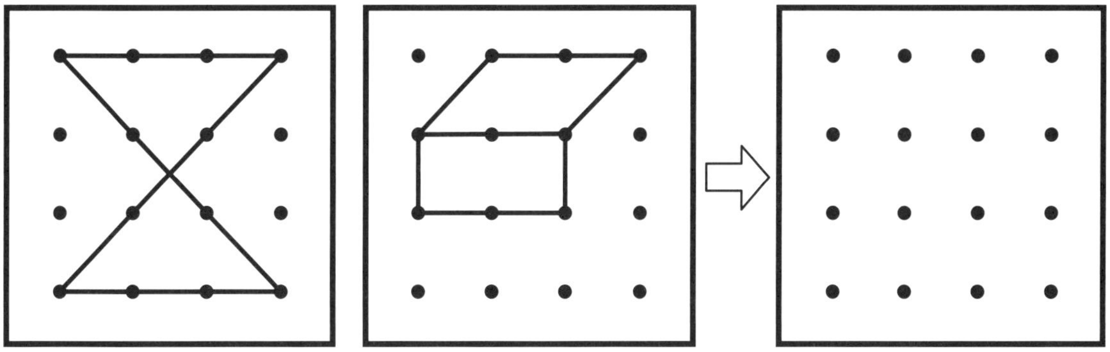

10

section
2023 成城学園初等学校入試問題

解答は別冊解答例013ページ

選抜方法

考査は2日間で、1日目に親子面接と個別テスト、運動テスト、2日目に個別テストと集団テストを行う。所要時間は1日目は面接の順番により1～2時間と異なる。2日目は約1時間。

考査：1日目

親子面接

本人

- お名前と誕生日を教えてください。
- 幼稚園（保育園）では何をして遊びますか。
- お家では何をして遊びますか。
- お父さん（お母さん）とは何をして遊びますか。
- きょうだいとは何をして遊びますか。
- 好きなことは何ですか。
- 小学校に入ったら何をしてみたいですか。

父親

- 本校の教育に期待することは何ですか。(「1つ挙げてください」などと指定されることもある)
- 本校の創設者の名前をフルネームでお答えください。
- 本校の4つの希望理想をすべて答えてください。
- 本校への思いを1～2分でお話しください。
- 本校を知ったきっかけは何ですか。
- 本校の学校行事に参加して、印象に残ったエピソードがありましたらお話しください。
- 本校では説明会や公開授業を複数回行いましたが、1回しか参加できなかったのは忙しかったからですか。
- 公共交通機関におけるマナーについて、お子さんにどのように伝えていますか。
- お仕事についてお話しください。
- お子さんがお友達にけがをさせたり、意地悪をしたらどうしますか。
- 夏休みに楽しかったこと（冬休みにしたいこと）を皆さんで相談して発表してください。発表は誰がしてもよいです。

母親

- 本校の教育に期待することは何ですか。(「1つ挙げてください」などと指定されることもある)
- 本校の創設者の名前をフルネームでお答えください。

・本校の４つの希望理想をすべて答えてください。
・本校への思いを１～２分でお話しください。
・学校行事に参加して、印象に残ったエピソードがありましたらお話しください。
・ご家庭の教育方針についてお話しください。
・子育てをするうえで大切にしていることは何ですか。
・ご家庭のしつけで気をつけていることを教えてください。
・公共交通機関を利用することはありますか。その際お子さんに伝えていることは何ですか。
・お仕事をされていますが、低学年の保護者は来校機会も多くありますが、大丈夫ですか。
・お子さんがお友達にけがをさせたり、意地悪をしたらどうしますか。
・夏休みに楽しかったこと（冬休みにしたいこと）を皆さんで相談して発表してください。発表は誰がしてもよいです。

個別テスト

廊下のいすに座って待ち、呼ばれたら教室に入って立ったまま行う。

1 記　憶

※カラーで出題。絵の中の指示通りの色で、形の線をすべてなぞってから行ってください。
３×３のマス目に赤い丸と三角、青い星がかかれたお手本が示され、覚える。
・（お手本が隠され、解答用紙を見せられる）今見たものと同じものはどれですか。指でさしましょう。

2 構　成

丸がかかれたお手本と、解答用紙が示される。
・お手本の形を作るときに、使わないものはどれですか。指でさしましょう。

運動テスト

体育館で裸足で行う。

模倣体操

テスターのお手本を見ながら、ひざの屈伸、伸脚運動、その場でジャンプなどを行う。

かけっこ

２人１組で行う。テスターが「どうぞ」と言ったら小さいコーンからスタートし、約10m先にある大きいコーンの外側を回って戻ってくる。流れている音楽が終わるまでにゴールできるよう、できるだけ早く走って戻るように言われる。戻ったら気をつけの姿勢で待つ。

ボール投げ

床から約１mの高さの壁に黄色い線が引いてある。約３m離れたところから、壁の線より上を目がけてドッジボールを投げる。ボールは片手で投げても両手で投げてもよいが、下や横から投げてはいけない、ジャンプして投げてはいけない、床の白い線より足を踏み出さないで投げるというお約束がある。失敗してしまった場合は、もう一度だけ挑戦することができる。

縄跳び

床にほどいた縄跳びが置いてある。前跳びを続け、テスターが「いいですよ」と言ったらやめて、縄跳びを元のように置く。

考査：2日目

個別テスト

室内に呼ばれるまで、廊下のいすに座って待つ。

話の記憶

「どろだんごくん」の人形が置いてある。お話を聞いた後、別の課題を2つ行ってから質問される。

（音声を使用）

「どろだんごくんの好きな遊びは砂遊びで、嫌いな遊びは水をかける遊びです」

・どろだんごくんの好きな遊び（嫌いな遊び）は何ですか。お話ししてください。

言語（しりとり）

・「キツツキ」から始めて、できるだけ長くなるように1人でしりとりをしましょう。

言語（文の復唱）

（音声を使用）

「昨日、たろう君はお母さんと一緒にカレーライスを作りました」

・今聞いたのと同じように言いましょう。

3 言　語

動物たちが公園で遊んでいる絵が示される。

・「ウサギさんは砂場で遊んでいます」。このように、ほかの動物についてお話ししてください。

4 常識（なぞなぞ）

動物の顔が描かれた解答用紙、赤いペンが置いてある。

・冷蔵庫の中に入っている動物は何ですか。○をつけましょう。

5 数　量

ドングリとマツボックリ（またはクリ）が描かれた台紙、赤いペンが置いてある。

・どちらの数が多いですか。お話ししてください。

・ドングリは何個ありますか。赤いペンで印をつけてもよいですし、指で数えても、目で数えてもよいですよ。

数　量

10円玉を2枚載せたトレーと1円玉をたくさん載せたトレー、その横に空の浅い箱が置いてある。

・お菓子を買うのに32円が必要です。では、お金をその分だけ箱に入れてください。

6 推理・思考（四方図）

机の上に積み木が積まれ、その右側にネコのぬいぐるみ、左側に女の子の人形が置いてある。床にある足の形の印に立ち、示される解答用紙を指でさして答える。

・女の子のお人形からは、積み木はどのように見えますか。

・積み木を下から見るとすると、どのように見えますか。

7 推理・思考（比較）

※カラーで出題。絵の中の指示通りに台紙に色を塗ってから行ってください。

左辺が赤、上辺が青で塗られた白い台紙、ひも、四角いマグネット４個、ステンレス製クリップ４個、ラッピングタイなどが置いてある。

・赤い線と青い線ではどちらが長いか、お話ししてください。用意してある道具を使って調べてもよいですよ。

8 常　識

・（歩道と横断歩道がある道路の絵を見せて）どこを歩けばよいですか。指でさしましょう。

・道を歩くとき、気をつけることは何ですか。お話ししてください。

・横断歩道を渡るとき、気をつけることは何ですか。お話ししてください。

9 常　識

・（駅のホームにある点字ブロックの写真が示され）これは誰のためにあるものですか。お話ししてください。

・（写真を裏返し、マークを見せて）今見たものと同じような役割をするものはどれですか。指でさして、お話ししてください。

10 点図形

正面のホワイトボードにお手本が貼ってある。解答用紙、赤いペンが用意されている。

・お手本と同じになるようにかきましょう。

記　憶

パソコンの画面に、はさみ、鉛筆、消しゴム、セロハンテープが順番に映る。

・セロハンテープの前に出てきたものは何ですか。お話ししてください。

・最後に出てきたものは何ですか。お話ししてください。

生活習慣

フワフワの小さなポンポンが載ったトレー、仕切りのある箱、子ども用のおはしが用意されている。テスターがストップウオッチで時間を計る。

・トレーの上のポンポンを、箱の仕切りの中に1つずつおはしで入れましょう。「始め」と言われたら始め、「やめ」と言われたらやめましょう。

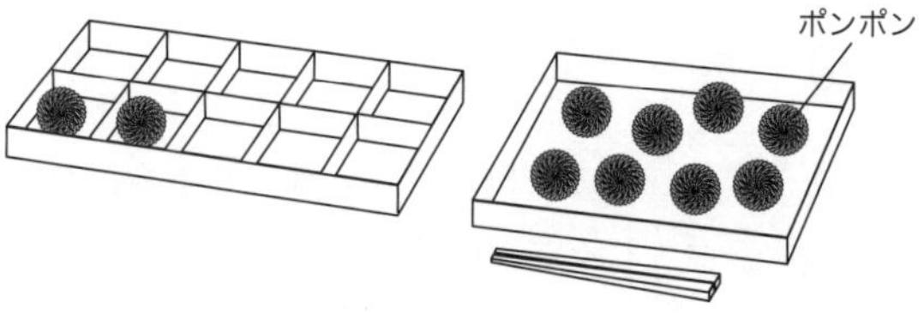

生活習慣

机の上に、結んである縄跳びのお手本、ほどいた縄跳びが置いてある。

・お手本と同じように、縄跳びを結びましょう。

集団テスト

自由遊び

約10人のグループに分かれて行う。ソフト積み木、絵本5冊、クマのぬいぐるみ1つが置いてある。

・リラックスしながら遊びましょう。もしお友達が来たら、一緒に遊んでください。「やめ」と言われたら遊びをやめて、片づけましょう。

行動観察

4、5人ずつのチームに分かれ、チームごとに机を囲んで立つ。机の上にはたくさんのペットボトルのふたが用意されており、チームで相談してできるだけ高く積む。初めにチームでどのように積むかを相談し、テスターの合図で積み始める。途中でふたが足りなくなったら追加をもらうことができる。「そこまでです」と言われたら積むのをやめて、テスターに定規で高さを測ってもらい、一番高く積んだチームの勝ち。

1

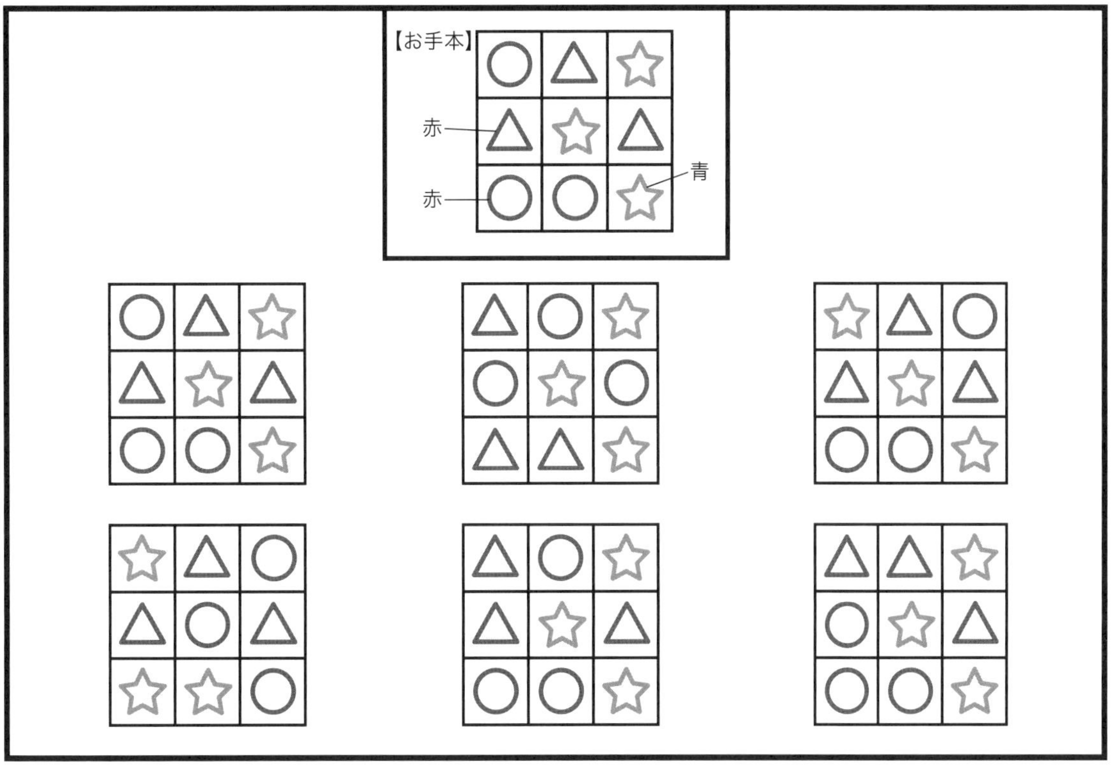

2

【お手本】　〈解答用紙〉

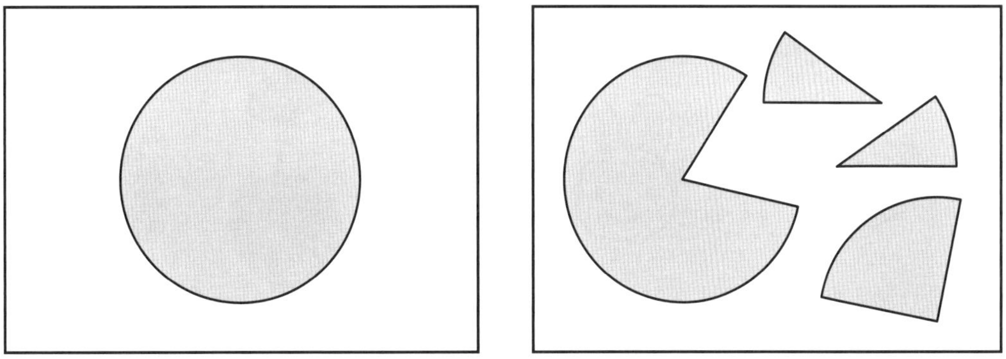

3

4

5

6

〈解答用紙〉

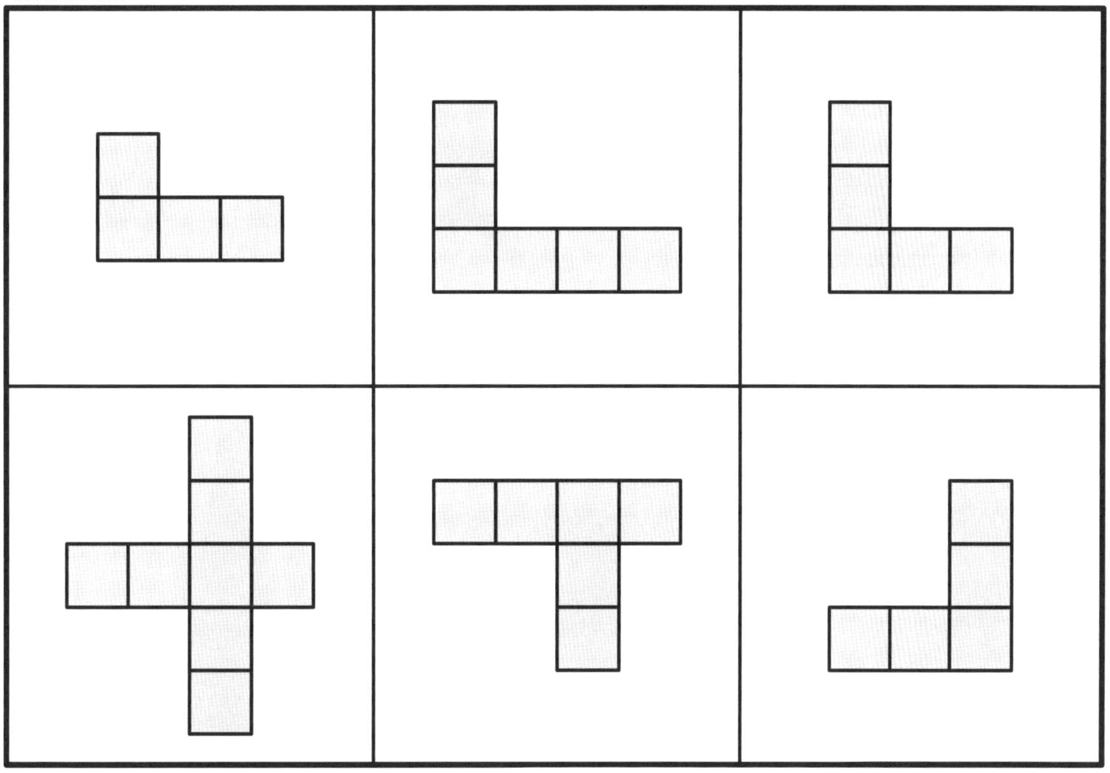

7

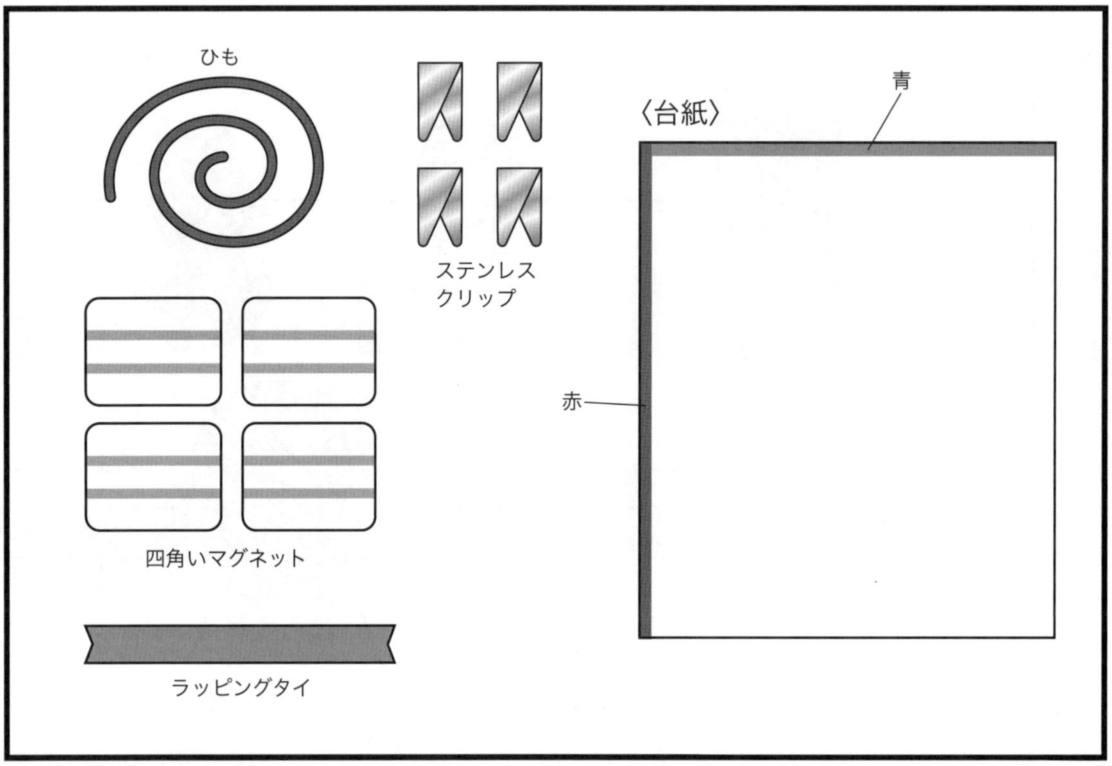
ひも
ステンレス
クリップ
〈台紙〉
青
赤
四角いマグネット
ラッピングタイ

8

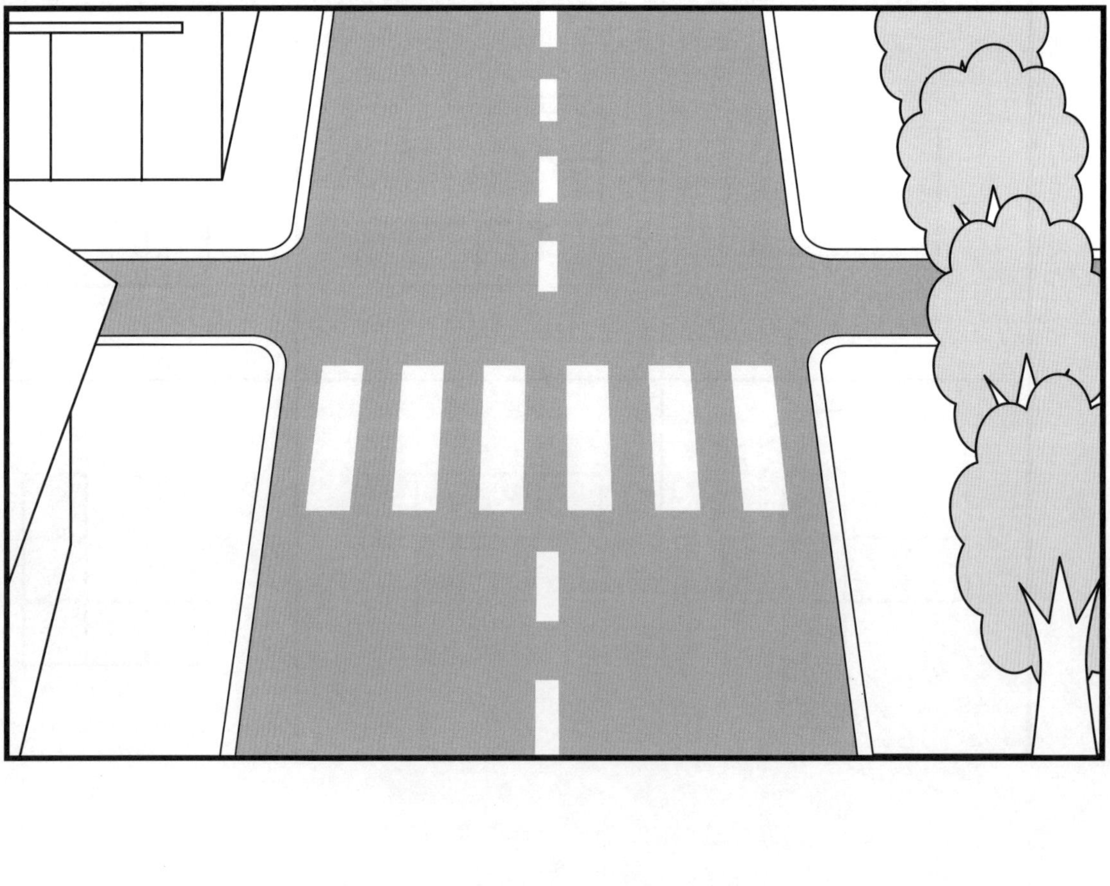

9

〈表〉

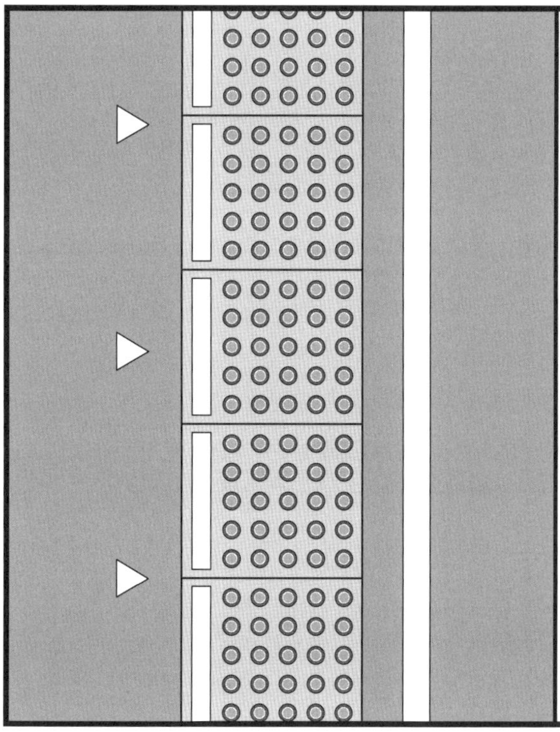

〈裏〉

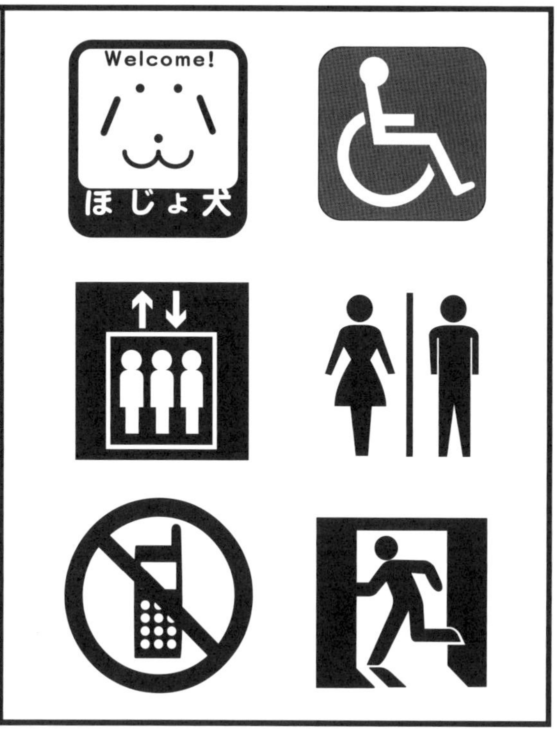

10

【お手本】

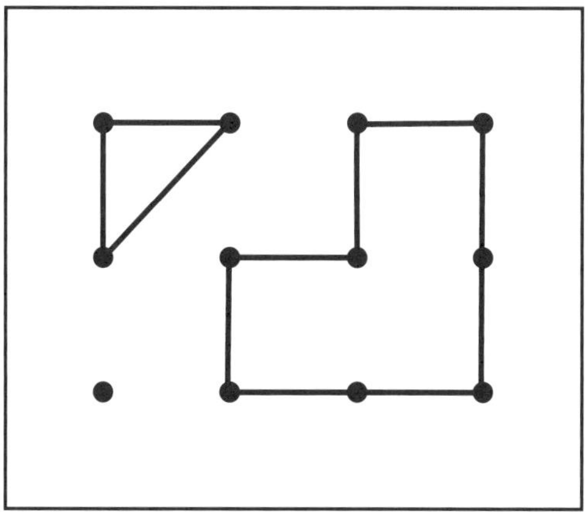

〈解答用紙〉

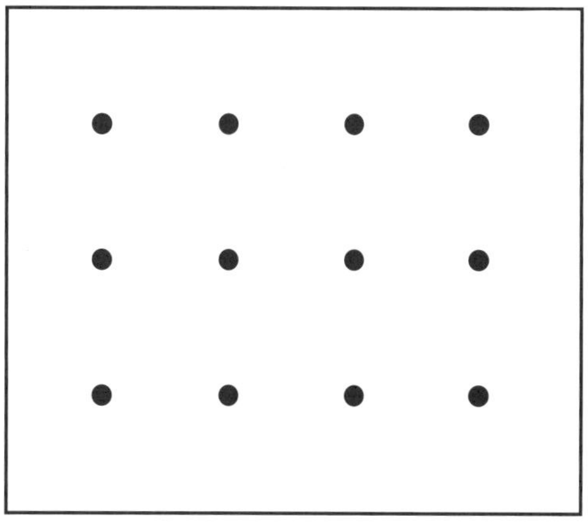

section
2023 東京女学館小学校入試問題

解答は別冊解答例014ページ

選抜方法

一般入試…考査は１日で、２日間の考査期間中に日時を指定され、10〜20人単位でペーパーテスト、集団テスト、個別テスト、運動テストを行う。所要時間は約２時間30分。考査日前の指定日時に保護者面接がある。
ＡＯ型入試…保護者、紹介者から各１通ずつの推薦書計２通を提出する。考査は１日で、個別テスト、集団テスト、運動テストを行う。所要時間は約１時間30分。考査日前の指定日時に保護者面接がある。

一般入試

内容はグループによって多少異なる。

ペーパーテスト

筆記用具はクーピーペン（ピンク、青、緑、オレンジ色）を使用。課題によって色の指示があり、訂正方法は //（斜め２本線）または ＝（横２本線）。出題方法は口頭。

1 数　量

※カラーで出題。絵の中の指示通りの色で部屋の枠をなぞってから行ってください。
色のついた部屋の中に、いろいろなお菓子があります。答えをかくときは、緑のクーピーペンを使いましょう。
・ハートの段です。赤と緑の部屋のドーナツの数はいくつ違いますか。その数だけ○をかきましょう。
・ダイヤの段です。黄色と青の部屋のショートケーキの数を合わせると、いくつになりますか。その数だけ○をかきましょう。
・クローバーの段です。赤と青の部屋のシュークリームの数を合わせると、いくつになりますか。その数だけ○をかきましょう。
・スペードの段です。全部の部屋にあるショートケーキを、３個ずつ箱に入れます。箱はいくつあるとよいですか。その数だけ○をかきましょう。

2 話の理解・常識

※カラーで出題。絵の中の指示通りに丸に色を塗ってから行ってください。
動物たちがお話ししています。それぞれのお話を聞いて、その段の左端の印と同じ色のクーピーペンで○をつけましょう。
・お水の入ったコップに角砂糖を２つ入れたら、甘くなりすぎました。こんなとき、どうすればちょうどよい味になるのかお話ししています。ウサギさんは「もっと水を足すといいよ」と言い、ライオン君は「水をもっと少なくすればいいよ」と言いました。キリンさんは「ちょっとだけ温めるといいよ」と言い、ネコ君は「お砂糖をもう１つ入れるといいよ」と言いました。正しいことを言っている動物に○をつけましょう。
・水の入ったお風呂で浮き沈みの実験をして、釘を入れたらどうなるのかお話ししています。ウサギさんは「釘は浮くんだよ」と言い、ライオン君は「上の丸いところだけ浮くよ」と言いました。キリンさんは「違うよ、釘は沈むんだよ」と言い、ネコ君は「半分が浮いて半分は沈むよ」と言いました。正しいことを言っている動物に○をつけましょう。

・リンゴを切るとどのような切り口になるのかお話ししています。ウサギさんは「横に切ったら種のところが星のように見えるよ」と言い、ライオン君は「縦に切ったら種が星のように見えてヘタは見えないんだよ」と言いました。キリンさんは「リンゴには種はないよ」と言い、ネコ君は「リンゴには大きな種が1個あるよ」と言いました。正しいことを言っている動物に○をつけましょう。

・砂場で砂のお城を作るのに、崩れないようにするにはどうしたらよいかお話ししています。ウサギさんは「下を細くして上を大きくした方がいいよ」と言い、ライオン君は「トンネルをたくさん掘ると崩れないよ」と言いました。キリンさんは「サラサラの砂だけで作ろうよ」と言い、ネコ君は「水で少し砂を湿らせて作ると壊れにくくなるよ」と言いました。正しいことを言っている動物に○をつけましょう。

3 巧緻性

・上の段です。緑のクーピーペンで、左のお手本と同じ形を右の四角の中に、なるべく同じ大きさでたくさんかきましょう。

・真ん中の段です。ピンクのクーピーペンで、左のお手本と同じ形を右の四角の中に、なるべく同じ大きさでたくさんかきましょう。

・下の段です。左端の四角にオレンジ色のクーピーペンで好きな形をかき、その形をお手本にして、右の四角の中に同じ形をなるべく同じ大きさでたくさんかきましょう。

・上の段をもう一度見てください。左のお手本を、好きな色で丁寧に塗りましょう。

・真ん中の段をもう一度見てください。左のお手本を、1つの色だけでなく2つの色を使って塗りましょう。

集団テスト

絵画（想像画）

B４判の画用紙、20色のクレヨンが用意されている。テスターが画用紙に描かれた大きなオレンジ色（または灰色）の卵の絵を見せながらお話をする。

・（オレンジ色の卵の場合）このオレンジ色の卵から、オレンジ色の魚が産まれました。その魚と一緒に海の中で遊んでいる絵を描きましょう。

・（灰色の卵の場合）この灰色の卵から灰色の生き物が産まれて、空にどんどん昇って宇宙まで行きました。その生き物と一緒に宇宙で遊んでいる絵を描きましょう。

オレンジ色（または灰色）の卵の絵

親子課題（行動観察）

親には青と赤の四角いプラカード、子どもには青と赤の丸いプラカードが用意されている。親はいすに座り、子どもはその前に立ってテスターの方を向く。テスターから、子どもは自分の思う方のプラカードを、親は子どもが選ぶと思うプラカードを上げるよう指示がある。

・チョコレートとおせんべい、どちらが好きですか。チョコレートなら赤、おせんべいなら青を上げましょう。

・大きくなったらどちらになりたいですか。お医者さんなら赤、看護師さんなら青を上げましょう。
・演じるならどちらがよいですか。オオカミなら赤、子ヤギなら青を上げましょう。
・好きな食べ物はどちらですか。ブドウなら赤、イチゴなら青を上げましょう。
・好きな動物はどちらですか。イヌなら赤、ネコなら青を上げましょう。
・好きな方はどちらですか。水族館なら赤、動物園なら青を上げましょう。

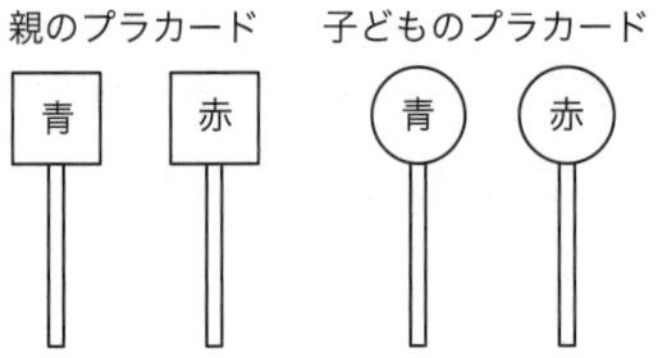

親子課題（行動観察）

日程により内容は異なり、ⅠかⅡのどちらかを行う。親子それぞれ5人程度のグループに分かれ、子どものみ別室に移動して自由遊びをする。その間、親はジェスチャーゲームの相談と練習をして、後から子どもたちが合流する。

（ジェスチャーゲームⅠ）
子どもが別室に移動した後、親の1人が裏返しになっている3枚の絵カードから1枚を引く。絵カードの絵には玉入れ、サッカー、バレエ、バスケットボールなどがあり、親はその絵のジェスチャーを相談し、練習する。約10分後に子どもが戻ってきたら、親は子どもの前でジェスチャーをする。「ハイポーズ」とテスターが言ったら動きを止めてポーズをとり、子どもがジェスチャーのテーマを当てる。親は何のジェスチャーをしていたのか自分の子どもに伝え、子どもは親と同じポーズができるように練習する。その後、子どもだけでポーズをとり、テスターはどんなポーズをしているのか一人ひとりに質問する。

（ジェスチャーゲームⅡ）
子どもが別室に移動した後、親の1人が裏返しになっている3枚のカードから1枚を引く。カードには「白雪姫」、「おおきなカブ」、「浦島太郎」など昔話の題名が書いてあり、親はその昔話の演じる場面と配役を相談して決め、練習する。約10分後に子どもが戻ってきたら、親は子どもの前で物語を演じる。最後の場面で「ハイポーズ」とテスターが言ったら動きを止めてポーズをとり、子どもがどの昔話かを当てる。親は何の役を演じていたのか自分の子どもに伝え、子どもは親と同じポーズができるように練習する。その後、子どもだけでポーズをとり、テスターはどんなポーズをしているのか一人ひとりに質問する。

（自由遊び）
親がジェスチャーを練習している間、別室で行う。グループごとに、用意されている魚釣り、的当て、積み木、カラーボールをスプーンで運ぶ遊びなどのコーナーで自由に遊ぶ。

集団ゲーム（当てっこゲーム）

6、7人のグループで、机に着席して行う。テスターがみんなに向かって問いかけをしたら、各自思いついたことを一斉に答える。グループ内に同じことを言った子がいたら勝ち。同じように何問か行う。

集団ゲーム（しりとり）

当てっこゲームと同じグループでしりとりを行う。テスターからスタートして、次の人からは言葉を2つずつ言う（テスター「ウシ」、次の人「獅子舞」「イノシシ」など）。言い終えたら手を1回たたき、次の人がテンポよく続けていく。グループで2巡するまで行う。

生活習慣

離れた場所にある机の上に、少しぬれた小さいぞうきんがたくさん置いてある。1人1枚ずつ取って水の入っていないバケツの中でぞうきんを絞り、自分が使った机といすをふく。その後、使ったぞうきんを物干しざおに干す（洗濯ばさみはない）。

個別テスト

言　語

集団テストの絵画の最中に、テスターから質問される。

・何を描いていますか。

・どこで遊んでいますか。

構　成

箱に入った数種類の色と形のブロックが用意されている。ブロックには凹凸があり、差し込んでつなぐことができる。

・好きなブロックを選んで9個つなげてください。

・青いブロックを3個つなげましょう。

・赤と青と白の3つのブロックを1つずつつなげたものを作ります。つなげ方が全部違うものになるようにして、できるだけたくさん作りましょう。

・（ブロックをいくつかつなげたお手本が示される）お手本と同じになるように、ブロックをつなげましょう。

運動テスト

鉢巻きを腰に巻きチョウ結びをして、上履きと靴下を脱ぎ裸足で行う。カラーテープで示された床の四角の中に、指示通りにたたんだ靴下と上履きを置く。

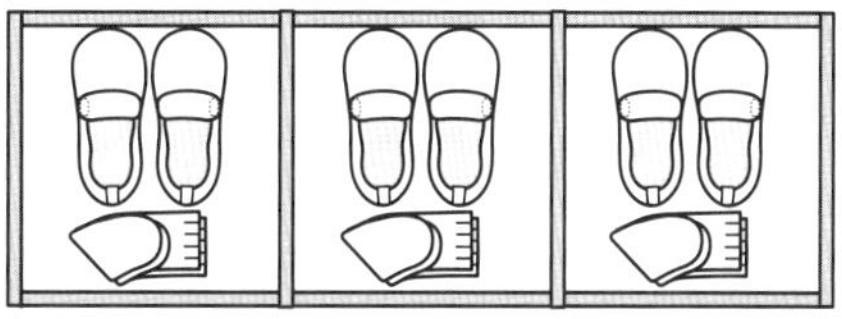

かけっこ

コーンまで走る。

持久力

鉄棒にひじを曲げてぶら下がる（5秒間）。

ボールつきリレー

スタートラインから緑の線までボールをつきながら進み、線を越えたらボールを持って走って戻る。次の人にボールを渡したら、列の後ろにつく。

ＡＯ型入試

個別テスト

言　語

テスターが2人いる部屋に1人ずつ入室し、テスターの前にあるフープに気をつけの姿勢で立ち、質問に答える。
・お名前を教えてください。
・幼稚園（保育園）の名前を教えてください。
・担任の先生の名前を教えてください。
・好きな天気はどんな天気ですか。理由もお話ししてください。
・幼稚園（保育園）では何をしていますか。
・休みの日はどのようなことをして過ごしていますか。
・お母さんの作る料理で好きなものは何ですか。

4　常識（判断力）・絵画

水筒やパジャマなどいろいろなものの絵が描いてある台紙、クーピーペンが用意されている。
・絵の中から、旅行に行くときに持っていきたいものを5つ選んで、オレンジ色のクーピーペンで○をつけましょう。

※カラーで出題。絵の中の指示通りの色で用紙の四角をなぞってから行ってください。
オレンジ色と緑の四角がかかれ、下に余白のある用紙を渡される。
・旅行には誰と行きたいですか。オレンジ色の四角には一緒に行きたい家族の人の数だけ○を、緑の四角には家族ではない人の数だけ○をかきましょう。
・その下に、旅行した場所で食べたいものの絵を描きましょう。

集団テスト

3～5人のグループに分かれ、マスクを外して行う。

5　課題遊び

数種類の表情の顔がマスの中に描いてあるすごろくの紙が壁に貼られている。いすに座って自分の順番を待ち、自分の番になったら前へ出る。あらかじめ教わった「いろんなお顔、どんな顔」という歌を歌いながらサイコロを振る。テスターに目の数を聞かれるので答え、その数だけマグネットの駒を進めて「決まりました」と言う。止まったマスに描いてある顔のまねをして、どうしてそのような表情になったのか理由を考えて話す。１人２回ずつ行う。

リズム・身体表現

「もりのくまさん」の曲に合わせて、自分たちで振りつけを相談して決めた後に踊る。

運動テスト

上履きと靴下を脱ぎ、裸足で行う。カラーテープで示された床の四角の中に、指示通りにたたんだ靴下と上履きを置く。

的当て

カラーボールを２つ取り、動物の的に向かって投げる。

アザラシ歩き

スタートから指示された線までアザラシ歩きで進む。

片足バランス

テスターの指示に従って、その場で飛行機のように腕を広げて片足バランスをする。

連続運動

グループの色の矢印がついたフープの中に立つ→「ヨーイ、ドン」の合図でろくぼくまで走る→ろくぼくを登って動物の的にタッチする→ろくぼくを下り、スタートラインまでスキップで戻る。

保護者面接

一般入試

・志望理由をお聞かせください。
・本校の名前をいつごろ知りましたか。
・本校にはなくて他校にあると感じた特徴や、気づかれたことを教えてください。
・本校に求めることはどのようなことですか。
・どのようなお子さんですか。
・お子さんが今一番熱中していることは何ですか。
・お子さんのことをかわいいと思うのはどのようなときですか。
・休日はどのようにお過ごしですか。
・子どものころの好きな遊びと、印象に残っている先生についてお聞かせください。
・ご自身の子どものころと比べて、今は恵まれていると感じることはどのようなことですか。
・ご自身のこの先10年後、15年後をどのようにお考えですか。

・ＩＣＴは何か利用されていますか。
・オンライン会議の悪いところは、どのようなところだと思われますか。

ＡＯ型入試

推薦書、願書を見ながら、書かれた内容などについて質問される。返答内容から発展した質問が進む。
・お名前と、自己紹介をお話しください。
・お子さんの長所と短所をお聞かせください。
・お子さんの名前の由来についてお聞かせください。その名前の通りに成長していますか。
・お子さんについて、アピールをしてください。
・ごきょうだいで性格は違いますか。けんかはしますか。
・本校の説明会、バザーの印象についてお聞かせください。
・ご夫婦で家事の分担はされていますか。
・子育てに関する不安はありますか。
・将来、お子さんが海外に行きたいと言ったらどう考えますか。
・１年生の担任に何を求めますか。
・本校に求めることはどのようなことですか。
・共働きですが、お迎えには対応できますか。
・本校には合格したら入学されますか。

1

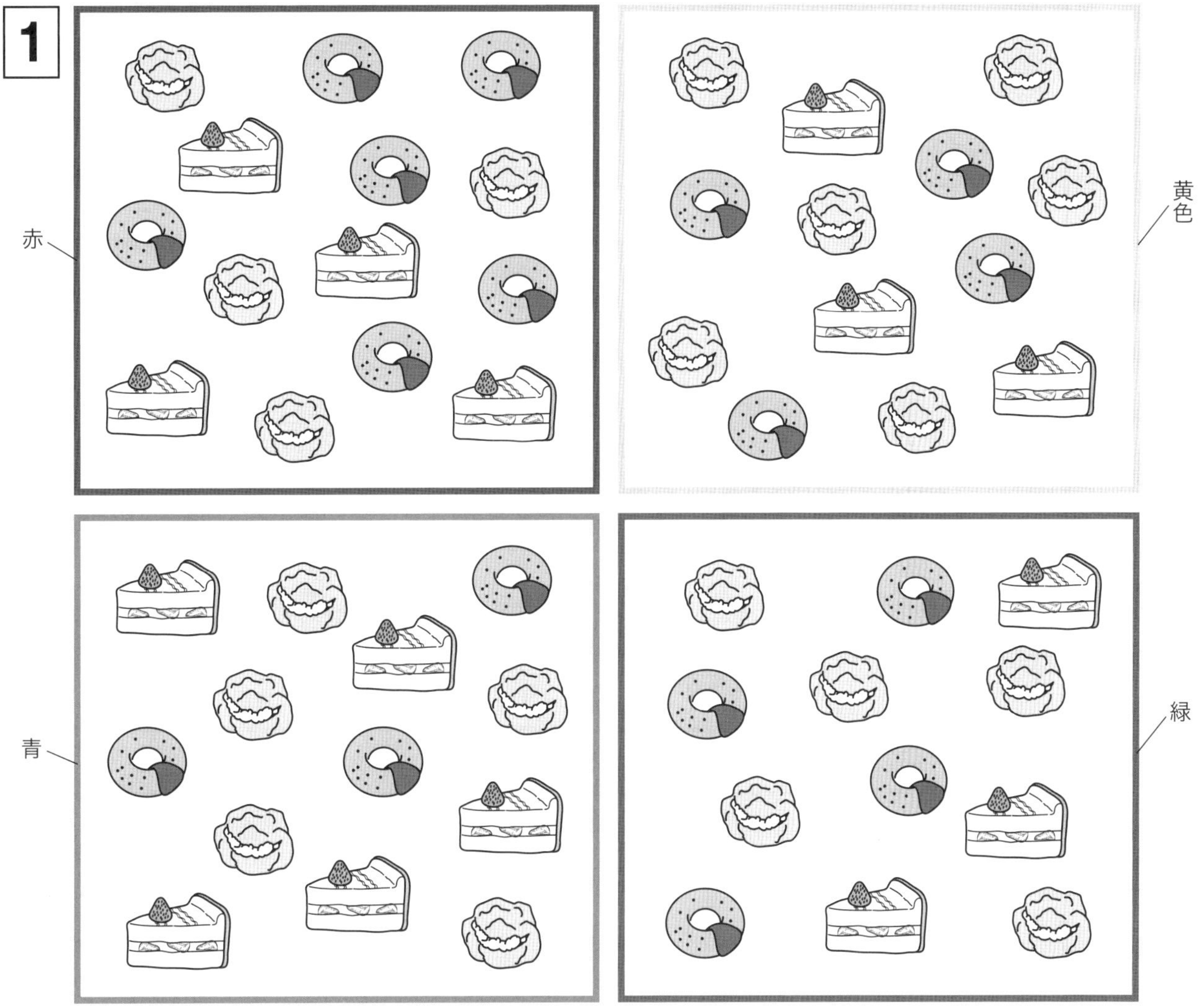

♥	
♦	
♣	
♠	

2

3

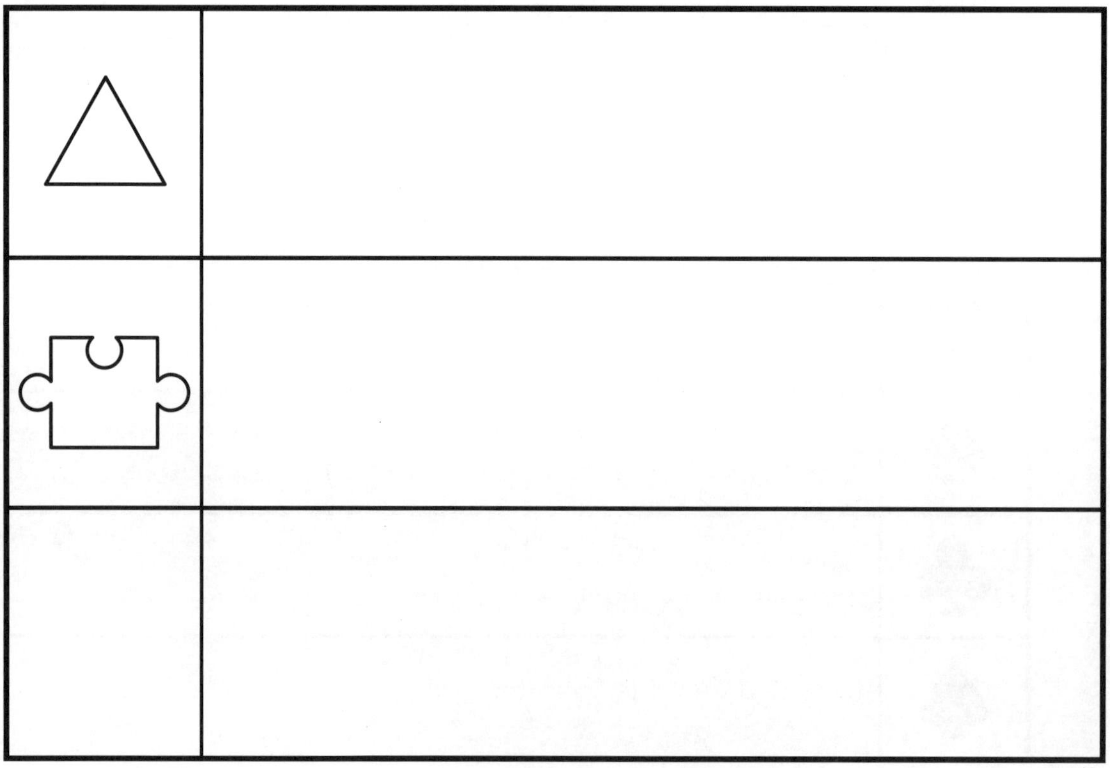

4

〈台紙〉

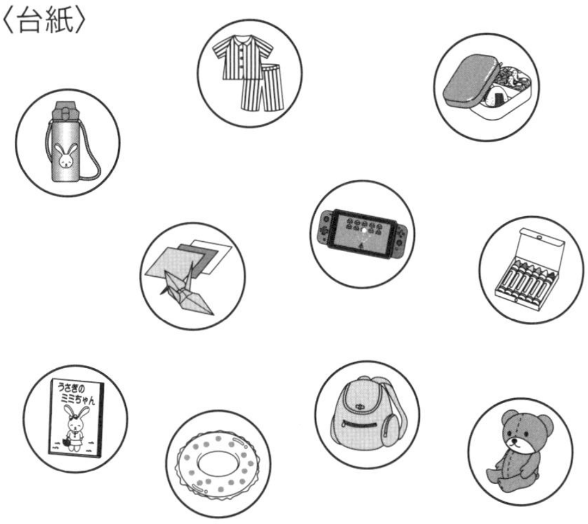

〈用紙〉

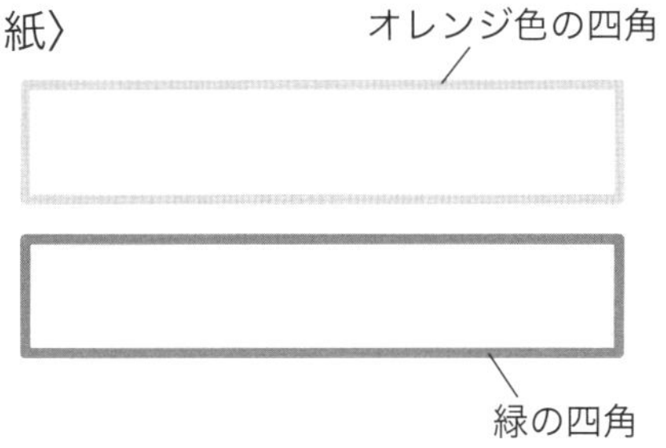

5

〈すごろくの例〉

※止まったマスに描かれている顔のまねをして、どうしてそのような表情になったかを話す

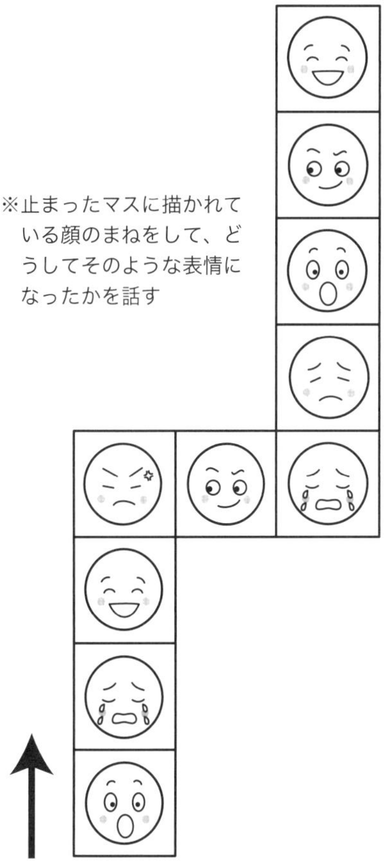

section
2023 東京農業大学稲花小学校入試問題

解答は別冊解答例014～015ページ

選抜方法

考査は１日で、約20人単位でペーパーテスト、集団テストを行う。所要時間は１時間30分～２時間。考査日前の指定日時に親子面接がある。

ペーパーテスト

筆記用具は鉛筆２本、青のクーピーペンを使用し、訂正方法は//（斜め２本線）。出題方法は音声。

1 話の記憶

「ある日、たろう君はお気に入りの野球帽をかぶり、エコバッグを持って、お父さんと一緒にお買い物に出かけました。お母さんから頼まれた買い物を、お父さんは携帯電話でメモをしていましたが、たろう君は『メモしなくても、それくらい覚えられるよ』と言いました。それを聞いたお父さんは『頼もしいなあ』と感心しました。スーパーマーケットに着くと、たろう君の学校の先生に会いました。先生は、『お父さんとお買い物ですか。それはいいですね。今日の特売品はタマネギですよ』と教えてくれました。すると『本日の特売品はキュウリです』という放送が聞こえてきました。そこで、たろう君が売り場に行ってみると、やっぱり特売品はキュウリでした。先生にそれを伝えに戻ると、先生の顔はトマトのように真っ赤になってしまいました。たろう君とお父さんはまず、お母さんに頼まれたタマネギ、ニンジン、ナス、ピーマン、トイレットペーパーを選んでから、最後に特売品のキュウリを10本買いました。その後、お父さんが携帯電話のメモを見てみると、なんと買い忘れたものが２つありました。２人は慌てて売り場に戻り、シイタケとブドウを買いました。野菜と果物を入れたエコバッグは重かったのでお父さんが持ち、たろう君はトイレットペーパーを持って帰りました」

・スペードの段です。たろう君がかぶっていた帽子に○をつけましょう。
・ハートの段です。スーパーマーケットで特売品だったものに○をつけましょう。
・クローバーの段です。お父さんとたろう君が買い忘れたものに○をつけましょう。
・ダイヤの段です。たろう君がお買い物の帰りに持ったものに○をつけましょう。

2 常識（仲間探し）

・左端の絵と仲よしのものを選んで、それぞれ○をつけましょう。

3 数量（進み方）

・上の四角がお約束です。サルの電車は矢印の方向にマス目を２つ進み、ウサギの電車は４つ進みます。ブタの電車は３つ戻ります。では、下を見てください。ハート、クローバー、ダイヤの段では、右端の車両を先頭として、矢印の向きに左端のマス目からお約束通りに進みます。最後に着くマス目にそれぞれ○をつけましょう。

4 推理・思考（水の量）

・水の量が３番目に多いものを選んで、それぞれ○をつけましょう。

5 構　成

・スペードとハートの段です。左端の形を作るときに使う形を、それぞれ右から３つ選んで○をつけましょう。形は向きを変えてもよいですが、裏返してはいけません。

・クローバーとダイヤの段です。左端の形を作るときに使う形を、それぞれ右から４つ選んで○をつけましょう。形は向きを変えてもよいですが、裏返してはいけません。

6 推理・思考（回転図形）

・左端の旗を、右に２回コトンコトンと倒すとどのようになりますか。右から正しいものを選んで、それぞれ○をつけましょう。

7 模　写

・左のお手本と同じになるように、右に鉛筆でかきましょう。

集団テスト

絵画（課題画）・言語

中央に卵形の丸が描かれた画用紙が各自に用意されている。「家族で楽しいことをしている絵」または「幼稚園（保育園）で楽しいことをしている絵」になるように、鉛筆で丸に顔を描き、周りにその場面の様子を描く。描いている途中、テスターから「何を描いていますか」「どんな気持ちでしょうか」などと質問がある。

行動観察（お店屋さんごっこ）

４、５人ずつのグループに分かれて、お店屋さんごっこを行う。グループで相談して、魚屋さん、花屋さん、八百屋さんの中からお店を決める。各グループで４つの机をつけ大きな四角にしてお店屋さんの場所を作ったら、用意された大小の折り紙を折ったり、青のクーピーペンか鉛筆で画用紙に描いたりして、お店で売る品物を作る。品物ができたら、グループで相談しながらマグネットつきパターンブロックで仕切りを作ったり、飾りつけをしたりする。グループごとにお店ができたら、テスターがグループの中でお店屋さん役とお客さん役の人を決める。お店屋さん役は自分のグループのお店で品物を売り、お客さん役はテスターからお買い物券を２枚もらってほかのグループのお店へお買い物に行く。テスターに「やめ」と言われたら、お店屋さん役とお客さん役を交代する。「片づけましょう」と言われたらお店を片づけ、パターンブロックを元の場所に戻す。１人２つ以上の品物を作るというお約束がある。

親 子 面 接

コロナウイルス対策のため、オンライン（Zoom使用）で実施。所要時間は約10分。事前に子どもの好きな絵本を１冊用意するよう指示があった。

※子どもへの質問の後、親子で絵本を読み、その後父母への質問がある。

本 人

- お名前、年齢、幼稚園（保育園）の名前を教えてください。
- 幼稚園（保育園）では何をして遊びますか。何人くらいで遊びますか。
- 女の子（男の子）とは遊びますか。
- お家の中では何をして遊びますか。（回答により質問が発展する）
- 雨の日は何をして遊びますか。
- きょうだいとは仲よく遊べますか。何をして遊びますか。
- お休みの日は何をして遊びますか。
- お休みの日はどこに行きますか。
- お休みの日のお出かけで、今までで一番楽しかったことは何ですか。
- お家に帰ったら、まず最初に何をしますか。
- お家ではお手伝いをしますか。
- お父さん、お母さんにはどのようなときにしかられますか。なぜしかられるのだと思いますか。
- お父さん、お母さんにはどのようなときにほめられますか。最近ほめられたことは何ですか。
- 大きくなったら何になりたいですか。それはどうしてですか。
- 小学校に入ったら何をしたいですか。
- （絵本を親子で読むよう促され、読んだ後で）一番好きなページはどこですか。それはなぜですか。
- 本を選んだのは誰ですか。どうしてこの本を選んだのですか。
- 本を読むのは好きですか。

保護者

- 志望理由は何ですか。決め手を一言でお話しください。

・ご自身の職業観についてお聞かせください。
・お子さんのよい点と、課題だと感じている点について、一言で教えてください。また、課題については今後どのような教育をしていきたいですか。
・今後、お子さんをどのように育てていきたいですか。
・これまでの子育てでの発見は何ですか。
・親になり、育ててもらう立場から育てる立場になりましたが、自分の中で変わったと思うことはどのようなことですか。
・子育てで苦労したこと、悩んでいることはありますか。
・自立心の成長を感じる場面を具体的に教えてください。
・お子さんが一番夢中になっていることは何ですか。
・お子さんが成長する中では壁や困難に直面することもあると思いますが、そのときはどのような声掛けをしますか。
・お子さんが「学校に行きたくない」と言ったらどうしますか。
・保護者の方とのやりとりで、コロナ禍の現状ＳＮＳやＬＩＮＥを使用していますが、新１年生の親としてどのようなことに気をつけたいと思いますか。
・入学後、ＳＮＳなどで保護者同士がかかわる際に注意したいと思っていることは何ですか。
・これまでに幼稚園（保育園）の保護者間などでＳＮＳやメールなどのトラブルはありましたか。
・本校は授業数が多く、毎日英語の授業もありますが、大丈夫ですか。
・本校は１年生から７時間の授業がある日もありますが、体力面に関して心配なことはありますか。

面接資料／アンケート

Ｗｅｂ出願後に面接時の参考資料として、事前面接用質問票を郵送する。以下のような項目がある。

（１）志願者のきょうだい構成について、記入してください。
（２）これまでの子育てにおいて「保護者としてうれしかったこと」を１つ挙げ、80字以内で記入してください。
（３）本校の教育指標「10の能力」の１つに掲げる「自律力」について、子育てにおいて取り組んでいることがあれば、120字以内で記入してください。
（４）子育てにおいてインターネットやＳＮＳから情報を得る場合、留意していることがあれば、120字以内で記入してください。
（５）保護者の職業観について、120字以内で記入してください（所属や役職などは必須ではありません）。職業人としてどのような使命感を持っていますか。
（６）本校を知ったきっかけや受験を決意した理由など、志望の動機について、120字以内で記入してください。
（７）志願者が社会人になるころ、社会はどのような能力や人柄を求めるようになっていると思いますか。また、それを踏まえ志願者をどのように育てたいと考えていますか。1080字以内で記入してください。

1

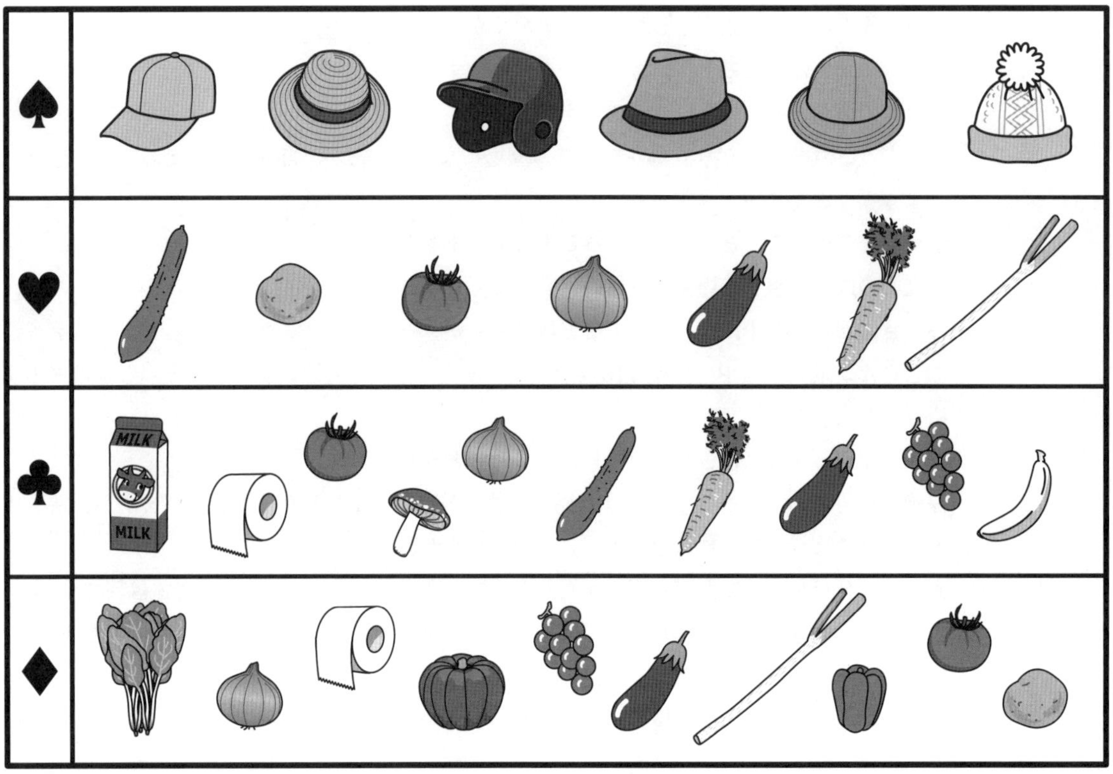

2

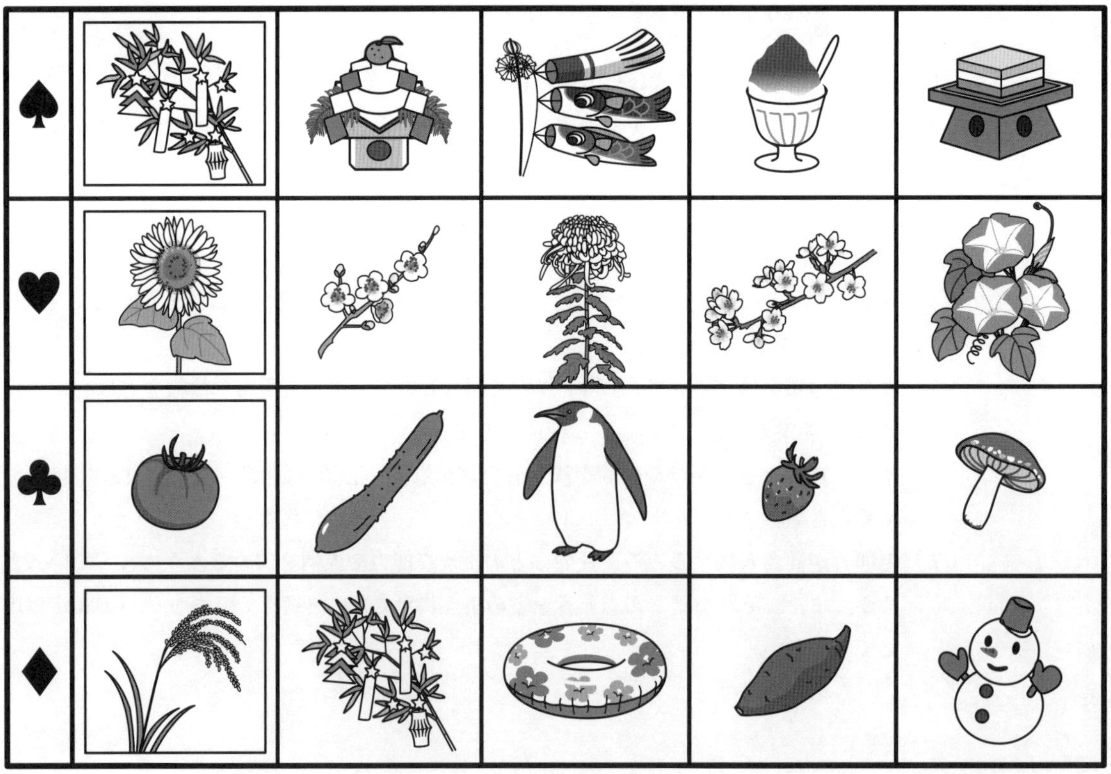

3

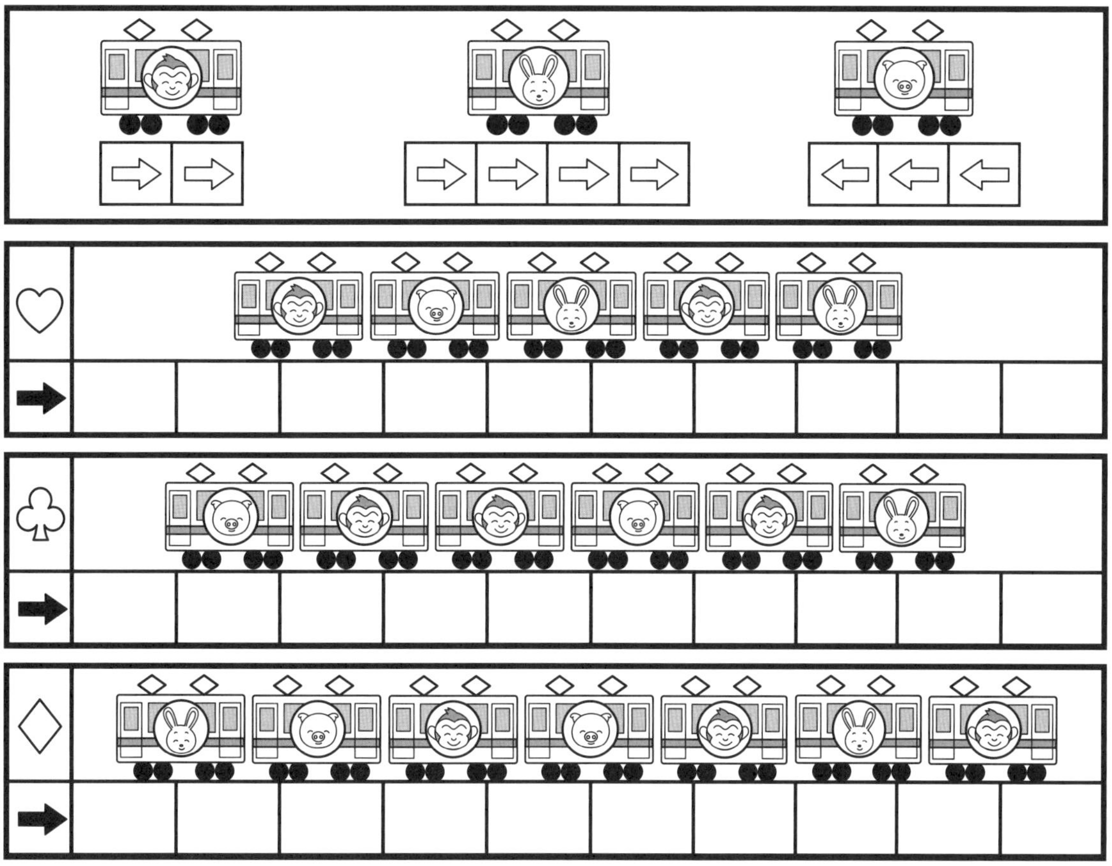

4

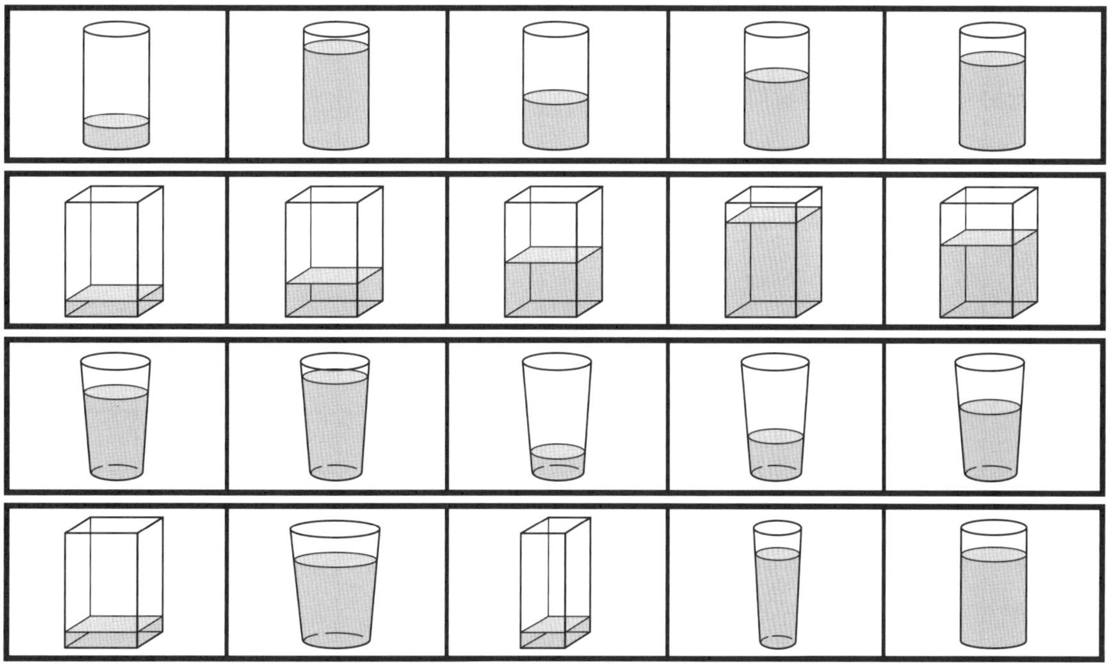

5

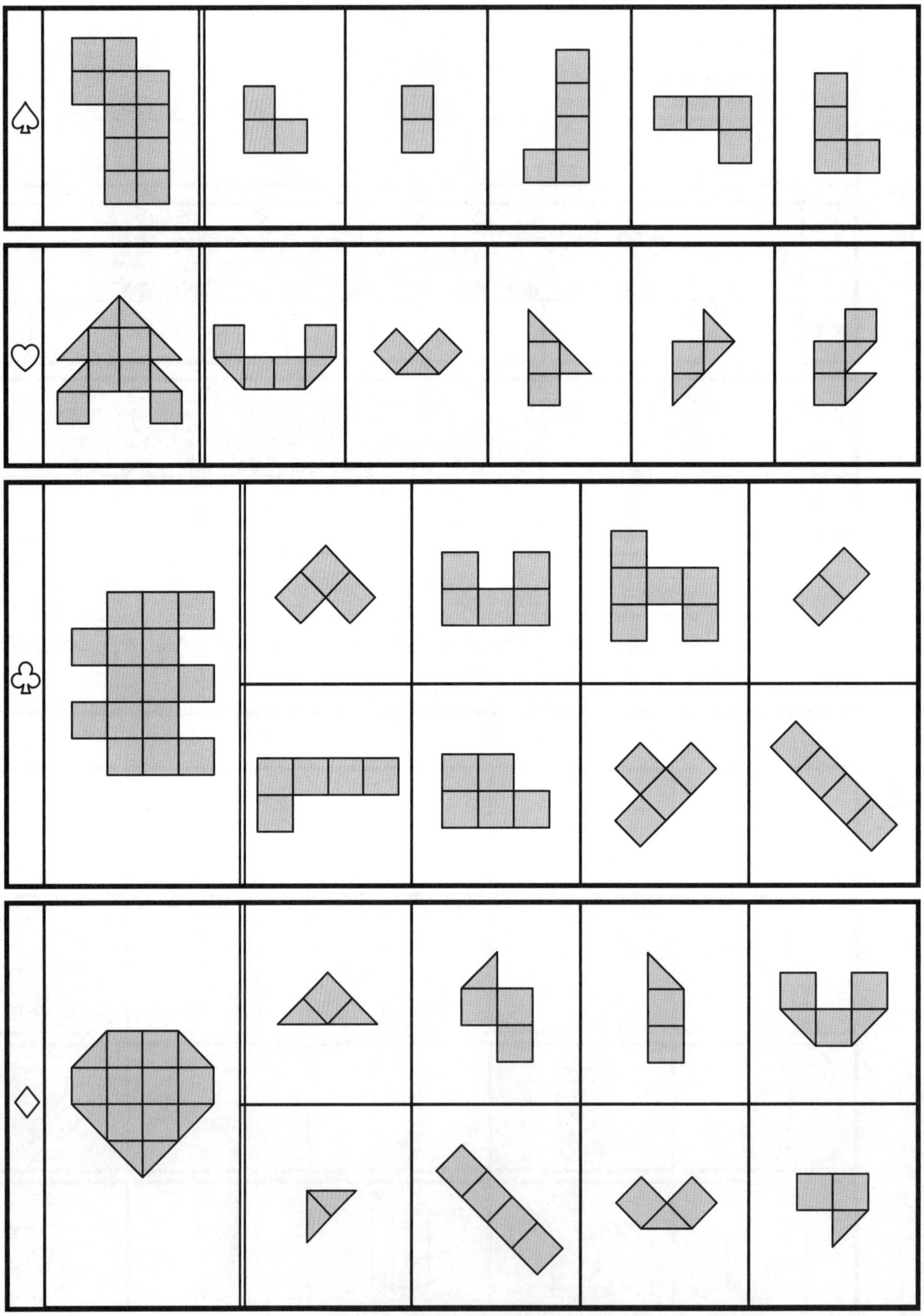

6

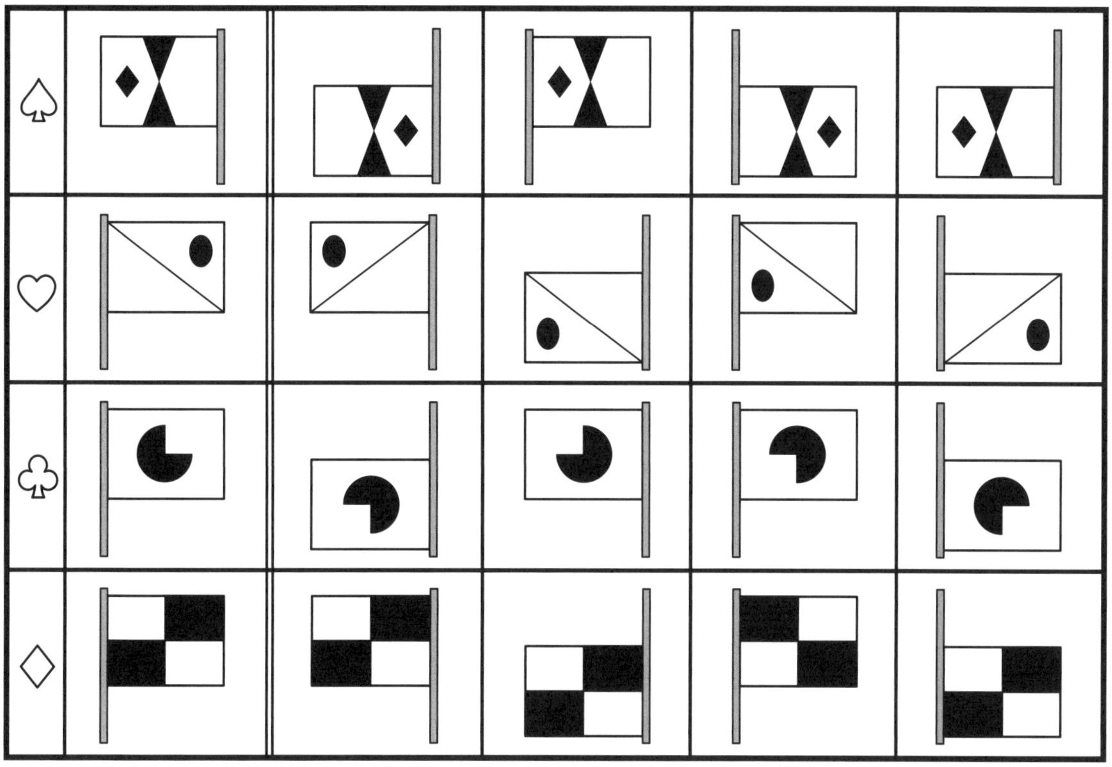

7

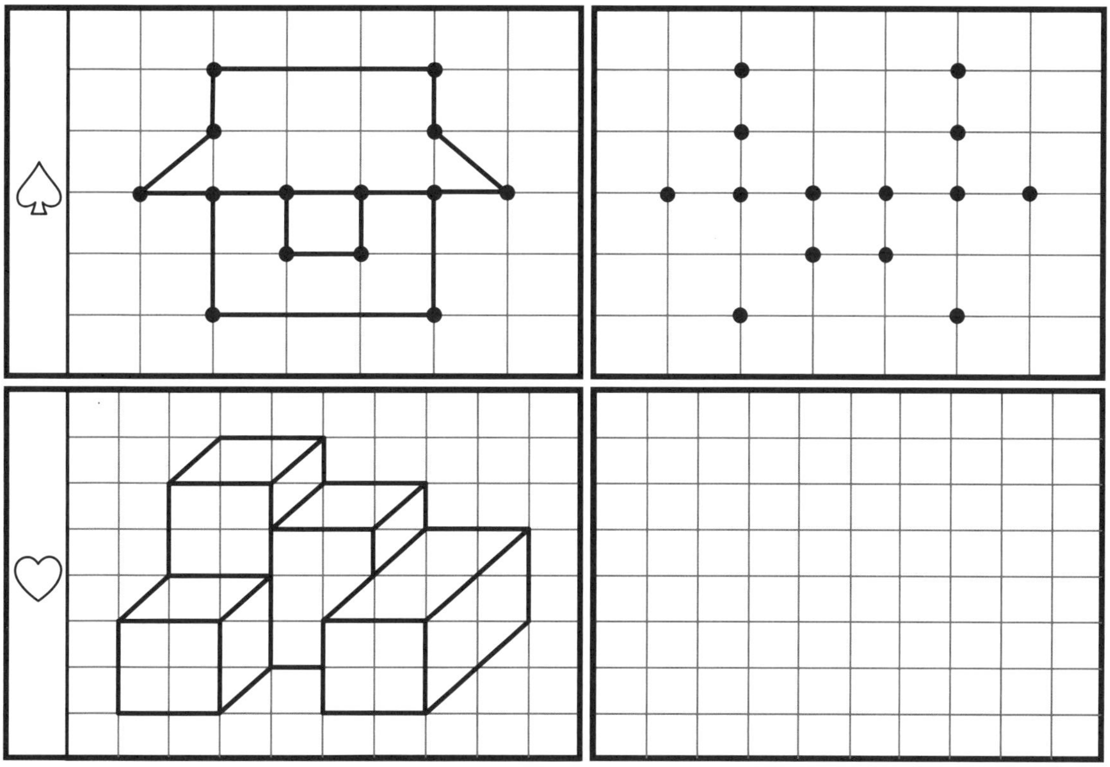

section

2023 桐朋学園小学校入試問題

解答は別冊解答例015ページ

選抜方法

考査は１日で、生年月日により指定された日時に集合し、15～18人単位で集団テストを行う。所要時間は約１時間30分。

集団テスト

1 観察力・思考力

※カラーで出題。絵の中の指示通りにフラワーブロックに色を塗ってから行ってください。

机の上に、５×５のマス目のところどころに５色のフラワーブロックが置かれた写真が表裏に印刷された台紙、３色のフラワーブロック各１個が用意されている。グループによって、台紙のフラワーブロックの配置や用意されるフラワーブロックの色が異なる。

・台紙（表）のマス目の空いているところにブロックを置いて、５個のブロックが縦、横、斜めに真っすぐ並ぶ列を作ります。１列に並んだ５個のブロックが全部違う色になった列を、「ルンルン」と呼びます（マス目にブロックを置いて「ルンルン」がどのような状態か説明される）。なるべくたくさん「ルンルン」ができるように工夫して、３つのブロックを台紙のマス目に置きましょう。

もう１色のフラワーブロック１個が配られる。

・置いたブロックを元に戻して、台紙を裏返してください。なるべくたくさん「ルンルン」ができるように、４つのブロックを台紙のマス目に置きましょう。

2 観察力・思考力

机の上に、フラワーブロックをいくつか組み合わせた形の影が表裏に描かれた台紙（棒のように見えるところはフラワーブロックを縦に組み合わせた状態）、フラワーブロック９個（白１個、白以外の１色が８個）が用意されている。グループによって、台紙に描かれた影の形や用意されるフラワーブロックの色が異なる。フラワーブロックを組み合わせるときは必ず切り込み同士をはめ込むよう、テスターが実際に示しながら説明する。ブロックを落としたときには手を挙げるよう指示される。

・白いブロック１個とほかの色のブロック３個を組み合わせて、その影が台紙（表）に描いてある影と同じになるようにしましょう。白いブロックは、影がお花のように見えているところに使ってください。

※正しく完成したか確認される。

・台紙を裏返してください。今作った形は崩さずにこのまま使います。周りに残りのブロックを組み合わせて、その影が台紙に描いてある影と同じになるようにしましょう。

3 制作・発想力

※グループによって制作するテーマ、スポンジの形、材料の色が異なる。

机に生花用吸水スポンジ（三角、円柱、球体のうちどれか１つ）、セロハンテープ（台つき）、はさみが置いてある。教室の後ろにモール（３色）、Ｓ字フック（２色）、太いストロー（３色）、細くて曲がるストロー（３色）、お花紙（３色）が置いてある。

・机の上のスポンジと後ろの材料を使って、海にいるものか海にあるもの（山または空にいるものかあるもの、回るものか動くもの、飛ぶもの、走るものなど）を作りましょう。スポンジを切ってはいけませんが、ほかの材料は切って使ってもよいですよ。スポンジにはモールやストローやフックを刺してつけることができます（テスターが実際に刺してつけて見せる）。後ろの材料は、使う分だけ持ってきましょう。ゴミは机の横にあるゴミ入れに入れてください。

行動観察（風船つき）

ゴム風船が１人に１つずつ配られる。

・これからたくさんエネルギーを溜めたいと思います。風船を手で上に向けてつくと、エネルギーが溜まります。やってみましょう。

３、４人のチームごとにゴム風船１つと大きな正方形のネットが１枚配られる。

・手でつくよりもネットを使ってつく方が、たくさんエネルギーが溜まります。今度はみんなでネットを持って風船を載せ、風船つきをしてみましょう。風船が床に落ちてしまったときは、手で拾ってやり直してください。

4 行動観察（村作り）

３～５人のチームに分かれて行う。教室の床の白い枠の中に村を作るための紫の枠が示してある。教室の隅にはさまざまな形の大きなソフト積み木、コーンが置いてある。

・ニコニコ山には人が住んでいますが、村がなくて困っています。チームで力を合わせて村を作ってあげましょう。

〈約束〉

・チームごとに指定された紫の枠の中に作る。

・縦に置いたとき一番背の高い積み木よりも高くなるものは作ってはいけない。

5 行動観察（風船運びゲーム）

全員で行う。教室の隅に風船を入れる袋や、丸、三角、四角のネットが入ったカゴ、風船がたくさん入ったビニールプール、テニスラケットが用意されている。

・お友達と力を合わせて、風船を運んでエネルギーを溜めましょう。いろいろな形のネットに風船を載せてお友達と一緒に運び、向こうの袋に入れます。１回入れたら、今度は違うお友達と運べるとよいですね。

〈約束〉

・三角のネットは３人で、四角のネットは４人で使う。丸いネットは何人でも使える。

・風船をネットに載せるときには、誰か１人がテニスラケットで載せる。

- みんなで作った村を壊さないようにする。
- 風船を取るときと入れるとき以外は白い線の外へ出てはいけない。紫の枠の中には入らない。
- 風船が床に落ちたときは、手で拾わずにネットですくう（やり方をテスターが示す）。
- テスターが「終わり」と言うまで、くり返し運ぶ。
- 「終わり」と言われたら、ソフト積み木、コーン、たたんだネットを元の場所に片づける。

1

〈台紙例〉表

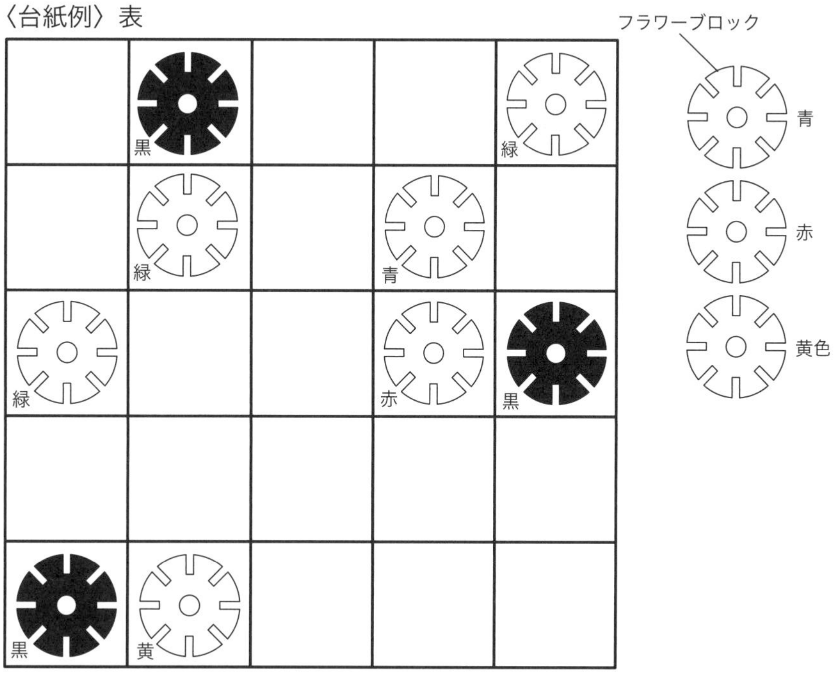

〈台紙例〉裏

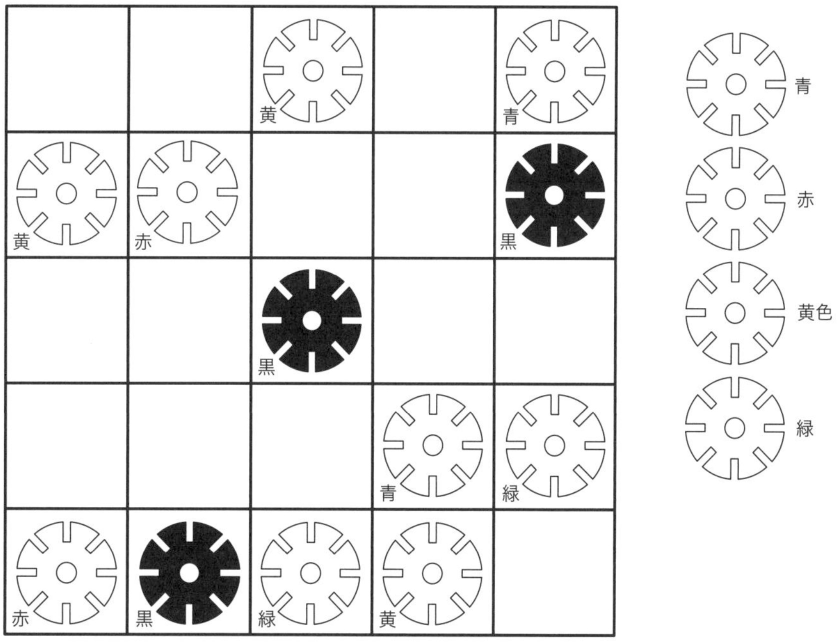

2

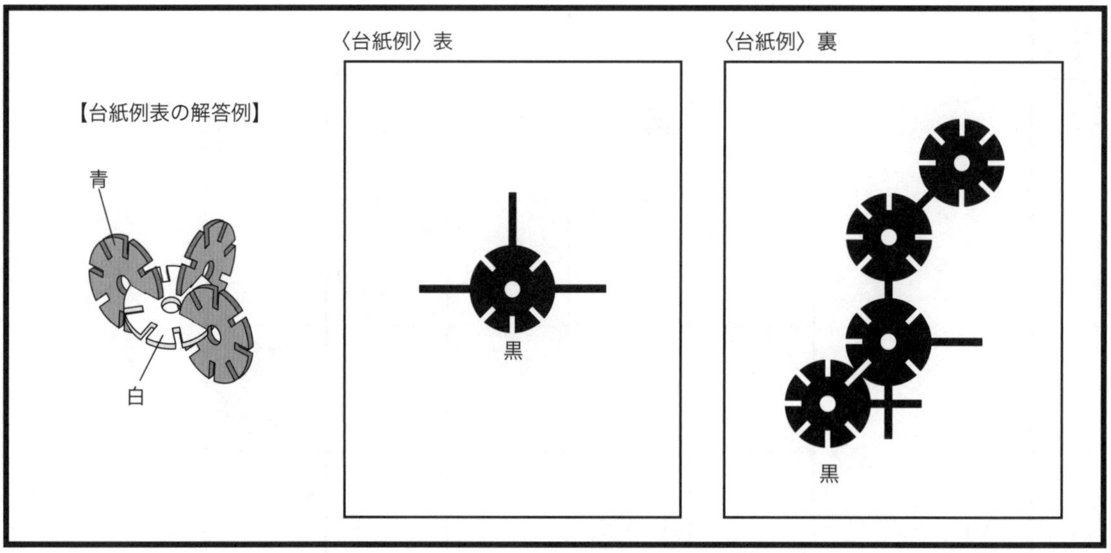
【台紙例表の解答例】
青
白
〈台紙例〉表
黒
〈台紙例〉裏
黒

3

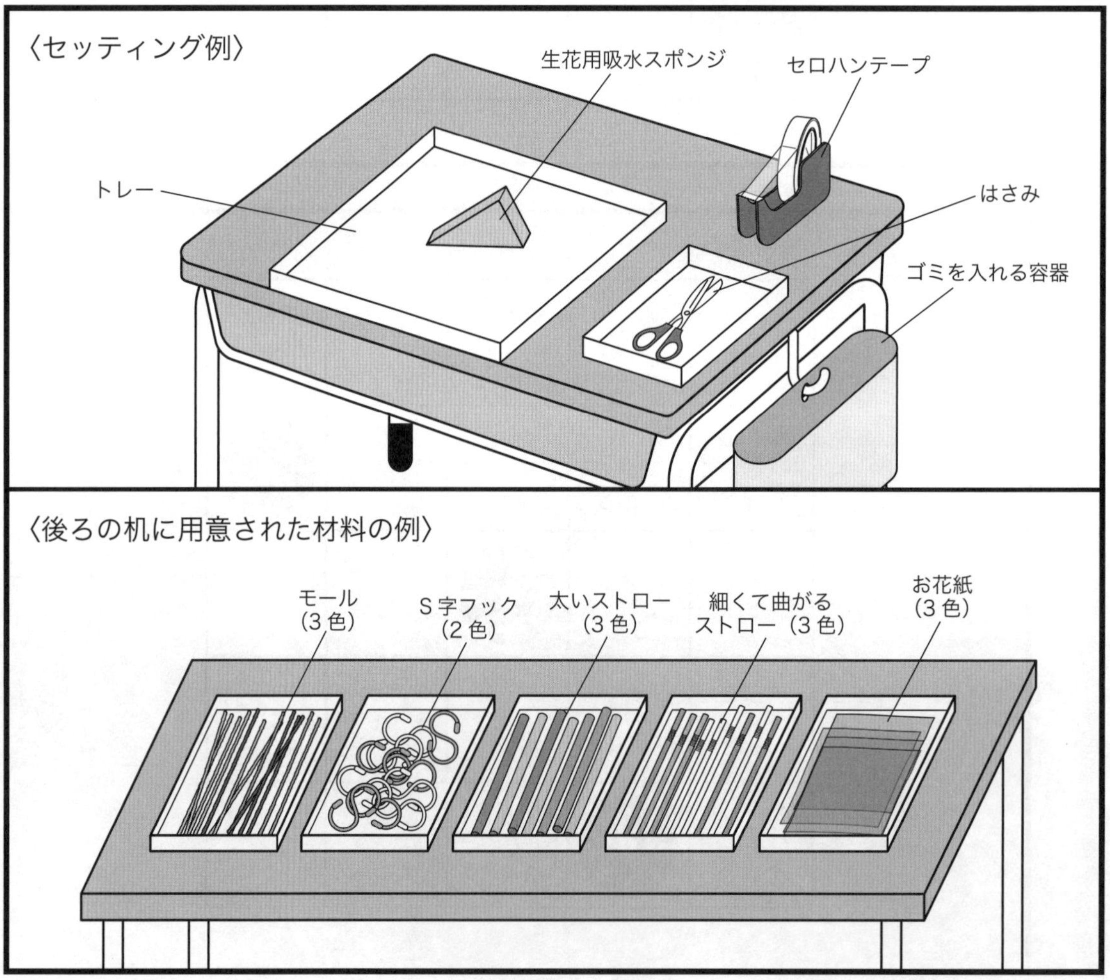
〈セッティング例〉
生花用吸水スポンジ
セロハンテープ
トレー
はさみ
ゴミを入れる容器
〈後ろの机に用意された材料の例〉
モール
（3色）
S字フック
（2色）
太いストロー
（3色）
細くて曲がる
ストロー（3色）
お花紙
（3色）

4

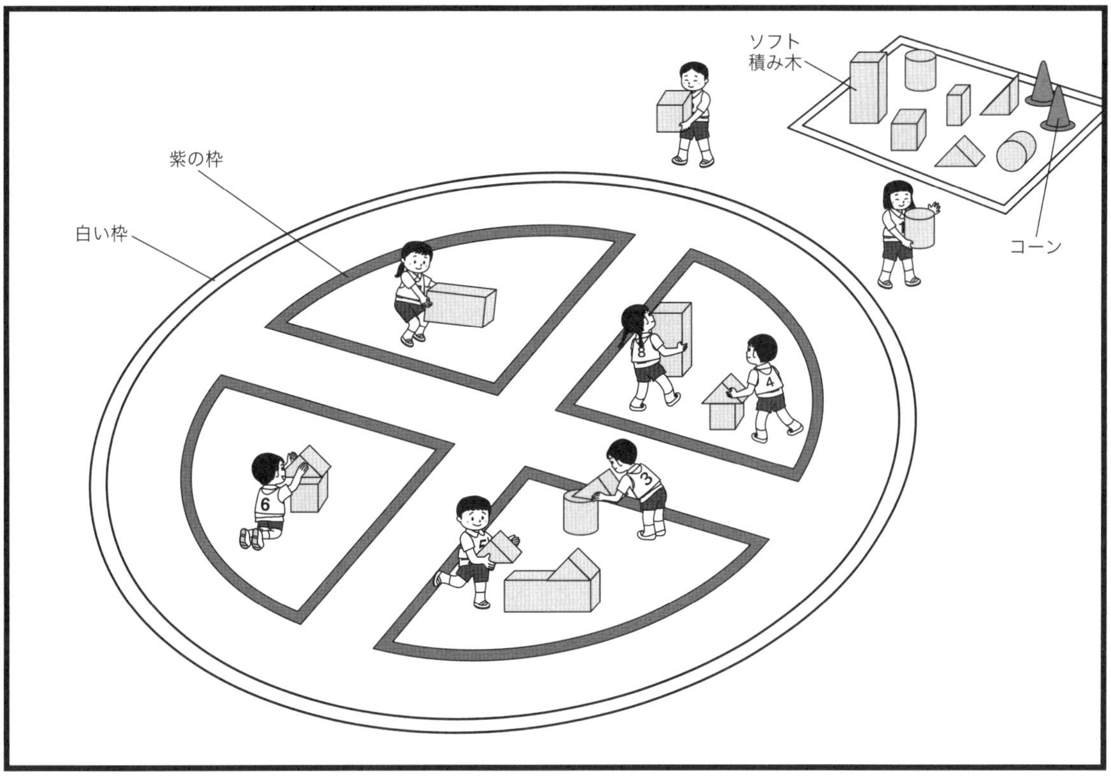
ソフト
積み木
紫の枠
白い枠
コーン

5

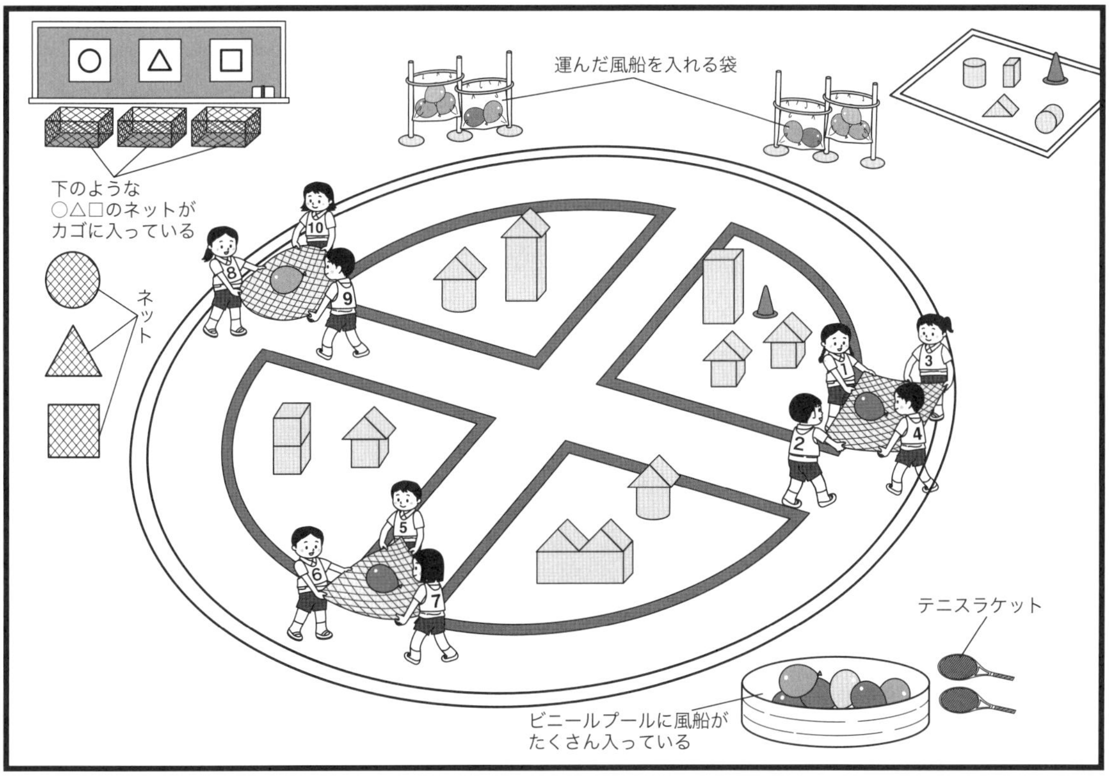
○ △ □
運んだ風船を入れる袋
下のような
○△□のネットが
カゴに入っている
ネット
テニスラケット
ビニールプールに風船が
たくさん入っている

section
2023 東洋英和女学院小学部入試問題

解答は別冊解答例016ページ

選抜方法

考査は1日で、月齢で分けられたグループごとに指定された時間に集合し、約20人単位でペーパーテスト、集団テスト、運動テストを行う。所要時間は1時間30分～1時間45分。考査日前の指定日時に親子面接があり、日時は生年月日順に指定される。

ペーパーテスト

筆記用具は持参した鉛筆3本のうち2本を使用し、訂正方法はΛΛ（ギザギザ線）。ただし模写のみ消しゴムを使用する。出題方法は口頭。

1 数　量

・クマが魚を釣っています。海に泳いでいる魚を4匹釣ったら、残りは何匹になりますか。その数だけ、魚の横のマス目に1つずつ○をかきましょう。

・ネズミたちみんなで、おにぎりを仲よく同じ数ずつ分けて食べます。それぞれのネズミは、おにぎりを何個ずつ食べられますか。その数だけ、おにぎりの横のマス目に1つずつ○をかきましょう。

・カニが海の中から3匹やって来て、岩に隠れていた2匹も出てきました。砂浜にいるカニは、全部で何匹になりますか。その数だけ、カニの横のマス目に1つずつ○をかきましょう。

・ネコたちが砂浜の貝殻を拾います。1匹が3枚ずつ拾うと、貝殻は何枚残りますか。その数だけ、貝殻の横のマス目に1つずつ○をかきましょう。

・カモメが4羽飛んでいった後、2羽戻ってきました。今、カモメは全部で何羽いますか。その数だけ、カモメの横のマス目に1つずつ○をかきましょう。

2 系列完成

・生き物が決まりよく並んでいます。空いているところに入らない絵を下から選んで、その下の四角に×をかきましょう。

・お皿が決まりよく並んでいます。空いているところには何枚入りますか。入るお皿と同じ数の果物を下の大きな四角から探して、右側の果物の四角に○をかきましょう。

3 推理・思考（回転図形）

・左のマス目を矢印の向きに2回コトンと倒すと、印はどのようになりますか。右側のマス目に、足りない印をかきましょう。

4 言語（しりとり）

・四角の中の絵をしりとりでつなぎます。全部つながるときは○、つながらないときは×を、下の長四角にかきましょう。

5 推理・思考（四方図）

・上の2段です。左の積み木を白や黒の矢印の向きから見ると、どのように見えますか。それぞれの矢印の右側から選んで○をつけましょう。

・3段目です。左の積み木を3つの矢印の向きからそれぞれ見たとき、どの向きからも見えない形はどれですか。右から選んで○をつけましょう。

6 模　写

黒板に上のようなお手本が貼られている。

・お手本と同じになるように、下のマス目の同じ場所に同じ印をかきましょう。

集団テスト

巧緻性

折り紙が1枚用意される。モニターに映し出されるお手本を見ながら、折り紙を折る。

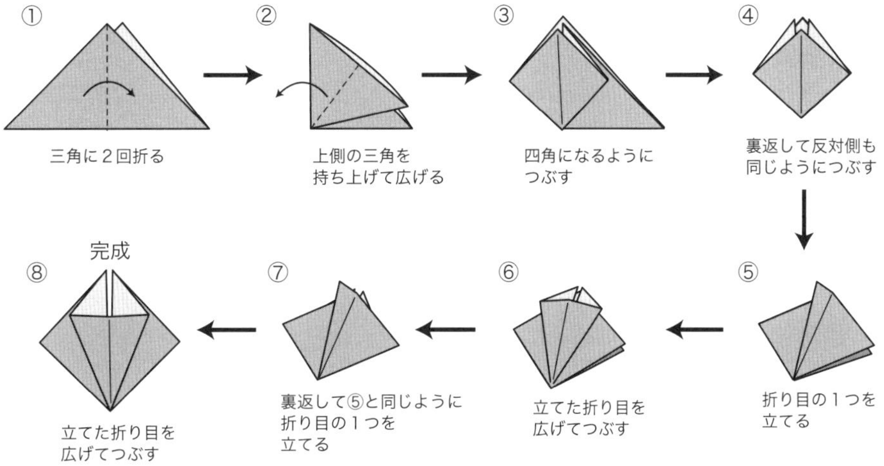
①
三角に2回折る
②
上側の三角を
持ち上げて広げる
③
四角になるように
つぶす
④
裏返して反対側も
同じようにつぶす
⑤
折り目の1つを
立てる
⑥
立てた折り目を
広げてつぶす
⑦
裏返して⑤と同じように
折り目の1つを
立てる
完成
⑧
立てた折り目を
広げてつぶす

行動観察（ごっこ遊び）

5人1組で行う。グループごとに男の子、女の子、おじいさん、おばあさん、お父さん、お母さんの顔が描かれたペープサートが用意される。

・このペープサートを使って、誰がどの役をするか、家族みんなでどこに出かけるかを相談して、楽しく遊びましょう。

玉入れゲーム

床に緑の線で大きな四角い枠がかかれている。枠の中にはたくさんのスポンジボールがあり、その中央にはカゴが置かれている。

・枠の中に入らないようにして、グループごとにボールをカゴに投げ入れましょう。ボールを取るときは枠の中に入ってもよいですが、必ず枠の外に戻ってから投げてください。

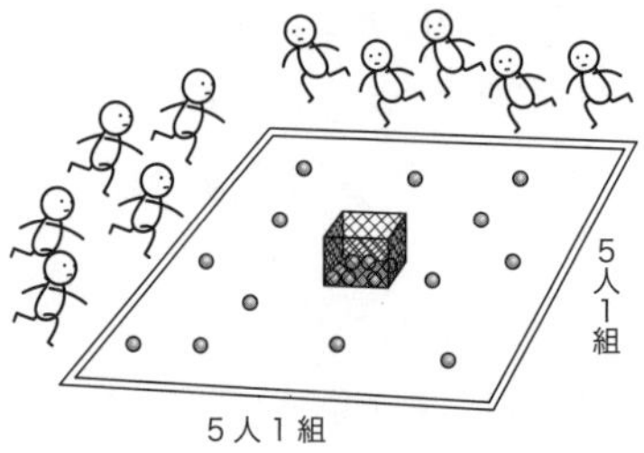

自由遊び

輪投げ、フープ、スポンジのジョイントマット、スポンジボールなどを使い、お友達と一緒に自由に遊ぶ。

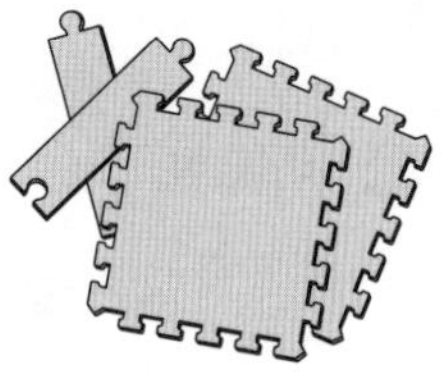

運動テスト

指示行動

円形に並んで、太鼓の音に合わせて歩いたり、走ったり、スキップをしたりする。音が止まったら、指示されたポーズ(片足バランスや好きな動物のまねなど) をする。

ボールリレー

ドッジボールを持ってコーンまで走り、そこで5回ボールをつく。ボールを持って元の場所へスキップで戻り、次の人にボールを渡して列の後ろに並ぶ。

親 子 面 接

本 人

・お名前を教えてください。
・大切にしているものは何ですか。(回答により質問が発展する)
・幼稚園(保育園)でする好きな遊びは何ですか。(回答により質問が発展する)
・外遊びとお部屋で遊ぶのとどちらが好きですか。(回答により質問が発展する)
・きょうだいと何をして遊ぶのが好きですか。
・お父さんとは何をして遊びますか。
・お母さんとは何をして遊びますか。
・好きなお料理は何ですか。(回答により質問が発展する)
・好きなおやつは何ですか。
・宝物はありますか。あれば、教えてください。
・今、一番欲しいものは何ですか。

父親

・数ある小学校の中で、なぜ本校を志望されましたか。
・他校について何校くらい研究されましたか。
・お仕事の内容をお話しください。（回答により質問が発展する）
・どのようなお子さんですか。
・お子さんと過ごしてきた中で、最も印象に残っているエピソードは何ですか。
・（姉がいる場合）違う学校に通わせようと思った理由は何ですか。
・女子教育について、どのように考えていますか。
・幼稚園（保育園）の送迎や行事参加、緊急時の対応はご夫婦でどのようにされていますか。
・入学後しばらくは送迎が必要ですが、どのように対応しますか。
・おじいさま、おばあさまはどちらにお住まいですか。（送迎のサポートと関連づけて）

母親

・出身校についてお話しください。
・お仕事について、時短勤務の期間について教えてください。
・お仕事の経験を通し、お子さんに伝えたいことはありますか。
・大学で学ばれたことと現在のお仕事の関連性はありますか。
・小学校時代の思い出を教えてください。
・お母さまご自身の小さいころの夢は何でしたか。
・どのような幼稚園（保育園）ですか。園での様子をお聞かせください。
・お子さんは平日、お母さんと何をして過ごすことが楽しいと思いますか。
・子育てで重視していることはありますか。
・入学後１ヵ月は送迎が必要ですが、お仕事をしながらのお迎えは可能ですか。
※そのほか、当日記入したアンケートや子どもの回答に関連した質問をされることもある。

面接資料／アンケート

面接当日に受付窓口で配付されたアンケート用紙に、父母別々に記入して提出する。

〈父親のテーマ〉
・平日、お子さんとお父さまが一緒に過ごす時間はどれくらいですか。また何をしていますか。
〈母親のテーマ〉
・平日、お子さんとお母さまが一緒に過ごす時間はどれくらいですか。また何をしていますか。
※ほかに、両親ともに出身校、職業、特技、ボランティア活動など願書に書ききれなかったことを自由に記入する。

1

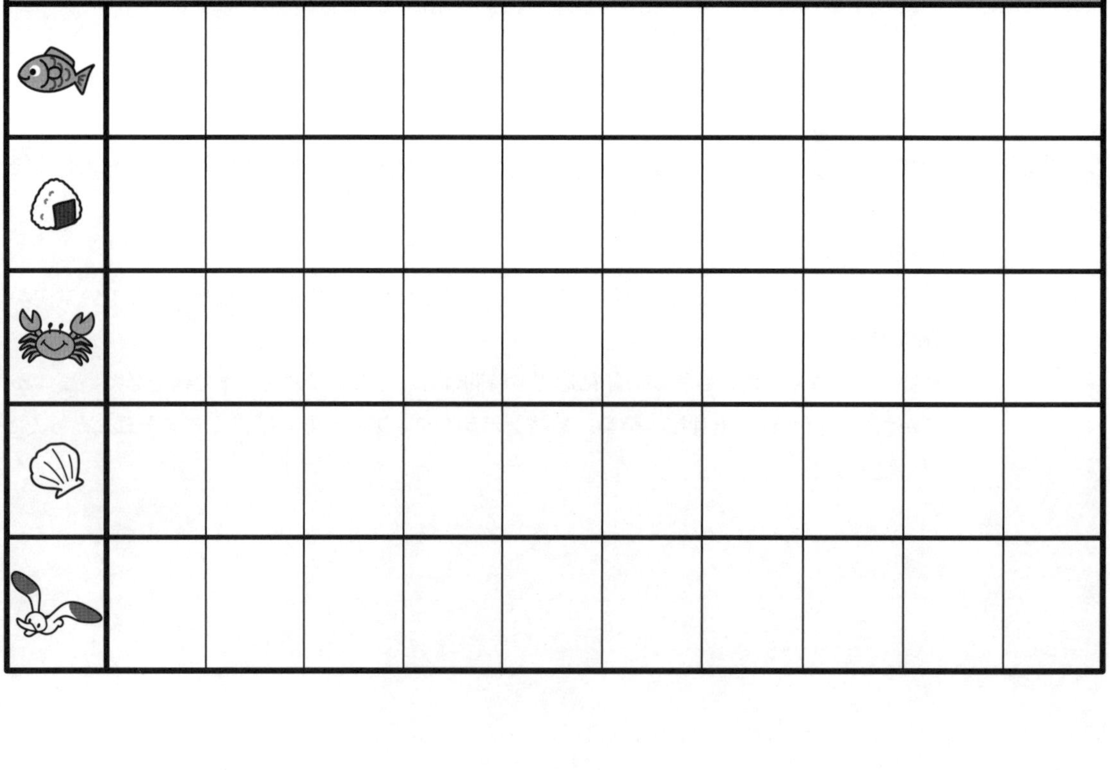

2

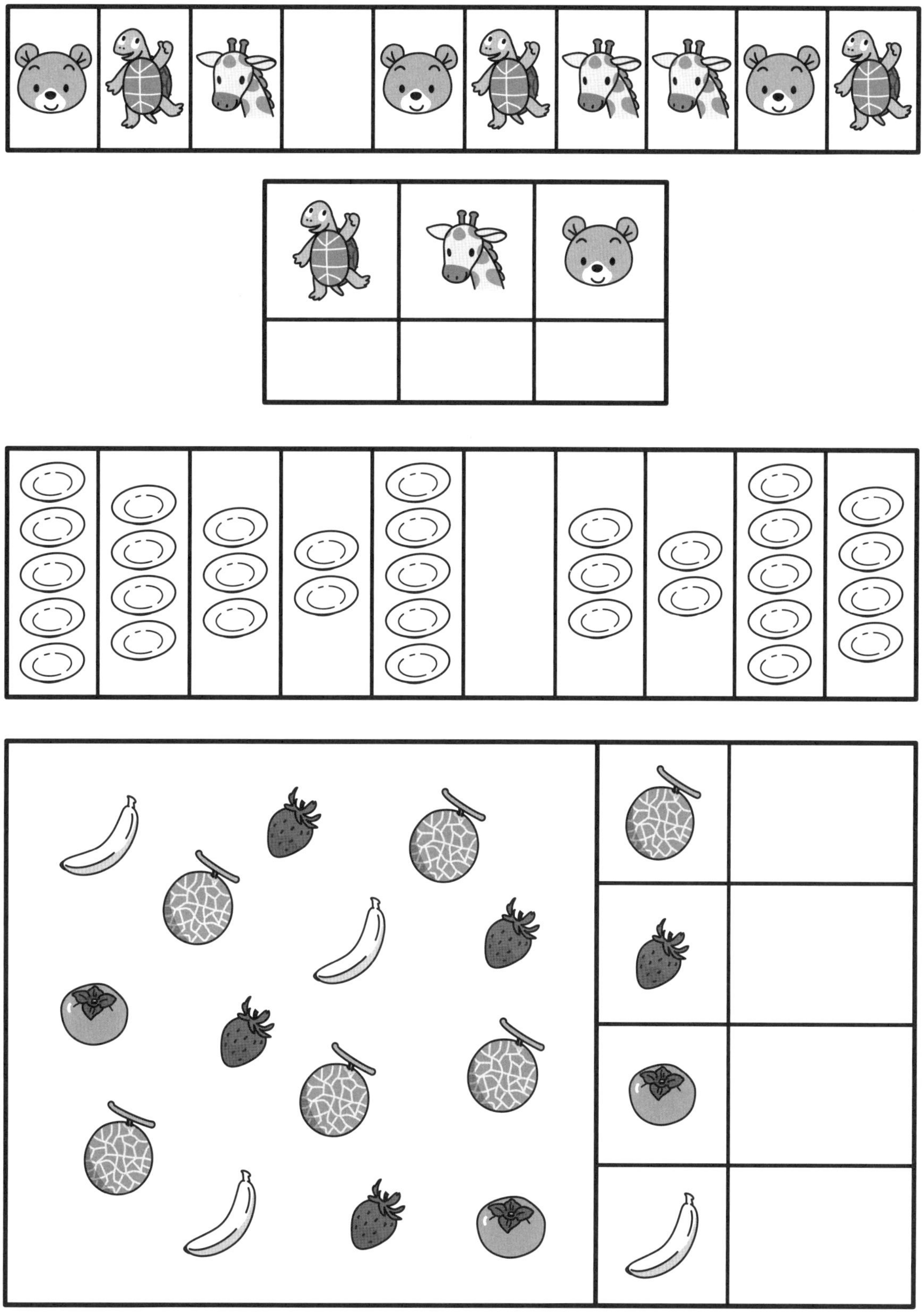

3

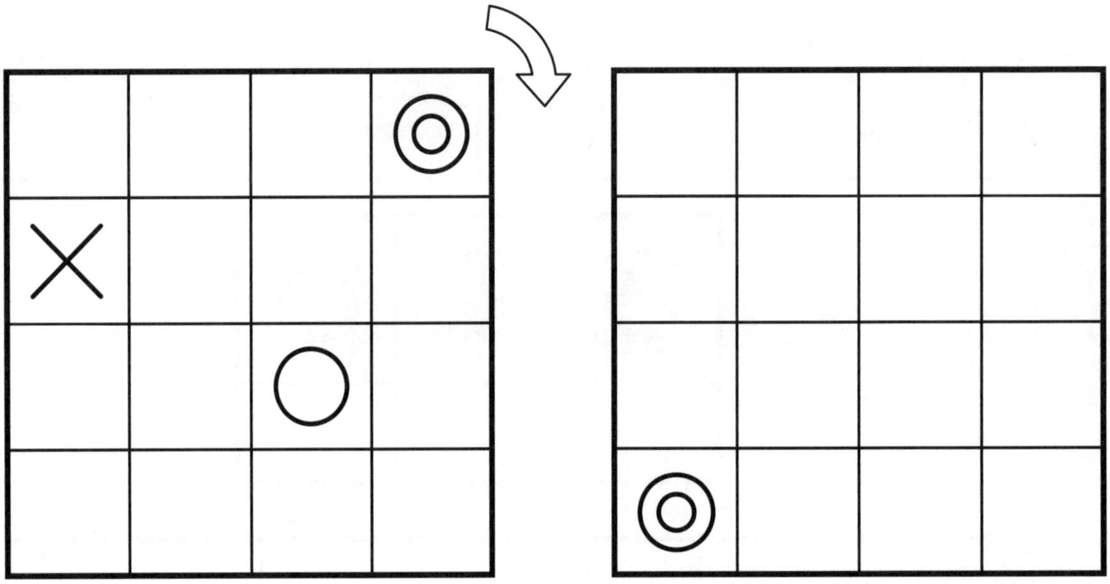

4

5

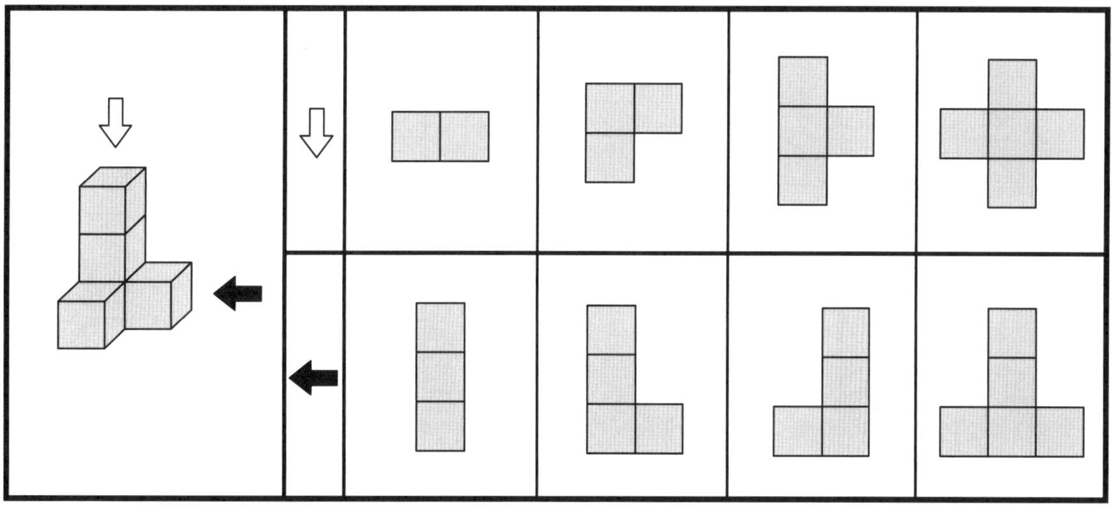

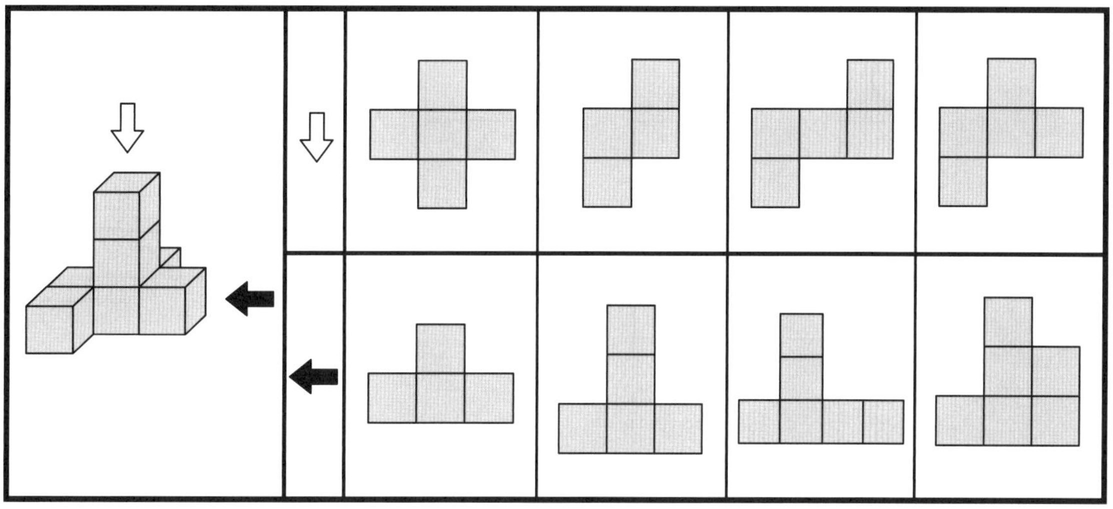

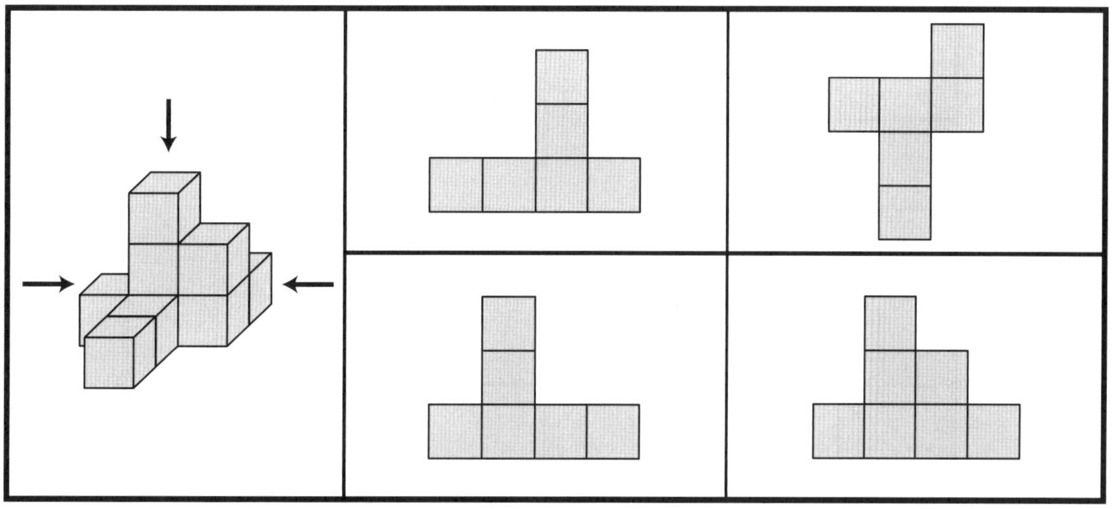

6

【お手本】

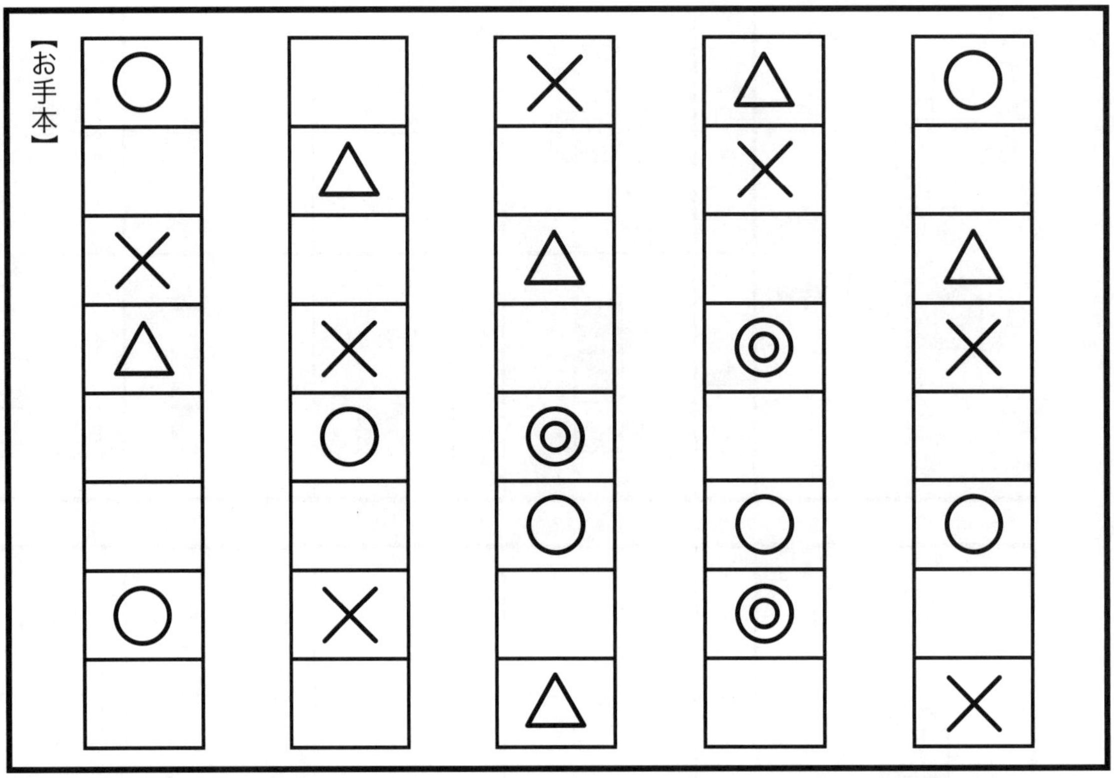

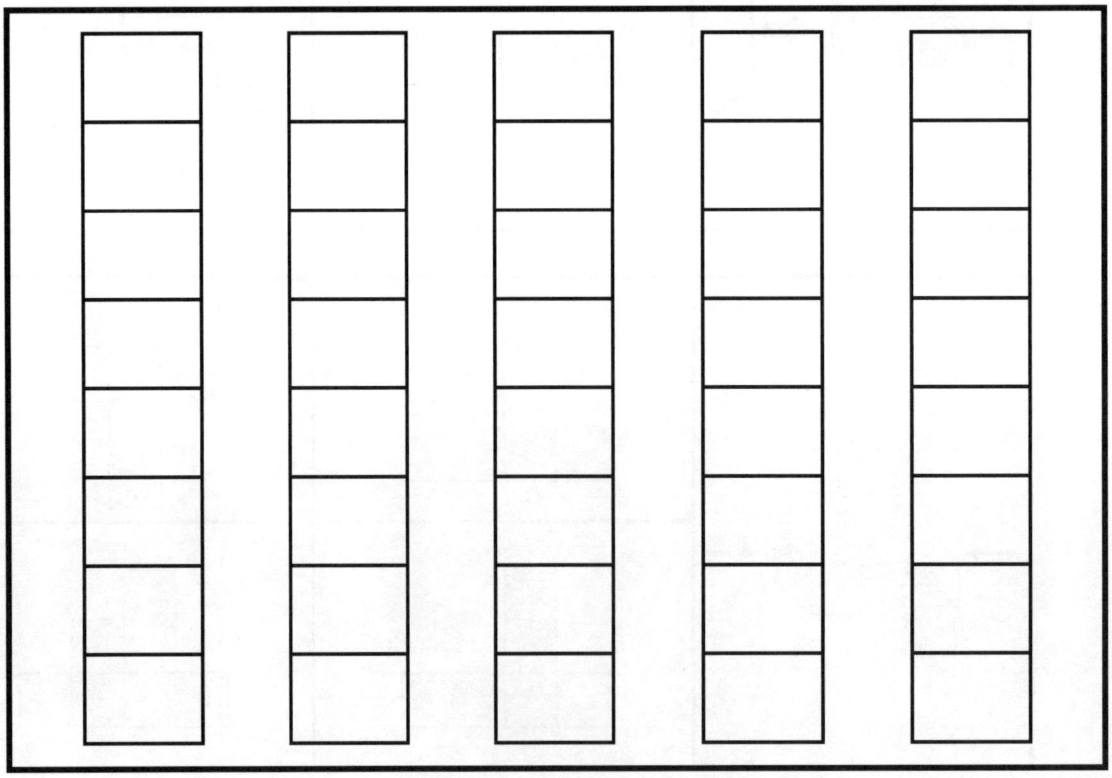

section
2023 雙葉小学校入試問題

解答は別冊解答例017ページ

選抜方法

受験番号は五十音順で決められる。考査は３日間のうち指定された２日間で行う。１日目は約25人単位でペーパーテストと巧緻性の課題、２日目は10～20人単位で集団テストを行った後、親子面接を行う。所要時間は１日目が40～50分。２日目が約１時間30分（集団テストは約１時間で、その後順次面接を行う）。

考査：１日目

ペーパーテスト

筆記用具は青のフェルトペンを使用し、訂正方法はΛΛΛ（キザギザ線）。出題方法は話の記憶のみ音声で、ほかは口頭。

1 話の記憶

「『ともちゃん、もう寝る時間よ』とお母さんに言われて、ともちゃんはベッドに入りました。すぐにまぶたが重くなってきて、いつの間にか眠ってしまいました。ふと気がつくと、森の中を歩いています。『ここは一体どこなのかしら？』と思いながら森を歩いていくうちに、道に迷ってしまいました。『困ったわ、どうしよう』。すると、草むらからゴソゴソと音が聞こえてきます。『何かしら』。おそるおそる見てみると、草むらからひょっこり顔を出して現れたのは、こびとの３きょうだいです。こびとたちは、みんな同じ格好をしています。ひげは長く、緑のしましまの帽子をかぶり、上着にはボタンが２つついていて、眼鏡をかけています。ともちゃんが驚いた顔で見ていると、こびとたちはにっこり笑ってともちゃんのそばにやって来ました。そして順番に話し始めました。１人目のこびとは、すてきなお花を持っています。『僕はお花が好きなんだ。よかったら、これをどうぞ』。ともちゃんに黒い種をくれました。２人目のこびとは、じょうろとバケツを持っています。『僕は畑仕事が好きなんだ。大変だけど、とても楽しいよ』とバケツの中に入っていたスコップをともちゃんに渡して、『お花の種を植えるのに使ってね』と言いました。３人目のこびとは、おやつが大好きなこびとです。おやつの袋を持っていて、その中からドーナツをくれました。ともちゃんが『ありがとう』と３人のこびとにお礼を言うと、こびとたちが『よかったら、僕たちのお家にご招待します。どうぞ来てください』と誘ってくれたので、こびとたちのお家に遊びに行くことになりました。森を歩いていくと、お家が見えてきました。『僕たちのお家はあそこだよ』と指さす方を見てみると、こびとたちのお家は果物の形をしていて、丸い窓と煙突があります。煙突からはもくもくと煙が出て、右隣にはキノコの形のお家が建っているのが見えます。『さあ、どうぞ』。中に入って、テーブルのお皿にあった星の形のクッキーをみんなで１枚ずつ食べました。お皿には、クッキーが１枚残りました。『おいしいね。今日は、みんなに会えてよかったわ』とともちゃんが言ったそのときです。『朝よ、起きなさい』とお母さんの声がしました。目を覚ましたともちゃんは、『こびとたちに会ったのは、夢だったんだな』と思いました」

・リンゴの段です。こびとたちに出会ったのはどこですか。正しい絵に○をつけましょう。
・バナナの段です。こびとたちはどんな様子でしたか。正しい絵に○をつけましょう。
・ブドウの段です。出会ったときのこびとたちが手に持っていたものに×、ともちゃんにくれたものに○をつけましょう。

・ミカンの段です。みんなで食べたクッキーは、初めに何枚ありましたか。その数だけ○をかきましょう。

・サクランボの段です。こびとたちのお家の様子が正しく描いてある四角に○をつけましょう。

2 数　量

あおいちゃんは、お父さんとお母さんと一緒に、3人でピクニックに来ました。広場に敷いたレジャーシートには、大きなバスケットとお弁当箱が3個ありますね。

・お弁当箱の中には、ミニトマトが3個ずつ入っています。あおいちゃんはお父さんから1個、お母さんから2個もらいました。あおいちゃんのミニトマトは全部で何個になりましたか。その数だけ、絵のすぐ下の段に○をかきましょう。

・大きなバスケットの中には、おにぎりが入っています。お父さんが3個、お母さんが1個、あおいちゃんも1個食べると、1個残りました。おにぎりは、初めに何個ありましたか。その数だけ、次の段に○をかきましょう。

・絵の中の鳥が何羽か飛んでいき、何羽か飛んできて、今は2羽になりました。サイコロの目がかかれた4つの四角を見ましょう。黒い目を飛んでいった鳥の数、白い目を飛んできた鳥の数とすると、正しい組み合わせはどれですか。○をつけましょう。

3 構　成

・一番上の段がお手本です。左端の形を線の通りに切ると、分かれて形ができます。できる形が正しくかいてある四角に、丸がつけてあります。では下も同じように、左端の形を線の通りに切ったとき、できる形が正しくかいてある四角を右から選んで○をつけましょう。

4 数量・観察力（同図形発見）

上の四角を見ましょう。足跡がたくさんありますね。大きいものや小さいものもありますが、よく見ると大きさが違っても同じ種類の生き物の足跡もあります。

・下の1段目です。上の四角には、何種類の生き物の足跡がありますか。その数だけ○をかきましょう。

・2段目です。左端の足跡と同じ種類のものは、上の四角にいくつありますか。その数だけ、右の四角に○をかきましょう。大きさが違っても、形が同じであれば同じ種類として数えます。

・今見た足跡と形も大きさも同じものを上の四角の中から見つけて、×をつけましょう。

・一番下の段です。一番多い足跡は、その生き物何匹分のものですか。その数だけ○をかきましょう。

5 言語（しりとり）

・それぞれの段の絵を、全部しりとりでつなげます。最後は「ン」で終わるようにつなぐと、最初になるものはどれですか。選んで○をつけましょう。

6 数量（進み方）

クマとキツネが左上のマス目からスタートして、お約束の通りに進みます。

〈約束〉

・太鼓が1回鳴ったら、矢印の通りにマス目を3つ進む。

・ラッパが１回鳴ったら、矢印の通りにマス目を２つ進む。
・鈴が１回鳴ったら、矢印と反対の向きにマス目を１つ進む。
※実際には楽器は鳴らず、テスターが楽器の名前を言う。
※問題を聞きながらマス目の上を指でさして確認してはいけない（指示が終わってから解答する）。

・初めはクマが進みます。太鼓が１回鳴りました。ラッパが１回鳴りました。鈴が１回鳴りました。クマは今どこにいますか。そのマス目に◎をかきましょう。
・今度はキツネが左上の同じマス目から進みます。太鼓が１回鳴りました。もう1回鳴りました。ラッパが１回鳴りました。もう１回鳴りました。鈴が１回鳴りました。今キツネはどこにいますか。そのマス目に×をかきましょう。
・鳴らす楽器の音をなるべく少なくして、丸のマス目から三角のマス目を通って、ひし形のマス目に行きます。全部で何回楽器を鳴らすとよいですか。その数だけ、下の四角に○をかきましょう。

巧緻性

約20cmのリボン12本、ラッピングタイ６本が用意されている。
・リボン２本を重ねて、ラッピングタイでねじって留めましょう。できるだけたくさんやってください。

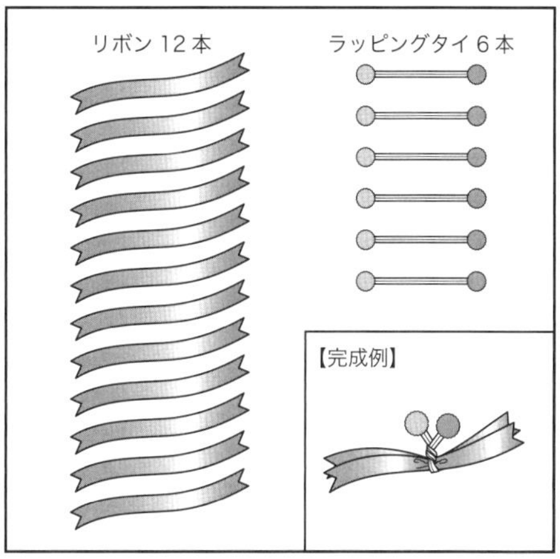

考査：２日目

集団テスト

集団ゲーム（ジャンケン列車）

「かもつれっしゃ」の歌に合わせてジャンケンし、負けた人は勝った人の後ろにつながる。これをくり返し、１本の列車になるまで続ける。

行動観察（キャンプごっこ）

５、６人ずつのグループに分かれて行う。テント作り、魚釣り、紙コップタワー作りの３つのコーナーがあり、グループごとにコーナーを回って遊ぶ。太鼓が１回鳴ったら遊び始め、２回鳴ったら別のコーナーへ移動し、3回鳴ったら遊びをやめて集まるというお約束がある。3つのコーナーをグループで一巡したら、その後は自分の好きなコーナーで遊んでよい。

（テント作りのコーナー）

・お友達と協力して、ガムテープや目玉クリップを使い、木の柱に布やひもを留めてテントを作る。

（魚釣りのコーナー）

・池に見立てた大きなビニールシートの上に、ふくらませた風船でできた魚、段ボール紙でできた魚やタコ、ヒトデなどが置いてある。用意された竹製の長い釣りざおで魚などを釣って遊ぶ。釣りざおは持ち手が二股に分かれており、お友達と2人で持ち、協力して使う。釣ったものは大小のバケツに入れ、模擬の包丁やまな板で料理したり、網で焼くまねをしたりする。

（紙コップタワー作りのコーナー）

・紙コップと厚紙を使って、できるだけ高いタワーを作る。

【作成例】

親子面接

子どもと保護者2名で面接を行う。入室したら子どもと保護者はマスクを外す。面接官との間にはアクリル板が備えつけられている。

親子課題

模擬のおかずが入った重箱のような大きさのお弁当箱、お弁当を包む布、はし入れ、模擬のおにぎり2個が用意されている。はし入れの有無やおにぎりの数は日時により異なる。

・ここにお弁当箱とおにぎり、包む布があります。お弁当箱の上におにぎりをのせて、布で包んでください。お父さんやお母さんに手伝ってもらってもよいですよ。

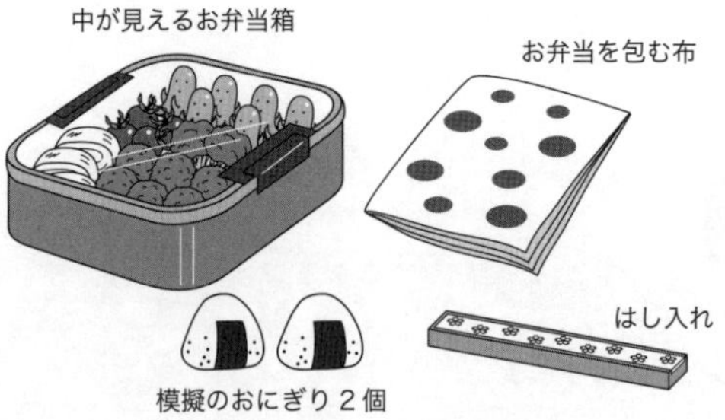

本人

・お名前を教えてください。

・お弁当に入っているものの中で、好きなものはどれですか。

・お弁当を持ってどこかにお出かけしたことはありますか。誰とどこに出かけましたか。

・ここ（面接）に来る前は、何が楽しかったですか。

・この後お家に帰ったら、お父さん、お母さんと何をしたいですか。

父 親

・小さいころのお弁当の思い出はありますか。お子さんに話してあげてください。
・お子さんの成長を感じるのは、どのようなときですか。
・ご自身とお子さんとで似ているところはありますか。それはどのようなところですか。

母 親

・お弁当を作るときに気をつけていることはありますか。
・ご自身とお子さんとで似ているところはありますか。それはどのようなところですか。

面接資料／アンケート

出願後の指定日時に参考票（面接資料）を持参する。参考票には、以下のような項目がある。

①本校をどのようなことでお知りになりましたか。
②本校を志望したのはなぜですか。
③ご家庭の教育方針をお書きください。
④志願者本人について、学校がうかがっておいた方がよいとお考えの点がありましたら、お書きください。
⑤そのほかうかがっておいた方がよいと思われる点がありましたら、何でもご記入ください。
※ほかに、家族構成を記入し、家族写真を貼付する。

1

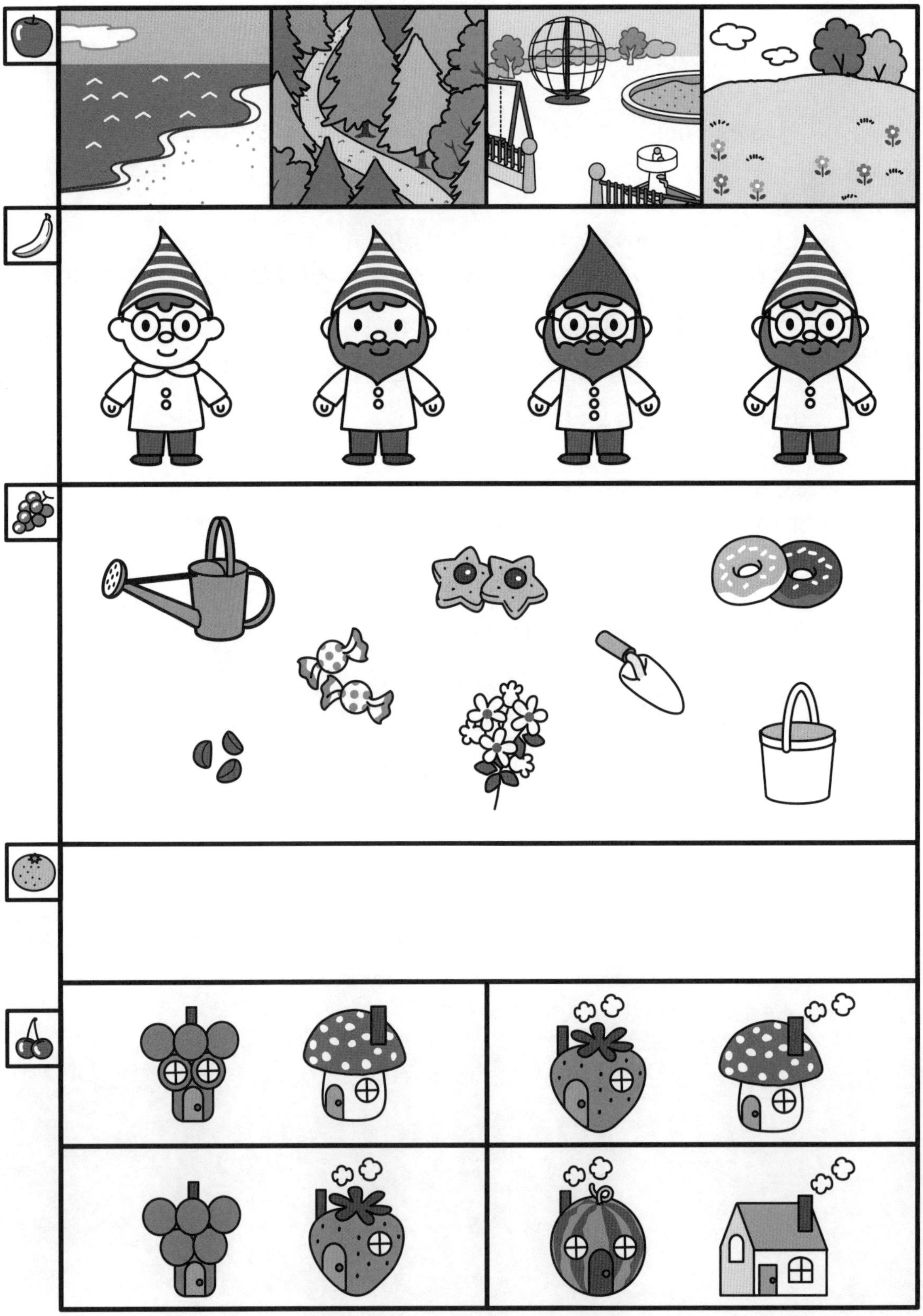

2

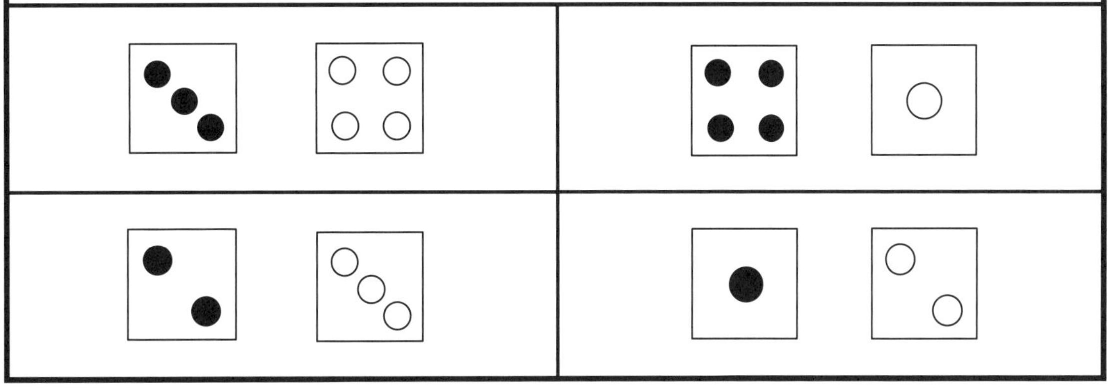

3

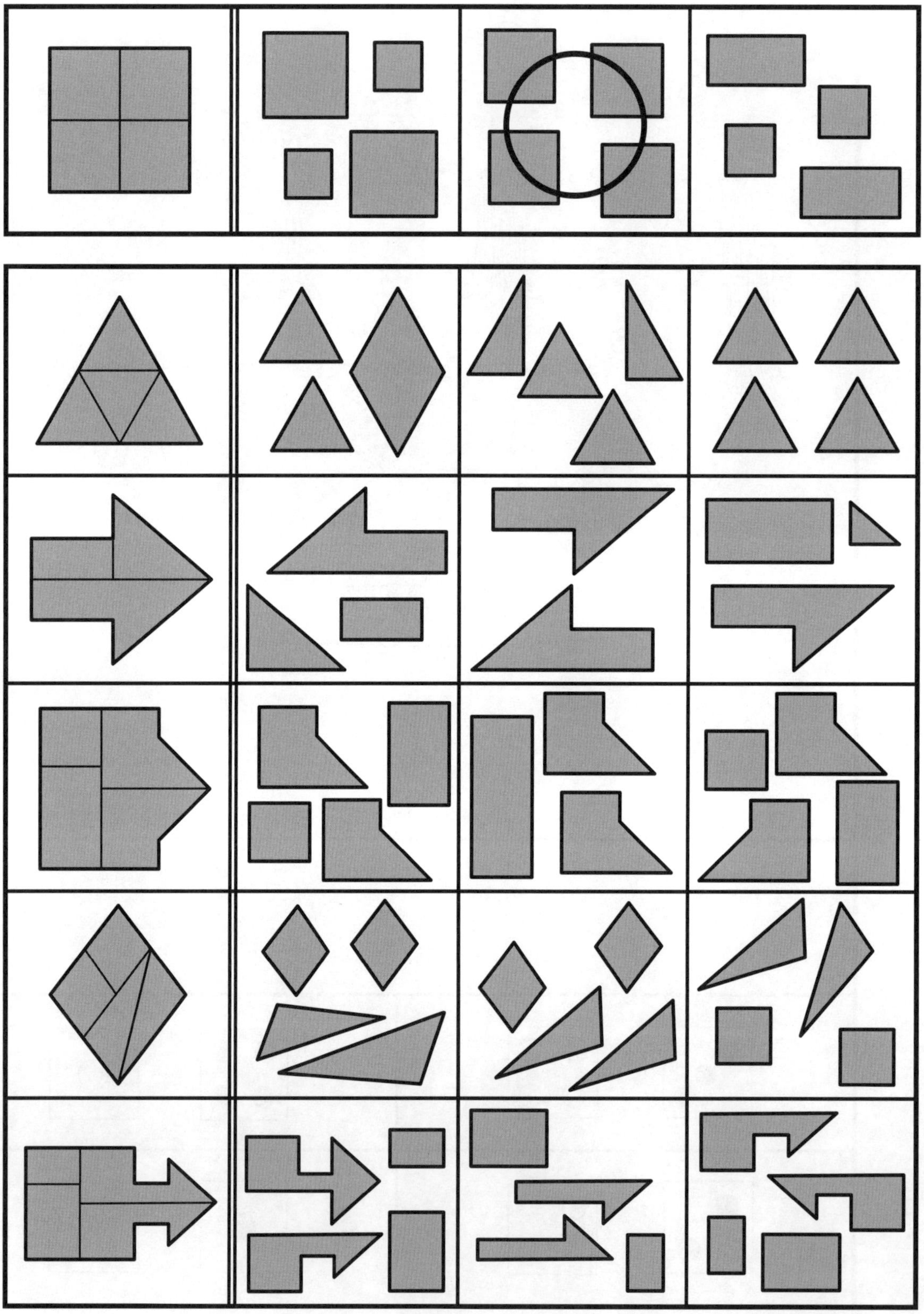

4

5

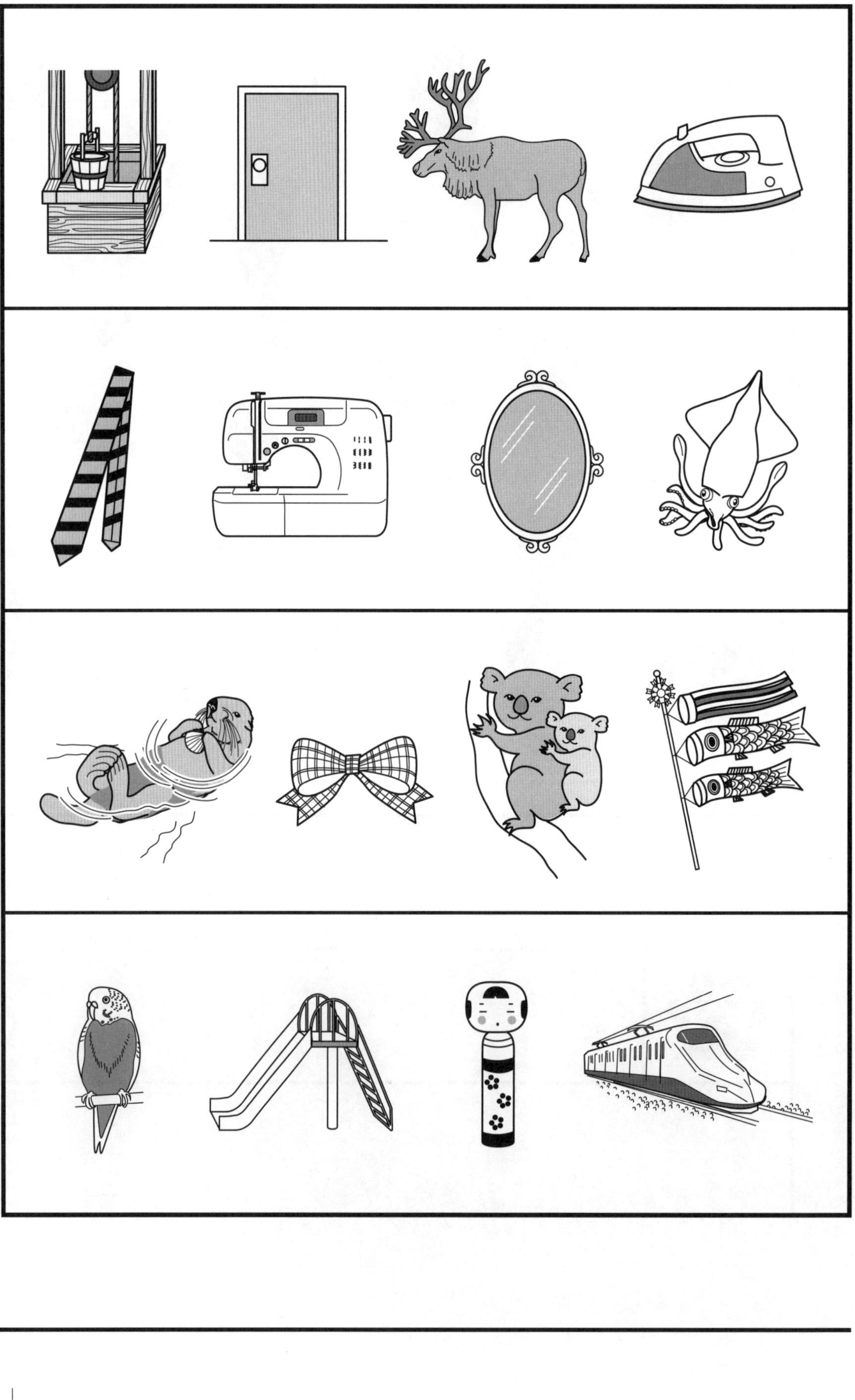

6

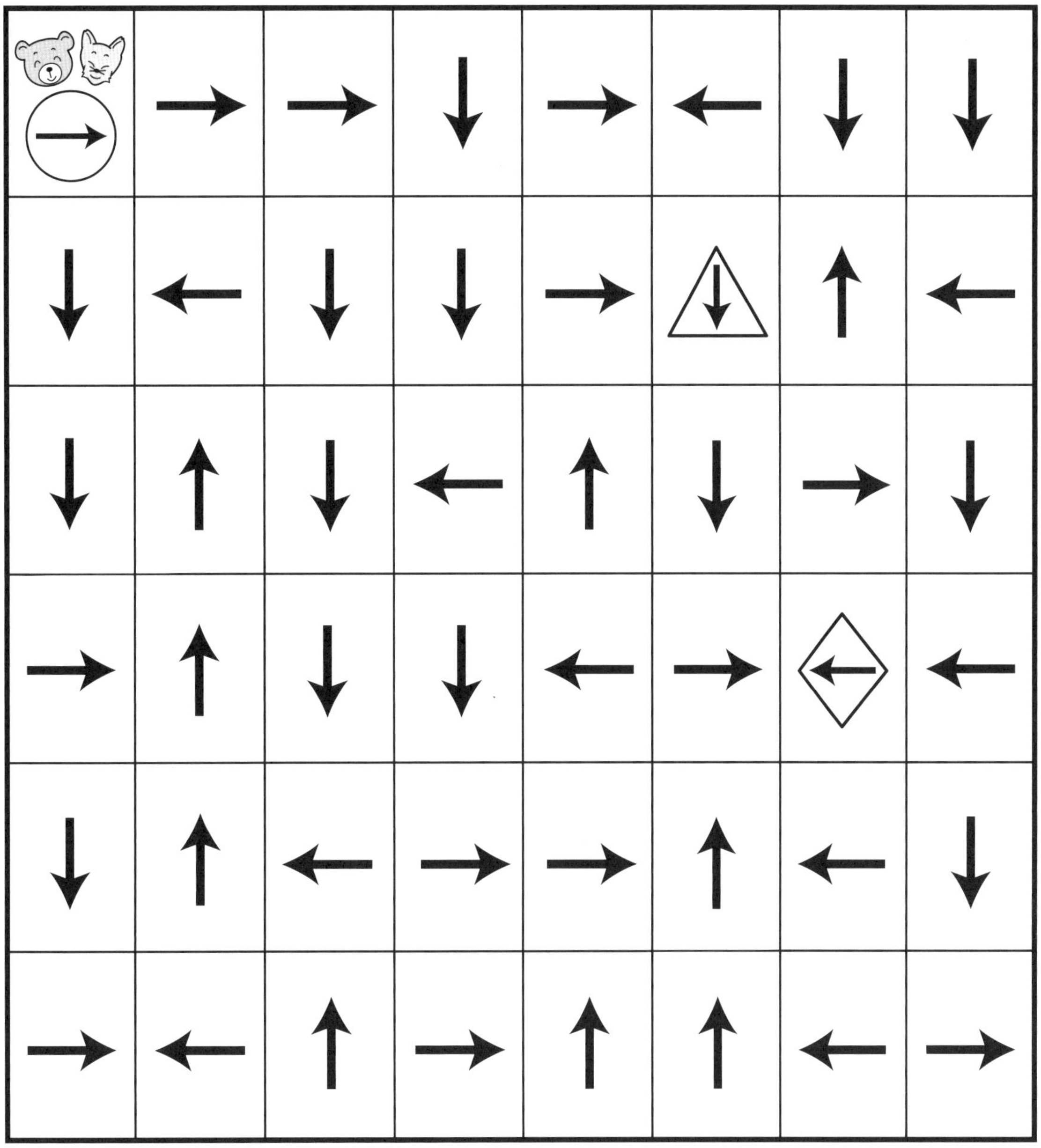

section

2023　立教女学院小学校入試問題

解答は別冊解答例018～019ページ

選抜方法

考査は１日で、約20人単位でペーパーテスト、個別テスト、集団テスト、運動テストを行う。所要時間は約２時間10分。考査日前の指定日時に親子面接があり、当日アンケートに記入する。

ペーパーテスト

筆記用具は鉛筆を使用し、訂正方法は＝（横２本線）。出題方法は音声で、一部テレビモニターを使用。

1　数　量

森で動物たちが楽しそうに過ごしていますね。

- 星１つのところです。絵の中にお花はいくつ咲いていますか。その数だけ、マス目に１つずつ○をかきましょう。
- 星２つのところです。絵の中の白いチョウチョと黒いチョウチョでは、どちらが多いですか。多い方のチョウチョに○をつけ、違う数だけマス目に１つずつ○をかきましょう。
- 星３つのところです。ウサギが持っている虫カゴには、カブトムシが５匹入っています。木にいるカブトムシを全部捕まえて虫カゴに入れると、中のカブトムシは合わせて何匹になりますか。その数だけ、マス目に１つずつ○をかきましょう。
- 三角１つのところです。ウサギと小鳥を合わせると、全部で何匹になりますか。その数だけ、マス目に1つずつ○をかきましょう。
- 三角２つのところです。クマはおにぎりを５個、ネズミは２個持ってきました。そしてクマは２個、ネズミは1個食べました。残ったおにぎりを合わせると、全部で何個になりますか。その数だけ、マス目に１つずつ○をかきましょう。
- 三角３つのところです。絵の中の小鳥が２羽飛んでいきました。しばらくすると、今度は３羽飛んできました。今、小鳥は何羽いますか。その数だけ、マス目に１つずつ○をかきましょう。

2　話の記憶

「おなかをすかせたサルがいました。『何かおいしいものはないかな』と思いながら歩いていると、畑を見つけました。『おいしそうな葉っぱだな』と葉っぱを引っ張ってみると、土の中からダイコンが出てきました。『なんだ、ダイコンか。これじゃ、おなかがいっぱいにならないよ』。サルはダイコンを畑にポイッと投げて、また歩き出しました。少し歩くと、今度はフサフサした葉っぱがある畑に来ました。『よし、今度はおいしいものがありそうだ』。サルが葉っぱを引っ張ってみると、土の中からニンジンが出てきました。ニンジンが嫌いなサルはニンジンを切り株の上に置いて、また歩き出しました。少し歩くと、さっきとは違う形の葉っぱがある畑に来ました。葉っぱを勢いよく引っ張ってみると、大きなサツマイモが出てきました。やっとおいしそうなものが出てきたので、サルは大喜びです。お家に持って帰ろうとしましたが、サツマイモはあまりに重くてどうしても持ち上げられません。そこで『よし、引っ張って運ぼう』と、引っ張ってみてもサツマイモは動きません。『うーん、それなら転がしてみよう』。こうしてサツマイモを転がしながら歩いていると、白いイヌに会いました。『この先は海だから気をつけてね』とイヌが教えてくれたので、サルはサツマイモをゆっくり転がすことにしました。けれども海へ続く道は坂道になっていて、サツマイモはコロコロと転がり始めました。『これは大変だ！』サルは焦って追いかけましたが、サツマイモはどんどん転がって、ボチャーンと海に落ちてしまいました。『あーあ……』。サルがしょんぼりしていると『誰だい？　気持ちよく寝ていたのに、何かが落ちてきたせいで目が覚めちゃったじゃないか！』と言って、真っ赤になって怒った大きなタコがサツマイモをポーンと投げ返しました。『あっ！　僕のサツマイモ！　タコさんありがとう！』サルは大喜びでその大きなサツマイモを受け取りました。そのときです。『サルくん、これをあげるよ！』お空の上から、カモメが木の枝を落としてくれました。サルはもらった枝でたき火をしておイモを焼き始めました。焼きいものいいにおいに誘われて、どこからか黒ネコがやって来ました。サルと黒ネコは、焼きいもを仲よく食べました」

・星１つのところです。サルが最初の畑で掘ったものに○をつけましょう。
・星２つのところです。サルは次の畑で掘ったニンジンをどうしましたか。お話に合う絵に○をつけましょう。
・星３つのところです。サルはサツマイモをどのようにして運びましたか。お話に合う絵に○をつけましょう。
・星４つのところです。この先に海があると教えてくれた動物に○をつけましょう。
・三角１つのところです。サツマイモが海に落ちたとき、サルはどのような様子でしたか。合う絵に○をつけましょう。
・三角２つのところです。海に落ちたサツマイモを投げ返してくれた生き物に○をつけましょう。
・三角３つのところです。その生き物がサツマイモを投げたとき、どのような顔の色でしたか。同じ色の果物を選んで、○をつけましょう。
・三角４つのところです。空から枝を落としてくれた生き物に○をつけましょう。

3　数　量（マジックボックス）

・上の長四角がお約束です。左のリンゴが、ハート、ダイヤ、クローバー、スペードの箱を通ると、それぞれ右の数になって出てきます。このお約束のとき、下の四角のようにリンゴが箱を通ると、いくつになりますか。その数だけ、下のマス目に１つずつ○をかきましょう。２つ、３つの箱を通るときは最後にリンゴがいくつになるか、その数だけ○をかきます。６つの四角ともすべてやりましょう。

4　推理・思考（四方図）

・星１つと星２つのところです。女の子から、果物やお花はどのように見えていますか。合う絵を下から選んで○をつけましょう。
・星３つのところです。子どもたちが机の上の積み木を見ています。それぞれの子どもたちから見えている積み木の様子を下から選んで、点と点を線で結びましょう。

5　話の理解

ハートのところを例題としてテスターと一緒に行い、やり方を確認する。
・ハートのところを見ましょう。四角の周りに、メロンとバナナとイチゴがあります。手前にいるゾウが果物を取りに行きますが、お約束があります。ゾウはメロンを取りには行けませんが、バナナとイチゴは取りに行けます。では、真ん中の空いている四角には、どのような道が入ればよいですか。下の４つから合う道を選び、○をつけましょう。

・星１つのところです。ネコはミカンとモモを取りに行けませんが、ブドウとメロンを取りに行けます。四角に入るとよい道を下から選んで、○をつけましょう。
・星２つのところです。サルはミカンを取りに行けませんが、メロン、モモ、ブドウを取りに行けます。四角に入るとよい道を下から選んで、○をつけましょう。
・星３つのところです。イヌはモモを取りに行けませんが、バナナ、ブドウ、ミカンを取りに行けます。四角に入るとよい道を下から選んで、○をつけましょう。
・星４つのところです。クマはモモとメロンを取りに行けませんが、バナナ、ブドウ、スイカ、ミカン、イチゴを取りに行けます。四角に入るとよい道を下から選んで、○をつけましょう。
・星５つのところです。パンダはミカンとイチゴを取りに行けませんが、ブドウ、モモ、バナナ、メロン、スイカを取りに行けます。四角に入るとよい道を下から選んで、○をつけましょう。

6 言　語

・（テレビモニターに映ったテスターが、「かざぐるま」と言いながら音に合わせて手をたたく）星１つのところです。今、手をたたいた数と同じ数の音でできているものに○をつけましょう。
・（テレビモニターに映ったテスターが、「コロッケ」と言いながら音に合わせて手をたたく）星２つのところです。今、手をたたいたように、詰まった音が入っているものに○をつけましょう。
・星３つのところです。１段目を見ましょう。イチゴのように「ゴ」で終わるものには○、ネコのように「コ」で終わるものには△、ゴリラのように「ラ」で終わるものには×を、絵のすぐ下の四角にかきます。残りの段もすべてやりましょう。

7 常　識

・星１つのところです。木になるものに○をつけましょう。
・星２つのところです。秋に咲く花に○をつけましょう。
・星３つのところです。リーンリーンと鳴く虫に○をつけましょう。
・三角１つのところです。女の子が動物園に行きます。「水の中にもいて、大きくて草を食べる動物が見たいな」と思っています。女の子が見たい動物に○をつけましょう。
・三角２つと三角３つのところです。それぞれ、仲間ではない生き物を選んで○をつけましょう。

個別テスト

教室で課題を行う。

8 制作・巧緻性

おにぎり、ミニトマト、エビフライが入った楕円形のお弁当箱が描かれたピンクの台紙（Ａ４判）、目玉焼き、ブロッコリー、フォークが描かれた白の台紙（Ｂ５判）、レタスが描かれた黄緑の台紙（Ｂ６判）が用意されている。各自持参したクーピーペン（12色）、液体のり、はさみを使用する。

・目玉焼きの黄身、ブロッコリー、フォークに色を塗り、それぞれ周りの黒い線に沿ってはさみで切り取ります。レタスは、周りの黒い線に沿って手でちぎりましょう。切り取った目玉焼きとブロッコリー、ちぎったレタスを、ピンクのお弁当箱からはみ出さないようにのりで貼ってください。のりは、貼るものの真ん中だけにつけましょう。

生活習慣

・おはしを正しく持って、食べ物をつまむように動かしてみましょう。

9 制作・巧緻性

ビーズ6個（白3個、赤、黄色、緑各1個）が入ったプラスチック製のボトル、約80㎝の長さの赤いひもが用意されている。

・（テレビモニターにお手本が映し出される）お手本と同じ順番になるように、ビーズをひもに通しましょう。

・ビーズを通したひもをいすの背もたれに巻いて、背もたれの上でチョウ結びをしましょう。

集団テスト

教室で課題を行う。

指示行動

テスターがタンバリンをたたいたらひざをたたく、マラカスを鳴らしたら腕を振る、タンバリンを振ったらクルッと回るというお約束で、楽器の音に合わせて動く。

仲間探しゲーム

紫、黄色、ピンクのカードのうちいずれか1枚が各自に配られる。カードには、ネコ、ブタ、イヌの動物のうち1種類と、バナナ、モモ、スイカの果物のうち1種類が描かれている。全員で室内を歩き、お友達に「あなたは何色？　わたしは黄色だよ」などと声をかけ、自分と同じ色のカードを持ったお友達を探す。見つけたら一緒にその場に座る。色のほか、描かれた動物や果物が同じお友達を探す場合もある。

運動テスト

体育館に移動し、4、5グループに分かれて行う。

玉入れ

グループごとに列に並び、1人ずつ床の線に立って向こう側にあるカゴを目がけてカラーのゴムボール（小）を2回投げる。投げ終わったら列の後ろにつき、体操座りをして待つ。

連続運動

グループごとに1人ずつ呼ばれて行う。呼ばれるまで体操座りで待ち、それぞれの運動が終わった後は指示された場所で体操座りをして待つ。青い線からコーンまでスキップで進む→コーンの先に置いてある縄跳びで10回前跳びをする→コーンから青い線まで走って戻る。

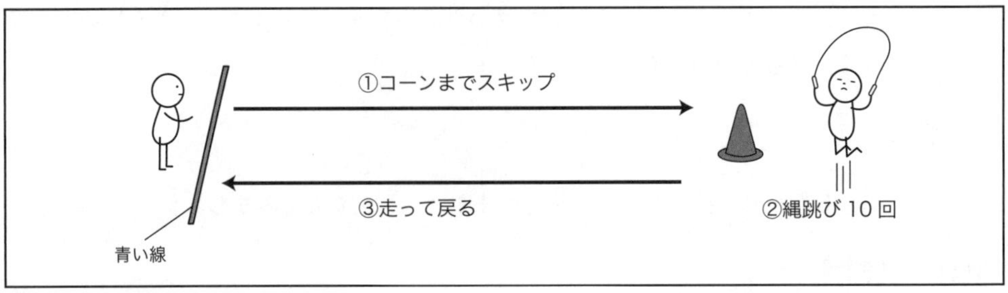

親子面接

保護者には、願書やアンケートの記入内容、子どもが答えたことについての質問もある。

本人

・お名前と幼稚園（保育園）の名前を教えてください。
・幼稚園（保育園）では何をして遊びますか。
・お休みの日は何をして遊びますか。

言語

面接の途中、前の机に呼ばれて着席して行う。テスターが絵を見せながら下記のような質問をし、回答からさらに発展した内容へと質問が続く。絵は日程により異なる。

（公園で花壇の花を抜いている男の子、砂場でけんかをしている子、泣いている女の子の絵を見せながら）

・これは何の絵ですか。
・男の子は何をしていますか。
・あなたなら男の子に何と言いますか。
・（泣いている女の子をさして）女の子はなぜ泣いていると思いますか。
・あなたなら、泣いているお友達を見たらどうしますか。
・あなたはお友達とけんかをしますか。どのようなことでけんかになるのですか。もしけんかになったら、どうしますか。

（スーパーマーケットの食品売り場で寝転がって泣いている男の子、びっくりしている店員の絵を見せながら）

・これは何の絵ですか。
・どうしてこの男の子は泣いているのですか。
・お店の人はどうしてびっくりしているのですか。
・あなたはお買い物に行きますか。
・お母さんがお買い物で買うものは何ですか。

（道路でボール遊びをしている子、車の前に転がってきたボールにびっくりしている運転手の絵を見せながら）

・これはどこの絵ですか。

- あなたは道路ではどんなことに気をつけていますか。
- 運転手さんはどんな顔をしていますか。
- 車には乗りますか。
- 車でどこへ行きましたか。

父 親

- お仕事についてお聞かせください。
- 本校へ来たことはありますか。そのときの印象をお聞かせください。
- キリスト教教育についてどのようにお考えですか。
- 自宅から最寄り駅までは何分かかりますか。
- 本日はアンケートに書かれた所要時間で来ることができましたか。
- 夏休みの宿題で手伝える内容はありますか。
- お子さんが好奇心旺盛な子になるために、どのようなことをされてきましたか。
- お子さんが成長したと思うのはどのようなときですか。
- お子さんとの時間をどのようにつくっていますか。
- お子さんと過ごしていて楽しいのは、どのようなときですか。
- お子さんが夢中になっていることは何ですか。
- 学生時代に打ち込んでいたことは何ですか。
- ご家庭で大切にしていることは何ですか。

母 親

- 女子校を選んだ理由をお聞かせください。
- 数ある私立の中から本校を選んだ理由をお聞かせください。
- お仕事についてお聞かせください（テレワークの頻度、送迎について、下校後の対応など）。
- 今までの育児で大変だったのは、どのようなことですか。
- お子さんと過ごす中で一番楽しいことは何ですか。
- お子さんの成長を感じるエピソードをお聞かせください。
- ご家庭で大切にしているのはどのようなことですか。
- 女性の自立について、大切なことは何だと思いますか。
- 今、通っている幼稚園（保育園）を選んだ理由を教えてください。

面接資料／アンケート

面接当日にアンケート（A４判）に記入する。以下のような項目がある。

- 本人氏名、生年月日、家族構成。
- 仕事や家庭生活について、伝えたいこと。
- 通学経路、通学時間、本人の就寝時間、起床時間、食物アレルギーの有無。

※ほかに、志願者の個人写真（縦４cm×横３cm）と志願者を含む家族写真（L判）を持参し、貼りつける（裏に名前と受験番号を記入するよう指示がある）。

1

☆							△						
☆☆							△△						

☆☆☆							△△△						

2

3

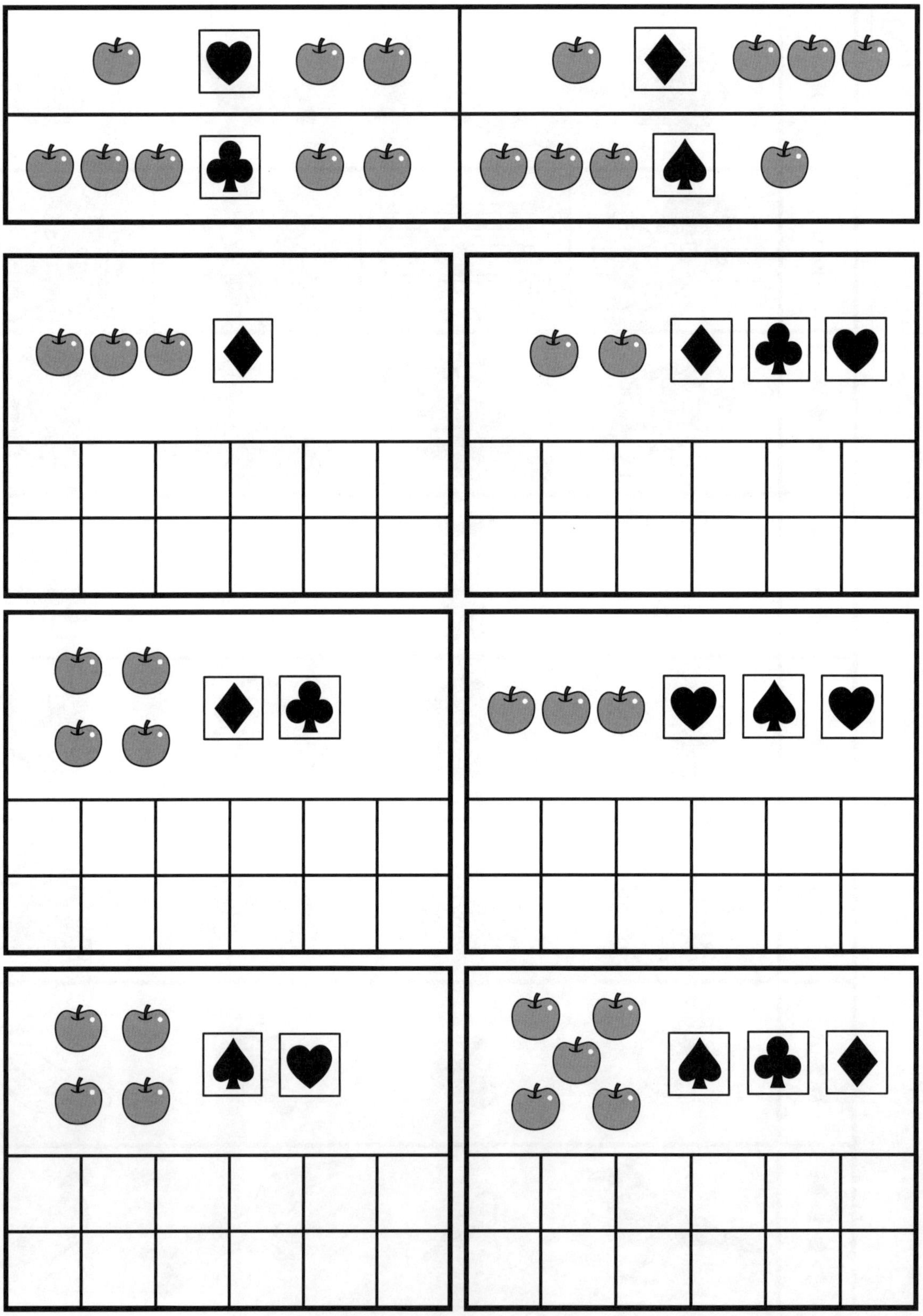

4

5

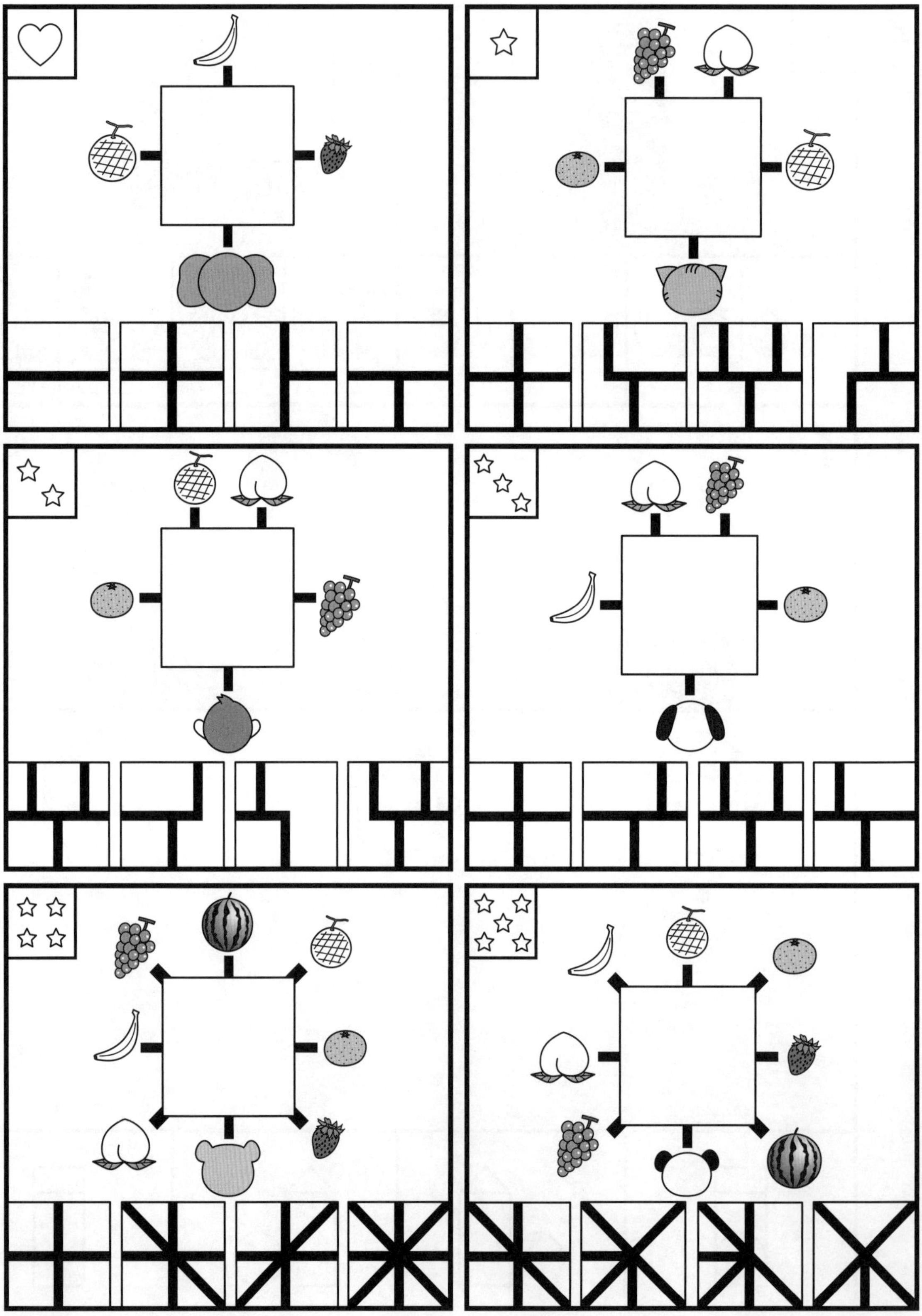

6

☆

☆☆

☆☆☆

7

8

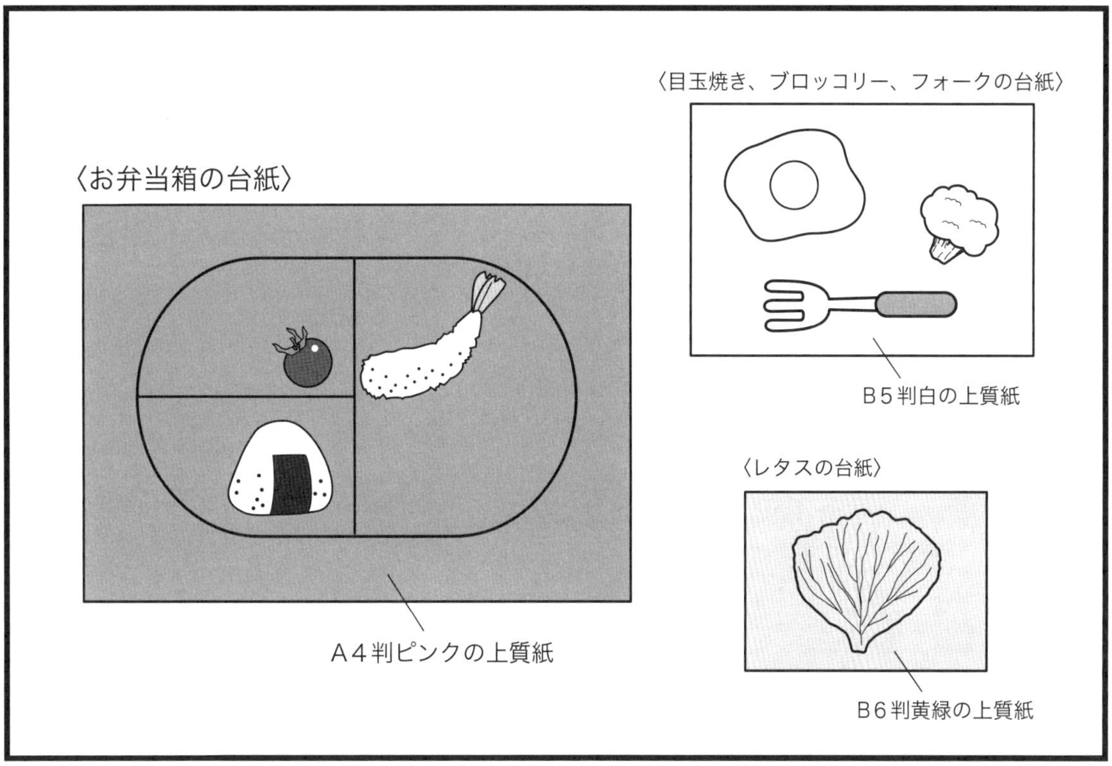
〈お弁当箱の台紙〉
A４判ピンクの上質紙
〈目玉焼き、ブロッコリー、フォークの台紙〉
B５判白の上質紙
〈レタスの台紙〉
B６判黄緑の上質紙

9

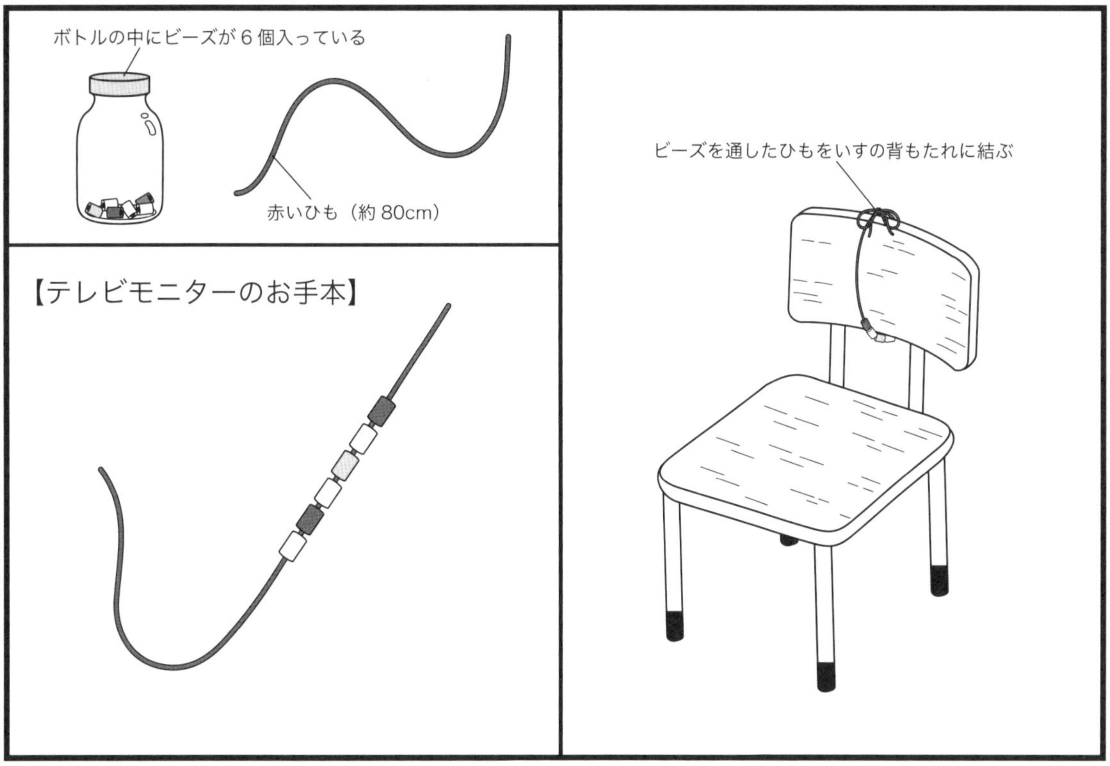
ボトルの中にビーズが６個入っている
赤いひも（約 80cm）
【テレビモニターのお手本】
ビーズを通したひもをいすの背もたれに結ぶ

神奈川県·埼玉県·千葉県·茨城県
私立小学校入試問題

section

2023 青山学院横浜英和小学校入試問題

解答は別冊解答例019ページ

選抜方法

考査は１日で、約16人単位でペーパーテスト、集団テストを行う。所要時間は約２時間30分。考査日前の指定日時に親子面接がある。

ペーパーテスト

筆記用具は鉛筆を使用し、訂正方法は ＝（横２本線）。出題方法は音声。

1 話の記憶

「クマのおじいさんが森を歩いていると、キラキラと光るお金を見つけました。お金を拾ったクマのおじいさんは、そのお金で冬を過ごすためのドングリを買おうと思い、お店を探しました。しかし、売っているお店が見つかりません。あきらめかけたそのとき、リスさんに声をかけられました。『何を持っているの？』『お金だよ。これでドングリを買いたいのだけど、お店が見つからないんだ』。すると、リスさんは自分が持っているドングリを全部くれました。お礼を言って別れた後、クマのおじいさんは『もうすぐ冬だから、体を暖かくするものが欲しいなあ』と、今度は手袋が欲しくなりました。しかしお店が見つからずに困っていると、ウサギさんに声をかけられました。『おじいさん、どうしたの？』『手袋を買いたいのだけど、お店が見つからないんだ』。それを聞いたウサギさんは『それなら、わたしの毛で作ったこの手袋をあげるわ』と言いました。クマのおじいさんは『ありがとう』と言って手袋を受け取りました。『このお金、どうしたらいいんだろう……。そうだ、帽子もあるといいな』と、今度は帽子屋を探し始めました。そこにサル君がやって来ました。『おじいさん、キラキラ光るそれは何？』『お金だよ。今からこれで帽子を買いに行くんだ』。するとサル君は『帽子だったら、僕が編んだ帽子をあげるよ』と言って、クマのおじいさんに帽子を渡しました。サル君にお礼を言ってお家に帰ろうとして、クマのおじいさんはふと思いつきました。『そうだ。風邪を引いて咳が出るときにははちみつをなめるといいな。それを買っておこう』。でも、もうお日様が沈み始めて空が赤くなっています。『ああ、もうお店が閉まってしまうな』とクマのおじいさんがため息をつくと、どこか向こうの方からもため息が聞こえました。近づいてみると、そこにはアライグマさんがいました。ドングリが見つからず、困ってため息をついたところだったのです。クマのおじいさんは『さっき、リスさんからたくさんドングリをもらったんだ』とドングリを分けてあげました。アライグマさんは『ありがとう。お礼にこのはちみつをあげるね』とはちみつをくれました。冬を過ごすためのものが全部そろったので、クマのおじいさんは拾った場所にお金を戻しておこうと思いました」

- 「あ」の段です。お金を見つけたのはどの動物ですか。これからお話しする中から選んで、合う数字に○をつけましょう。①クマのおじいさん、②クマの子ども、③アライグマです。
- 「い」の段です。リスはクマのおじいさんに何をしてあげましたか。合う数字に○をつけましょう。①ドングリを売っているお店を教えてあげた、②ドングリをあげた、③お金をあげたです。
- 「う」の段です。クマのおじいさんに帽子をあげたのは、どの動物ですか。合う数字に○をつけましょう。①ウサギ、②リス、③サルです。

- 「え」の段です。クマのおじいさんは、咳が出るときのために何を買おうとしましたか。合う数字に○をつけましょう。①手袋、②はちみつ、③薬です。
- 「お」の段です。クマのおじいさんは、どうして体を暖かくするものを買おうとしたのでしょうか。合う数字に○をつけましょう。①子どもにプレゼントしたいから、②もうすぐ冬になるから、③持っていたものが古くなったからです。

2 推理・思考（重さ比べ）

- シーソーにいろいろな果物を載せると、上の四角のようにつり合います。このお約束のとき、下のシーソーで右側が上がるものに○をかきましょう。○はシーソーの上の四角にかいてください。

3 数　量

上の絵を見てください。
- ①の段です。ブタの数だけ○をかきましょう。
- ②の段です。ブタとニワトリの数はいくつ違いますか。違う数だけ○をかきましょう。
- ③の段です。絵の中で２番目に少ないのはどの生き物ですか。その数だけ○をかきましょう。
- ④の段です。川の左側にいる生き物と、右側にいる生き物の数はいくつ違いますか。違う数だけ○をかきましょう。

4 位置の移動

- 動物たちが種を植えようとしています。今いるマス目から、クマは右に、ウサギは上に、ライオンは下に、パンダは左に、それぞれ１つずつ動いて植えると、種が２つ植えられるのはどこですか。そのマス目に○をかきましょう。

集団テスト

5 巧緻性

女の子とカタツムリが描かれた台紙(左に穴が２つ開いている)、渦巻きの台紙、ひも、クーピーペン、鉛筆、スティックのり、はさみが用意されている。
- 渦巻きの台紙の点線を鉛筆でなぞり、太い線に沿って丸く切り取りましょう。
- 大きい渦巻きはカタツムリに、小さい渦巻きは女の子が持つペロペロキャンディーになるように、女の子とカタツムリの台紙にスティックのりで貼ります。
- 女の子の帽子をオレンジ色、帽子のリボンを水色、スカートを上から黄色、青、赤の順にクーピーペンで塗ります。靴は緑のクーピーペンで塗りましょう。
- 台紙の穴にひもを通し、チョウ結びをしましょう。

行動観察

- 猛獣狩りゲームを行う。
- ４人ずつのグループに分かれて行う。各グループに発泡スチロール製ブロック、プラスチック製植木鉢、フライパン、風呂場用のいす、木の板、コーン、ボール、シャンプーボトル、アヒルやヒヨコのおもちゃなどが用意されている。掲示されているお手本の写真と同じになるように、グループのお友達と協力して組み立てる。

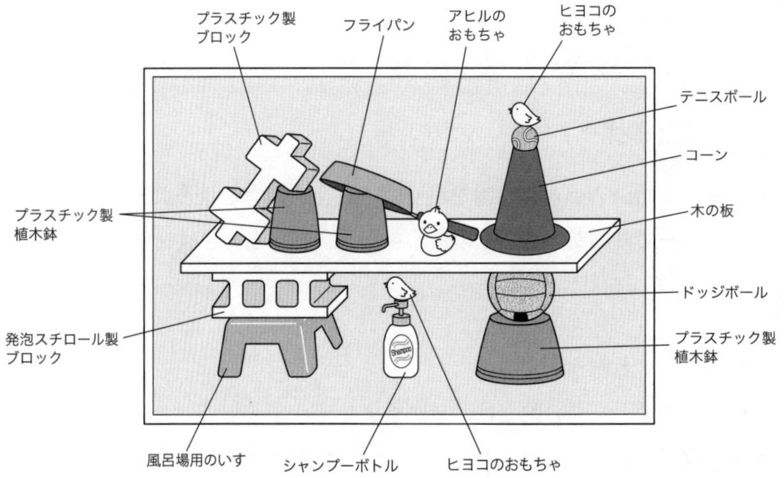

・４人ずつのグループに分かれて行う。各グループにＢ５判、Ａ４判の画用紙が複数枚用意されている。Ｂ５判の画用紙を半分に折って立て、その上にＡ４判の画用紙を載せるというお約束で、タワーを作る。
・４人ずつのグループに分かれて、ドッジボールを投げ、受ける。

親 子 面 接

本 人

・家族は何人ですか。誰がいますか。
・幼稚園（保育園）では、お友達と何をして遊びますか。（発展して質問あり）
・幼稚園（保育園）では、どんなときにほめられますか。
・朝、１人で起きられましたか。誰が起こしてくれましたか。
・朝ごはんは誰と食べますか。今日は何を食べましたか。
・どうやってここに来ましたか。１人で来られそうですか。
・お父さんとこの学校へ来たことはありますか。
・お父さん（お母さん）とは一緒に遊びますか。何をして遊びますか。
・嫌いな食べ物はありますか。もし出てきたらどうしますか。
・お母さんがしている家事で、一番大変なことは何だと思いますか。
・お母さんが作るお料理で、お父さんが好きなものは何だと思いますか。
・お手伝いはしますか。（発展して質問あり）
・きょうだいと違う学校に行くことをどう思いますか。
・お父さん、お母さんのお仕事を知っていますか。（仕事内容について、発展して質問あり）
・絵本は自分で読みますか。誰が読んでくれますか。何の話が好きですか。それはどんなお話ですか。
・（宗教教育に関する母親への質問の後に）聖書を読んでもらったことはありますか。

・習い事は何をしていますか。
・小学校の試験を受けるため、どんなことをしましたか。
・宝物はありますか。（発展して質問あり）
・将来、何になりたいですか。それはどうしてですか。

父 親

・本校を選んだ理由をお聞かせください。
・お子さんが年少のころから学校説明会に参加されていますが、本校を知ったきっかけは何ですか。
・お仕事について教えてください。帰宅時間は遅いですか。
・休日はどのように過ごしていますか。
・お子さんに我慢をさせていると感じることはありますか。
・お子さんをほめるのはどのようなときですか。
・ほめるのとしかるのとでは、どちらが大切だと思いますか。
・最近、お子さんが成長したと感じたことはありますか。
・受験の準備は大変だと思いますが、奥さまとお子さんを見て大変そうだと思うのはどのようなところですか。
・ほかに受験されるキリスト教教育の学校はありますか。
・ご自宅が遠いようですが、通学に問題はありませんか。

母 親

・お仕事について詳しく教えてください。
・幼稚園（保育園）へのお迎えは、どなたがされていますか。
・お子さんをインターナショナルスクールに入れた経緯を教えてください。
・子育てで気をつけていることを教えてください。
・お子さんに我慢をさせていると感じることはありますか。
・宗教教育に求めるものは何ですか。
・受験の準備で大変なことはありますか。どのようなところが大変か教えてください。
・ほかにはどちらの小学校を受験されますか。
・上のお子さんは違う学校に通われていますが、そのことをどのようにお考えですか。
・お料理をするときには、どのようなことを意識していますか。
・アレルギーについてお聞かせください。本校では対応していませんが、どのようにされますか。
・お子さんの送迎は対応できますか。行事も多いですが参加できますか。

面接資料／アンケート

Ｗｅｂ出願時に親子面接事前アンケートに入力する。以下のような項目がある。

・志望理由（ほかの学校と違えて入力。400字程度）。
・子どもの様子（興味・関心、好きなこと・もの、伸ばしたいところ、直したいところなど。400字程度）。
・学校行事への参加（学校説明会、入試説明会、年中児対象体験入学、その他行事）。
・受験準備について（幼児教室、習い事）。

・子どもの健康状態。
・通学経路、所要時間。
・家族や親戚の中に、本学院の在校生（在園児含む）や卒業生はいるか。

1

あ	①	②	③
い	①	②	③
う	①	②	③
え	①	②	③
お	①	②	③

2

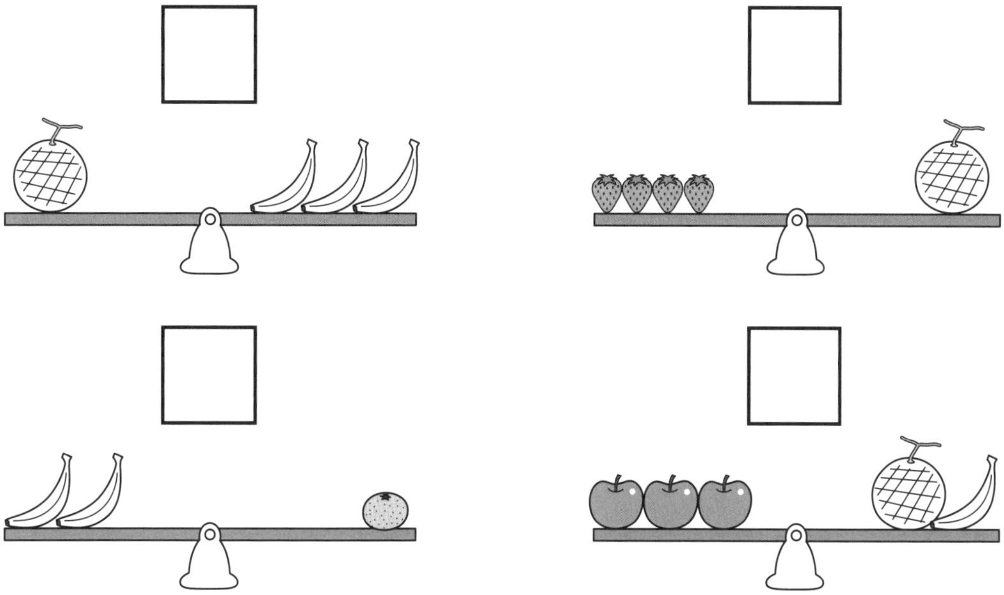

3

①	
②	
③	
④	

4

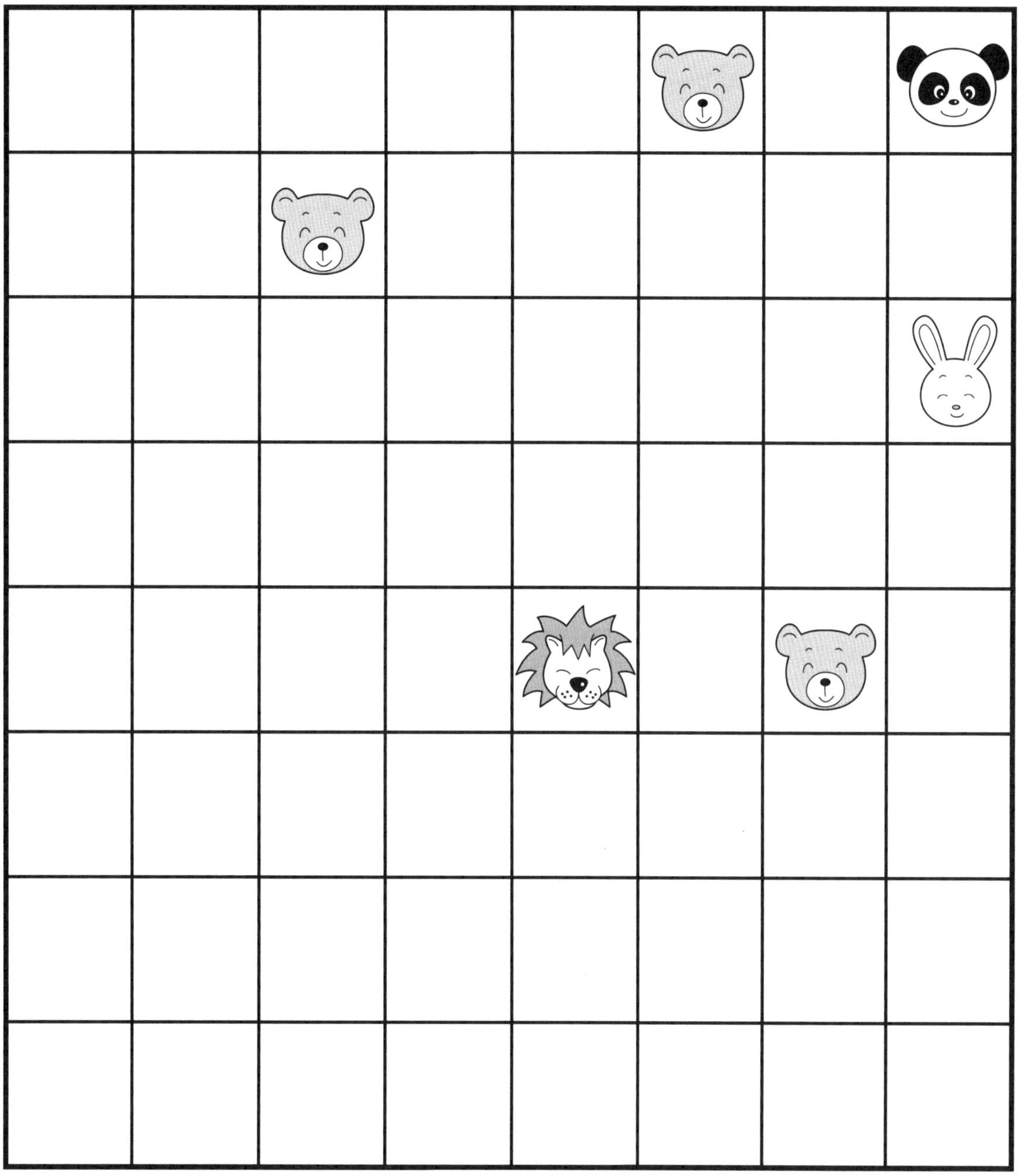

5

〈女の子とカタツムリの台紙〉

〈渦巻きの台紙〉

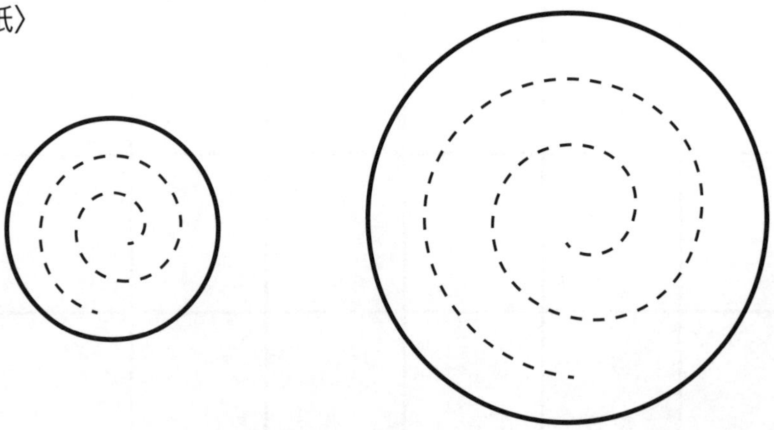

section
2023 湘南学園小学校入試問題

解答は別冊解答例020ページ

選抜方法

募集はA入試、B入試、C入試があり、いずれも考査は1日で、受験番号順に15～20人単位で、ペーパーテスト、個別テスト、集団テスト、運動テストを行う。所要時間は2時間30分～3時間。A、B入試は考査日前の指定日時に、C入試は考査当日に親子面接がある。

ペーパーテスト

筆記用具は鉛筆を使用し、訂正方法の指示はなし。出題方法は話の記憶のみ音声で、ほかは口頭。

1 話の記憶

「今日はある女の子が、お父さん、お母さんと一緒に初めて水族館へ行く日です。『水族館ってどんなところかな』と前の日からずっと楽しみにしていました。お父さんが運転する車で水族館へ向かい、中に入るとすぐにイルカの置物が出迎えてくれました。お母さんが『本物のイルカみたい』と驚いています。『絶対に違うよ』と女の子は大笑いしてしまいました。最初に見たのはペンギンです。かわいらしいのでまだまだ見ていたかったけれど、隣の水槽も気になります。その水槽にはとても大きなサメが泳いでいたので、女の子はびっくりしました。その次に見たアシカは、まるでにっこり笑って迎えてくれているような顔に見えました。夢中になっていろいろな生き物を見ながら歩いているうちに、なんと女の子はお父さん、お母さんとはぐれてしまいました。迷子になった女の子は困りましたが、勇気を出して水族館の人にお話しすると、一緒にお父さんとお母さんを探してくれました。あちこち探していたら、やっとお母さんを見つけることができて、女の子は大喜びでお母さんのところへ走っていきました」

・1段目です。水族館の入口にあった置物に○をつけましょう。
・2段目です。水族館で最初に見た生き物に○をつけましょう。
・3段目です。水族館まで車を運転した人に○をつけましょう。
・4段目です。お母さんに会えたとき、女の子はどのような顔をしていたと思いますか。合うものに○をつけましょう。

2 推理・思考（重さ比べ）

・シーソーで重さ比べをしています。一番重いものに○をつけましょう。○は下の絵につけてください。

3 数　量

・上の四角の中で数が一番多いものを選んで、下の絵に○をつけましょう。

4 言語（しりとり）

・左端から右端までしりとりで全部つながるように、長四角の中から合うものを選んで○をつけましょう。

5 点図形

・左側のお手本と同じになるように、右側にかきましょう。

個別テスト

言　語

1人ずつテスターに呼ばれて質問される。

・お名前を教えてください。

・幼稚園（保育園）の名前を教えてください。

・今から先生が言う言葉を、反対から言いましょう（スイカ、カブトムシ、靴下など）。

6 常識（道徳）

教室の絵を見ながら質問に答える。

・いけないことをしている人を指でさし、その理由をお話ししてください。

話の理解

・（チョコレートの空き箱を見せられて）この中には消しゴムとビー玉が入っています。それを知らないたろう君に、「この箱に何が入っていると思う？」と聞くと、どのように答えると思いますか。お話ししてください。

巧緻性

テスターのお手本を見ながら折り紙を折る。

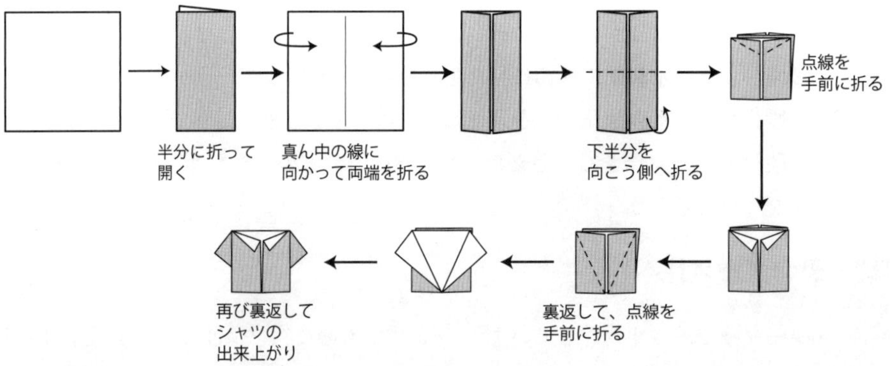

集団テスト

集団ゲーム（輪つなぎ競争）

チームに分かれて行う。各チームの机の上に、いろいろな色の短冊、人数分のつぼのりが用意されている。チームで協力して輪つなぎをして、一番長くつなげたチームの勝ち。

集団ゲーム（ジャンケン列車）

音楽が流れている間は自由に歩く。音楽が止まったら近くのお友達とジャンケンし、負けたら相手の肩に手を置いて後ろにつながる。また音楽が流れたら同じように続ける。

行動観察（自由遊び）

釣りゲーム、サッカーゲーム、ラジコン、お店屋さんセット（パンやレジなど）の４つのコーナーがあり、用意された遊具で仲よく遊ぶ。

運動テスト

模倣体操

テスターのお手本を見ながら、手首や足首を回したり、伸脚や屈伸などを行う。

連続運動

コーンまでスキップ→平均台を渡る→コーンをジグザグ走り→フープをケンパーで進む→片足バランス３秒。

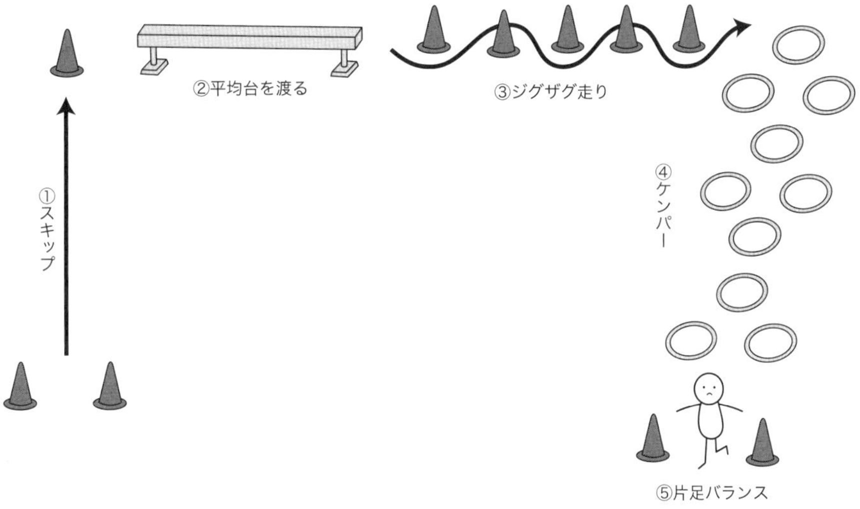

親 子 面 接

本 人

・お名前、幼稚園（保育園）の名前を教えてください。
・仲のよいお友達はいますか。お友達の名前を教えてください。
・お友達とはどんな遊びをしていますか。それはどんな遊びですか
・幼稚園（保育園）では、お部屋の中と外のどちらで遊ぶのが好きですか。

- 幼稚園（保育園）から帰ってからは、どんなことをしていますか。
- お家では何をして遊びますか。公園では何をして遊びますか。
- 普段、お手伝いはしていますか。どんなお手伝いをしますか。そのお手伝いで難しいことは何ですか。
- お休みの日には何をしていますか。
- お父さんとは何をして遊ぶのが好きですか。
- お母さんにしかられることはありますか。しかられるのはどんなときですか。そのとき、どのように思いましたか。どうしたらよかったと思いますか。
- 大きくなったら何になりたいですか。
- 小学校へ入ったら、どんなことがしたいですか。

父 親

- 本校志望の理由をお聞かせください。
- 説明会などでは、どのようなことを感じましたか。
- コロナ禍でいろいろな制限がある中、本校の取り組みも含めてどのように感じていますか。
- 教育方針についてお聞かせください。
- ご職業についてお聞かせください。
- お子さんと普段どのように接していますか。お忙しいとは思いますが、お子さんとのコミュニケーションはとれていますか。
- お休みの日は、お子さんとどのようにかかわっていますか。
- お子さんと接する際に気をつけていることは何ですか。
- お子さんの性格についてお聞かせください。
- お子さんの長所と短所を教えてください。なお、短所にはどのような対応をなさっていますか。克服するためにしていることはありますか。
- お父さまとお子さんとで、似ているところはありますか。
- ご両親から引き継いだことで、お子さんにも伝えたいことは何ですか。
- お子さんには、将来どのような大人になってほしいですか。

母 親

- 本校をどのようにしてお知りになりましたか。
- 本校の印象を教えてください。
- 本学園に対してどのような印象をお持ちですか。
- 志望校を決めてから、実際に足を運んで受けた本校の印象に違いはありましたか。
- お子さんの性格を記入していただきましたが、短所を克服するために何かしていることはありますか。
- お子さんには、将来どのような人になってほしいですか。
- お仕事をされていますか。(仕事の内容から)コロナの影響を受けて忙しくなりましたか。
- お母さまにとって、お仕事は子育てにどのような影響があると思いますか。
- 幼稚園（保育園）への登園はどのようにしていますか。
- 育児をするうえで感じたことや気をつけていることはありますか。
- 子育てで学んだこと、得たことは何ですか。

・男の子の子育てで学んだことはありますか。
・お子さんの成長を感じたことはありますか。
・入学する際に伝えておくべきアレルギーや健康状況はありますか。
・健康面について心配なことはありますか。
・健康状態（アレルギーの有無）について。
・最寄り駅まで徒歩何分ですか。

面接資料／アンケート

面接当日に親子面接資料を提出する。以下のような項目がある。

・志願者氏名、性別。
・本校志望の理由。
・ご家庭の教育方針。
・お子さまの性格。
・お子さまの生活状況（好きな遊び、習い事など）。
・お子さまの健康状況。
・通学経路　自宅から学校までの経路・時間を簡単にお書きください。
・その他　ご家族やご親戚に、本学の卒業生がいらしたらお書きください。

1

2

3

4

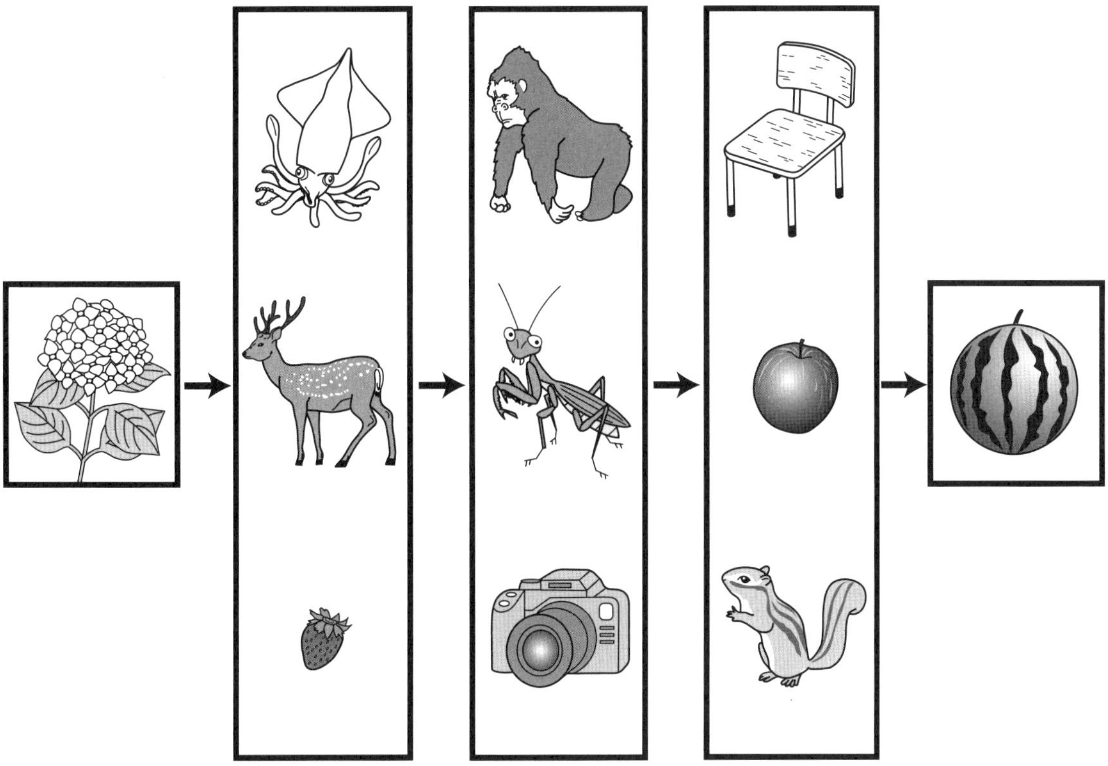

5

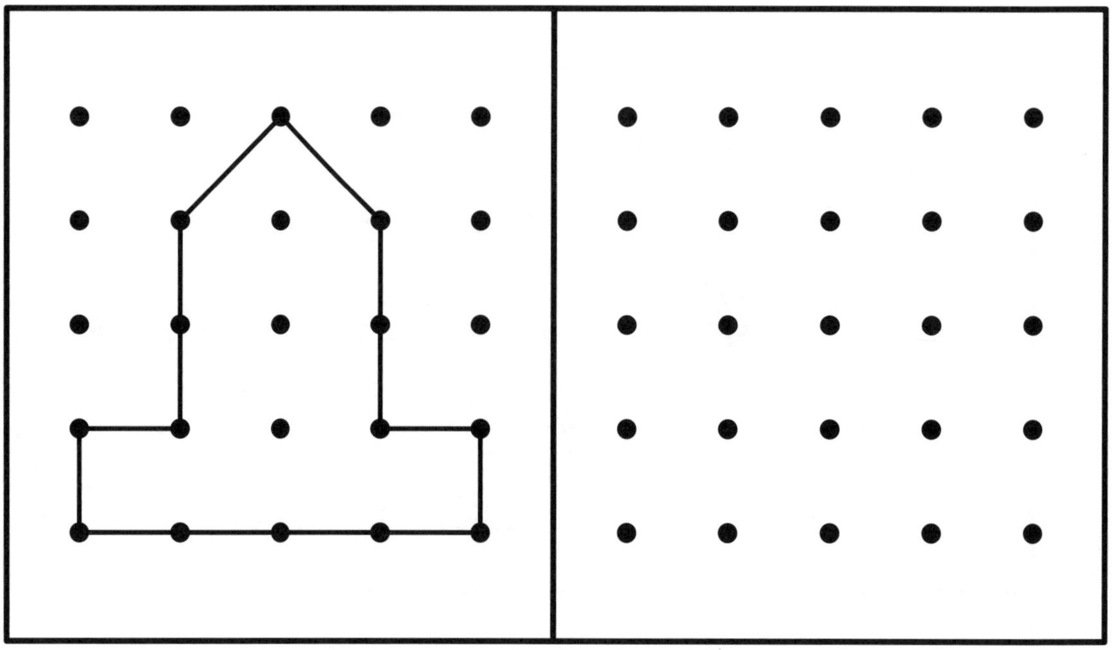

6

section
2023 精華小学校入試問題

解答は別冊解答例020～021ページ

選抜方法

受験番号は出願の受付順に決まる。考査は１日で、ペーパーテスト、個別テスト、集団テスト、運動テストを行う。所要時間は２～３時間。考査日前の指定日時に親子面接がある。

ペーパーテスト

筆記用具は鉛筆を使用し、訂正は消しゴムを使う。出題方法は口頭。

1 推理・思考

・上の積み木を、下の積み木の穴の中に通します。上の積み木の向きをどのように変えても通せないものはどれですか。それぞれ下の大きい四角から選んで、○をつけましょう。

2 推理・思考

・いつもとは違うお約束でジャンケンをします。２人でジャンケンをするときは、勝ちと負けが逆になります。また、２人より多い人数、たとえば３人や４人のときは勝ち負けは逆にならず、そのとき数が少ないジャンケンの手が勝ちになります。左端の手が勝つジャンケンには○、負けかあいこには×を右側の四角につけていきます。では、一番上の段を見ましょう。左端の手はグーですね。すぐ隣の四角では２人がジャンケンをしていて、それぞれがパーとグーを出しています。今日はいつもとは逆の勝ち負けですから、グーの勝ちとなるので○をつけます。その隣はグー、チョキ、パーが１人ずつのあいこなので、×をつけます。その隣はグーが３人、パーが２人、チョキが１人で、手が一番少ないチョキの勝ちとなるので×をつけます。そして右端は、グーが１人、パーとチョキが２人ですから、手が一番少ないグーの勝ちとなるので○をつけます。やり方はわかりましたか。では、その下の段を見ましょう。今度は、グーとチョキの両方が勝つ四角に○をつけます。すぐ隣の四角を見ましょう。グー、チョキ、パーが１人ずつですから、あいこなので×、その隣はチョキが２人でグーとパーが１人ずつなので、グーとパーが勝ちになりこれも×ですね。その隣は、グーとチョキが１人ずつでパーが２人なので、グーとチョキの両方が勝ちになり○、右端はチョキは１人ですがパーとグーが２人なので勝つのはチョキだけとなり、×をつけます。やり方はわかりましたか。では、下の４つの段も、左端の手が勝つ四角には○、負けとあいこの四角には×をつけましょう。

3 観察力

・上の絵と違うところを下の絵で探して、○をつけましょう。違うところは全部で10個あります。

4 巧緻性

プリントにかかれた三角形よりもやや小さい直角二等辺三角形（青）のシールのシートが配られる。
・三角のシールを、プリントの三角の中に向きを合わせて貼りましょう。ただし、三角の線にくっついたり、三角からはみ出したりしないようにしてください。シールは上の段の左から順番に貼りましょう。

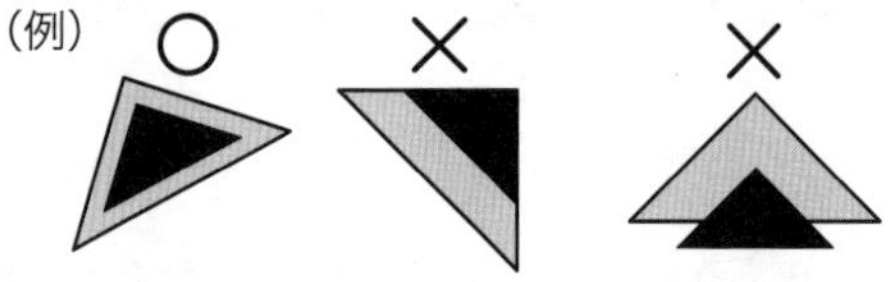

5 絵画（想像画）

クレヨンを使用する。前方に、左右に開いた窓の絵が提示される。

・（窓を示しながら）ここを通ると、大きいものは小さく、小さいものは大きくなります。あなたがここを通ったら、小さくなりました。野菜畑に行ってモヤシのすべり台で遊んでいると、いろいろな野菜たちが集まってきたので一緒に仲よく遊びました。では、その様子を描きましょう。

個別テスト

別の教室で絵本を読んで待つ。順番が近くなったら２人ずつ個別テストの部屋の前に誘導され、いすに座って待つ。１人ずつ入室し、起立したまま行う。

6 言語・常識（想像力）

テスターが絵カード４枚をお話の順番に並べる。絵カードを見ながら音声で流れるお話を聞いて、質問に答える。

「ウサギさんとキツネさんが折り紙でツルを折っています。ウサギさんは上手に折れずに困っているようです。それを見たキツネさんが『やってあげるよ』と言って、ウサギさんの折り紙を取りました。でもウサギさんは、頑張って自分で折りたいと思っていました。そこでキツネさんから折り紙を取り返そうとして、２匹はけんかになってしまいました。そこにタヌキさんがやって来ました。２匹を仲直りさせようと思ったのに、なかなか仲直りをしないので、タヌキさんは困ってしまいました」

・ウサギさんはどんな気持ちだと思いますか。

・キツネさんはどうすればよかったと思いますか。

・タヌキさんはどんなことをしたと思いますか。タヌキさんの気持ちになってお話ししましょう。

集団テスト

集団ゲーム（ピンポン球運び）

６、７人ずつのチームに分かれ、２チーム同時にリレー形式で行う。跳び箱４段の上に透明な箱があり、箱の中にはピンポン球１つと、ピンポン球を運ぶ道具としておたま、スプーン、しゃもじ、あく取り網などが人数分用意されている。チームで相談し、誰がどの道具を使うかを決めて１列に並ぶ。先頭の人は跳び箱の手前に置かれたフープの中に立つ。そこからスタートして、自分が使う道具を箱から取ってピンポン球をすくい、４つ置かれたコーンをジグザグに回ってよけながら進み、折り返して戻ってくる。戻ったらピンポン球を箱に戻し、道具を持ったままチームの列の後ろに並んで体操座りで待つ。次の人は、前の人がスタートしたらフープの中で立って待ち、ピンポン球が箱に戻されたら自分の道具ですくって前の人と同じように運ぶ。なお、ピンポン球を落としたときは、手で拾ってその場からやり直す。

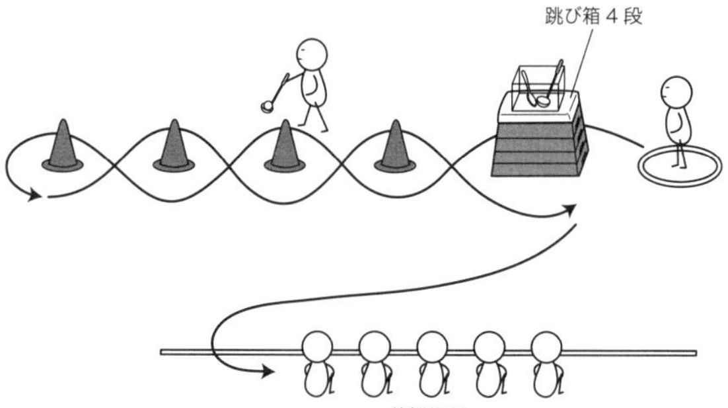

運動テスト

待つ間は後ろを向いて体操座りをする。２人ずつ行い、テスターが押すストップウオッチの音を開始と終了の合図とする。

持久力

小さな台に乗って鉄棒を逆手で握り、鉄棒より上に顔が出るように構える。テスターが台を外したら、足が床につかないようにそのままの姿勢を保つ。終了の合図で降りる。

両足跳び

床に３つ並んだ四角の真ん中に立ち、両足をそろえて右側の四角に跳び、その場でもう１回ジャンプしてから真ん中の四角に跳んで戻る。今度は左の四角に跳び、その場でもう１回ジャンプしてから真ん中の四角に跳んで戻る。終了の合図までくり返す。

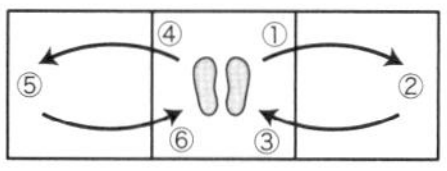

真ん中から①右→②その場でジャンプ→③真ん中に戻る
→④左→⑤その場でジャンプ→⑥真ん中に戻る

お手玉投げ上げ

両足跳びを行った真ん中の四角の中に立つ。好きな方の手でお手玉を投げ上げ、手を１回たたいてから投げ上げた手と反対の手でキャッチする。終了の合図までくり返す。

親子面接

本人

・お名前を教えてください。
・幼稚園（保育園）のお名前を教えてください。
・この学校の名前を知っていますか。
・今日は、朝起きてから今までに何をしましたか。
・何に乗ってここまで来ましたか。
・電車から景色は見えましたか。何が見えましたか。
・お友達にいじめられたらどうしますか。（答えに応じて質問が発展する）

・お友達から嫌なことをされたり、言われたりしたらどうしますか。（答えに応じて質問が発展する）
・好きな絵本は何ですか。どんなところが好きですか。
・お父さん、お母さんが読んでくれる絵本の中で、好きなものはありますか。どんなお話ですか。

父親

・志望理由をお聞かせください。（父母のどちらが答えてもよい）
・本校に求めることをお聞かせください。（父母のどちらが答えてもよい）
・中学受験について、どのようにお考えですか。
・父親として、お子さんとのかかわりについてどのようにお考えですか。
・お子さんの将来について、どのようにお考えですか。
・お子さんには、将来どのような大人になってほしいですか。
・最寄り駅はどちらですか。
・ご自宅から本校までの通学経路を教えてください。

母親

・本校に期待することは何ですか。（父母のどちらが答えてもよい）
・人間として成長していくうえで、何が大事だと思いますか。
・お子さんが困ったり悩んだりしているときは、どのように対応しますか。
・お子さんが壁にぶつかったときは、どのように接しますか。
・お子さんにどのような大人になってほしいか、母親としての思いを教えてください。
・もし学校でお子さんに何かトラブルなどがあった場合は、どうなさいますか。
※そのほか、面接資料の備考欄に記入した内容について確認がある。

面接資料／アンケート

Ｗｅｂ出願後に郵送する面接資料に、以下のような項目がある。

・児童の氏名、生年月日、性別、現住所、在園名、所在地。
・家族関係。
・保護者の氏名、年齢、携帯番号、自宅以外の連絡先（勤務先など）。
・備考欄。

※下記の項目について、いくつかの選択肢の中から該当するものに○をつける。
1.本校の行事などで、すでにご覧になったもの。
2.本校を志望なさる理由。
3.お子さんの将来について期待されていること（進学、職業）。
4.今回、受験までの準備としてなさったこと。

1

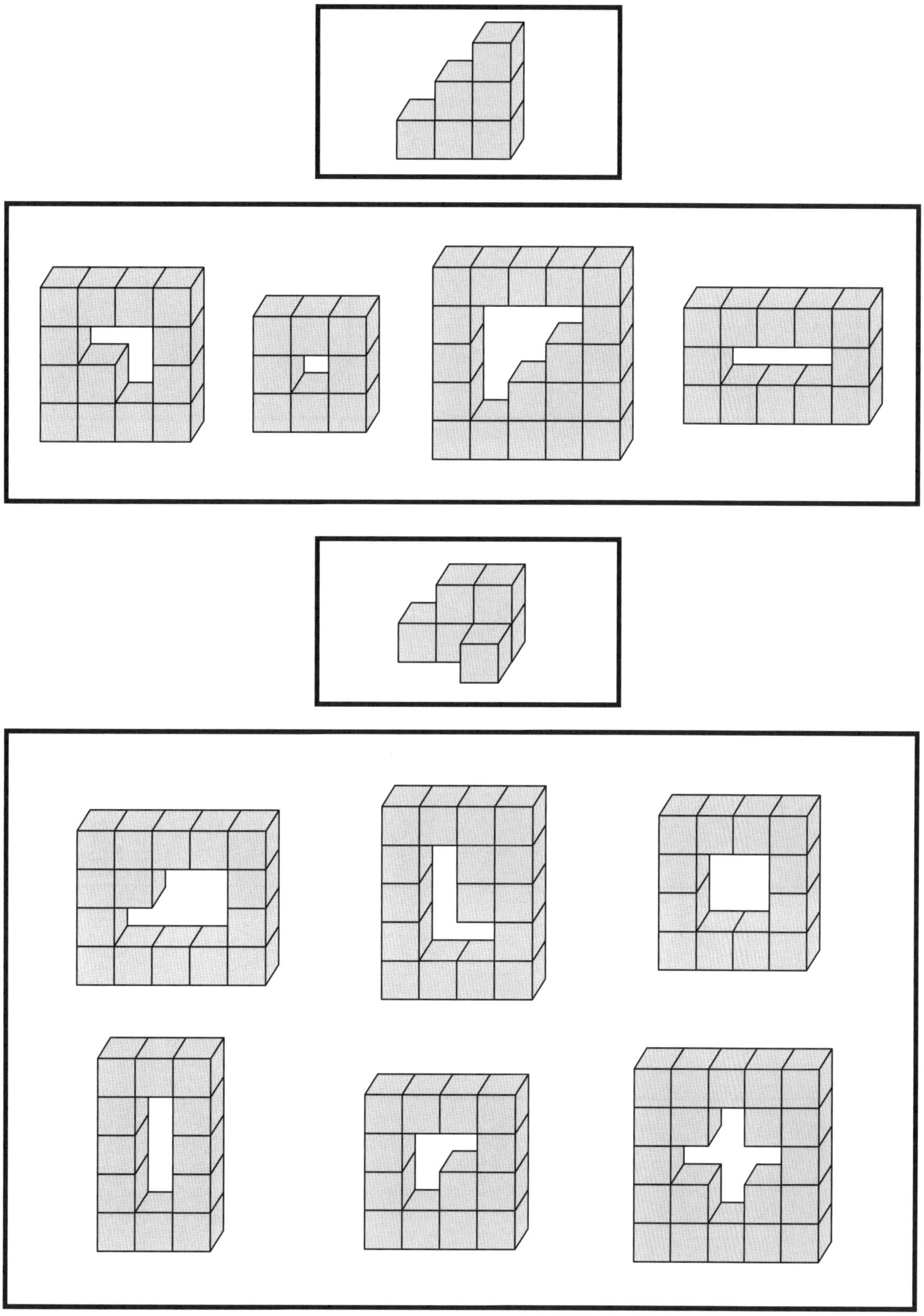

2

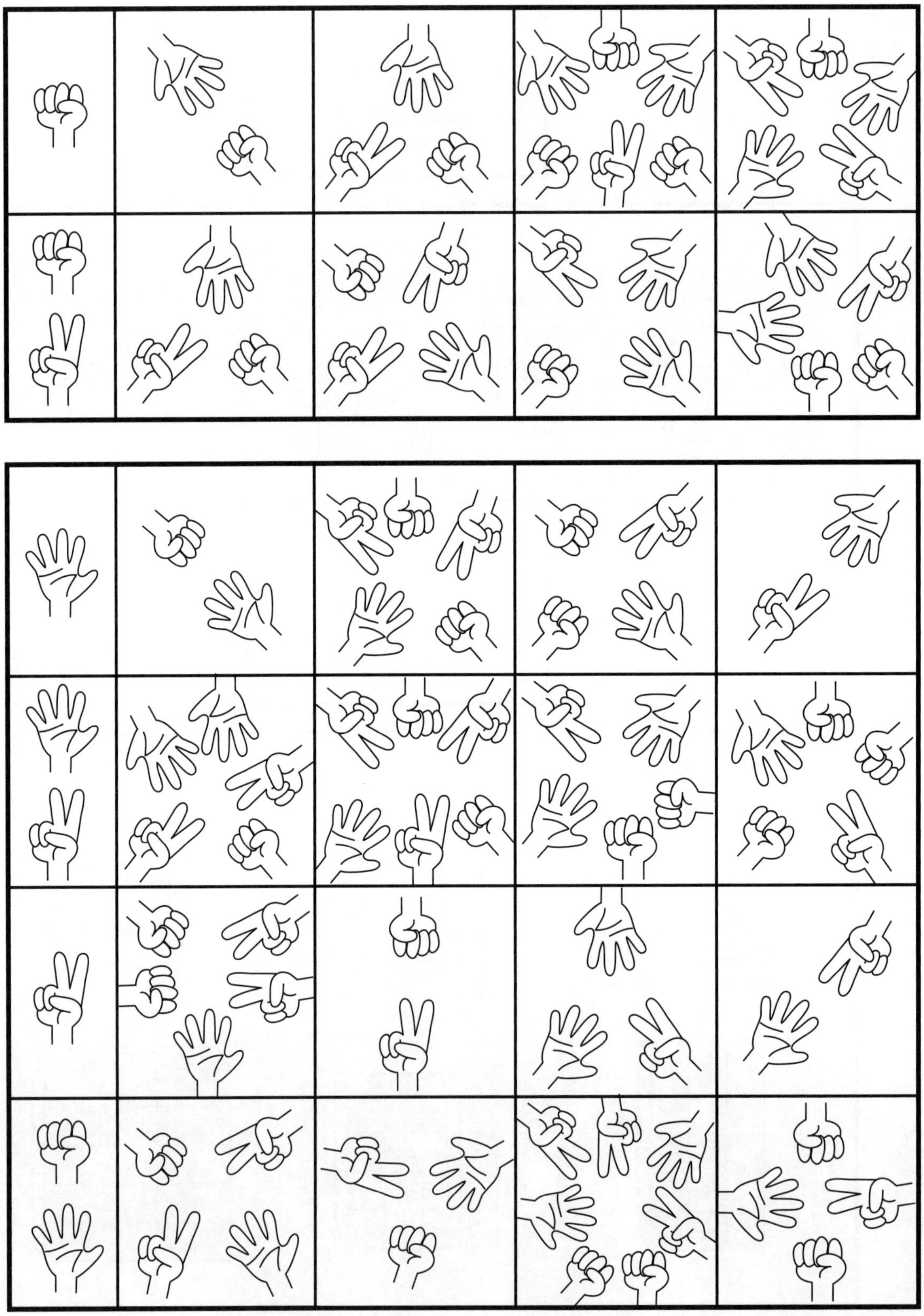

3

4

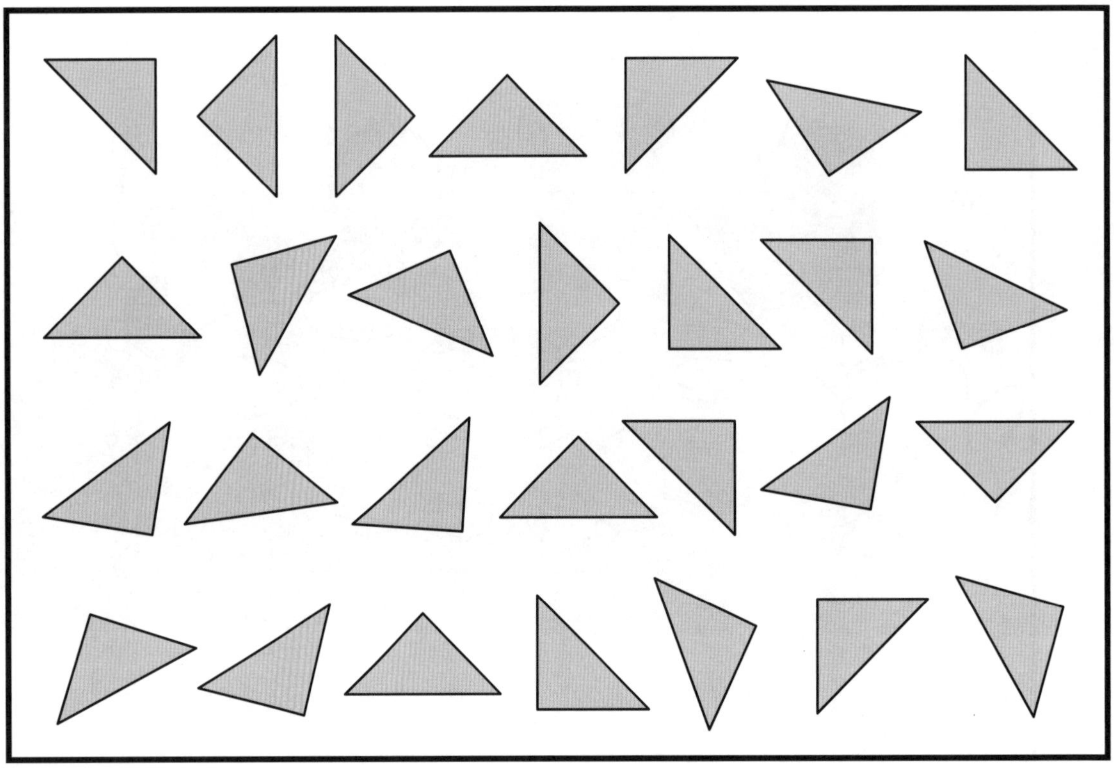

5

6

section

2023 洗足学園小学校入試問題

解答は別冊解答例021～023ページ

選抜方法

第一次 考査は1日で、月齢別、男女別に指定された日時に、ペーパーテスト、集団テスト、運動テストを行う。所要時間は約2時間。

第二次 第一次合格者を対象に、親子面接を行う。所要時間は10～15分。

考査：第一次

ペーパーテスト

筆記用具は鉛筆を使用し、訂正方法は //（斜め2本線）。出題方法は口頭で、一部プロジェクターを使用。

〈4～6月生まれ〉

1 言語（しりとり）

・上と下の段を、左から右までそれぞれしりとりでつなぎます。空いている四角に入る絵を真ん中の段から選んで、点と点を線で結びましょう。

2 推理・思考

・左の四角を見てください。二重四角の中に並んでいる棒のうち、丸のついた3本の棒を動かすと、矢印の下の形が作れます。では、右の2つを見てください。二重四角の棒のうち、どの3本を動かすと矢印の下の形が作れますか。動かす棒にそれぞれ○をつけましょう。

3 推理・思考（重ね図形）

・上の四角を見てください。透き通った紙にかいてある左の絵を、点線のところで矢印の向きに折って重ねると、右のようになります。では、下の2段です。同じように左の絵を点線で矢印の向きに折って重ねると、どのようになりますか。右から選んで、それぞれ○をつけましょう。

4 数量（マジックボックス）

・一番上の四角がお約束です。太陽や月の箱を通ると、丸の数が変わります。下の空いている四角の中では、丸はいくつになりますか。どのようなお約束かよく考えて、その数だけ四角の中に○をかきましょう。

5 常　識

・1段目です。ヒマワリが咲く1つ前の様子に○をつけましょう。
・2段目です。球根で育つものに○をつけましょう。
・3段目です。足の数が一番多い生き物に○をつけましょう。
・4段目です。海にすんでいる生き物に○をつけましょう。

6 常識（昔話）

・上の段です。オニが出てくる昔話に○をつけましょう。
・下の段です。オオカミが出てくる昔話に○をつけましょう。

〈7～10月生まれ〉

7 言　語

・名前の最後の音が「ラ」のものに○、「カ」のものに△をつけましょう。

8 系列完成

・それぞれの形の中はいくつかの部屋に分かれていて、黒い部屋の場所が決まりよく次々と変わっています。途中にある黒い部屋のない形は、どのようになりますか。変わり方のお約束を考えて、合うものをそれぞれの下から選んで○をつけましょう。

9 推理・思考（折り図形）

・左端の折り紙を二重四角の中のように折って開くと、それぞれどのような折り線がつきますか。合う絵を選んで、○をつけましょう。

10 推理・思考

・上の四角を見ましょう。板にいろいろな大きさの穴が開いています。その右には、大きさの違う５つの玉がありますね。では下の絵を見てください。穴の開いた板がすべり台のように傾いています。ここに５つの玉を大きい順に転がしていきます。穴に玉が入ると落ちて、下の入れ物に入る仕掛けです。では、全部の玉を転がした後、玉が２つ入っている入れ物を選んで、○をつけましょう。

11 常識（季節）

・左の二重四角のものと同じ季節のものを、それぞれ右から選んで○をつけましょう。

12 常識（交通道徳）

・電車の中で、よくないことをしている子どもに×をつけましょう。

〈11～３月生まれ〉

13 言　語

・左の列と同じ音で名前が始まるものを、真ん中の列から選んで点と点を線で結びましょう。次に、真ん中の列と同じ音で名前が終わるものを、右の列から選んで点と点を線で結びましょう。

14 推理・思考（水の量）

・上の四角を見ましょう。深いお皿の中に水の入ったコップがあります。そこにビー玉を落とすと矢印の右側のように水の高さが変わり、ビー玉を取りのぞくと次の矢印の右側のように元に戻りました。では、下の絵を見ましょう。水がたくさん入ったコップに大きなビー玉を落とすと、どのようになりますか。右の4つから正しいものを選んで○をつけましょう。

15 推理・思考（四方図）

・小鳥とネコが積み木を見ています。それぞれどのように見えていますか。右から選んで、小鳥から見える様子には○、ネコから見える様子には△をつけましょう。

16 推理・思考（マジックボックス）

・動物が星の箱を通ると、上の四角のように変身します。このお約束のとき、下の段で左の動物が絵のように箱を通っていくと、最後はどの動物になりますか。それぞれの右の四角から選んで、○をつけましょう。

17 常　識

・上の段です。左端の生き物がもう少し大きくなると、どのようになりますか。右から選んで○をつけましょう。
・真ん中の段です。左端の果物と同じ季節になる果物はどれですか。右から選んで○をつけましょう。
・下の段です。左端の花の葉っぱはどれですか。右から選んで○をつけましょう。

18 常識（昔話）

・上の段です。「ブレーメンの音楽隊」の絵に○をつけましょう。
・真ん中の段です。「オズの魔法使い」の絵に○をつけましょう。
・下の段です。「おむすびころりん」の絵に○をつけましょう。

集団テスト

19 巧緻性・絵画

〈4～6月生まれ〉

A ヨットと浮き輪が描かれた台紙（穴が開いている）、綴じひも、クーピーペン（ジッパーつきビニール袋の中に紫、青、赤、黒、オレンジ色、緑、茶色、ピンクが入っている）が配られる。
・ヨットを1つ選んで青で薄く塗り、浮き輪を2つ選んでオレンジ色で濃く塗りましょう。
・台紙を裏返してください。かいてある線を顔にして、お誕生日に欲しいものをもらったときのあなたの顔を描きましょう。時間がある人は、周りに好きなものを描いてもよいですよ。
・太陽のマークと番号が表になるようにして、上と下の穴が重なるように台紙を半分に折り、穴にひもを通してチョウ結びにしましょう。

〈7～10月生まれ〉

B 点線で2つの図形、実線でTシャツ、半ズボン、帽子が描かれた台紙(穴が開いている)、綴じひも、クーピーペン（ジッパーつきビニール袋の中に紫、青、赤、黒、オレンジ色、緑、茶色、ピンクが入っている）、鉛筆が配られる。

・点線の形を鉛筆でなぞりましょう。
・Tシャツを１つ選んで青で薄く塗り、帽子を２つ選んで赤で濃く塗りましょう。
・台紙を裏返してください。かいてある線を顔にして、楽しいところに行ったときのあなたの顔を描きましょう。時間がある人は、周りに好きなものを描いてもよいですよ。
・太陽のマークと番号が表になるようにして、上と下の穴が重なるように台紙を半分に折り、穴にひもを通してチョウ結びにしましょう。

〈11～３月生まれ〉

Ⓒ点線で２つの図形、実線で雷と雲と雨のしずくが描かれた台紙（穴が開いている）、綴じひも、クーピーペン（ジッパーつきビニール袋の中に紫、青、赤、黒、オレンジ色、緑、茶色、ピンクが入っている）、鉛筆が配られる。
・点線の形を鉛筆でなぞりましょう。
・雷を１つ選んで青で薄く塗り、雨のしずくを３つ選んでオレンジ色で濃く塗りましょう。
・台紙を裏返してください。かいてある線を顔にして、雨がやんで晴れたときのあなたの顔を描きましょう。時間がある人は、周りに好きなものを描いてもよいですよ。
・太陽のマークと番号が表になるようにして、上と下の穴が重なるように台紙を半分に折り、穴にひもを通してチョウ結びにしましょう。

20 行動観察（謎解きゲーム）〈４～６月生まれ〉

４～６人のグループに分かれて行う。
・自分の名札にある動物と同じ絵カード（パンダ、キリン、ウサギ、オットセイ、カバ）のフープの周りに集まりましょう。
・３色の封筒が置いてあります。封筒を開けると、中から６枚のカードが出てきます。それぞれのカードに描いてある絵の最初の音をつないでいくと、１つの言葉ができあがります。（プロジェクターで太鼓、マント、ゴミの絵カードを見せ、最初の音をつなげると卵になるといった説明がある）では、まず青い封筒の中のカードを出します。グループのみんなで相談して、何という言葉ができるかわかったら、代表の１人が手を挙げて先生に知らせてください。先生に「正解です」と言われたら、次の問題にチャレンジできます。青い封筒、黄色い封筒、赤い封筒の順番に開けていきましょう。もし、黒丸のカードが出たら「ン」と読んでください。

行動観察（ジェスチャー遊び）〈７～10月生まれ〉

４～６人のグループに分かれて行う。
・自分の名札にある動物と同じ絵カード（ヒツジ、イヌ、シカ、カンガルー、ウシ）のフープの周りに集まりましょう。
・グループの中でキャプテンを１人決め、キャプテンは先生のところに行って封筒をもらいましょう。封筒の中の絵カードを見て、グループ全員でジェスチャーを考え、ほかのグループのお友達に見せて当ててもらいましょう。（絵カードの例：「サルが縄跳びしているところ」「ウサギが納豆を食べているところ」「タヌキがバナナの皮をむいているところ」「ゾウが掃除をしているところ」「ネコがバイオリンを弾いているところ」「ゴリラがお化けを怖がっているところ」など）

行動観察（共同パズル）〈11～３月生まれ〉

４～６人のグループに分かれて行う。

・自分の名札にある動物と同じ絵カード（アヒル、イヌ、サル、ライオン、イルカ）のフープの周りに集まりましょう。

・２枚の封筒が置いてあります。まず白い線のある封筒の中からパズル10枚（うち１枚はダミー）を出して、みんなで協力してフープの中に完成させましょう。できあがったら、みんなでその動物の名前を５文字で考えましょう。名前が決まったら、みんなで黙って手を挙げてください。先生がみんなのところに行くので、その動物の名前を教えてください。（できた順から発表する）

・次に赤い線のある封筒の中からもパズル10枚（うち１枚はダミー）を出して、みんなで協力してフープの中に完成させましょう。できあがった乗り物に乗ってどこに行きたいかをみんなで考え、行きたい場所が決まったらみんなで黙って手を挙げてください。先生がみんなのところに行くので、その行きたい場所を教えてください。（できた順から発表する）

行動観察（ジャンケンゲーム）

２チームに分かれてジャンケンゲームをする。テスターのお手本を見てから始め、２、３回くり返す。

・各チーム１人ずつスタートし、両手を真っすぐ上げたまま黒い線まで歩きましょう。黒い線まで来たら、バツ印まで両足ジャンプ（７～10月生まれのみケンパー）で進みます。その後は白い線の上を歩いて机まで進み、机を挟んで反対側から来た相手チームのお友達とジャンケンをしましょう。勝ったらティッシュペーパーを１枚取って丸め、机の横の自分のチームの色のカゴに入れます。あいこや負けのときは、何もしません。次にフープまで進んで中に入り、「始め」の合図で目を閉じて片足を上げます。先生が「か・た・あ・し・チャ・レ・ン・ジ」と言っている間、そのまま片足バランスで頑張りましょう。先生に「成功！」と言われたら、机に戻ってティッシュペーパーを１枚取って丸め、自分のチームのカゴに入れます。終わったら、自分のチームの列の後ろに並びましょう。前の人が終わったら、合図がなくても次の人がスタートしてください。「やめ」と言われるまでどんどん続けましょう。

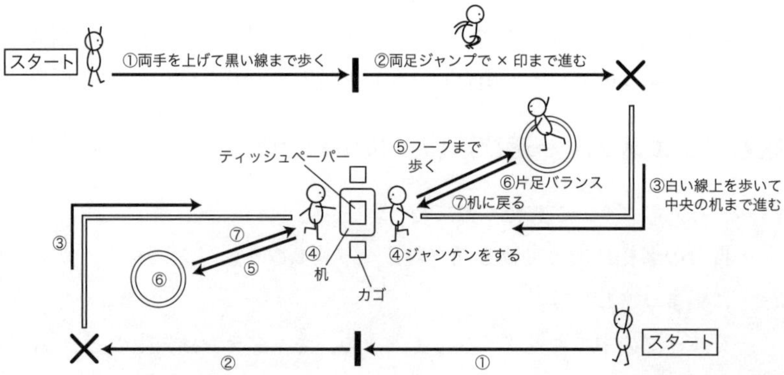

運動テスト

模倣体操

2つのプロジェクターから、お手本や指示が出される。

〈4～6月生まれ〉

・音楽に合わせて、その場で両足ジャンプ（まず普通のテンポ、その次に遅いテンポで）、2回ずつ左右のケンケン、ケンケンパーを行う。

〈7～10月生まれ〉

・音楽に合わせて、その場で両足ジャンプ、足でグーパーグーパー、グーチョキパーを行う。

〈11～3月生まれ〉

・音楽に合わせて、その場で両足ジャンプ（まず普通のテンポ、その次に遅いテンポで）、2回ずつ左右のケンケン、パーケンパーを行う。

考査：第二次

親子面接

本人

・お名前と生年月日（年齢）を教えてください。
・この学校の名前を知っていますか。知っていたら教えてください。
・この学校に来たことはありますか。（公開授業で面白かった授業についてなど、発展あり）
・今日はここまでどうやって来ましたか。（電車の路線など、発展あり）
・ここまで来るときに、家族とどんなお話をしてきましたか。
・この小学校に来て思ったことは何ですか。（発展あり）
・好きな動物は何ですか。
・お父さん（お母さん）の好きな動物（好きな食べ物、嫌いな食べ物など）は何ですか。今、聞いてみてもよいですよ。
・お母さん（お父さん）に似合う色は何色だと思いますか。それはどうしてですか。
・お家で生き物を飼っていますか。飼いたいペットはありますか。（発展あり）
・幼稚園（保育園）ではどんなことをして遊びますか。（発展あり）
・お友達の名前を教えてください。お友達とどんなことをして遊びますか。（発展あり）
・先生とは何をしますか。
・先生から「お手伝いをしてください」と言われますか。どんなお手伝いですか。（発展あり）
・お休みの日は、家族で何をしていますか。
・お父さん（お母さん）とは何をして遊びますか。（発展あり）
・最近、お父さん（お母さん）にほめられたこと（しかられたこと）は何ですか。
・この学校ではいっぱいお勉強をしますが、お勉強は好きですか。（発展あり）
・お勉強はいつも誰としますか。（何を教えてもらったか、難しくてわからないときはどうするかなど、発展あり）
・お母さんは厳しいですか。

・お母さんが作るお料理で好きなものは何ですか。なぜ好きなのですか。(一緒に作るか、作り方や、作るときに気をつけたり工夫したりするところはあるかなど、発展あり)
・お家でお手伝いは何をしていますか。そのお手伝いではどんなことに気をつけていますか。そのお手伝いのどんなところが難しいですか。(発展あり)
・どんな本を読んでいますか。
・この小学校に入ったら何をしたいですか。それはどうしてですか。(発展あり)
・この小学校について、お父さんやお母さんとお話ししたことはありますか。(発展あり)

父 親

・本校を知ったきっかけを教えてください。
・志望理由をお話しください。
・学校説明会（もしくは行事）の印象はいかがでしたか。
・本校の特色は何だと思われますか。
・小学校受験を決めた時期はいつでしたか。
・併願校はどちらですか。
・中学校受験について、どのようにお考えですか。
・お父さまは中学校受験を経験されていますが、中学校受験のメリットは何だと思いますか。
・受験準備をする中で、お子さんが成長した点はどのようなところですか。
・ご職業についてお話しください。
・忙しい中、お子さんとどのように時間を過ごしていますか。
・緊急時にお迎えは可能ですか。

母 親

・学校説明会（もしくは行事）の印象はいかがでしたか。
・公開授業で気になった授業はありますか。
・小学校受験をしようと決めたきっかけは何ですか。
・幼児教室に通っていますか。どちらの教室ですか。何か大変だったことはありますか。
・ご家庭での小学校受験のサポートで、注意した点は何ですか。
・中学校受験について、どのようにお考えですか。
・今後、お仕事をされる予定はありますか。
・本校の教育や生活でお子さんに合いそうなことは何ですか。
・サポートしてくれる人について、アンケートに祖父母とありますが、緊急の対応も可能ですか。
・子育てで大切にしていることは何ですか。
・最近お子さんをほめた（しかった）のは、どのようなことでしたか。

面接資料／アンケート

面接当日、控室でアンケートに記入して提出する。

・名前、受験番号。
・両親の勤務日（曜日／不定期など選択式）。
・父母の受験の経験（小／中／高／大学など選択式）。

・本校をどのようにして知ったか（友人／Ｗｅｂ／幼児教室など選択式）。
・来校機会、回数（行事／説明会など参加経験を選択式、回数を記入）。
・本校を受験すると決めた時期（年少／年中など選択式）。
・小学校受験のための準備期間、幼児教室に通い始めた時期。
・子どもの生活状況（習い事、好きな遊び、興味のあることなど）。
・読書状況（好きな絵本名を記入、読み聞かせの有無、1週間の読み聞かせの冊数は選択式）。
・サポートをしてくれる人（祖父母／シッター／近隣の方など選択式）。
・そのほか、入学前に学校に伝えたいこと。

1

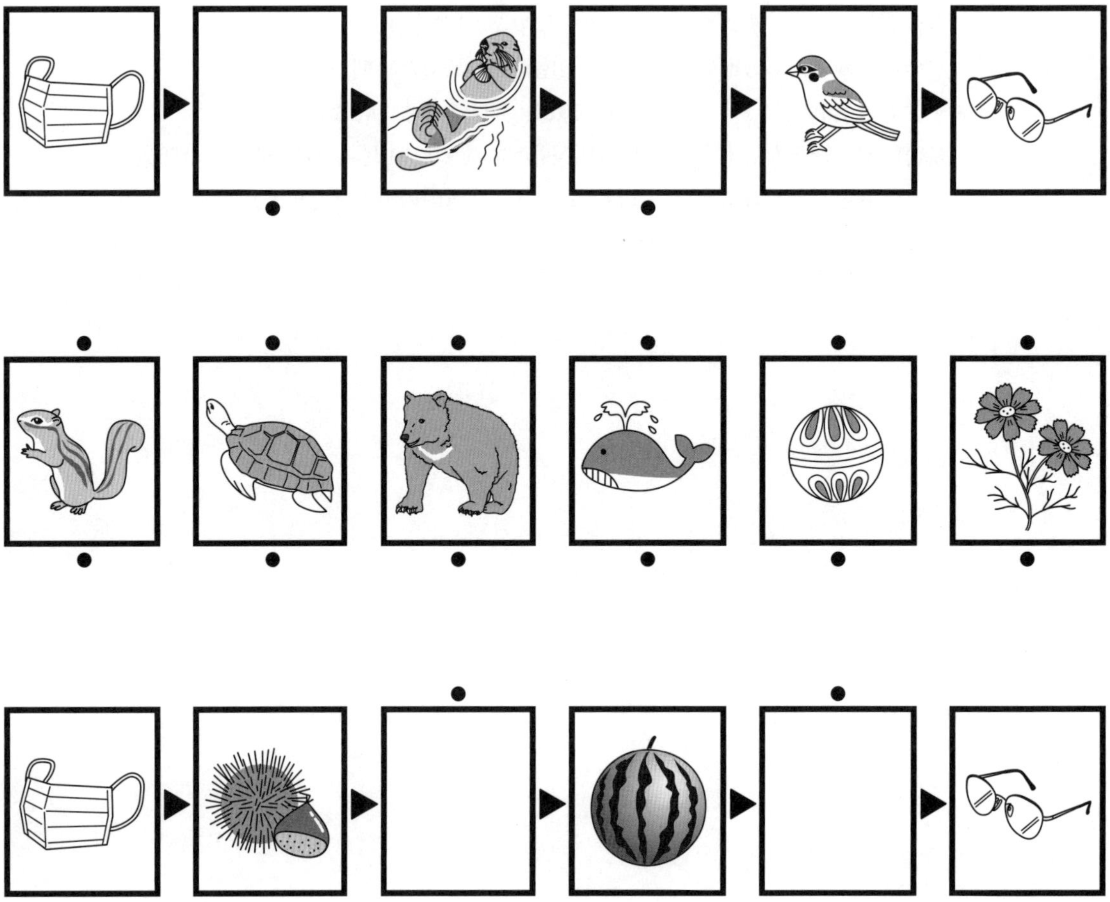

2

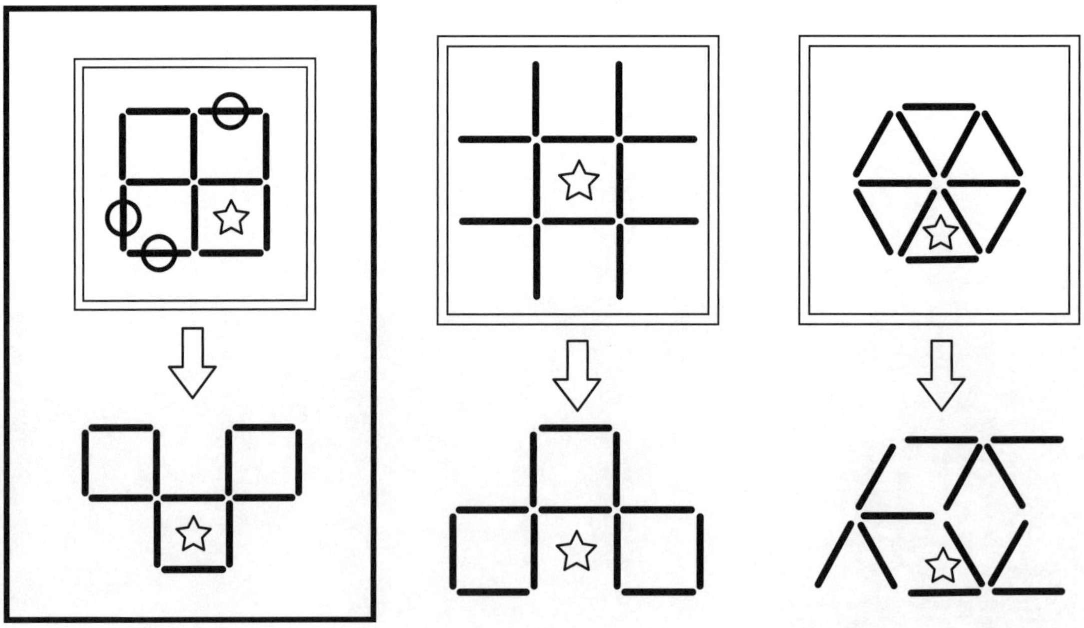

3

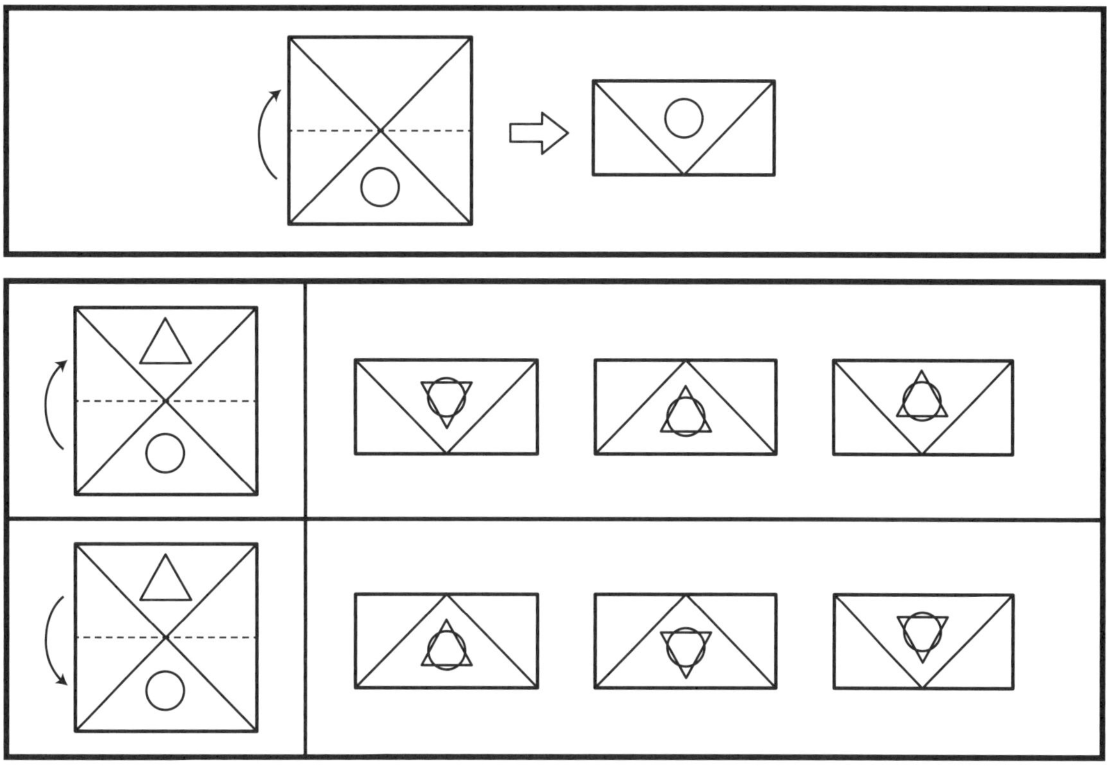

4

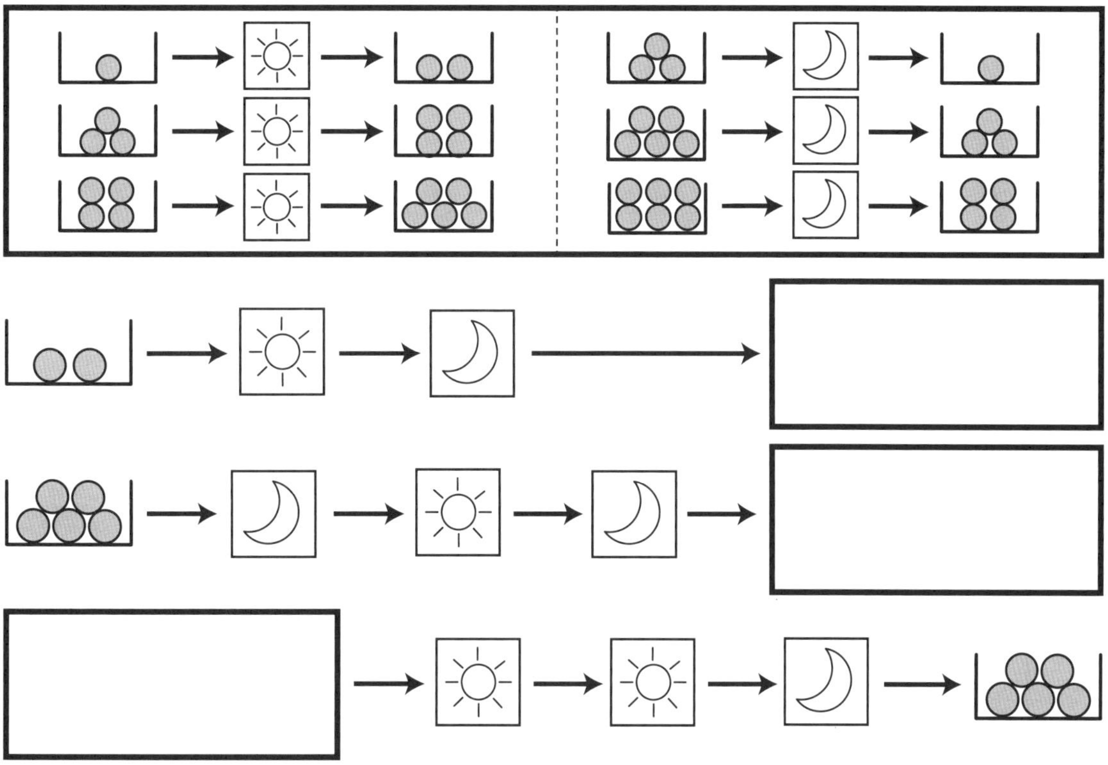

5

6

7

8

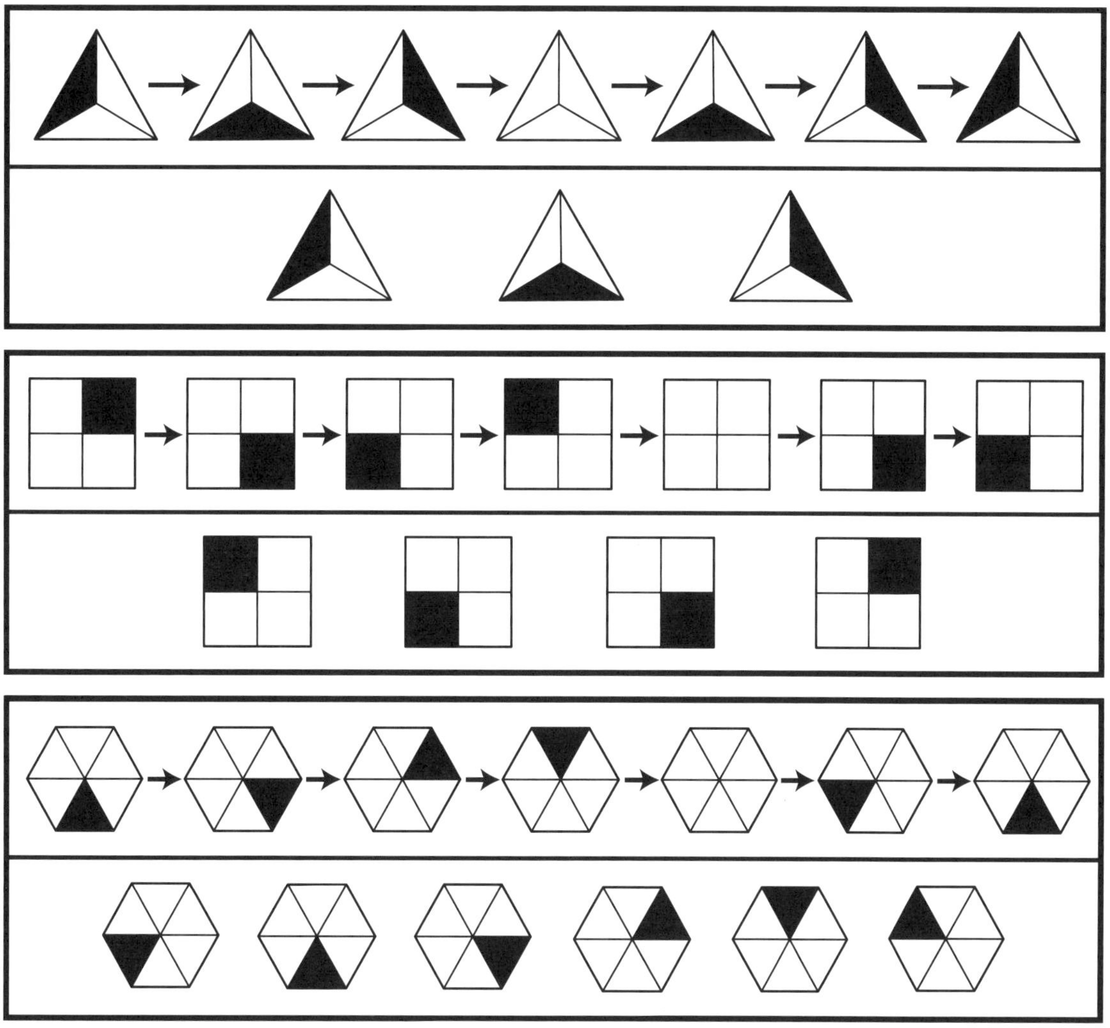

9

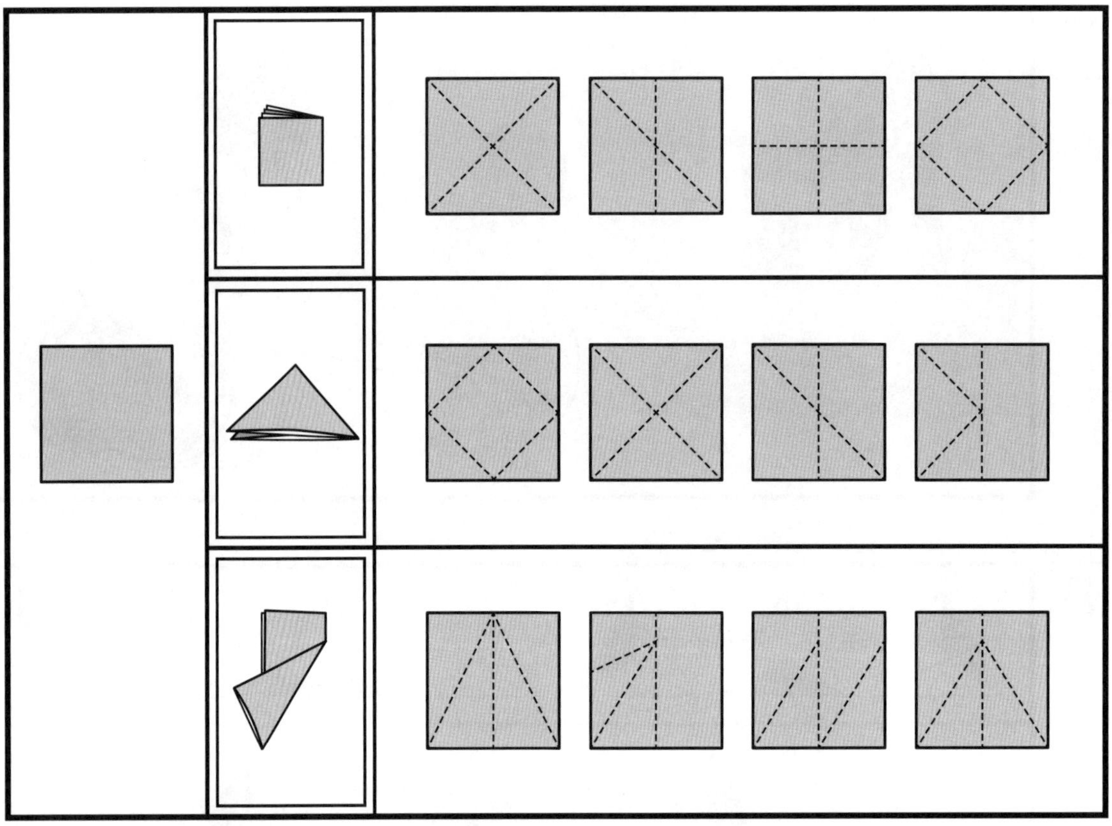

10

11

12

13

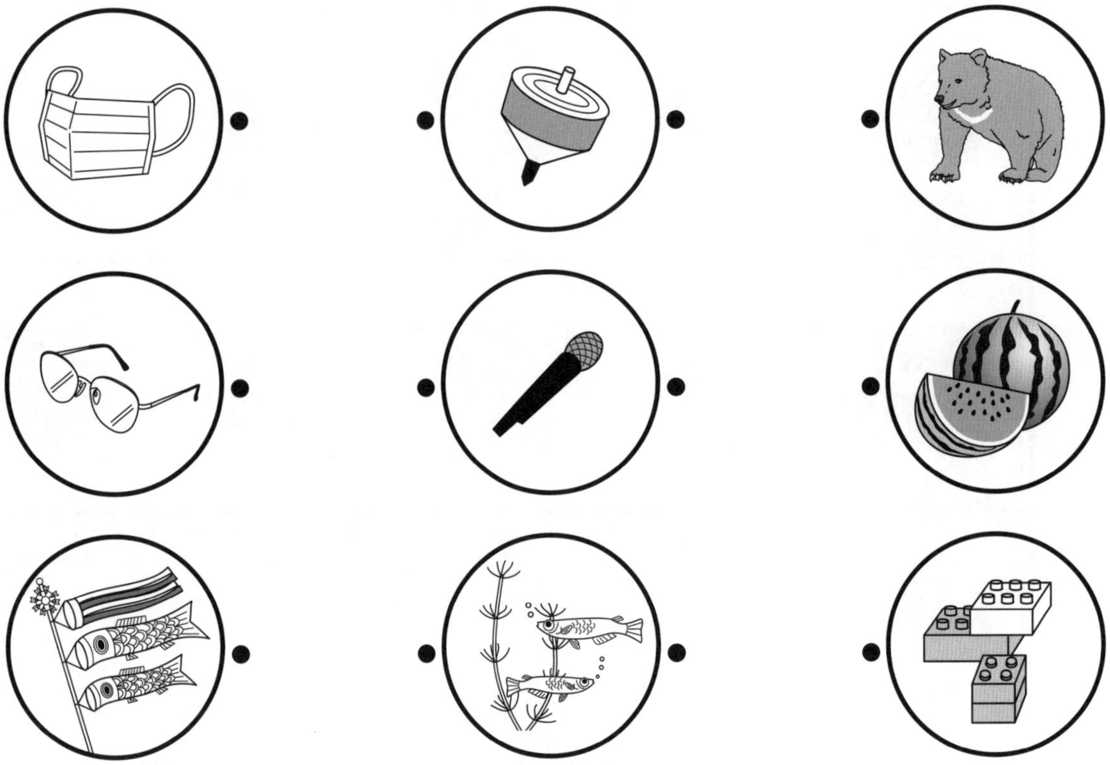

14

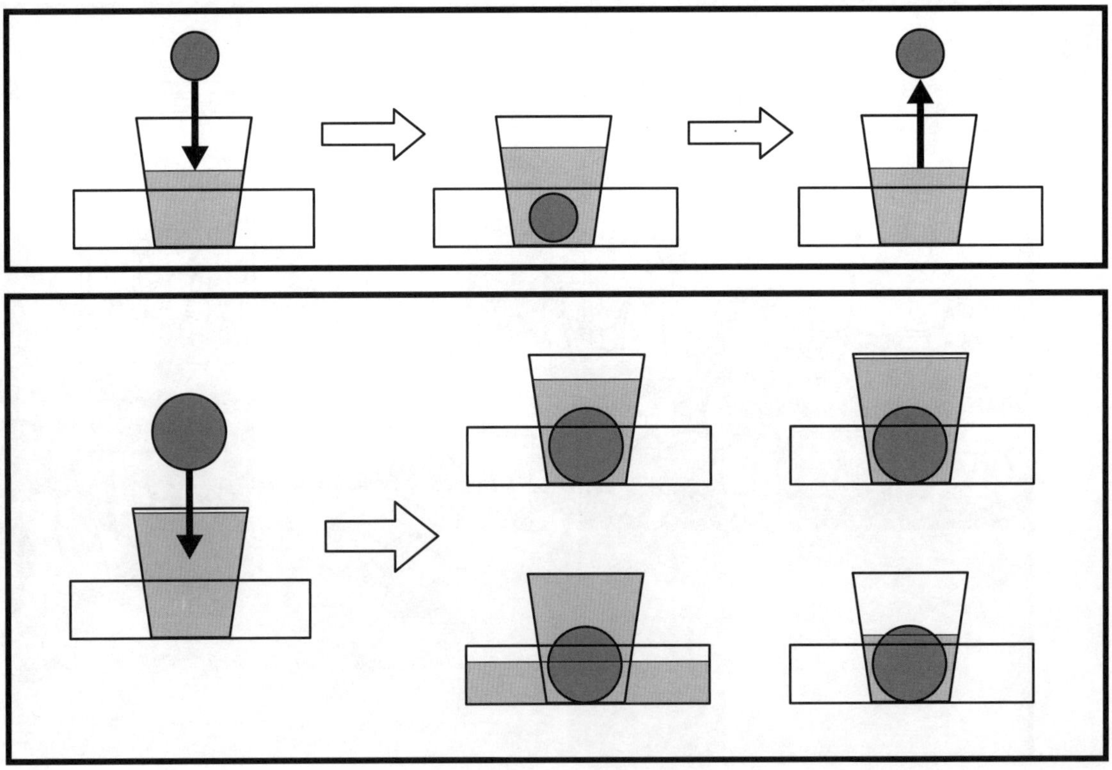

15

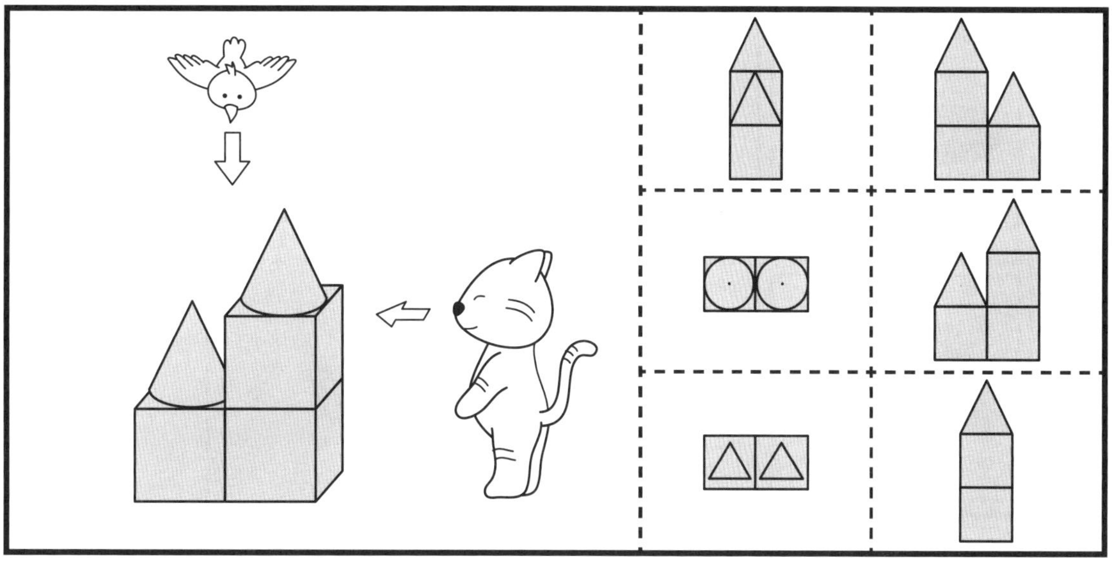

16

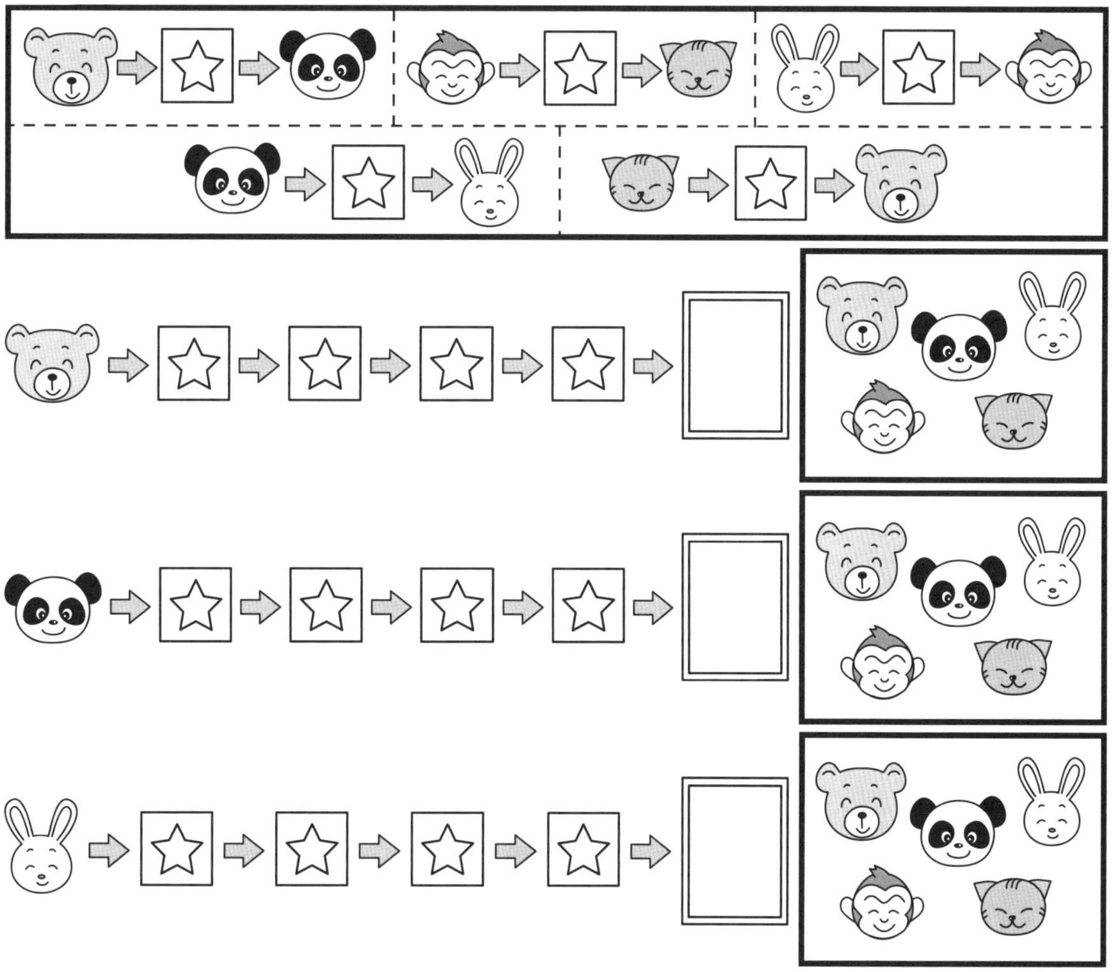

17

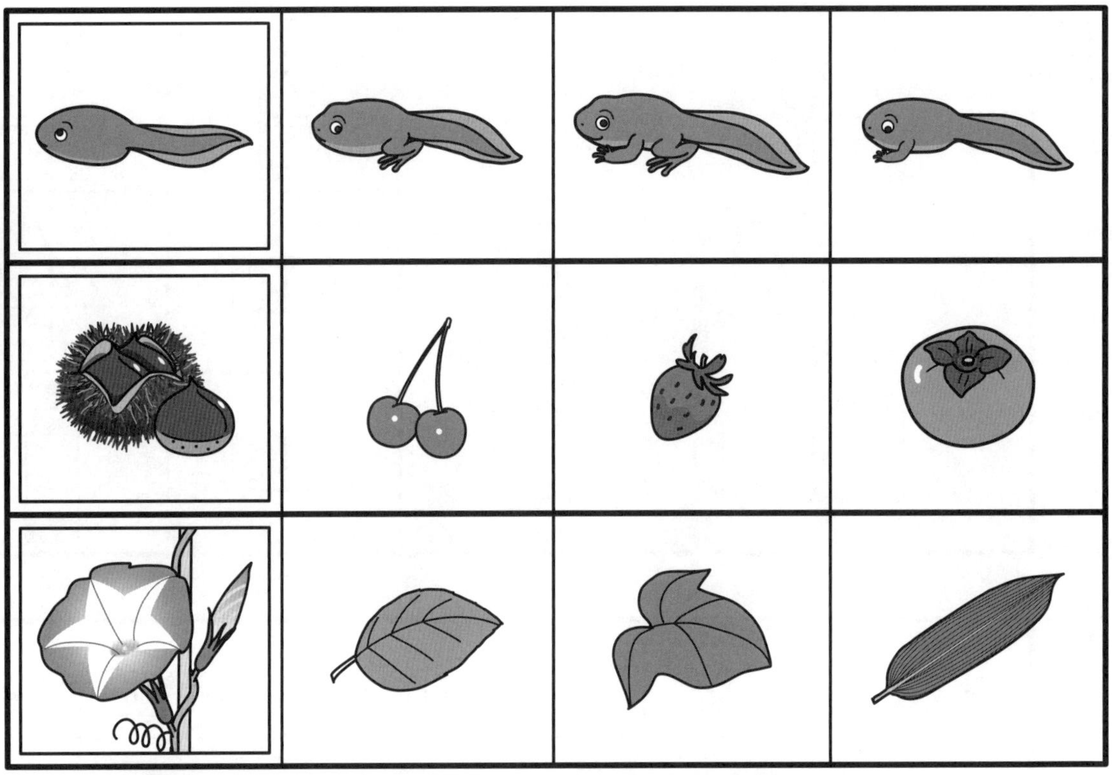

18

19
—
A

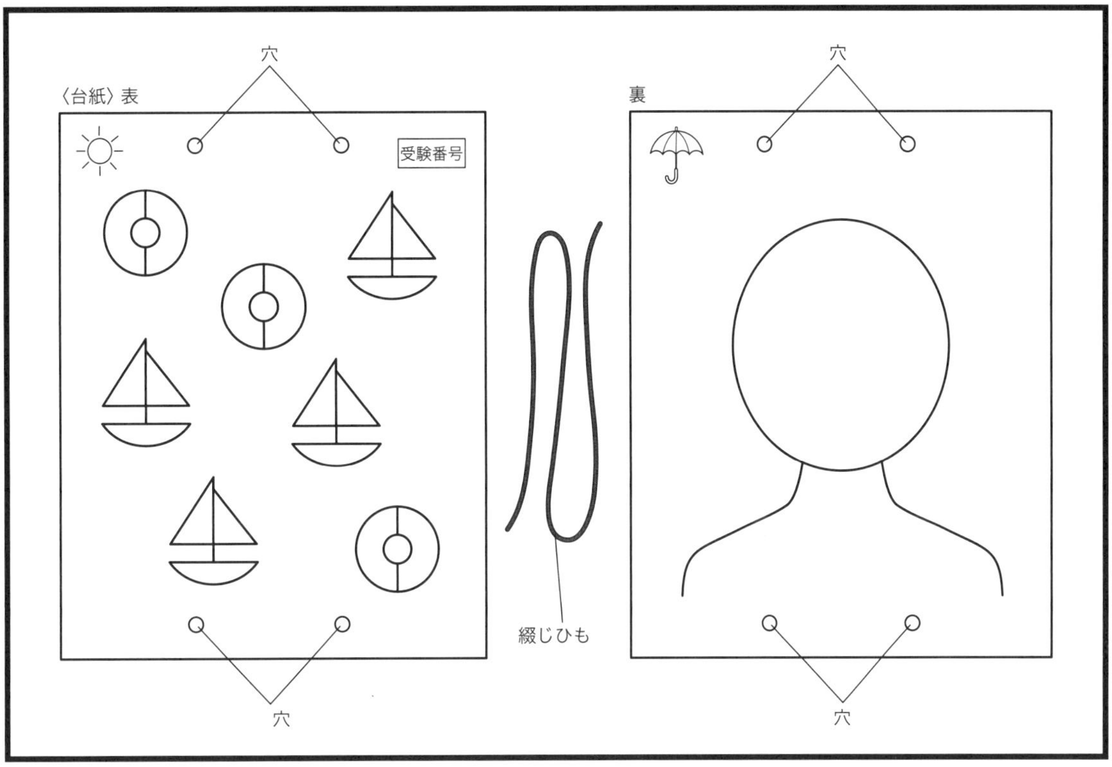

B

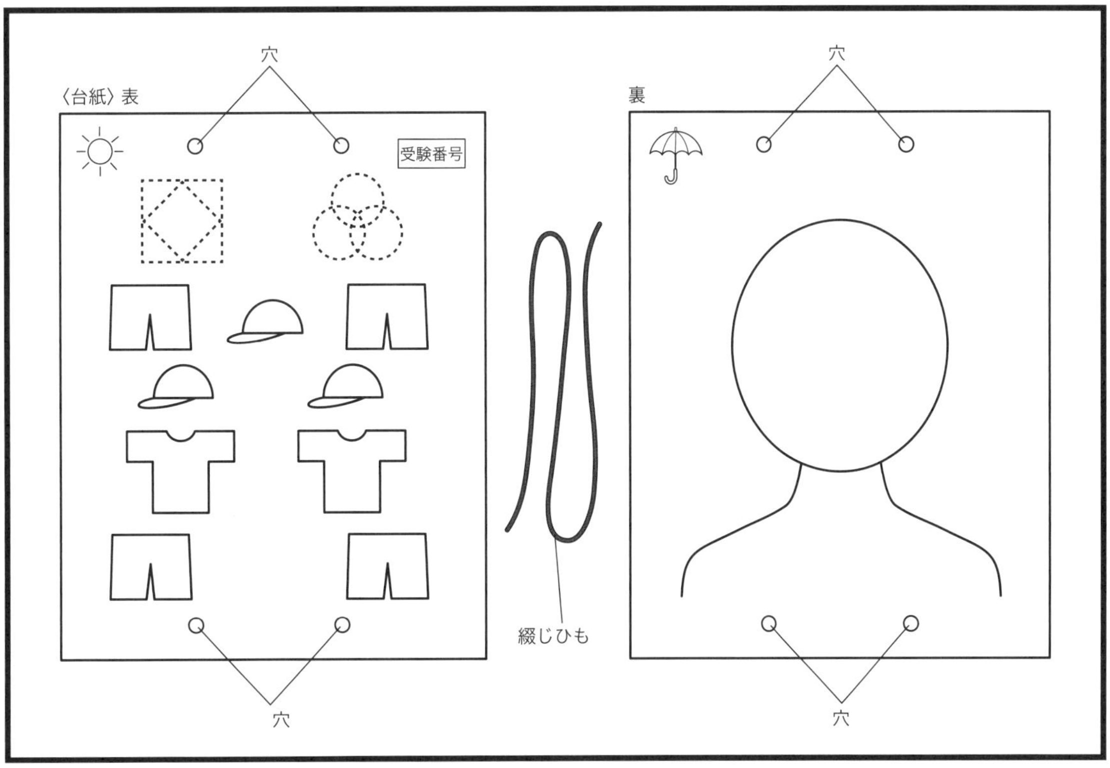

19—C

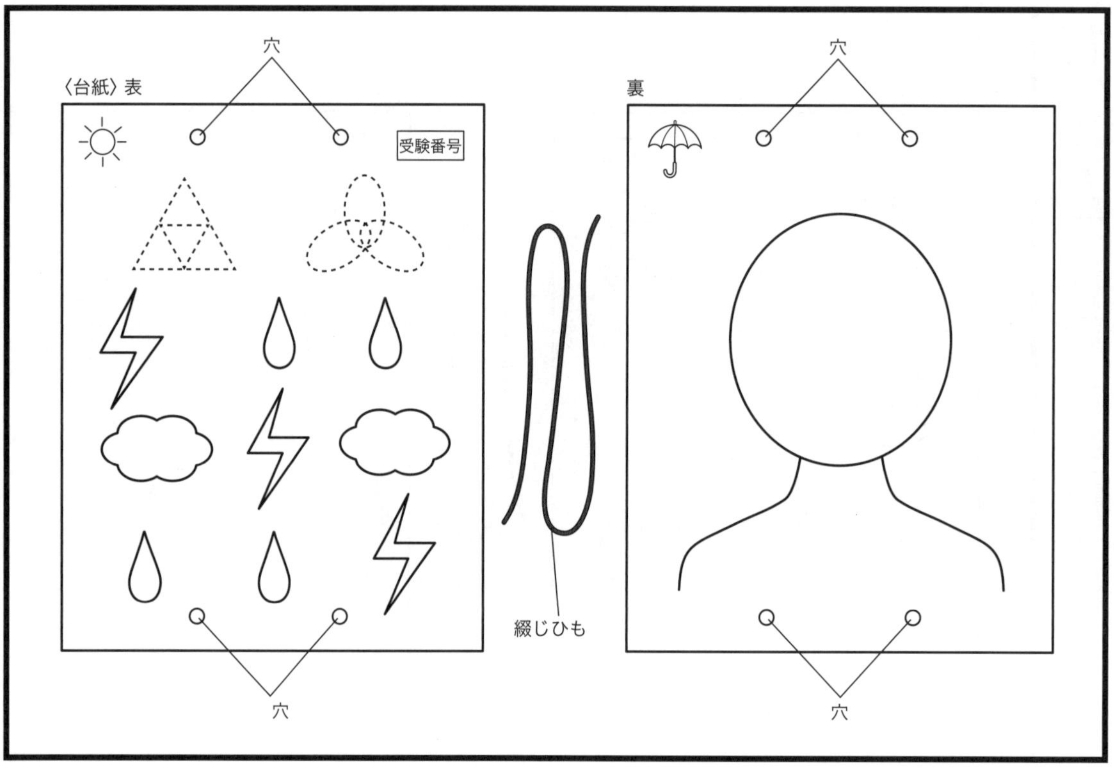

20

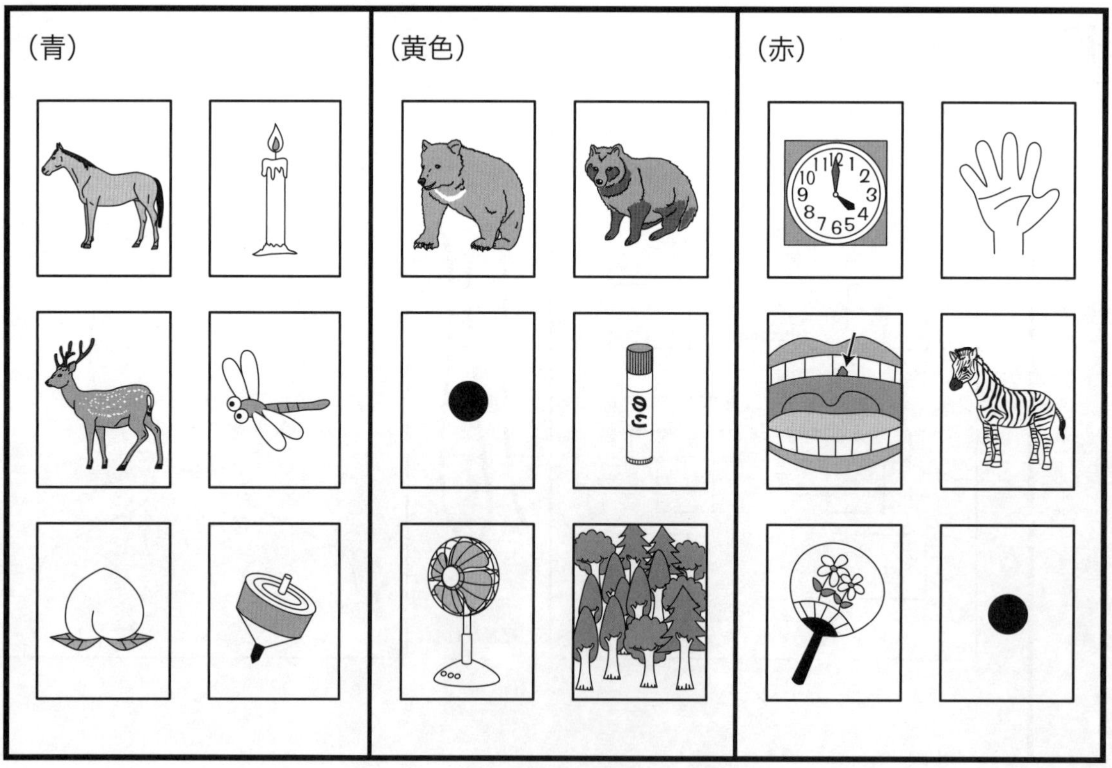

section
2023 桐蔭学園小学校入試問題

解答は別冊解答例023～024ページ

選抜方法

一般入試…出願受付順に受験番号が決まる。考査は２日間のうち１日で、１日目に男子、２日目に女子を行う。受験番号順に約20人単位でペーパーテスト、集団テスト、個別テストを実施。所要時間は２時間30分～３時間。考査日前の指定期間内の希望日に保護者面接があり、所要時間は10～15分。

アドベンチャー入試…一般入試後に行われる。考査は１日で、集団テストと保護者面接が行われる。一般入試との併願は不可。

一般入試

ペーパーテスト

筆記用具は赤のフェルトペンを使用し、訂正方法は、//（斜め２本線）または×（バツ印）。出題方法は音声と口頭。プロジェクターでお手本を見ながら、やり方の説明を聞いた後で行う。

1 話の理解

・おばあさんがスーパーマーケットでニンジンを買いました。おばあさんが手に取ったと思うものを考えて、スペードの段から選んで○をつけましょう。

・男の子が木登りをして、飛んでいる鳥を見ました。今のお話に出てきたものをクローバーの段から選んで○をつけましょう。

・動物たちがこれから山登りに出かけます。リスは元気いっぱい、イヌは困った顔をして、ネコは怒っています。今のお話に合う様子をハートの段から選んで○をつけましょう。

・男の子が折り紙で紙飛行機を折って引き出しに入れ、鉛筆と消しゴムを出しました。今から塗り絵をするので、机の上に塗り絵を用意しました。塗り絵では消しゴムを使わないので、引き出しにしまいました。では、今引き出しにあるものをダイヤの段から選んで○をつけましょう。

2 数　量

・イヌとゾウとキツネがおせんべいを仲よく同じ数ずつ分けると、それぞれ何枚ずつもらえますか。ハートの横に、その数だけ○をかきましょう。

・ニワトリとペンギンのお皿にのっているおせんべいの数は、いくつ違いますか。その数だけ、下の四角にあるおせんべいに１枚ずつ○をつけましょう。

・ミミズクとニワトリのお皿にのっているおせんべいの数は、いくつ違いますか。その数だけ、下の四角にあるおせんべいに１枚ずつ○をつけましょう。

3 数　量

・ネコとゾウのお皿にのっているアメの数を同じにするには、ゾウはネコにアメをいくつあげるとよいですか。その数だけ、スペードの横のアメに１つずつ○をつけましょう。

・イヌとネコのお皿にのっているアメの数はいくつ違いますか。その数だけ、ハートの横のアメに１つずつ○をつけましょう。

・イヌとネコのお皿にのっているアメの数を同じにするには、イヌはネコにアメをいくつあげるとよいですか。その数だけ、クローバーの横のアメに１つずつ○をつけましょう。

4 推理・思考

※カラーで出題。絵の中の指示通りに積み木に色を塗ってから行ってください。
・左の積み木を一番上から順番に取って下から積み直すと、どのようになりますか。正しいものを右から選んで○をつけましょう。

5 推理・思考

※カラーで出題。絵の中の指示通りに積み木に色を塗ってから行ってください。
・左の積み木をイヌとネコが一番上から順番に取ります。イヌ、ネコの順番で取ってそれぞれ下から積み直すと、どのようになりますか。正しいものを右から選んで○をつけましょう。

個別テスト

自由遊びの間に１人ずつ廊下に呼ばれて行う。

言　語

・お名前、年齢を教えてください。
・幼稚園（保育園）の名前を教えてください。
・幼稚園（保育園）で楽しいことはどんなことですか。
・幼稚園（保育園）で仲よしのお友達のお名前を教えてください。どんなところが好きですか。
・お休みの日は何をして遊びますか。
・家族で楽しいときはどんなときですか。
・お父さん、お母さんの誕生日を教えてください。
・好きな食べ物を教えてください。
・好きな生き物を教えてください。
※回答により質問が発展していく。

6 言語・常識（想像力）

用意されている写真を見せられ、どんな様子か、または写っているものが何に見えるかなどをテスターにお話しする。写真は、木陰にいる女の子、ランドセルを背負って走っている子どもたち、注射を打つときに泣きそうになっている女の子、空に浮かぶ雲などのうち、いずれかを示される。

集団テスト

運　動

テスターの「スタート」「ストップ」の号令に従い、その場で駆け足をする。

自由遊び

4、5人ずつのグループに分かれて行う。床がテープで仕切られ、グループごとに遊ぶ場所が定められている。なお、輪投げ、ボウリング、テニスラケット、スポンジボールなどで遊ぶ場所と、積み木、折り紙、白い紙、クーピーペンなどで遊ぶ場所に分かれている。
・好きなものを自由に使って、お友達と仲よく遊びましょう。

〈約束〉
・お友達にとがったものを向けない。
・周りを走らない。
・大きな声を出したり、大騒ぎしたりしない。
・お友達と仲よく遊ぶ。

行動観察

・テスターが言った人数のグループを作って座る。
・テスターと体ジャンケンをする。グループの仲間同士でも行う。
・3～5人ずつのグループに分かれ、用意された材料を使ってできるだけ長いひも状のものを協力して作る。材料はトイレットペーパーの芯、モール、厚紙（白）、割りばし、マスキングテープなどがある。
・3～5人ずつのグループに分かれて、カプラを高く積む競争をする。

保護者面接

回答にあたって父母の指定はなく、どちらが答えてもよい。双方に同じ内容の質問がされることもある。

保護者

・本校を志望した理由と、どのような点がご家庭の教育方針と合っていると思うかを教えてください。
・本校に感じる魅力について教えてください。
・ご家庭でのお子さんの様子をお聞かせください。
・幼稚園（保育園）とご家庭で様子の違いはありますか。ありましたらお聞かせください。
・お子さんの性格について教えてください。また、気をつけていることはありますか。お父さまとお母さま、どちらもお答えください。（具体例も聞かれる）
・お子さんが最近夢中になっていることは何ですか。そのきっかけは何ですか。夢中になっているとき、お父さまはどのような声掛けをしますか。
・お子さんが20歳になったとき、世の中はどのようになっていると思いますか。またそのとき、どのようなスキルが必要になると思いますか。
・お子さんに何か思い通りにならないことがあったとき、どのような対応や声掛けをしていますか。
・お子さんにアドバイスをするときに、気をつけていることは何ですか。
・お子さんとご両親の意見が異なるとき、どのように対応しますか。
・ＩＣＴ教育として本校ではｉＰａｄを利用していますが、ご家庭で使用されることはありますか。利用することに抵抗はありますか。
・本校に伝えたいことはありますか。不安な点や質問はありますか。
※回答により質問が発展していく。

保護者アンケート

提出は任意で、待ち時間に記入して提出する。

無記名で、入試結果に影響はないとの記載がある。

・通っている幼児教室名。

・これまでに参加（視聴）された本校のイベント。

・本校に期待すること。

・桐蔭学園小学校の受験を決める際に参考にした情報。

・本校の志望状況。

・受験校を決める際に重視したこと。

1

♤

♧

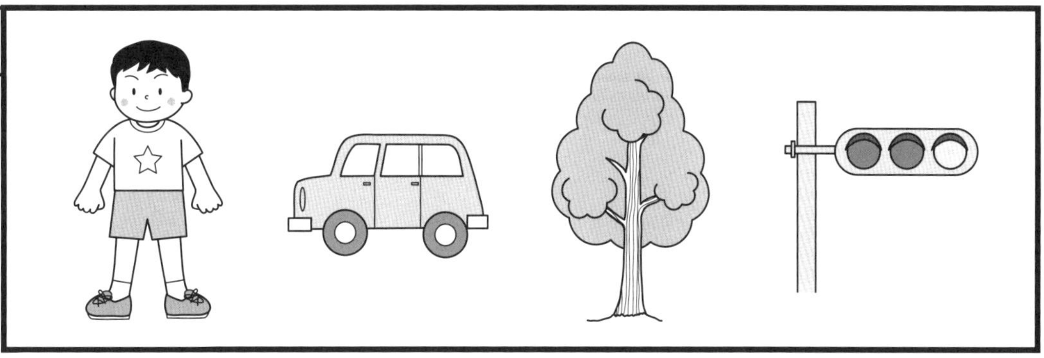

♡

◇

2

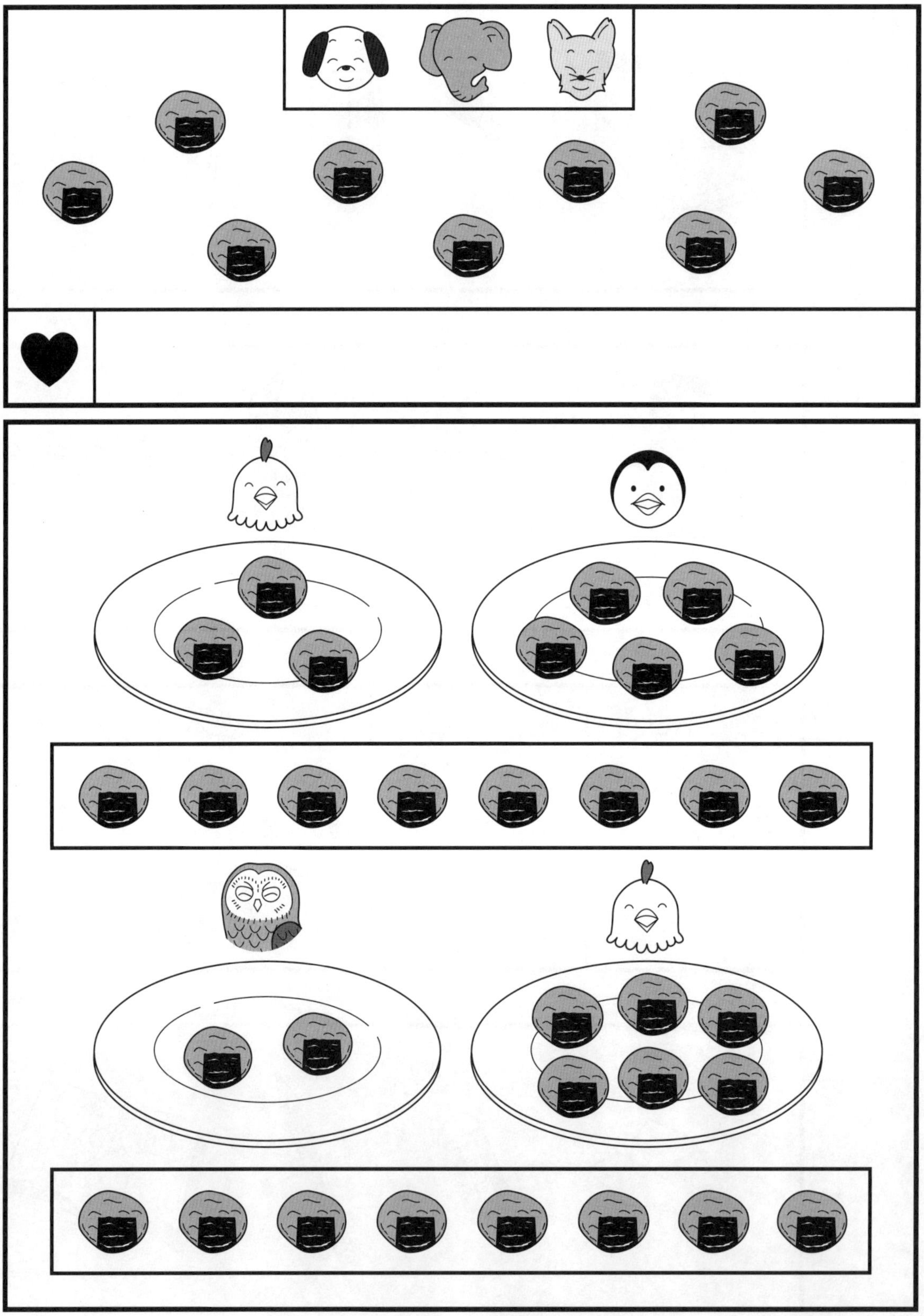

3

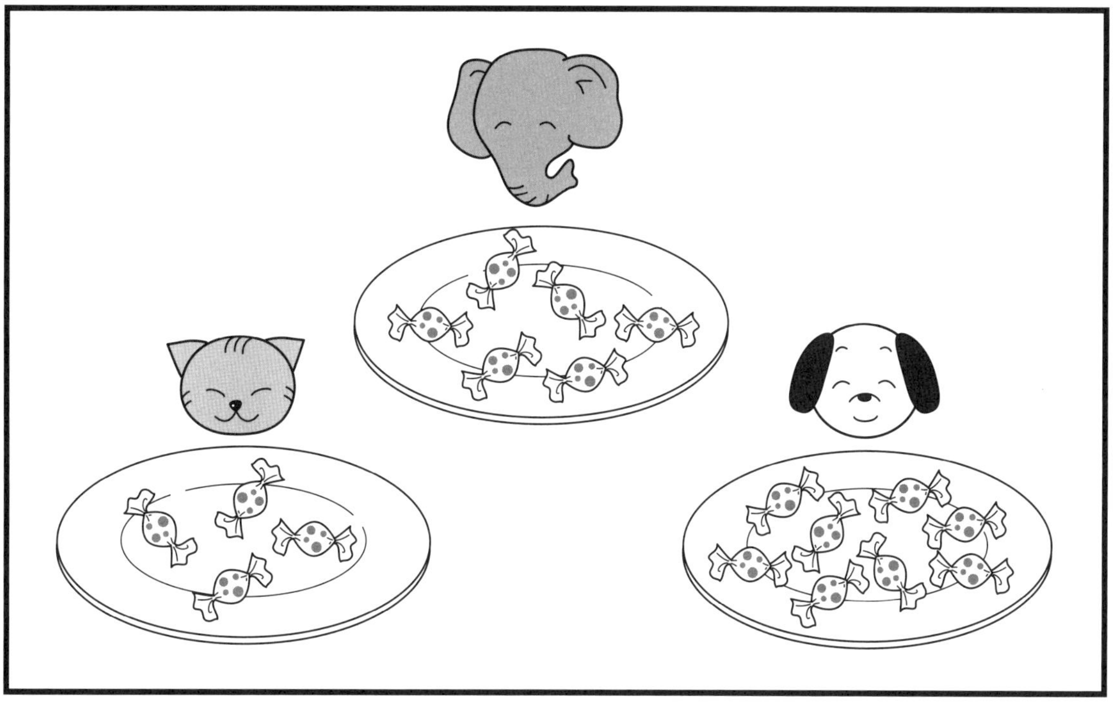

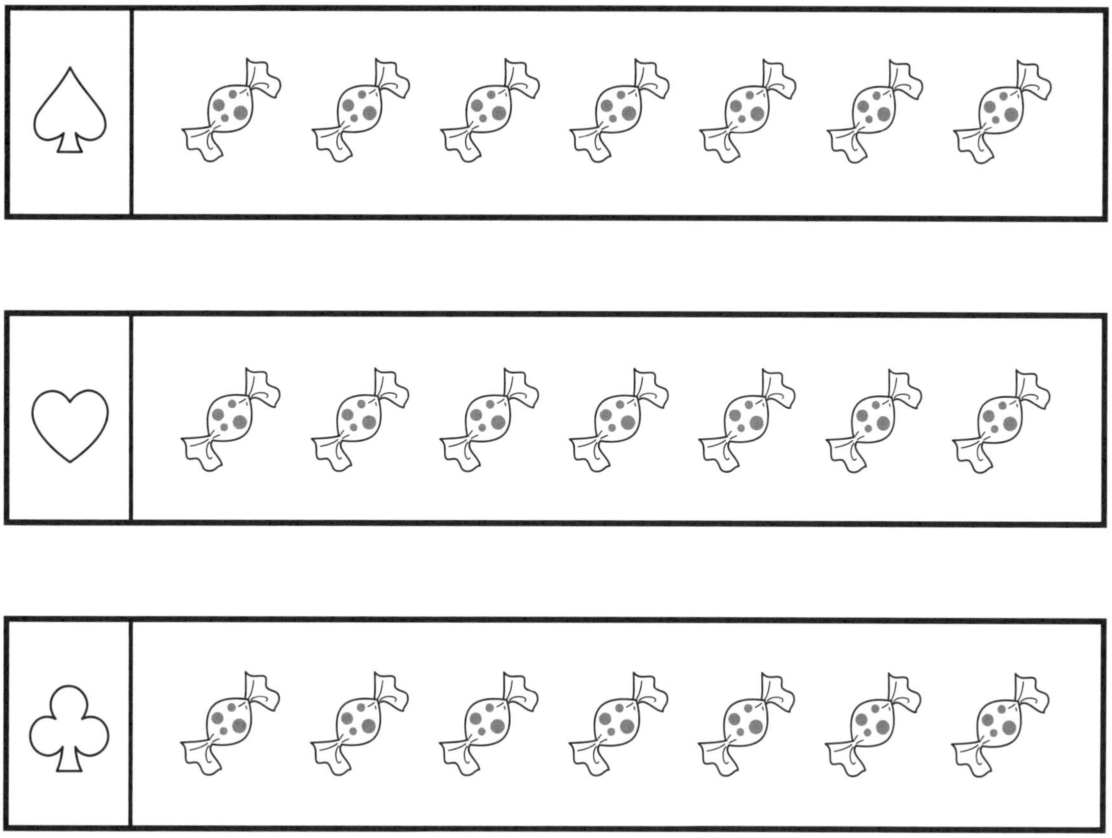

4

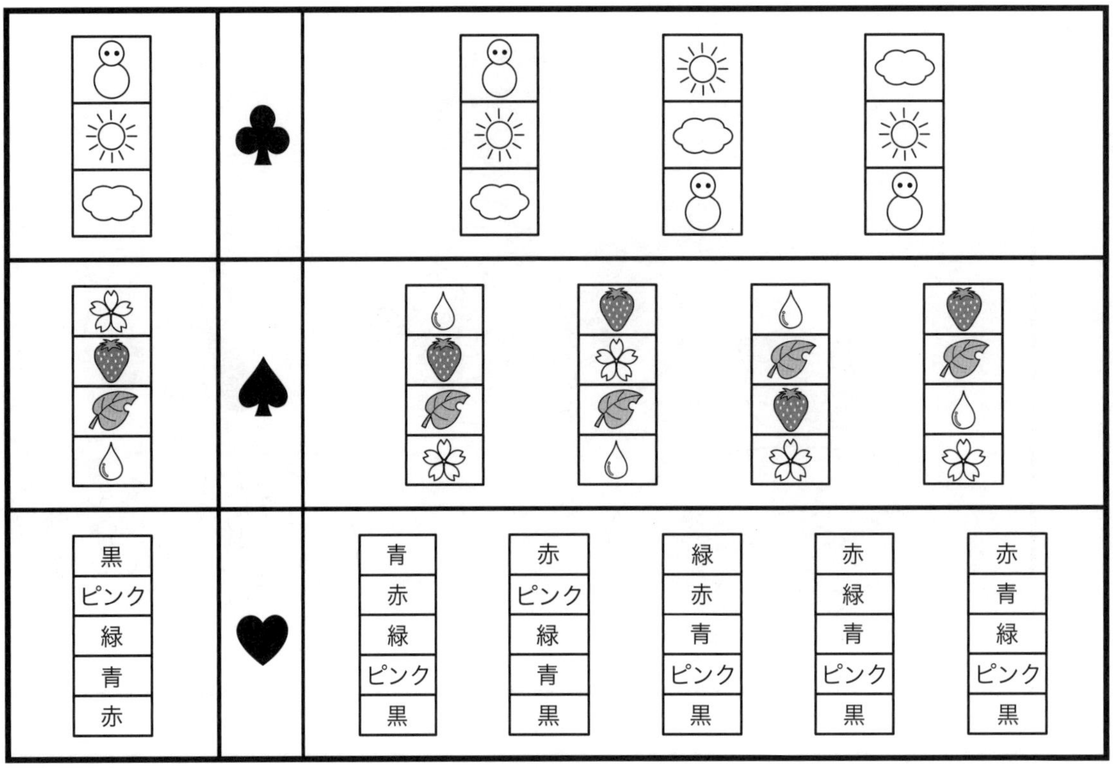
黒 ピンク 緑 青 赤
青 赤 緑 ピンク 黒
赤 ピンク 緑 青 黒
緑 赤 青 ピンク 黒
赤 緑 青 ピンク 黒
赤 青 緑 ピンク 黒

5

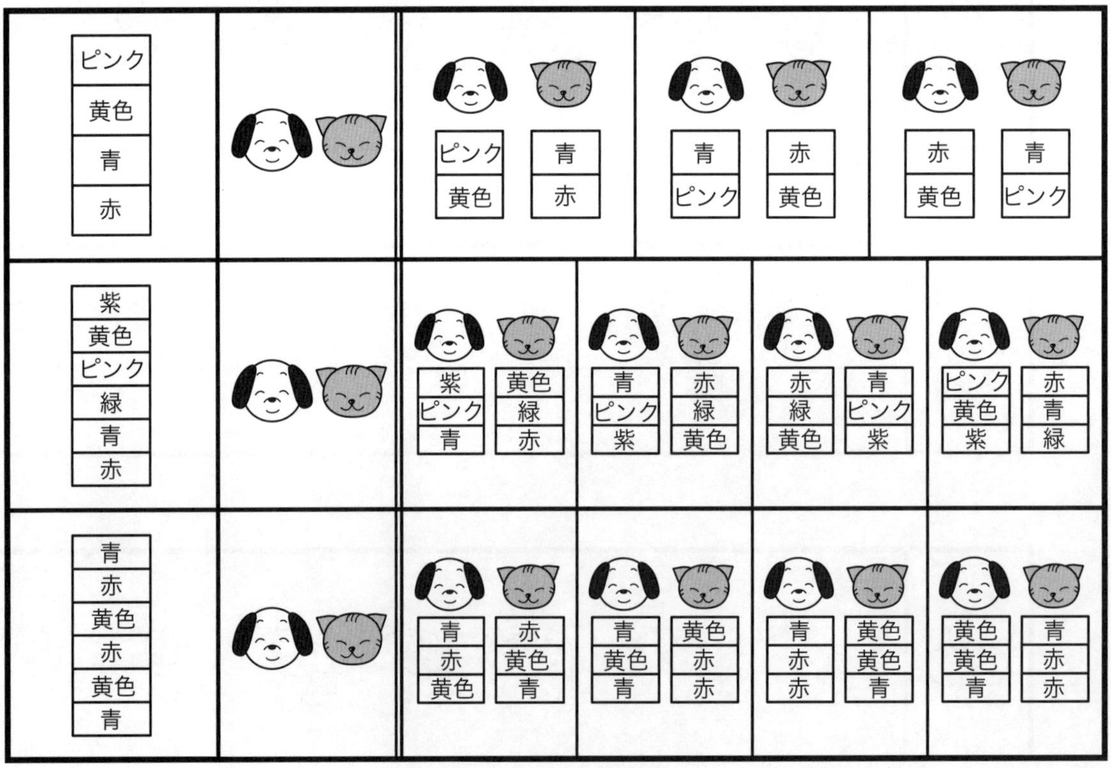
ピンク 黄色 青 赤
ピンク 黄色
青 赤
青 ピンク
赤 黄色
赤 黄色
青 ピンク
紫 黄色 ピンク 緑 青 赤
紫 ピンク 青
黄色 緑 赤
青 ピンク 紫
赤 緑 黄色
赤 緑 黄色
青 ピンク 紫
ピンク 黄色 紫
赤 青 緑
青 赤 黄色 赤 黄色 青
青 赤 黄色
赤 黄色 青
青 黄色 青
黄色 赤 赤
青 赤 赤
黄色 黄色 青
黄色 黄色 青
青 赤 赤

6

section
2023 森村学園初等部入試問題

解答は別冊解答例024～025ページ

選抜方法

考査は２日間のうち１日で、１日目に女子、２日目に男子を行う。男女とも生年月日順に20～30人のグループに分かれて、ペーパーテスト、集団テストを行う。所要時間は約２時間。考査日前の指定日時に保護者面接がある。

ペーパーテスト

筆記用具は黒のクーピーペンを使用し、訂正方法は ＝（横２本線）。出題方法は話の記憶のみ音声で、ほかは口頭。

1 話の記憶（女子）

「たろう君がソファで本を読んでいると、暖かい風が吹いて窓から桜の花びらが舞い込んできました。暖かい風で眠たくなったたろう君は、大きなあくびをしました。ふと、たろう君の目の前にネコが現れました。体は白くて、左足の先としっぽが黒いそのネコは、『お願いがあるから、ついてきて』と言いました。たろう君が水玉模様の長靴を履いてネコについていくと、チューリップ畑に着きました。畑には、大きな穴が空いています。ネコが穴に入っていったので、勇気を出してたろう君もその穴に飛び込みました。穴の中はネコの小さなお家になっていて、ドアは四角で、中に入ると丸い窓がありました。ネコは『アサガオを育てようと思って種をまいたのだけど、わたしの手では水が運べないの。手伝ってくれないかしら』とたろう君に言いました。そこでたろう君は履いていた長靴に水を入れて運び、アサガオの種に水をあげました。ネコは『ありがとう』と言って、お礼に星形のクッキーとビー玉をくれました。すると『たろう、起きなさい』というお母さんの声がして、たろう君は目が覚めました。ソファの上で本を抱えて寝ていたようです。『あれ？夢だったのかな』と思いながらたろう君が起きあがると、ポケットからビー玉が転がり落ちました」

・１段目です。お話に出てきたネコに○をつけましょう。
・２段目です。お話に出てきたお花全部に○をつけましょう。
・３段目です。お花に水をあげるときに使ったものに○をつけましょう。
・４段目です。ネコのお家の窓の形に○、ネコがくれたクッキーの形に△をつけましょう。
・５段目です。たろう君はどこで寝ていましたか。お話に合う絵に○をつけましょう。

2 話の記憶（男子）

「あいちゃんとしょうたろう君とそういちろう君は、幼稚園で仲よしのお友達です。あいちゃんは水玉模様のスカートをはき、しょうたろう君はシマウマの絵のＴシャツ、そういちろう君はトラの絵のＴシャツを着ています。３人は園庭で遊びながら、大人になったらどんなお仕事をする人になりたいかをお話ししています。ブランコに乗りながら、あいちゃんが『わたしは人を助けるお仕事がしたいな』と言いました。しょうたろう君が『人を助ける仕事って？』と聞くと、『救急車に乗って苦しんでいる人を助けたり、消防車に乗って火事で高いところに取り残された人を助けたりするの』とあいちゃんは答えました。今度は、男の子２人がシーソーで遊び始めました。しょうたろう君が『僕はお母さんが作ったカレーライスやオムライスがおいしくて好きなんだ。だから、コックさんになって自分のレストランで作ったお料理をみんなに食べてもらいたいな』と言いました。シーソーの反対側に乗っていたそういちろう君は『僕は動物園の飼育員さんになりたいんだ。ワニのお世話もしてみたいけど、やっぱり恐竜のトリケラトプスに似ていてかっこいいサイのお世話がしたいな』と言いました。３人はお部屋に戻った後、七夕の短冊にお願い事を書きました」

・１段目です。あいちゃんが着ていた洋服に○をつけましょう。
・２段目です。あいちゃんが大きくなったらやりたいと言っていたお仕事と、仲よしのものに○をつけましょう。
・３段目です。しょうたろう君とそういちろう君が大きくなったらやりたいと言っていたお仕事と、仲よしのものに○をつけましょう。
・４段目です。あいちゃんがやりたいお仕事のお話をしたときに遊んでいた遊具に○、しょうたろう君とそういちろう君がやりたいお仕事のお話をしたときに遊んでいた遊具に△をつけましょう。
・５段目です。このお話の季節はいつでしょう。合う絵に○をつけましょう。

3 数量（女子）

四角の中と外に、いろいろな果物があります。
・内側の四角にリンゴはいくつありますか。その数だけ、ウサギの横に○をかきましょう。
・内側の四角の外にパイナップルはいくつありますか。その数だけ、パンダの横に○をかきましょう。
・内側の四角にイチゴはいくつありますか。その数だけ、コアラの横に○をかきましょう。
・内側の四角の中と外では、イチゴの数はいくつ違いますか。違う数だけ、クマの横に○をかきましょう。

4 数量（男子）

四角の中と外に、いろいろな野菜があります。
・内側の四角の外にトマトはいくつありますか。その数だけ、ウマの横に○をかきましょう。
・内側の四角のナスとトマトを全部合わせるといくつですか。その数だけ、ヒツジの横に○をかきましょう。
・内側の四角の中のトマトと外のピーマンは、いくつ数が違いますか。違う数だけ、ペンギンの横に○をかきましょう。
・絵の中の全部のナスとピーマンとトマトを１つずつ袋に入れると、袋はいくつできますか。その数だけ、ブタの横に○をかきましょう。

5 言語（男女共通）

・左の２つの四角には、虫の「クモ」と空にある「雲」が描いてあります。２つは違うものですが、名前が同じなので線で結んであります。では、右の四角に描いてあるもののうち同じ名前のもの同士を選んで、点と点を線で結びましょう。

6 推理・思考（男女共通）

・星かハートの印が１つの面にだけかいてある四角い積み木があります。この積み木をマス目に沿って矢印の方にコトンコトンと倒しながら動かしていくと、丸がかいてあるマス目に星やハートの印がつきます。このまま続けて動かしていったとき、星やハートの印がつくマス目全部に○をかきましょう。

7 構成（男女共通）

・丸の中の積み木にあと２つの形の積み木を足して、上の四角の中にあるお手本と同じものを作ります。足すとよい積み木を大きい四角の中から２つ選んで、○をつけましょう。

8 話の理解（男女共通）

・ニワトリとウサギとパンダの絵のコップがあります。ウサギとニワトリのコップを入れ替えた後、ニワトリとパンダのコップを入れ替えました。今、真ん中にはどの絵のコップがありますか。合う絵を下から選んで○をつけましょう。

9 推理・思考（対称図形）（男女共通）

・マス目を斜めの線でパタンと折ると、印は線の反対側のどのマス目にピッタリつきますか。その場所に、同じ印をかきましょう。

10 観察力（同図形発見）（男女共通）

・パズルがありますね。真ん中の太い線で囲まれたピースと同じ形のものを、右から見つけて○をつけましょう。

11 点図形（男女共通）

・左のお手本と同じになるように、右側にかきましょう。

集団テスト

12 絵画・制作（女子）

リボンのついたプレゼントの袋と風船が描いてあるＢ４判の白い台紙、リボンの一部だけが描かれた小さなピンクの画用紙、クレヨン、液体のり、はさみ、のりづけ用の下敷きにする紙が用意されている。
・台紙の風船の真ん中のところだけを、青のクレヨンで塗ってください。ピンクの画用紙の形をはさみで切り取って、台紙のリボンの絵でピッタリ合うところを探してのりで貼りましょう。プレゼントの袋の中に、誰かにあげたいと思うプレゼントの絵をクレヨンで描いてください。時間があったら、周りに自由に描き足して楽しい絵にしましょう。

13 絵画・制作（男子）

長靴と傘が描いてあるＢ４判の白い台紙、長靴の片方だけが描かれた小さな黄色の画用紙、クレヨン、液体のり、はさみ、のりづけ用の下敷きにする紙が用意されている。
・台紙の傘の真ん中のところだけを、水色のクレヨンで塗ってください。黄色の画用紙の形をはさみで切り取って、台紙の長靴の絵でピッタリ合うところを探してのりで貼りましょう。空いているところには、クレヨンで好きな生き物を描いてください。時間があったら、周りに自由に描き足して楽しい絵にしましょう。

言語・発表力（男女共通）

絵画・制作中に全員に向かってテスターが質問をする。１人ずつ順番に席に着いたまま答える。
・何の絵を描きましたか。（男女共通）
・誰にプレゼントしたいですか。（女子）
・好きな食べ物は何ですか。（男子）

行動観察・制作（女子）

５人のグループに分かれてお店屋さんごっこを行う。どんなお店屋さんにするかお友達と相談して決めたら、グループごとに用意された折り紙、液体のり、セロハンテープ、はさみを使ってお店で売るものを作る。テスターがお店屋さん役とお客さん役を決め、みんなで遊ぶ。途中でお店屋さんとお客さんの役割を交代する。

行動観察・制作（男子）

８人のグループに分かれて魚釣りを行う。画用紙、クリップ、クレヨン、はさみが用意されており、釣りたいものを画用紙に描いてはさみで切り取り、クリップをつける。ただし、全員が違うものを描くようにお友達と相談する。大きな布が２枚用意されるので、指示に従って布を巻いて棒状にし、池の形を作って囲み床の上に置く。その中に、先に作った釣りたいものを入れて、先端に磁石のついた釣りざおで釣って遊ぶ。釣りざおはグループの人数分よりも少なく用意されており、譲り合って遊ぶ。

自由遊び（男女共通）

輪投げ、ケンケンパーのフープ、ボウリングセット、トランプ遊びのブースが用意されている。初めに線のところに並んで座り、遊び方の説明を聞いてから自由に遊ぶ。遊んだ後は片づけをして、初めに自分が並んだ線のところに戻る。

保護者面接

父　親

・志望理由を、願書と重複しない内容でお話しください。
・お仕事の内容についてお聞かせください。
・コロナ禍でお仕事が大変だと思いますが、どのようにお子さんと過ごしていますか。
・今日、お子さんはどうなさっていますか。
・きょうだいげんかはありますか。（答えの内容により、発展して質問がある）
・最近のお子さんとのやりとりの中で、気になったことは何ですか。
・子育てで大切にしていることは何ですか。
・お友達とけんかをしたと、お子さんが言ったらどうしますか。
・しかる、ほめるということに対して、父親としてどのようなことを意識していますか。
・６年間の学園生活で、お子さんにはどのような点を伸ばし、どのように成長していってほしいと思

いますか。（答えの内容により、発展して質問がある）
・ご夫婦で、お互いの子育てについて点数をつけるとしたら何点ですか。その理由もお話しください。
・お子さんと奥さまはどのようなところが似ていますか。
・奥さまのどのようなところを、お子さんにも備えていてほしいですか。
・緊急時や体調不良の際、お父さまがお迎えに来ることは可能ですか。
※そのほか、アンケートに記入した内容からの質問がある。

母　親

・本校を選んだ一番の理由は何ですか。
・森村市左衛門についてどのように思われますか。
・お子さんの幼稚園（保育園）での様子をお話しください。
・お子さんはご家庭でどのようなお手伝いをしていますか。
・お子さんと過ごす中で大切にしていることは何ですか。
・お子さんをしかるときやほめるとき、どのようなことを意識していますか。
・（きょうだいがいる場合）お母さまから見て、どのようなごきょうだいですか。
・ごきょうだいが通われている学校と本校とで、校風が似たところと違うところがあると思いますが、どのようにお考えですか。
・入学した後で、学校の教育方針が変わってしまったらどうしますか。
・お友達とけんかをしたお子さんが、翌日学校に行きたくないと言ったらどうしますか。
・ご主人のどのようなところにお子さんが似てほしいですか。
・ご自宅から本校までやや遠いようですが、大丈夫ですか。
・お仕事をされていますか。お子さんが病気のときなどのお迎えは大丈夫ですか。
※そのほか、アンケートに記入した内容からの質問がある。

面接資料／アンケート

願書提出時に保護者面談資料を提出する。

・家庭状況（氏名、年齢など。父母、本人を含む）。
・志望動機。
・志願者側から学園に伝えたいことや質問。

面接当日にアンケートを記入する。質問には、全日程共通で項目ごとに程度（3：かなり思っている、2：少し思っている、1：あまり思っていない）を選択するものと、日程ごとに違うテーマで回答を記述するものとがある。

（全日程共通）
【入学後、子どもが楽しみにしていること】
・先生や友達と遊ぶこと
・勉強
・給食
・行事

・その他（自由記載）

【入学後、子どもが不安に思っていること】
・お友達ができるか
・学校の支度が１人でできるか
・公共交通機関で通学すること
・勉強について

【自分１人で子どもができること】
・身支度（園の用意）
・時間を守ること
・最後まで話を聞くこと
・電車に乗って通学すること
・自分の体調や状況を説明すること

（面接１日目）
・最近、ご家庭での様子で子どもが成長したと感じることを合わせて３点、お書きください。（ただし、行事やイベント以外で記載すること）

（面接２日目）
・子どもに読んでよかったと思う本の題名を３点、お書きください。

（面接３日目）
・本校のホームページやＳＮＳを見て興味を持ったことを３点、お書きください。

1

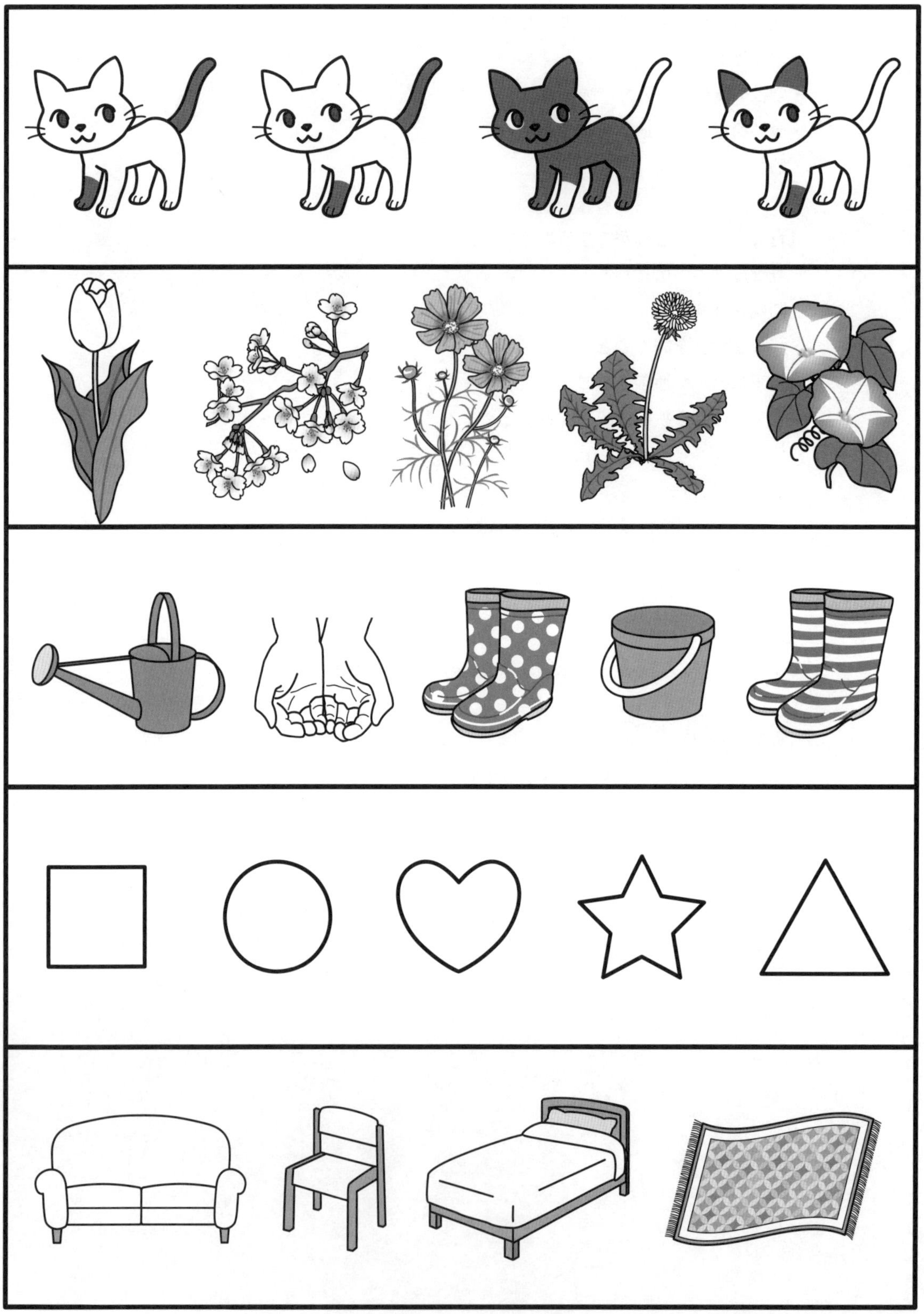

2

3

4

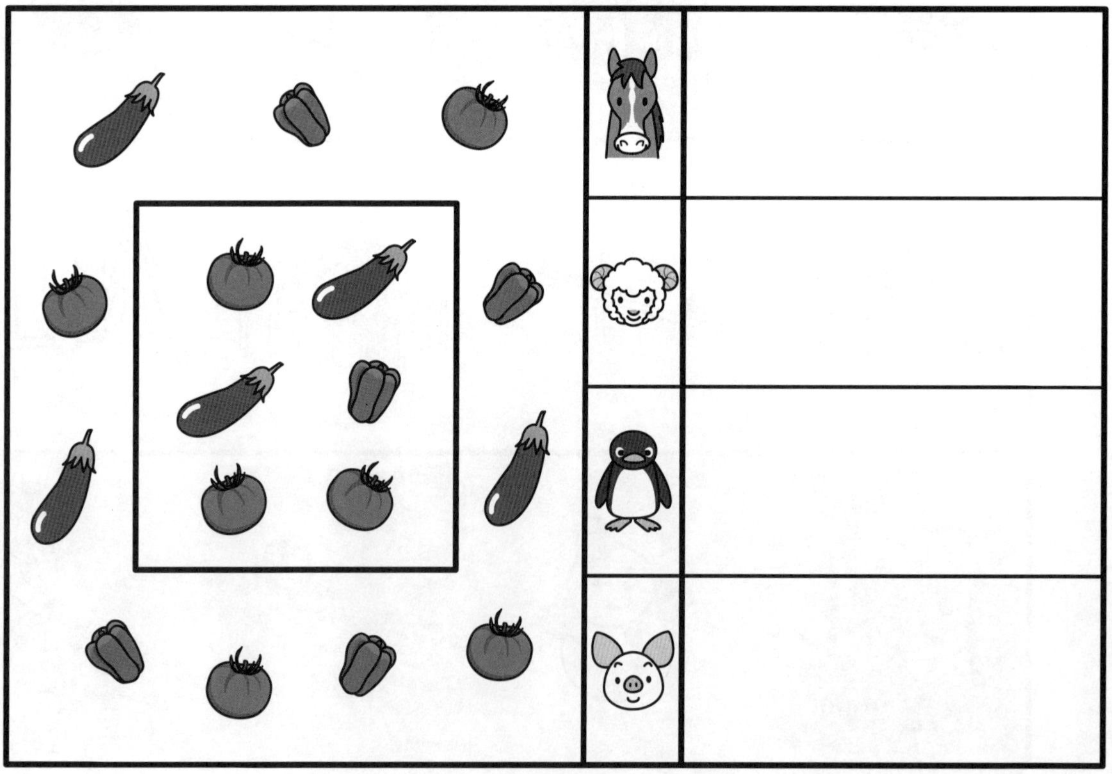

5

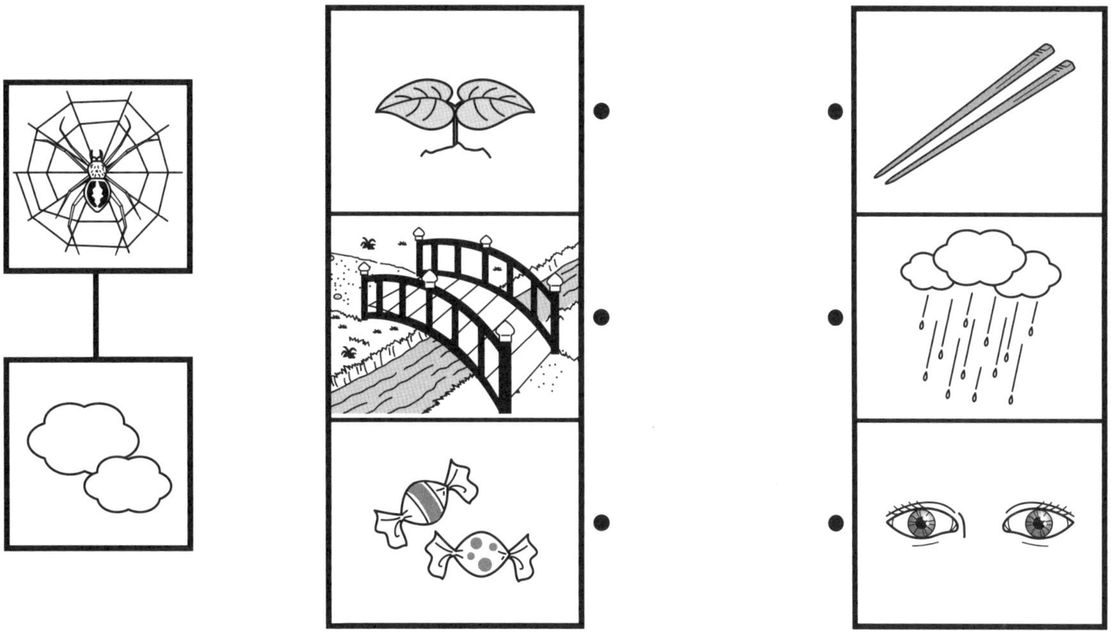

6

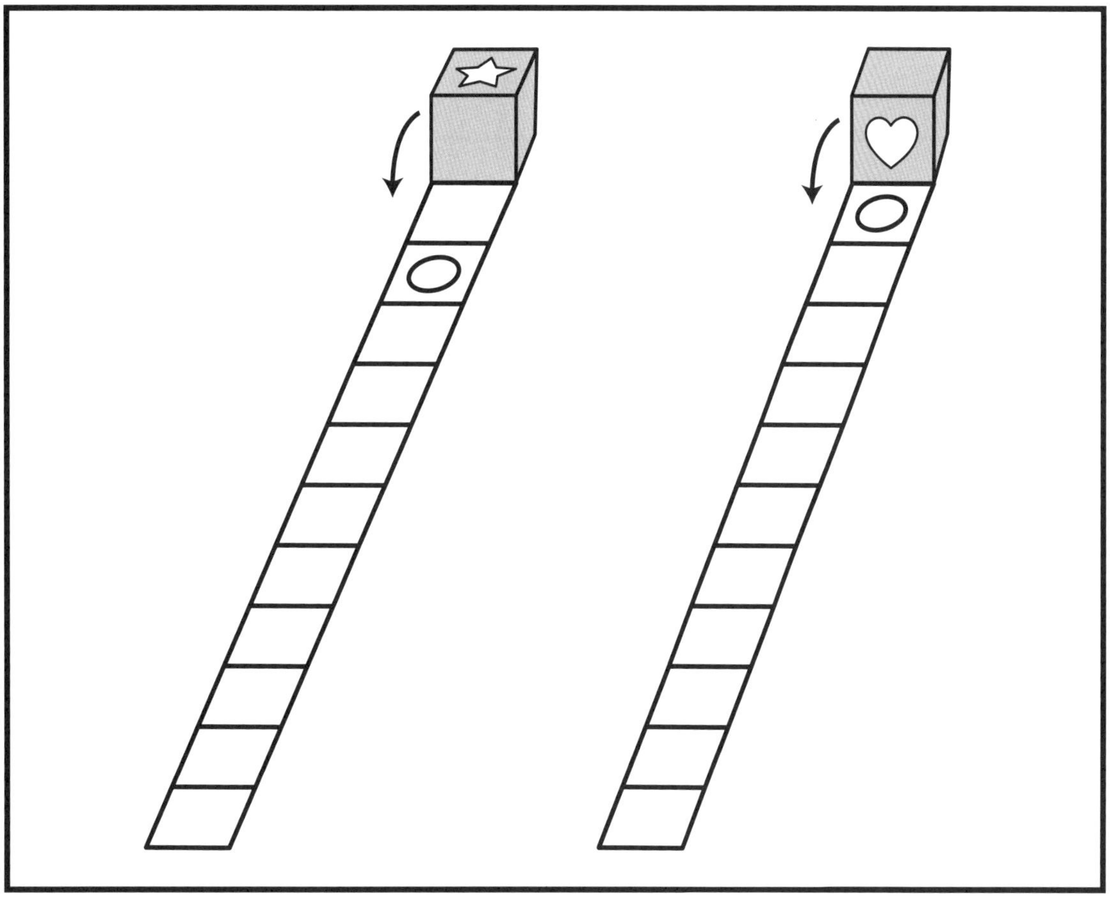

7

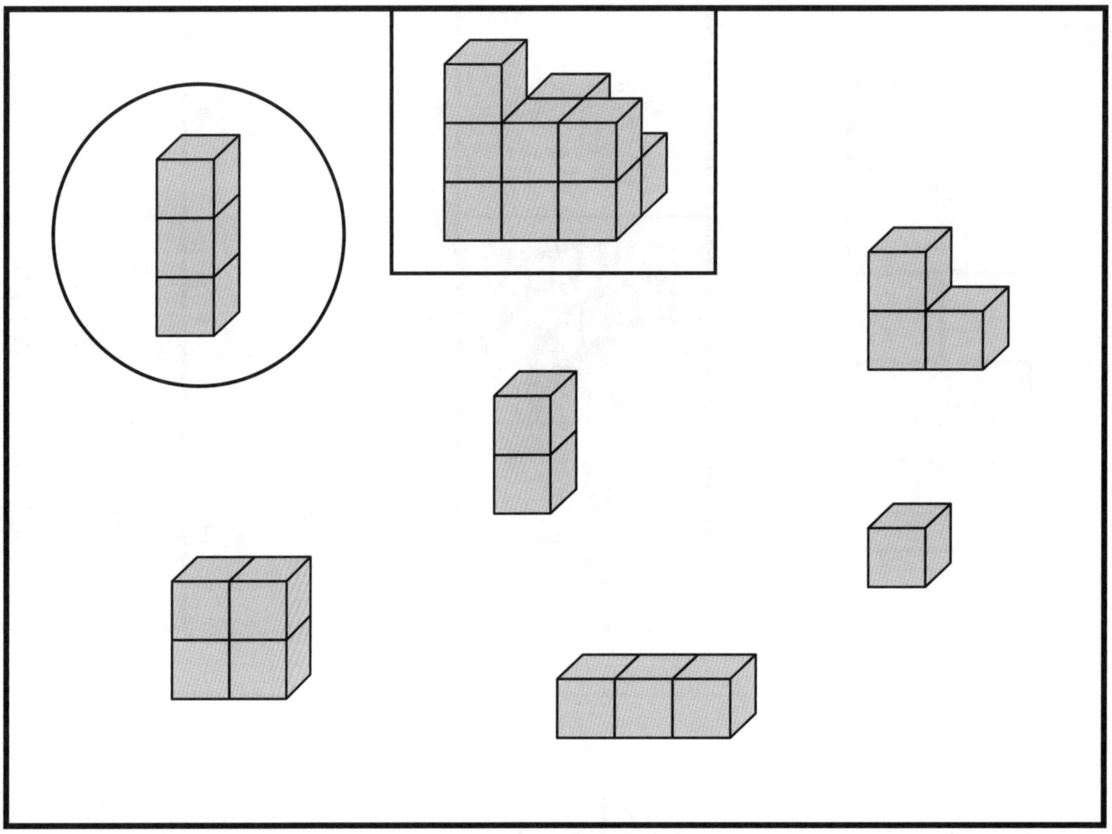

8

9

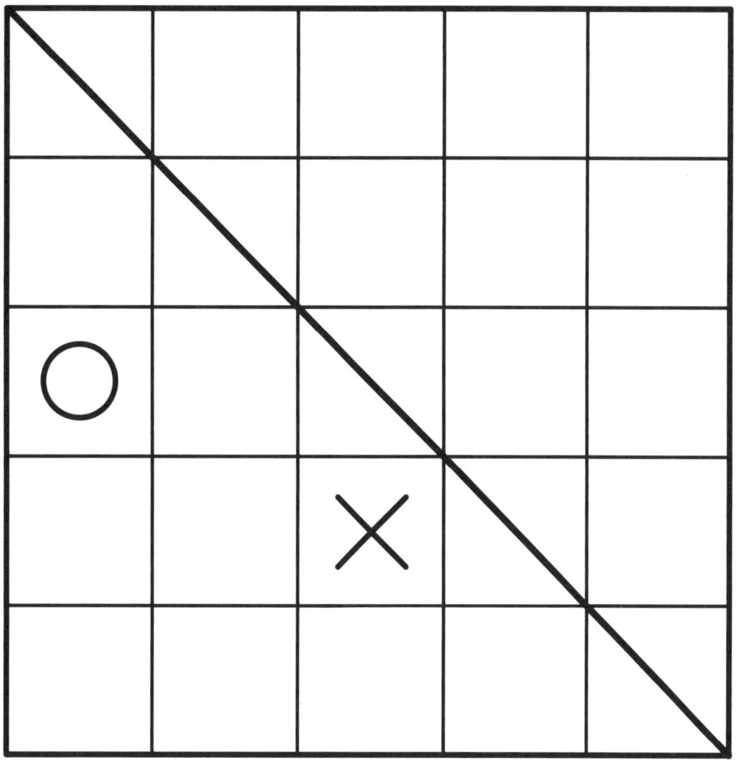

10

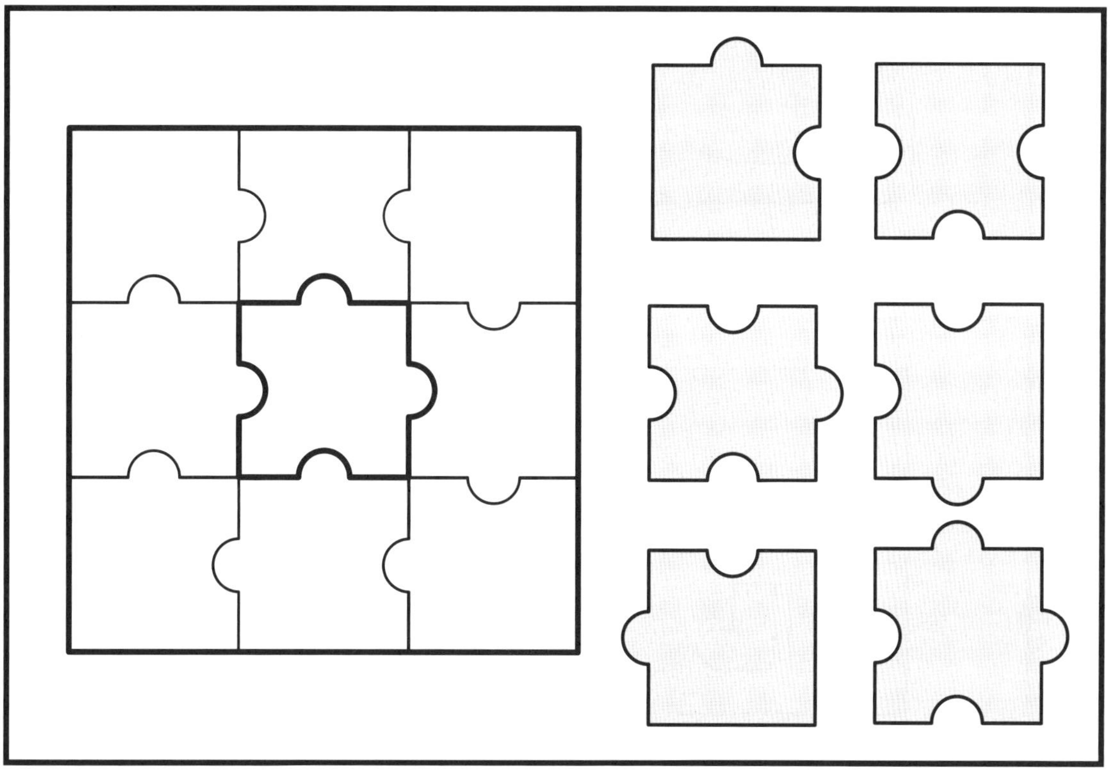

11

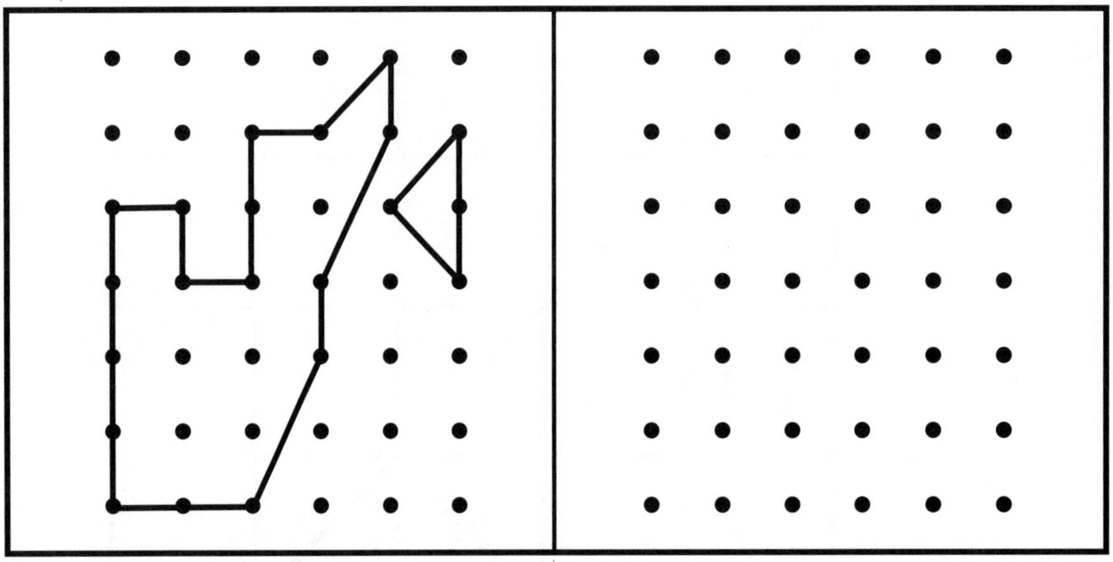

12

13

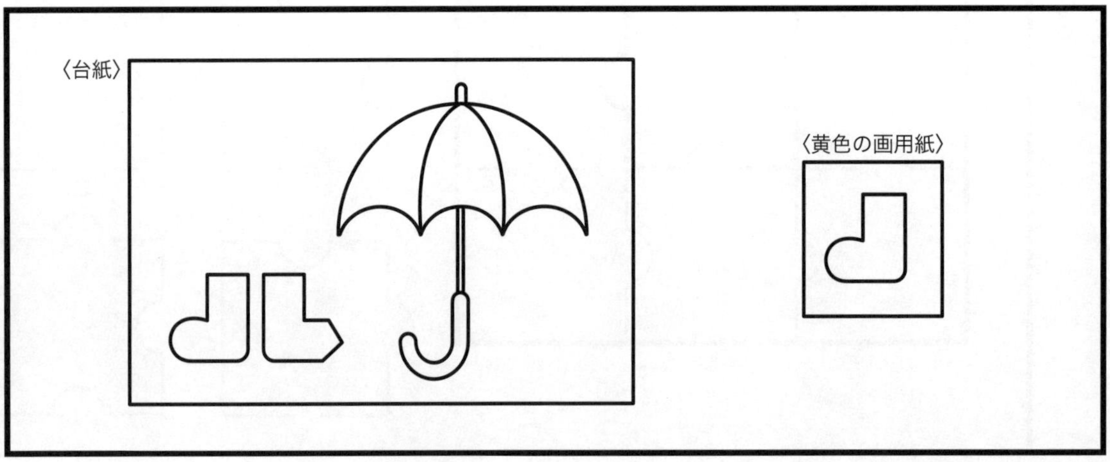

section
2023　横浜雙葉小学校入試問題

解答は別冊解答例026ページ

選抜方法

考査は1日で、25～30人を１グループとしてペーパーテスト、集団テスト、運動テストを行う。所要時間は約２時間30分。考査日前の指定日時に親子面接がある。

ペーパーテスト

筆記用具はクーピーペン（青）を使用し、訂正方法は⋀⋀⋀（ギザギザ線）。出題方法は音声。

1　話の記憶

※「あなぐまのクリーニングやさん」（正岡慧子作　三井小夜子絵　ＰＨＰ研究所刊）のお話を基に出題された。

「ヒツジさんのお店は、村でたった１軒のクリーニング屋さんです。ヒツジさんはとても丁寧にお仕事をするので、洗濯物はいつもピッカピカです。そのうえ、破れているところはミシンで縫ったり、取れかけのボタンもきちんとつけ直してくれます。また、すてきな布をくっつけたりするので、ヒツジさんは大忙しです。『はいはい。ネズミさんは、半ズボン５枚ですね』『カエルさんは、コーラスの衣装でしたね。胸につける、リボンのお花を作っておきましたよ』。そんなある日、遠い町からライオンさんがわざわざ訪ねてきました。『あなたが評判のクリーニング屋さんですな』。ヒツジさんは、初めて見るライオンさんの大きさにびっくりして声も出ません。『わたしの洋服をお願いしたいのだが』『は、はい』。ヒツジさんは緊張して、体が棒のように固くなりました。『これは、わたしの大事なものでしてね』と言うと、ライオンさんはとても大きい真っ白な燕尾服を出しました。『なんてすばらしい燕尾服なんだろう』。ヒツジさんは大きなため息をつきました。『大事なものをわざわざ持ってきてくれるなんて、本当にうれしいことだわ。きれいに仕上げなくちゃ』。ヒツジさんは、張り切って仕事台いっぱいに上着を広げ、どんな汚れも見落とさないように隅から隅まで点検をしました。次は、ドライクリーニングです。ヒツジさんは、ぐるぐる回る洗濯機から、ひとときも目を離しません。さて、ここからがヒツジさんの腕の見せどころです。広げた上着にアイロンをかけます。蒸気がシュワーッと音を立てました。『気をつけて、気をつけて』。ヒツジさんの額に汗がにじみました。すると『リリリ～ン』と突然電話が鳴りました。ヒツジさんはびっくりしてアイロンを置き、電話のそばへ駆け寄りました。ところが、慌てたヒツジさんの足にアイロンのコードが絡まりました。『おっ、とっとっと！』なんと、アイロンがゴトンと倒れたのです。『あーっ！』真っ白な上着の背中に、アイロンの焦げ跡がくっきりと残ってしまいました。焦げ跡は真ん中にあって、とても目立ちます。ヒツジさんはうずくまり、『どうしよう、どうしよう』とうわごとのように何度もつぶやき、じっとしたまま動けません。『そうだ！』ヒツジさんはよいことを思いつきました。そして針と糸を取り出すと、さっそく刺繍を始めました。なんと、焦げ跡を鼻にして、ライオンさんの顔を作り始めたのです。夜の12時を過ぎても、ヒツジさんはひとときも休まず縫い続けました。あくる日、ヒツジさんは燕尾服を持って、ライオンさんのところへ出かけました。ヒツジさんは正直にお話しして、心からライオンさんに謝りました。ライオンさんは、黙ってうなずきました。それから何日か経って、ヒツジさんのところにライオンさんから音楽会の招待状が届きました。『許してくれたのかなあ』。ヒツジさんは部屋中をあっちへ行ったり、こっちへ来たり、なんだか気持ちが落ち着きません。音楽会は町で一番大きな劇場で行われました。会場は満員です。始まりのベルが鳴ると、舞台にずらりと演奏者が並びました。そして拍手に迎えられて出てきたのは、ライオンさんでした。『あっ、ライオンさんだ。ライオンさんは指揮者だったんだ』。ライオンさんが客席に背中を向けました。『あっ！　あれは……』揺れるライオンさんの背中で、ヒツジさんが心を込めて縫い上げた刺繍のライオンさんが、ゆっくりと動き始めました。『……心配しないで』と、ライオンさんの声が聞こえたような気がしました。『よかった、本当によかった』。ヒツジさんは、今日もせっせとお洗濯です。洗いたての大きなシャツを物干しざおに洗濯ばさみで留めていきます。『そうだ、乾いたらすぐにアイロンで仕上げて、ライオンさんに届けてあげよう』。なびくシャツがはたはたとうなずいて、風が駆け抜けていきました」

・お話に出てきたものに○をつけましょう。
・ヒツジさんは、ライオンさんの洋服を焦がしてしまいましたね。どうしてですか。お話と合う絵に○をつけましょう。
・左上の太線の丸の絵から、お話の順番になるように絵を線で結びましょう。

2　常識（なぞなぞ）

・わたしはふたごです。ご主人さまが出かけるときに一緒についていきますが、帰ってきたら玄関でゆっくり休めます。わたしは誰でしょう。合う絵に○をつけましょう。
・わたしにはいろいろな種類があります。ものと交換できます。わたしは誰でしょう。合う絵に○をつけましょう。
・わたしはみなさんの頭を守ります。夏のお出かけにかぶるとおしゃれにもなります。わたしは誰でしょう。合う絵に○をつけましょう。

3　数　量

動物たちがお祭りに来ています。
・わたあめを持っている動物は何匹ですか。その数だけ、星の横のマス目に１つずつ○をかきましょう。
・リンゴアメのお店に並んでいる動物がそれぞれ１本ずつリンゴアメを買うには、リンゴアメはいくつ足りませんか。その数だけ、リンゴの横のマス目に１つずつ○をかきましょう。
・キンギョすくいのお店で、今並んでいるウサギたちがキンギョを２匹ずつすくっていくと、最後にすくえるのはどのウサギですか。そのウサギの洋服を塗りましょう。
・太鼓の周りで盆踊りをしている動物たちのうち、５匹が帰り、その後で３匹がやって来ました。動物は今、何匹になりましたか。その数だけ、三日月の横のマス目に１つずつ○をかきましょう。

4　観察力（同図形発見）

・上のお手本と同じ絵を下から探して、○をつけましょう。

5　構　成

・左のお手本の形をつなげてできる形を、右から選んで○をつけましょう。向きは変えてもよいですが、裏返したり重ねたりしてはいけません。

6 推理・思考（比較）

・白と黒に塗り分けられた真四角があります。この中から、白いところと黒いところが同じ広さのものに○をつけましょう。

7 言　語

・左の絵の名前の最後の音をつなげるとできるものを右側から選び、点と点を線で結びしょう。

8 推理・思考（ひも）

・両端を引っ張ると結び目ができるものに○をつけましょう。

集団テスト

9 数量・巧緻性

女の子が４人描かれた台紙、赤、青、黄色、緑の直径９mmの丸シールが１シートずつ用意されている。筆記用具はペーパーテストで使用したクーピーペン（青）を使用する。

・ポニーテールの女の子がふたばちゃんです。ふたばちゃんのかばんに青いアメを入れてあげます。全部のマス目に１枚ずつ青のシールを貼りましょう。

・ふたばちゃんの下にいる女の子のかばんには持ち手がありません。ふたばちゃんのかばんと同じ持ち手を描いて、持ち手の中を塗りましょう。

・今、持ち手を描いたかばんに、黄色のアメをかばんの半分だけ入れます。かばんのマス目の半分に、１枚ずつ黄色のシールを貼りましょう。

・眼鏡をかけた女の子は、かばんいっぱいに赤いアメが入っていました。そのアメを、上のお友達に５個、隣のお友達に３個あげました。今残っている数だけ、かばんのマス目に１枚ずつ赤のシールを貼りましょう。

・眼鏡をかけている女の子の上のお友達の本を塗りましょう。

運動テスト

模倣体操

フープの中に立ち、前屈と後屈、伸脚、ジャンプなどをテスターのお手本と同じように行う。

かけっこ

スタートラインから走り、縦に２つ並んだコーンの周りを２周して戻る。終わったら指示された床のフープの中に１人ずつ入り、後ろ向きに座って待つ。

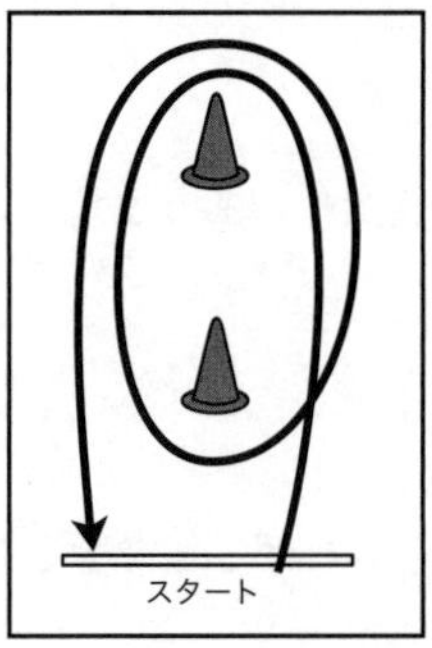

指示行動

テスターに呼ばれたらマットの上に立ち、レジ袋の持ち手を両手で持つ。
・「やめ」と言われるまで、袋に空気が入るように上下に振る。
・「やめ」と言われるまで体の前でバツ印をかくように袋を斜めに振る。
・レジ袋を持って両手を上げたまま、空気が入るようにして向こう側に置かれたコーンまで走る。
・終わったらレジ袋を畳み、テスターに渡す。

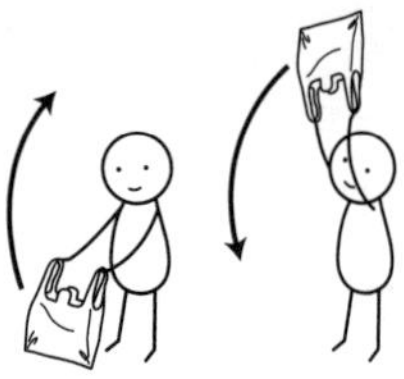

袋を上下に振る

バツ印をかくように袋を上下斜めに振る

袋を両手で持って
上げたまま走る

親子面接

親子で入室し、父母への質問の後親子ゲームを行い、その後本人への質問がある。

父親

・志望動機をお聞かせください。
・本校に来校されたことはありますか。
・本校をどのように知りましたか。
・本校の印象をお聞かせください。娘さんの成長にどのような影響を与えるとお考えですか。
・女子校について、どのように思われますか。
・キリスト教について、どのように思われますか。
・子どもにとって、父親の役割とはどのようなものだと思いますか。
・お子さんのよいところを教えてください。
・どのようなお子さんに育ってほしいですか。
・お子さんの得意なこと（好きな遊びや夢中になっていること）は何ですか。
・お子さんの成長を感じたのはどのようなときですか。
・どのようなお子さんだと思いますか。
・お子さんの優しいところを教えてください。
・お子さんとの時間をつくるために、ご両親でどのように話し合っていますか。

母　親

・志望理由をお聞かせください。
・なぜ女子校を志望されているのですか。その中で、なぜ本校なのですか。
・本校の教育方針の中で、どのような点がお子さんに合っていると思われますか。
・しつけで気をつけていることは何ですか。
・お子さんと接するときに気をつけていることは何ですか。
・お仕事についてお聞かせください。
・仕事と育児を両立するために、どのようになさっていますか。
・子育てをしていてうれしかったことは何ですか。
・どのような母親でありたいと思われますか。
・お子さんの喜んでいる顔を見たのは、最近ではいつ、どのようなときでしたか。
・お子さんのよいところ、直してほしいところは、どのようなところですか。
・ご自身のご両親から教わったことがあれば、1つ教えてください。

親子ゲーム

親と子に分かれて、両面のホワイトボードスタンドを挟んで着席する。ホワイトボードの両面には5種類のマグネットブロックがつけられていて、子ども側の面にはそのうち3種類を使った形が作ってある。子どもはその形がどのようなものかを親に説明し、親はその説明に従って同じ形を作る。なお、親は子どもに質問をしてよいという注意書きも貼られている。作り終わったら子ども側の面と同じ形になっているかを確認し、違っていた場合は修正する。その後、親は作った形にマグネットブロックを1つ足し、どのような形にしたかを子どもに説明する。子どもはその説明を基に自分側の形にマグネットブロックを1つ足し、親側の形と同じになるようにする。

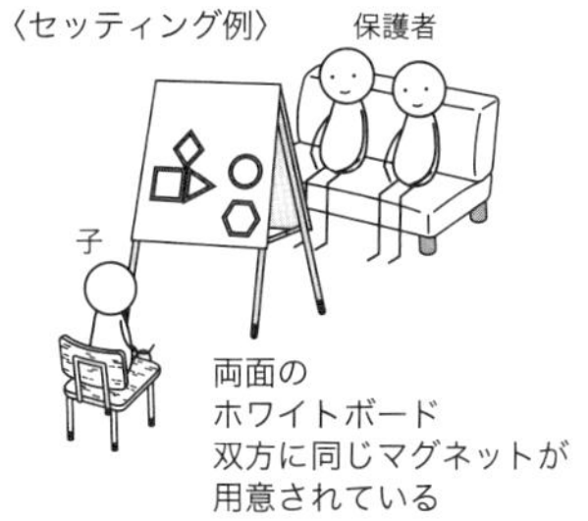

本　人

（ゲームの後、いすから立ちテスターの方を向いて質問に答える。回答により、質問が発展する）
・お名前と通っている幼稚園（保育園）の名前を教えてください。
・幼稚園（保育園）では何をして遊びますか。
・お家では何をして遊ぶのが好きですか。
・お母さんとは何をして遊びますか。
・お母さんとお料理をしたことはありますか。
・お母さんのお料理で好きなものは何ですか。
・どんなお手伝いができますか。

・お母さんに「ありがとう」と言われることはありますか。それはどんなときですか。
・魔法が使えたら、何をしたいですか。
・魔法を使えたら、お母さん（お父さん）に何をしたいですか。
・夏休みに楽しかったことは何ですか。
・体を動かすことは好きですか。
・今一番楽しいことは、どんなことですか。
・今一番頑張っていることは、どんなことですか。

面接資料／アンケート

出願時に志望理由書（A４判。表16行、裏８行）に記入し、提出する。以下のような項目がある。

・志望理由について。
・家族構成について。

1

1

2

3

☆										

☾										

4

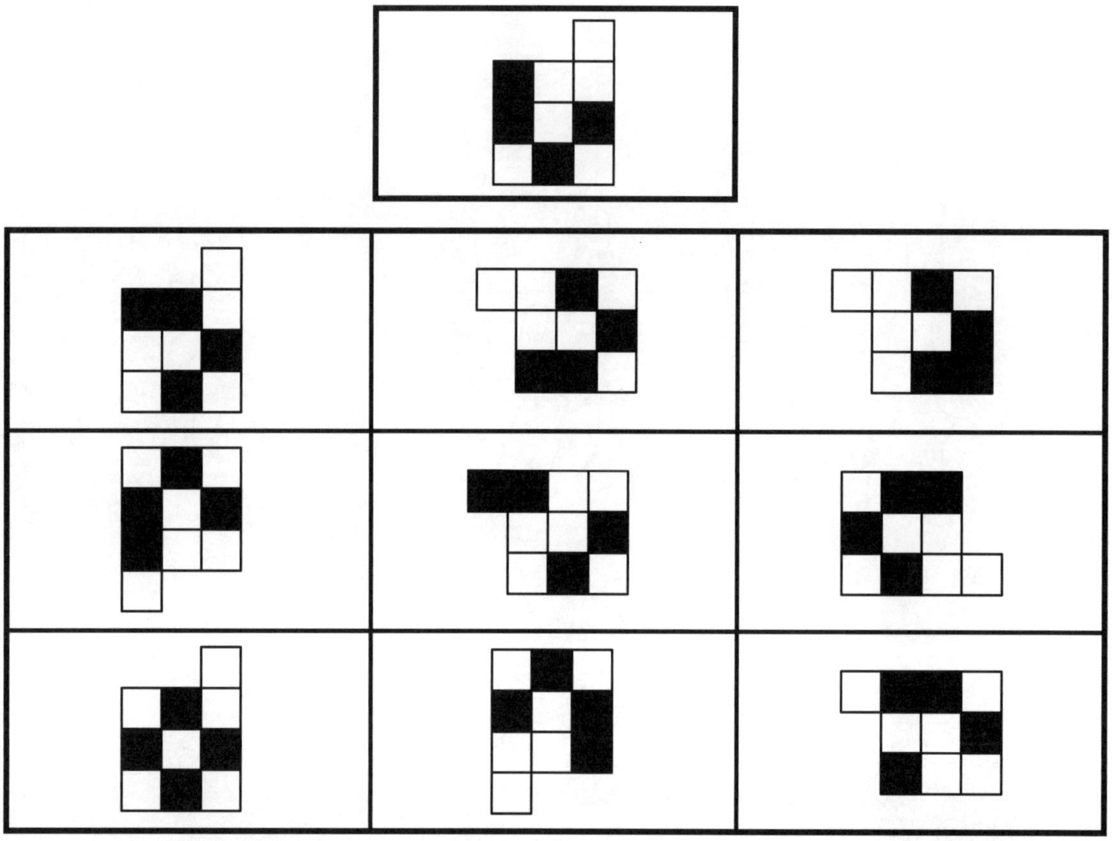

5

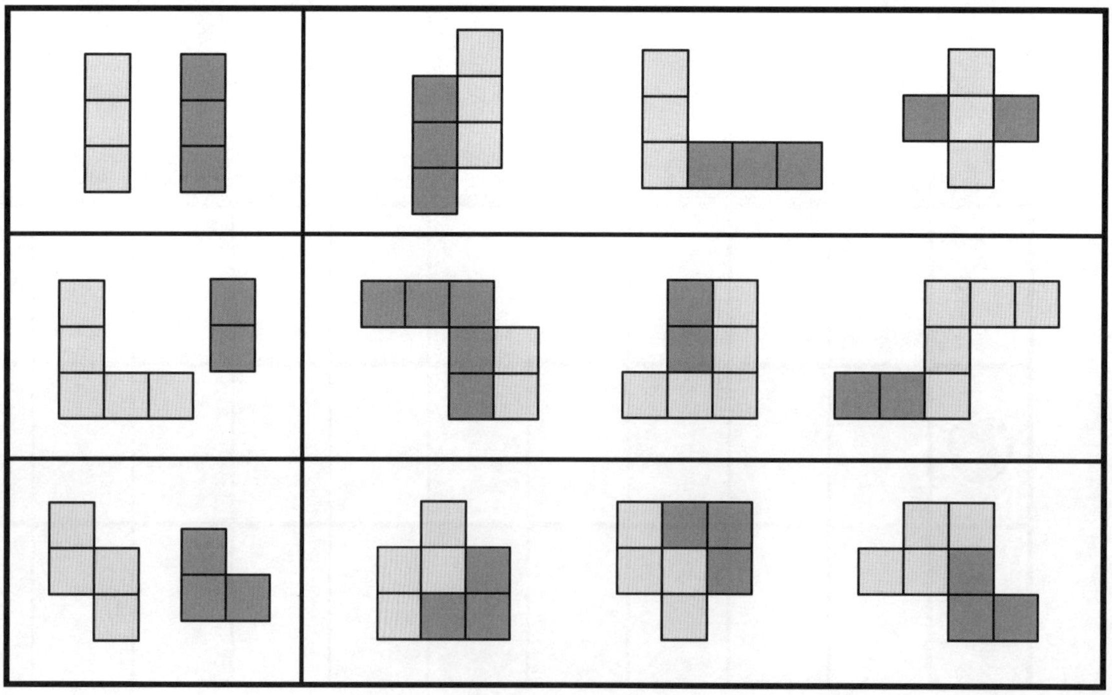

6

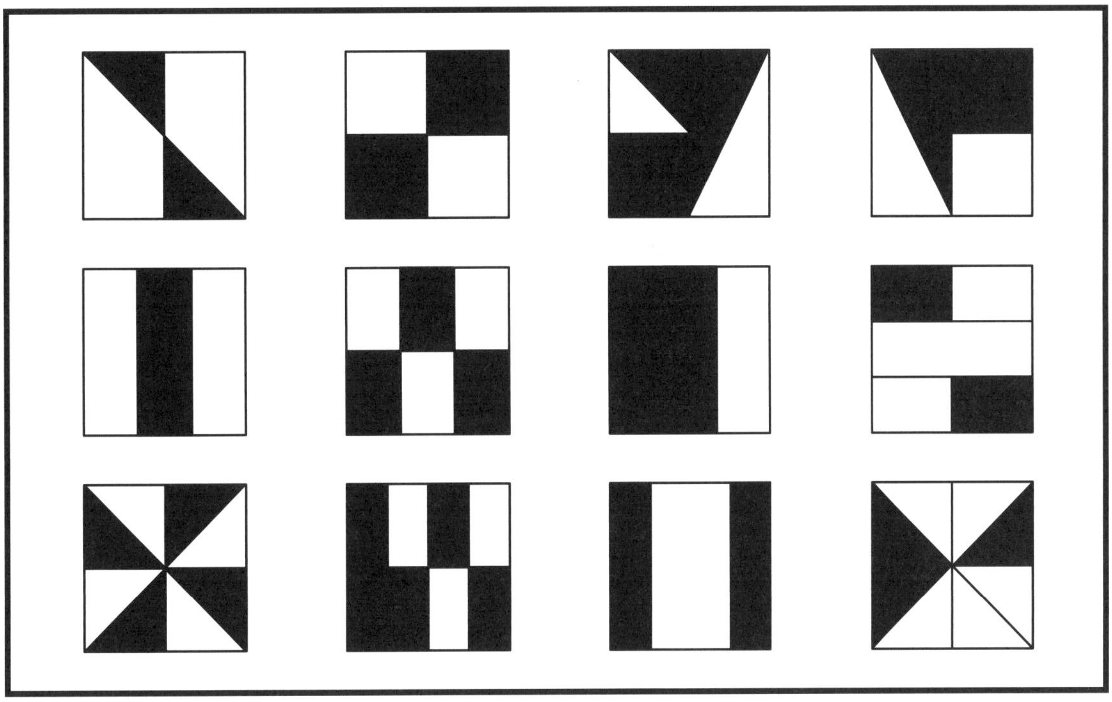

7

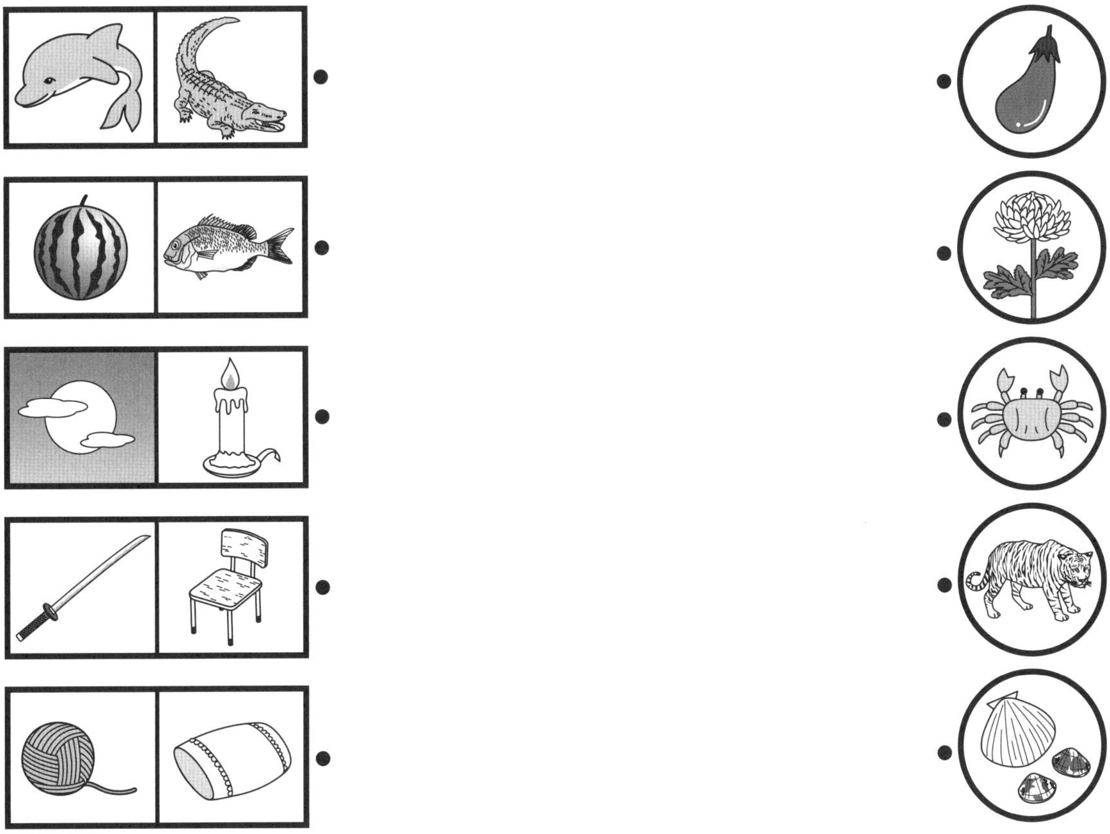

8

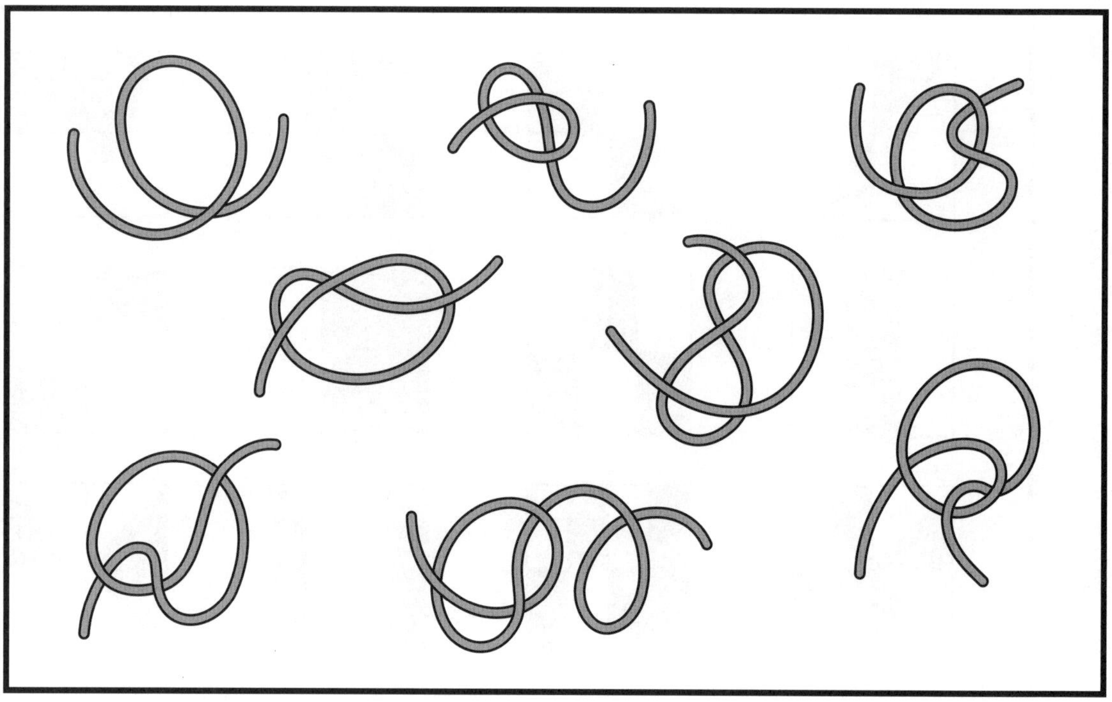

9

section
2023 浦和ルーテル学院小学校入試問題

解答は別冊解答例027ページ

選抜方法

第一志望、併願ともに募集は１回。考査は２日間で、１日目にペーパーテスト、２日目に集団テストを行う。所要時間は１日目は約１時間、２日目は約２時間。考査日前の指定日時に親子面接がある。

考査：１日目

ペーパーテスト

筆記用具は鉛筆を使用し、訂正方法は×（バツ印）。出題方法は音声と口頭。

1 話の記憶

「いちろう君は小学校１年生です。明日は、家族でおじいちゃんのお家へ遊びに行きます。いちろうくんはリュックサックにズボン、靴下と折りたたみの傘を入れました。『それからこれも……』とおじいちゃんのお家で読む本もリュックサックに入れると、それだけで大荷物です。すると妹のはなこさんが『これも持っていく！』とクマのぬいぐるみを持ってきました。いちろう君が『はなこ、そんなの持っていけないよ』と言うと、『お兄ちゃんだって虫捕り網を持っていくじゃない。ずるい！』はなこさんはどうしてもぬいぐるみを持っていくと言って聞きません。『虫捕り網はみんなで使うために持っていくんじゃないか。まったく仕方がないなあ』といちろう君は困り顔です。ぬいぐるみははなこさんが手で抱えて持っていくことになりました。次の日の朝、家族４人分のお弁当も忘れずにリュックサックに入れて、みんなで駅に向かいます。駅からは電車に乗って、新幹線に乗り換えるために２つ先にある大きな駅に向かいました。新幹線に乗るまでに少し時間があったので、おじいちゃんへのお土産におせんべいを買いました。『お父さん、お土産は僕が持つよ』。いちろう君がおせんべいの入った紙袋を持とうとすると、はなこさんが『わたしが持つ！』と言いました。『はなこは虫捕り網を持っているだろう！　そんなに持てるわけがないよ』。そうです。さっき電車を降りたとき、はなこさんが虫捕り網を持ちたいと言うので、いちろう君が渡したばかりだったのです。そこで、紙袋ははなこさんが持ち、そのかわりにはなこさんが持っていたぬいぐるみをいちろう君が持つことにしました。新幹線に乗って座席に座ると、ちょうど出発の時間です。走り出した新幹線の窓から最初は建物が多く見えていましたが、スピードを上げて駅をいくつか通り過ぎると、窓から見える景色も変わってきました。建物が少なくなって、かわりに田んぼや畑が多くなってきました。しばらくすると、ひまわり畑が見えました。『わあ、きれい！』はなこさんは大喜びです。次に見えたのは牧場です。ウマたちがのんびりと草を食べています。牧場を通り過ぎると、『海だ！』真っ青な海が窓いっぱいに広がりました。『次は砂浜駅』と車内放送が流れ、新幹線はだんだんとスピードを落として駅に止まりました。いちろう君たちは新幹線を降りて、改札を出ました。そのときです。『あっ、虫捕り網がない！』とはなこさんは言って、泣き出してしまいました。『どこに置いてきたの？』いちろう君が聞くと、はなこさんは『新幹線の中……お兄ちゃん、ごめんなさい』と答えました。泣きたいのはいちろう君です。でも、涙をぐっとこらえて『いいよ。うっかりしちゃったんだね。誰だって失敗することはあるよ』と優しく言いました。お母さんが何も言わずにそっといちろう君の頭をなでてくれました。いちろう君はお母さんの温かい手に安心し、なんだかすっきりした気持ちになりました。そのとき、『いちろーう、はなこー！』と迎えに来てくれたおじいちゃんの声が遠くの方から聞こえました。いちろう君は元気に大きく手を振りました」

・おじいちゃんへのお土産に買ったものに○をつけましょう。
・いちろう君が新幹線の中から見た景色で、３番目に見えた様子を選んで、○をつけましょう。
・お家を出るときにいちろう君がリュックサックに入れたものと手に持ったものに、それぞれ○をつけましょう。
・お話の様子が左から順番に並んでいる段はどれですか。その段の左端の四角に○をかきましょう。
・動物たちが、いちろう君のよいと思ったところについて話しています。正しいことを言っている動物には○を、間違ったことを言っている動物にはレを、それぞれの四角にかきましょう。

ライオンさん「みんなで遊ぶために持ってきた虫捕り網をはなこさんが新幹線の中に忘れてしまったけど、いちろう君は許してあげたよ。えらかったね」
コアラさん　「いちろう君はお父さんが大変そうだったので、お土産の入った紙袋を新幹線まで持ってあげたよ。優しいね」
ブタさん　　「いちろう君が１人で遊ぶために持ってきた虫捕り網を、はなこさんが新幹線の中に置いてきてしまったけど、いちろう君は許してあげられたよ。えらかったね」
パンダさん　「いちろう君ははなこさんが虫捕り網を持っていきたいと言ったから、持っていこうと思ったよね。優しいね」

2 数量（対応）

・左側のシューマイの上に、グリーンピースを１つずつのせたいと思います。グリーンピースはいくつあるとよいですか。合わせるとその数になるように、右側からお皿を２枚選んで○をつけましょう。

3 数　量

女の子と男の子が折り紙でツルを折りました。
・女の子のツルが男の子のツルより３つ多い四角に○をつけましょう。
・女の子と男の子のツルが５つ違う四角にレをつけましょう。

4 推理・思考（水の量）

入れ物に水が入っています。
・上の段です。２番目に水が多いものに○をつけましょう。
・真ん中の段です。水が一番多いものに○をつけましょう。
・下の段です。４番目に水が少ないものに○をつけましょう。

5 観察力

・左端の形の白いところが黒に、黒いところが白に変わると、どのようになりますか。右から正しいものを選んで○をつけましょう。

6 推理・思考（回転図形）

・左端の絵を矢印の向きに矢印の数だけ倒すと、どのようになりますか。右から正しいものを選んで○をつけましょう。

7 言　語

・上の絵に合う言葉を下から選んで、○をつけましょう。

8 言　語

・四角の中にある絵をそれぞれしりとりでつなげます。一番上の絵から始めてつないでいくと、１つだけつながらないものがあります。その絵に○をつけましょう。次に、○をつけた絵の最後の音を組み合わせるとあるものの名前になります。その絵をそれぞれの下の四角から選んで○をつけましょう。

9 常識（生活習慣）

・ごはんを正しく食べている様子の絵に○をつけましょう。
・玄関に正しく靴を脱いだ様子の絵に○をつけましょう。

10 常識（生活）

・スーパーマーケットの入口には、このような箱が置いてあります。この箱は、何のためにあるのでしょうか。ウサギ、リス、ネコのお話を聞いて、正しいことを言っている動物に○をつけましょう。
ウサギ「これはスーパーマーケットでお買い物をした人のためのゴミ箱だよ」
リス　「これはリサイクルできるものを分けて入れる箱だよ」
ネコ　「リサイクルできるものは、どの箱に入れてもいいんだよ」

考査：２日目

集団テスト

制　作

袋の中にＢ５判の画用紙（白、穴が２つ開いている）２枚、割れた卵が描かれた台紙、綴じひも（黒）２本、３cm×30cmほどの上質紙の短冊（緑、赤、青）各１枚、ビーズ（黄色）２個が入っている。各自にお手本が用意され、プロジェクターの映像を見ながら必要なものがそろっているか確認する。持参したクーピーペン、スティックのり、はさみを使用する。
・お手本をよく見て、お手本と同じになるように20分間で作りましょう。

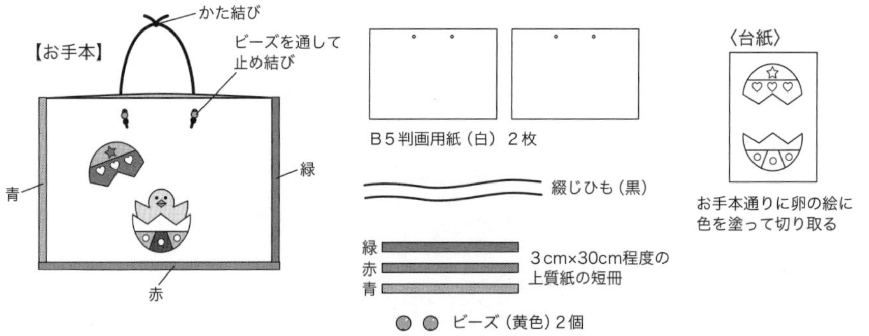

行動観察

教室で赤、青、緑、黄色、ピンク、白のゼッケンをつけ、体育館に移動する。４つのスペースに、それぞれタワー、電車、ウサギ、車の絵の看板が立てられている。

・タワー作り…タワーの看板のスペースで行う。いろいろな形の箱が多数用意されている。用意された材料を使い、できるだけ高いタワーを作る。３人ずつ２チームに分かれ、どちらのチームが高いタワーを作ることができるか競争する。

・整列ゲーム…電車の看板のスペースで行う。テスターの指示を聞き、言われた通りの順番で整列する。４月生まれからお誕生日順、ゼッケン番号順、背の順などの指示がある。

・模倣体操…ウサギの看板のスペースで行う。テスターのお手本を見て体を動かす。フラミンゴのポーズは片手で足首を持ち、もう片方の手を腰に当て、片足で５秒間立つ。ロケットのポーズは床に平行になるように上半身を前に倒し、片足も床に平行に上げた姿勢を保ち、もう片方の足で５秒間立つ。両腕は耳につけて手を前に真っすぐ伸ばす。両足ジャンプは床にかかれた円の真ん中に立ち、前→戻る→右→戻る→左→戻るの順に両足でジャンプをする。体操座りで順番を待ち、終わった後は指定された場所で体操座りをして待つ。

・連続運動…車の看板のスペースで行う。４つのコーンの間をジグザグにスキップする→ラインの上をクマ歩きで進む→アザラシ歩きでゴールまで進む。体操座りで順番を待ち、ゴールした後は指定された場所で体操座りをして待つ。

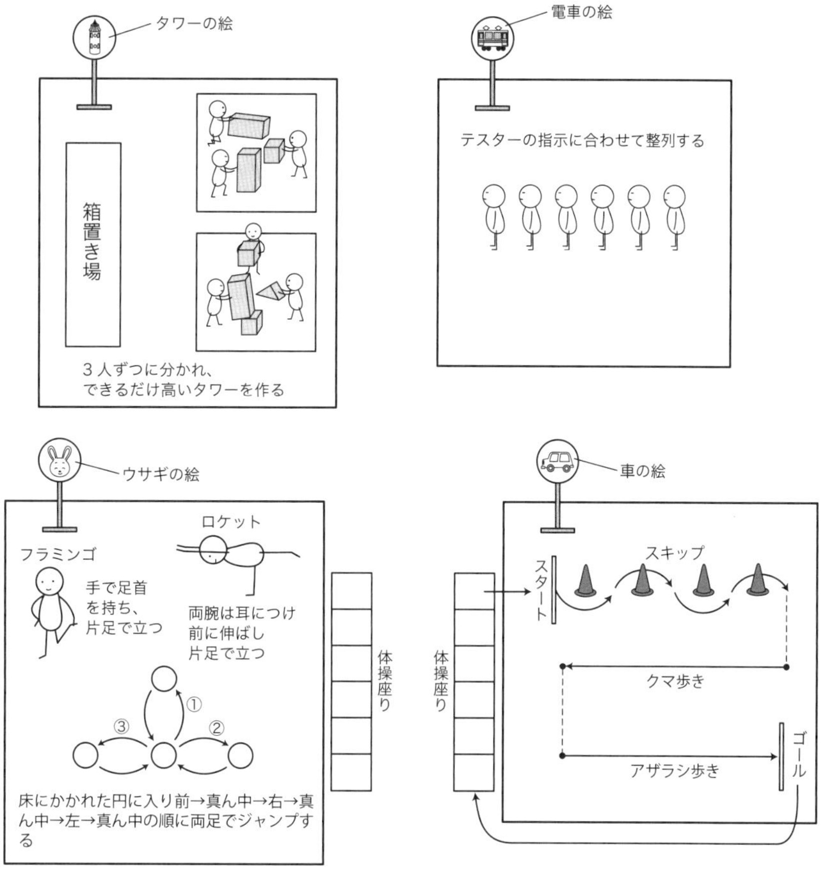

行動観察

教室前方のスクリーンに映し出される2枚の絵を見比べ、違っているところを探す。7つ見つけたら挙手して、指名されたらスクリーンまで行って絵を示しながら発表する。映し出される絵には、ハンバーガー、お寿司とケーキ、台所用品、レゴブロックなどがある。

親子面接

控室で待つ間に、子どもは持参したクレヨンでテーマに沿った絵を描き、親はアンケート（作文）に記入する。

本人

※待つ間に描く絵のテーマは「虫と遊んでいる様子」「鳥と遊んでいる様子」「水の中にいる生き物と遊んでいる様子」など、日によって異なる。両親は子どもに絵の内容を指示したり、相談に乗ったりしてはいけないとの注意がある。

・お名前、誕生日、年齢を教えてください。
・幼稚園（保育園）の名前、担任の先生の名前を教えてください。
・朝ごはんは何を食べてきましたか。
・朝は何時に起きますか。
・お父さんとどんな遊びをしますか。

- お友達が縄跳びをしていて、「入れて」と言っても入れてもらえません。あなたはどうしますか。
- お友達におもちゃを貸しましたが、返してもらえません。あなたはどうしますか。
- お友達から「一緒に遊ぼう」と誘われました。今一緒に遊んでいるお友達は「遊びたくない」と言っています。あなたはどうしますか。
- お友達があなたの大事なおもちゃを勝手に使って壊してしまったら、あなたはどうしますか。
- 園庭（または公園）でお友達が元気のない様子で座り込んでいます。あなたはどうしますか。
- すべり台（またはブランコ）で遊ぶために順番に並んで待っていたら、お友達に割り込まれました。あなたはどうしますか。
- （描いた絵を見せながら）どんな絵を描きましたか。なぜこの絵を描いたのですか。この絵の場所はどこですか。一番好きな生き物は何ですか。
- （用意された３つの場面の絵を見て）この絵を見てお話を作ってください。どんな様子かお話をしてください。４枚目が抜けていますが、どうなると思いますか。

父 親

- 志望理由をお聞かせください。
- 本学院をどのようにして知りましたか。
- 本学院の12年間の一貫教育について、どのように思いますか。
- キリスト教について、どのようにお考えですか。
- ご家庭の教育方針についてお聞かせください。（父母どちらでもよい）
- ご家庭で大切にしているものは何ですか。
- お手伝いについて、どのようにお考えですか。
- お仕事の内容を教えてください。
- お休みの日は、お子さんと何をして過ごしていますか。
- お子さんとはどのようにかかわっていますか。
- お子さんの長所と短所を教えてください。
- お子さんには将来、どのような人になってほしいですか。
- お子さんはどのようなことがきっかけで、感謝の心を示すようになりましたか。
- 第一志望校と併願校の両方に合格したら、第一志望校に進学しますか。
- 志望順位の理由を教えてください。
- 12年間私学に通うことになりますが、経済面は大丈夫ですか。
- 学校行事には協力していただけますか。
- 通学経路と所要時間を教えてください。
- 下校後の時間の過ごし方はどのようにお考えですか。ルーテルキッズの利用はされますか。
- お子さんはどのような習い事をしていますか。楽しんでいますか。
- お子さんとごきょうだいとの関係はいかがですか。
- お子さんとごきょうだいで進路が違うのはなぜですか。
- （きょうだいが在学中でも合格するとは限らないと強く話され）もし、ご縁がなかった場合にはどうされますか。
- 在校しているお友達がいらっしゃるとのことですが、そのお友達の名前を教えてください。
- お子さんの健康面やアレルギーなどで、学校に伝えた方がよいことはありますか。

・お子さんの絵について、ほめる点と改善点をお子さんに伝えてください。

母 親

・志望理由をお聞かせください。
・本学院をどのようにして知りましたか。
・本校の説明会での印象をお聞かせください。
・本学院に魅力を感じたところはどこですか。
・本学院の12年間の教育方針について、どのように思いますか。
・礼拝などキリスト教教育について、どのようにお考えですか。
・（宗教系の学校出身の場合）ご自身が学校で学んだことをお話しください。
・ご家庭の教育方針についてお聞かせください。（父母どちらでもよい）
・併願の理由と志望順位をお聞かせください。
・お仕事の内容を教えてください。
・ＰＴＡの学校行事に参加できますか。
・学校で急に何かあった場合、お迎えなどの対応はできますか。
・子育てで大切にしていることは何ですか。
・お手伝いに対してどのようにお考えですか。
・休日はお子さんと何をしてお過ごしですか。
・コロナ禍は何をして過ごしましたか。
・ご主人とお子さんのかかわりはいかがですか。
・お子さんは幼稚園（保育園）にはきちんと通えていますか。
・お子さんは幼稚園（保育園）から降園後、どのようにお過ごしですか。
・幼稚園（保育園）とご家庭とで、お子さんの様子に違いはありますか。
・どのようなお子さんですか。
・お子さんの長所、短所を教えてください。
・お子さんにはどのような人に育ってほしいですか。
・お子さんはどのようなことがきっかけで、感謝の心を示すようになりましたか。
・お子さんを育てるにあたり、大変なことはありますか。
・アレルギー、既往症など健康面で伝えておきたいことはありますか。
・昨今、保護者間であるいろいろなトラブルについて、どのように思われますか。
・本校にお知り合いはいらっしゃいますか。
・入学されたら、今のお住まいから通われますか。それとも引っ越しをされますか。
・お子さんは放課後、どのように過ごされますか。ルーテルキッズを利用する予定はありますか。
・お子さんとごきょうだいの関係はいかがですか。
・お子さんとごきょうだいの性格に違いについてお話しください。
・離れて暮らしているご主人とお子さんは、どのようにしてコミュニケーションをとりますか。
・受験準備は大変でしたか。
・お子さんが作ったお話について、ほめる点と改善点をお子さんに伝えてください。

面接資料／アンケート

面接日にアンケートと作文、考査２日目にアンケートを、それぞれ約30分で記入する。

面接日

Ａ３判用紙の左右に記入する。電子機器の使用は不可だが、両親が話し合って記入してもよい。

（左側）
・志願者氏名、受験番号、性別、生年月日。
・両親の生年月日、勤務先、最終学歴。
・同居家族、本人との関係、年齢、学校、職業。
・志願者が通っている塾について（教室名、いつから通っているか）。

（右側）
・併願校と志望順位。

作文のテーマは日によって異なり、以下のテーマがある。
・新型コロナウイルスが猛威を振るう中、子どもにはどんな力を身につけさせたいと思いますか。できるだけ具体的に記入してください。
・子どもが学校に行きたくないと言い、理由を聞いても話さない状態のとき、どのように声をかけ対応しますか。具体的な例を記入してください。
・子どもの成長過程で期待通りにならないとき、それをどう考え、どう対応しますか。具体的な例を挙げて説明してください。
・入学後、担任の先生と家庭の方針が違った場合はどのように対応しますか。想定される具体例も含めて記入してください。

考査２日目

・受験者氏名、保護者氏名、受験番号。
・子どもを育てるうえで小学校の役割と家庭の役割について、浦和ルーテル小学校の求める子ども像、保護者像をご理解のうえ、具体例を挙げながらご家庭の考えを記入してください。

1

2

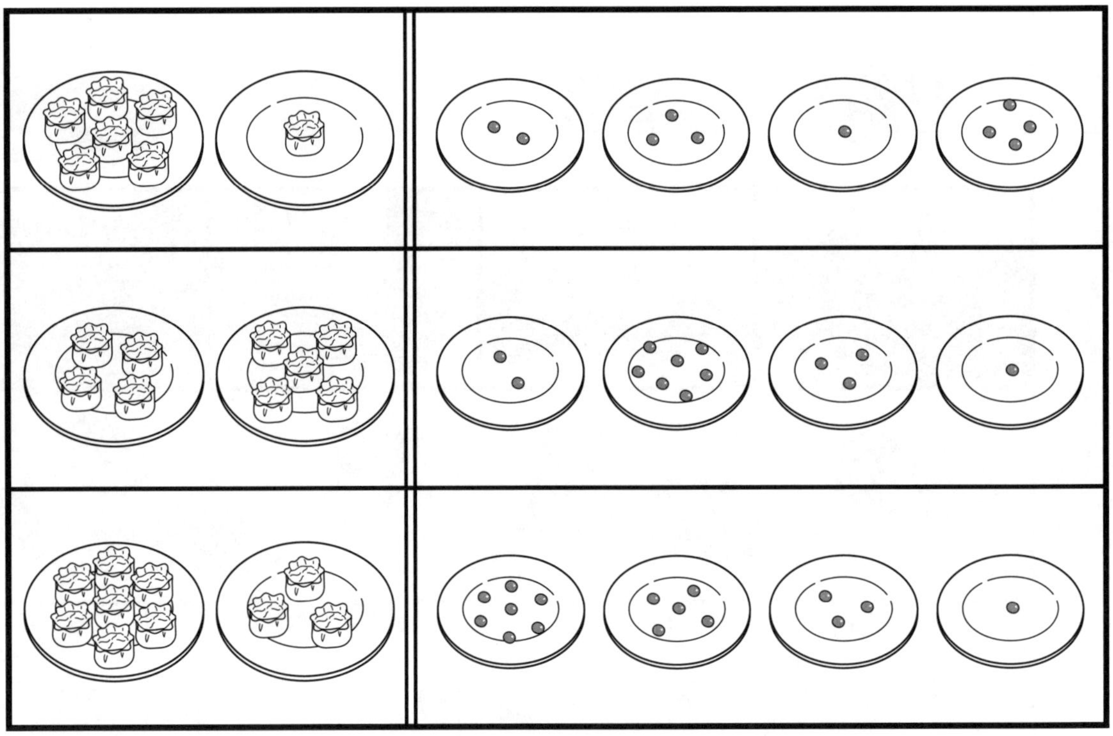

3

4

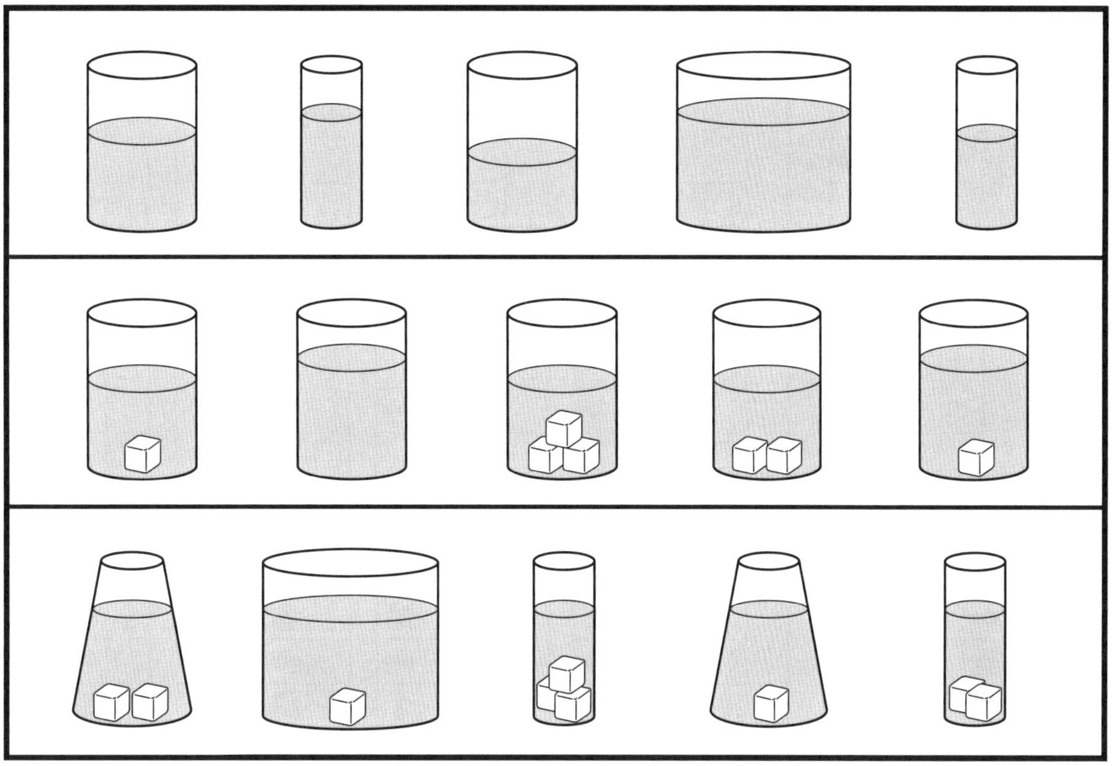

5

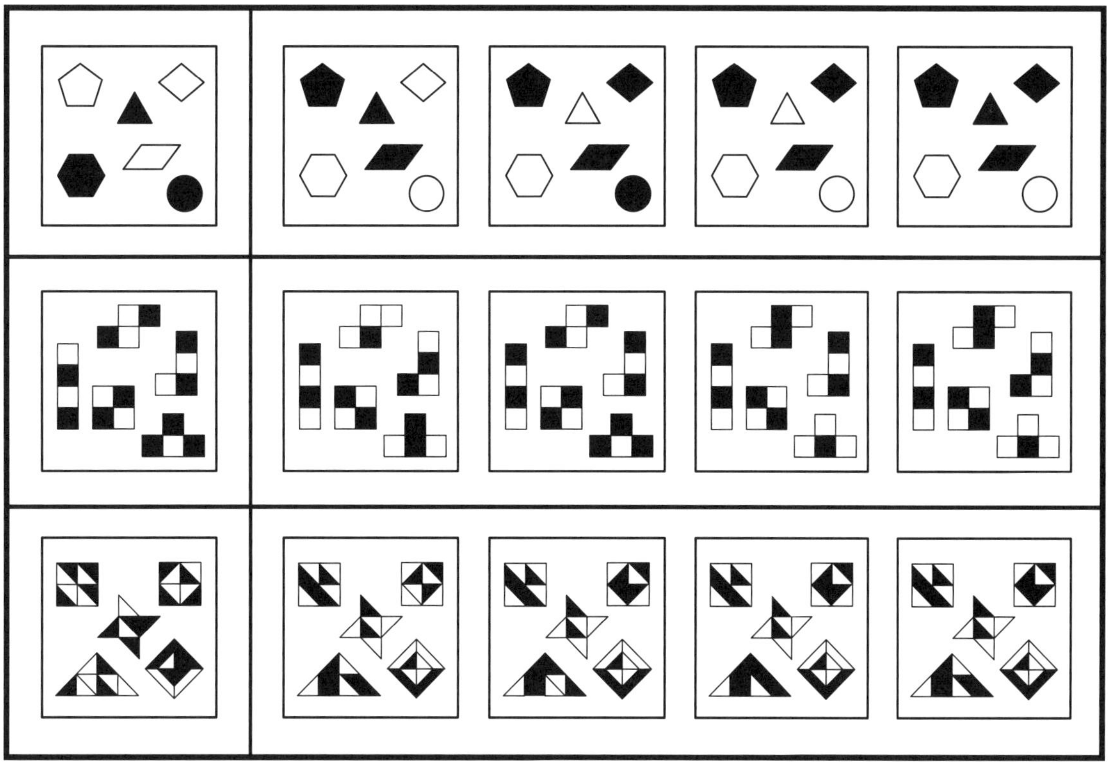

6

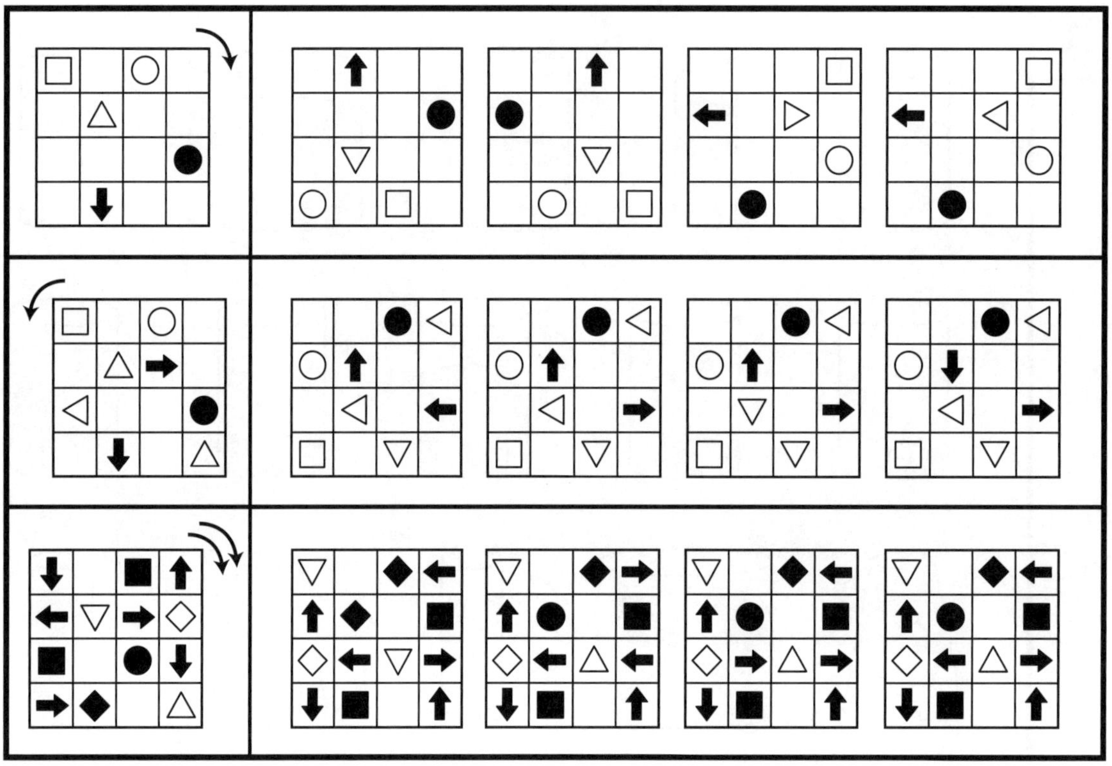

7

もけい
とけい
はかり

えのぐ
くれよん
いろえんぴつ

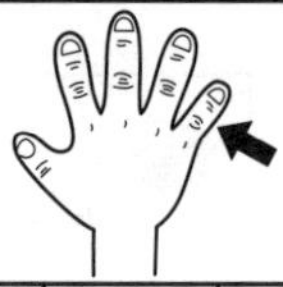

くすりゆび
こゆび
なかゆび

ぶた
さい
いのしし

えり
そで
すそ

くじら
いるか
あしか

かまど
はなび
たきび

あさがお
すみれ
あじさい

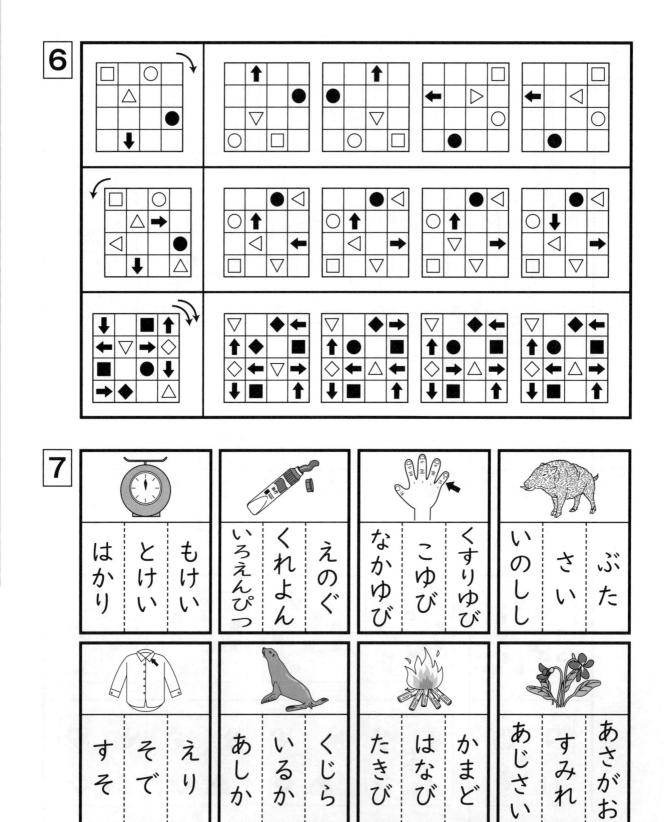

8

9

10

section
2023 西武学園文理小学校入試問題

解答は別冊解答例028〜029ページ

選抜方法

考査は２日間のうち指定日の１日。男女混合のグループで、ペーパーテスト、集団テスト、運動テストを行う。所要時間は約２時間20分。考査日前の指定日時に親子面接があり、所要時間は約15分。

ペーパーテスト

筆記用具は赤のフェルトペンを使用し、訂正方法は//（斜め２本線）。出題方法は音声。

周りの人に話しかけない、隣のプリントをのぞかない、プリントやペンを落としたときやトイレに行きたいときは、黙って手を挙げる、やめと言われたらすぐに筆記用具を置くよう指示がある。プリントの１枚目に生き物の絵が描いてあり、生き物の名前を言われたらプリントをめくる。

1 話の記憶

「動物幼稚園ではいろいろな生き物たちが毎日楽しく遊んでいます。ところが、今日は何だかクマ君の元気がありません。『どうしたの？』とゴリラ君が聞くと『この前、お母さんが転んで足をけがしちゃったんだ。それで今、お母さんは掃除ができないから、だんだんお部屋が汚れてきちゃったの。だから明日は掃除をしなくちゃならなくて、みんなとプールに行けないんだ』と、クマ君は泣き出してしまいました。そんなことがあった日、クマ君は幼稚園から帰って、お母さんにお水を飲ませてあげようと準備をしていました。すると、トントントントンとドアをたたく音がします。クマ君がドアを開けると、サル君やトンボさん、キツネさんにゴリラ君、そしてハトさんがいたのです。『みんな、どうしたの？』とクマ君はびっくりしました。『僕たち掃除のお手伝いに来たよ』とゴリラ君が言いました。『みんな、ありがとう！』クマ君はとてもうれしい気持ちになりました。クマ君のお母さんはけがをしているのに、おやつのクッキーとお茶を運ぶようクマ君に頼んでくれました。『ありがとうございます。いただきます』。お礼を言っておやつを食べ終わると、さっそくみんなは掃除にとりかかりました。『じゃあ、このお皿は僕が片づけるよ』とサル君は食器を洗い始めました。ハトさんは『わたしは飛べるのが自慢だから、２階の窓をきれいにするね』とはたきを持って飛んでいきました。キツネさんは『じゃあ、わたしはお風呂掃除をするね。床をピカピカに磨くよ』と、ぞうきんを持って張り切っています。ゴリラ君は掃除機で台所の床をきれいにしました。トンボさんは『わたしは玄関を掃除するよ！』とほうきで玄関を掃いてくれています。自分の部屋を掃除していたクマ君は、実は誰よりも早く終わったのですが、みんながまだ掃除をしていたので、『そうだ！　お父さんとお母さんの部屋もきれいにしよう』と掃除を続けました。それぞれの掃除が終わって、最初に戻ってきたのはハトさんです。次に戻ってきたのはゴリラ君でした。そしてキツネさんも戻り、トンボさんとサル君は、ちょうど同じ時間に戻ってきました。最後に戻ってきたのはクマ君でした。トンボさんが『クマ君も掃除が終わったんだね。お家の中はピカピカだね。これで、明日はみんなでプールに行けるかな』と言うと、クマ君は『うん。みんな、ありがとう』とニッコリ笑顔で答えました」

・一番上の段です。みんながクマ君の家に行ったとき、ドアを何回ノックしましたか。その数だけ○をかきましょう。

・２段目です。掃除が終わって最初に部屋に戻ってきた生き物に○、２番目に戻った生き物に△、最後に戻った生き物に×をつけましょう。
・３段目です。生き物たちはそれぞれ、どの道具で掃除をしましたか。上と下で合うものを選んで、点と点を線で結びましょう。
・一番下の段です。お話の季節はいつでしたか。その季節の絵に○をつけましょう。

2 話の記憶

「今日はみんなでバーベキューに行く日です。クマ君が張り切って着替えをしています。ポケットのついたしま模様のTシャツを着て、ズボンをはきました。頭には電車のマークがついた帽子をかぶり、肩から水筒を下げて、元気に『行ってきまーす』と出かけていきました。待ち合わせ場所はバス停です。最初にやって来たのはゴリラ君です。すぐにキツネさんが来て『ゴリラ君が一番だったんだね。早いねえ』と言いました。その次に来たのはクマ君です。『いい天気になってよかったね。お昼ごはんが楽しみだね』。みんなでお話をしているとイヌ君が走ってやって来ました。４匹はしばらくスズメさんを待っていましたが、なかなか来ません。しばらくするとバスがやって来たので、みんなはバスに乗ることにしました。バスに乗り込むとクマ君は運転手さんの列の一番後ろの窓側の席に座りました。イヌ君は『僕は乗り物に酔いやすいから前の席に座るよ』と言うと、運転手さんのすぐ後ろの窓側の席に座りました。キツネさんはクマ君の前に座り、その隣にはゴリラ君が座りました。みんながバスに乗ったころ、実はスズメさんはちょうど目を覚ましたところだったのです。時計を見て慌てました。『ああっ、寝坊しちゃった。もう待ち合わせの時間だ。急がなくちゃ』。スズメさんはお家の窓から飛び出していったのです。バスが次のバス停に止まると、スズメさんが慌てて乗り込んできました。スズメさんはイヌ君の隣の席に座って『みんな、おはよう。ごめんね、寝坊しちゃってバスの時間に間に合わないから飛んできたんだ』と汗をかきながら言いました。バスはどんどん走り、少し山道を走ってバーベキュー広場に到着しました。森の中にある広場にはセミの鳴き声が響いています。クマ君はさっそく薪で火をおこしてご飯を炊く準備をしました。キツネさんとイヌ君は川で魚釣りをすることにしました。『ようし、みんなのお昼ごはんに魚をたくさん釣るぞー！』釣りざおを使って一生懸命魚を釣りました。キツネさんは５匹、イヌ君は６匹釣りましたが、網に入れようとしたときに１匹は逃げてしまいました。みんなでお魚を焼いてご飯を食べて、おなかがいっぱいです。『お外で食べるごはんはおいしいね』キツネさんが言うと、『また来ようね』とイヌ君が言いました。帰りもみんなでバスに乗り、来たときと同じ席に座って帰りました。行きのバスでは楽しくおしゃべりしていたみんなですが、遊び疲れて帰りのバスではぐっすり眠ってしまったのでした」

・一番上の段です。川で釣った魚をみんなで同じ数ずつ食べると、何匹ずつ食べられますか。その数だけ○をかきましょう。
・２段目です。待ち合わせの場所に３番目にやって来た動物に○をつけましょう。
・３段目です。クマ君はどんな格好をしていましたか。合う絵に○をつけましょう。
・４段目です。バスの中で、動物たちはそれぞれどの席に座りましたか。動物の顔の横の印を、座った席につけましょう。
・一番下の段です。お話の季節はいつでしたか。その季節の花に○をつけましょう。

3 数　量

・サイコロ１のところです。プリンとアメを合わせるといくつですか。その数だけ○をかきましょう。
・サイコロ２のところです。四角の中で、一番数が多いものに○をつけましょう。
・サイコロ３のところです。プリンとアメはいくつ違いますか。違う数だけ○をかきましょう。
・サイコロ４のところです。四角の中で、合わせると10になるのは何と何ですか。２つ選んで○をつけましょう。
・サイコロ５のところです。アメとケーキとジュースを１つずつセットにして配ると、何人に配ることができますか。その数だけ○をかきましょう。

4 数　量

・サイコロ１のところです。左の四角にいるタコの足の数だけ○をかきましょう。
・サイコロ２のところです。両方の四角のタコとセミを合わせるといくつになりますか。その数だけ○をかきましょう。
・サイコロ３のところです。左の四角のタコとセミの足の数は、いくつ違いますか。その数だけ○をかきましょう
・サイコロ４のところです。両方の四角のモモとセミを合わせるといくつになりますか。その数だけ○をかきましょう。
・サイコロ５のところです。両方の四角の中に、１個２個と数えるものは全部でいくつありますか。その数だけ○をかきましょう。

5 言　語

・上です。ラクダから始めて、できるだけ長くしりとりでつながるように絵を線でつなぎましょう。
・真ん中です。「ン」の音で終わるものをすべて選んで線でつなぎましょう。ライオンから始めてください。
・下です。クジラから始めて、あと５つの絵でしりとりをして線でつなぎましょう。初めの３つは動物の絵になるようにしてください。

6 言語・常識

・上の小さい四角の絵と同じ季節のもので、同じ音で終わるものに○をつけましょう。
・上の小さい四角の絵と同じ音で始まり、音の数も同じものに○をつけましょう。

7 常識（交通道徳）

・電車の中の絵が６枚あります。この中から、してはいけないことをしている人がいる絵に×をつけましょう。

8 常　識

上と下の絵を見ましょう。（8－Aを30秒見せた後隠し、8－Bを示す）
・上のマス目で、星があった場所に×をつけましょう。
・サッカーボールの左隣にはどんな形がありましたか。マス目の中にかきましょう。
・リンゴのところです。どちらの絵にもなかったものに○をつけましょう。
・ミカンのところです。さっき見た２枚の絵に、丸は全部でいくつありましたか。その数だけ○をか

きましょう。

・バナナのところです。さっき見た２枚の絵で、右端の列の一番下にあったものは何でしたか。救急車だと思ったら○、バスだと思ったら△、星だと思ったら×をかきましょう。

・ブドウのところです。上と下の絵で、入っていたマス目の場所が違ったものに×をつけましょう。

9 常識・言語

・１段目の絵と仲よしのものを、すぐ下の段から選んで○をつけましょう。

・３段目です。さっき選ばなかった絵の最後の音をつなげてできるものに○をつけましょう。

・４段目です。トマトの苗を植えるときに使うものに○をつけましょう。

10 位置の移動

マス目の中に動物たちがいますね。

・キツネはリンゴの方に３つ進み、その後イチゴの方に２つ進みました。キツネが着いたところに○をかきましょう。

・タヌキはバナナの方に１つ進み、モモの方に４つ進みました。タヌキが着いたところに×をかきましょう。

・キリンはバナナの方に２つ進み、モモの方に３つ進み、リンゴの方に進もうとしましたが、ネコがいて進めないのでバナナの方に３つ進みました。キリンが着いたところに△をかきましょう。

・ネコはイチゴの方に５つ進み、バナナの方に２つ進み、モモの方に３つ進み、リンゴの方に２つ進みました。ネコが着いたところに□をかきましょう。

11 数量（マジックボックス）・推理・思考

それぞれのお家を通ると、お家にかいてある印のお約束通りにサイコロの目が増えたり減ったりします。黒い三角は２個増え、白い三角は２個減ります。黒い丸は４個増え、白い丸は４個減ります。二重丸は５個増えます。

・左上の４の目からスタートして、２つのお家を通って右下の11の目のサイコロに着くように、線でつなぎましょう。

・左上の４の目からスタートして、３つのお家を通って右下の11の目のサイコロに着くように、線でつなぎましょう。先ほどつないだものとは違うお家をつないでください。

集団テスト

絵画（課題画）・巧緻性

鉄棒や木などがある公園の絵の周りに点線が印刷された台紙とクーピーペン（12色）、はさみが用意されている。課題は日時により異なる。

A

・鉄棒を好きな色のクーピーペンで塗りましょう。

・公園でかくれんぼをしている絵を描きましょう。

・台紙の点線をはさみで切りましょう。

B
・木を好きな色のクーピーペンで塗りましょう。
・「だるまさんがころんだ」（またはボール遊び）をしている絵を描きましょう。
・台紙の点線をはさみで切りましょう。

言　語

絵を描いている途中で、以下のような質問がある。
・何を描いていますか。
・どのようなところを工夫しましたか。

集団ゲーム

４人１組で行う。各グループにさまざまな絵カード（キリン、ペンギン、カキ、ブドウなど）が用意されている。問題を出すグループと答えるグループに分かれて、問題を出すグループはどの絵カードを問題にするか相談して決める。答えるグループは何の絵カードかを想像して、「はい」か「いいえ」で答えられる質問（「丸いものですか」「葉っぱがありますか」など）をしていき、最後にみんなで相談して絵カードを当てる。

運動テスト

模倣体操

前にいるテスターのお手本を見ながら、ラジオ体操をする。

連続運動

待っている間はお約束の線から出ない、体操座りをきちんとする、お友達のじゃまをしないというお約束がある。
・鉄棒に５秒間ぶら下がる→両手をマットにつけたまま、両足をカエルのように上に跳ね上げて足裏をパチンと合わせる→平均台を渡る→ケンパーで進む→ゴールまでスキップをする。

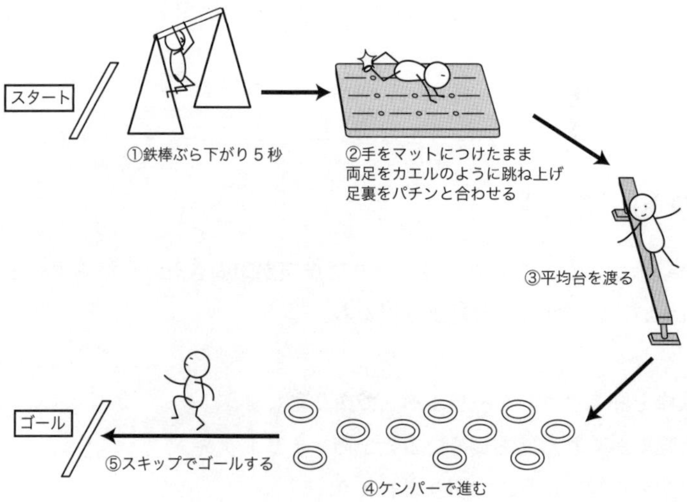

親子面接

本人

・お名前、幼稚園（保育園）名を教えてください。
・お家の電話番号と住所を教えてください。
・お誕生日を教えてください。
・幼稚園（保育園）の先生の名前を教えてください。先生のどこが好きですか。
・幼稚園（保育園）で仲よしのお友達３人の名前（フルネーム）を教えてください。
・幼稚園（保育園）では何をして遊びますか（雨の日、晴れの日、室内、外など）。
・幼稚園（保育園）は給食ですか、お弁当ですか。お弁当は誰が作りますか。小学校は給食ですが大丈夫ですか。
・好きな食べ物は何ですか。嫌いな食べ物が出てきたらどうしますか。
・お父さんとは休みの日に何をして遊びますか。
・お母さんとはどんな遊びをしますか。
・お母さんにどんなときにしかられますか。
・お父さんとお母さんはどちらが怖いですか。
・お父さんやお母さんには、どんなときにほめられますか。
・お家のお手伝いはしていますか。どんなお手伝いですか。そのときに気をつけることはどんなことですか。
・きょうだいはいますか。きょうだいの好きなところはどこですか。
・きょうだいげんかをしますか。どのようなことでけんかになりますか。どうやって仲直りをしますか。
・コロナが大変だったときは、お家の中でどのように過ごしましたか。
・好きな本は何ですか。そのお話のどんなところが好きですか。自分で読めますか。
・好きな歌は何ですか。
・将来の夢は何ですか。どうしてそれになりたいのですか。
・先生にしかられたらどうしますか。

父親

・自己紹介（仕事のことや家族のこと）をお願いします。
・勤務地、転勤の有無を教えてください。
・本校に出願した理由、期待することをお話しください。
・本校の印象をお聞かせください。
・どのようなお子さんですか。
・休日はお子さんとどのように過ごされていますか。
・コロナ禍ではどのような遊びをしましたか。その中でお子さんが成長したと思うところをお話しください。
・ご家庭での教育方針で大事にされていることは何ですか。
・入学後の家庭学習にはどのようにかかわっていきますか。

・お仕事がお忙しそうですが、学校行事などに参加できますか。
・お子さんに期待することは何ですか。
・お子さんが答えた将来の夢について、親としてどのように考えますか。
・通園されている幼稚園（保育園）を選んだ理由をお話しください。
・お子さんは何か習い事をしていますか。
・さしつかえなければ、併願校を教えてください。
・どこの幼児教室に通っていますか。いつから通っていますか。幼児教室に通ってどのように成長しましたか。
・ごきょうだいの通っている学校と年齢についてお話しください。
・入学試験当日、視力や聴力、利き手などで配慮することはありますか。

母　親

・本校に出願した理由をお話しください。
・どのようなお子さんですか。
・お子さんの成長を感じるのはどのようなときですか。
・本の読み聞かせはしていますか。どのような絵本を読んでいますか。
・通っている幼稚園（保育園）はどのような園ですか。（園庭の有無、イベントなど）
・その園を選んだ理由は何ですか。入園する前と後で印象の違いはありますか。
・コロナ禍での子育てで大切にしていることは何ですか。
・コロナ禍ではどのようにして過ごしていましたか。その中で、お子さんはどのように成長しましたか。
・お仕事はしていますか。仕事内容をお話しください。行事には参加できますか。緊急時のお迎えは可能ですか。
・お子さんが学校でトラブルを抱えて帰ってきたらどうしますか。
・幼児教室はどちらへ通われていますか。いつから通っていますか。
・お子さんの幼児教室での様子を教えてください。通っていることで、どのように変わったと思いますか。お子さんの成長は感じられましたか。
・幼児教室でたくさんの学校情報を集められていると思いますが、併願校はありますか。どちらの学校でしょうか。
・考査日にアレルギーや視力など、お子さんの健康面で気をつけることはありますか。

面接資料／アンケート

Ｗｅｂ出願時に面接資料を入力する。以下のような項目がある。

・出願理由（３点、優先順位の高い順に入力。120～240文字程度）。
・家庭での教育で特に留意されている点（120～240文字程度）。
・お子さんの長所と短所（120～240文字程度）。
・本校を知ったきっかけ（選択式）。
・本校に期待すること（選択式）。
・通学時間。

1

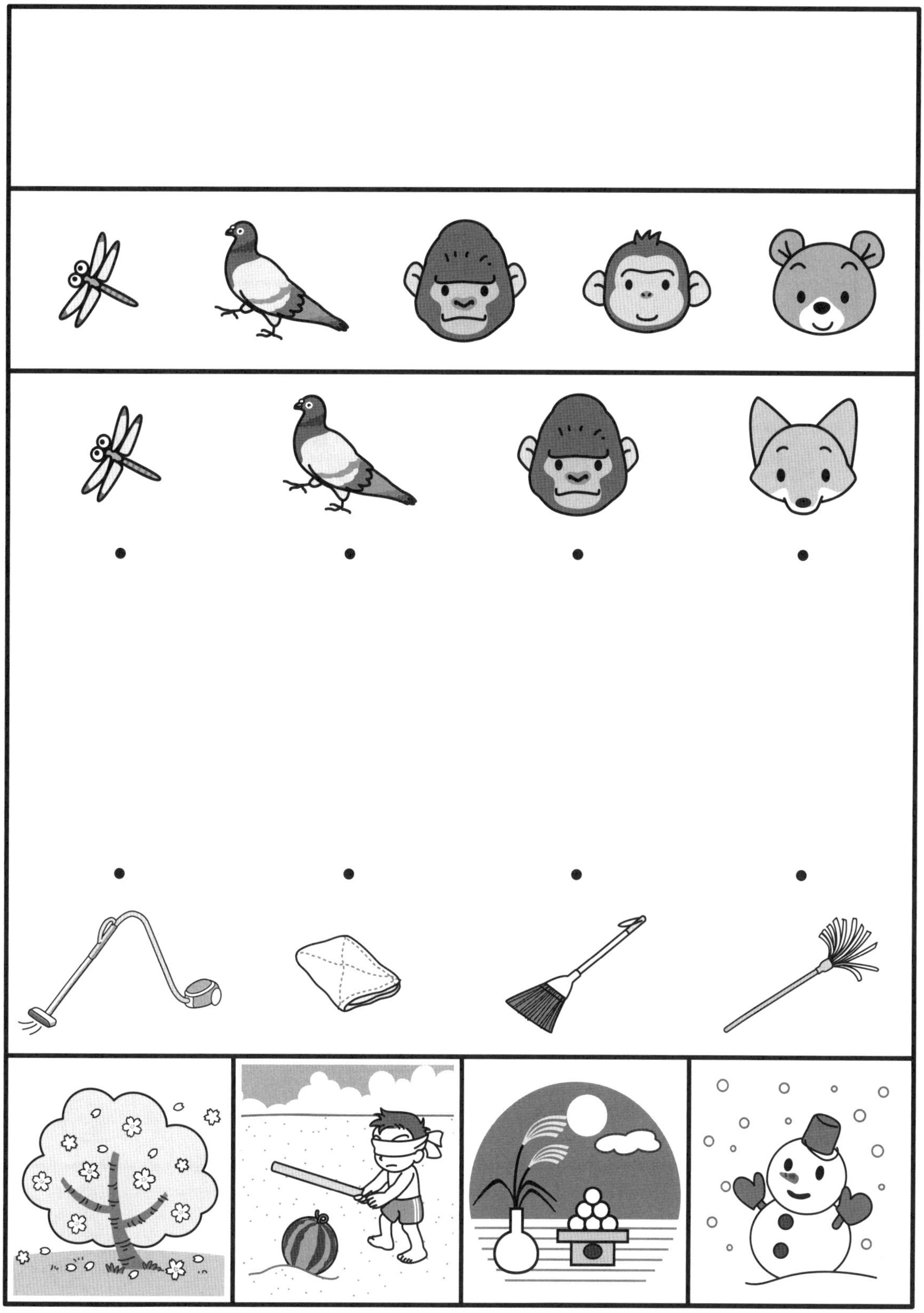

2

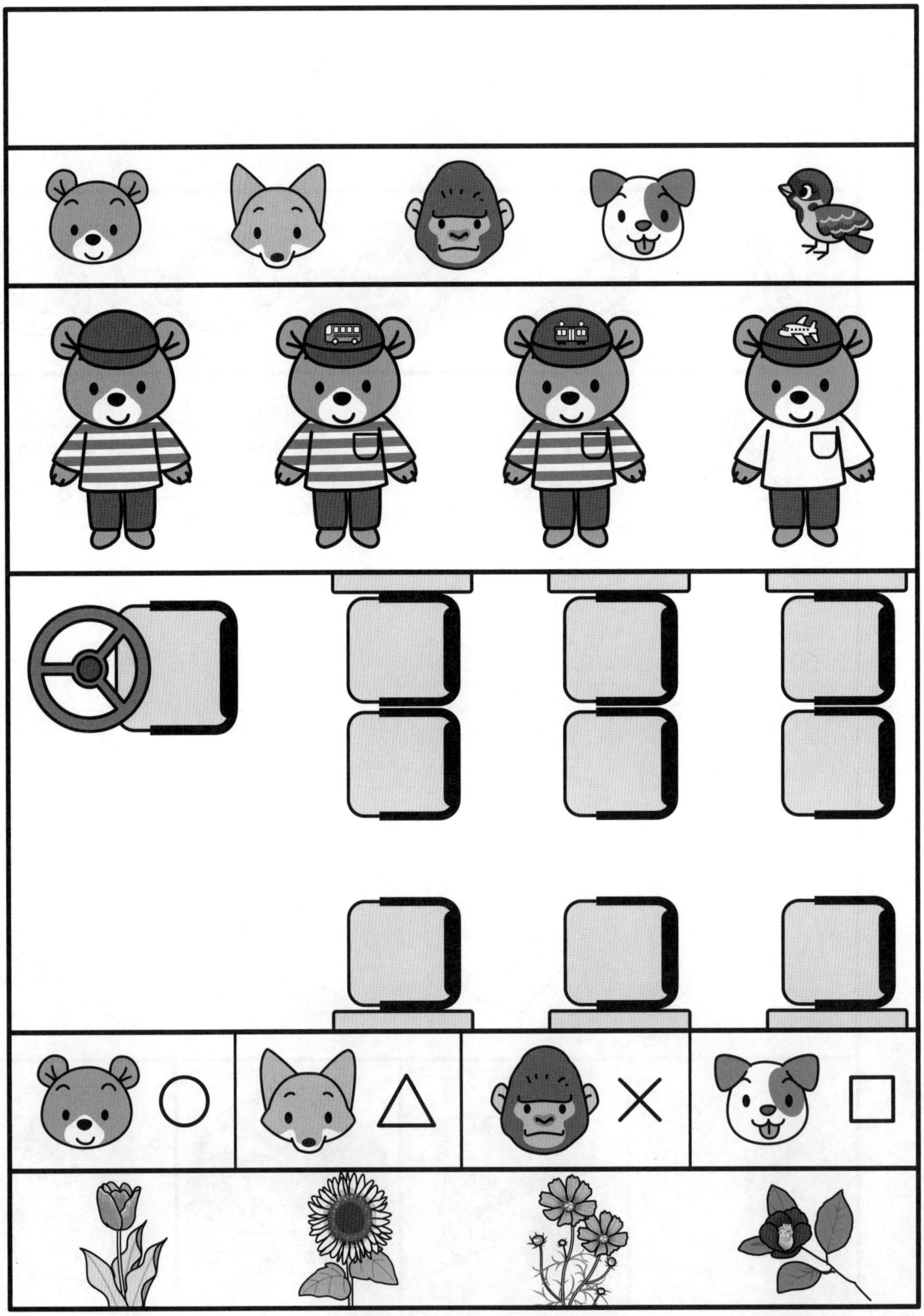

3

4

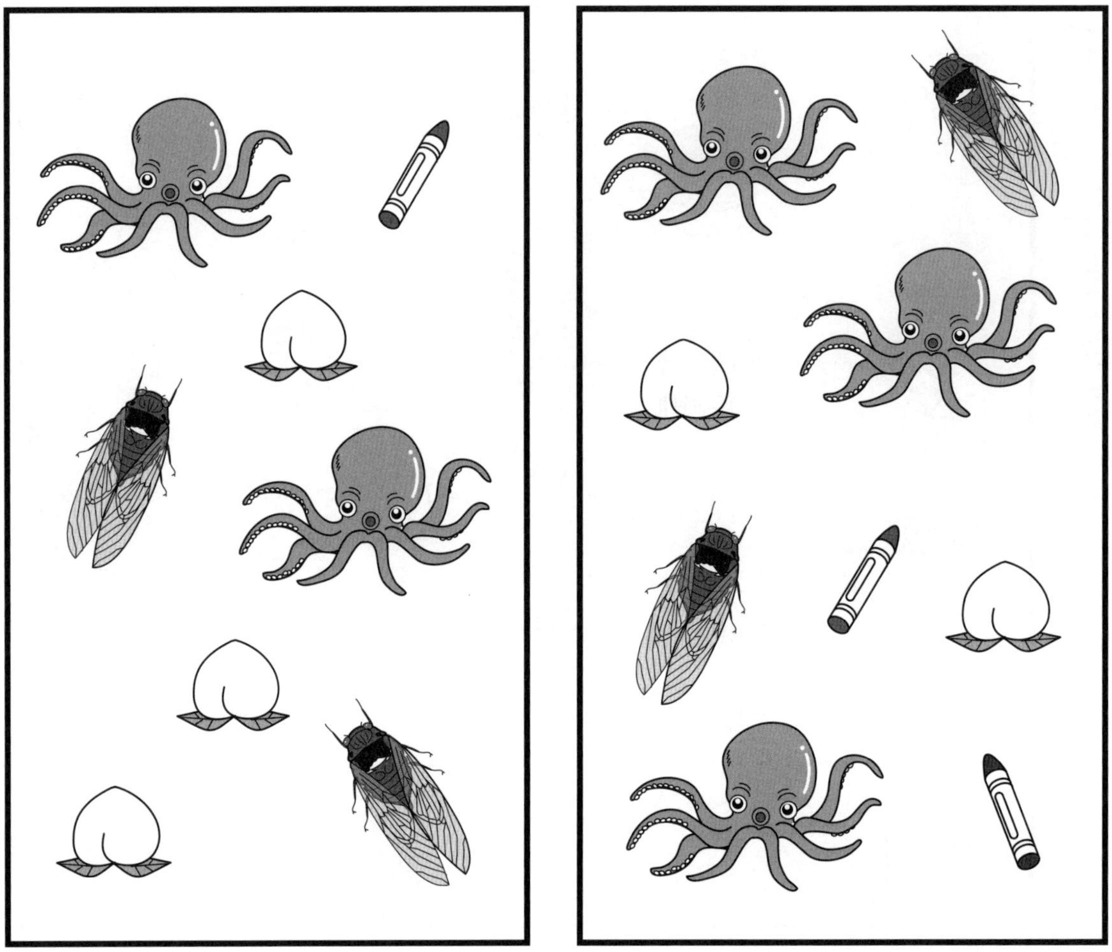

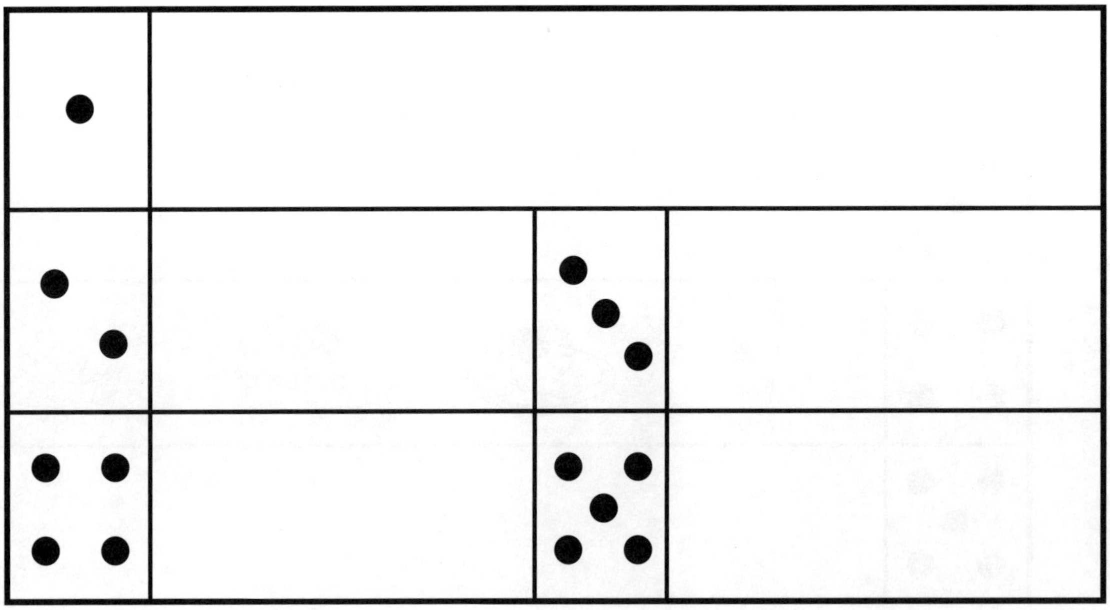

5

6

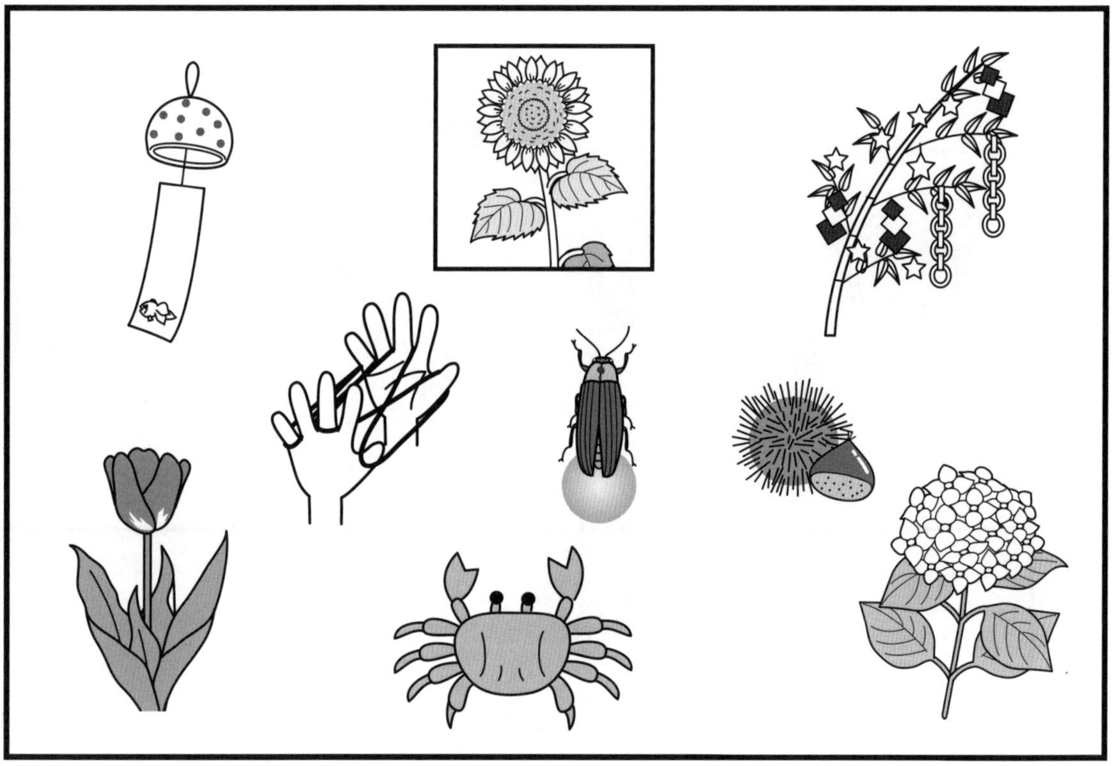

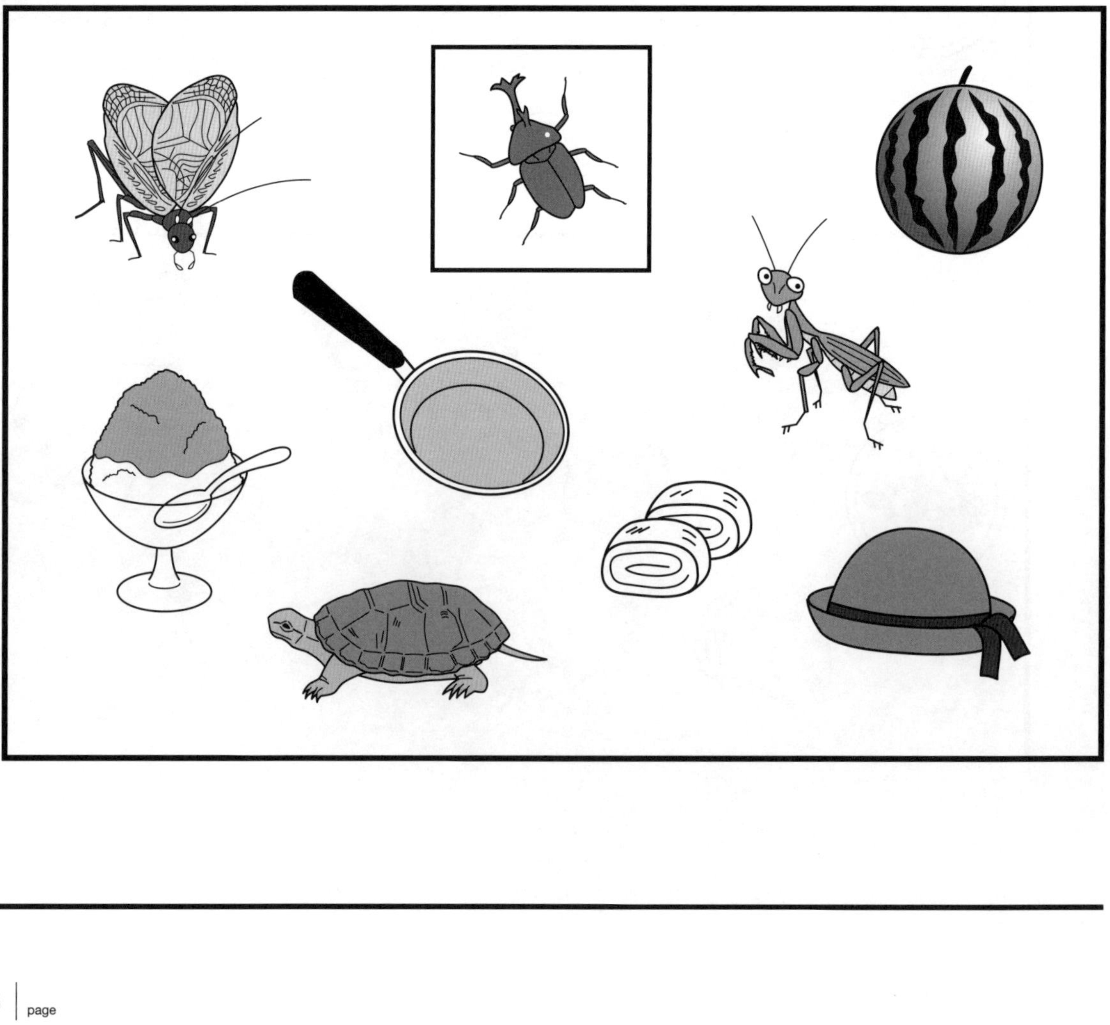

7

8 — A

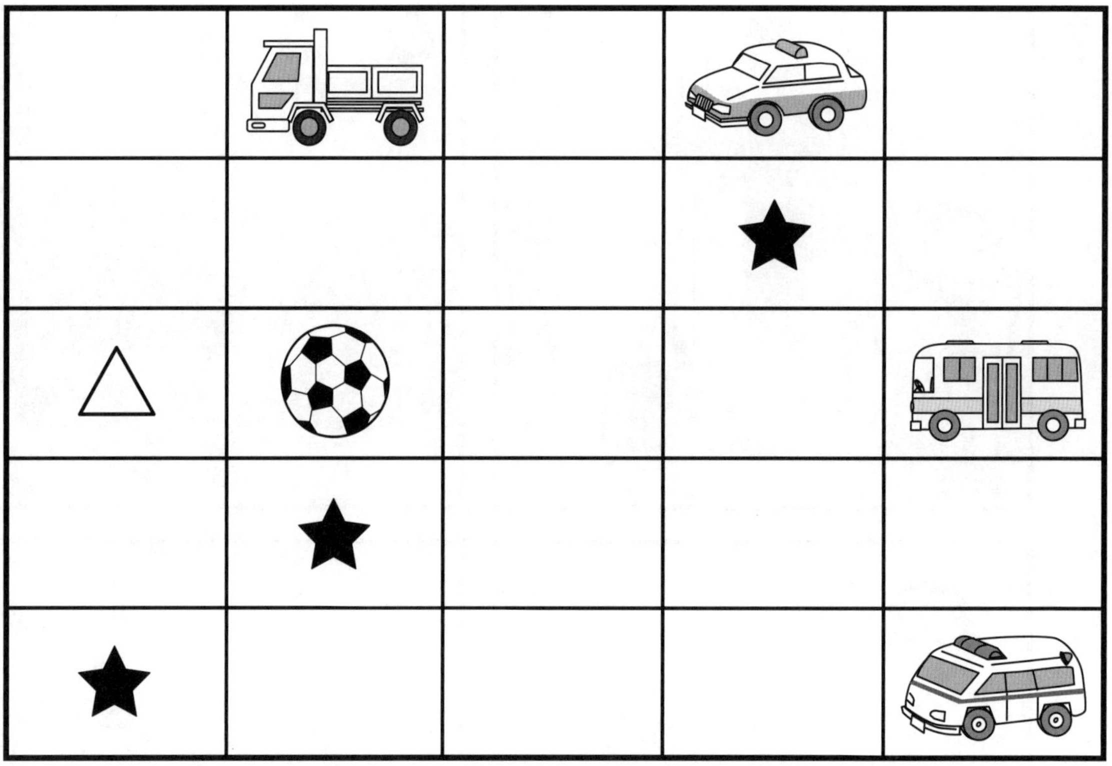

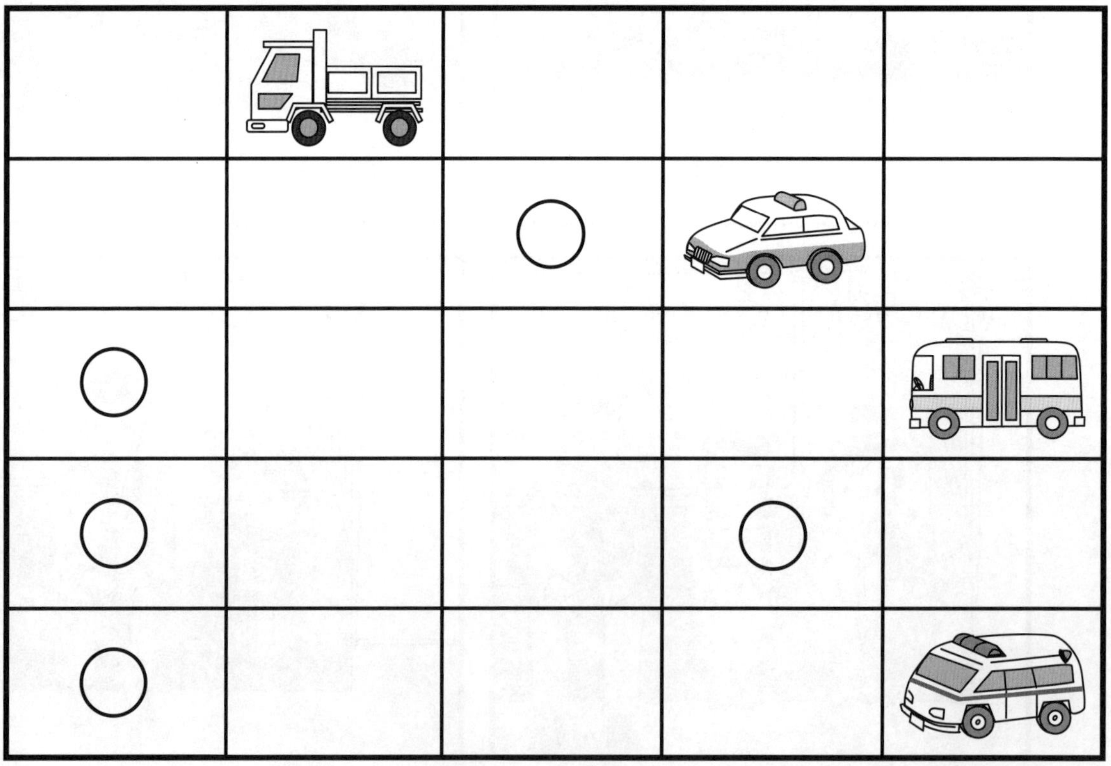

8－B

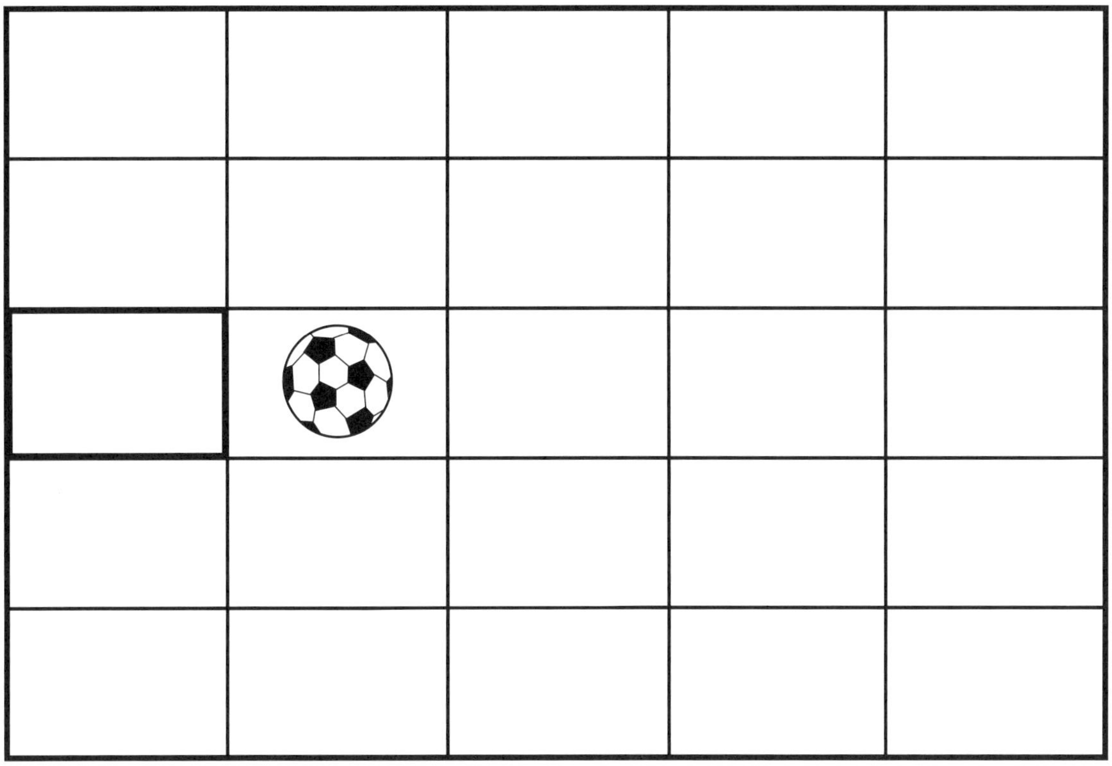

9

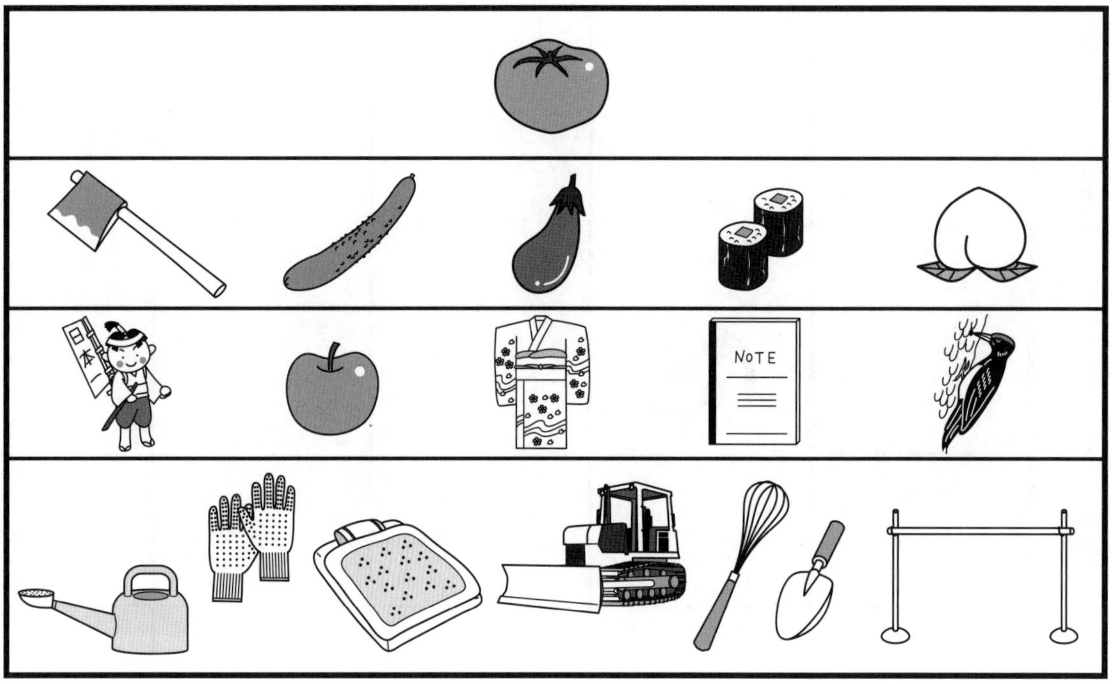

10

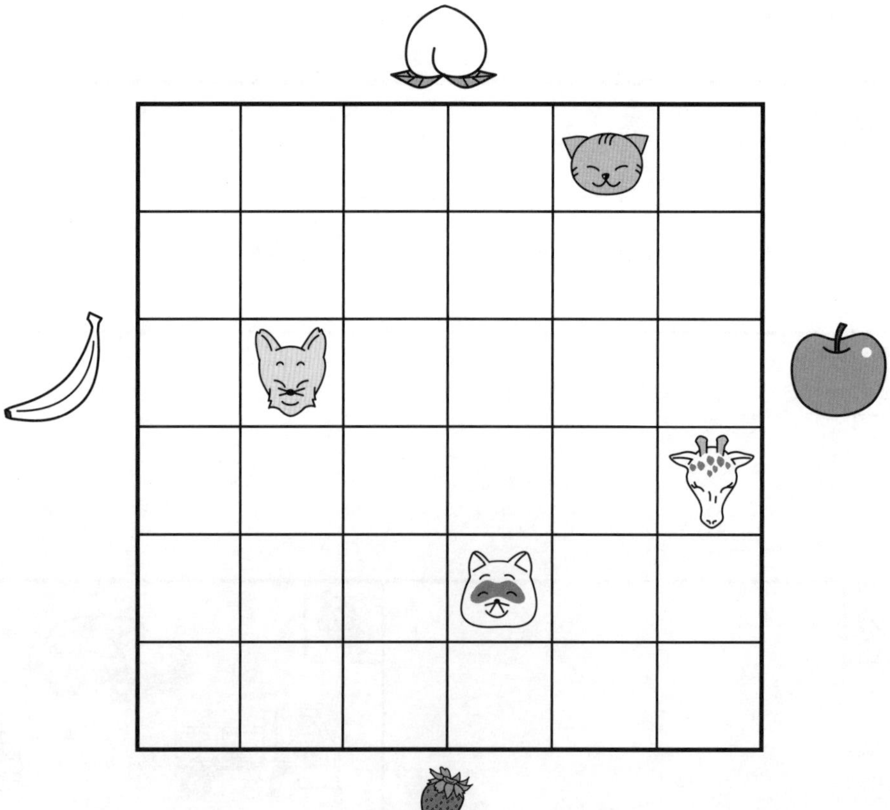

11

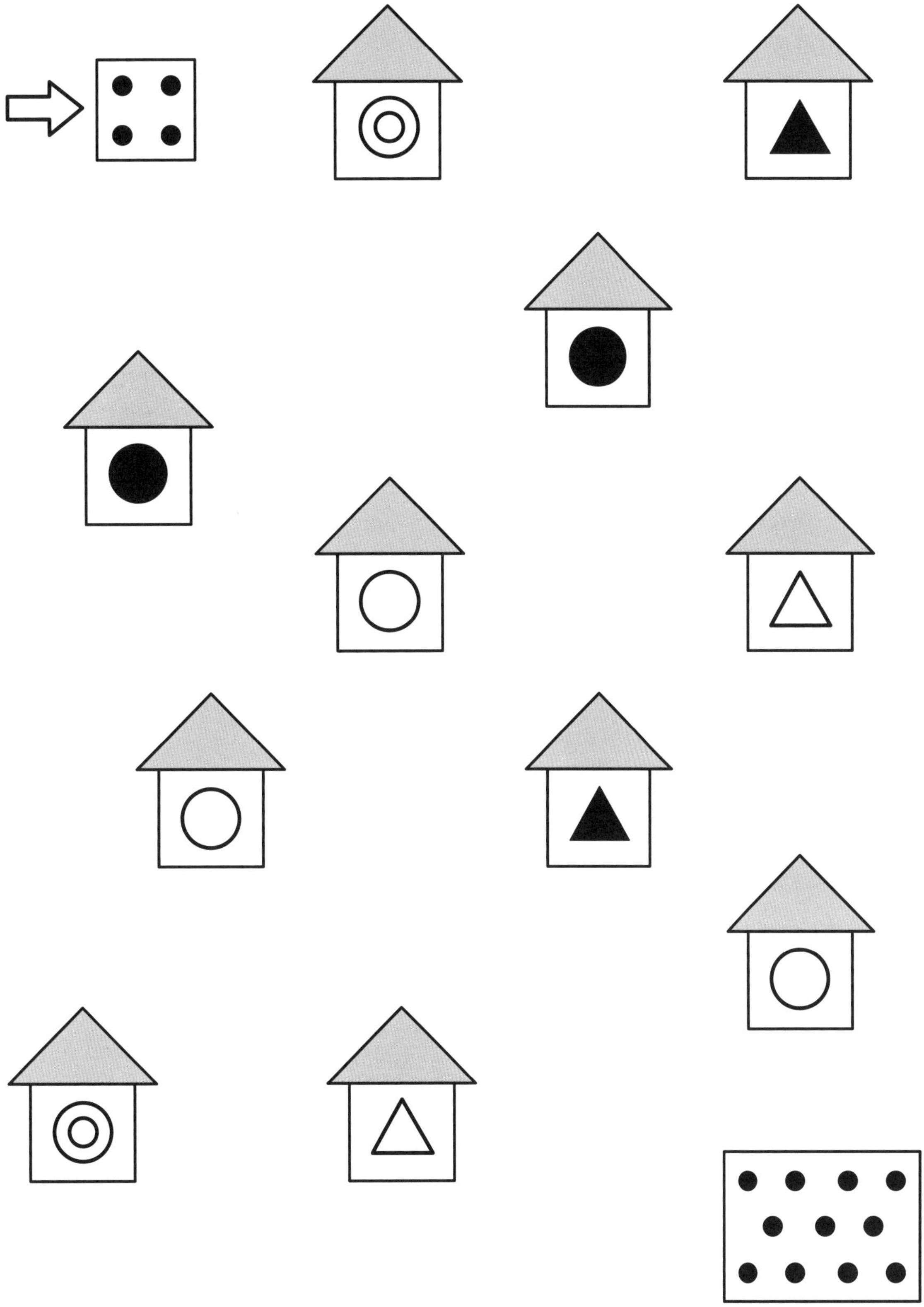

section
2023 国府台女子学院小学部入試問題

解答は別冊解答例030ページ

選抜方法

募集は第１回、第２回があり、いずれも考査は１日で、約７人単位でペーパーテスト、集団テストを行う。所要時間は約１時間30分。第１回は考査翌日の指定時間に、第２回は考査当日に親子面接がある。

ペーパーテスト

筆記用具は鉛筆を使用し、訂正方法は＝（横２本線）。出題方法は話の記憶のみ音声、ほかは口頭。考査日時により一部内容が異なる。

1 話の記憶

「かなさんは、お母さんとお姉さんの３人で子ども図書館に行きました。電車に乗って３つ目の駅で降りると、すぐ目の前が図書館です。入口には本を持ったクマのぬいぐるみが座っていました。小学生のお姉さんは、魔女が出てくるお話を探しています。かなさんは最初に、大好きなお姫様の本を見ました。次に、リスの出てくる本を見ました。その次に、かわいい動物の赤ちゃんの本を見ました。かなさんは、『パンダの赤ちゃんがかわいいな』と思いました。それから、お母さんとお菓子の作り方が書いてある本を見ていると、お話し会の始まる時間になったので、お姉さんと一緒に行ってお話を聞きました。図書館の人が読んでくれたお話は『桃太郎』でした。かなさんは、どうなるのかとドキドキしながらお話を聞きました。最後にかなさんは、お姫様の本と動物の赤ちゃんの本を借りました。本を大事に抱えて図書館を出て、ちょうどおやつの時間だったので近くのケーキ屋さんでケーキを食べて帰りました」

・図書館には何に乗って行きましたか。その絵に○をつけましょう。
・かなさんが２番目に見つけた本には、何が出てきましたか。その絵に○をつけましょう。
・図書館の人が読んでくれたのは、何のお話でしたか。その絵に○をつけましょう。
・かなさんは図書館で何冊の本を見ましたか。その数だけ○をかきましょう。

2 位置・記憶

三角にいろいろな印がかいてある左のお手本を20秒見せた後、隠す。
・四角があったところはどこですか。同じ場所に○をかきましょう。
・星があったところはどことどこですか。同じ場所に×をかきましょう。

3 絵の記憶

上の絵を20秒見せた後隠し、下の絵を見せる。
・今見た絵と違うところが３つあります。違うところに○をつけましょう。

4 数　量

・左の四角にいるカエルと同じ数だけ金魚鉢がある四角はどれですか。右から選んで、その右上の小さい四角に○をかきましょう。

・左の四角にいるキンギョと同じ数だけ金魚鉢がある四角はどれですか。右から選んで、その右上の四角に×をかきましょう。

5 推理・思考

・左です。一番長い鉛筆に○、一番短い鉛筆に×をつけましょう。
・右です。２番目に長い矢印に○、一番短い矢印に×をつけましょう。

6 数量（対応）

・上の段を見てください。左端にケーキがあり、そのすぐ隣にはお皿と箱がありますね。お皿にはケーキを１つのせ、箱にはケーキを２つ入れるお約束です。このお約束で、左端のケーキをお皿と箱に移していくと、ケーキが２つ残ります。その数だけ、右のマス目に○をかきましょう。（やり方を確認して実際に答えをかく）やり方はわかりましたか。では下も同じように、左端のケーキをすぐ隣のお皿と箱にお約束通りに移したとき、残るケーキの数だけ右のマス目に○をかきましょう。

7 言　語

・左のものの名前を、右の絵の名前の最後の音を使って作ります。使う絵を選んで○をつけましょう。

8 言　語

・「たたむ」もの３つに○をつけましょう。
・「つむ」もの２つに×をつけましょう。

9 推理・思考

・左端のいろいろな印がこのまま真っすぐ下まで落ちると、どのようになりますか。正しいものを右から選んで○をつけましょう。

集団テスト

キリン、パンダ、ウサギ、ゾウの４つのグループに分かれて行う。考査日時により一部内容が異なる。

生活習慣

テスターの指示通りに体の向きを変える。気をつけの姿勢をしている間は、動かずにきちんとした姿勢で立つよう指示がある。その後、「気をつけ、礼」の号令に従って、みんなで一斉にあいさつをした後、指示通り床に座る。

指示行動

床に置かれたフープに１人ずつ入り、飛行機のポーズ（両腕を少し広げて指先まで斜め下にピンと伸ばす）をする。その状態から、テスターが両手に１本ずつ持った旗を上げ下げして出す合図に合わせてお約束の動きをする。
〈約束〉
・旗を２本とも上げたら、フープの中でしゃがむ。
・旗を１本だけ横に上げたら、旗の方向に両足ジャンプしてフープから出て、また両足ジャンプでフープの中に戻る。
・頭の上で旗を回したら飛行機が飛び立つ合図となり、自分のグループのテスターがいるところまで飛行機のポーズのまま飛んでいく（走って向かう）。お友達と手がぶつからないように、安全運転で飛ぶよう指示がある。

行動観察

フープの中に体操座りをして黙想をした後、テスターが読むお話を聞く。おしゃべりをしない、テスターの顔を見て聞く、フープから出たりフープに触ったりしない、正しい姿勢で聞くなどのお約束がある。

集団ゲーム（足ジャンケン）

2チーム対抗で行う。チームごとに横1列に並び、相手チームと線を挟んで向かい合う。フープに体を通し、腰のところでフープを持つ。笛が鳴ったら互いに中央の線まで歩き、向かい合った相手チームの人と足ジャンケンをする。負けた人とあいこの人はその場に座り、勝った人はそのまま立っている。立っている人が多いチームの勝ち。元の場所に戻り、何回戦か行う。走らない、真ん中の線を越えない、お友達とフープが重ならないようにする、声を出さないなどのお約束がある。

親子面接

本人

・お名前、年齢、幼稚園（保育園）の名前を教えてください。
・お友達の名前を教えてください。
・お友達とは何をして遊びますか。
・幼稚園（保育園）では何をして遊びますか。一番好きな遊びは何ですか。
・お友達とけんかをしますか。
・お父さんとは何をして遊びますか。
・きょうだいとは何をして遊びますか。
・お母さんの作るお料理で一番好きなものは何ですか。
・お手伝いはしていますか。どんなお手伝いですか。
・お父さん、お母さんとやってみたいことは何ですか。

父親

・志望理由を教えてください。
・本校の児童を見かけたことはありますか。どのような印象を持たれましたか。
・お子さんの名前の由来を教えてください。
・お子さんの長所を教えてください。
・お子さんとはどのようにしてかかわっていますか。
・お子さんと過ごす時間をどのくらいつくっていますか。
・最近お子さんに言われた言葉で、感動したものは何ですか。

・奥さまの子育てで素晴らしいと思うことを教えてください。
・奥さまに一番似てほしいのは、どのようなところですか。
・お仕事について教えてください。
・大学時代に印象に残っていることは何ですか。
・子育てにおける父親の役割は、どのようなものだと思いますか。
・本校は父親もＰＴＡに参加する機会が多いのですが、どのように思われますか。

母親

・お子さんの性格、行動の傾向を教えてください。
・本校が女子校であることについて、どのようにお考えですか。
・本校は仏教に基づいた教育を行っていますが、大丈夫ですか。
・お子さんのどのようなところがご自身と似ていますか。
・大学時代に印象に残っていることは何ですか。
・ご主人は子育てにどのようにかかわっていますか。
・ご主人の子育てでよいと思うところは、どのようなところですか。
・子育てをしていく中で、困ったことはありますか。
・どのような母親になりたいですか。
・緊急時のお迎えは可能ですか。

面接資料／アンケート

考査日に面接資料を提出する。以下のような記入項目がある。

・受験番号、受験者氏名。
・本校を志望した動機・理由（箇条書き）。
・受験者の性格・行動の傾向について。
・子育てにおいて家庭で一番大切にしてきたことと、その結果をどのように見ているか。
・本校を知ったきっかけ（選択式）。

1

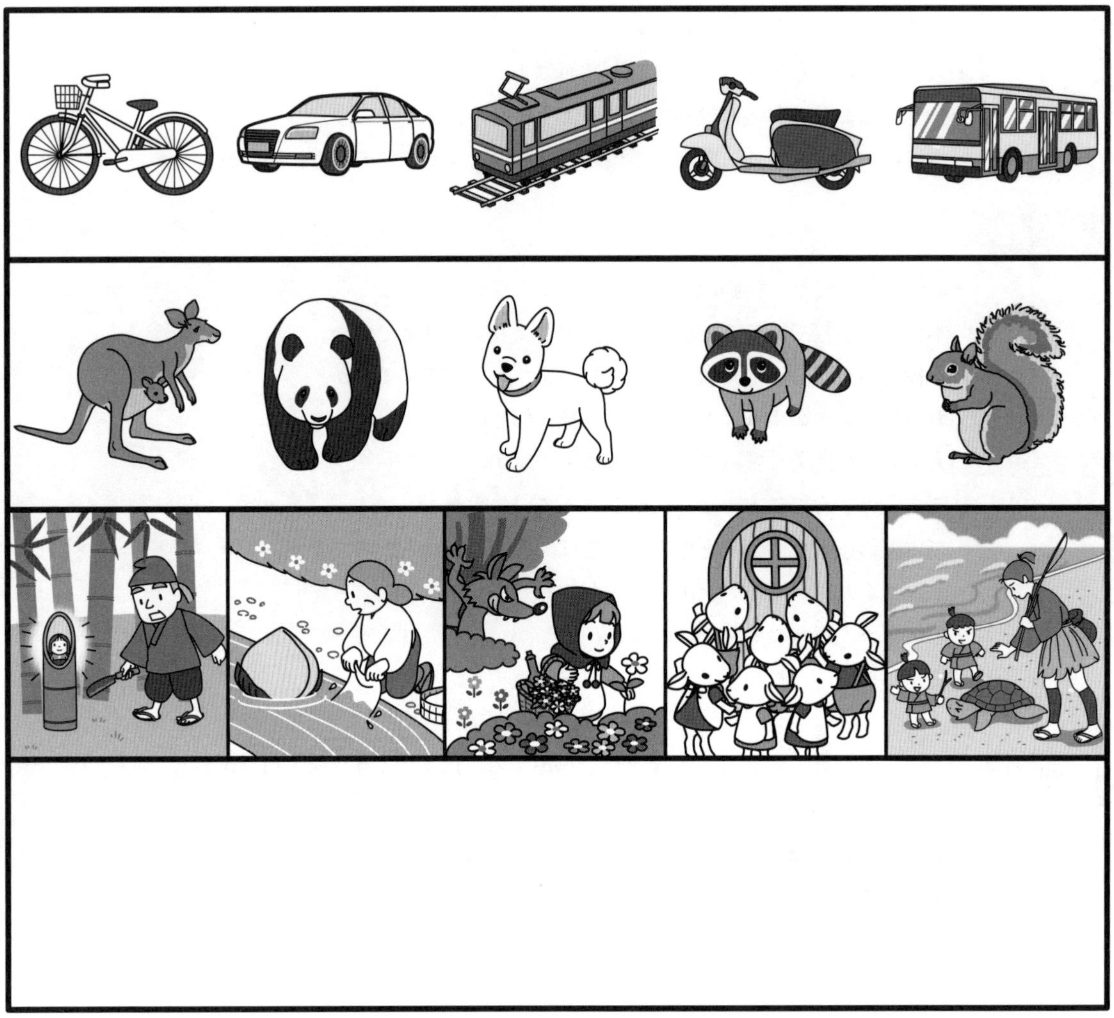

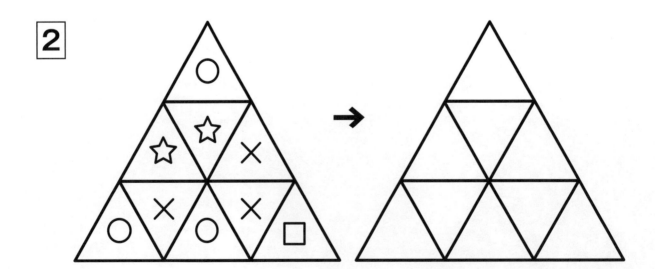

2

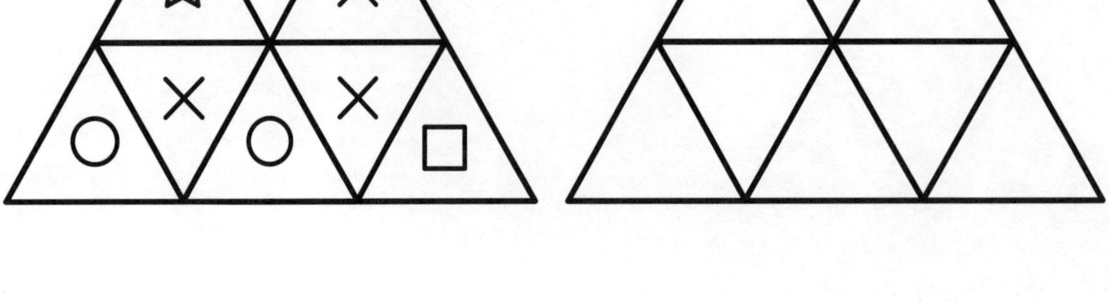

3

4

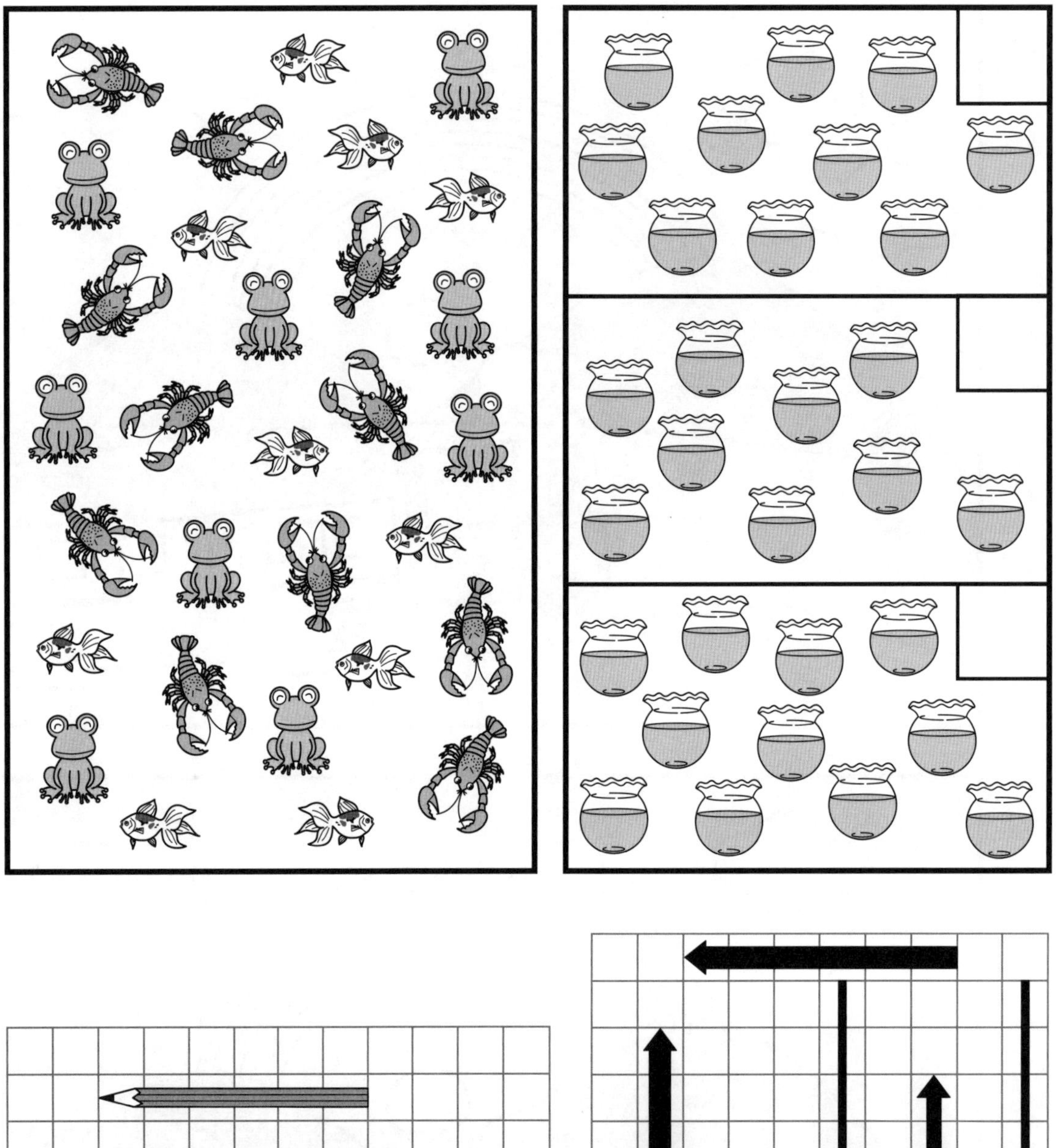

5

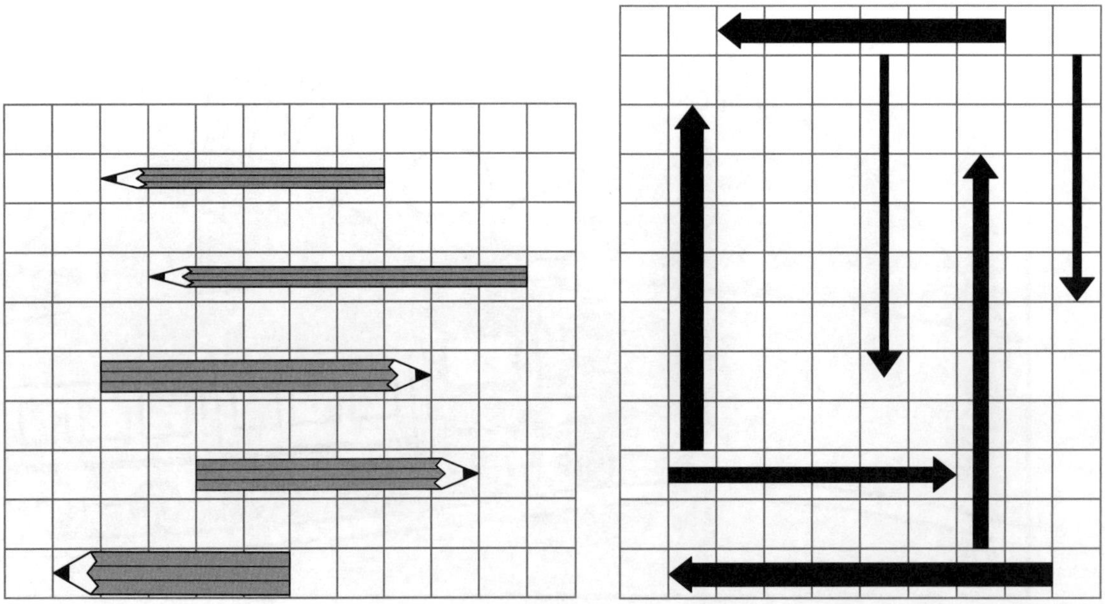

6

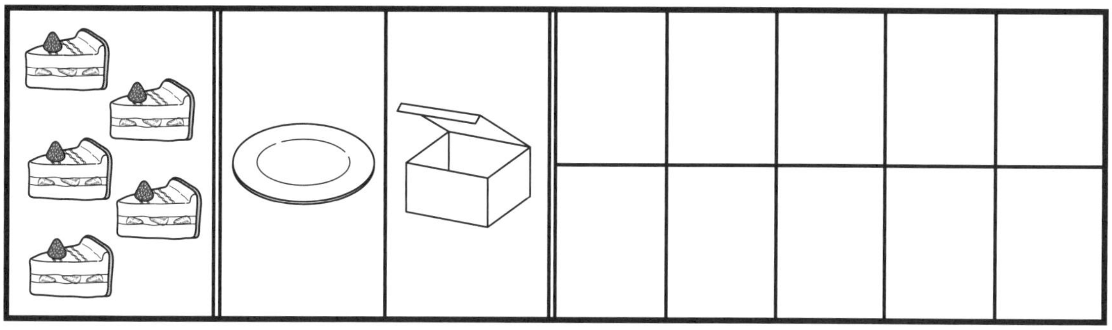

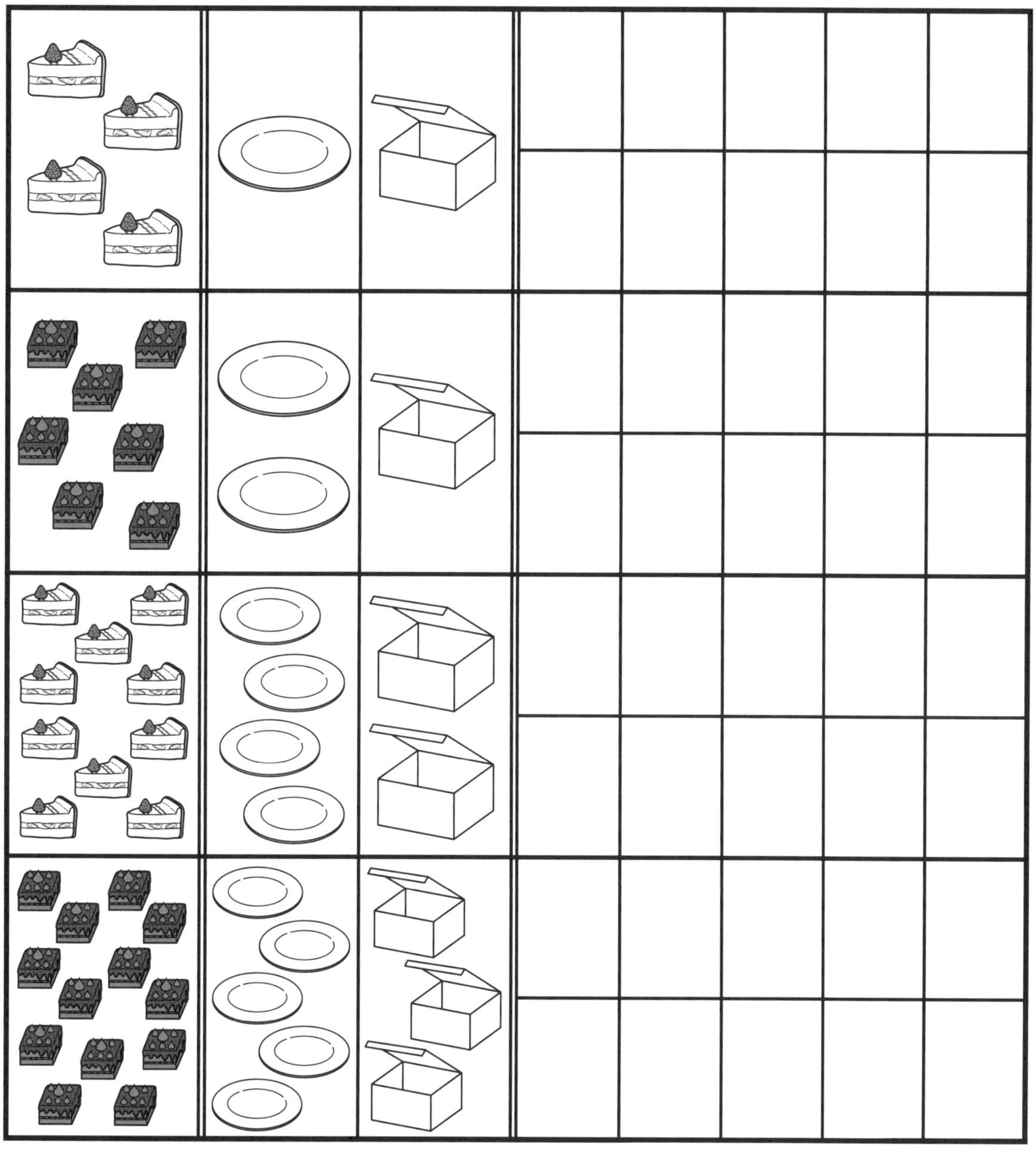

7

8

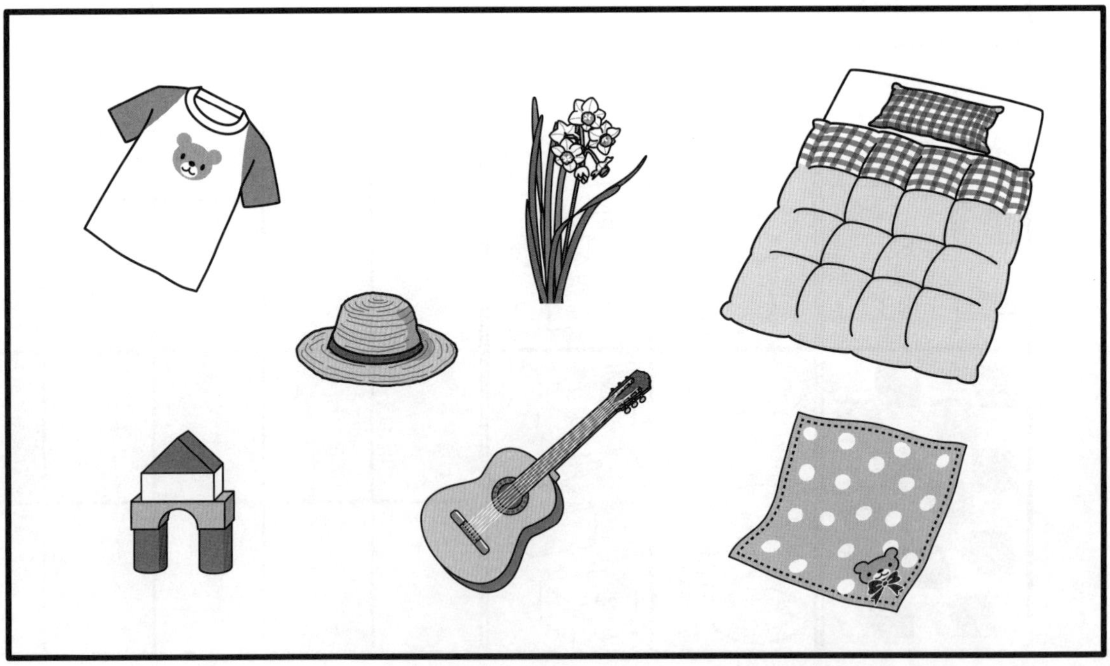

9

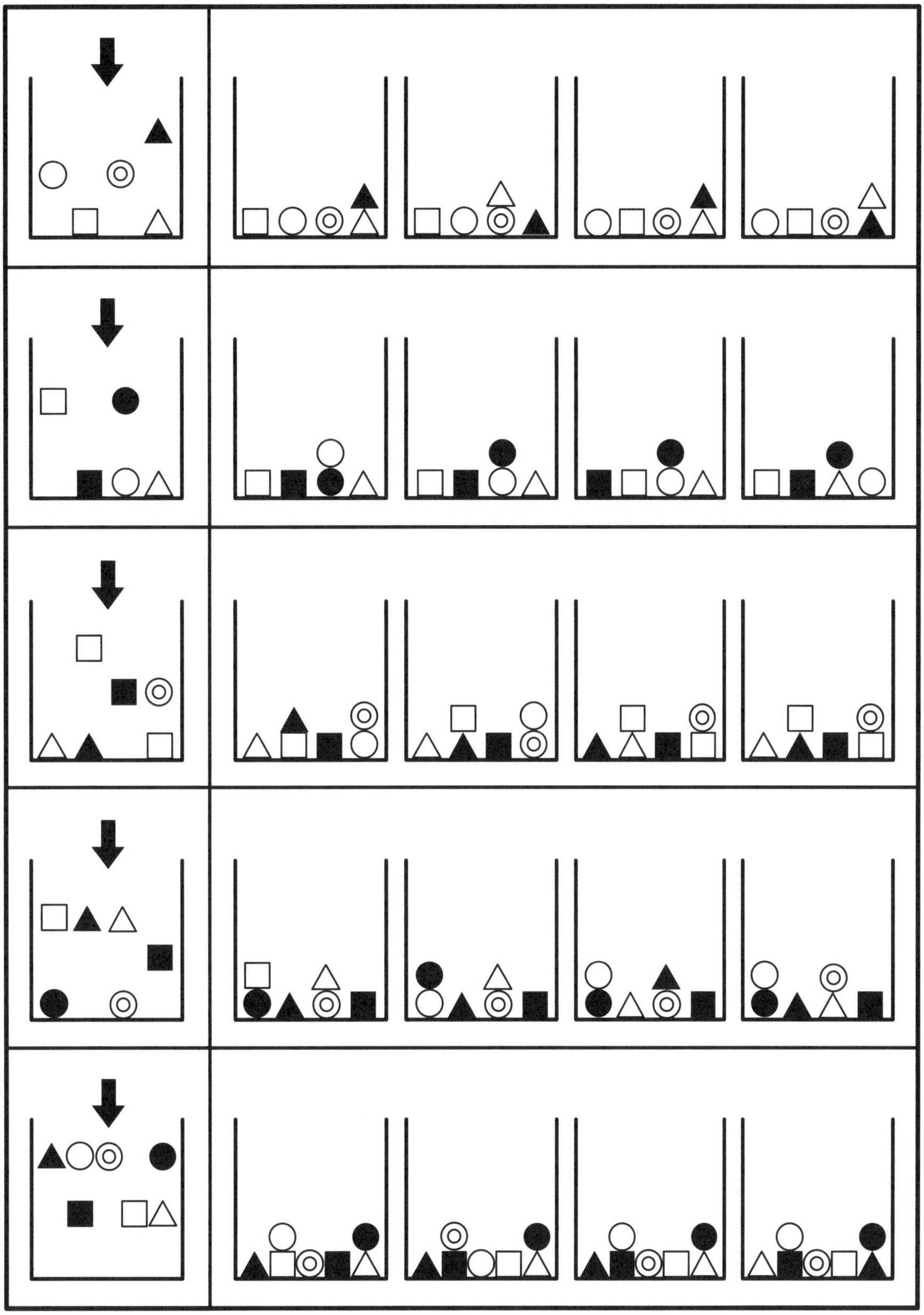

section
2023 千葉日本大学第一小学校入試問題

解答は別冊解答例031～032ページ

選抜方法

願書受付順に受験番号を決定する。募集は第Ⅰ期、第Ⅱ期の２回あり、考査はいずれも１日で、20～25人単位でペーパーテスト、集団テスト、運動テストを行う。所要時間は約３時間。第Ⅰ期は考査日前の指定日時に、第Ⅱ期は考査当日に親子面接がある。

ペーパーテスト

筆記用具はクーピーペン（赤、青、緑）と鉛筆を使用し、訂正方法は ＝（横２本線）。出題方法は音声。

1 話の記憶

「みきさんは魔法使いです。魔法使いには１年に１回テストがあります。今年のテストは、困っている人を１週間で３人助けるというものです。実は、みきさんは１年前のテストで不合格だったのです。そのテストは、夏休みの間にセミを100匹捕まえるというものでした。去年残念な思いをしたので、今年は絶対に合格しようと考えています。『困っている人を３人助けるなんて、簡単じゃないの。１週間あれば何とかなる。今年こそ合格しないと恥ずかしいわ』。みきさんは、今日はまず１人を助けてみようと思いました。学校で算数の授業が始まりました。気をつけて周りを見ていると、斜め前のたろう君がソワソワしています。筆箱やお道具箱の中を何度も見て、どうやら探し物をしているようです。そして、プリントに書いた答えを指でこすって消そうとしています。『そうか！　消しゴムがないんだわ』。みきさんは、魔法でたろう君の指の先を消しゴムに変えました。そうとは知らないたろう君は、今度は指の先に息をふきかけ、少しなめてからこすりました。なんと、答えがきれいに消えるではありませんか。びっくりしたたろう君は、指の先ばかり見ていました。みきさんは、夜寝る前にカレンダーに丸をつけて、『よし、１人助けたわ。明日も頑張ろう』と満足して眠りました。次の日になりました。学校の体育の授業はかけっこで、誰が一番速いか競走します。みきさんは走るのが遅いのであきらめていますが、ゆみさんは１番を狙っていました。でも、朝学校へ来るとき、ゆみさんは転んでひざをすりむいてしまったのです。ひざは血がにじんで痛そうで、『これじゃあ痛くて走れない。一番になりたかったのに』と、ゆみさんは悔しそうにしています。かわいそうに思ったみきさんは、ゆみさんのひざにイチゴの絵のばんそうこうを貼ってあげました。もちろん、ばんそうこうには魔法がかけてあります。ゆみさんは『不思議！　痛くなくなったわ。ありがとう』とお礼を言って笑顔になりました。いよいよかけっこが始まります。『ヨーイ、ドン』。先生の笛の合図で、ゆみさんはすごいスピードで走り出しました。ゴールまで余裕の１番です。走り終わったゆみさんは『いつもより速く走れたわ』と喜んでいました。その晩もみきさんはカレンダーに丸をつけ、テストに合格する自分の姿を考えてから寝ました。次の日、学校へ行くとクラスでは何人かが休んでいます。風邪がはやっているのです。先生が『今日はお休みの人がたくさんいるので、図書館で本を読みましょう』と言いました。図書館では、エプロン姿のたかえ先生が迎えてくれました。たかえ先生のエプロンには小さな本の絵がたくさんついています。『今日は好きな本を読んでいいわよ』と、かわいい高い声でたかえ先生が言いました。みんなは本を選んで、静かに読み始めました。みきさんは『誰か困っている人はいないかしら』と注意して見ていると、さっきからみきさんの周りをうろうろしているたかし君に気がつきました。たかし君は本を読むのが好きではなくて、いつも図鑑ばかり見ています。『今日は何の図鑑にしよう。虫、乗り物、恐竜、花、動物のどれにしようかな……』と迷っていたのです。みきさんは、たかえ先生の方を向いて魔法をかけました。すると、座っていたたかえ先生が、『そうだ。たかし君、新しい図鑑が入ったわよ』と、宝石の図鑑を持ってきてくれました。たかし君は喜んで、さっそく宝石図鑑を見始めました。『やった！　これで、３人を助けられた！』みきさんはとてもうれしい気持ちで、自分が読んでいた本のページをめくりました。その夜、みきさんはカレンダーに最後の丸をつけ、ほっとした気持ちで眠りました。日曜日になると、みきさんは魔法学校に行きました。魔法学校の門には校長先生の銅像があり、その肩にはフクロウが乗っています。みきさんは急いで校長室に行き、『３人を助けました』と言いました。校長先生は『頑張ったね』とニッコリ笑って、みきさんの手にフクロウの羽根を持たせました。そして手をたたくと、その羽根は大きな棒つきキャンディーになりました。みきさんは、キャンディーをなめながらお家に帰りました」

・１年前のテストでは何を捕まえましたか。青のクーピーペンで○をつけましょう。
・今年のテストは何人の人を助けるものでしたか。正しい四角に青のクーピーペンで○をつけましょう。
・たろう君が探していたものは何ですか。青のクーピーペンで○をつけましょう。
・みきさんがカレンダーにつけた印はどれですか。青のクーピーペンで○をつけましょう。
・ゆみさんに貼ったばんそうこうには、何の絵がありましたか。青のクーピーペンで○をつけましょう。
・たかえ先生のエプロンには、何の絵がついていましたか。青のクーピーペンで○をつけましょう。
・たかし君が見たのは何の図鑑ですか。青のクーピーペンで○をつけましょう。
・校長先生が何をしたら、フクロウの羽根に魔法がかかりましたか。青のクーピーペンで○をつけましょう。
・校長先生の銅像の肩に乗っていたものは何でしたか。青のクーピーペンで○をつけましょう。
・フクロウの羽根は、何に変わりましたか。青のクーピーペンで○をつけましょう。

2 数　量

・上の３段です。左と右の四角では、どちらのイチゴが多いですか。多い方の四角に、鉛筆で○をつけましょう。
・下の２段です。左と右のイチゴを同じ数にするには、多い方から少ない方へいくつあげるとよいですか。その数だけ、右端の四角に鉛筆で○をかきましょう。

3 推理・思考（比較）

・それぞれの段ごとに、色のついたところが一番広い形を選んで、緑のクーピーペンで○をつけましょう。

4 観察力（異図形発見）

・上にいろいろな形が８つあります。上にない形を下の四角から５つ選んで、青のクーピーペンで○をつけましょう。

5 常　識

・1頭、2頭と数えるのはどの動物ですか。2つ選んで、鉛筆で○をつけましょう。
・球根から育って咲くのはどの花ですか。2つ選んで、鉛筆で○をつけましょう。
・磁石にくっつくものはどれですか。4つ選んで、鉛筆で○をつけましょう。
・左端の絵と仲よしではないものを、右から1つ選んで鉛筆で○をつけましょう。

6 常識（交通道徳）

・いろいろな様子の絵がありますね。よくないことをしている人がいる絵を5つ見つけて、青のクーピーペンで○をつけましょう。

7 制　作

※カラーで出題。絵の中の指示通りに信号と車に色を塗ってから行ってください。
横断歩道と車が描かれた台紙、タイヤが描かれた台紙、クレヨン1箱、液体のり、はさみが用意されている。お手本が前に掲示されている。
・お手本と同じになるように、信号をクレヨンで塗りましょう。
・お手本と同じになるように、車をクレヨンで塗りましょう。
・タイヤの台紙を外側の線に沿ってはさみで切り、お手本と同じになるように台紙にのりで貼りましょう。
・ゴミはゴミ箱に捨てましょう。

集団テスト

行動観察

約5人のグループに分かれて行う。フープ（赤、青、黄色、緑）が各色4、5本ずつ床の上に置かれている。グループごとに色が割り当てられ、自分のグループの色のフープに1人ずつ入り座って指示を聞く。グループごとに4枚ずつカードが配られ、前方には配られたカードと同じポーズが並んだお手本が掲示されている。
・グループのお友達と相談して、カードと同じポーズで踊ります。まず、どのような順番でポーズをとるか決めましょう。ただし、前に貼ってあるお手本と同じ順番にしてはいけません。先生が「決めるのは終わり」と言ったらお話をやめましょう。
・先生に言われた色のチームから、踊りを発表しましょう。発表するときは、先生の掛け声「1・2・1・2」のリズムに合わせて踊りましょう。
・踊りが終わったらフープの中に体操座りをして、ほかのチームの踊りを見ましょう。

掲示されたお手本

言語・発表力

・グループごとに自己紹介（名前、好きな遊び、知っているスポーツなど）をする。
・グループごとにしりとりをする。
・絵本「にゃーご」（宮西達也作・絵　すずき出版刊）をテスターが読み聞かせる。お話の内容についての質問を考え、思いついた人は挙手し、指名されたらみんなに問題を出す。答えがわかった人は挙手し、指名されたら答える。

運動テスト

かけっこ

スタートのコーンからゴールのコーンまで、全力で走る。

片足バランス

フープの中で片足バランスを行う。

ろくぼく

ろくぼくを上り、横に移動していく。

ろくぼくの横移動

親 子 面 接

本 人

・お名前を教えてください。
・幼稚園（保育園）の名前を教えてください。
・この小学校の名前は何ですか。
・仲のよいお友達の名前を教えてください。
・そのお友達とは何をして遊びますか。
・お友達と遊ぶときは、自分から声をかけますか。それとも声をかけられる方ですか。
・小学校に入っても、お友達に自分から声をかけられますか。
・今朝は１人で起きられましたか。
・朝は自分で支度ができますか。

父　親

・志望理由をお聞かせください。
・本校を受験するにあたり、どのような準備をしましたか。

母　親

・休日の家族での過ごし方を教えてください。
・公共の交通機関を使う際の注意点を、今お子さんと話してみてください。

面接資料／アンケート　願書の中に以下のような項目がある。

・本校志願の動機または理由。
・特別に習っていること。
・通学経路および所要時間。
・家族構成（同居人も記入）。
※家族写真を貼付する。

1

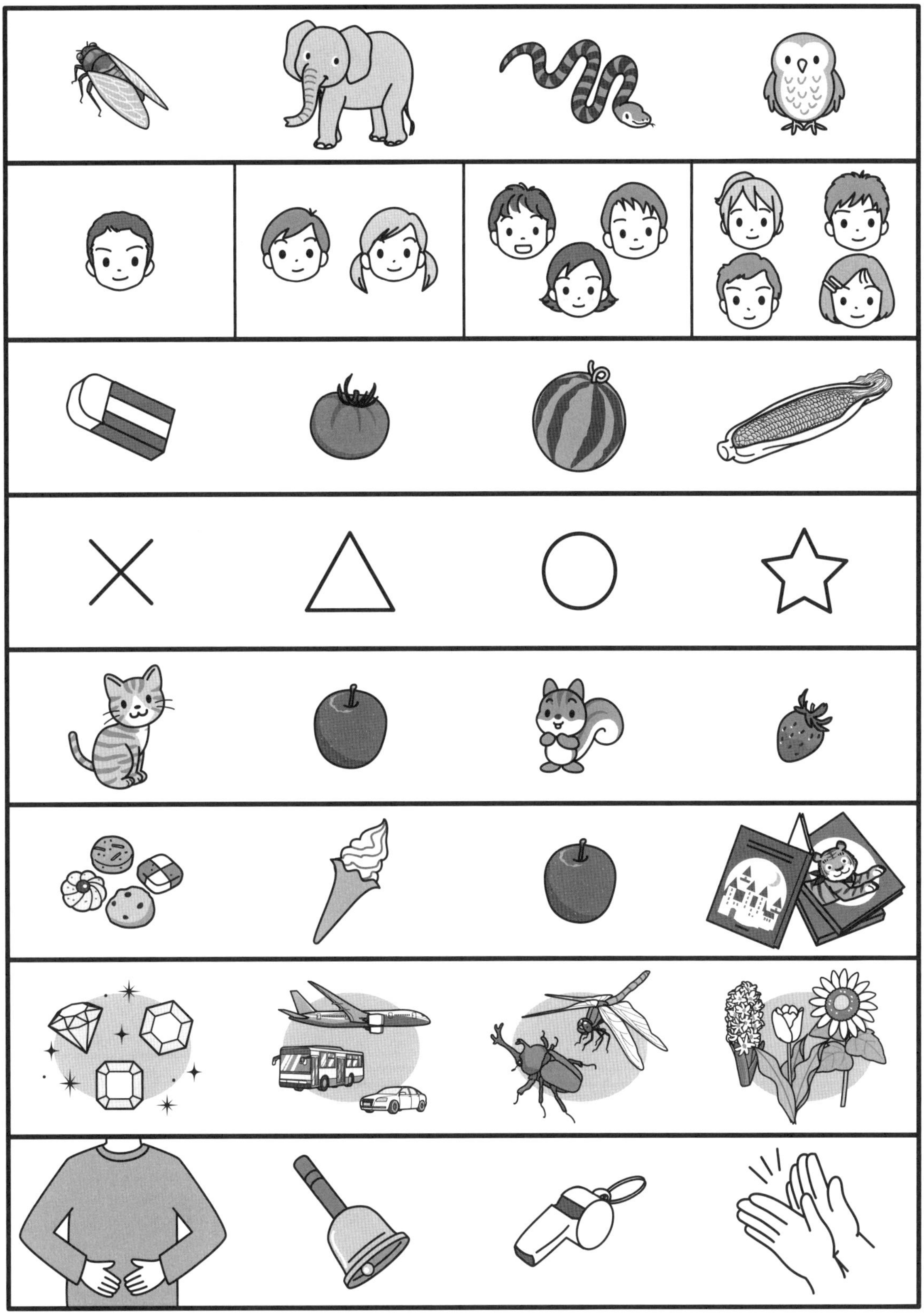

1

2

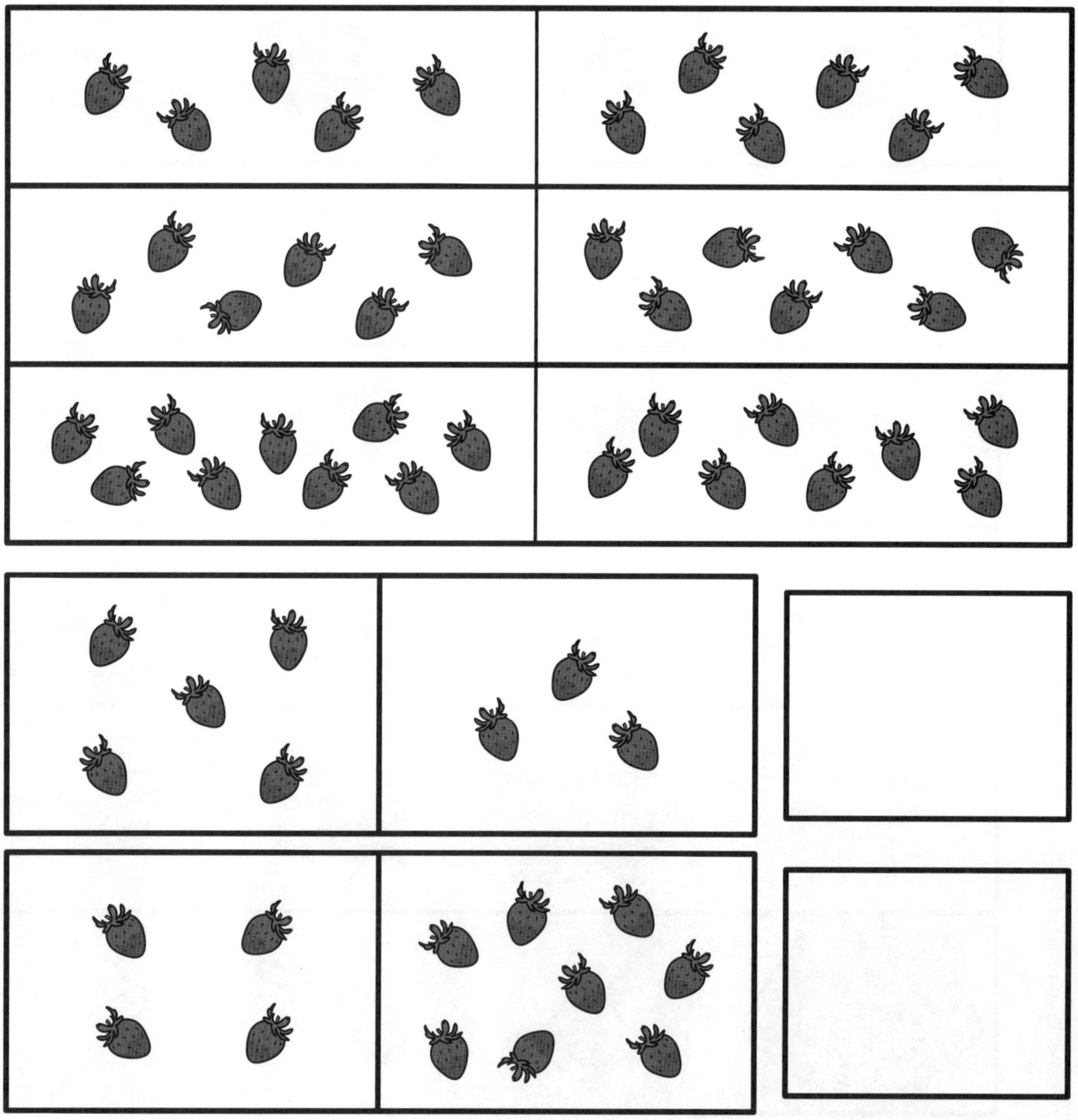

3

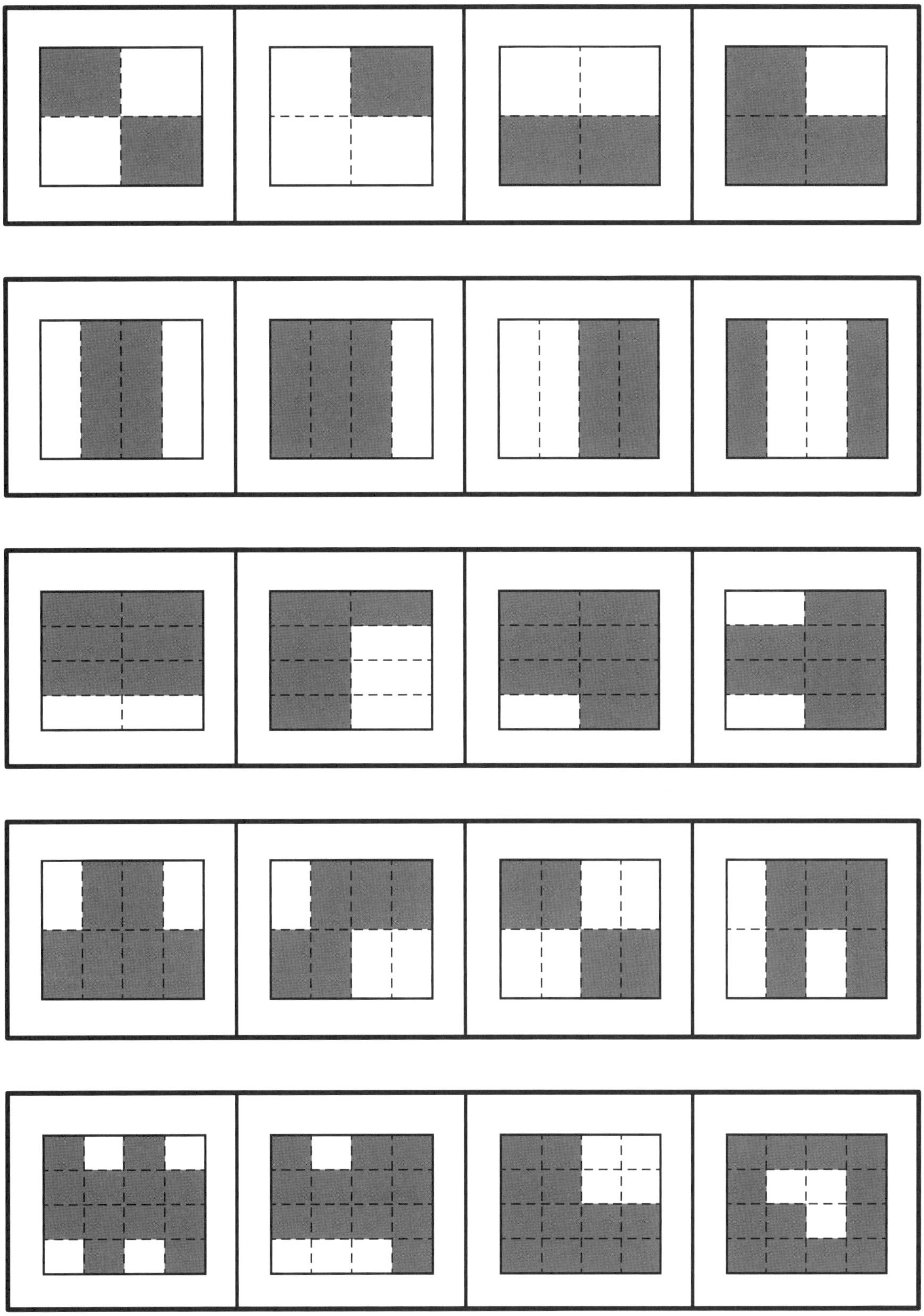

4

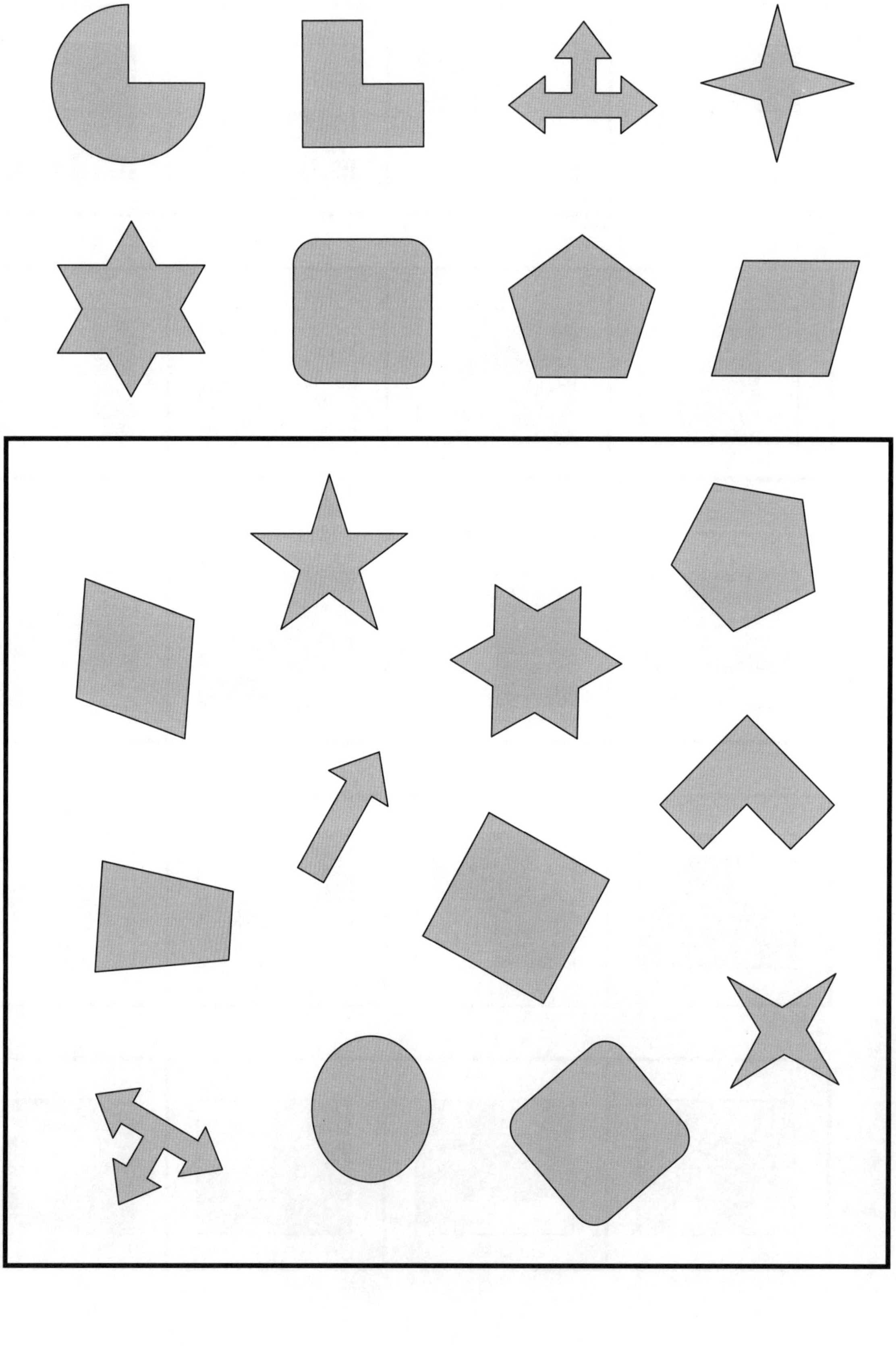

5

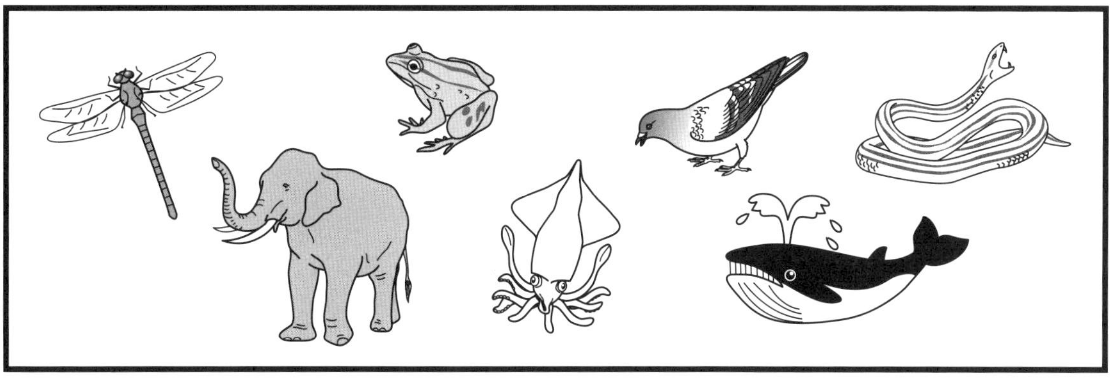

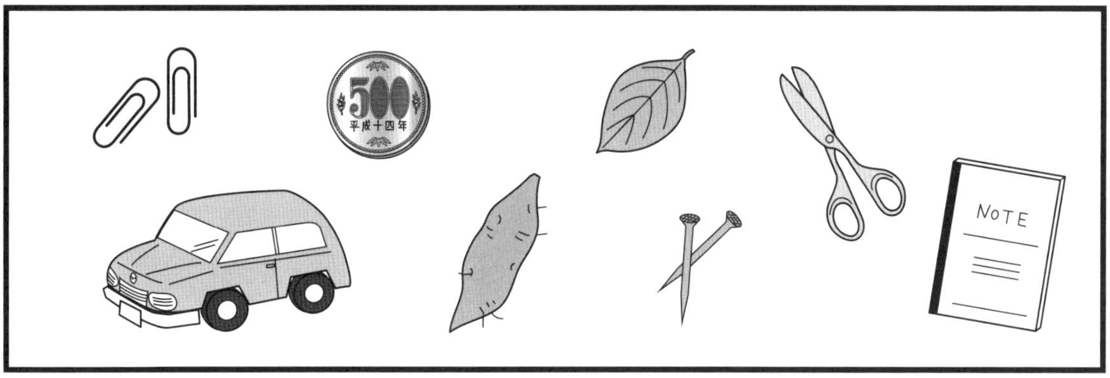

6

7

【お手本】

〈台紙〉

〈タイヤの台紙〉

section
2023 開智望小学校入試問題

解答は別冊解答例032～033ページ

選抜方法

募集は2回あり、どちらも開智望小学校を第一志望とする者と一般志望者（他校との併願者）に分けて実施する。
第一志望者…Ⅰ型かⅡ型を選択する。Ⅰ型は約10人単位でペーパーテスト（A・B）、集団テスト、運動テスト、自己発信を行う。Ⅱ型は探究活動を行う。所要時間は2時間～2時間30分。第1回は考査日前、第2回は考査当日に本人面接と保護者面接を行い、Ⅰ型のみ自己発信がある。
一般志望者（他校との併願者）…Ⅰ型のみで、ペーパーテスト（A）、集団テスト、運動テストを行う。考査当日に本人面接と保護者面接がある。

ペーパーテスト

筆記用具は赤のクーピーペンを使用し、訂正方法は×（バツ印）。出題方法は話の記憶のお話のみ音声、ほかは口頭とスライド。

ペーパーA

1 話の記憶

プリントを裏返しにしてお話を聞き、プリントを表にして問題を聞く。

「昨日、家族で水族館に行きました。水族館ではクラゲを見て、次にペンギンを見に行きました。その後お昼ごはんを食べて最後にイルカショーを見ました。空が暗くなってきたのでお土産のクッキーとイルカのぬいぐるみを買って帰りました」

・水族館で見ていない生き物に○をつけましょう。
・お土産に買ったもの全部に○をつけましょう。

「日曜日に、お父さんとお母さんと一緒に公園へ遊びに行きました。お家を出てすぐの公園で、お父さんとすべり台と鉄棒をして遊びました。その後、学校の前を通ってスーパーマーケットに行き、夕ごはんに使うピーマンとニンジンとキャベツを買いました。お家に帰ってから、夕ごはんを作るお母さんのお手伝いをしました」

・公園では何をして遊びましたか。遊んだもの全部に○をつけましょう。
・スーパーマーケットに行くとき、どこの前を通りましたか。合う絵に○をつけましょう。
・スーパーマーケットで買っていないものに○をつけましょう。

2 言語（しりとり）

・左端の絵からしりとりでつながるように、真ん中の列と右端の列からそれぞれ絵を選んで、点と点を線で結びましょう。

3 推理・思考（進み方）

・マス目の中にいる動物が、マス目の上にある矢印の通りにマス目を1つずつ進みます。最後に着くマス目に○をかきましょう。

4 推理・思考（重さ比べ）

・上の四角がお約束です。サルのボール1個とウサギのボール2個は、同じ重さです。ライオンのボール1個とウサギのボール3個は、同じ重さです。ゾウのボール1個とウサギのボール4個は、同じ重さです。では、下のシーソーがつり合うようにするには、左側にどのボールを1つ載せるとよいですか。それぞれ右の四角の中から選んで○をつけましょう。

ペーパーB

5 推理・思考

・線と線が重ならないように、すべてのマス目を通って同じ果物同士をそれぞれ線で結びましょう。線は縦と横に進めますが、斜めに進むことはできません。

6 構　成

・左側のブロックで、右側の形を作ります。足りないところに入るブロックを下から選んで、○をつけましょう。ブロックの向きは変えてもよいですよ。

集団テスト

巧緻性・制作（ぐるぐるコーン作り）

紙皿（直径18cm）、画用紙、いろいろな色の折り紙が用意されている。持参したクレヨン、セロハンテープ、のり、はさみを使用する。

・紙皿に渦巻きをかき、線に沿ってはさみで切りましょう。画用紙を斜めに丸めてセロハンテープで留め、下のほうを切り取って立つようにしてください。立たせた画用紙に、渦巻きを巻きつけましょう。画用紙にクレヨンで絵を描いたり、折り紙を使ったりして、自由に飾りつけしてください。できあがったらごみを捨て、道具を片づけましょう。

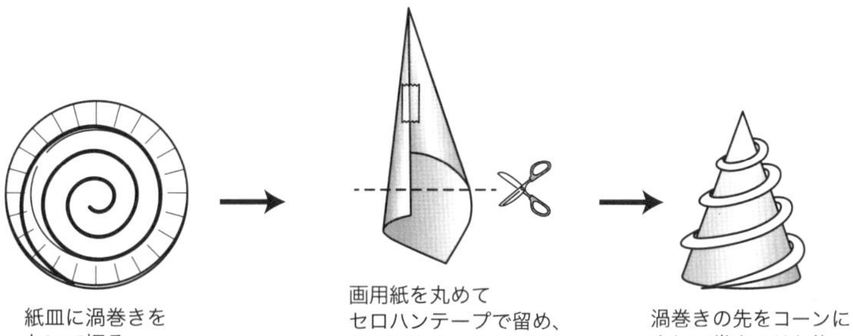

紙皿に渦巻きをかいて切る

画用紙を丸めてセロハンテープで留め、下の部分を切り取って立つようにする

渦巻きの先をコーンにさして巻きつけた後、自由に飾りつける

行動観察

4人程度のグループに分かれて行う。3種類の絵カード（ウサギ、ネコ、電車）と、材料としてブルーシート、長縄、短縄2本、バトンセット、ソフトボール（小）、ボール4種類、ラバーバンド2本、ミニコーン3個、紙皿が用意され、作品を置く枠が設置されている。

・グループで相談して、3枚の絵カードの中から1枚を選んでください。選んだ絵カードに描かれたものを、用意された材料を使って枠の中にできるだけ大きく作りましょう。

〈絵カード〉

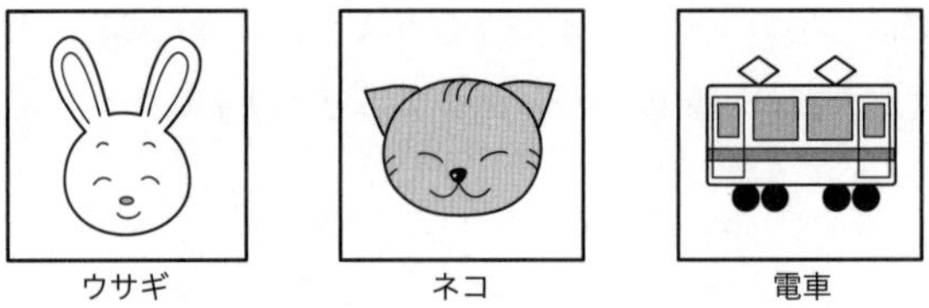

〈作品例〉

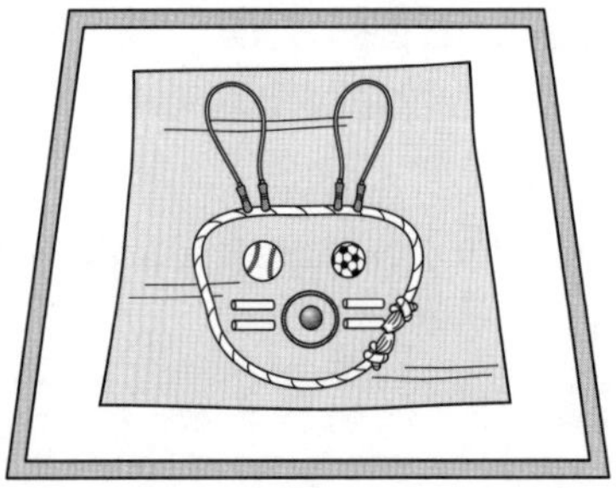

〈用意されているもの〉

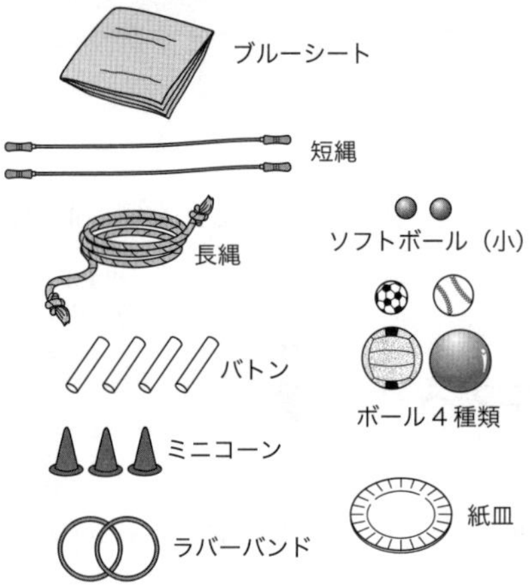

集団テスト

模倣体操

テスターのまねをして、ひざの屈伸、腕回し、ジャンプなどをする。

アザラシ歩き

アザラシ歩きで進み、ゴール地点のフープの中で好きなポーズをとる。

クモ歩き

クモ歩きで進み、ゴール地点のフープの中で好きなポーズをとる。

玉入れリレー

バランスストーンの上を渡る→カゴの中のボールを取り、台の上を渡る→的の箱を目がけてボールを投げ入れる。前の人が戻ってきたら、次の順番の人がスタートする。

本人面接

本人と保護者は別々の部屋で面接を行う。

本人

- 夏休みは何をしましたか。
- ワークショップに参加したときに何をしたか覚えていますか。
- テスターがタブレット端末で画像を見せ、それについて質問をする。質問例としては「お友達が泣いたり困ったりしたときは、どうしますか」などがあった。

自己発信

第一志望者のⅠ型のみ、面接時に教室を移動して行う。芸術、学術、スポーツなどの分野で得意なことを自己申告で行い、自分がどういう人間なのか、何が得意なのかをアピールする。所要時間は面接と合わせて20～30分。

保護者面接

父母どちらが答えてもよい。

- 志望理由をお話しください。
- 本校を知ったきっかけについてお聞かせください。
- 学校説明会には何回くらい参加されましたか。そのときの印象をお聞かせください。
- 通っている幼稚園（保育園）名を教えてください。
- お子さんにごきょうだいはいますか。
- 通学経路について教えてください。
- お子さんは習い事をしていますか。
- 通っている幼児教室名を教えてください。

面接資料／アンケート

Ｗｅｂ出願時に以下の項目を入力する。

第１志望者用

- 家庭の教育方針、志願者のアピール（300字以内）。
- 自己発信内容（Ⅰ型のみ。何を行うのか具体的に100字以内で入力）。

一般志望者用

- 家庭の教育方針、志願者のアピール（300字以内）。

1

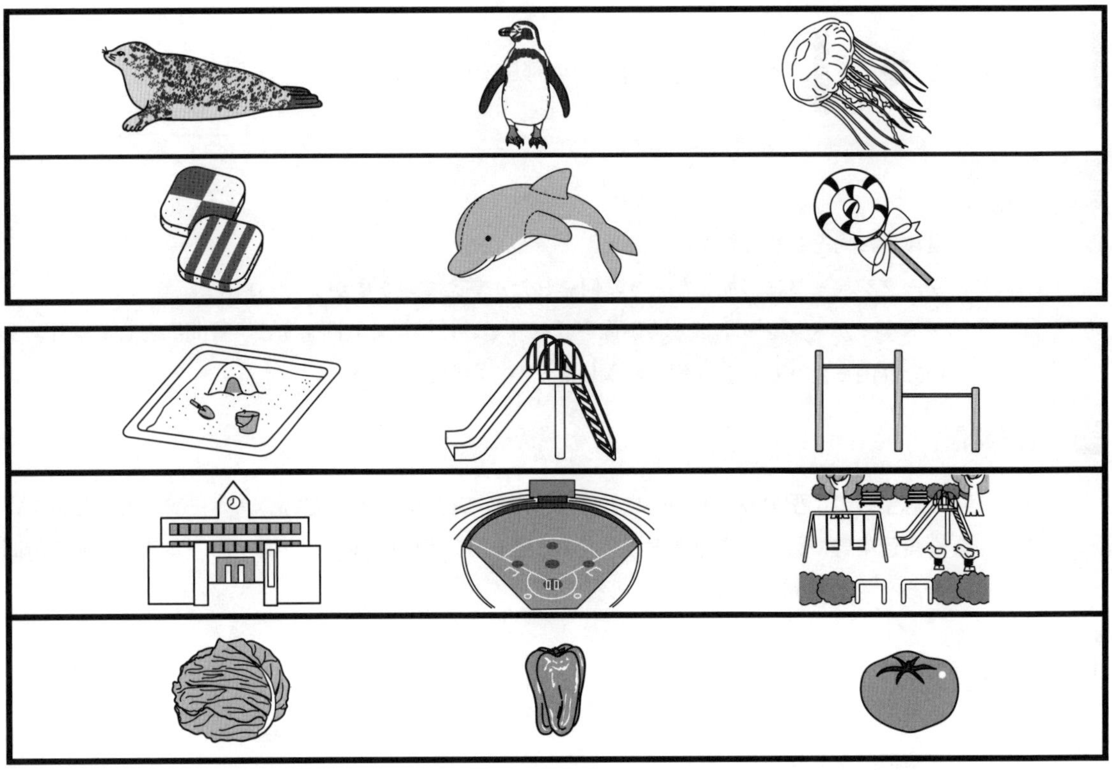

2

3

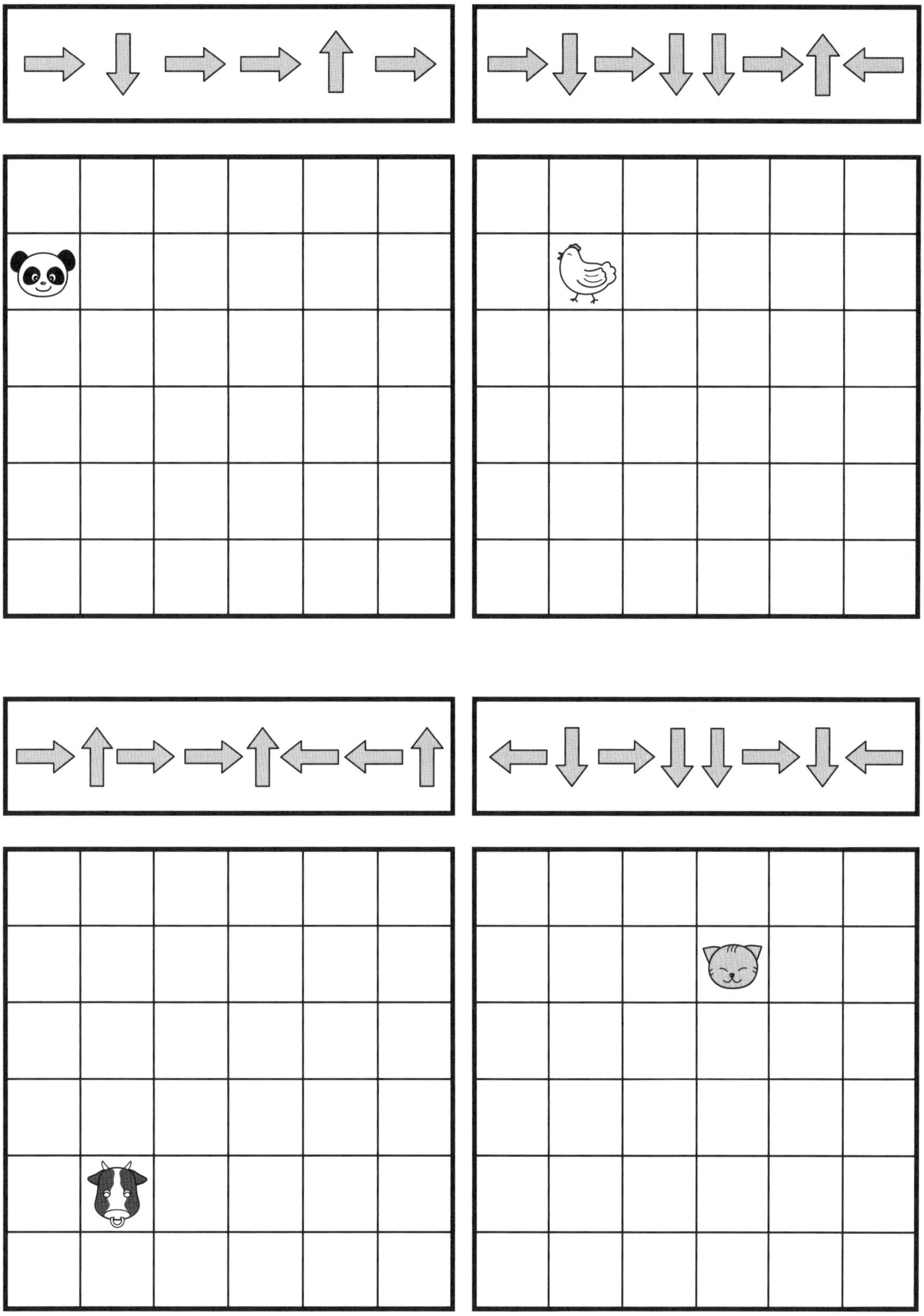

4

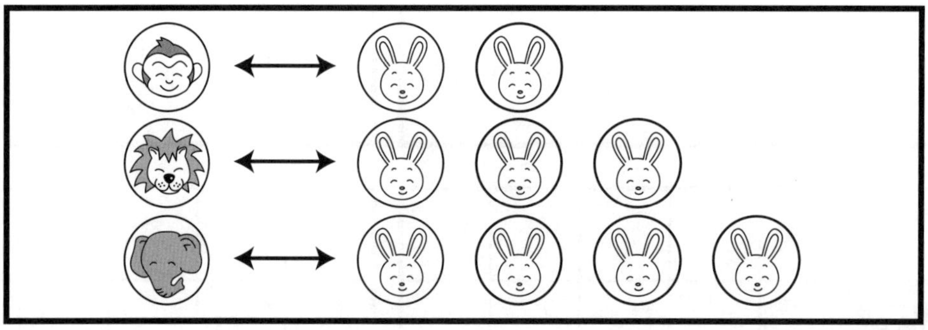

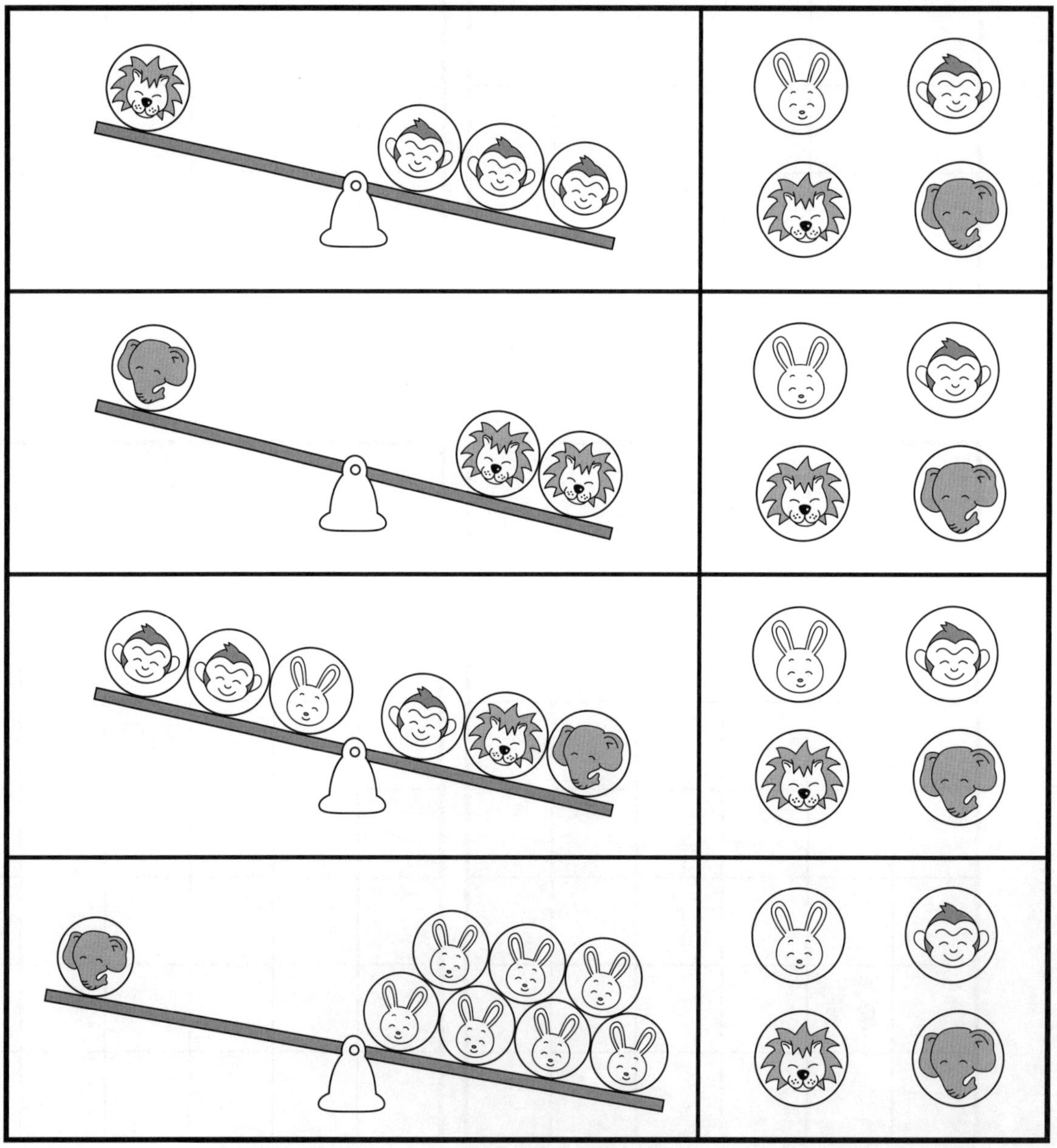

5

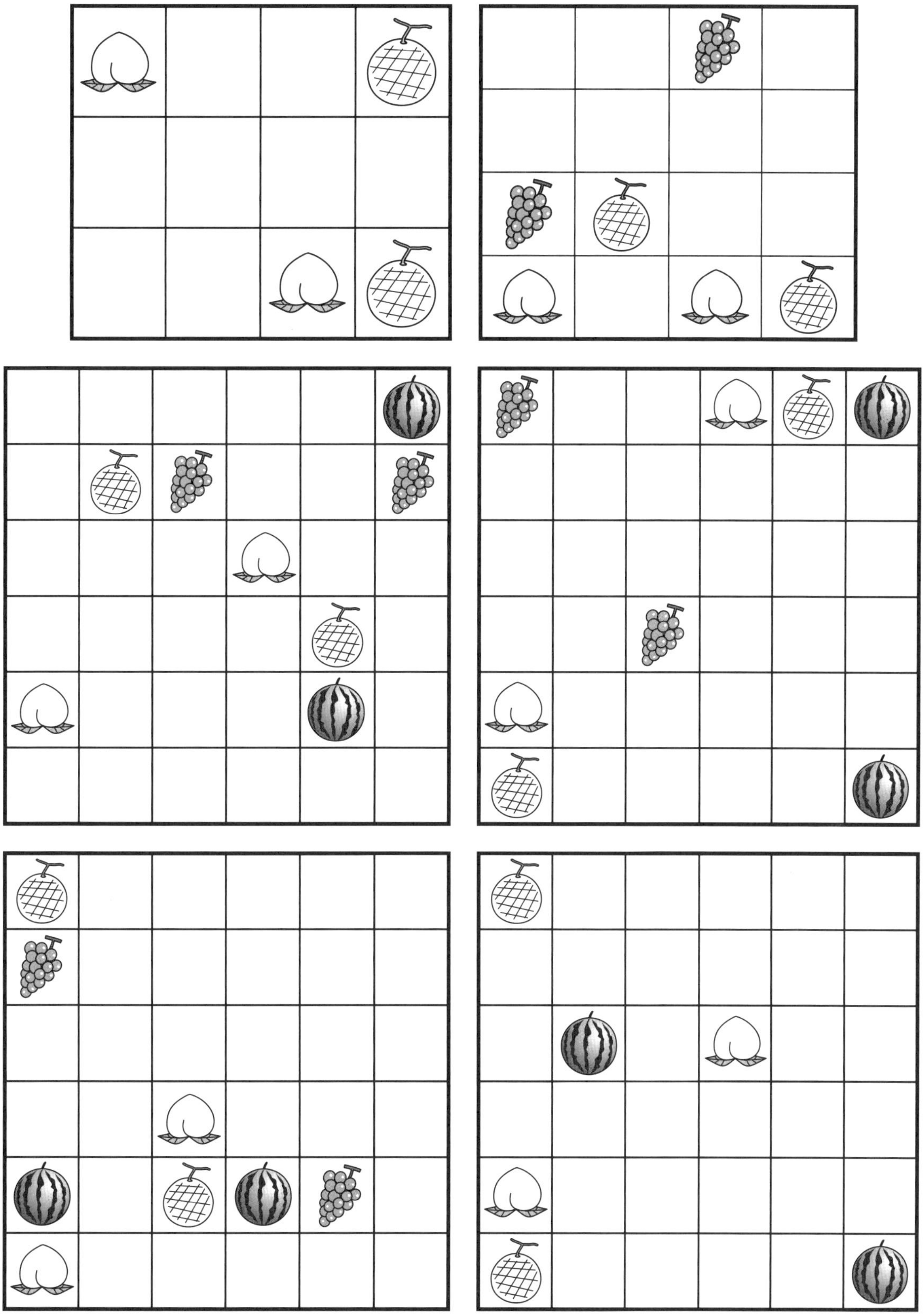

6

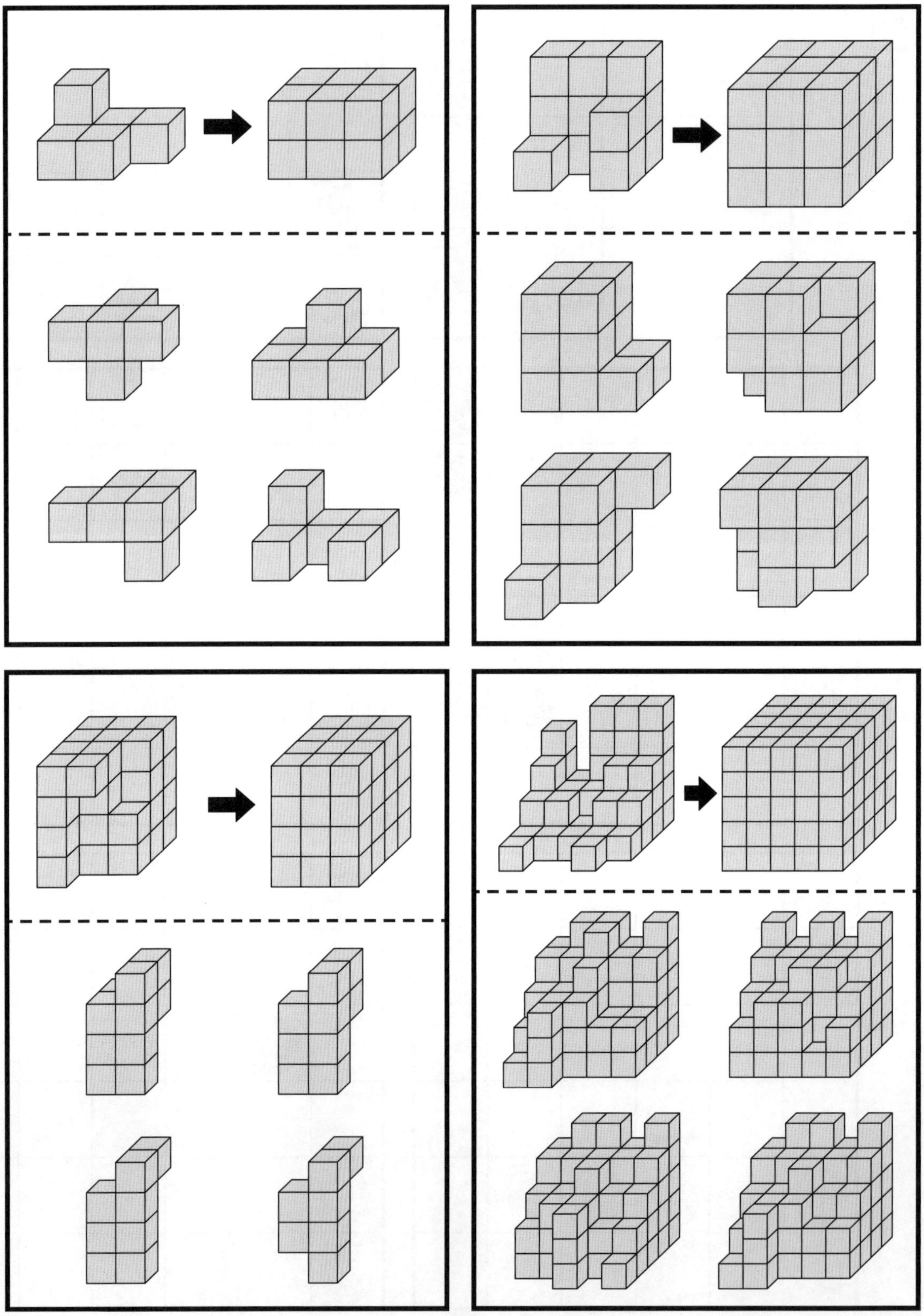

MEMO

MEMO

MEMO

I N D E X

※[1]は vol. Iの掲載校、[2]は vol. IIの掲載校を表記。

I N D E X

＊ ここからは解答例集です。冊子はとじ込んでありますので、
破れないよう矢印の方向へゆっくりと引き抜いてください。

2024

有名小学校入試問題集

解答例Ⅱ

＊ 解答例の注意

この解答例集では、ペーパーテスト、個別テスト、集団テストの中にある□数字がついた問題の解答例のみを掲載しています。それ以外の問題の解答はすべて省略していますので、それぞれのご家庭でお考えください（一部□数字がついた問題の解答例の省略もあります）。

Shinga-kai

矢印の方向に引くと別冊の解答例が外れます

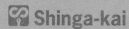

お茶の水女子大学附属小学校 解答例

1
|
A

B

※1は解答省略

1
|
C

2

3

※1－C、2の1問目は解答省略。3は番号順に左から並べる

4
|
A

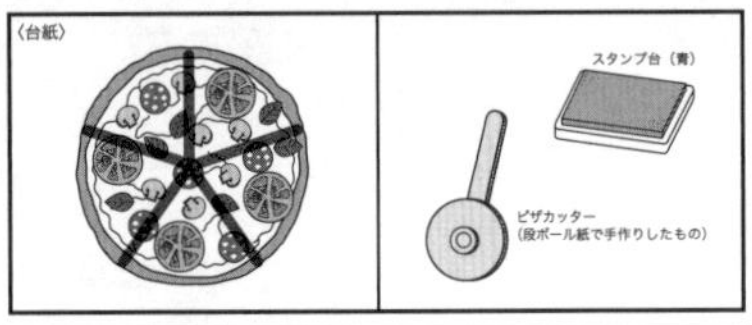

B

5

※4－B、5の2問目は解答省略

6

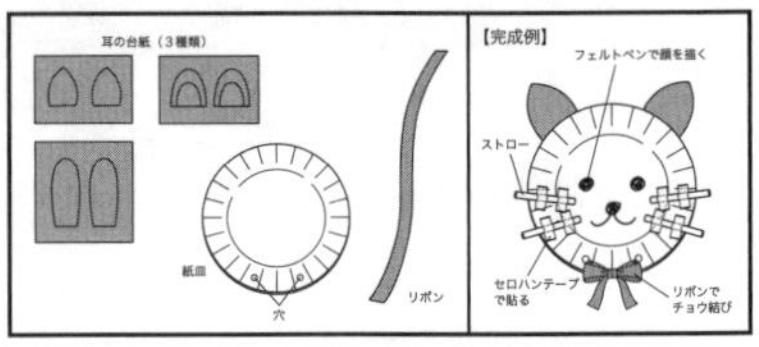

7

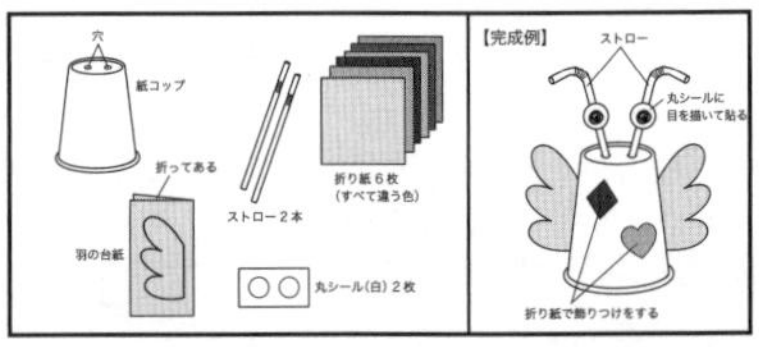

8

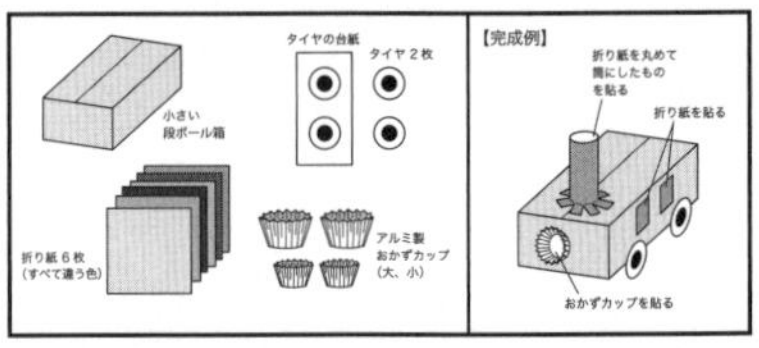

東京学芸大学附属大泉小学校 解答例

1

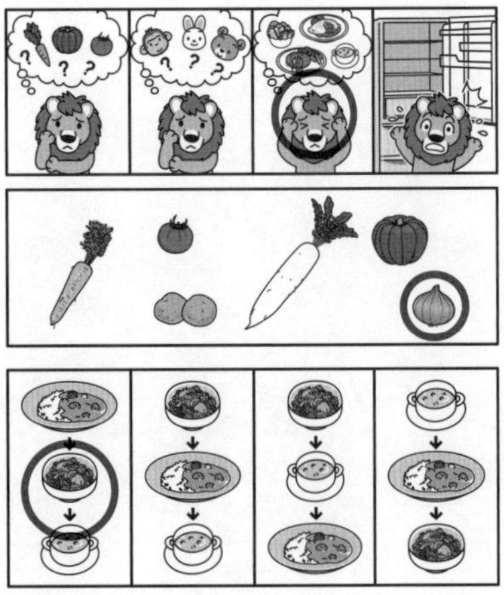

2

3

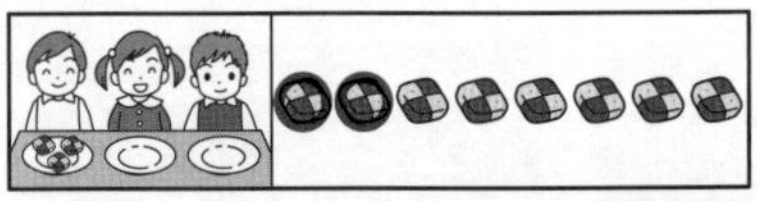

4

5

6

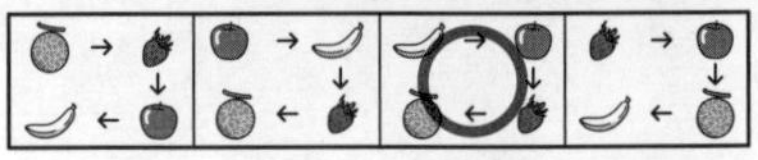

7

※5は解答省略

東京学芸大学附属小金井小学校 解答例

1
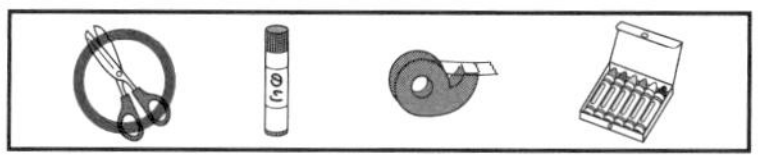

2

3
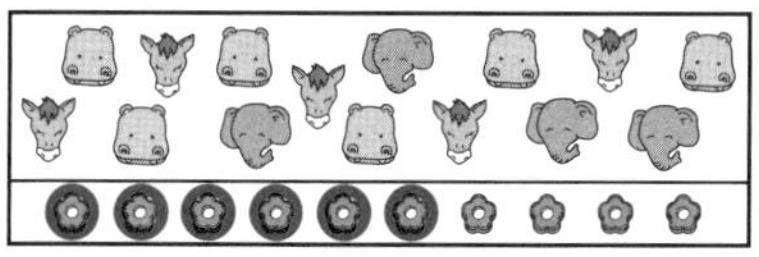

4
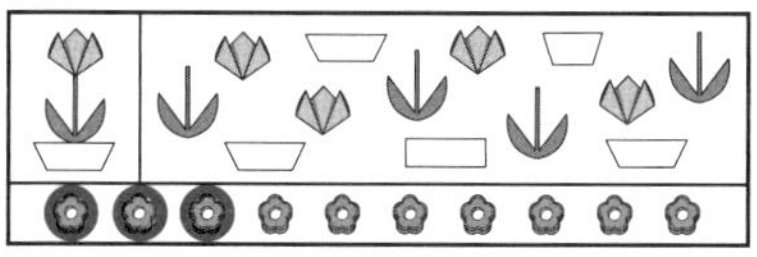

5
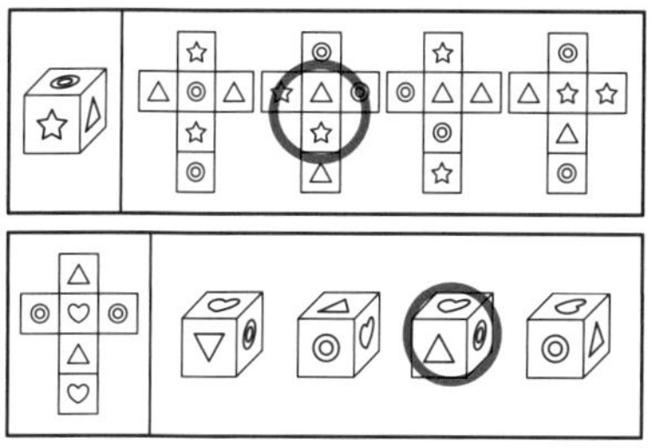

6
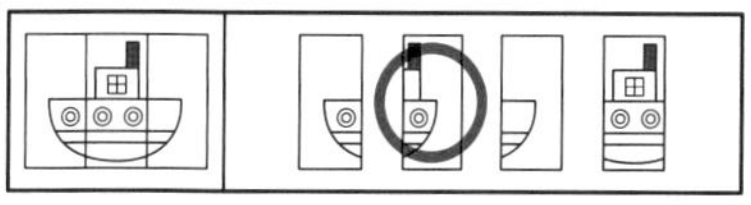

7

8

9
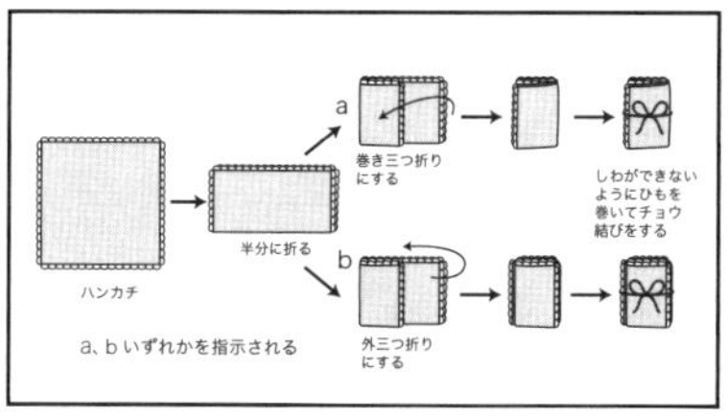

10
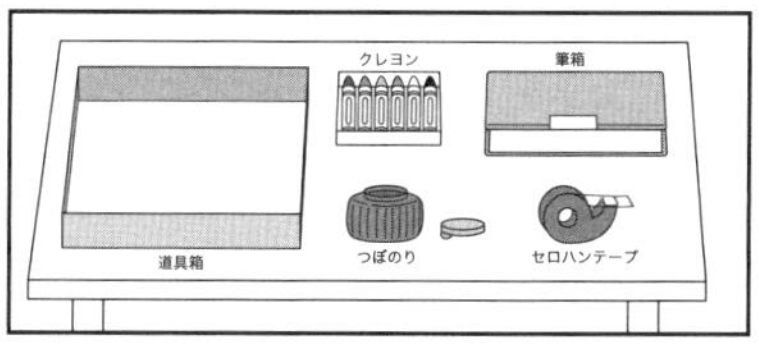

東京学芸大学附属世田谷小学校 解答例

1
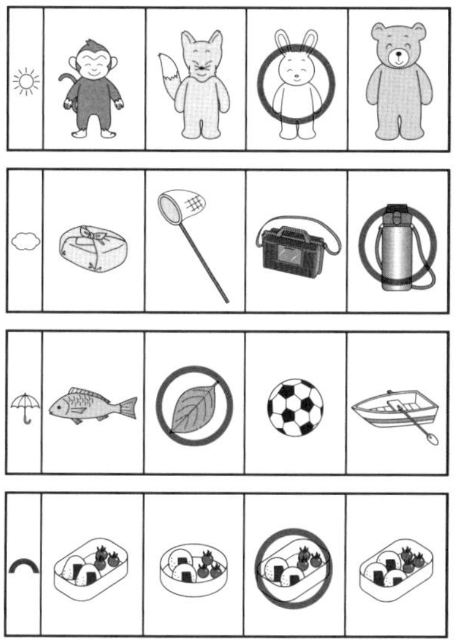

2
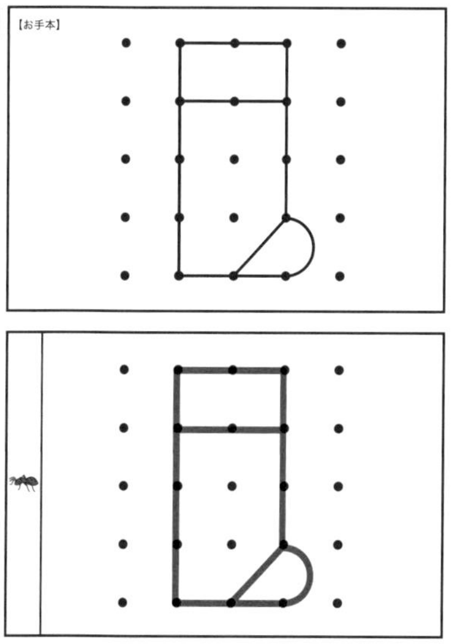

東京学芸大学附属世田谷小学校 解答例

3－A B C

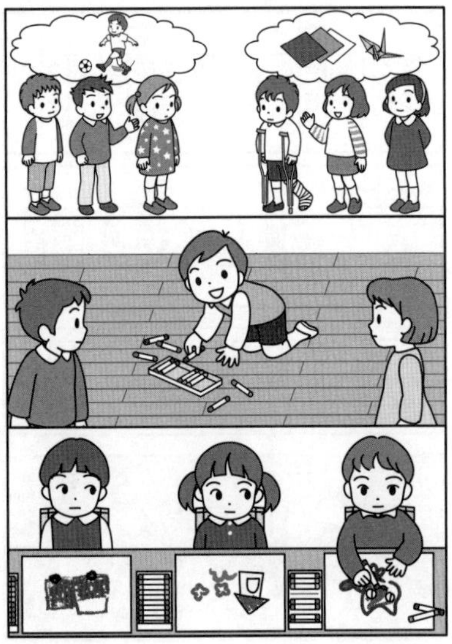

※3は解答省略

立川国際中等教育学校附属小学校 解答例

1－A

B

2－A

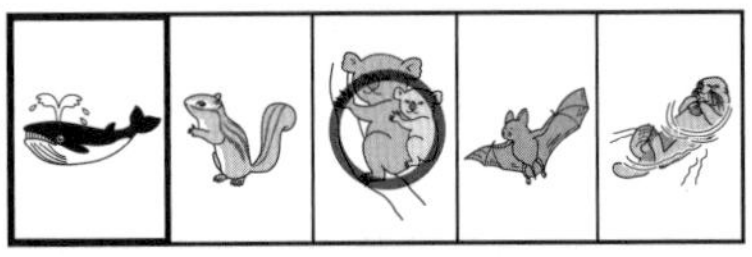

2－B

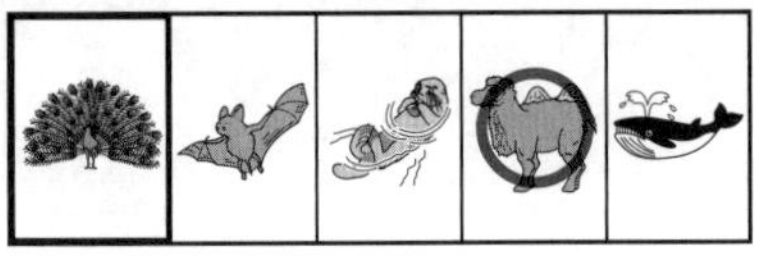

3－A

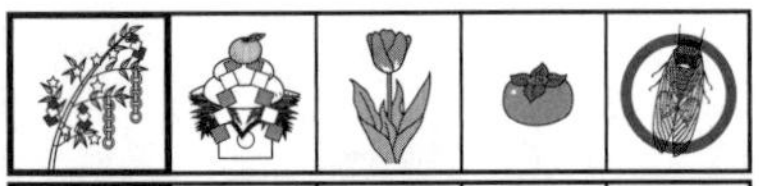

B

4－A

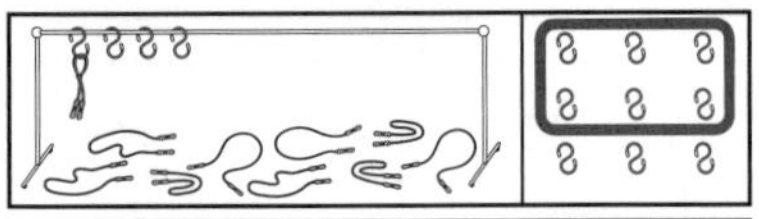

B

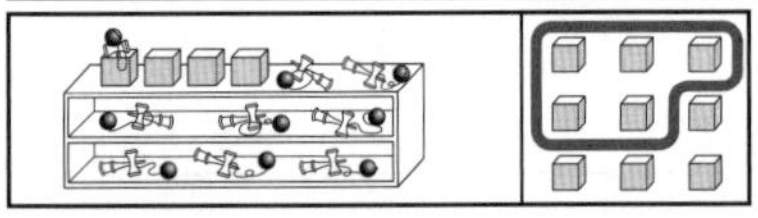

5－A

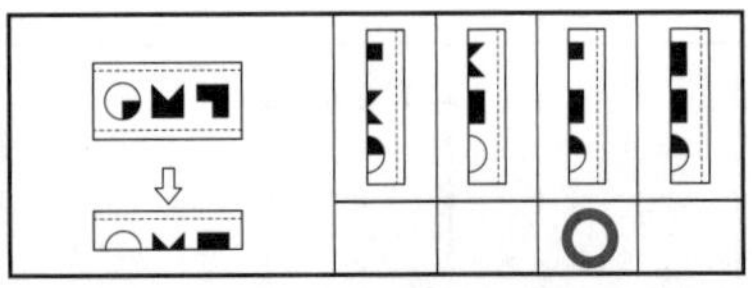

B

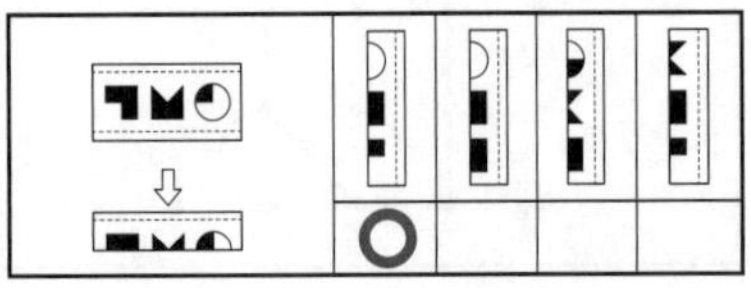

6－A

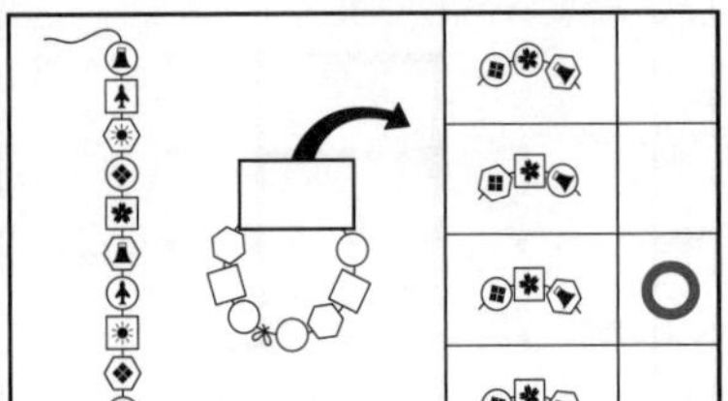

6－B

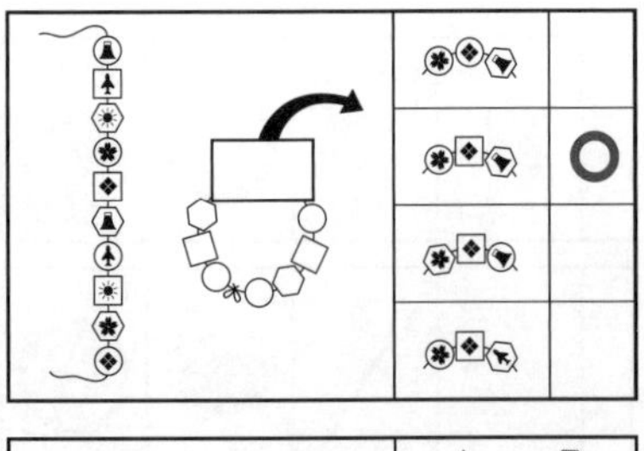

7－A

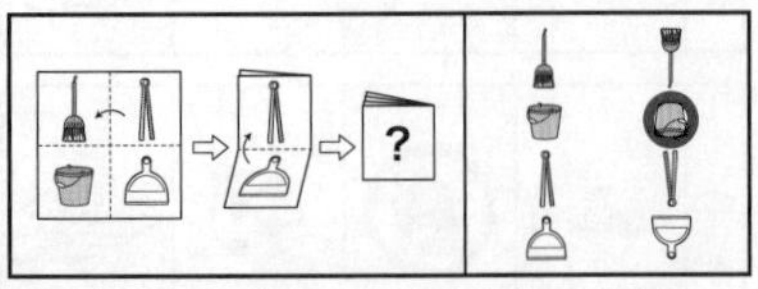

B

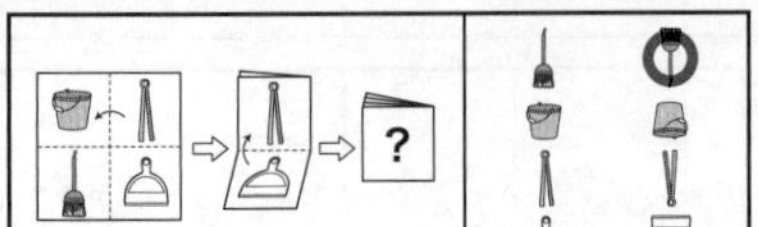

立川国際中等教育学校附属小学校 解答例

8

9

青山学院初等部 解答例

1

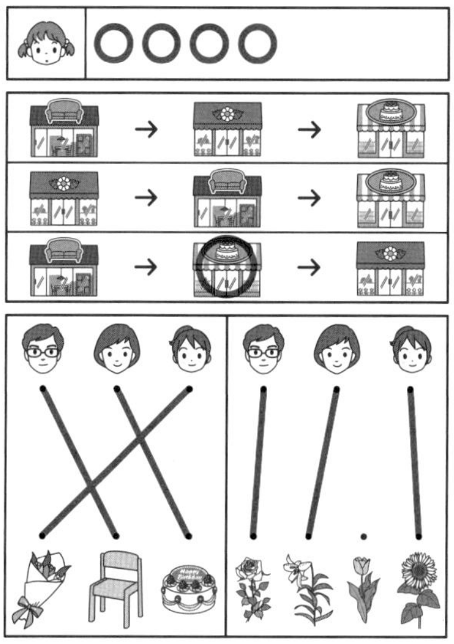

2

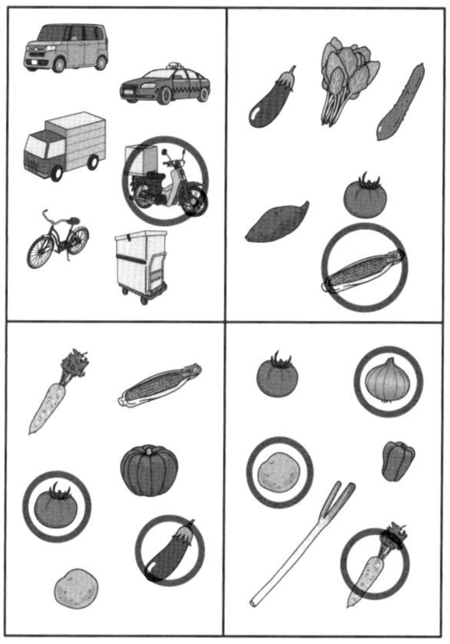

3

4

5

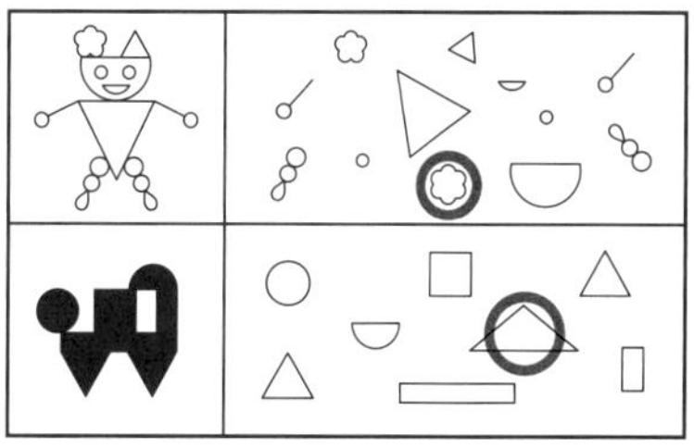

6

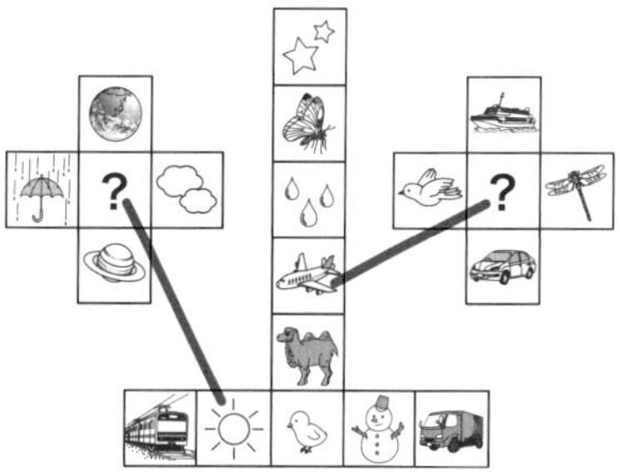

青山学院初等部 解答例

7

8

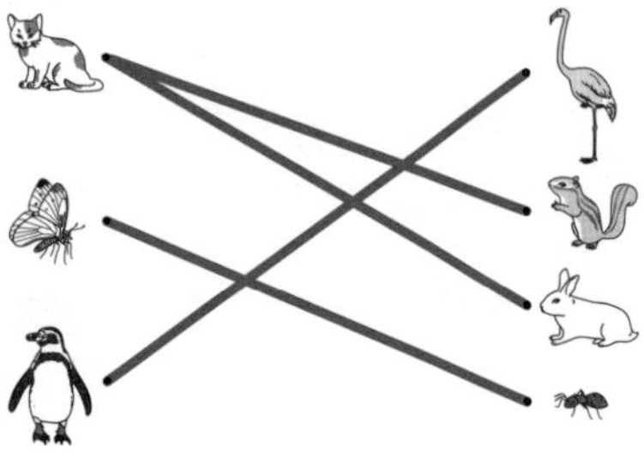

9

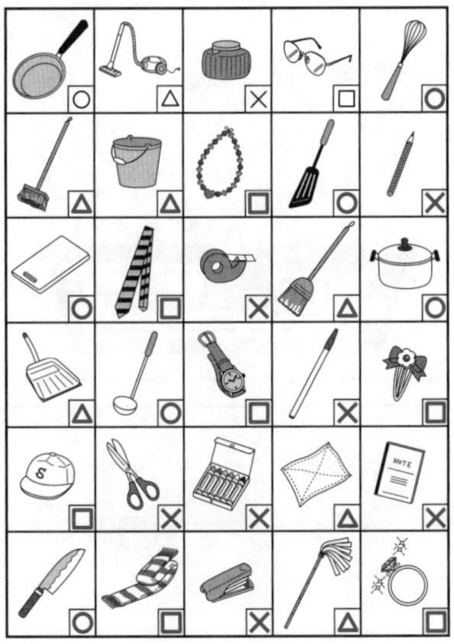

10

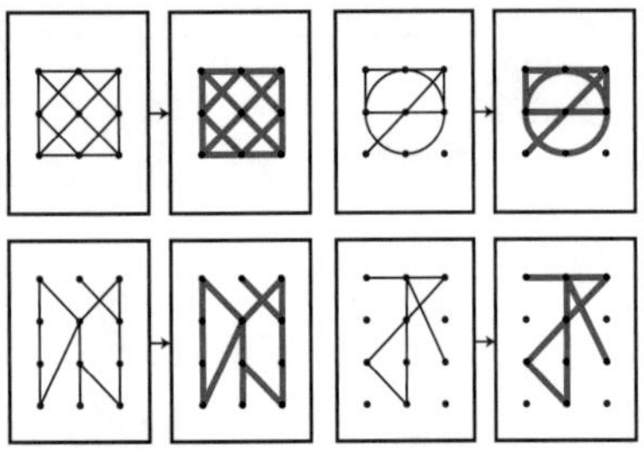

11

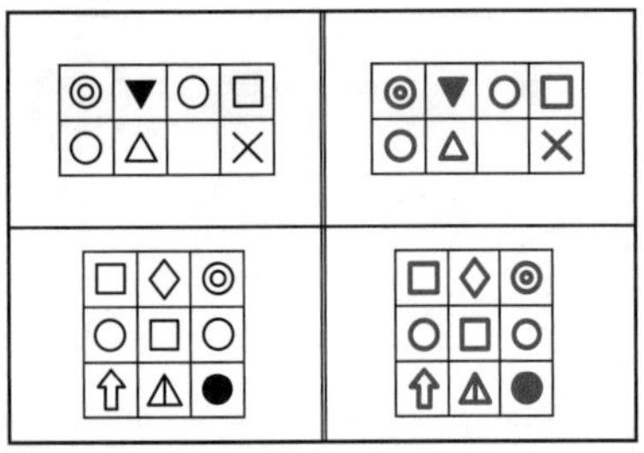

12
|
A

B

暁星小学校 解答例

1

2

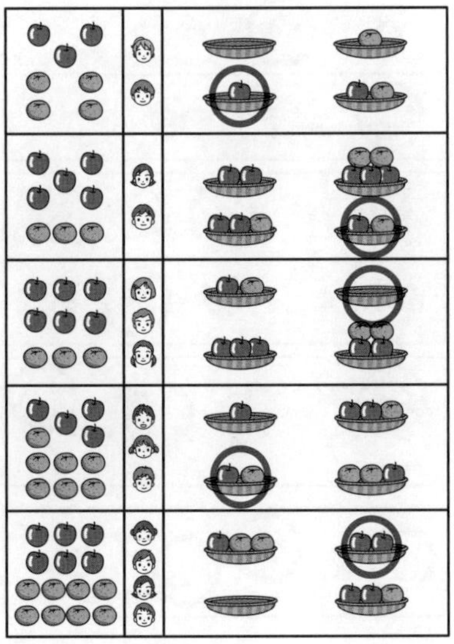

3

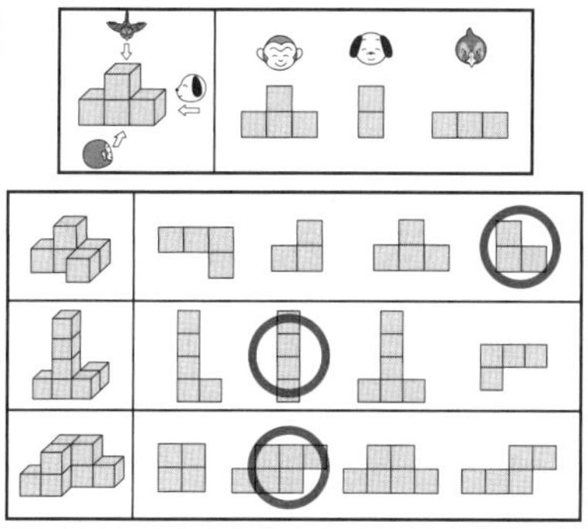

4

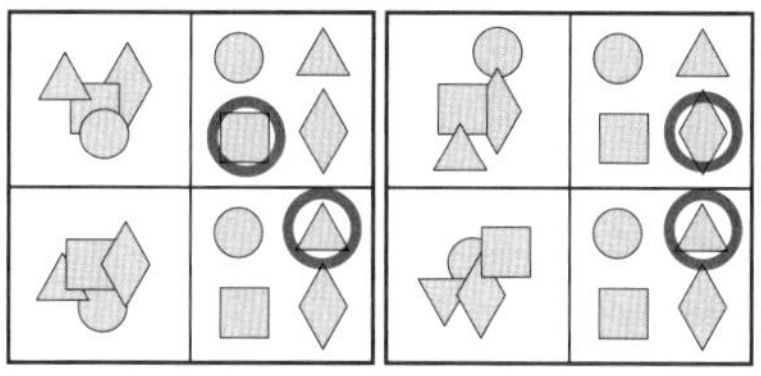

5

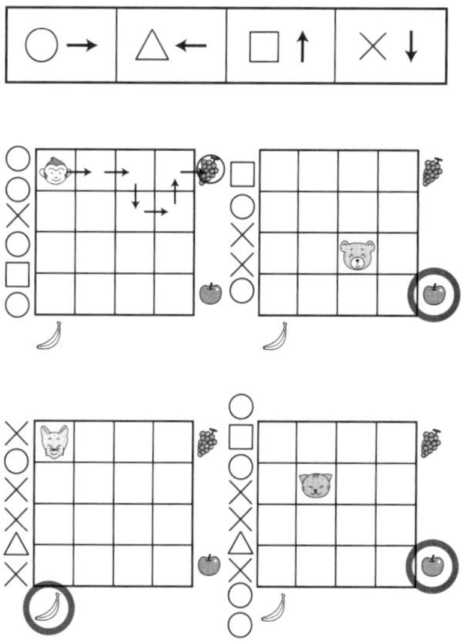

6

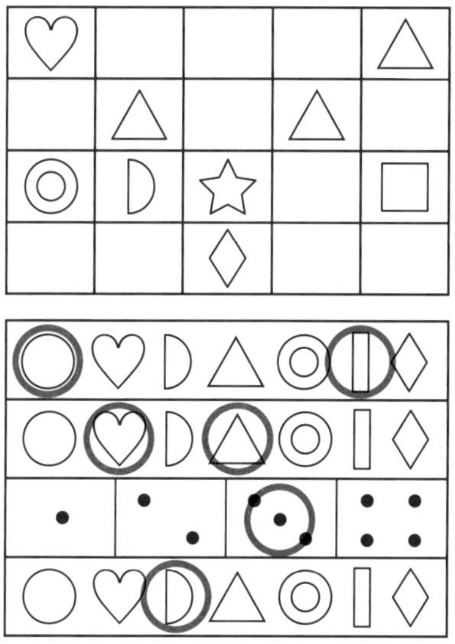

7

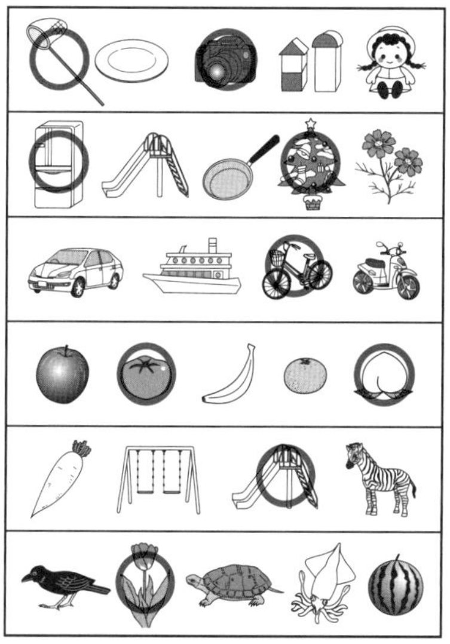

8

9

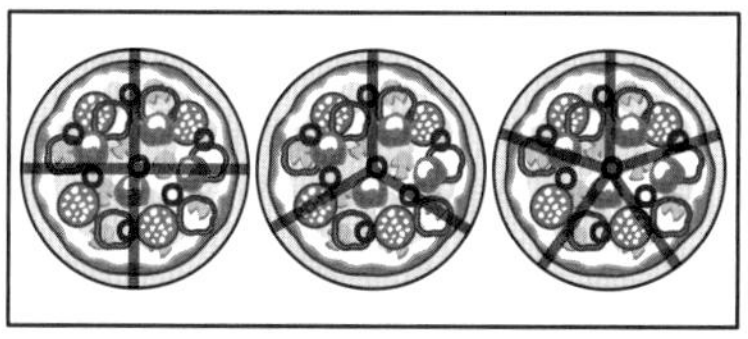

10

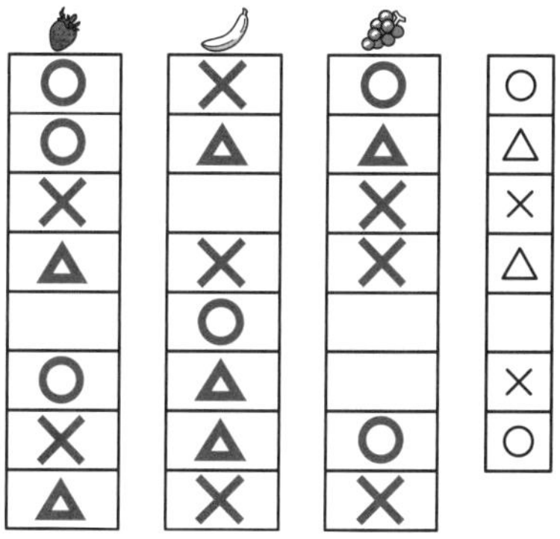

1

※1の2、3問目は解答省略

2

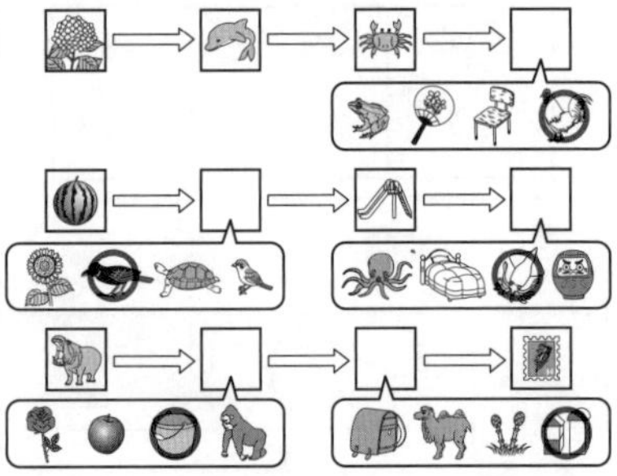

3
—
A

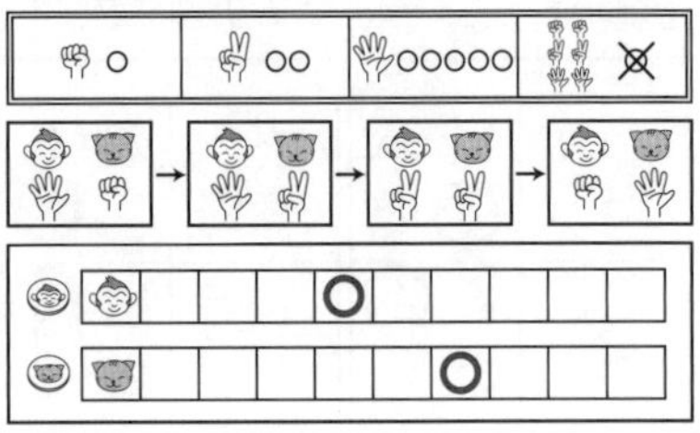

3
—
B

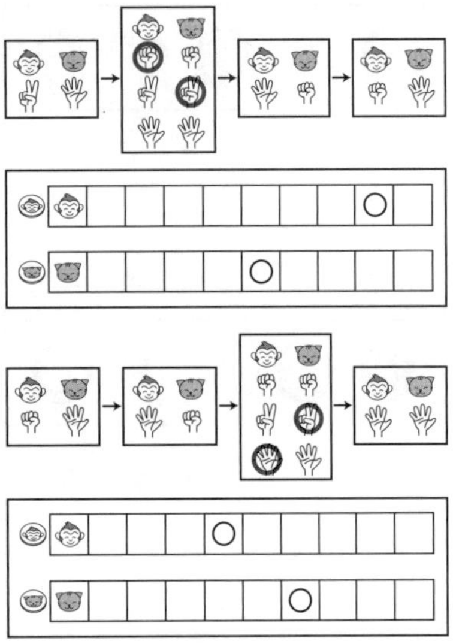

4

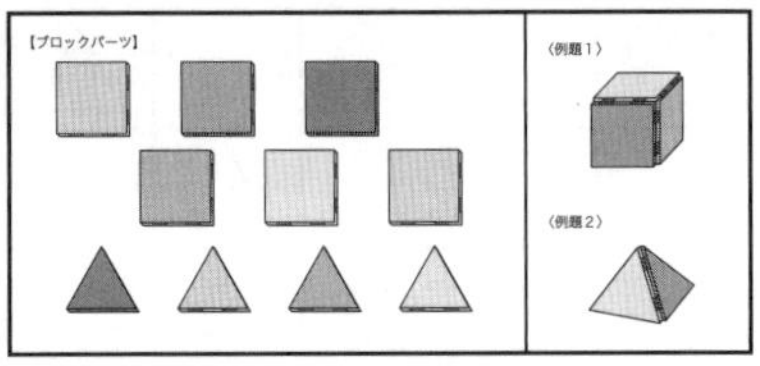

5

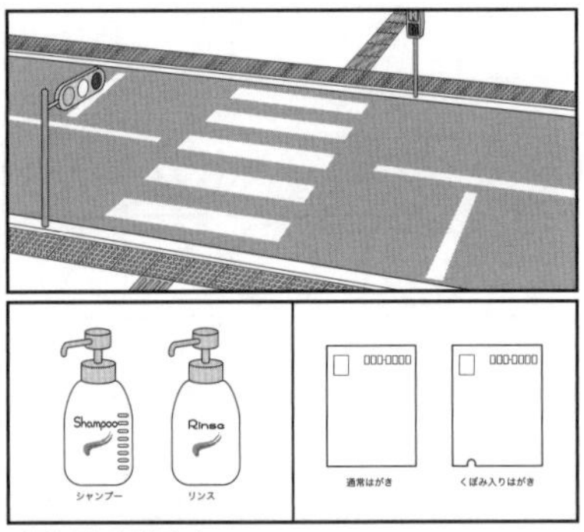

※4と5は解答省略

6

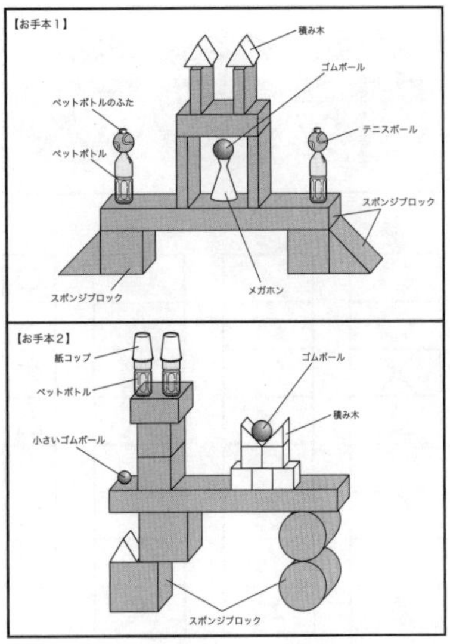

1

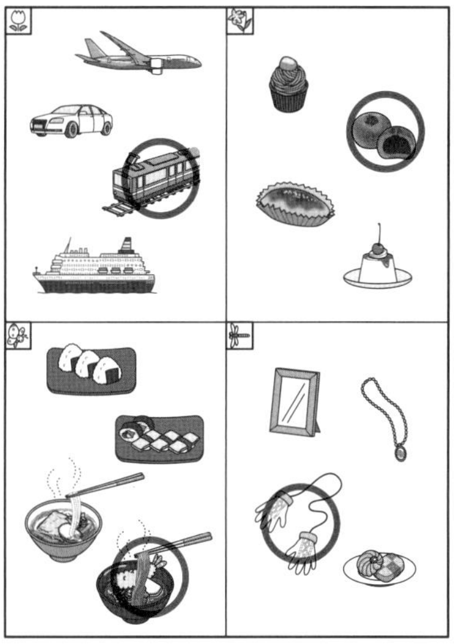

2

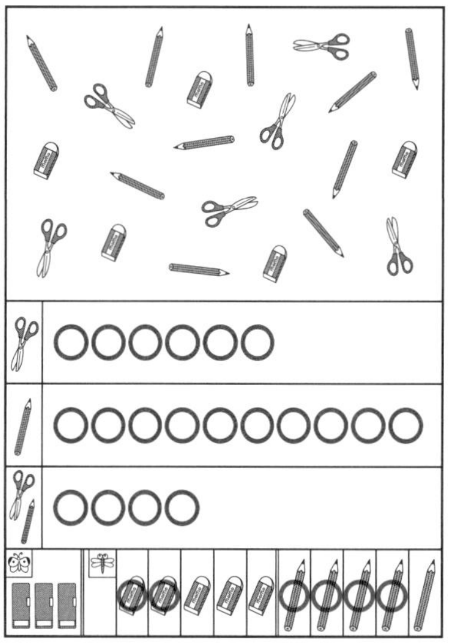

3

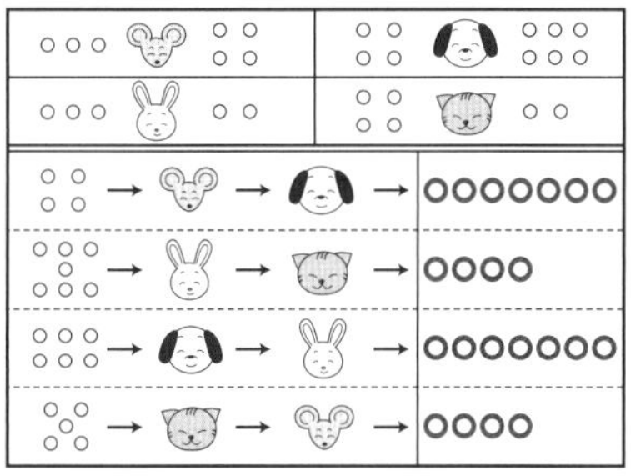

4

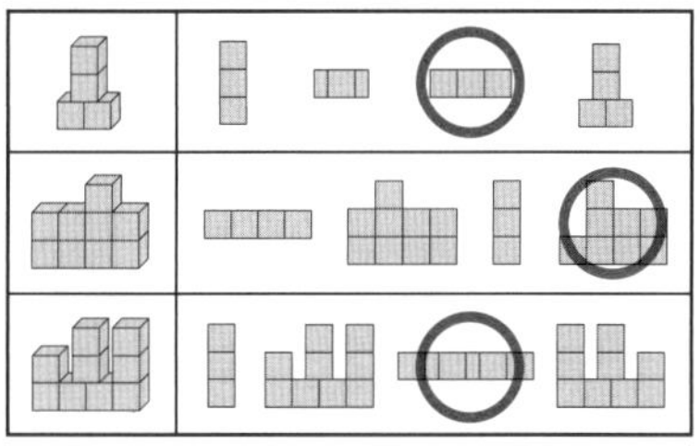

5

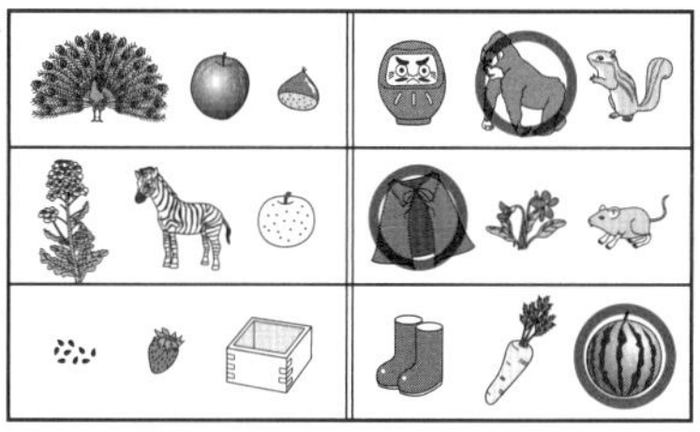

6

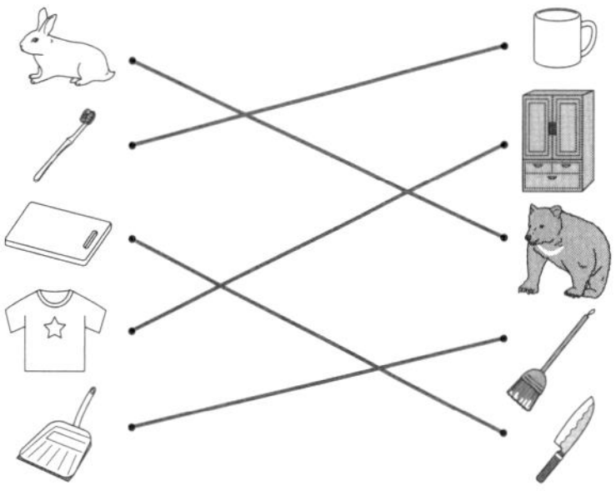

7

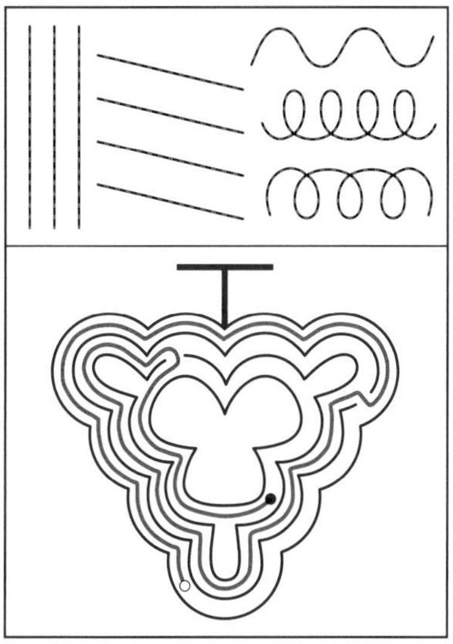

※7の２問は複数回答あり

8

9

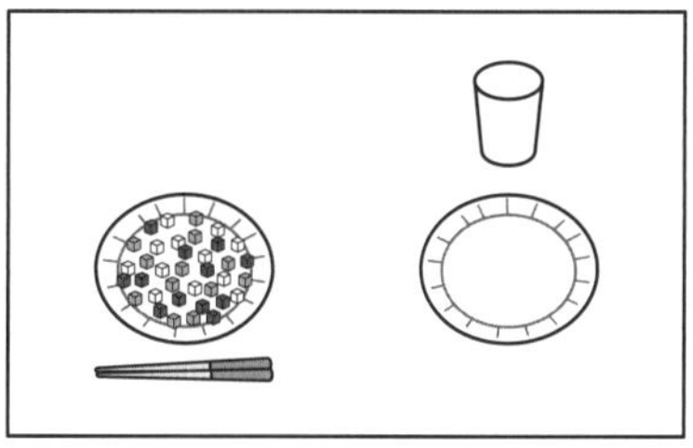

1

2

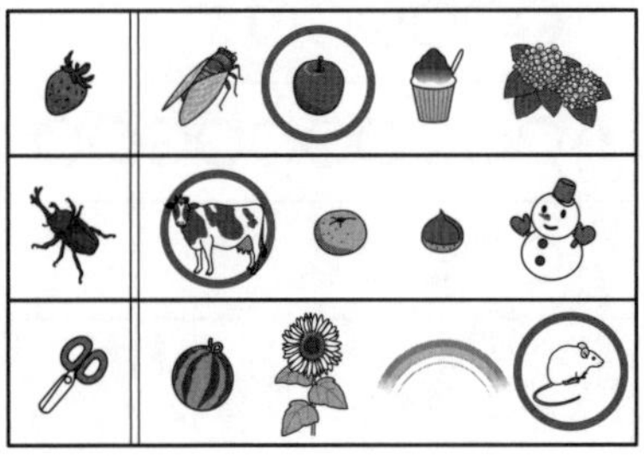

3

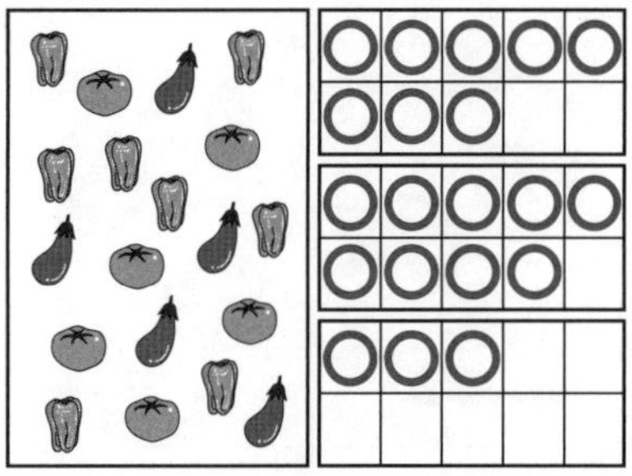

4

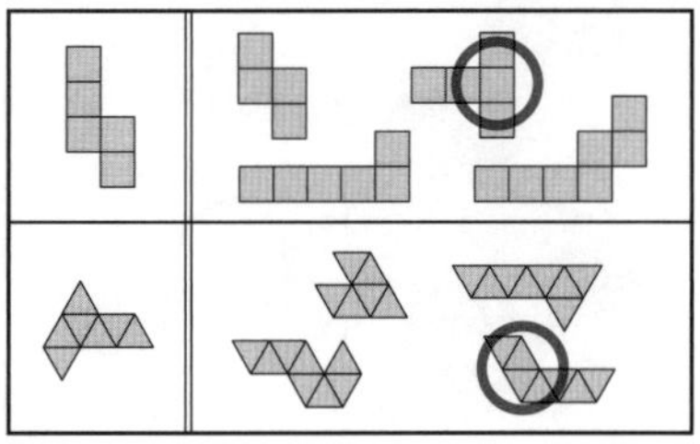

5

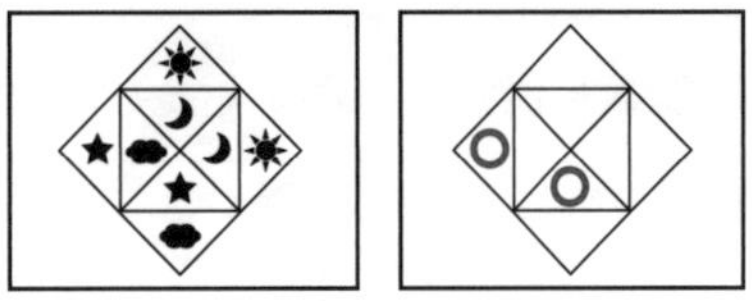

6

7

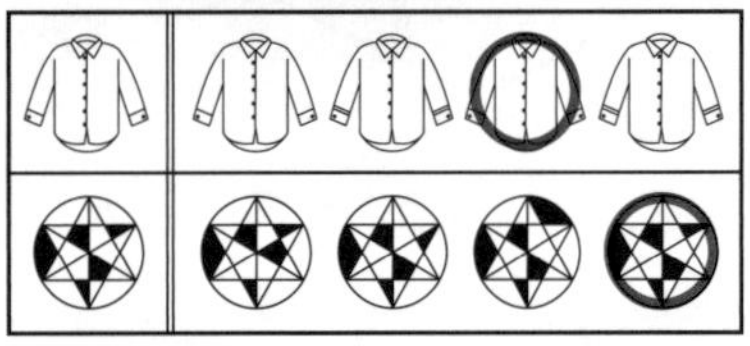

8

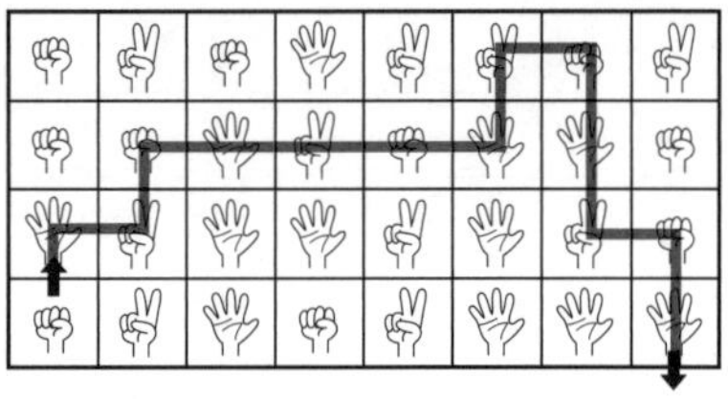

9

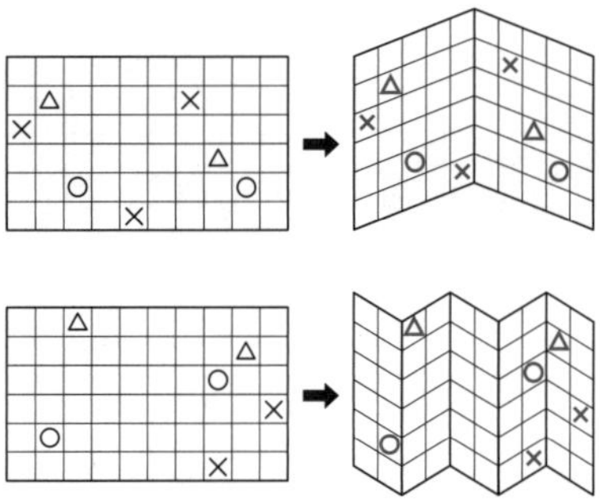

10

11

1

2
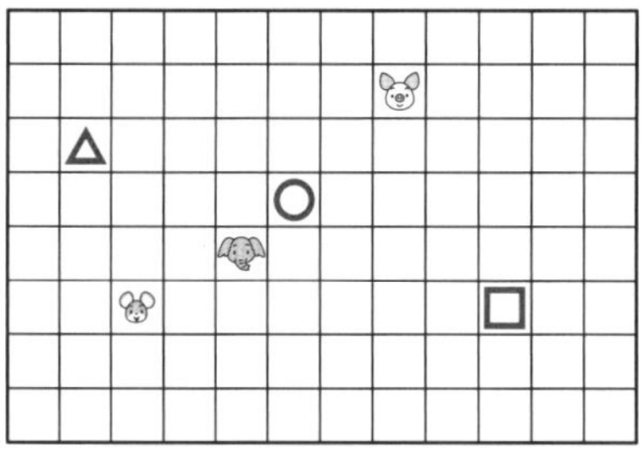

3
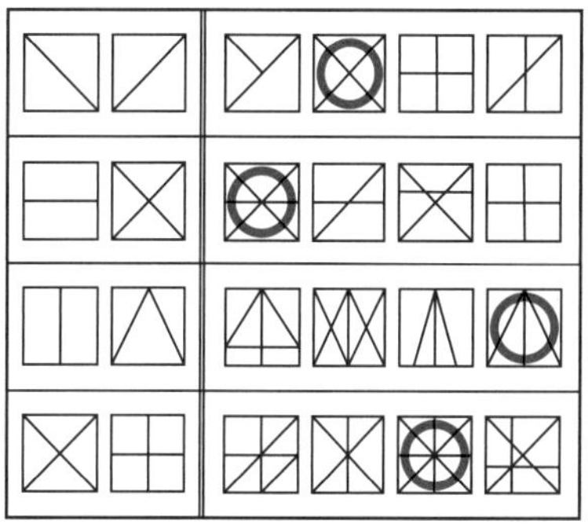

4
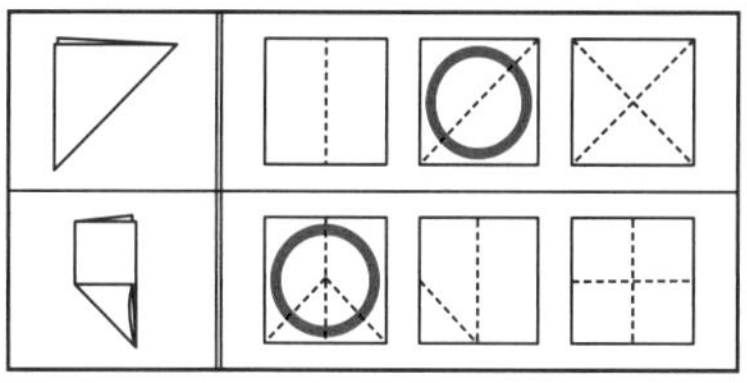

5
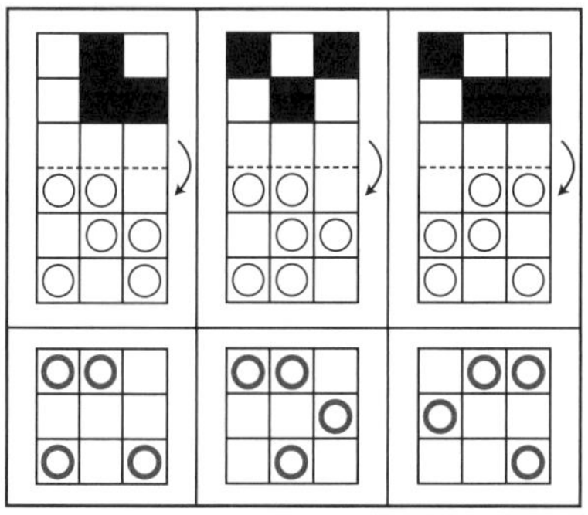

6
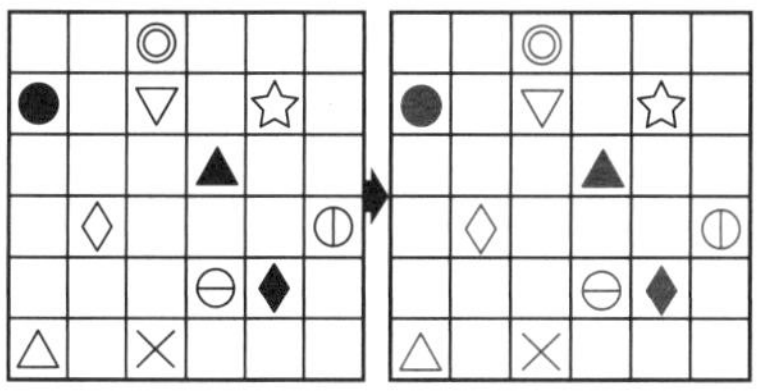

7

8
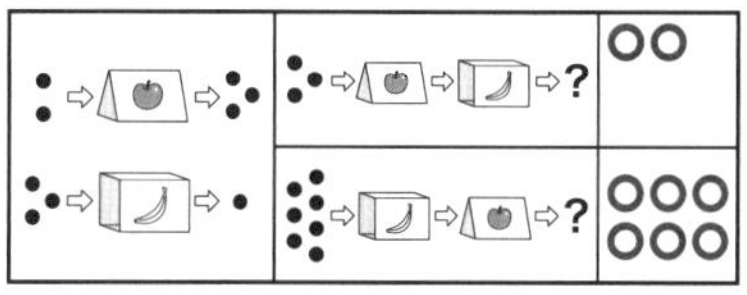

9
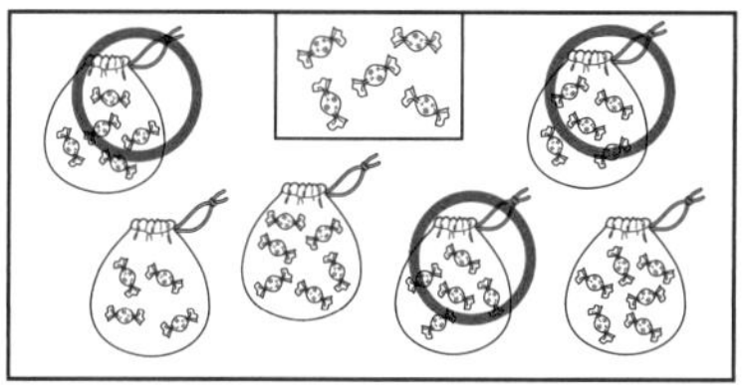

10
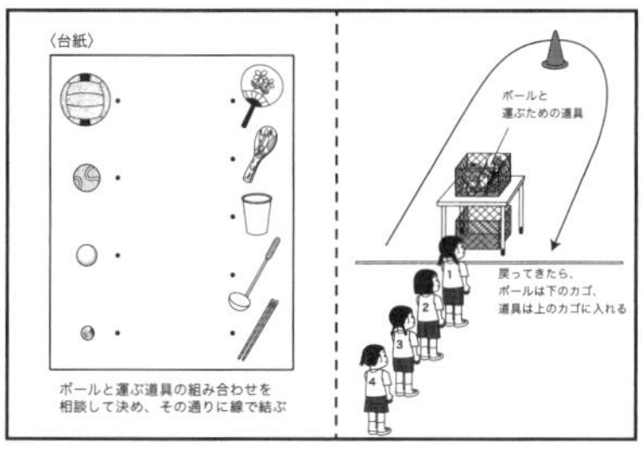

11
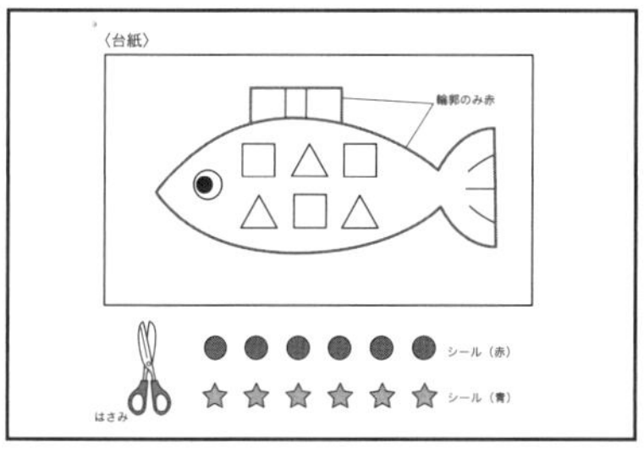

1

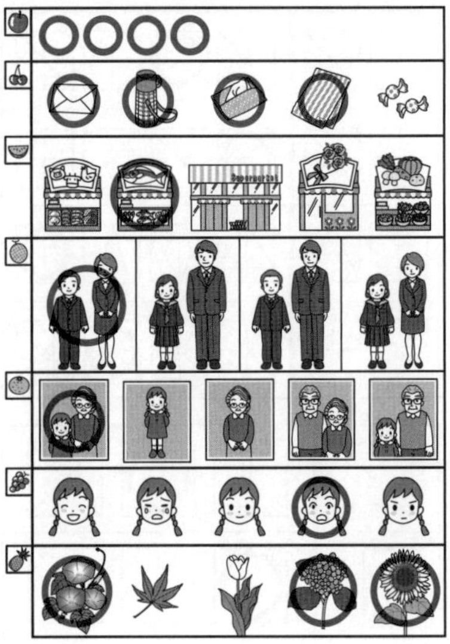

2

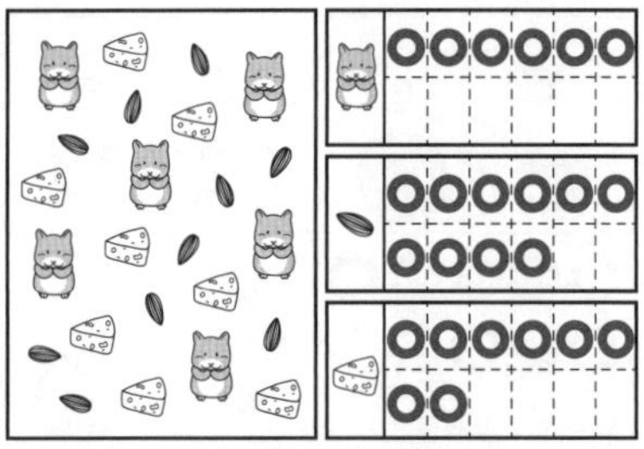

3

4

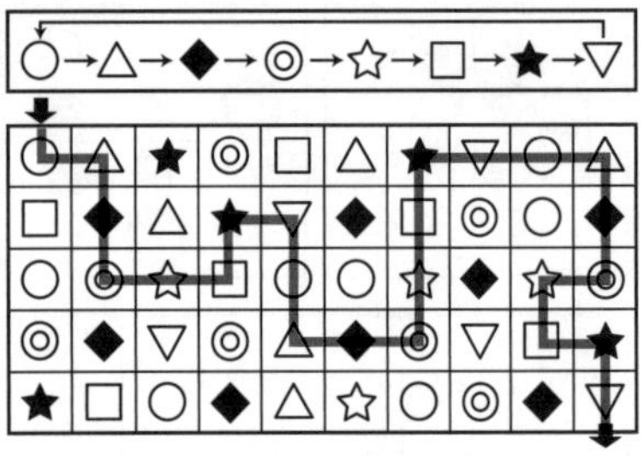

5

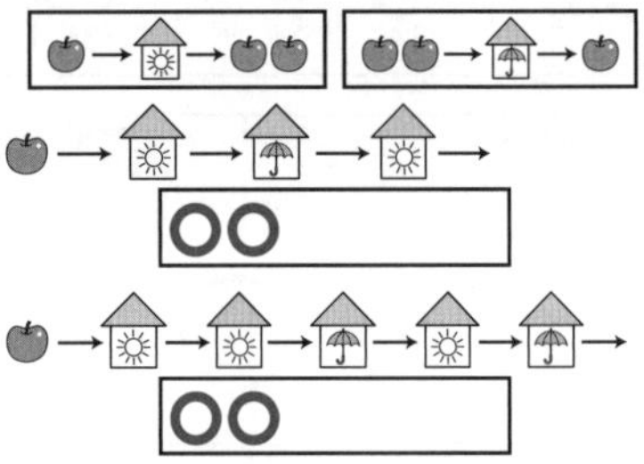

6

7

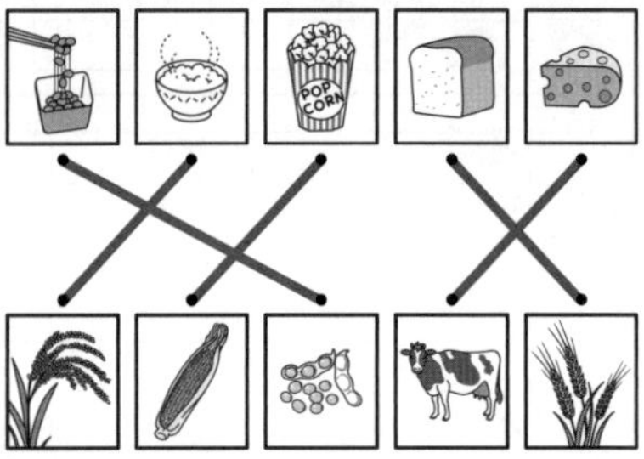

8

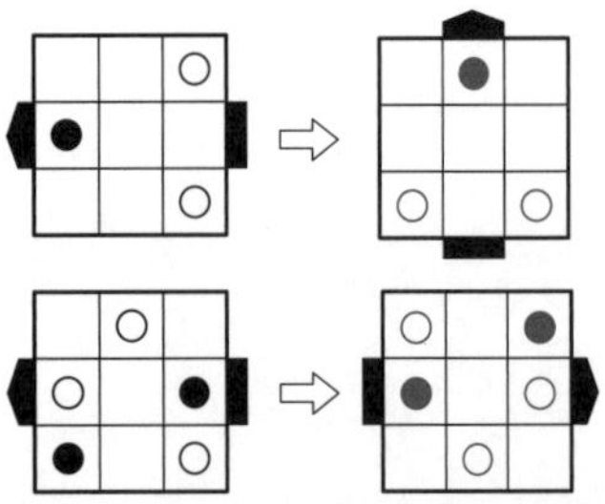

9

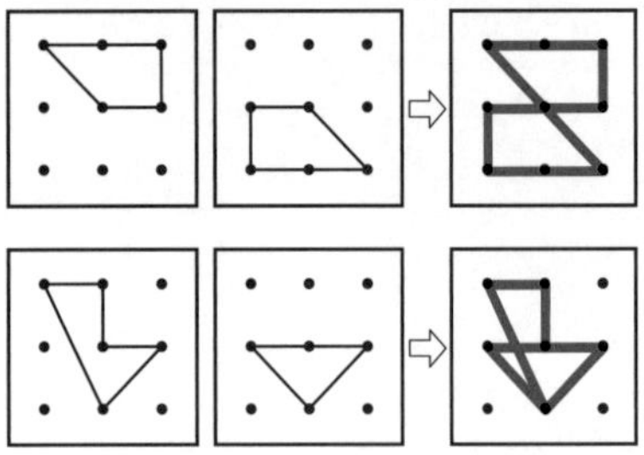

9

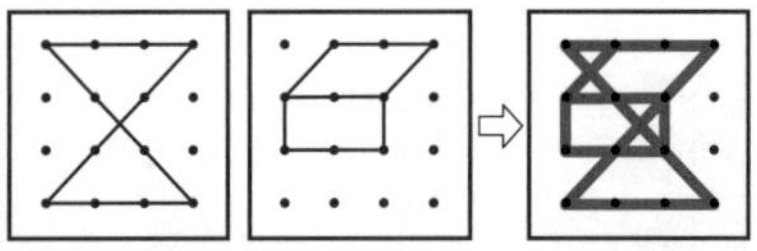

10

1

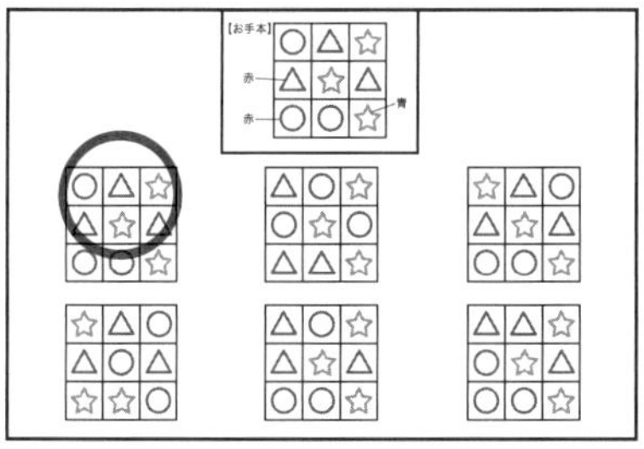

2

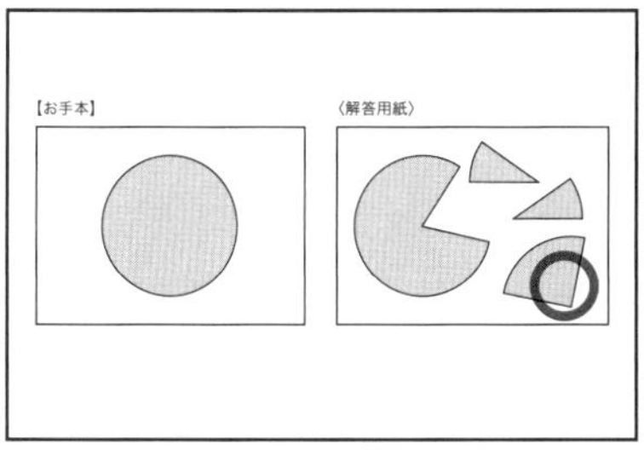

3

4

5

※3は解答省略。5の1問目はドングリが多い、2問目は13個

6

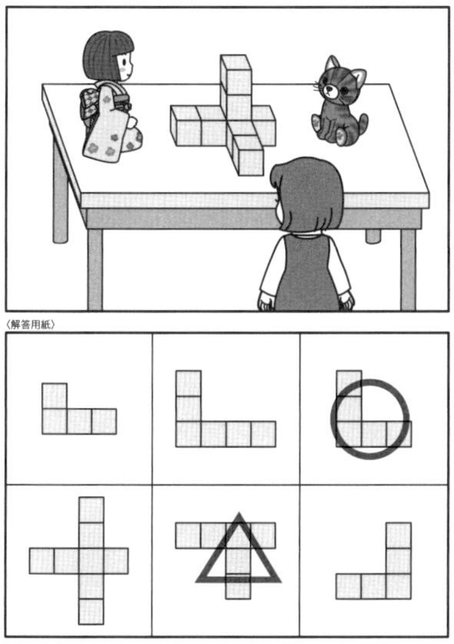

※1問目は○、2問目は△で表示

7

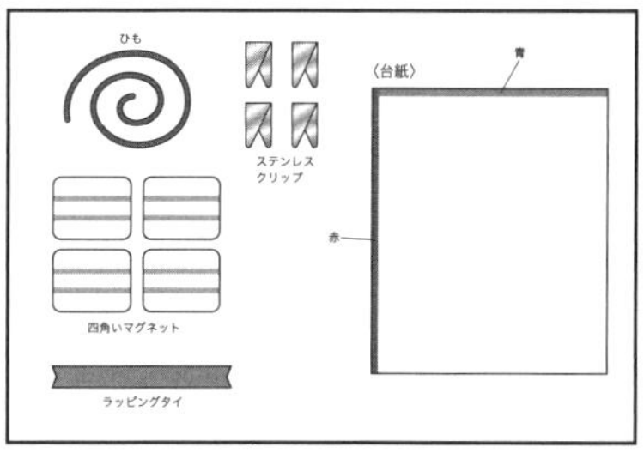

8

※7、8は解答省略

9

10

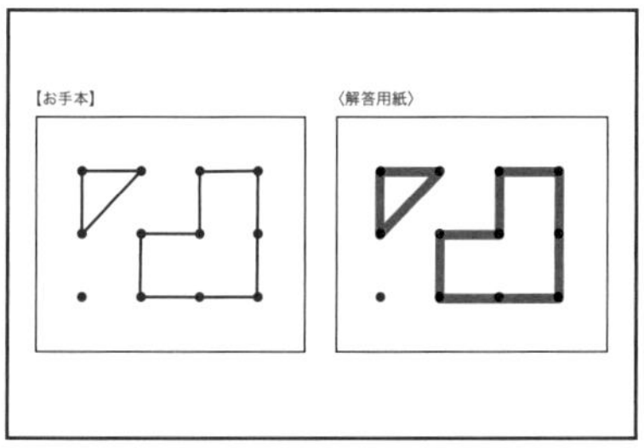

※9は解答省略

東京女学館小学校 解答例

1

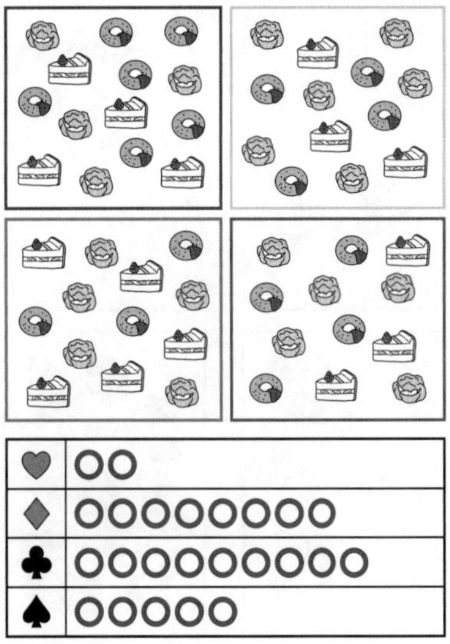

2

3

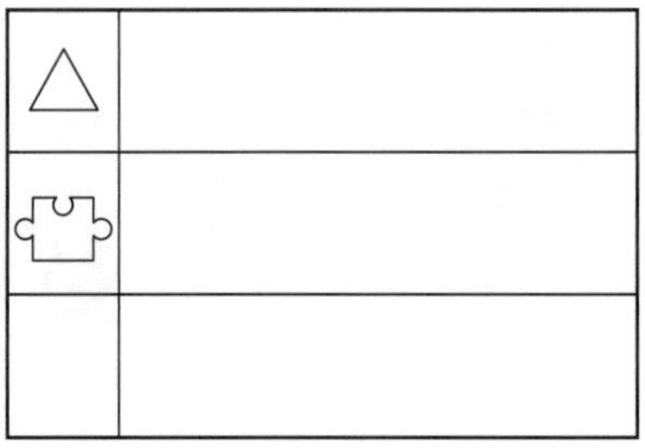

※3は解答省略

4

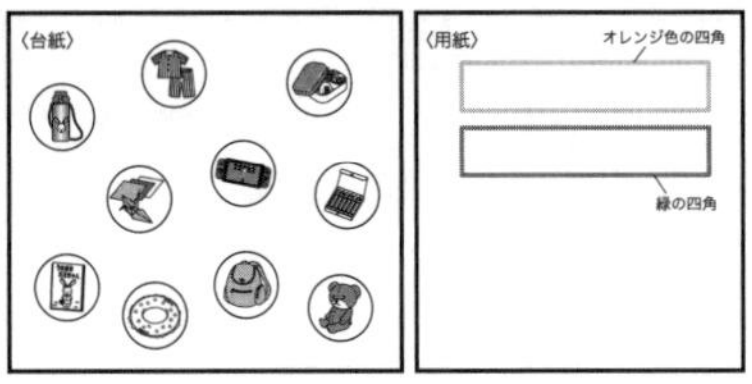

5

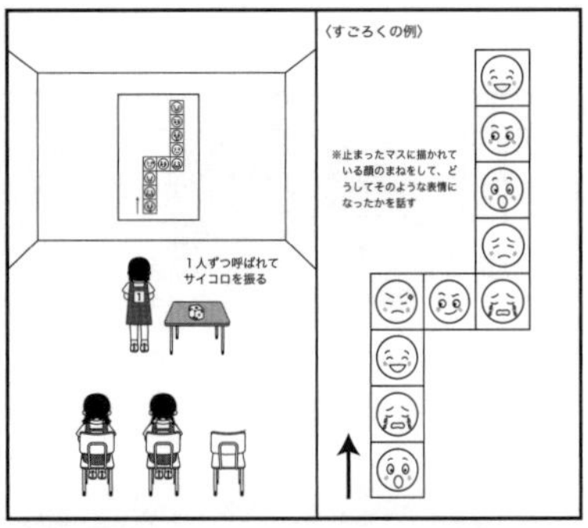

※4は解答省略

東京農業大学稲花小学校 解答例

1

2

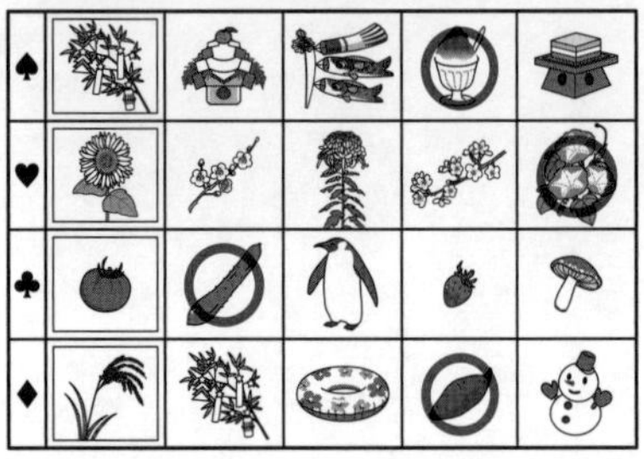

3

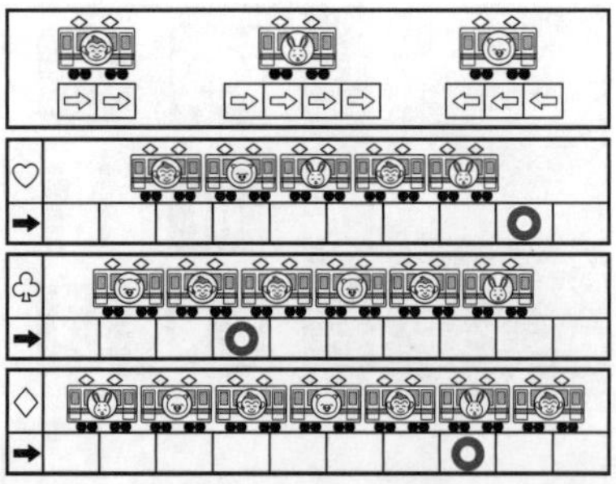

4

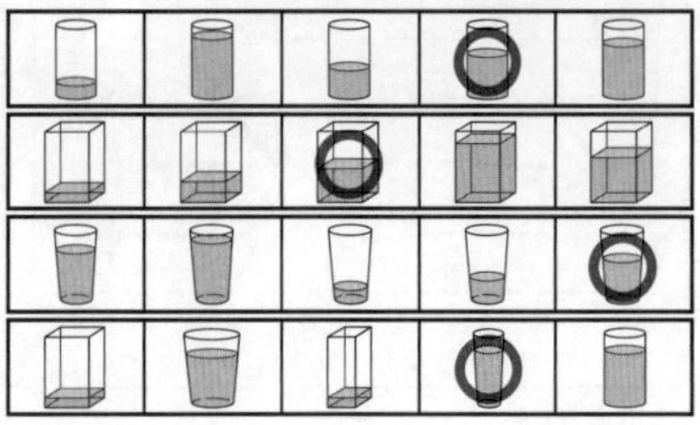

東京農業大学稲花小学校 解答例

5

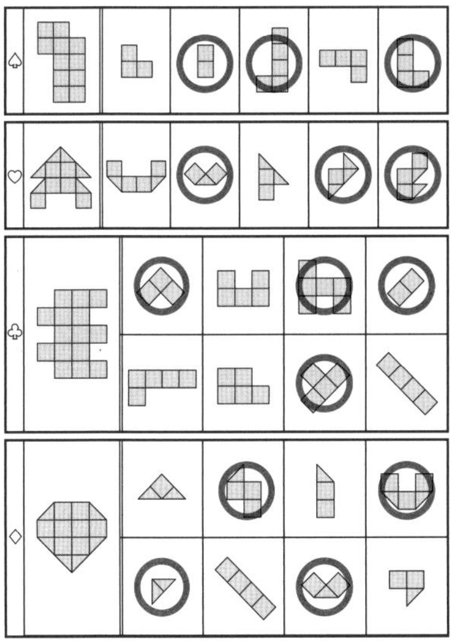

6

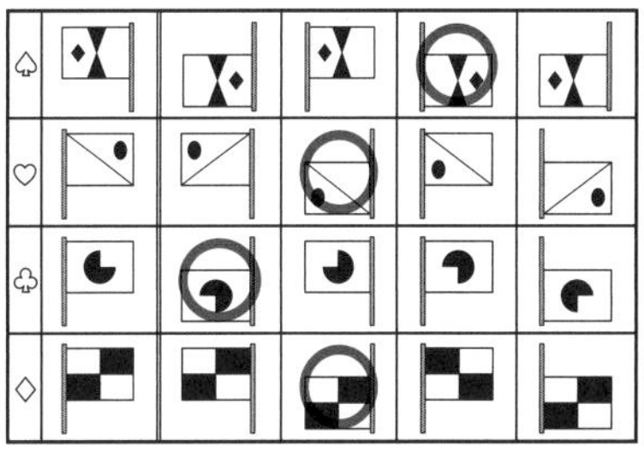

7

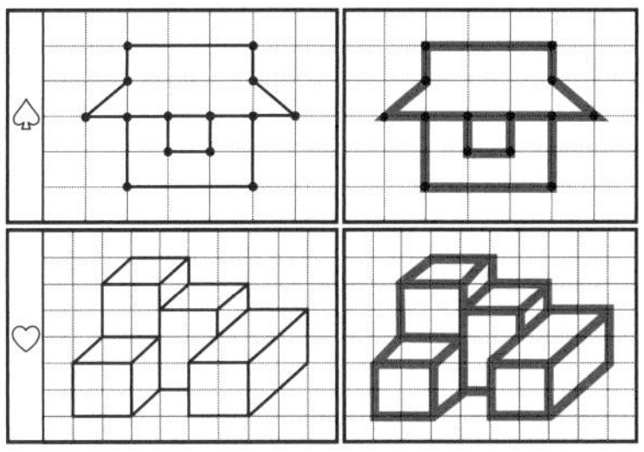

桐朋学園小学校 解答例

1

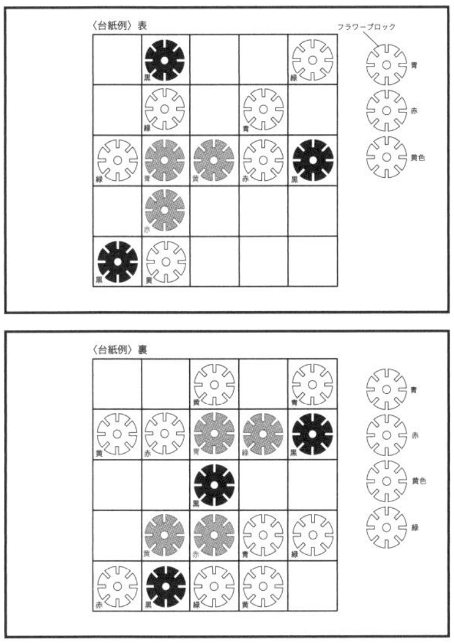

2

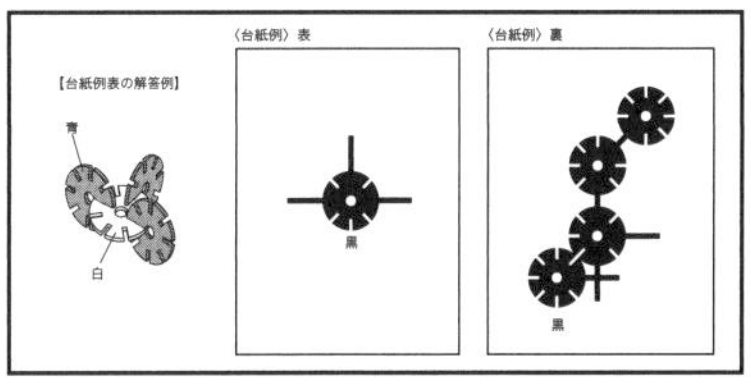

3

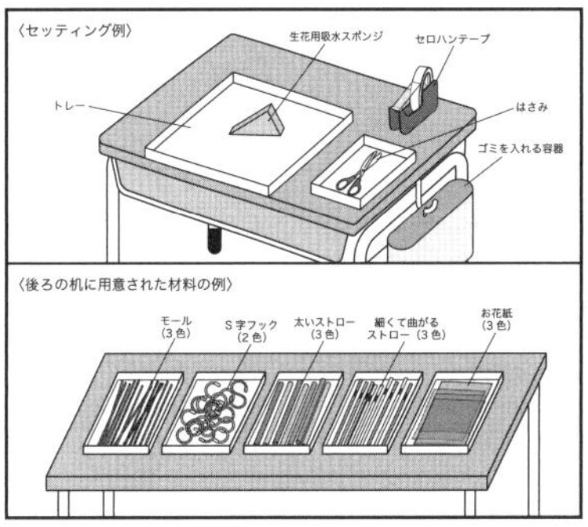

4

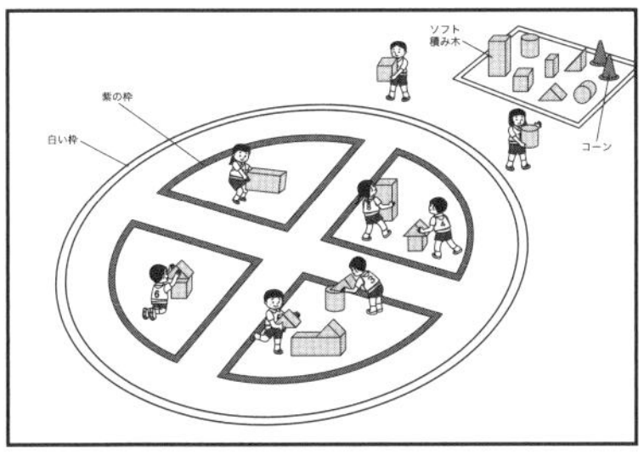

5

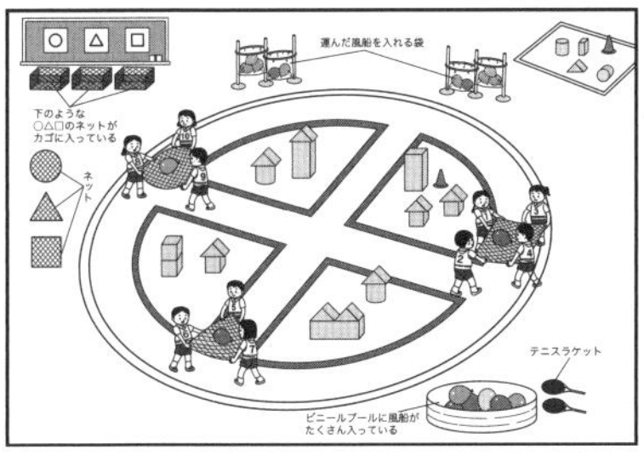

1

2

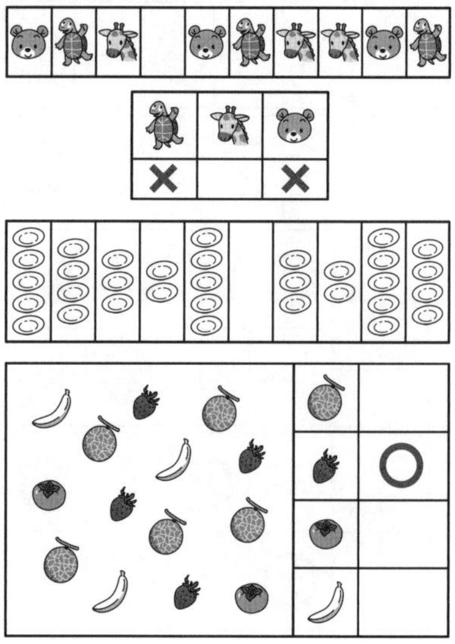

3

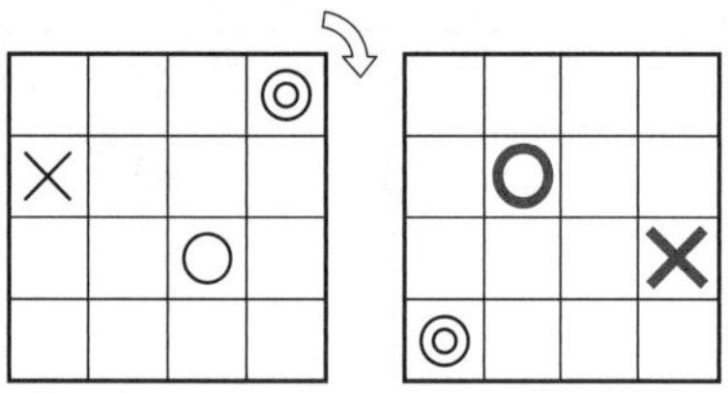

4

5

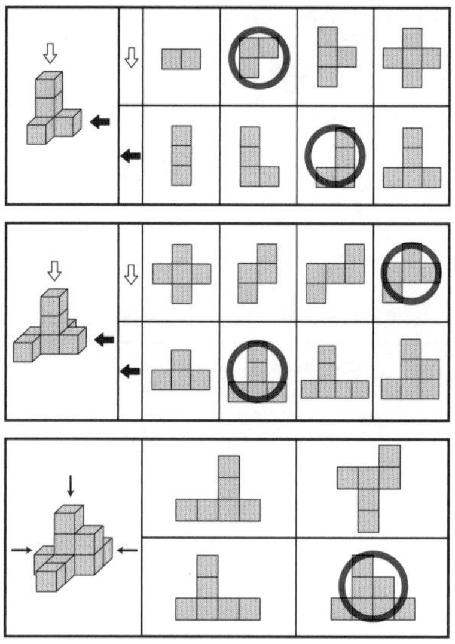

6

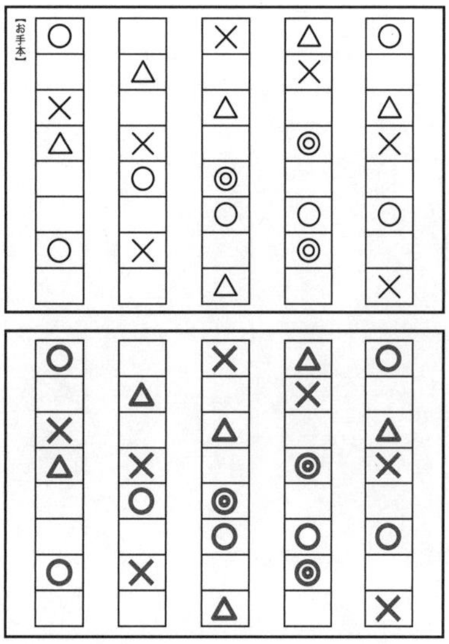

1

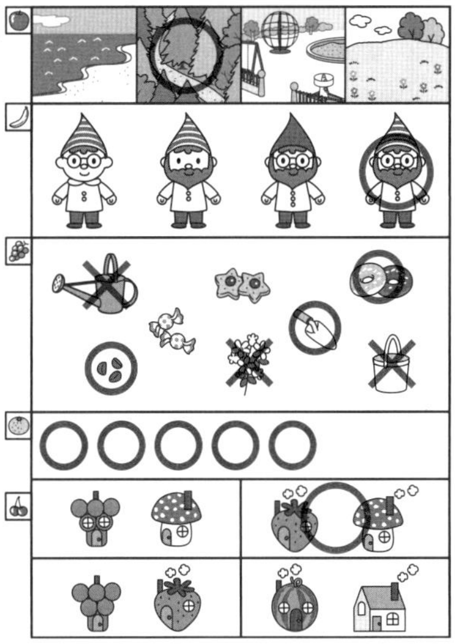

2

3

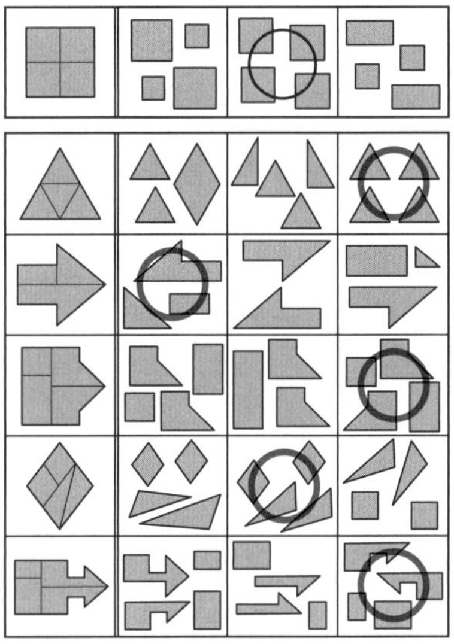

4

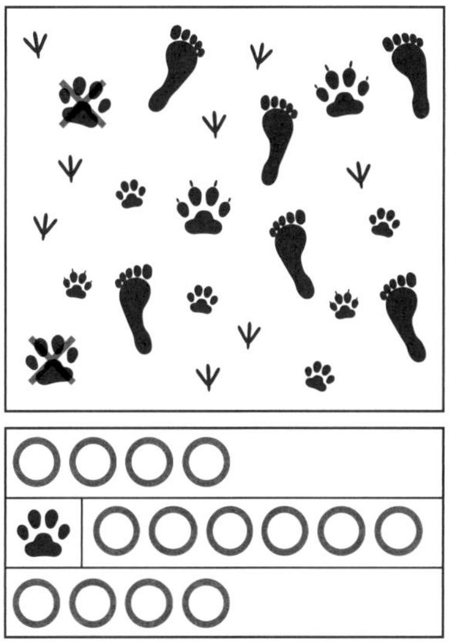

5

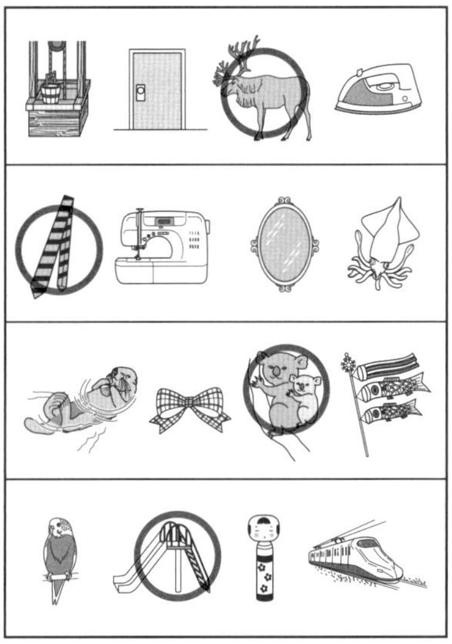

6

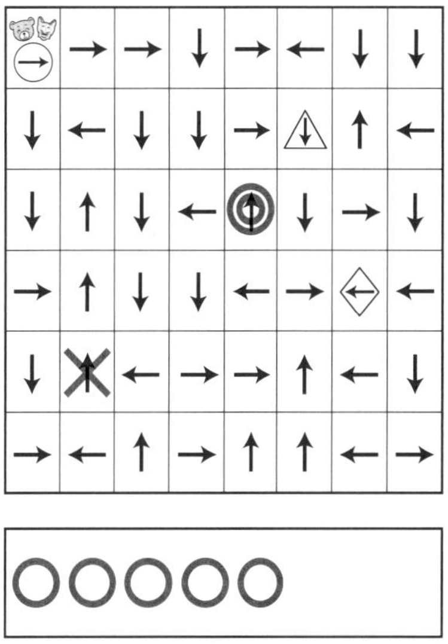

1

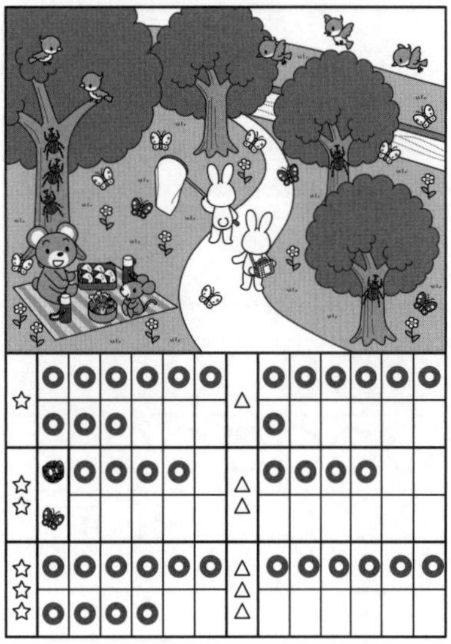

2

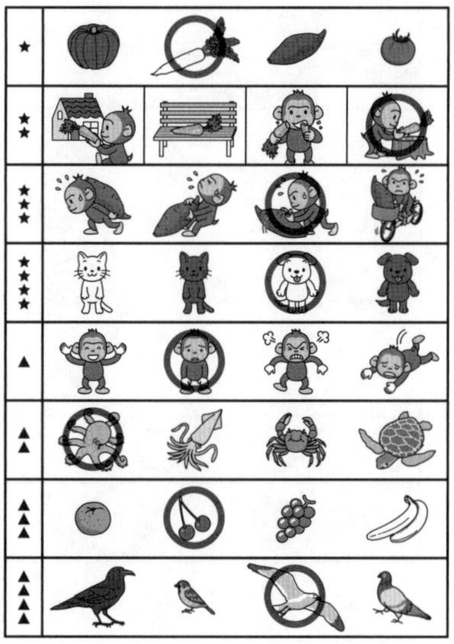

3

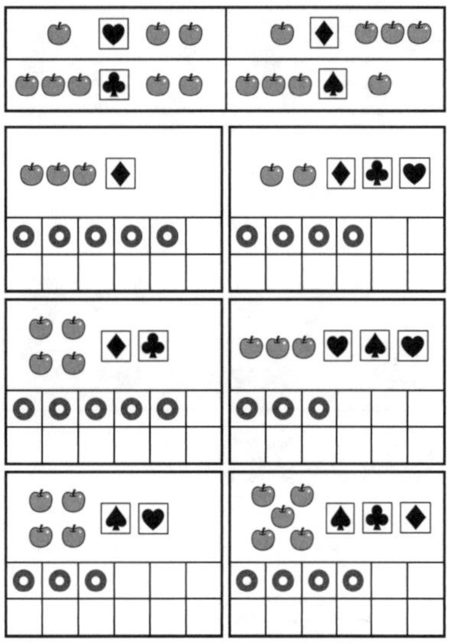

4

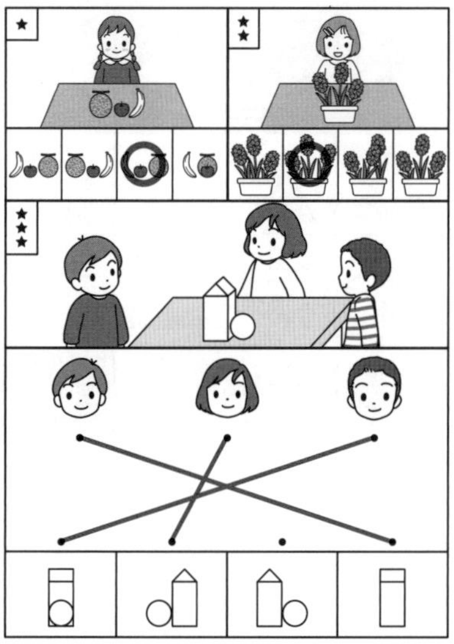

5

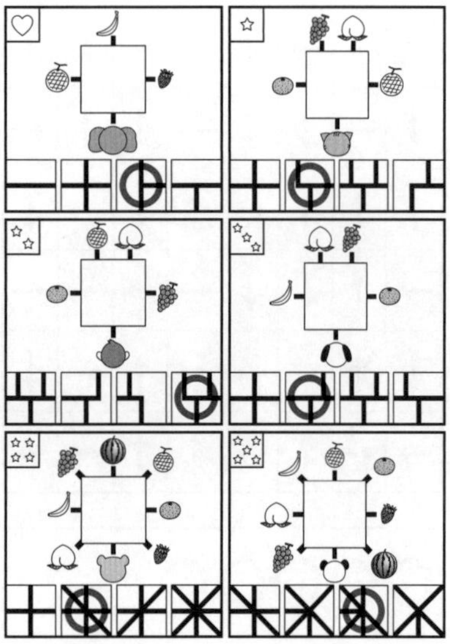

6

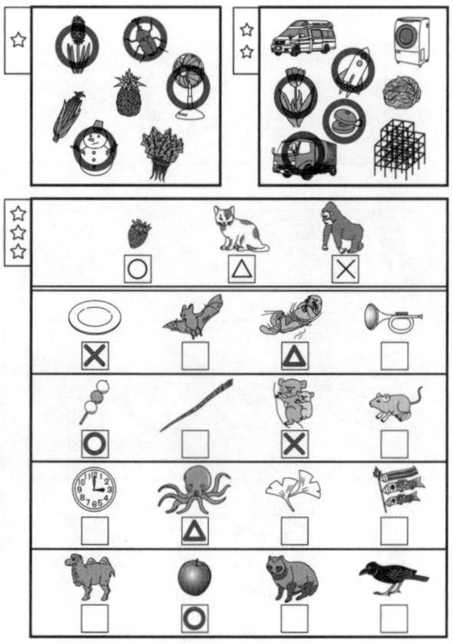

立教女学院小学校 解答例

7

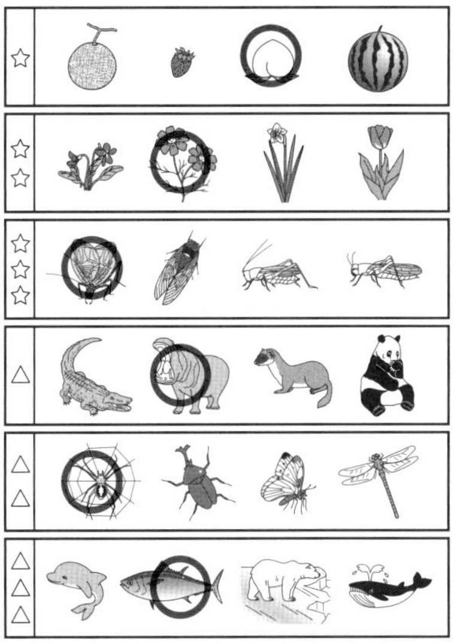

8

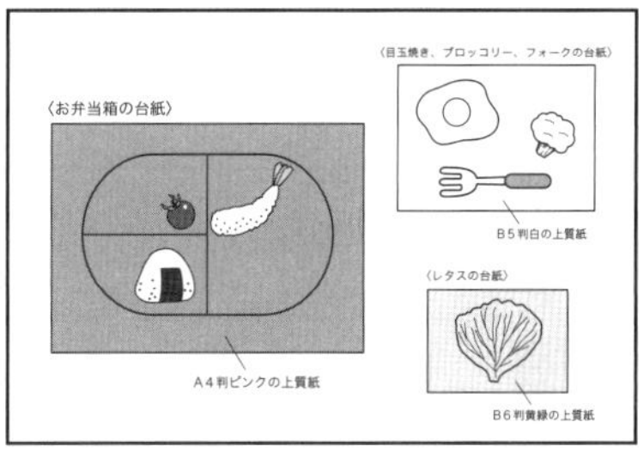

9

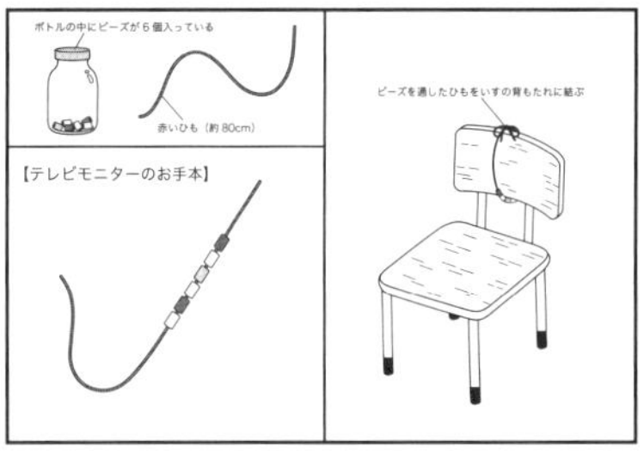

青山学院横浜英和小学校 解答例

1

あ	①	②	③
い	①	②	③
う	①	②	③
え	①	②	③
お	①	②	③

2

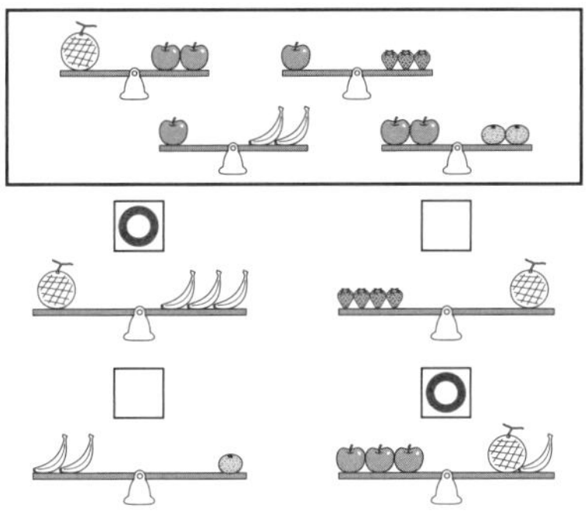

3

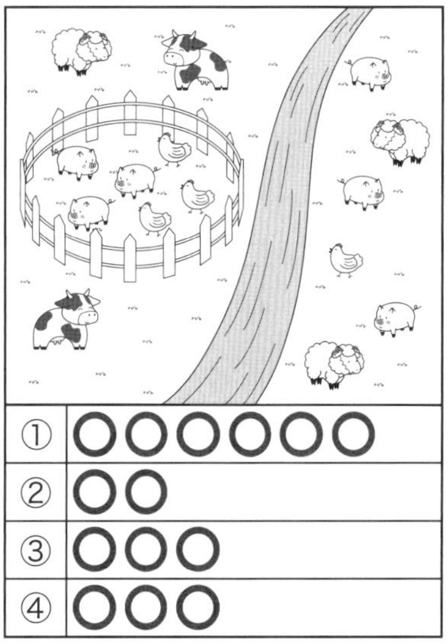

4

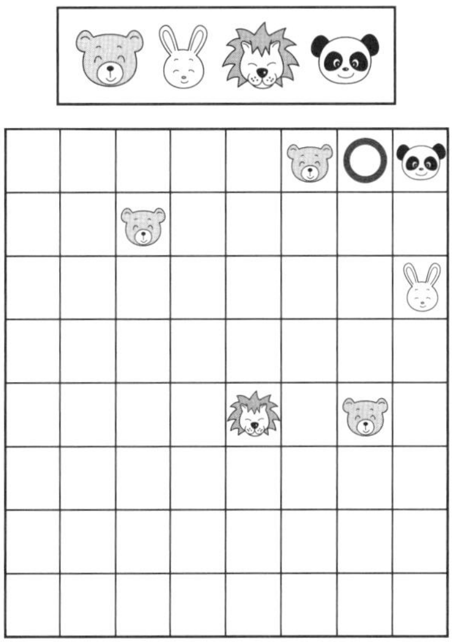

5

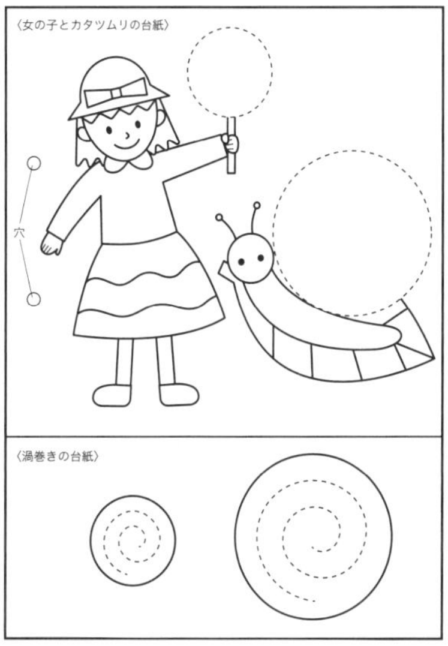

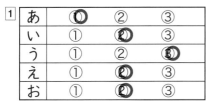

湘南学園小学校 解答例

1

2

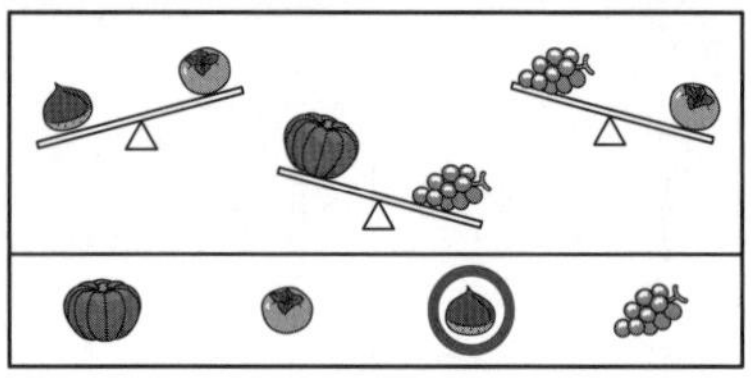

3

4

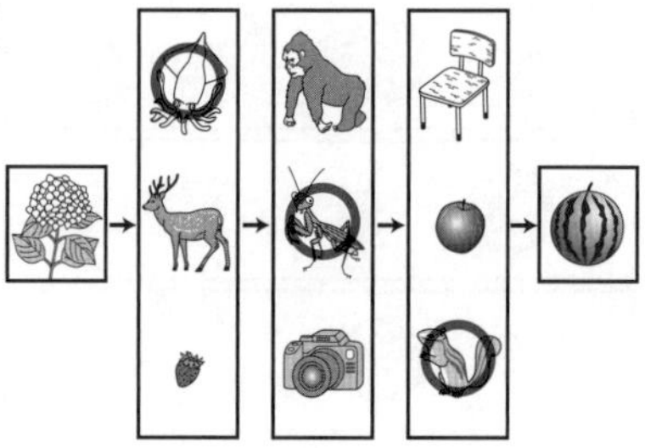

5

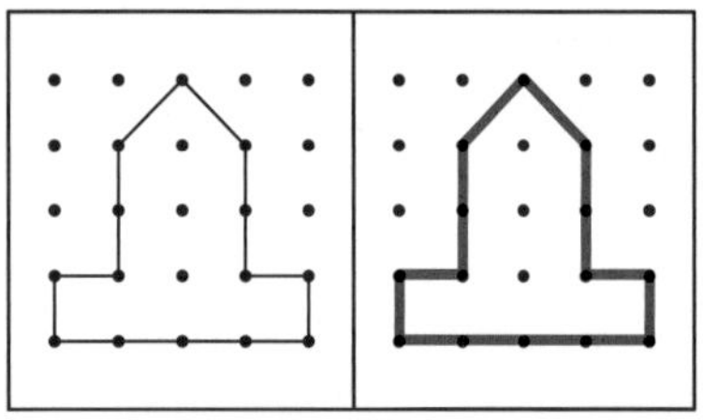

6

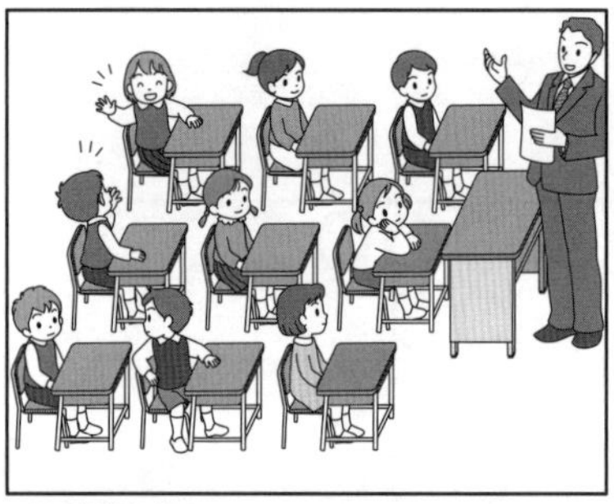

※6は解答省略

精華小学校 解答例

1

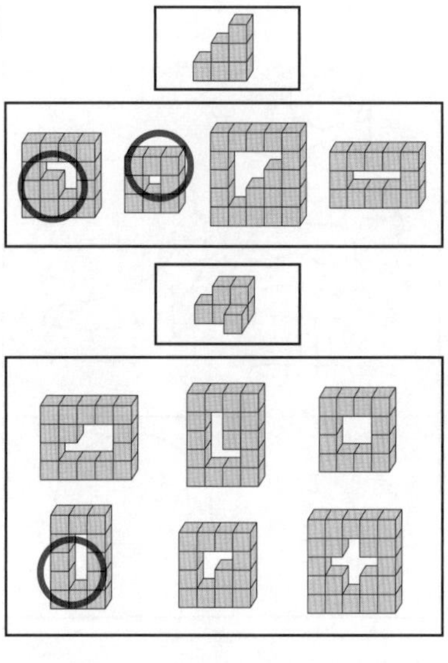

2

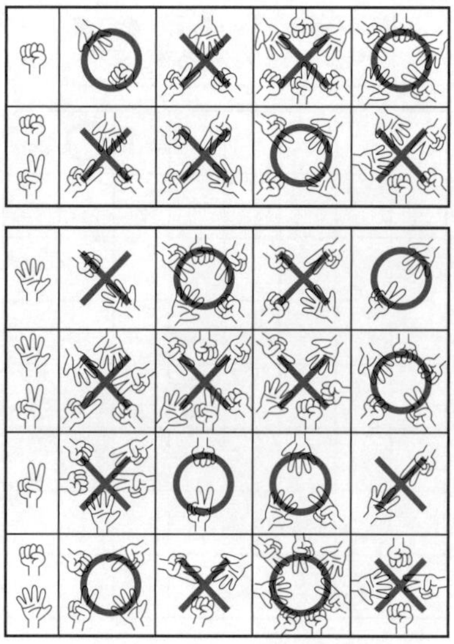

精華小学校 解答例

3

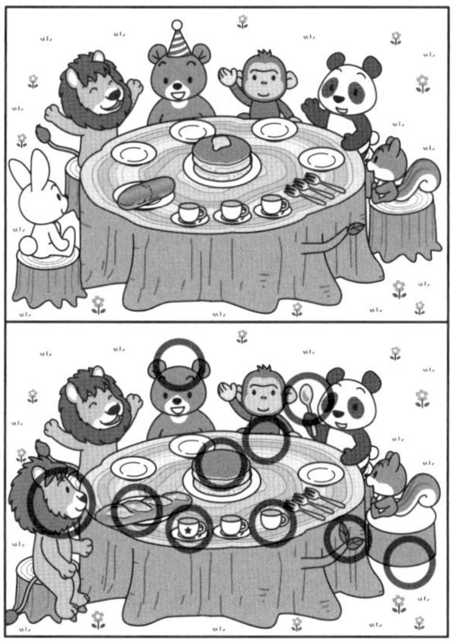

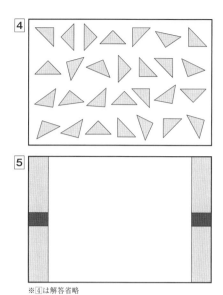

4

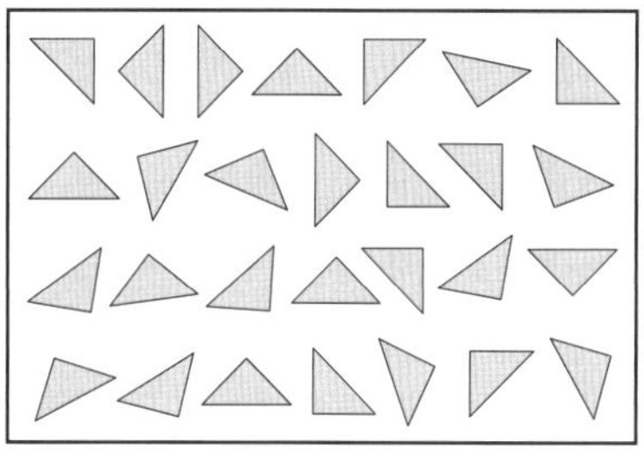

5

※4は解答省略

6

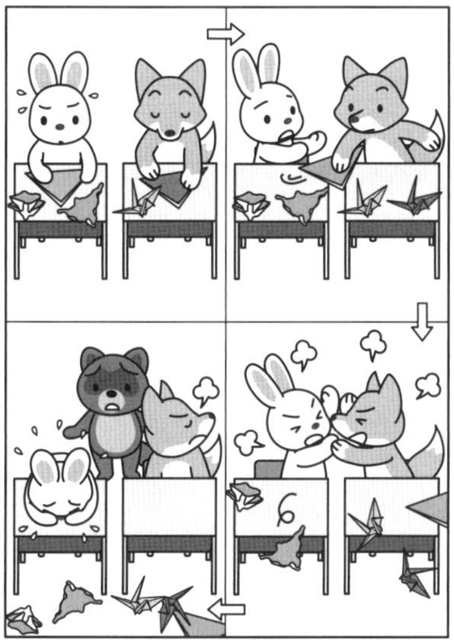

※6は解答省略

洗足学園小学校 解答例

1

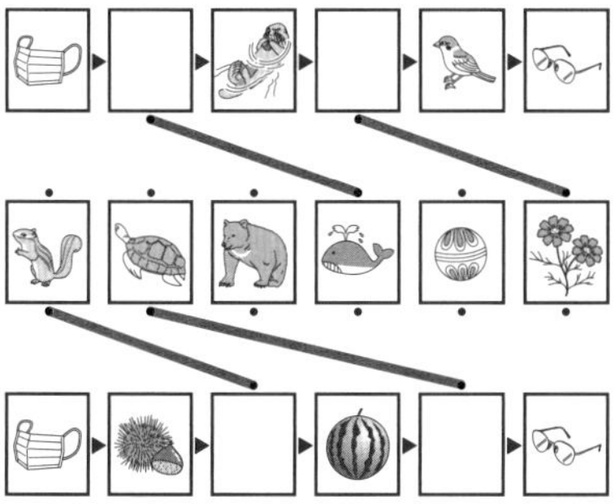

2

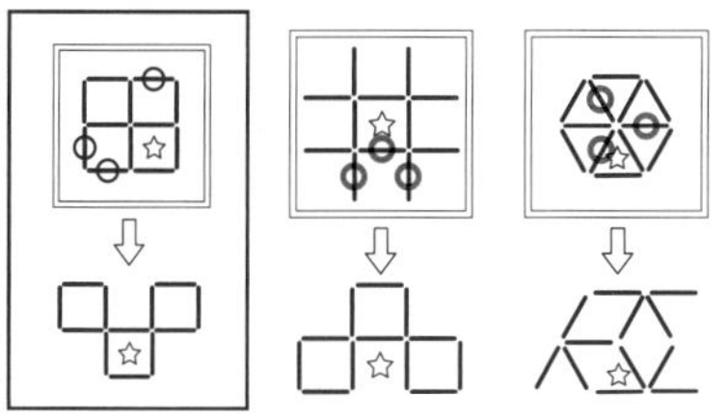

3

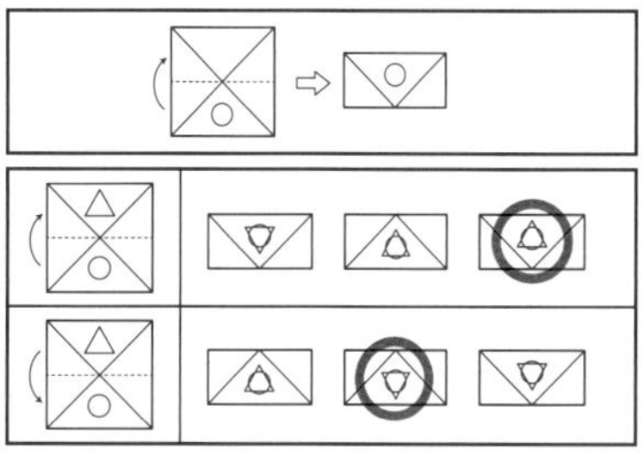

4

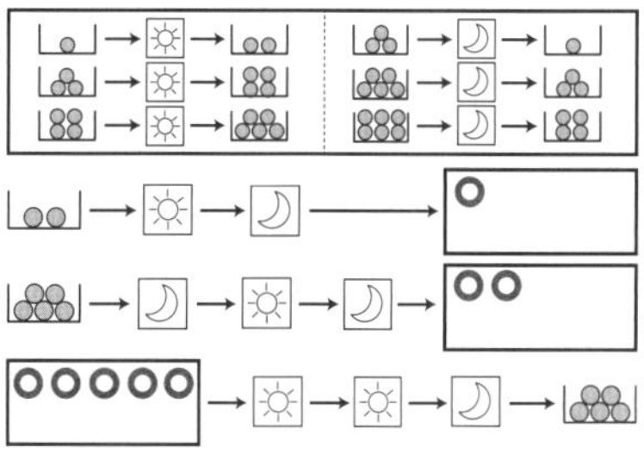

5

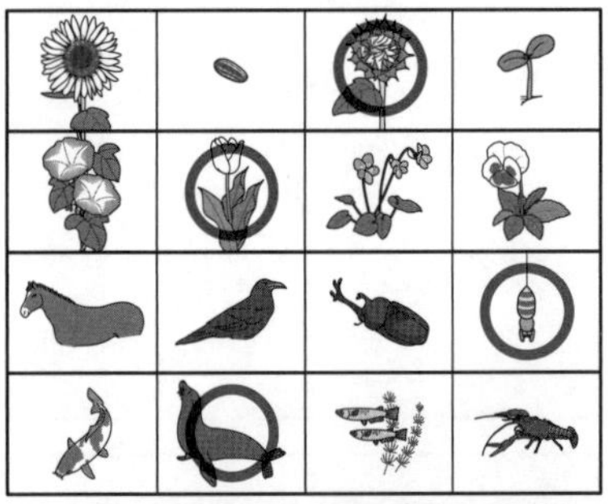

6

7

8

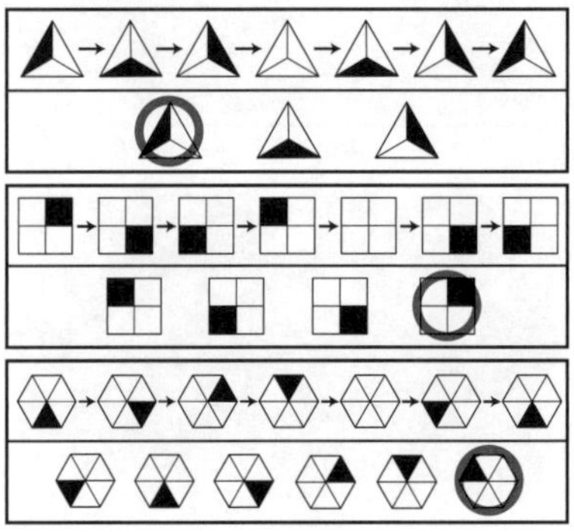

9

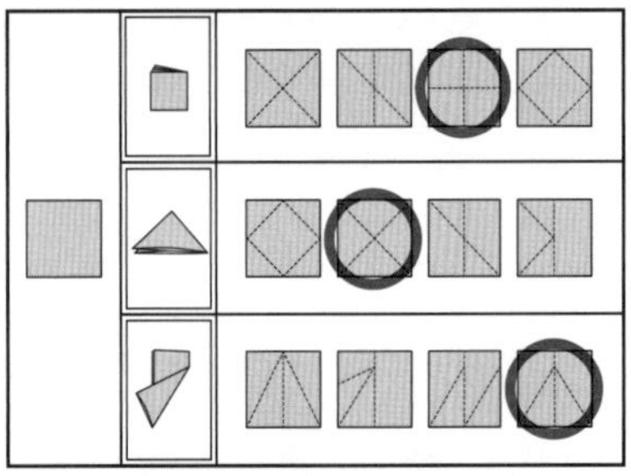

10

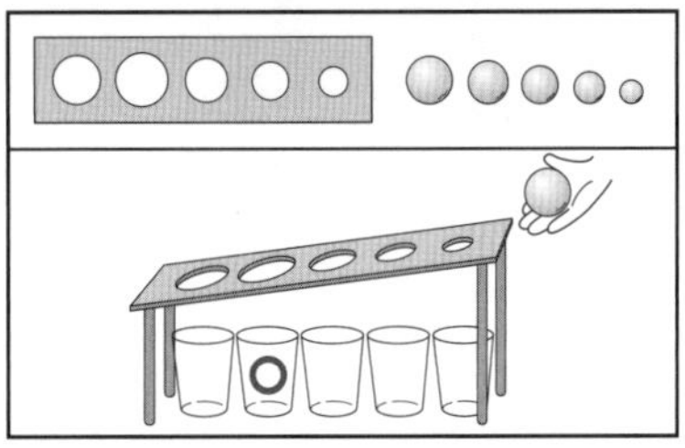

11

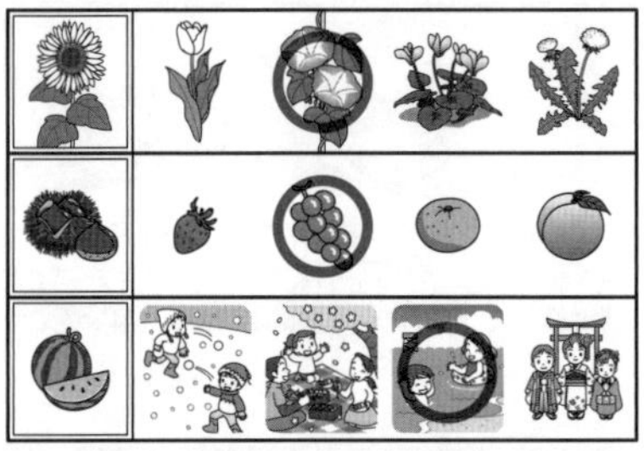

12

13

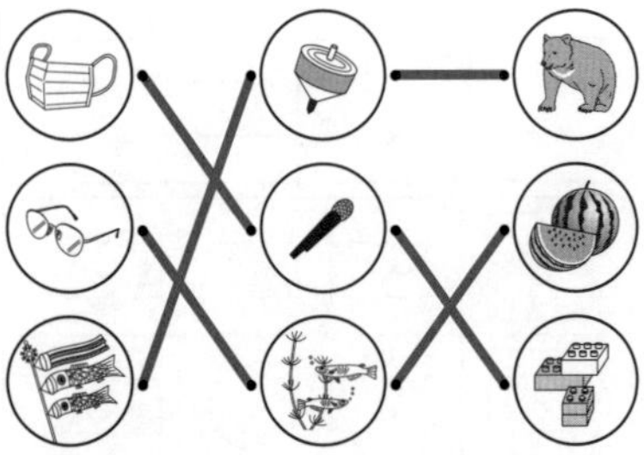

14

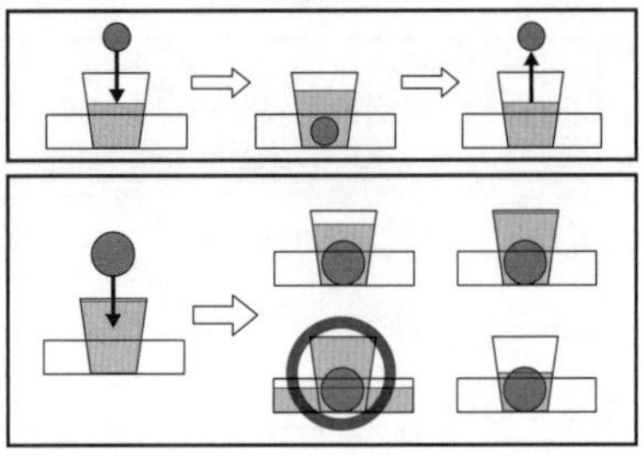

15

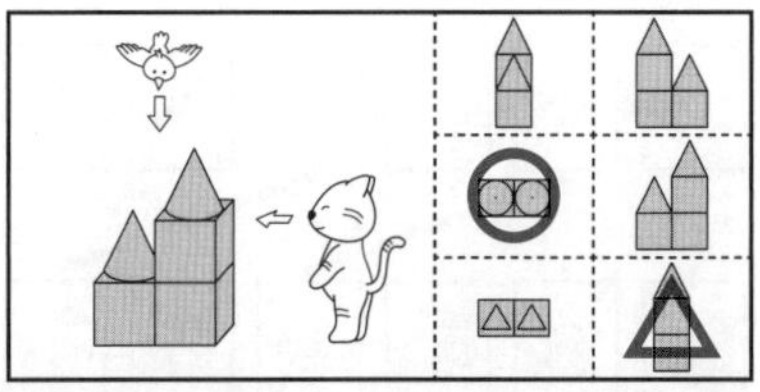

16

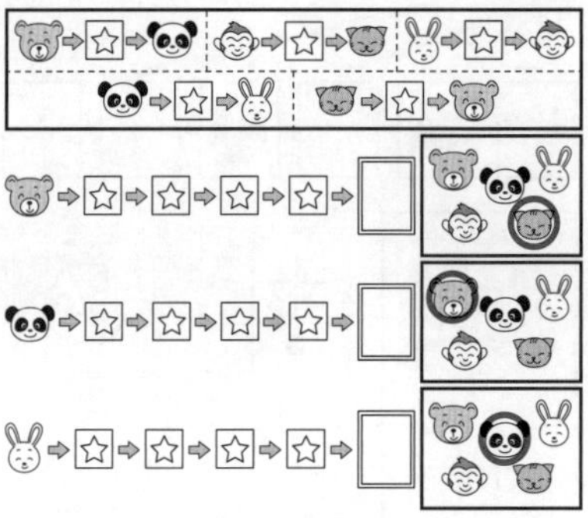

17

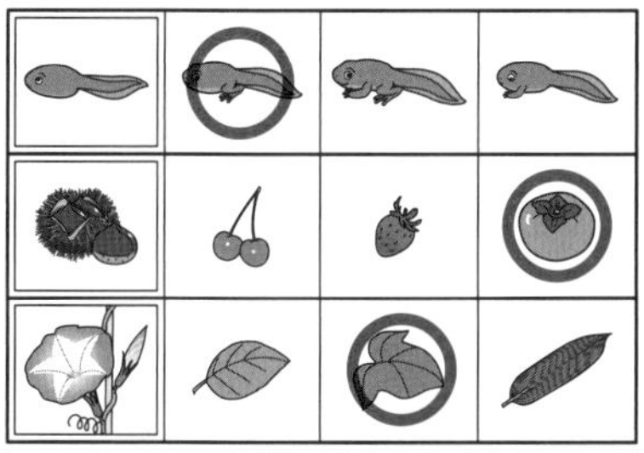

18

19－A

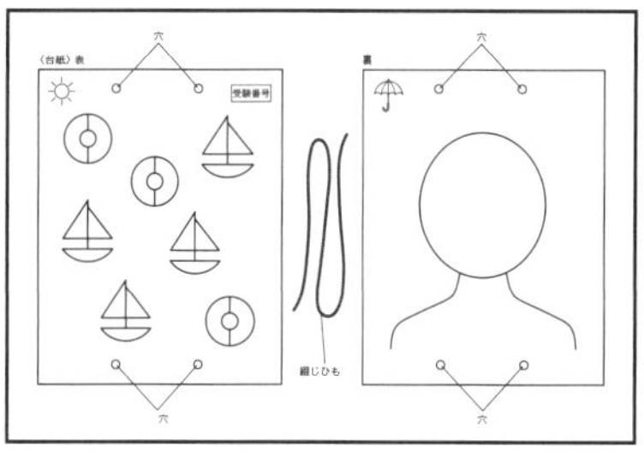

B

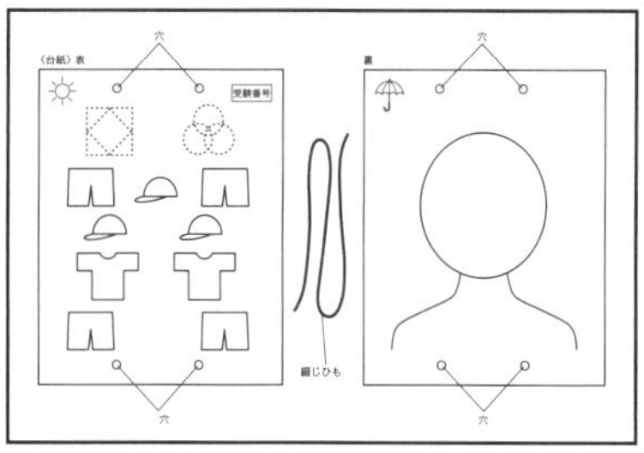

19－C

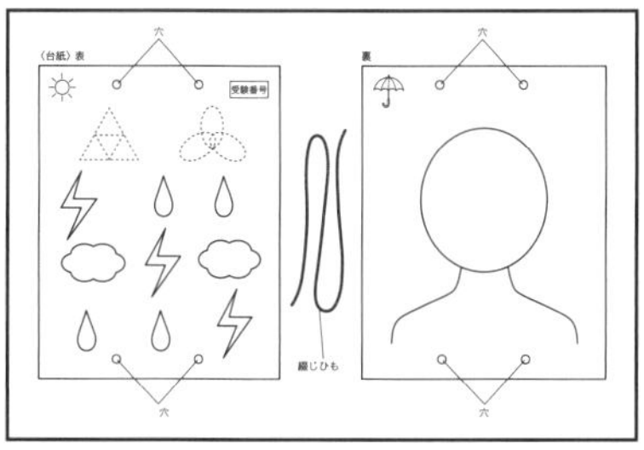

20

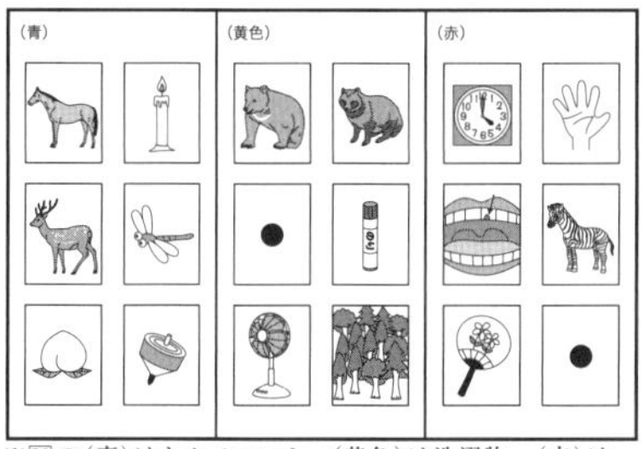

※20の（青）はトウモロコシ、（黄色）は洗濯物、（赤）はテントウムシ

桐蔭学園小学校 解答例

1 ♤

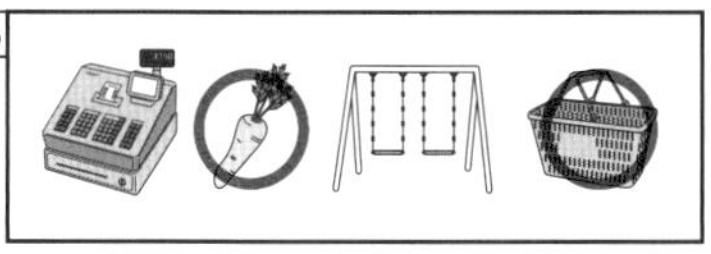

♧

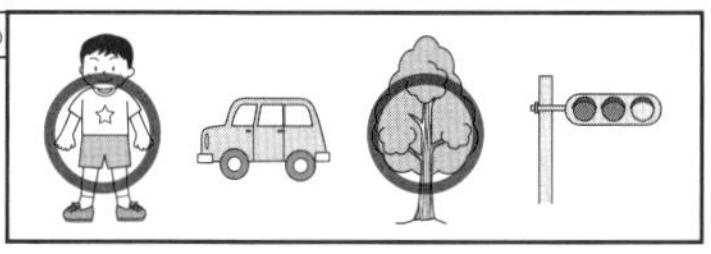

♡

♢

2

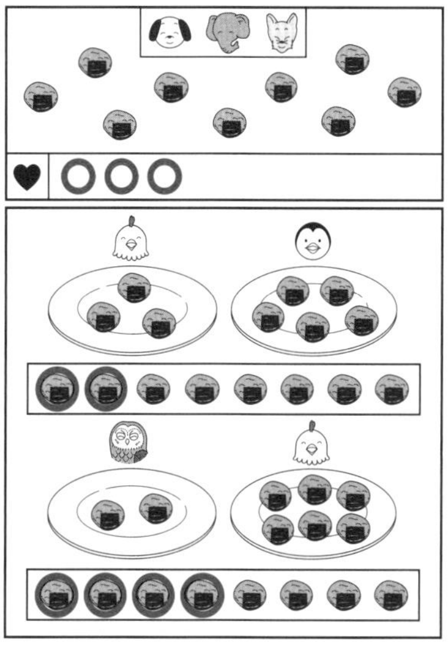

桐蔭学園小学校 解答例

3

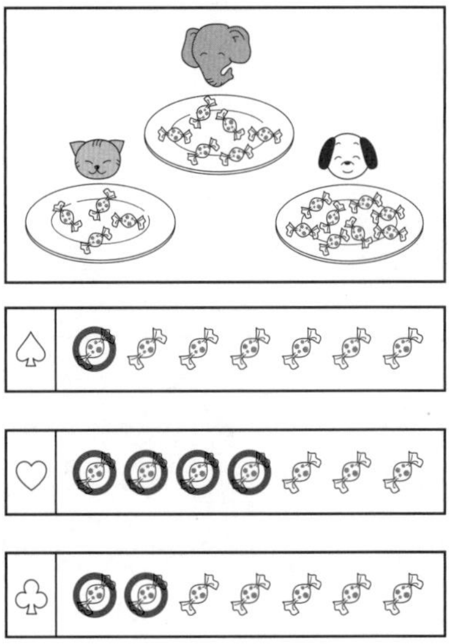

4

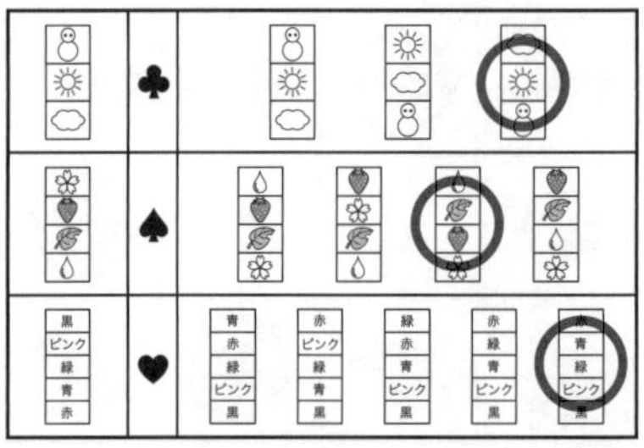

5

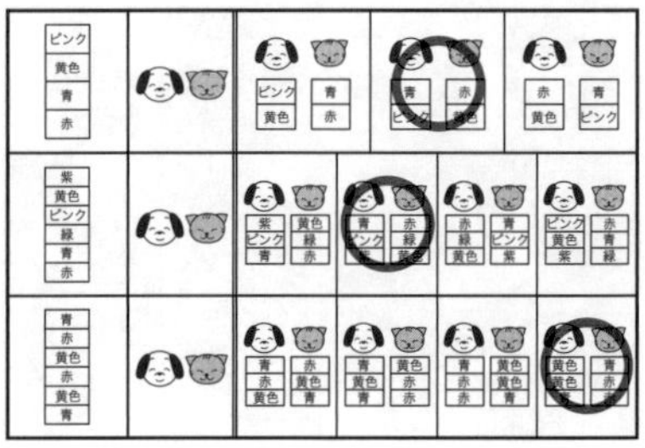

6

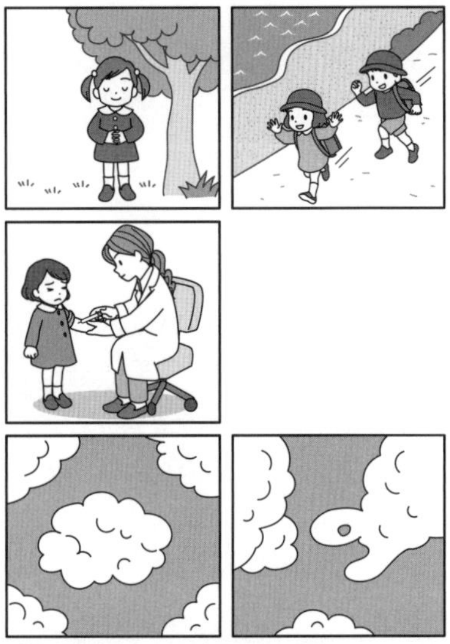

※6は解答省略

森村学園初等部 解答例

1

2

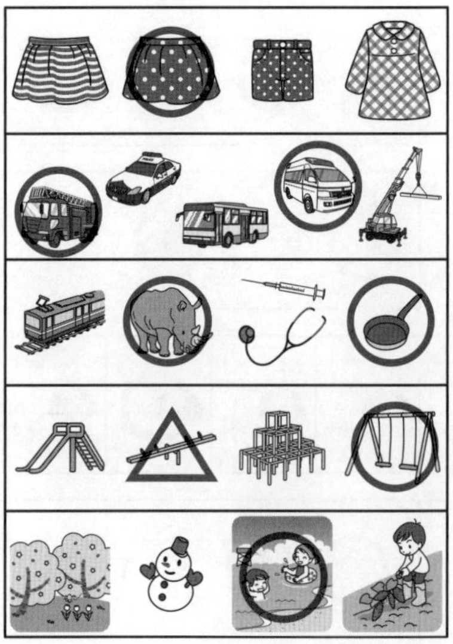

3

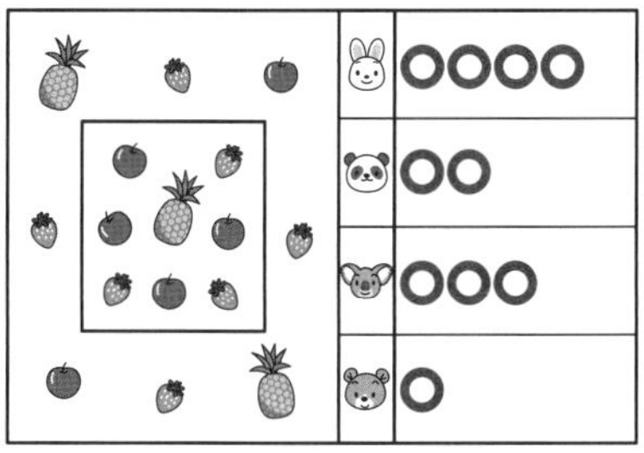

4

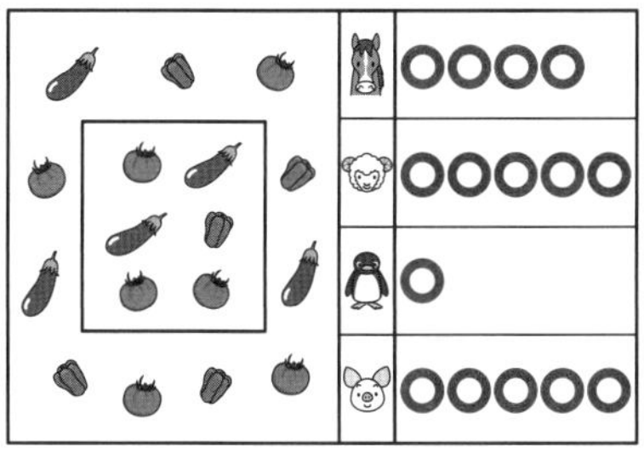

5

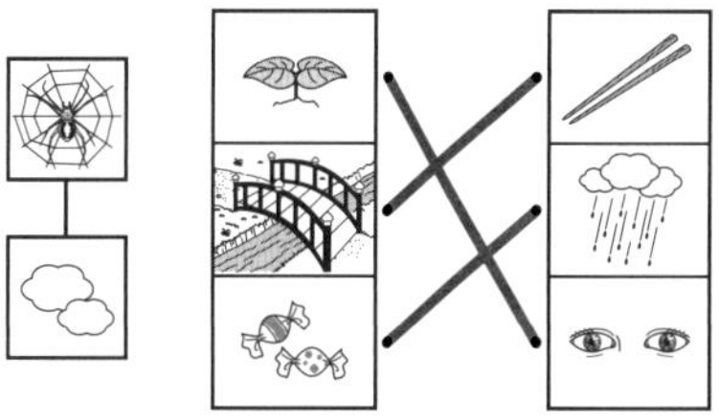

6

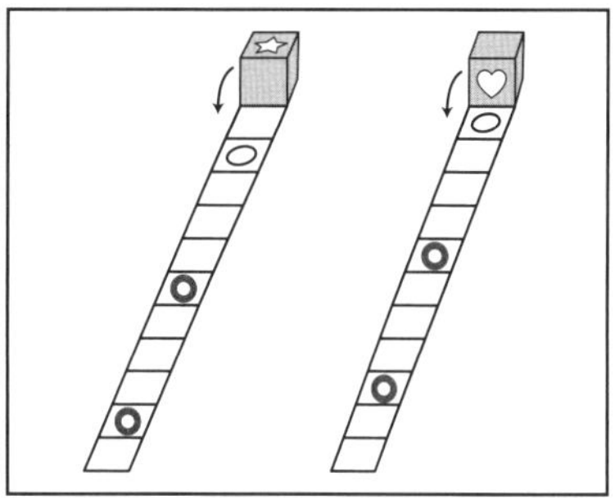

7

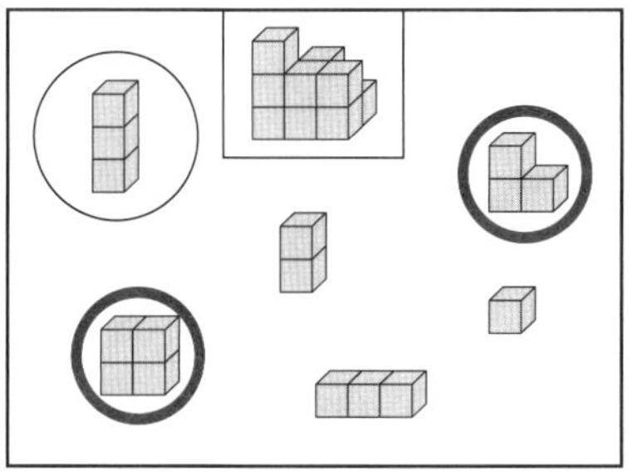

8

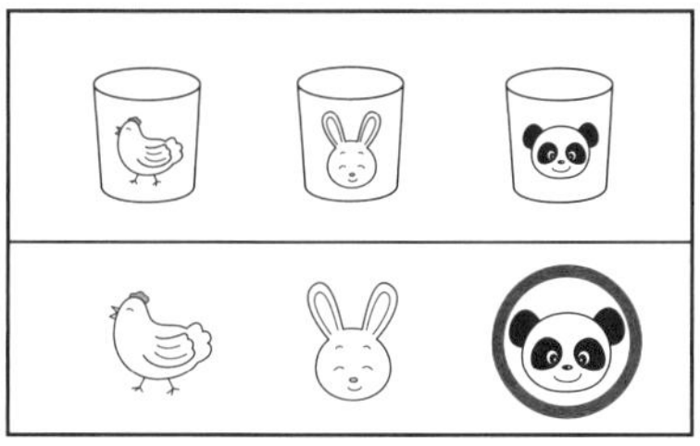

9

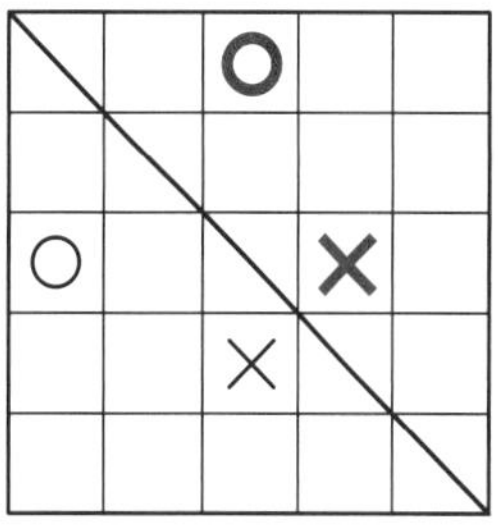

10

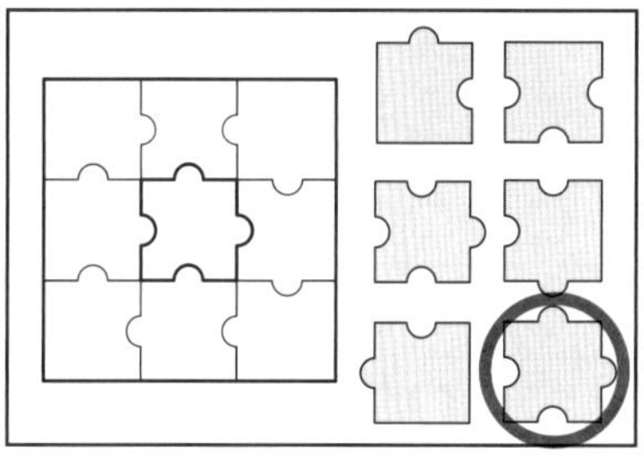

11

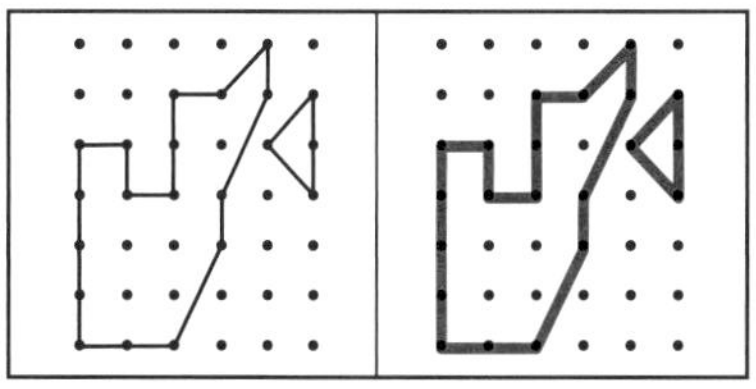

12

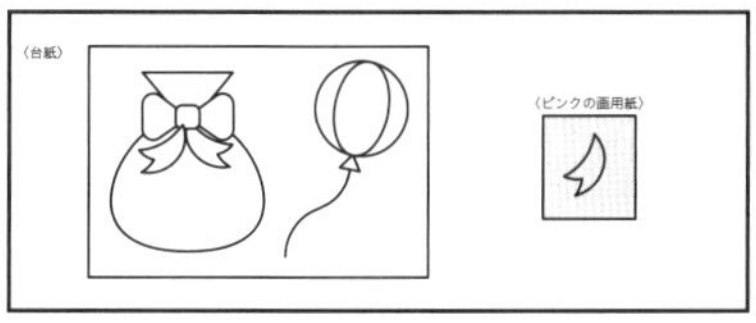

13

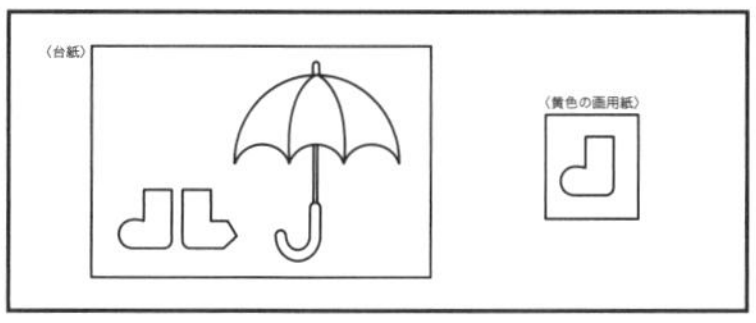

1

1

2

3

4

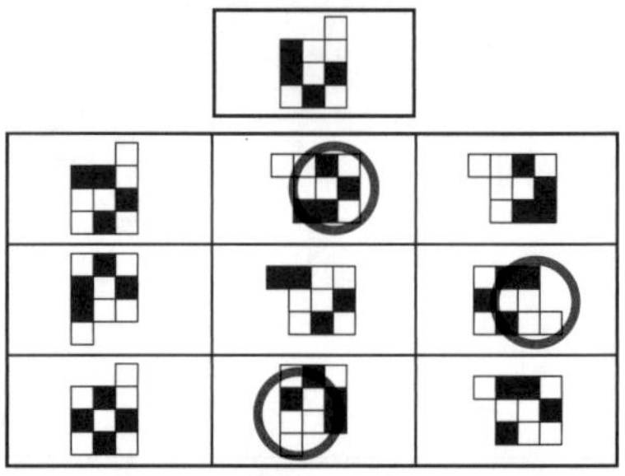

5

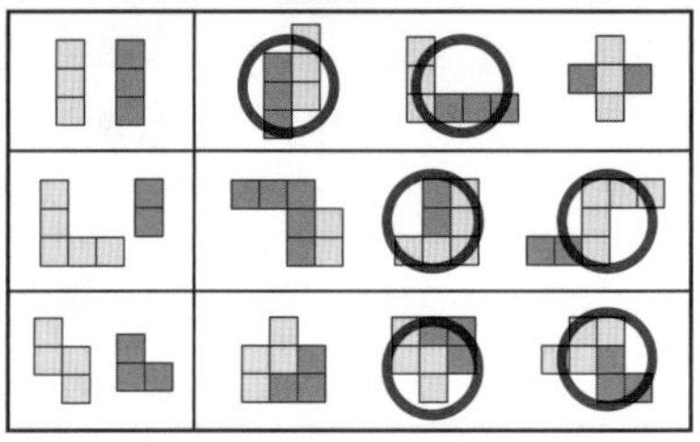

6

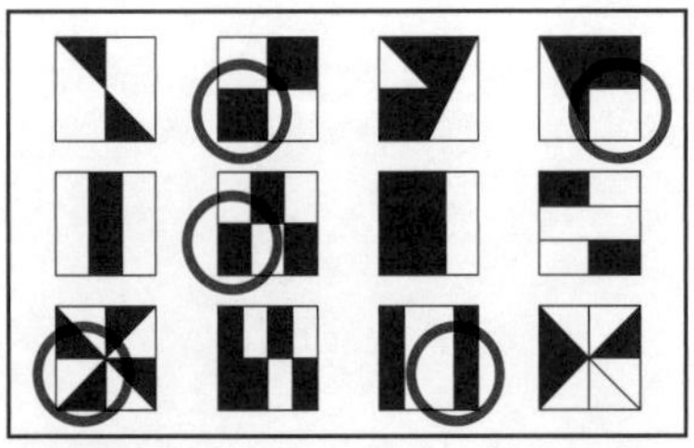

7

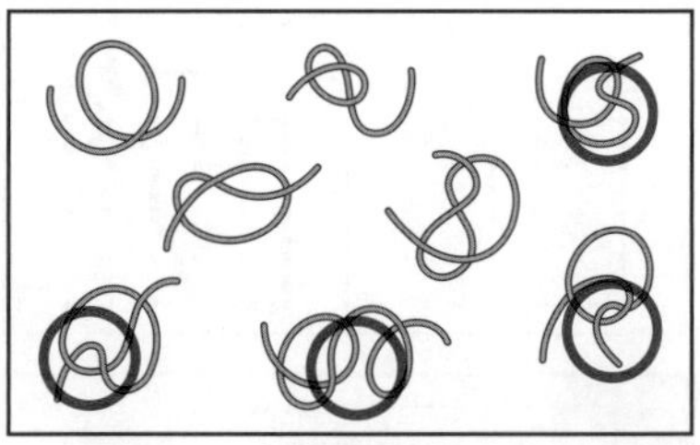

8

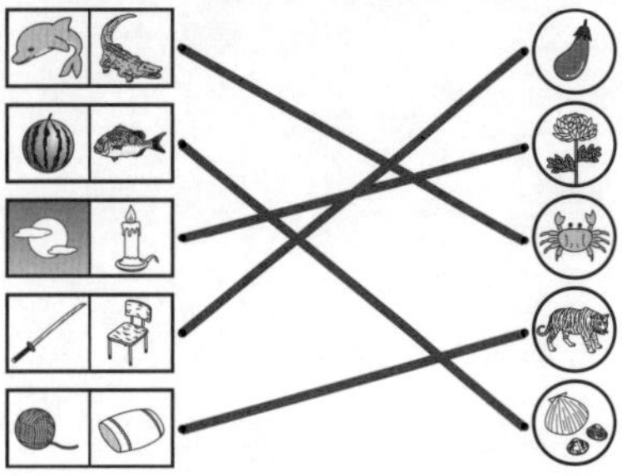

9

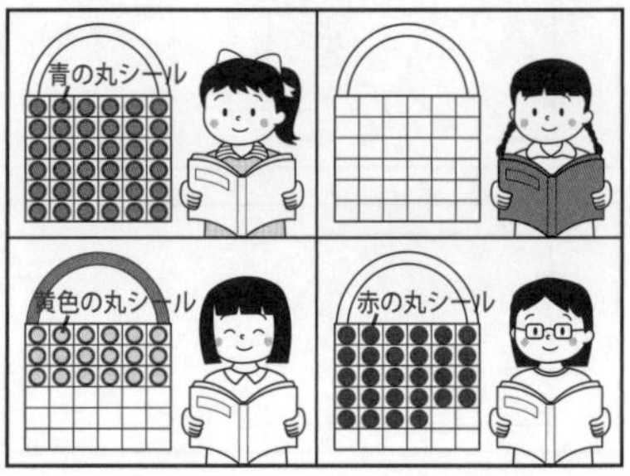

1

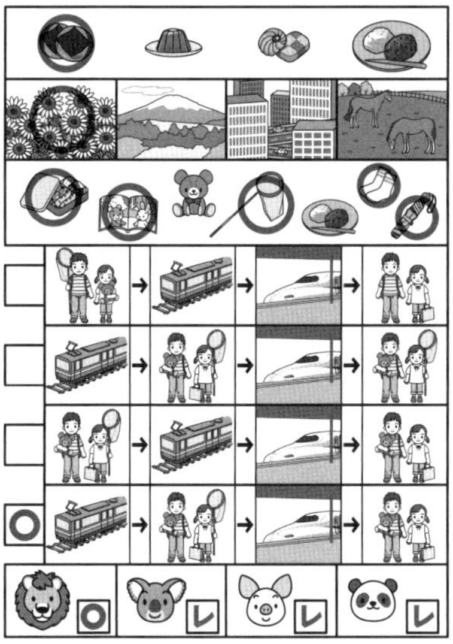

2

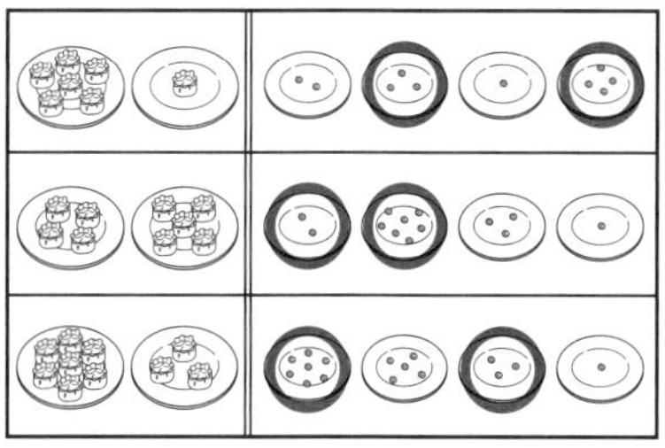

3

4

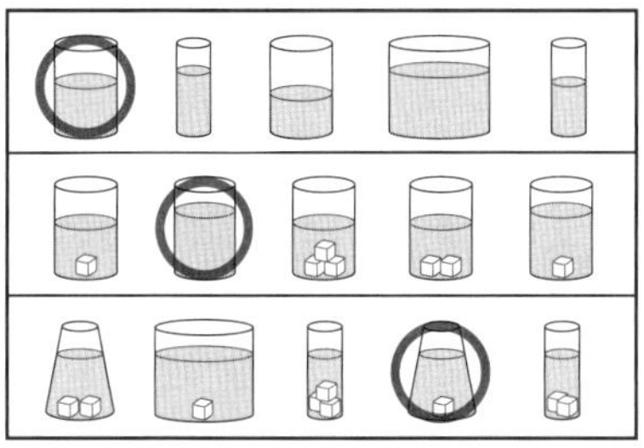

5

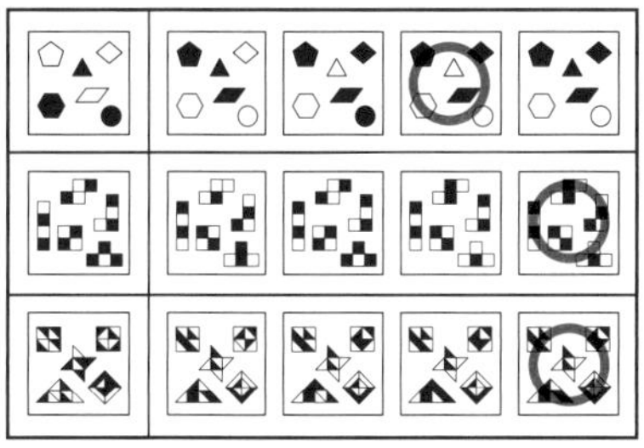

6

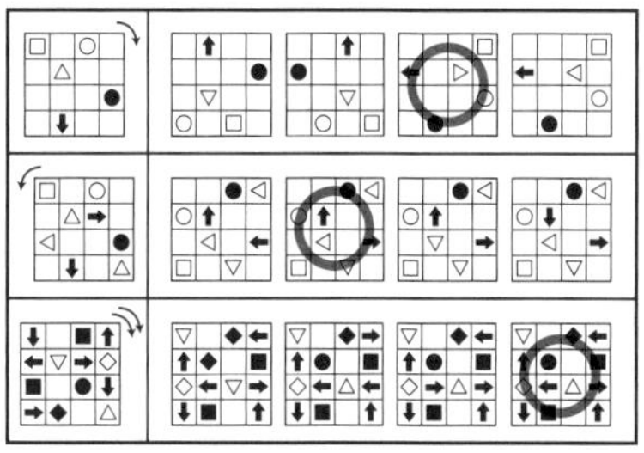

7

8

9

10

1

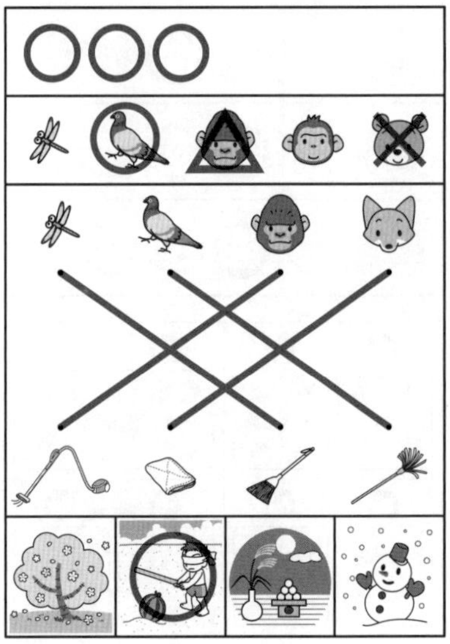

2

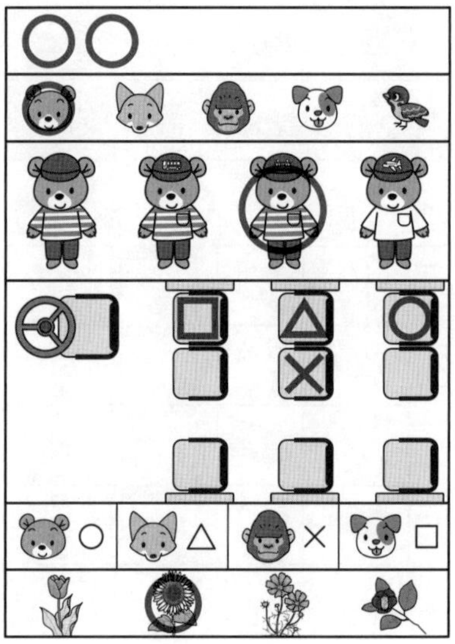

3

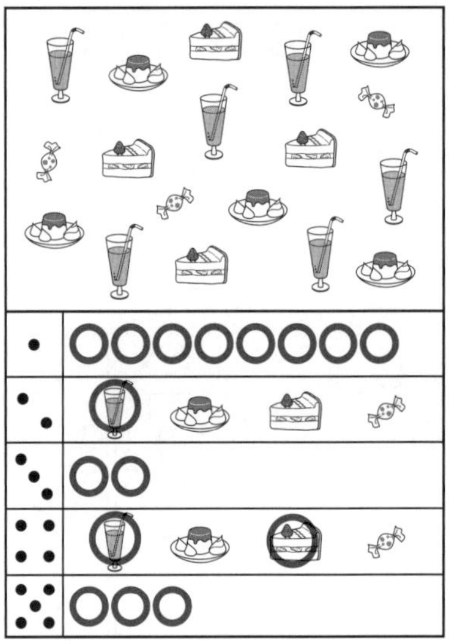

4

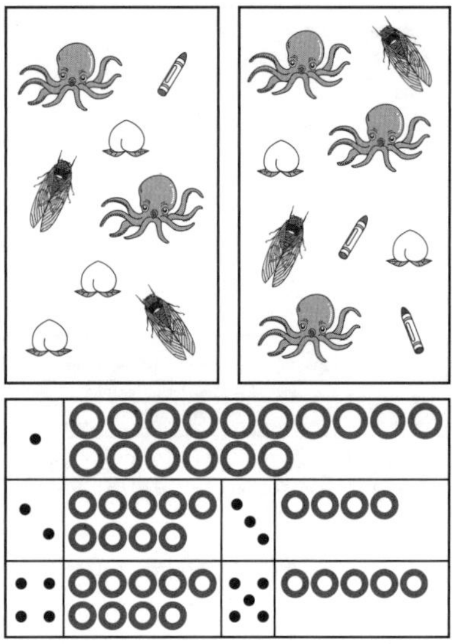

5

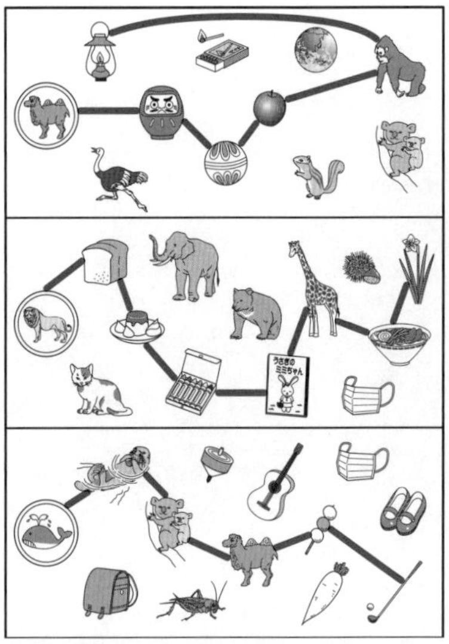

※5の２問目は「ン」の音で終わるものをすべてつないでいれば、どの順番でつないでも正解とする

6

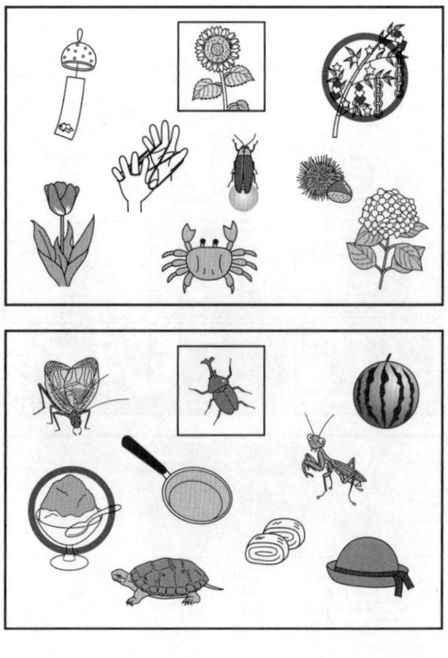

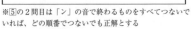

7

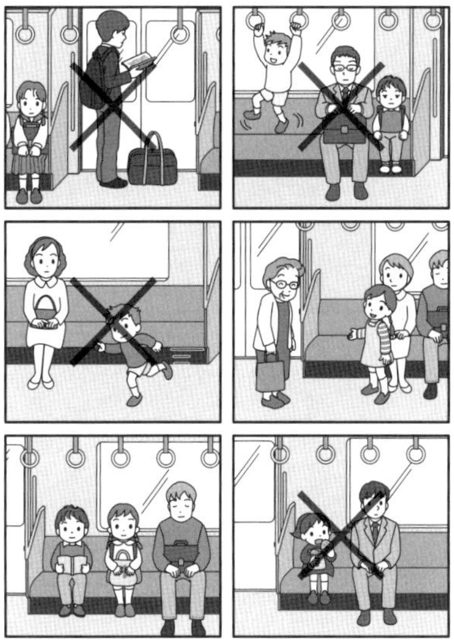

8-A

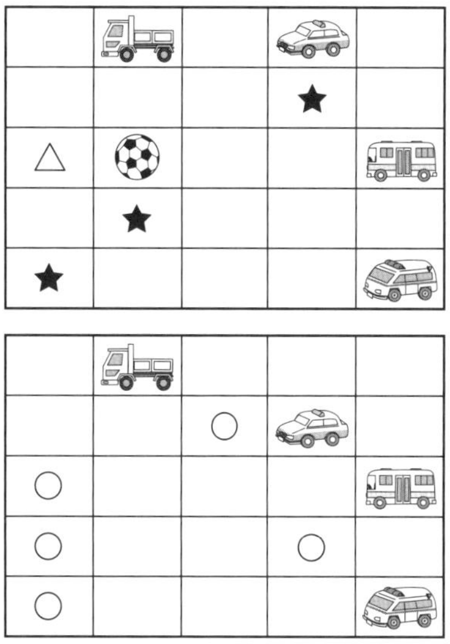

8-B

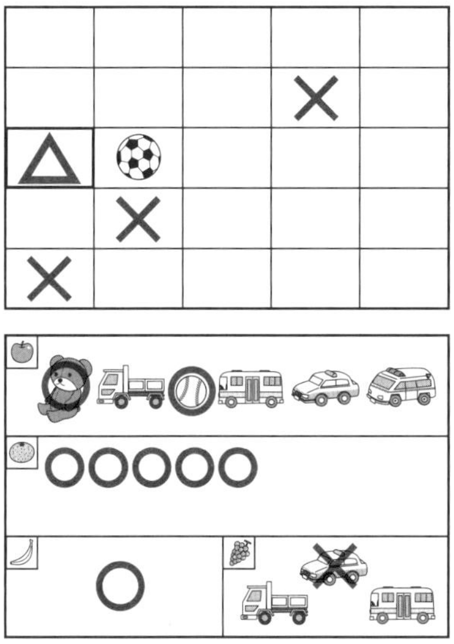

9

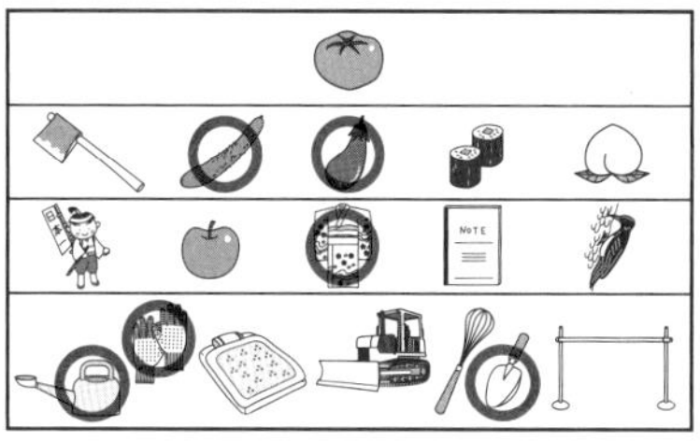

10

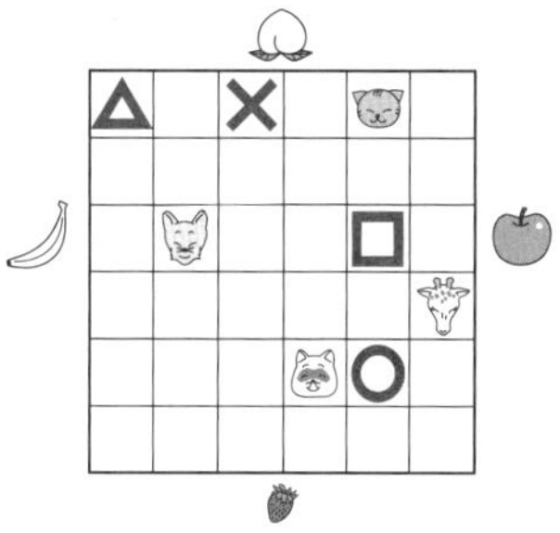

11

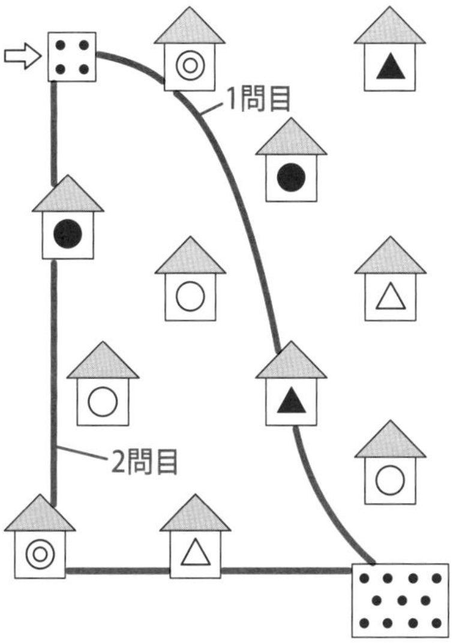

※11はつなぐ印と数が合っていれば正解とする

1

2

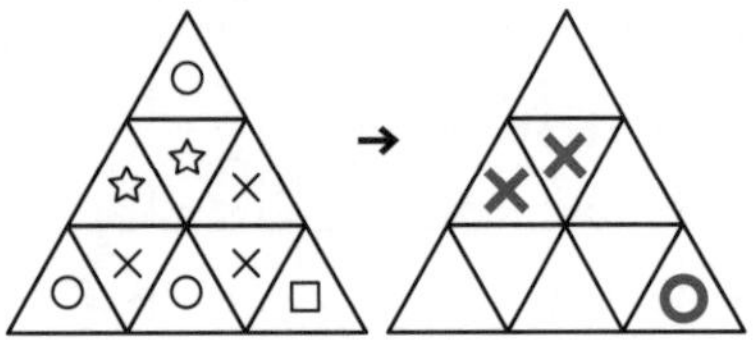

3

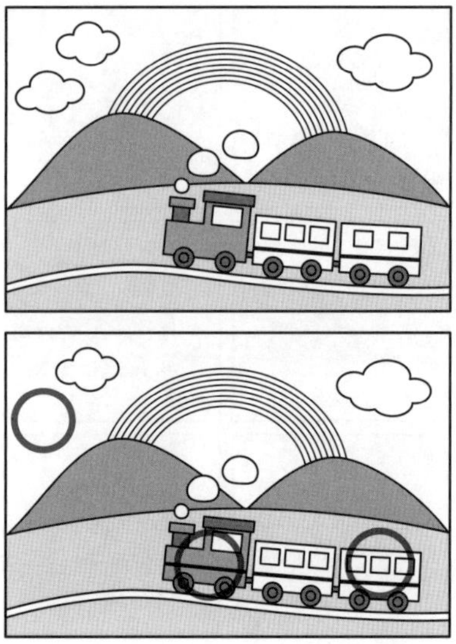

4

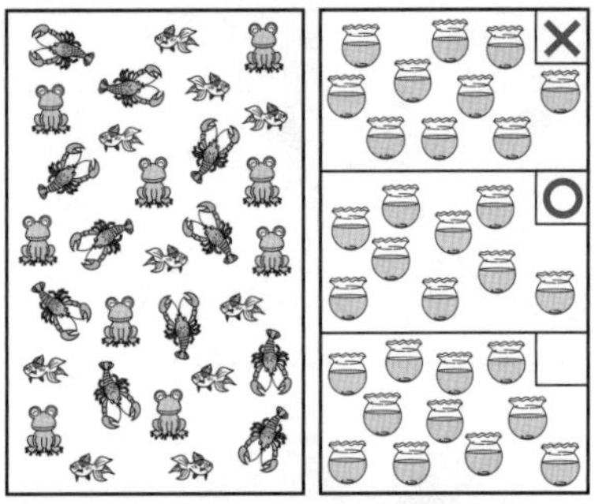

5

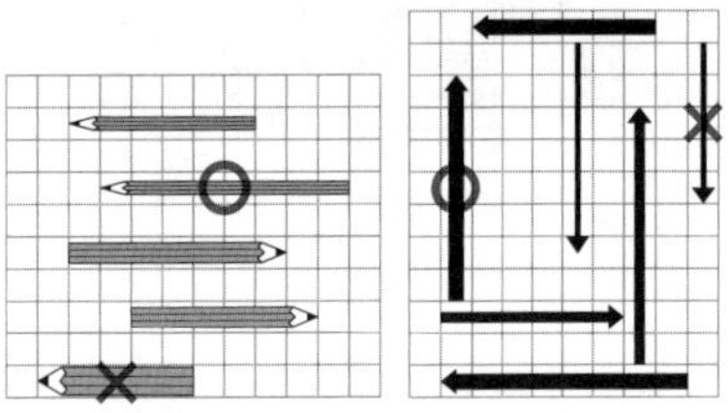

6

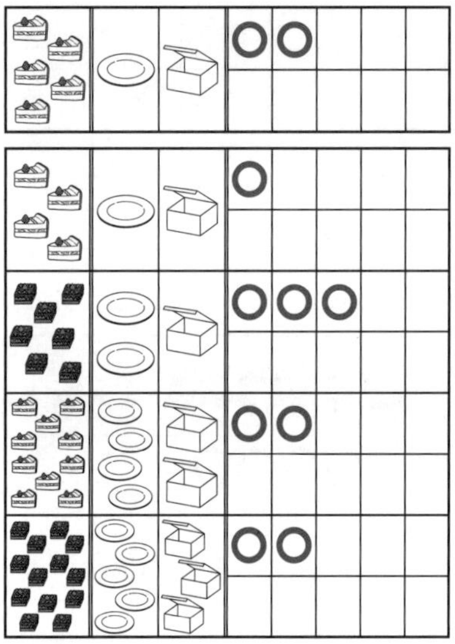

7

8

9

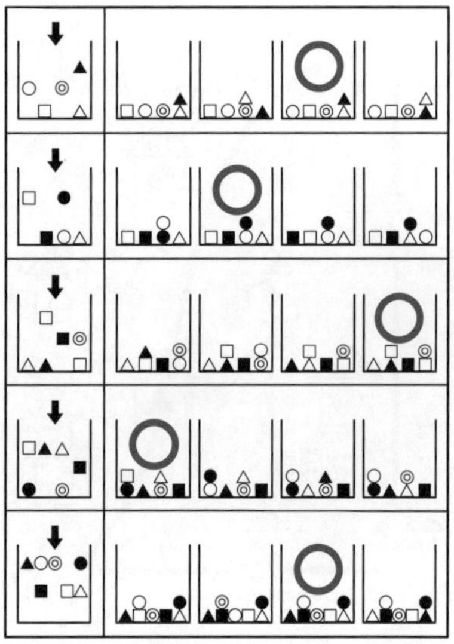

1

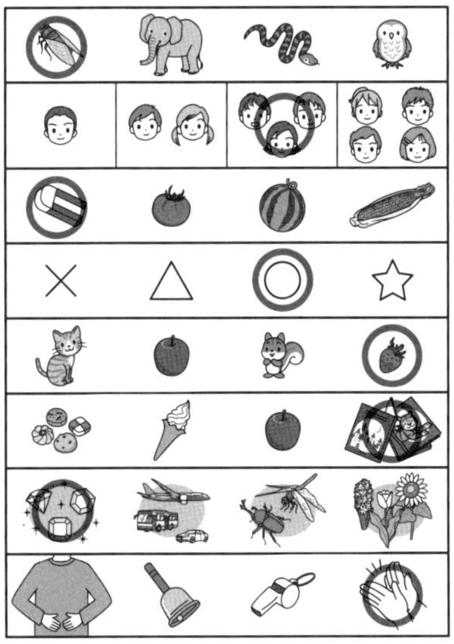

1

2

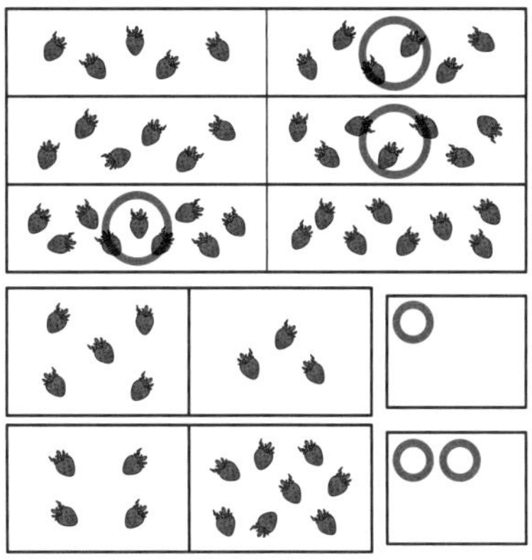

3

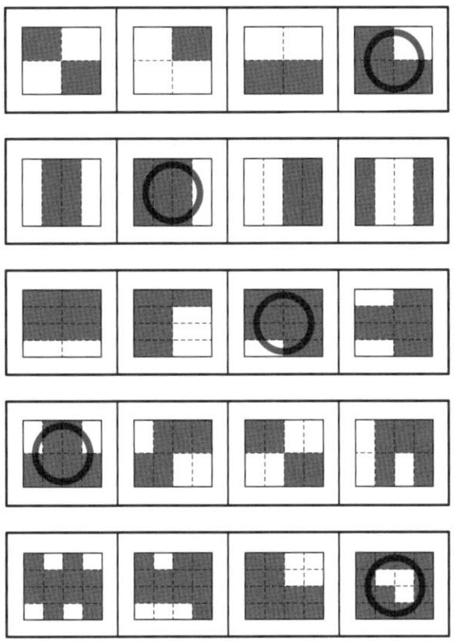

4

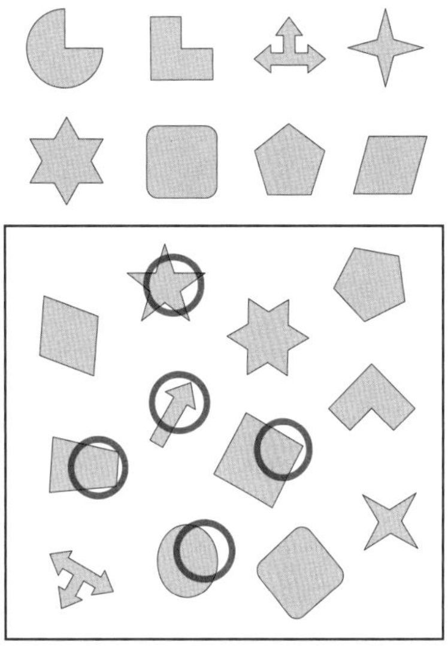

5

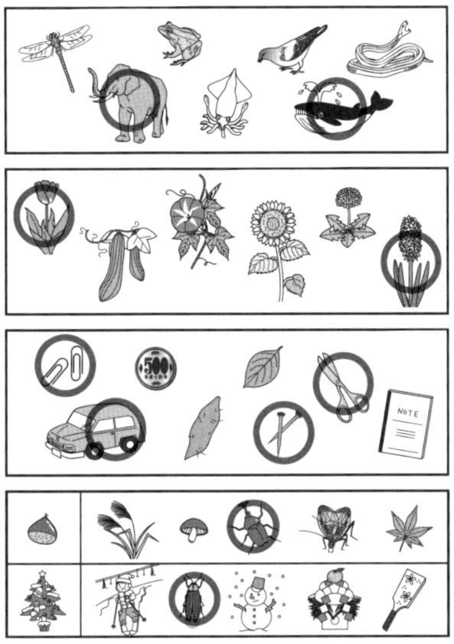

6

千葉日本大学第一小学校 解答例

7

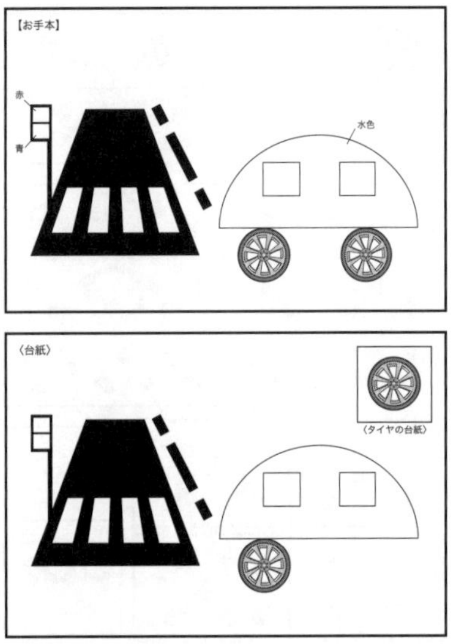

開智望小学校 解答例

1

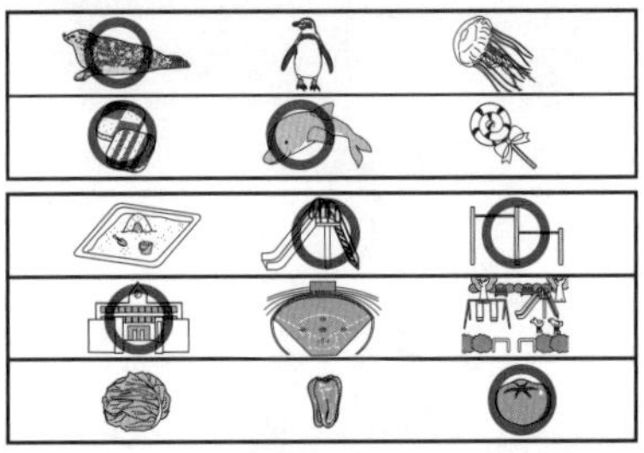

2

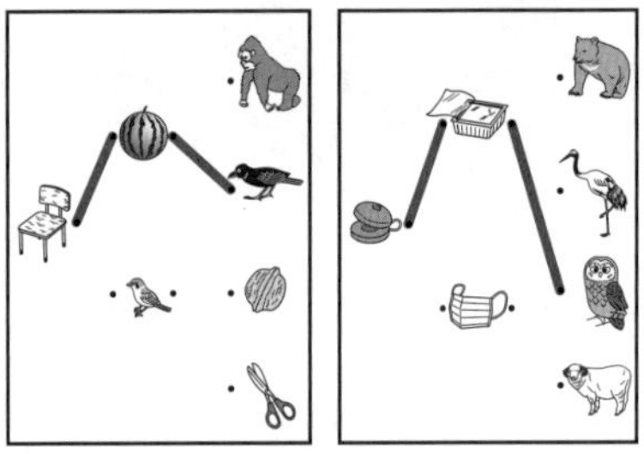

3

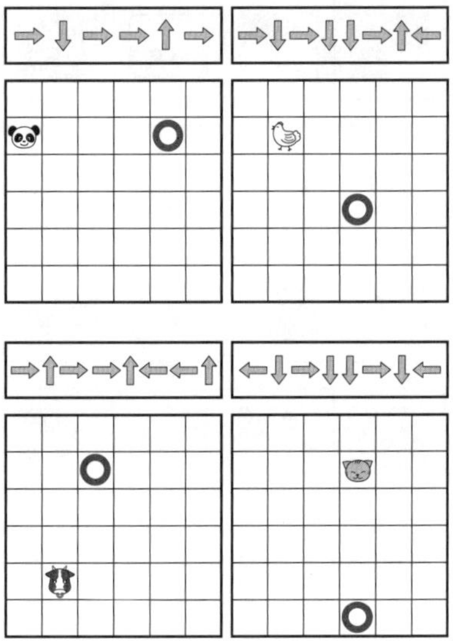

4

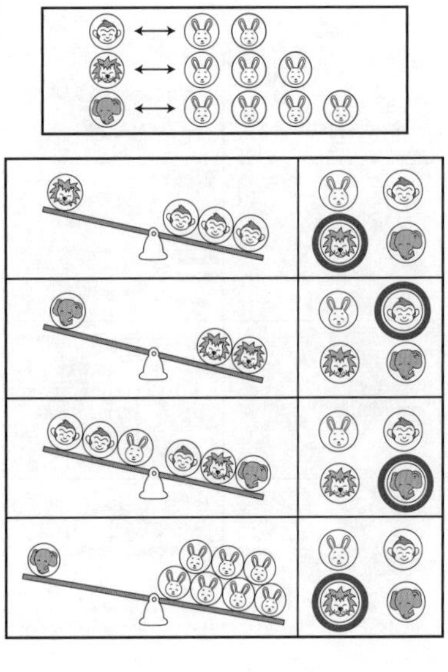

5

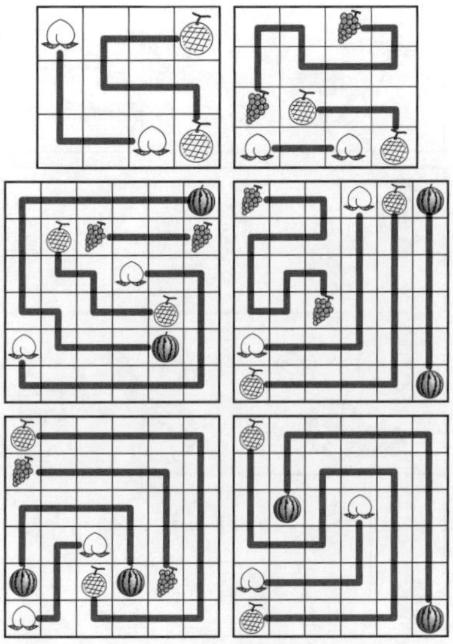

※5の上段左側と中段右側は複数回答あり

6

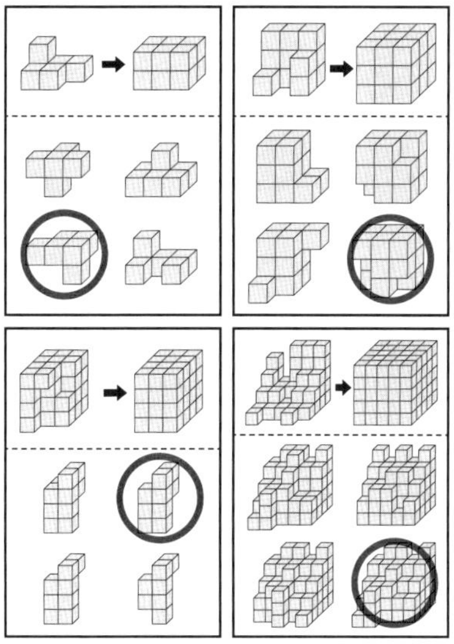

memo

memo

memo

Shinga-kai

← 矢印の方向に引くと別冊の解答例が外れます